本成果受到中国人民大学“统筹支持一流大学和一流学科建设”经费的支持

新编21世纪国际经济与贸易系列教材

国际贸易学

第三版

主 编 韩玉军
副主编 郭洪林 于春海

International Trade

中国人民大学出版社
·北京·

图书在版编目（CIP）数据

国际贸易学 / 韩玉军主编；郭洪林，于春海副主编. --3版. --北京：中国人民大学出版社，2025.3
新编21世纪国际经济与贸易系列教材
ISBN 978-7-300-32680-1

Ⅰ.①国… Ⅱ.①韩… ②郭… ③于… Ⅲ.①国际贸易-高等学校-教材 Ⅳ.①F74

中国国家版本馆CIP数据核字（2024）第061517号

新编21世纪国际经济与贸易系列教材
国际贸易学（第三版）
主　编　韩玉军
副主编　郭洪林　于春海
Guoji Maoyixue

出版发行	中国人民大学出版社		
社　　址	北京中关村大街31号	**邮政编码**	100080
电　　话	010－62511242（总编室）		010－62511770（质管部）
	010－82501766（邮购部）		010－62514148（门市部）
	010－62515195（发行公司）		010－62515275（盗版举报）
网　　址	http://www.crup.com.cn		
经　　销	新华书店		
印　　刷	北京七色印务有限公司	**版　　次**	2010年6月第1版
开　　本	787mm×1092mm　1/16		2025年3月第3版
印　　张	29.5 插页1	**印　　次**	2025年3月第1次印刷
字　　数	679 000	**定　　价**	69.00元

内容简介

本书全面系统地介绍了国际贸易的基本理论与政策。内容包括上下两篇。上篇“国际贸易理论”，主要介绍古典、新古典国际贸易理论及其扩展，经济增长与国际贸易，产业内贸易理论，国际贸易动态理论与新发展，国际贸易利得与分配，要素流动、跨国公司与国际贸易，以及国际服务贸易理论。

下篇“国际贸易政策与体系”，主要介绍国际贸易政策措施及其经济效应分析、贸易保护政策的理论依据、发达国家的产业和贸易政策、发展中国家的贸易政策、区域经济一体化及贸易与经济合作以及国际贸易新格局与中国对外贸易发展。

本书的突出特点是，在注重国际贸易基本原理介绍的基础上，结合了大量图形分析与数理推导，即在注重定性描述的同时加强了定量分析。此外，本书在每章之后都给出了本章小结、关键术语、复习与思考题，以便读者更好地掌握每章重点，巩固所学的知识及进一步加深理解。

主编简介

韩玉军 中国人民大学经济学院教授、博士生导师。教育部哲学社会科学基金评审专家，国家社会科学基金评审专家。主要研究方向为国际贸易理论与政策、国际商务、国际商法、中国对外贸易关系。发表论文70余篇，承担国家级课题2项，出版专著5部，担任主编、副主编的教材6部。

第三版前言

自2017年5月第二版出版以来，《国际贸易学》受到了国内很多高校国际贸易、国际金融、国际投资与国际商务等专业师生的认可与欢迎。随着世界经济与贸易的发展，以国内大循环为主体、国内国际双循环相互促进的新发展格局的提出，以及2022年10月党的二十大的胜利召开，党中央统筹中华民族伟大复兴战略全局和世界百年未有之大变局，为新时代中国人民坚定信念、勇毅前行、团结奋斗，奋力谱写全面建设社会主义现代化国家崭新篇章，提供了根本的方向和战略指引。在中国面对百年未有之大变局和对外开放形势发生新的变化，同时国际环境也发生很大变化的背景下，为了更好地适应这些变化，并结合使用过本教材的广大师生的反馈意见，我们在第二版的基础上做出如下几个方面的修改与调整：

第一，增添一些关于党的二十大精神的内容，如在第七章“国际贸易动态理论与新发展”中结合产品生命周期理论，增加了专栏7-2“产品生命周期理论与‘一带一路’倡议”；在第十六章“区域经济一体化及贸易与经济合作”和第十七章“国际贸易新格局与中国对外贸易发展”的最后都增加了党的二十大精神相关内容。

第二，在第二章“古典贸易理论”中增加“国际贸易理论概述”一节，介绍什么是国际贸易理论以及国际贸易理论研究的主要内容。

第三，在第四章“新古典贸易理论”的最后增加关于生产、消费与贸易的一般均衡及贸易均衡图的内容。

第四，在第六章“产业内贸易理论”的第一节“产业内贸易概述”中增加关于产品差异分析的内容，简单阐述产业与产品差异的概念、性质与特点。

第五，把第九章“要素流动、跨国公司与国际贸易”的第五节“国际投资与国际贸易关系的实证分析”改为“国际直接投资与国际贸易之间关系的经验证据——以中国为例”。

第六，更新了大部分数据，特别是专栏1-1“HS编码的分类”、第九章与第十章中的图表与大部分数据；对第十四章、第十五章、第十六章和第十七章中的数据与资料进行了更新。

第七，修改了在第二版中所发现的表述错误以及其他错漏。

尽管我们在这次再版中对所发现的问题或错误进行了调整与修改，但书中仍然可能存在许多缺点甚至错误，我们殷切希望广大师生与其他读者能提出批评、意见和建议。

韩玉军

目录

第一章 导 论

上 篇

国际贸易理论

第二章 古典贸易理论

第三章 特定要素模型

第九章 要素流动、跨国公司与国际贸易

第十章 国际服务贸易理论

下 篇

国际贸易政策与体系

第十一章 国际贸易政策措施

第十二章 贸易政策的经济效应分析

第十三章 贸易保护政策的理论依据

第一章

导　论

第一节　国际贸易的产生与发展

一、国际贸易的产生

一提起国际贸易，人们似乎就会想到异国他乡的特产、舶来品的诱惑。目前，国内商店随处可见外国生产的各种各样的产品，这些产品是怎么来的呢？它们一般是通过国际贸易或对外贸易进口的。

国际贸易充满风险与刺激，也充满异域风情和浪漫色彩，更重要的是具有高额的利润。因此，国际贸易历来就具有强大的吸引力。历史上，欧洲商人怀着与物产丰富的东方进行贸易的金色梦想，促使西欧各国从 14 世纪起就纷纷从事海上探险活动和殖民掠夺。所以，国际贸易属于历史范畴，它是在一定的历史条件下产生和发展起来的。

从经济学的角度来看，对外贸易或国际贸易的产生必须具备以下条件：一是有可供交换的剩余产品；二是在各自为政的社会实体之间能够顺利进行产品（商品）的交换。因此，从根本上说，社会生产力的发展和社会分工的扩大，是国际贸易产生和发展的基础。

在原始社会初期，人类处于自然分工状态，生产力水平极度低下，人们只能依靠集体劳动来获取有限的生活资料，并在部落或公社成员之间进行平均分配，满足维持自身生存的需要。因此，在这一时期，既没有剩余产品，没有私有制，也没有阶级和国家，当然也就没有对外贸易。

随着历史的发展，原始社会出现了三次社会大分工。第一次社会大分工是在社会生产力的发展达到一定程度后，开始有了少量剩余产品，于是在氏族公社之间、部落之间出现了剩余产品的交换。这是最早的、极其原始的、偶然的物物交换，如一只羊换十斤小麦。

人类历史的第二次社会大分工，即手工业从农业中分离出来，推动了社会生产力的进一步发展。随着手工业的出现，便产生了直接以交换为目的的生产——商品生产。商品生产和商品交换的不断扩大，催生了货币，商品交换逐渐变成以货币为媒介的商品流通。

人类历史的第三次社会大分工，是随着商品货币关系的发展，出现了专门从事商品交换的群体，即出现了专门从事贸易的商人。随着生产力的发展，商品生产和商品交换活动更加频繁、更加广泛地发展起来，加速了私有制的出现以及阶级和国家的相继产生。在原始社会的末期商品交换开始超越国界，产生了对外贸易。

二、奴隶社会和封建社会的对外贸易

1. 奴隶社会的对外贸易

奴隶社会是以奴隶主占有生产资料和奴隶为基础的社会。在奴隶社会中，自然经济占统治地位，生产的目的主要是消费，商品生产在整个社会生产中的比重很小，进入交换领域的商品极其有限，商品种类不多，对外贸易的范围也受到生产技术和交通运输等条件的限制。

在奴隶社会，对外贸易中的商品主要是王室和奴隶主阶级所追求的奢侈品，如宝石、装饰品、各种织物、香料。由于奴隶被视为商品，当时雅典是奴隶贩卖的中心之一。

奴隶社会时期的贸易国家，在欧洲主要有腓尼基、希腊、罗马等。中国在夏商时代已进入奴隶社会，贸易集中在黄河流域。

对外贸易在奴隶社会经济中的地位虽不重要，但它促进了生产与手工业的发展，促进了商品经济的扩大。

2. 封建社会的对外贸易

封建社会的经济虽然也是自然经济，但社会生产力和对外贸易已比奴隶社会有了较大的发展，特别是到了封建社会晚期，随着城市手工业的发展，商品经济和对外贸易都相应迅速发展，商品种类有所增加，贸易范围不断扩大，这也促进了各国之间的经济往来以及文化技术的交流。在封建社会时期，国际贸易中心已经出现。早期，国际贸易中心位于地中海东部，后来，国际贸易的范围逐渐扩大到地中海、北海、波罗的海和黑海沿岸。

中国的封建社会时期很长（公元前 11 世纪至 19 世纪中叶），对外贸易发展较早。在公元前 2 世纪的西汉，中国就开辟了从新疆经中亚通往中东和欧洲的“丝绸之路”。中国的丝、茶、瓷器通过“丝绸之路”输往欧洲。明朝郑和 7 次率领船队下西洋，又发展了海上贸易。通过对外贸易，中国把四大发明传播出去，同时输入欧亚各国的物产等。

总的来说，在封建社会，国际贸易在社会经济中仍不占主要地位，只有到了资本主义社会，在机器大工业建立起来以后，国际贸易才有了广泛的发展。在这一时期国际贸易的发展促进了社会经济的发展，同时也促进了资本主义因素的发展和封建社会的解体。

三、资本主义社会国际贸易的广泛发展

国际贸易真正获得巨大的发展，是在资本主义生产方式形成和发展时期。在资本主义生产方式下，国际贸易额急剧扩大，国际贸易范围遍及全球，商品种类日益繁多，国际贸易的地位与作用大大提高，这使国际贸易成为资本主义扩大再生产的重要组成部分。资本主义对外贸易的发展是与各国资本主义生产方式的建立和发展紧密联系在一起的。马克思曾经指出："对外贸易的扩大，虽然在资本主义生产方式的幼年时期是这种生产方式的基础，但在资本主义生产方式的发展中，由于这种生产方式的内在必然性，由于这种生产方式要求不断扩大市场，它成为这种生产方式本身的产物。"① 马克思的这一科学论断，揭示了对外贸易与资本主义生产方式之间的本质联系。

1. 对外贸易促进了资本主义生产方式的产生

西欧封建社会末期，在资本主义因素不断扩大的情况下，对外贸易促进了资本主义生产方式的诞生，促进了资本的原始积累。对外贸易对资本原始积累的作用具体表现在：它为资本主义生产提供了劳动力、资本和市场。

从提供劳动力的角度来说，资本主义国家在初期都以不同方式，从直接生产者农民手中夺取生产资料——土地，把农民变为除出卖劳动力以外一无所有的"自由"工人。这种剥夺过程往往同对外贸易的发展有一定的关系。例如，英国在15世纪前后所发生的"圈地"运动，把大量农民从土地上赶走，使之流离失所，沦为雇佣奴隶。耕地被改建成牧场，生产羊毛，出现"羊吃人"的现象。重要原因便是羊毛与毛织品是当时英国的主要出口商品，国外销路旺盛，价格上涨，使生产羊毛比生产粮食可以取得更多的利润。这种把耕地变为牧场的剥夺农民土地的过程，也就是为工业资产阶级提供劳动力的过程。

对外贸易提供了货币资本。欧洲商业资产阶级通过对外贸易和其他卑劣手段，从16世纪到18世纪，从世界各地运回的黄金达200吨，白银达12 000吨，其中大部分在欧洲转化为货币资本。

此外，对外贸易还开辟了市场。欧洲殖民主义者从16世纪到18世纪先后发动了一系列商业战争，占领世界各地、征服新市场，不仅扩大了殖民统治，而且扩大了市场。非洲和拉丁美洲广大地区都卷入了世界市场，既成为资本主义国家的商品销售市场，又成为它们的原料产地。

2. 资本主义生产方式准备时期的国际贸易

资本主义生产方式准备时期（16世纪至18世纪中叶）是资本原始积累和工场手工业发展的时期。在这个时期，由于工场手工业的广泛发展，劳动生产率得到了提高，商品生产和商品交换也发展起来，促进了国际贸易的发展。不仅国际贸易的范围迅速扩大，交换的商品种类和数量也比以前增多了。

这一时期的国际贸易明显地反映出资本原始积累的一些特征，特别是欧洲国家通过

---

① 马克思，恩格斯. 马克思恩格斯文集：第7卷. 北京：人民出版社，2009：264.

暴力、掠夺和欺骗等方式，扩大了对殖民地的贸易，殖民地在宗主国对外贸易中的比重和地位日益提高，宗主国从中攫取了巨额利润。

由于在这一时期资本主义机器大工业尚未建立，通信、交通工具尚不完善，所以，在这一时期国际贸易的范围、商品种类和金额等，都受到了一定的限制。

3. 资本主义自由竞争时期的国际贸易

资本主义自由竞争时期（18 世纪后期至 19 世纪中叶）是资本主义生产方式得到确立的时期。欧洲国家先后发生的工业革命和资产阶级革命，推动了资本主义机器大工业的建立，生产力迅速发展，物质产品极大丰富，真正的国际分工开始形成，交通运输和通信联络手段也有了突飞猛进的发展，使世界市场真正得以建立起来。在这种条件下，国际贸易有了巨大发展。不仅贸易额空前迅速增长，而且商品种类越来越多，商品结构不断变化，贸易方式也有进步，各种信贷关系随之发展起来。这时，国际贸易才真正具有了世界性质。与此同时，经营国际贸易的组织机构也纷纷建立并日益专业化，国家之间的贸易条约关系也逐渐发展起来。

在这个时期，欧洲国家进一步推行殖民政策，使广大殖民地日益成为资本主义宗主国的销售市场和原料来源地，形成了不合理的国际分工，国际贸易中的斗争也趋于激烈。

4. 资本主义垄断时期的国际贸易

19 世纪末 20 世纪初，各主要资本主义国家从自由竞争时期过渡到垄断资本主义时期，即进入帝国主义时期。在帝国主义时期国际贸易发生了重大变化，并明显地带有垄断的特点。由于生产和资本的高度积聚和集中，垄断组织在经济生活中起着决定性作用，它们不仅控制了国内贸易，而且控制了国际贸易，国际贸易成了垄断组织最大化利润的重要手段。在国际贸易中，垄断组织通过垄断价格，不断扩大不等价交换；垄断组织把资本输出和商品输出直接结合起来，加重了对殖民地、附属国的掠夺，同时殖民地、附属国在国际贸易方面甚至在全部经济中卷入错综复杂的国际经济联系，形成了资本主义世界经济体系；各主要资本主义国家之间的竞争更趋激烈，关税壁垒与非关税壁垒等贸易政策措施进一步加深了帝国主义国家之间的矛盾，而随着帝国主义国家发展不平衡的日益加剧，帝国主义国家之间为重新瓜分世界市场而展开的斗争更趋尖锐化，并引发了世界大战。在这一时期，国际贸易额的绝对数量虽有显著增长，但其增长速度与自由竞争时期相比却下降了。尤其是 1929—1933 年的资本主义大危机使国际贸易额出现了停止增长甚至缩减的现象，呈现出不稳定发展的状态。

第二次世界大战后，随着第三次科技革命的发展，国际贸易出现了许多新的发展特点：发展速度超过第二次世界大战以前；商品结构发生了重要变化，工业制成品超过初级产品，新产品大量出现；贸易方式多样化，并日益与资本流动、工业技术活动结合在一起，跨国公司在国际贸易中的地位日益重要；对外贸易在各国国民经济中的比重不断提高；美国在国际贸易中的绝对优势地位逐渐丧失，出现美国、西欧共同市场和日本三足鼎立的局面。

总之，国际贸易使资本主义商品形式的生产具有普遍的、世界的性质，而国际贸易本身也成为资本主义经济体系的重要组成部分。

第二节 国际贸易的基本概念

一、国际贸易的含义与特点

国际贸易是指世界各国商品和服务的交换活动，是各国之间分工的表现形式，反映了世界各国在经济上相互联系、相互依赖的特性。

国际贸易亦称世界贸易，它是世界各国对外贸易的总和。对外贸易亦称进出口贸易，指一个国家或地区与另一个国家或地区之间的商品和服务的交换。从一个国家的角度来看的对外贸易，从国际范围来看就是国际贸易。

国际贸易与国内贸易都是商品和服务的交换，交换过程和货物流向大致相同，经营目的也都是获取经济利益和利润。但与国内贸易相比，国际贸易的交易过程、交易条件、相关做法和涉及的问题都要复杂得多，其特点具体体现在以下几个方面：

（1）贸易的主体不同。国际贸易的主体是分别处在不同国家的商人或组织，因此涉及各自不同的语言、文化、宗教、制度、法律法规、政策措施、贸易惯例与习惯做法，情况错综复杂。另外，国际贸易的从业机构和人员情况复杂，故易产生欺诈活动，稍有不慎就可能上当受骗，蒙受损失。

（2）中间环节多，涉及面广。国际贸易除交易双方当事人外，还涉及商品检验、银行、金融保险、港口、海关以及长途运输，有时还涉及各种中间商、代理商，一旦某个环节出问题，就会影响整个交易。

（3）受国际政治、经济形势变化的影响大。当前世界经济发展很不平衡，而且呈周期性波动。国际竞争愈演愈烈，国际市场瞬息万变。尤其是当出现大的政治风波或经济事件时，就更是直接影响国际贸易的发展。例如，1997 年亚洲金融危机爆发后，1998 年国际贸易急剧下降，中国对外贸易中的出口甚至出现了负增长。

总之，国际贸易的特点可归纳为线长、面广、环节多、困难多、风险大、难度大。

正因为如此，从事国际贸易活动需要满足一系列条件：

（1）要有较多的经济理论知识，特别是世界经济方面的知识。

（2）要有国际贸易方面的专门知识，包括掌握市场学知识，通晓外语，了解本国对外贸易政策、规章以及货运、报关、检验等手续，熟悉各国关税制度及非关税壁垒方面的规定，了解商品和国际汇兑方面的知识，具备丰富的法律、运输、保险业务以及财务与统计方面的知识。

（3）要有及时准确的商业信息与情报。

（4）要有雄厚的资金和完备的组织机构等。

二、国际贸易的分类

国际贸易可以从不同的角度进行分类，主要有以下几种类型：

1. 按货物移动方向划分的贸易

（1）出口贸易（export trade）。

将本国生产和加工的商品运往他国市场销售，称为出口贸易或输出贸易。

（2）进口贸易（import trade）。

将外国商品输入本国国内市场销售，称为进口贸易或输入贸易。

（3）过境贸易（transit trade）。

凡甲国经过丙国国境向乙国运送商品，从丙国的角度来讲就是过境贸易。这种过境货物通过本国国境时，未经加工改制，保持原来形态运往另一国。其中又可分为直接过境和间接过境两种。前者是指在海运的情况下，外国货物到达港口后，在海关的监督下，从一个港口通过国内航线装运到另一港口，或在同一港口从一艘船上转装到另一艘船上，然后离开国境；或不经卸货转船，仍由原船运出，这种行为完全是为了转运而通过国境，与该国对外贸易无关。后者则是指外国货物进入国境后，先存入海关保税仓库，然后未经加工改制，又从海关保税仓库提出并运出国境。在总贸易核算体系中，间接过境贸易将计入该国的对外贸易总额中。

出口与进口是每笔交易的两个组成部分，对卖者而言，就是出口贸易，对买者而言，就是进口贸易。此外，进口到本国的货物未经加工而再输出时，称为“复出口”；出口到国外的货物未经加工而再输入本国时，称为“复进口”。一国往往在同类产品上既有出口也有进口。出口量大于进口量，叫净出口；进口量大于出口量，叫净进口。

2. 按国境和关境划分的贸易

（1）总贸易（general trade）。

以国境为进出口划分标准的贸易，称为总贸易。即凡进入国境的商品一律列为进口，凡离开国境的商品一律列为出口。前者之和叫作总进口，后者之和叫作总出口。有些国家划分进口和出口就以国境为标准，如日本、英国、加拿大、澳大利亚、俄罗斯及东欧一些国家。

（2）专门贸易（special trade）。

以关境为进出口划分标准的贸易，称为专门贸易。即外国商品在进入国境后暂时存入保税仓库，或只是在免税的自由贸易区内流通，不进入关境，这时不列为进口。从外国进入国境的商品只有从保税仓库提出或从外国进入关境之后，才列为进口，称为专门进口。从国内运出关境的本国商品则列为专门出口。专门进口额与专门出口额的总和称为专门贸易额。有些国家划分进出口以关境为标准，如德国、意大利、瑞士等。

总贸易与专门贸易蕴含的经济意义有所不同，前者包括所有进入该国的商品，反映一国在国际商品流通中所处的地位，而后者只包括那些进口是用于该国生产和消费，出口是由该国生产和制造的商品，因此主要反映一国生产者和消费者在国际贸易中所起的作用。

3. 按商品形态划分的贸易

（1）有形贸易（tangible trade）。

有形贸易是指那些有形的、看得见的货物商品的贸易。国际贸易中的有形商品种类繁多，为便于统计，联合国秘书处早在1950年就起草了《联合国国际贸易标准分类》①(SITC)，后来进行了4次修订。1974年的修订把国际贸易商品共分为10大类、63章、233组、786个分组和1 924个基本项目。后来，在各国的进一步协商下，海关合作理事会于1983年通过了《商品名称及编码协调制度公约》及其附件《商品名称及编码协调制度》(Harmonized Commodity Description and Coding System，即HS编码)，并于1988年1月1日正式生效。现已批准正式使用HS编码的国家和地区约有100个，中国海关也自1992年1月1日起实施以HS编码为基础编制的《中华人民共和国进出口税则》。2008年的HS编码将商品分为22类、98章、1 244个税目及5 022个子目，共由10位数表示，从而使商品分类更加细致和科学。如第0类为“活动物；动物产品”，其中第一章为“活动物”(01)，第一项税目编号0101为马、驴、骡，再进一步细分：01011100.10为改良种用濒危野马；01011100.90为马或改良种用其他马；01012010.10为改良种用濒危野驴；01012010.90为驴或改良种用其他驴。

有形贸易的进出口额要经过海关登记，履行通关手续，并缴纳相应的关税。有形贸易能够反映在海关贸易统计上，它是一国国际收支的主要构成之一。

(2) 无形贸易(intangible trade)。

无形贸易，一般是指劳务贸易或服务贸易。它是指一切不具备物质自然属性的商品或称无形商品的国际交易活动，例如运输、保险、金融、国际旅游、技术转让等方面的各种劳务或服务的提供和接受，以及其他非实物形态的进出口。

无形贸易通常不显示在海关贸易统计上②，但也是一国国际收支的构成部分。

专栏1-1

HS编码的分类

将国际贸易商品按生产部门归类，共划分成21类(sections)。这21类的名称是：

第一类 活动物；动物产品(第1～5章)

第二类 植物产品(第6～14章)

第三类 动、植物或微生物油、脂及其分解产品；精制的食用油脂；动、植物蜡(第15章)

第四类 食品、饮料、酒及醋；烟草、烟草及烟草代用品的制品；非经燃烧吸用的产品，不论是否含有尼古丁；其他供人体摄入尼古丁的含尼古丁的产品(第16～24章)

第五类 矿产品(第25～27章)

第六类 化学工业及其相关工业的产品(第28～38章)

第七类 塑料及其制品；橡胶及其制品(第39～40章)

---

① 《联合国国际贸易标准分类》进行了4次修订，第4次修订已获联合国统计委员会第37届会议(2006年3月)通过，但目前最常用的版本还是第3次修订、于1994年公布的版本。按第3次修订的分类标准，国际贸易商品分为初级产品——SITC的第0～4类，以及工业制成品——SITC的第5～9类，其中第9类为未分类的其他制品。

② 值得注意的是，自20世纪90年代以来，随着电子科技和信息技术的迅速发展，部分服务产品出现了有形化的趋势，如电影胶片、录音录像光盘、计算机软件、移动硬盘、书籍等有形商品，它们被称为服务的物化产品，就其性质而言，它们是服务产品。因此，从某种意义上说，有形贸易和无形贸易的边界变得越来越模糊。

第八类　生皮、皮革、毛皮及其制品；鞍具及挽具；旅行用品、手提包及其类似容器；动物肠线（蚕胶丝除外）制品（第 41～43 章）

第九类　木及木制品；木炭；软木及软木制品；稻草、秸秆、针茅或其他编结材料制品；篮筐及柳条编结品（第 44～46 章）

第十类　木浆及其他纤维状纤维素浆；回收（废碎）纸或纸板；纸、纸板及其制品（第 47～49 章）

第十一类　纺织原料及纺织制品（第 50～63 章）

第十二类　鞋、帽、伞、杖、鞭及其零件；已加工的羽毛及其制品；人造花；人发制品（第 64～67 章）

第十三类　石料、石膏、水泥、石棉、云母及类似材料的制品；陶瓷产品；玻璃及其制品（第 68～70 章）

第十四类　天然及养殖珍珠、宝石或半宝石、贵金属、包贵金属及其制品；仿首饰；硬币（第 71 章）

第十五类　贱金属及其制品（第 72～83 章）

第十六类　机器、机械器具、电气设备及其零件；录音机及放声机、电视图像、声音的录制和重放设备及其零件、附件（第 84～85 章）

第十七类　车辆、航空器、船舶及有关运输设备（第 86～89 章）

第十八类　光学、照相、电影、计量、检验、医疗或外科用仪器及设备，精密仪器及设备；钟表；乐器；上述物品的零件、附件（第 90～92 章）

第十九类　武器、弹药及其零件、附件（第 93 章）

第二十类　杂项制品（第 94～96 章）

第二十一类　艺术品、收藏品及古物（第 97 章）

资料来源：中国海关．2022 年版《中华人民共和国进出口税则》.

---

4. 按是否有第三者参加划分的贸易

（1）直接贸易（direct trade）。

商品生产国与商品消费国直接买卖商品的行为，称为直接贸易。在这种方式下，贸易双方直接谈判，直接结算，货物直接运输。

（2）间接贸易（indirect trade）。

商品生产国与商品消费国通过第三国进行买卖商品的行为，称为间接贸易。一般是由于本国销售渠道不畅、信息不灵或某些政治原因，而借助第三国或其他中间环节，把商品从生产国运到消费国的贸易活动。

（3）转口贸易（entrepot trade）。

商品生产国与商品消费国通过第三国进行贸易，对第三国来说就是转口贸易。即使商品直接从生产国运往消费国，只要两国之间并未直接发生交易关系，而是由第三国转口商分别同生产国与消费国发生交易关系，也仍属于转口贸易。从事这种贸易的大多是地理位置优越、运输便利、贸易限制较少的国家。它们进口某种商品不是以消费为目的，而是通过再向别国出口来实现盈利。

5. 按清偿工具划分的贸易

(1) 现汇贸易 (spot exchange trade)。

在国际贸易中，以货币作为清偿工具的贸易，叫作现汇贸易，又称自由结汇方式贸易。这是国际贸易中最普遍的贸易形式，结算方式有汇付、托收和信用证等。在当今国际贸易中，能够充当国际支付手段的货币，主要有美元、欧元、英镑和日元等。

(2) 易货贸易 (barter trade)。

易货贸易又称对等贸易或记账贸易。在国际贸易中，以经过计价的货物商品作为清偿手段的贸易，称作易货贸易。一般是根据两国政府达成的贸易协定或贸易支付协定，按照记账结算方式来进行清偿，互换货物不是用现汇逐笔结算，而是通过指定的银行账户来相互冲销。

采用这种贸易方式，大多是由于某些国家外汇不足，无法以自由结汇方式交易。易货贸易的特点是：两国间直接以货物交换货物，进口与出口直接联系起来，双方有进有出，一方既是买方，又是卖方，进出口基本平衡，不以外汇支付。但这种贸易方式有一定的局限性，交换的货物不易对路，交换过程比较复杂，交换金额不易平衡。在外汇支付不存在困难的条件下很少采用。

6. 按交易商品的产业划分的贸易

(1) 产业间贸易 (inter-industry trade)。

产业间贸易是指不同产业产品的贸易。传统的国际贸易大多数是产业间贸易，如农产品与工业品之间的贸易，工业品也存在化工产品与机械产品、电子产品与纺织产品等不同行业产品之间的贸易等。

(2) 产业内贸易 (intra-industry trade)。

产业内贸易是相对于产业间贸易而言的，指同行业产品之间的贸易。这种贸易是在20世纪60年代后才逐渐发展起来的，而且现在已成为国际贸易的主要组成部分。例如，美国既出口小轿车，又进口小轿车，这就是产业内贸易。产业内贸易不仅包括同行业产成品之间的贸易，而且包括同一产业的零部件、配件等中间产品之间的贸易。

第三节 国际贸易学研究的对象与内容

国际贸易学作为一门学科，它的研究对象是具有各自经济利益的不同关税区，即不同国家和地区之间的商品和服务的交换活动，通过研究这些商品和服务交换活动的产生、发展和贸易利益的大小与分配，揭示其中的特点和发展规律。

具体来看，国际贸易学研究的对象与内容大体包括以下四个方面。

一、国际贸易的历史与现状

国际贸易是一个历史范畴，它随着社会生产力的发展而发展。在人类产生初期并不存在国家，也无所谓国际贸易。在社会生产力发展到一定程度后，开始出现社会分工，并且人们生产的产品除了满足自己最基本的需要之外，出现了剩余，不同部落之间出现了这种剩余产品的交换。与此同时，在原始社会末期产生了私有制，并且私有制导致国家的产生。最初的国家是奴隶制的，这些奴隶制国家之间的商品交换，便是最早的国际贸易。随着历史的演进，人类进入封建社会，国际贸易的商品种类和数量也有所增加，但国际贸易的范围和规模仍然十分有限。主要原因是生产力水平低下，自给自足的自然经济占据主导地位。只有到了资本主义社会，随着生产力水平的提高，突破了自然经济的限制，商品生产和商品交换渐渐成为人类存在和发展的必要条件，而且人类科学知识的积累与进步也使人类对地球和世界有了全面的认识，国际贸易才获得了前所未有的大发展。随着社会的进步、历史的发展，已达到今天没有哪个国家可以离开国际贸易而独立发展的程度。

当代国际贸易的现状表明，世界经济与贸易的格局在第二次世界大战后发生了重大变化。国际分工从以垂直分工为主过渡到以水平分工为主，即从以发达国家与发展中国家之间的贸易为主过渡到以发达国家之间的贸易为主。这表明，人类社会生产力的发展越来越依赖科技进步，具有技术优势的跨国公司在当代国际贸易中的作用越来越大。根据联合国有关机构的统计数字，到 20 世纪 90 年代末，世界贸易总额的 2/3 以上与跨国公司有关。在这样的情况下，一个后进的发展中国家要迅速发展经济，就必须依靠科技进步，提高生产力的发展水平，并要学会怎样与跨国公司打交道，实施改革与开放的经济政策。事实上，在第二次世界大战后，也确实有很多发展中国家通过实施出口导向的开放经济发展战略，积极参与国际分工和国际贸易，使本国经济快速增长，在一个不太长的时期内，使自己进入了新兴工业化国家行列。这些事实对目前仍然贫穷落后的发展中国家来说无疑具有启示意义。研究当今国际贸易的现状、特点和规律，结合本国的实际情况，从中找出发展本国经济的道路，正是许多人偏爱和从事国际贸易工作的原因所在。

二、国际贸易的理论与学说

西方经济学家一直注意研究探索国际贸易产生与发展的规律。资本主义原始积累时期的重商主义研究对外贸易如何带来财富，但这种国际贸易政策观点并没有揭示出国际贸易发生与发展的本质和意义。随着资本主义生产方式的确立与发展，资产阶级对国际贸易的认识不断加深，以亚当·斯密（Adam Smith，1723—1790 年）和大卫·李嘉图（David Ricardo，1772—1823 年）为代表的英国古典经济学家对国际分工和国际贸易产生的原因和意义做出了比较科学的解释。他们先后提出了绝对成本理论和比较成本理论，认为劳动生产率不同的国家，可以利用自己的绝对优势或比较优势，参与国际分工，专门生产自己具有绝对优势或比较优势的产品，通过国际贸易，各国都能从中获利。在此基础上，其他经济学家，如约翰·穆勒（John Mill，1806—1873 年）等对国际贸易中的交换比率问题，即贸易利益或利得是如何在贸易双方国家之间进行分配的，以及比较优势的根源问题，即一国为何具有比较优势等展开了深入研究。以赫克歇尔（E. F. Heckscher，1879—1959 年）和俄林（Bertil Ohlin，1899—1979 年）为代表的新古典贸易理论学家从均衡分析法出发，将决定国际贸易的因素由单纯的劳动生产成本扩展到资本和劳动两种生产要素，在解释比较优势来源问题上取得了进展，指出比较成本差异存在的条件主要包括两个方面：（1）两个国家存在不同的生产要素拥有量和分布量；（2）两个国家生产不同商品所使用的生产要素比率不一样。这种理论（H-O 模型）将生产要素禀赋、价格差异、生产要素密集度和国际贸易联系起来，从而更直接地反映出以资源禀赋差异为标志的比较优势的来源，因而使理论更接近现实国际分工和国际贸易活动，得到经济学界的广泛认同。

自 20 世纪 60 年代以来，国际分工与世界贸易格局出现了两大倾向：其一是发达国家之间的贸易量大为增加，发达国家之间的贸易成为国际贸易的主要组成部分。其二是同类产品之间的贸易量大为增加，出现了许多同一行业既出口又进口的行业（产业）内国际分工模式。用传统的“资源禀赋”或“比较成本”差异原理，都不能对上述倾向做出令人满意的解释。随着产业组织理论的问世，西方经济学研究突破了完全竞争条件下的一般均衡分析框架，这一方法论的革命无疑是传统国际贸易理论摆脱其局限性的一个契机。克鲁格曼（P. Krugman）与赫尔普曼（E. Helpman）等运用产业组织理论对产业内分工和贸易问题进行了系统的阐述，建立了以规模经济和产品差异为基础的垄断竞争国际分工与贸易理论模型，被称为新贸易理论。

到 20 世纪末，主流国际贸易理论的基本逻辑仍然是比较优势理论，虽然新贸易理论发现了国际贸易产生和发展的一些新的原因，而且包含动态比较优势理论的一些基本思想，但它仍没有完全脱离比较优势理论，更没有替代比较优势理论。然而，由于作为贸易基础的比较优势是可以人为创造的，例如一国政府通过有意识的干预，制定适当的产业政策，就可以突破 H-O 模型的资源禀赋限制，人为地创造出比较优势和规模经济，而且规模经济常常因历史偶然因素而形成，因此，不管是比较优势理论还是新贸易理论，都需要在理论体系及方法上自我超越、发展与完善，特别是新贸易理论的很多观点本身有待进一步验证。

目前，国际贸易理论正处于一场新兴古典革命，自 20 世纪 80 年代末 90 年代初以来，以罗森（Rosen）、贝克尔（Becker）、杨小凯、博兰（Borland）和黄有光（Yew-Kwang Ng）等为代表的经济学家，用现代数学工具和所谓超边际分析的方法建立模型，重新阐释新古典经济学中有关分工和专业化的思想，开创了所谓的新兴古典经济学，从根本上弥补了新古典经济学无法洞察社会组织结构和社会分工的缺陷。新兴古典经济学将很多经济发展和贸易现象解释为分工演进的不同侧面，并解释了交易费用和制度对分工和生产力演进的意义。新兴古典经济学对贸易理论的研究做出了积极贡献，其影响是巨大的，它使我们重新思考传统贸易理论中一些已有定论的命题，同时为国际贸易理论的发展提供了新的视角和观点。

从传统到当代的国际贸易主流理论都是自由贸易理论。但在国际经济贸易关系研究中，也有人提出与自由贸易理论相对的保护贸易理论。比较典型的是由美国的汉密尔顿（A. Hamilton，1757—1804 年）和德国的李斯特（F. List，1789—1846 年）先后提出的幼稚工业保护理论，该理论认为每个国家要发展自己的民族工业，就必须用关税对本国的幼稚工业进行保护，并且用生产力论说明后进国家使自己跻身于发达国家行列的唯一途径便是对本国有战略意义的工业部门进行保护，只有在本国工业部门成长起来之后，才可以和发达国家平等地在市场上竞争。这种保护贸易理论不同于闭关锁国的自然经济理论，而是强调保护本国产业的目的在于发展能参与国际市场竞争的工业。这种理论也为许多后进国家成为世界先进国家的事实所证实，因而对后进国家的对外贸易发展战略有深刻的影响。

三、国际贸易的政策与措施

应用不同的国际贸易理论指导对外贸易的实践，便会产生各种各样具体的贸易政策和措施。国际贸易政策主要有两种，即自由贸易政策和保护贸易政策。自由贸易政策是指国家不干预、不设置关税和非关税壁垒；而保护贸易政策是指国家采取关税和非关税措施，限制某些产品的进口，鼓励某些产品的出口。各种政策措施对进口和出口的影响程度各不相同，产生的经济效应或福利效应亦不同。历史上各国都随着时代的发展制定有利于本国对外贸易发展的政策和措施。在资本主义原始积累时期，出现了重商主义；在资本主义自由竞争时期，自由贸易政策和保护贸易政策并存；在资本主义垄断竞争时期，出现了超保护贸易政策；在第二次世界大战后，又出现了贸易自由化。目前，虽然贸易自由化仍然是国际贸易政策的主流，但贸易保护主义也十分盛行，主要是各种非关税壁垒层出不穷，如反倾销、技术性贸易壁垒等。

现代国际贸易的实践表明，国家在国际分工与贸易中既存在竞争，又存在合作，于是不同国家又会通过签订各种协定、条约或参加某些全球性与区域性国际经济组织来对自己的行为进行约束和规范。这些协定、条约和国际经济组织究竟会给成员带来多少具体的经济利益或损失，通常是比较模糊的。事实告诉我们，国际经济贸易关系涉及各国的长远利益，参加各种国际经济组织通常有政治、军事或外交上的考虑，因此，在研究这些问题时，不能单纯从经济的角度考虑，而应该从更广泛的角度去分析。

四、与国际贸易有关的各种理论和现实问题

国际贸易学科在展开研究时，不可避免地会涉及与国际贸易有关的各种理论与现实问题。例如，国际贸易的发展引起了生产国际化的发展，形成了对国际贸易具有重大影响的许多跨国公司，有关这些跨国公司的国际直接投资与贸易活动的理论和实际问题，以及由生产国际化引起的区域经济一体化、集团化问题，都是国际贸易学科十分关注的，不了解这些问题，实际上就不了解现代国际贸易发展的特点。同时，世界各国为了推进贸易自由化的发展而建立起来的世界贸易组织（WTO），已成为各国从事国际经贸活动的法律框架和活动平台，无论是发达国家还是发展中国家，都希望 WTO 的规则朝着更有利于自己的方向发展，有关 WTO 的一系列问题，自然也是国际贸易学科所要研究的。

值得注意的是，自社会主义革命和社会主义国家产生以来，社会主义国家的对外贸易理论也经历了一个发展过程。马克思主义经典作家也一直注意研究探讨国际贸易中的各种问题，并且认为生产力在生产关系的发展中起关键作用，通过考察国际分工、世界市场和国际价值来发现不同国家之间商品和服务交换活动的基本规律。由于社会主义革

命并不是在世界上最先进的国家首先爆发，所以社会主义国家面临着如何实现工业化，跻身世界先进国家行列的问题。受国际环境和国内环境的影响，社会主义国家的工业化和现代化并没有一个固定的模式。我国在科学总结社会主义革命和建设经验的基础上，提出通过改革开放，参与国际分工和国际贸易来建设社会主义现代化的道路。40 多年的实践表明，这是一条成功的道路，这方面的许多理论必将随着实践的发展而发展，我们应本着马克思主义立场、观点、方法，去粗取精，去伪存真，吸取西方国际贸易理论的合理部分，进一步发展马克思主义国际贸易理论。

第四节 国际贸易研究方法的特点与分析工具

一、国际贸易研究方法的特点

国际贸易理论在研究方法上以微观经济分析和均衡分析为主。微观经济学通常是以单个消费者和厂商为基本单位，研究个体之间的经济关系，经济行为主体背后并无政治文化背景的差异，而国际贸易则涉及国家的界限，所以经济学家在研究国际贸易时都是以国家为单位，既考虑个体的行为，又考虑国家（或政府）的行为。概括起来，国际贸易理论在研究方法上具有以下几个基本特征：

1. 不考虑货币因素，只进行实质面或实物面的分析

国际贸易理论分析不涉及货币因素，不考虑各国货币制度的差异与关系的影响，即在分析时假定当前世界是一个物物交换的世界。因此，国际贸易理论实际上是一种实质面或实物面的分析（real analysis）。至于货币因素的影响，则在国际金融相关部分进行专门讨论。

这种处理方法与微观经济学的分析方法是一致的。主要理由是基于这样一种假设：经济行为主体的决策取决于所有价格，而不是仅仅依靠部分价格信息。在“实际”经济没有变动的情况下，他不会改变决策。例如，假设 P_x 和 P_y 分别表示两种商品 X 和 Y 的货币价格，又称为名义价格，那么 P_x/P_y 被定义为商品 X 的相对价格。它的含义是用商品 Y 代替货币，作为商品 X 的计价单位，表示用一个单位的商品 X 与商品 Y 进行交换所能得到的商品 Y 的数量。如果两种商品的货币价格同比例变化，则相对价格并不会改变，因此相对价格表达的是一种纯粹的物物交换关系，与货币因素无关。在这样的世界里，经济行为主体的行为只取决于相对价格，而与名义价格无关。

2. 一般只进行二维分析

在分析框架上，各种贸易理论模型大都假定世界上只有两个国家、两种商品（或部门）以及不超过两种生产要素。这种处理方法与所选择的经济模型的形式有关。一般来说，大学本科阶段的经济学教材所采用的理论模型大都以几何形式为主。这种二维坐标分析法的最大优点是不仅直观明了，便于学生理解，而且论证过程也较为严密，但缺点也较为明显，即经济模型不得不加以简化，限定在二维范围内。

3. 采用局部均衡分析与一般均衡分析方法

国际贸易理论多采用局部均衡（partial equilibrium）与一般均衡（general equilibrium）

分析方法。由于研究国际贸易首先遇到的问题是不同国家某种商品供求决定的价格与数量的平衡问题，这就需要用局部均衡分析方法来处理，同时，国际贸易必然会涉及不同国家两种或两种以上的商品及其价格体系，所以一般均衡分析方法也是不可或缺的。

4. 采用静态或比较静态分析方法

大多数国际贸易理论都采用静态或比较静态分析方法，即取经济发展的一个截面来分析，时间因素在国际贸易理论分析中较少体现。

二、国际贸易研究方法的主要分析工具

国际贸易理论与政策的分析主要是以边际分析、机会成本、生产可能性曲线及社会无差异曲线为分析工具的均衡分析。为便于读者在接触国际贸易理论之前对国际贸易研究中的常用分析工具预先有个了解，以下对本书所使用的主要分析工具做简要介绍。

1. 边际分析

边际分析（marginal analysis）来源于边际效用学派，该学派在从数学和心理学角度分析商品的价值决定时提出主观价值论，开始应用边际分析方法。之后的西方经济学家以主观价值论为理论基础，把边际分析方法作为经济政策决策工具广泛应用。

边际分析常用到边际效用、边际成本、边际收益等概念。边际效用就是再消费一单位产品所获得的追加满足或效用；边际成本指再增加一单位产品的生产所花费的成本；边际收益指再增加一单位产品的生产所获得的收益；等等。边际分析的实质是数学分析，其含义是：一个经济变量每增加一个单位或发生微小变动，所引起的另一个经济变量的变化程度，可用 $\Delta Y/\Delta X$ 表示。边际分析是机会成本、生产可能性曲线、社会无差异曲线的数学基础。

2. 机会成本与相对商品价格

（1）机会成本。

机会成本（opportunity cost）概念于 19 世纪由奥地利学派提出，又称替代成本（substitution cost），1936 年由美国经济学家哈伯勒（G. Haberler）引入国际贸易理论，以替代大卫・李嘉图的劳动成本，成为对国际贸易进行一般均衡分析的重要工具。

所谓机会成本，是指一定的生产资源用于增加生产一单位某种产品所必须放弃生产的另一种产品的数量，它表示放弃一种生产机会而选择另一种生产机会的代价。例如，英国的资源可用于生产小麦，也可用于生产布。如果用来生产小麦，就牺牲了生产布的机会；若用来生产布，便牺牲了生产小麦的机会。因此，小麦的机会成本就是增加生产一单位小麦所必须减少生产的布的数量；而布的机会成本则是增加生产一单位布所必须减少生产的小麦的数量。

机会成本理论认为，机会成本的差异是国际贸易产生的原因，一国在机会成本低的商品生产上具有比较优势，应专门从事该商品的生产，并出口部分该商品换取本国机会成本高即生产比较不利的商品，这样，通过分工和交换，能为各国带来利益。

在对机会成本进行动态分析时，经常遇到边际机会成本递增、边际机会成本不变和边际机会成本递减三种情况。

1）边际机会成本递增。这是指随着一种产品产量的增加，每增加一单位该产品的生产，必须牺牲的另一种产品的数量越来越多。

边际机会成本递增发生的原因主要有：第一，生产要素并非同质；第二，不同行业的生产要素的转移受到限制；第三，生产要素的替代能力有限。这样，当把所有要素用于生产一种产品时，必须把不太适宜甚至最不适宜用于生产这种产品的要素也用于生产这种产品，因此，当减少某一产品的产量，把适宜用于生产另一种产品的要素转移出来用于生产这种产品时，边际机会成本开始时会较低，但随着替换产量的增多，要素的适应能力减弱，边际机会成本会增加。例如，一国的土地资源有平原和丘陵，平原适宜种植小麦，而丘陵则适宜种草和生产牛奶。该国原来进行的是小麦的专业化生产，现欲把资源集中于牛奶的生产，这就需要把土地从小麦的生产转移到牛奶的生产上来。在这个转移过程中，开始时是把丘陵转移出来，因为丘陵适宜牛奶的生产，所以，只需牺牲少量的小麦便能获得大量的牛奶，即用小麦表示的牛奶的机会成本开始时较低。但如果这种转移继续下去，结果适宜种植小麦的平原也用来种草，发展牛奶的生产，生产牛奶的机会成本就会提高。

2）边际机会成本不变。边际机会成本不变是指增加一单位某产品的生产所必须放弃的另一种产品数量均相同，不论产出为多少。边际机会成本不变建立在生产要素单一且同质的基础上，并假设生产两种产品的生产要素能够完全相互替代（或转移），转移后生产效率也相同。由于这些假设是不切实际的，所以在生产实践中边际机会成本不变的情形极为少见。

3）边际机会成本递减。与边际机会成本递增相反，随着一种产品产量的增加，每增加一单位该产品的生产，必须牺牲的另一种产品的数量越来越少，或者说，随着某种产品产量的增加，每生产一单位该产品需要投入的要素逐渐减少。

边际机会成本递减与规模报酬递增（increase return to scale）以及不完全竞争（imperfect competition）密切相关。规模报酬递增又称规模经济，不完全竞争是相对于完全竞争而言的。规模经济和不完全竞争是最普遍的用来解释产业内贸易理论等新贸易理论的重要概念。规模报酬递增是指厂商进行大规模生产，使成本降低、报酬递增的过程。对一厂商而言，规模经济有外部的和内部的，前者不一定带来市场不完全竞争，后者则将导致不完全竞争，如垄断竞争（monopolistic competition）、寡头垄断（oligopoly）或独占（monopoly）。

（2）相对商品价格。

相对商品价格（relative commodity prices）是指一种商品相对于另一种商品的价格，即一种商品的价格与另一种商品的价格之比。若以 P_x 和 P_y 分别表示 X、Y 两种商品的价格，则商品 X 相对于商品 Y 的价格为 P_x/P_y。

假定价格等于生产成本，且一国同时生产 X、Y 两种商品，则 X 的机会成本等于 X 相对于 Y 的价格（P_x/P_y）。由于商品的机会成本等于其相对价格，因此，两国相对商品价格差异反映了它们的比较优势所在，并为互惠贸易提供了基础。

3. 生产可能性曲线

生产可能性曲线（production possibility curve，PPC），也叫生产可能性边界（production possibility frontier，PPF）或转换曲线（transformation curve），它表示在一定的

技术条件下，在一国所有生产要素都被充分有效利用的情况下所能生产的两种可供选择的产品的不同产量组合。在导出生产可能性曲线之前，我们首先要对所考察的经济社会做简化处理：假设该经济社会只生产两种产品 X 和 Y，并且只使用两种生产要素资本（K）和劳动（L）。其他的一些基本假设包括：

（1）所有商品市场和生产要素市场都是完全竞争的；

（2）所有生产要素的总供给量都是固定不变的，并且都已得到充分利用；

（3）生产要素可在部门间自由流动，但不能跨国界流动；

（4）所有商品的生产技术条件都是既定的，并且规模报酬不变；

（5）经济活动中不存在外部性。

根据以上假设，X 和 Y 两种产品的生产函数可表示为

$$X=f_x(K_x,L_x) \tag{1-1}$$

$$Y=f_y(K_y,L_y) \tag{1-2}$$

其中，K_x、L_x、K_y、L_y 分别表示生产 X 和 Y 两种产品所使用的资本和劳动投入，f_x（•）和 f_y（•）分别表示 X 和 Y 的生产技术条件。由于生产技术条件遵循规模报酬不变规律，所以 f_x（•）和 f_y（•）均为线性齐次函数。假设资本和劳动的总供给量分别为 K 和 L，那么，充分就业意味着两个部门所使用的资本及劳动之和分别等于资本和劳动的总供给量，即

$$K=K_x+K_y \tag{1-3}$$

$$L=L_x+L_y \tag{1-4}$$

生产可能性曲线因边际机会成本的动态变化趋势不同而呈现不同的形状。如图 1-1 所示，在边际机会成本不变的情况下，生产可能性曲线是一条直线；在边际机会成本递增的情况下，生产可能性曲线是一条凹向原点的曲线；在边际机会成本递减的情况下，生产可能性曲线是一条凸向原点的曲线。

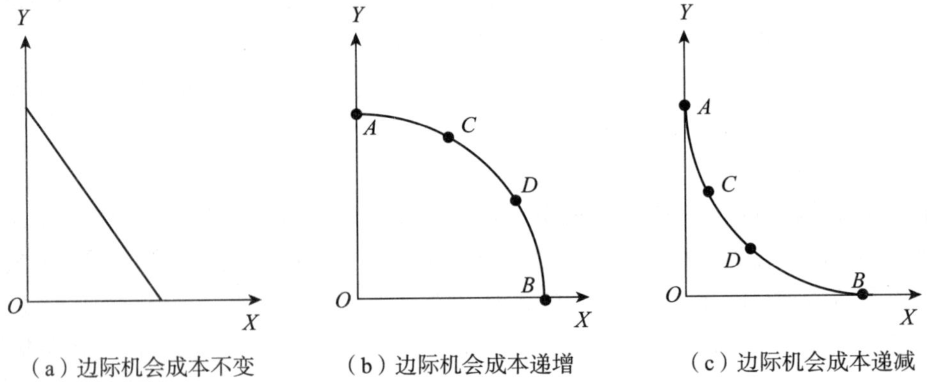

（a）边际机会成本不变　（b）边际机会成本递增　（c）边际机会成本递减

图 1-1　生产可能性曲线

图 1-1（a）所描述的是一种特殊情况下的生产可能性曲线，它对应于机会成本不变这一情形。由于在生产可能性曲线上切线斜率处处都相同，所以这是一条直线。在古典贸易理论中，由于假设只有一种生产要素——劳动，且生产技术不变，所以生产可能性

曲线就是一条直线。另一种情况也可以导致这种结果，即如果 X 和 Y 两个部门采用的生产要素比率完全相同，那么一个部门所释放出的资本和劳动，正好可以被另一个部门完全吸收，在规模报酬不变的条件下，两个部门的生产减少和增加都是固定不变的，即 $-\Delta Y/\Delta X$ 保持不变，所以边际机会成本是固定不变的，这时对应的生产可能性曲线就是一条直线。

在图 1－1（b）中，某国把全部生产要素用于 X 产品的生产时，产量为 OB，用于 Y 产品的生产时，产量为 OA，AB 为生产可能性曲线，这条生产可能性曲线描述了该国的供给条件，即在该国的技术、要素总量和某一产品（比如 Y）的产出水平既定的情况下，另一种产品（比如 X）的最大产出或供应能力。当要增加 X 产品的产量时，必须减少 Y 产品的产量，因为要把原来用于 Y 产品生产的要素转移出来用于 X 产品的生产。图 1－1（b）所描述的生产可能性曲线的形状是凹向原点或向外凸的，即说明当生产点由 C 向 D 转移时，对应的切线斜率绝对值不断上升，也就是说，随着 X 的产量增加，其边际机会成本是递增的。

在古典和新古典贸易理论中，我们始终假设所考察的经济社会要么是机会成本递增的，要么是机会成本不变的。但在新贸易理论中，我们的分析框架发生了重大变化，即所考察的经济社会是机会成本递减或规模报酬递增的。如图 1－1（c）所示，与边际机会成本递增正相反，当生产点由 C 向 D 移动时，对应的切线斜率绝对值不断减小，即随着 X 的产量增加，其边际机会成本是递减的。

X 和 Y 两个部门的产出由两个部门的生产要素投入量决定，而生产要素在两个部门之间的配置取决于两个部门的生产要素报酬之间的关系。如果一开始时两个部门的生产要素报酬不一致，那么生产要素将会从报酬低的部门流向报酬高的部门，直至两个部门的生产要素报酬达到一致，生产要素的流动才会停止。这时，生产要素在两个部门中的投入便确定了下来。上述过程可通过所谓的埃奇沃思盒状图（见图 1－2）来描述。在图 1－2 中，方框的长度（横坐标）表示劳动的总供给量 L，宽度（纵坐标）表示资本的总供给量 K，图中曲线 X_0 表示以 O_x 为原点的 X 的一条等产量曲线，Y_0 表示以 O_y 为原点的 Y 的一条等产量曲线。对于单个生产者来说，均衡状态（利润最大化）是由等产量曲线与等成本曲线的切点决定的。也就是说，在该厂商达到利润最大化时，要素边际技术替代率（marginal rate of technological substitution，MRTS）等于要素价格之比（或相对价格），即

$$MRTS=\frac{w}{r} \tag{1-5}$$

式（1－5）中，$MRTS$ 表示 X 部门的要素边际技术替代率，w、r 分别表示 L 和 K 的价格。在两个厂商或两种产品的情况下，上式仍然成立（由利润最大化定律决定）。因此，当生产要素通过自由流动导致两个部门的要素价格趋同时，两个部门所采用的要素投入组合点所对应的要素边际技术替代率应当相等。在图 1－2 中，E 点是两个部门的等产量曲线相切的点，在这一点，两个部门的要素边际技术替代率相同（因为两条等产量曲线在 E 点拥有共同的切线），同时两个部门的生产要素投入满足式（1－3）和式（1－4），即此时生产要素得到了充分利用，因此 E 点是生产要素配置的一个均衡点。

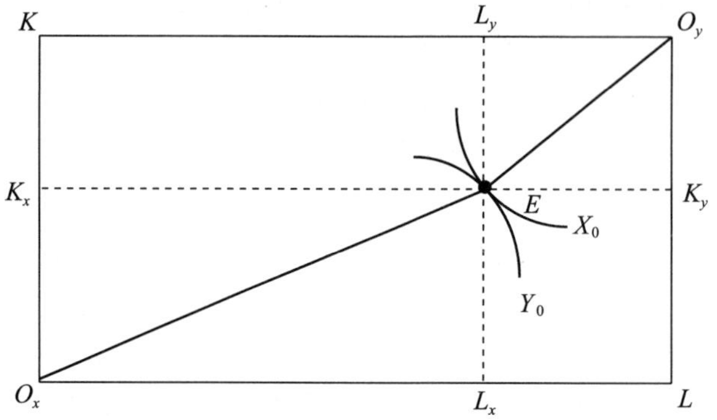

图 1-2　两部门生产的埃奇沃思盒状图

4. 消费者偏好与社会无差异曲线

在需求方面，个体无差异曲线（individual indifference curve）是描述单个消费者的偏好与福利的重要概念。在国际贸易中，我们更关注整个国家的福利，即判断国际贸易对一国福利而言究竟是一件好事还是一件坏事。因此，在研究国际贸易问题时，需要一种能衡量整个社会需求与福利的分析工具。

一种很简便的做法就是，通过个体无差异曲线的加总来构造一条可反映整个社会需求条件与福利的无差异曲线，即社会无差异曲线（community indifference curve）。这种思路虽然可取，但会遇到很多技术上的难题。因为如果不对所有消费者的偏好加以限定，那么一般情况下很难得到一条有意义的社会无差异曲线。

在现实生活中，每个人的偏好可能是不同的。虽然对于各种可能的消费组合每个人都可根据自己的偏好加以排序，但由所有个体构成的集体或社会则很难有一个统一的偏好排序。以下例子足以说明这一点。假设一个只有三个人的社会，现在有三种不同的商品组合，分别记为 A、B、C，表 1-1 给出了甲、乙、丙三人关于商品组合的偏好顺序（由高到低）。为简单起见，不妨假设三人通过投票，以多数票来决定集体的偏好排序。

表 1-1　个人偏好排序

偏好排序	甲	乙	丙
1	A	B	C
2	B	C	A
3	C	A	B

若先对 A 与 B 进行排序，甲和丙都赞成 A 优于 B，只有乙反对（B 优于 A），于是两票对一票，集体决定 A 优于 B；同样可以推断 B 优于 C（甲、乙赞成，丙反对），C 优于 A（乙、丙赞成，甲反对）。这样一来便遇到了难题，三人无法从总体上对所有商品组合给出一个统一的偏好排序。

为了避免上述难题，必须对个体偏好有所限定，这样才能得到一条能反映集体偏好的社会无差异曲线。为此，我们假设所有个体的偏好都是相同的，这样，集体的偏好与个体的偏好保持一致。由于每个人的无差异曲线的形状都是相同的，因此社会无差异曲线（I）的形状和性质与个人的无差异曲线也应一致，如图 1－3 所示。

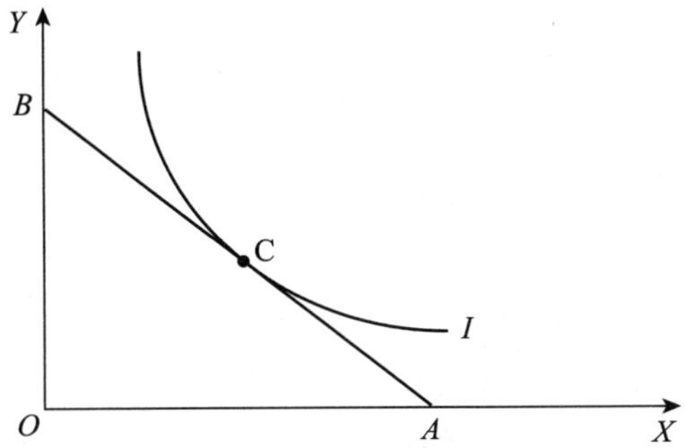

图 1－3 社会无差异曲线

一条社会无差异曲线表示给予整个社会相同满足水平的两种商品消费的不同组合。社会无差异曲线上任何一点的斜率绝对值表示两种商品边际效用的比率，称为消费的边际替代率（marginal rate of substitution，MRS）。社会无差异曲线为凸向原点的曲线，这是因为人们对商品的消费存在边际效用递减（diminishing marginal utility）规律，即随着消费某种商品数量的增加，该商品对人的效用逐渐减少。离原点越远的社会无差异曲线代表的总效用水平越高。对于某一个体或国家，无差异曲线是不相交的。

在国际贸易中，社会无差异曲线主要有两种用途：

（1）它可以用来确定一国的均衡消费点。在图 1－3 中 AB 线表示在 X 和 Y 的价格既定的情况下，一国的国民收入预算线，该预算线与社会无差异曲线的切点 C 表示整个社会消费处于均衡状态，这时对 X 和 Y 的总需求也就随之确定。

（2）从规范分析的角度看，社会无差异曲线可以用来衡量整个社会的福利，这与个体无差异曲线衡量个体福利是一样的。例如，国际贸易的开展导致社会无差异曲线向远离坐标原点的方向移动，那么可以判定国际贸易对该国是有益的，因为它提高了该国的福利水平。但必须指出，社会无差异曲线由低处向高处移动虽然表明国家的整体福利水平提高了，但并不意味着所有社会成员的福利水平都跟着同步提高。同样，消费点在同一社会无差异曲线上移动表示整个国家的福利水平不变，但并不意味着所有社会成员的福利水平都不变，这方面具体的例子及解释在本书后面的内容中会遇到，这里不再赘述。

三、均衡分析

我们综合利用前面所介绍的生产可能性曲线和社会无差异曲线来分析在封闭和开放两种情况下，一国一般均衡价格或相对价格的决定。这里，首先讨论封闭条件下一国的一般均衡，然后讨论开放条件下一国的一般均衡。前面提到的所有假设和符号在这里和后面继续有效。

1. 封闭条件下的一般均衡

（1）一般均衡条件与均衡解。

在封闭状况下，决定一国经济一般均衡的条件有三个：1）生产达到均衡；2）消费达到均衡；3）市场出清。这三个条件可用如下三个表达式来分别表示：

$$MRT=\frac{P_x}{P_y} \tag{1-6}$$

$$MRS=\frac{P_x}{P_y} \tag{1-7}$$

$$X_c=X_p, Y_c=Y_p \tag{1-8}$$

其中，MRT 和 MRS 分别表示生产的边际替代率与消费的边际替代率，带下标 c 的变量分别表示对应商品的消费，带下标 p 的变量分别表示对应商品的产出。

图 1-4 描述了满足上述三个条件的一般均衡解。一般均衡解为生产可能性曲线与社会无差异曲线的切点即 E 点。E 点，两条曲线拥有共同的切线，该切线斜率的绝对值等于 X 的相对价格，也就是说，这两条曲线共同决定了均衡状态下一国的生产、消费及相对价格水平。在 E 点，生产者利润达到了最大化，因为生产可能性曲线在该点的机会成本等于相对价格；消费者也达到了效用最大化，因为社会无差异曲线在该点的边际替代率也等于相对价格。另外，在图 1-4 中生产点与消费点重合，所以两种商品的生产均等于消费，即市场出清。

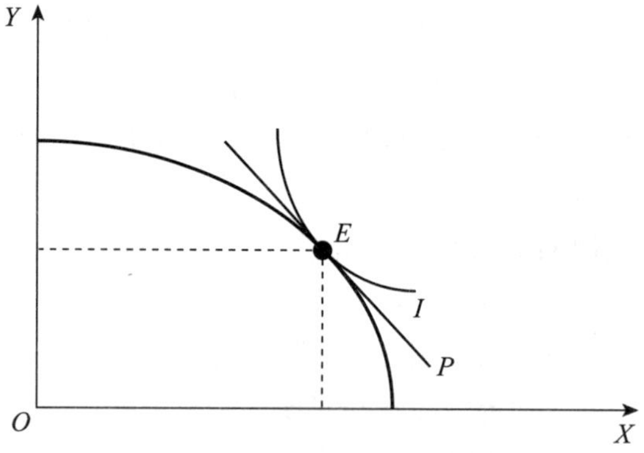

图 1-4　封闭条件下的一般均衡

（2）相对价格差与国际贸易的发生。

在西方经济学中，我们已经熟悉在封闭条件下一国供给曲线与需求曲线的交点决定了均衡产出、消费水平以及相对价格（见图 1-5）。现在引入另外一个国家，看一看两国相对价格之间的差异意味着什么。图 1-6 描述了另外一个国家——B 国在封闭条件下的一般均衡。均衡时，B 国 X 商品的相对价格为 2，高于图 1-5 中 A 国 X 商品的相对价格（等于 1）。

现在如果允许商品在两国之间自由流动，那么会发生什么情况呢？一开始 A 国 X 商品的相对价格要低于 B 国，所以 B 国消费者会发现，从 A 国生产者手里购买 X 商品，要比从本国生产者手里购买便宜，因此 B 国会从 A 国进口 X 商品；反过来，B 国 Y 商品的相对价格［Y 的相对价格 $P_y/P_x=1/(P_x/P_y)=1/2$］要低于 A 国 Y 商品的相对价格（$P_y/P_x=1$），同样，A 国消费者也会发现从 B 国生产者手里购买 Y 商品要比从本国生产者手里购买便宜，所以，A 国就会从 B 国进口 Y 商品。于是两国之间便发生了贸易。由此可知，国际贸易的发生是以两国相对价格存在差异为基础和先决条件的。

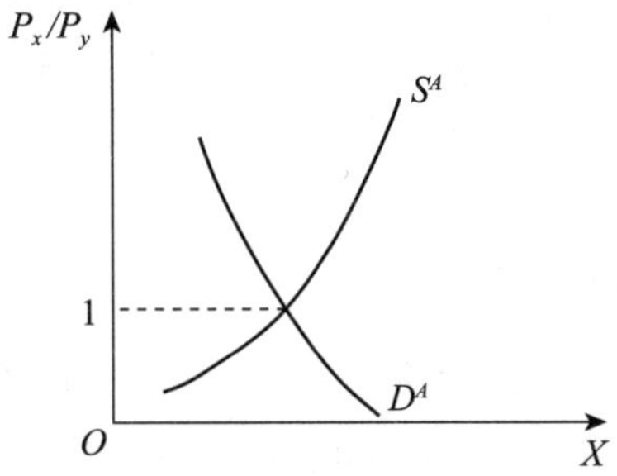

图 1-5 封闭条件下 A 国 X 商品的相对价格

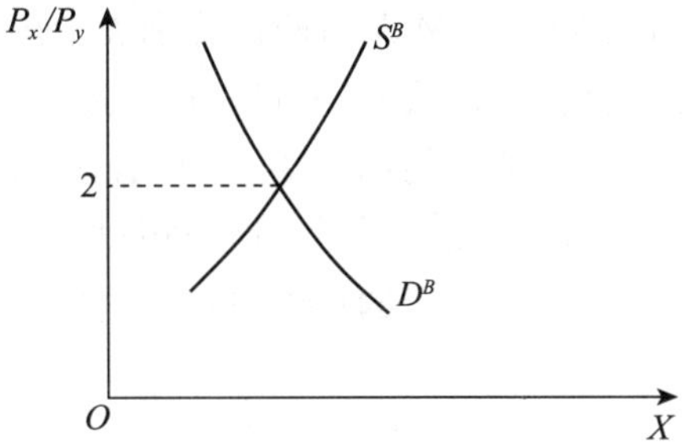

图 1-6 封闭条件下 B 国 X 商品的相对价格

由于在封闭条件下 A 国 X 商品的相对价格低于 B 国 X 商品的相对价格，因此，我们称 A 国在 X 商品上具有比较优势（comparative advantage），在 Y 商品上处于比较劣势（comparative disadvantage）；同理，B 国则在 Y 商品上具有比较优势，在 X 商品上处于比较劣势。两国之间的贸易方向取决于比较优势，即每个国家出口其具有比较优势的商品，进口其具有比较劣势的商品。

2. 开放条件下的一般均衡

（1）一般均衡条件与均衡解。

假定 A、B 两国由于相对价格差的存在导致了国际贸易的发生，对原来处于封闭状态的国家（这里以 A 国为例）来说封闭状态会被打破。那么，在开放条件下，该国经济如何进行调整以达到新的均衡呢？

在开放条件下，假设该国面对一个新的相对价格水平 P_w（$P_w=P_x^w/P_y^w$）。无论是处于封闭状态还是处于开放状态，该国生产者和消费者的目标都是一样的——追求利益最大化，因此，在开放条件下，生产和消费的均衡条件仍与封闭条件下一样，即生产者的最佳生产条件是使机会成本等于新的相对价格，消费者的最佳消费条件是使边际替代率等于新的相对价格。不过，原来在封闭条件下的第三个均衡条件——市场出清，在开放条件下则不再成立。在国际贸易存在的情况下，一国的消费者与生产者不必再保持一致。虽然生产与消费不再一致，但从收支平衡的角度看，一国民众在进口商品上的支出应等于其出口收入，即贸易应保持均衡。这样，原来的市场出清条件在开放条件下被换成了贸易均衡条件。

综上所述，在开放条件下，一般均衡条件可表述为如下形式：

$$MRT=\frac{P_x^w}{P_y^w} \tag{1-9}$$

$$MRS=\frac{P_x^w}{P_y^w} \tag{1-10}$$

$$P_x^w(X_c-X_p)=P_y^w(Y_p-Y_c) \tag{1-11}$$

式（1－11）表示贸易均衡条件，其中 X_c-X_p 和 Y_p-Y_c 分别表示 X 的超额需求（excess demand）和 Y 的超额供给（excess supply）。式（1－11）表明，如果 $X_c-X_p>0$，则必定有 $Y_p-Y_c>0$，即该国进口 X（国内消费超出国内生产），出口 Y，等式左右两边分别表示进口支出与出口收入；如果 $X_c-X_p<0$，则必定有 $Y_p-Y_c<0$，即该国出口 X（国内生产超出国内消费），进口 Y，等式左右两边分别表示出口收入与进口支出。总之，无论是哪种情况，贸易均衡条件都可由式（1－11）来描述。

在开放条件下，一国经济的一般均衡如图 1－7 所示。在图中，相对价格线 P_w 与生产可能性曲线的切点决定了生产均衡点。同时，这条相对价格线又表示 A 国或 B 国的国民收入预算线，因此它与社会无差异曲线的切点决定了消费均衡点。

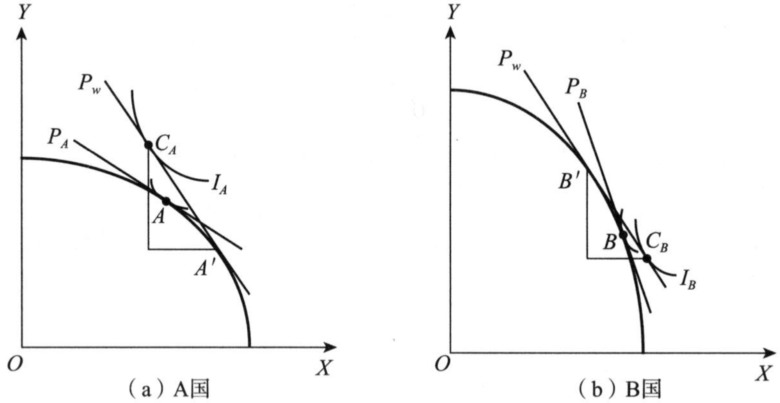

图 1－7　贸易均衡

（2）国际均衡价格。

图 1－7 与图 1－4 相比，最大的差别是在开放条件下生产均衡点与消费均衡点不再重合。图 1－7（a）表明，生产均衡点为 A'，消费均衡点为 C_A，X 的生产大于其国内消费，Y 的消费大于其国内生产，因此，在开放条件下，A 国出口 X，进口 Y。图 1－7（b）表明，B 国出口 Y，进口 X。或者说，A 国国内 X 商品的相对价格 P_A 低于 B 国国内 X 商品的相对价格 P_B，表明 A 国在 X 商品上具有比较优势，B 国在 Y 商品上具有比较优势，这就是两国进行分工与交换的基础。当贸易开展后，A 国势必增加其具有比较优势的 X 商品的生产，B 国势必增加其具有比较优势的 Y 商品的生产，即 A 国的生产点沿着其生产可能性曲线下移到 A'，B 国的生产点沿着其生产可能性曲线上移到 B'，直至两国的商品相对价格相等，并且为 P_w 这一商品相对价格，即世界市场价格介于两国国内均衡点相对价格之间。这时两国消费分别建立在共同商品相对价格线与社会无差异曲线 I_A 和 I_B 相切的 C_A 点和 C_B 点上，表明两国的经济福利水平均有所提高，这是贸

易带来的利益。

第五节 本书的宗旨与结构安排

一、本书的宗旨

在编写本书的过程中，我们力图对西方国际贸易理论与政策的产生、发展以及前沿进行较全面、系统、深入的介绍，使读者了解、掌握市场经济条件下的国际贸易理论与政策措施，同时针对国际经济与贸易专业的特点，设计本书的章节与内容。

二、本书的结构安排

国际贸易理论研究是经济学探讨的一个重要组成部分，国际贸易政策则是国际贸易理论在实践中的体现，在教学中如何使二者紧密结合，使理论可以指导实践是一项艰巨而又十分必要的任务。本书力图使理论阐述完整，并对宏观政策、微观基础进行深入分析，使学生能够对国际贸易从理论到政策有较为完整的把握。为此，特对本书结构做出如下安排：

本书除了导论作为第一章外，分为上、下两篇，即国际贸易理论篇、国际贸易政策与体系篇，共有 17 章。具体安排是：

上篇“国际贸易理论”共分为 9 章，包括第二章至第十章，主要介绍古典贸易理论，特定要素模型，新古典贸易理论，经济增长与国际贸易，产业内贸易理论，国际贸易动态理论与新发展，国际贸易利得与分配，要素流动、跨国公司与国际贸易，国际服务贸易理论。

下篇“国际贸易政策与体系”共分为 7 章，包括第十一章至第十七章，主要介绍国际贸易政策措施，贸易政策的经济效应分析，贸易保护政策的理论依据，发达国家的产业和贸易政策，发展中国家的贸易政策，区域经济一体化及贸易与经济合作，国际贸易新格局与中国对外贸易发展。

本章小结

1. 作为全书的导论，本章首先简要回顾了国际贸易产生与发展的历史，简述了国际贸易的分类及国际贸易理论的基本体系，介绍了国际贸易的基本经济学分析工具，并对本书的结构安排进行了概述。

2. 国际贸易是社会生产力发展到一定阶段的产物，它是随着国际分工的出现和世界市场的形成而产生和发展起来的。从历史上看，虽然对外贸易产生于人类社会发展的初期，但它的迅速发展却是在资本主义生产方式确立之后。15 世纪的“地理大发现”以及随后发生的欧洲殖民扩张，第一次把世界各个部分连接在一起；18 世纪的工业革命和资本主义革命不仅在经济体制上，而且在经济结构上使欧洲各国发生巨大变化，形成了一个西欧、北美国家生产和出口工业制成品，其余国家生产和出口初级产品的国际分工和世界贸易格局。第二次世界大战后，国际贸易飞速发展并呈现出许多新特点，包括国际贸易中工业制成品比重大大增加、产业内贸易及服务贸易迅速发展、北北贸易取代南北贸易成为主要贸易模式、世界贸易自由化趋势加强、区域性贸易与经济合作迅速增加以及国际贸易的平均增长速度大大快于世界生产的平均增长速度等。

3. 国际贸易按照不同的划分标准，可以有不同的分类。其中主要有出口贸易和进口贸易、总贸易和专门贸易、有形贸易和无形贸易、现汇贸易和易货贸易等。目前常见的贸易分类是以现汇贸易为基础的货物贸易和服务贸易。

4. 国际贸易学研究的对象与内容，主要是国际商品交换发生的理论基础以及对此进行调节的政策措施。理论部分主要研究：贸易产生的基础、贸易的利益及分配、贸易与经济发展的相互作用以及生产要素的国际流动与影响等。贸易政策分析主要包括：贸易政策的类型与效应、贸易政策制定中的政治经济学等。

5. 国际贸易研究方法的主要分析工具是经济学中的微观经济分析工具，包括边际分析、机会成本、生产可能性曲线、社会无差异曲线等。

关键术语

国际贸易	国际分工	世界市场	出口贸易
进口贸易	总贸易	专门贸易	有形贸易
无形贸易	直接贸易	间接贸易	转口贸易
易货贸易	产业内贸易	产业间贸易	古典贸易理论
新古典贸易理论	新贸易理论	国际贸易政策	局部均衡分析
一般均衡分析	生产可能性曲线	社会无差异曲线	

复习与思考题

1. 国际贸易的产生需要哪些基本条件?
2. 为什么国际贸易的大发展出现在资本主义生产方式确立之后?
3. 简述战后国际贸易发展的特点与新趋势。
4. 国际贸易发生的基本动因是什么? 国际贸易理论又是从哪些方面加以解释的?
5. 国际贸易理论发展的基本脉络是什么?
6. 国际贸易的主要政策与措施有哪些?

上　篇

国际贸易理论

第二章

古典贸易理论

亚当·斯密是英国古典政治经济学的杰出代表，他总结了始于17世纪中叶的由威廉·配第（William Petty）开创的古典政治经济学思想，以代表作《国民财富的性质和原因的研究》（又称《国富论》）构建了古典政治经济学的理论体系。他的地域分工原理和以此为基础的国际贸易理论，是古典政治经济学理论的重要组成部分。古典学派把国家间劳动生产率的差异作为绝对成本和比较成本差异产生的基础，正是这种成本差异导致了价格差异和国际贸易的发生。本章第一节是对国际贸易理论的概述，介绍什么是国际贸易理论及其研究的主要内容。第二节与第三节分别介绍斯密的绝对优势（absolute advantage）理论和李嘉图的比较优势（comparative advantage）理论。比较优势理论一直是贸易理论的核心，后人从不同角度发展了这一理论。第四节着重介绍李嘉图比较优势理论的扩展。

第一节　国际贸易理论概述

在介绍古典贸易理论之前，我们首先了解一下什么是国际贸易理论。一般来说，国际贸易理论是这样的理论：(1）研究国际商品交换。这里的商品一般是指有形商品，即货物（goods)。(2）研究国际贸易是怎样产生的以及贸易的格局、构架。(3）研究国际贸易价格如何确定。(4）研究国际贸易利益及其分配。(5）研究国际贸易与经济发展之间的关系问题。(6）研究技术进步对国际贸易的影响。(7）研究国际贸易政策的协调问题等。

那么国际贸易产生的起因是什么呢？我们可以从图2-1清楚地看出，价格差异是导致国际贸易发生的直接诱因。在图中，在封闭条件下，某国（假设是小国）某种产品由供给曲线 S 和需求曲线 D 所决定的国内市场上的均衡价格为 P_E，均衡产出与消费数量为 Q_E。若是在开放条件下，即在进行自由贸易的情况下，该国如果面对的国际市场价格为 P_{W1}，即这种产品的国际市场价格高于国内市场价格，由国内供给曲线与国内需求曲线可以看出，国内供给增加到 Q_3，国内需求减少到 Q_1，从而出现需求小于供给的局面，即出现需求缺口或剩余供给，剩余产品就可以通过出口来达到市场的出清，即该产品的出口为 Q_1Q_3。

若在开放条件下该国面对的国际市场价格为 P_{W2}，即这种产品的国际市场价格低于国内市场价格，由国内供给曲线与国内需求曲线可以看出，国内供给减少到 Q_2，国内需求增加到 Q_4，从而出现需求大于供给的局面，即出现供给缺口或剩余需求，这种产品的供给缺口就可以通过进口来弥补，即该产品的进口为 Q_2Q_4。

从而我们得出贸易的产生是由价格差异引起的，那为什么相同的产品在不同的国家价格不同呢？原因在于生产这种产品的成本在不同的国家有差异。因此，国际贸易理论就是探讨各种引起价格差异的原因，即什么因素造成了各国生产相同产品时的成本差异。

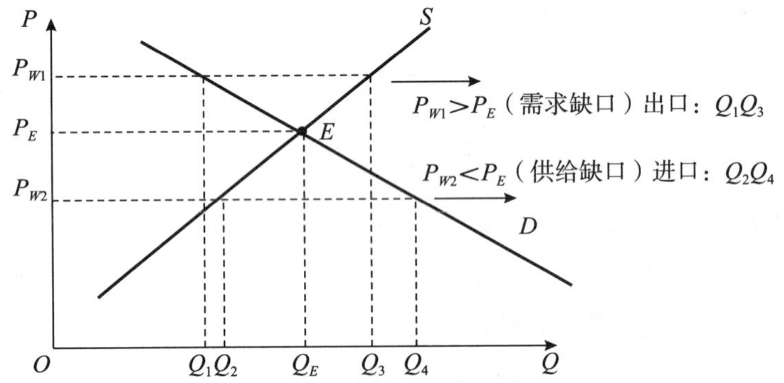

图 2－1　国际贸易产生的原因

第二节　斯密的绝对优势理论

分工与交换是斯密理论的逻辑起点。斯密认为互通有无、物物交换是人类共有的，也是人类所特有的倾向，这种倾向导致了分工的产生，即斯密认为，交换源于人类天性，这种交换的倾向形成了分工。分工能够提高劳动生产率；在先天禀赋和后天技术的共同影响下，各国生产某种产品的劳动生产率会有绝对的差异，这种劳动生产率的绝对差异导致了各国生产成本的差异，进而导致了国际贸易的产生。

一、斯密的贸易思想

斯密在对重商主义的批判中提出了自由贸易思想。在论证过程中，斯密将个人之间的分工和贸易推演到国家参与国际分工和国际贸易。他认为，同个人行为一样，一个国家也要将某种产品的本国生产费用和国外购买费用进行比较，这样才能决定是自己生产还是从国外进口这种产品：

> 如果一件东西在购买时所费的代价比在家内生产时所费的小，就永远不会想要在家内生产，这是每一个精明的家长都知道的格言。裁缝不想制作他自己的鞋子，

而向鞋匠购买。鞋匠不想制作他自己的衣服，而雇裁缝制作……

在每一个私人家庭的行为中是精明的事情，在一个大国的行为中就很少是荒唐的了。如果外国能以比我们自己制造还便宜的商品供应我们，我们最好就用我们有利地使自己的产业生产出来的物品的一部分来向他们购买。①

在斯密的理论中，国际贸易的基础是各国之间生产成本的绝对差别。斯密通过对苏格兰葡萄酒生产的例证分析探讨了绝对优势，并指出了国与国之间的贸易模式：

通过嵌玻璃、设温床、建温壁，苏格兰也能栽种极好的葡萄，并酿造极好的葡萄酒，其费用大约三十倍于能由外国购买的至少是同样好品质的葡萄酒……如果苏格兰不向外国购买它所需要的一定数量的葡萄酒，而竟使用比购买所需的多三十倍的资本和劳动来自己制造，显然是不合理的，那么所使用的资本与劳动，仅多三十分之一，甚或仅多三百分之一，也是不合理的……至于一国比另一国优越的地位，是固有的，或是后来获得的，在这方面，无关紧要。只要甲国有此优势，乙国无此优势，乙国向甲国购买，总是比自己制造有利。②

可见，绝对优势是由生产成本来衡量的：如果一国某种产品的生产成本绝对低于自己的贸易伙伴，那么，该国就具有生产这种产品的绝对优势。根据斯密的思想，国际贸易的模式为：各国集中生产并出口本国具有绝对优势的产品，进口本国不具有绝对优势的产品。同时，斯密指出，这种分工和贸易对每一个国家都有利，因此，各国不应限制进口，而应进行自由贸易。

二、绝对优势理论的模型分析

下面我们进一步对绝对优势理论进行数据化的模型分析，以对绝对优势概念有更形象和更深刻的认识，并为进一步阐述李嘉图的比较优势理论奠定基础。

1. 模型的基本假设

(1) 2×2×1 模型（两个国家，两种商品，一种生产要素即劳动）；

(2) 两国在不同商品上的生产技术不同，存在劳动生产率的绝对差异；

(3) 劳动决定商品价值，且所有劳动都是同质的；

(4) 给定生产要素（劳动）的供给，生产要素（劳动）得到充分利用，并且可以在国内不同部门之间流动，但不能在国家之间流动；

(5) 规模报酬不变；

(6) 完全竞争市场：各国生产的商品价格都等于生产成本，无经济利润；

(7) 无运输成本和其他贸易障碍；

(8) 两国之间的贸易是平衡的。

2. 绝对优势理论的例证分析

假设两个国家是英国和法国，两国都仅生产两种产品——毛呢和小麦，但两国的劳

① 斯密．国民财富的性质和原因的研究：下卷．北京：商务印书馆，1972：28.

② 同①29－30.

动生产率不同（见表 2－1）。劳动是唯一的生产要素，两国有相同的劳动力资源，都是 100 人。

表 2－1 英国和法国的劳动生产率

	毛呢［匹/（人·天）］	小麦［（千克/（人·天）］
英国	1	1.5
法国	0.5	2

由表 2－1 可知，英国毛呢的劳动生产率绝对高于法国，小麦的劳动生产率绝对低于法国，故英国在毛呢的生产上具有绝对优势，法国在小麦的生产上具有绝对优势。在封闭经济条件下，英国国内 1 匹毛呢的价值仅相当于 1.5 千克小麦的价值（因为在生产 1 匹毛呢的时间里可以生产 1.5 千克小麦），法国国内 1 匹毛呢的价值却相当于 4 千克小麦的价值；在开放经济条件下，英国显然愿意用毛呢去交换法国的小麦，而法国亦愿意用小麦去交换英国的毛呢，这恰恰是建立在绝对优势基础上的国际分工模式。

假设在封闭经济条件下，两国在两种产品的生产上平均分配劳动力，即各用 50 人生产毛呢，余下的 50 人生产小麦。在开放经济条件下，趋利动机使得英国将所有资源用于生产毛呢，而法国将所有资源用于生产小麦。假设各国在满足原有需求的基础上，将本国剩余的产品与另一国剩余的产品进行交换，即英国每天将 50 匹毛呢以 1∶2 的比价关系与法国 100 千克小麦相交换，则世界的总产量和总消费量都增长了。毛呢由分工前的 75 匹增加到分工后的 100 匹，小麦由分工前的 175 千克增加到分工后的 200 千克，各国的消费量亦有所增长，英国净增加了 25 千克小麦的消费，法国净增加了 25 匹毛呢的消费，国际贸易使两国福利水平都得到提高（见表 2－2 和图 2－2）。

表 2－2 绝对优势下贸易产生的福利影响

	封闭经济				开放经济			
	毛呢（匹）		小麦（千克）		毛呢（匹）		小麦（千克）	
	生产量	消费量	生产量	消费量	生产量	消费量	生产量	消费量
英国	50	50	75	75	100	50	0	100
法国	25	25	100	100	0	50	200	100
世界	75	75	175	175	100	100	200	200

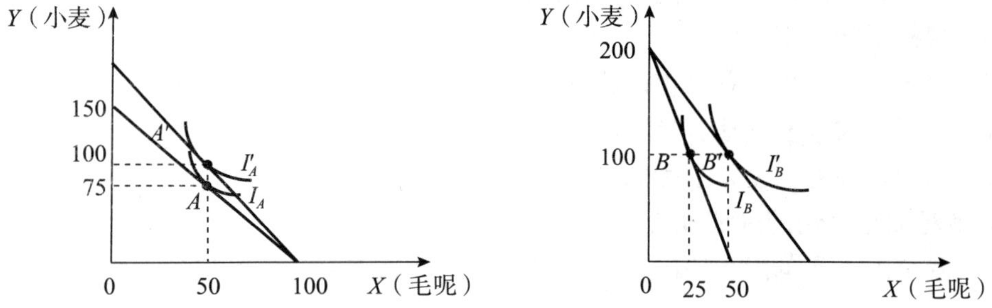

（a）英国 （b）法国

图 2－2 绝对优势理论的福利分析

三、对绝对优势理论的评价

斯密的贸易理论揭示了国际分工能够使资源得到有效利用，说明了分工的重要性；指出了贸易的互利性，使人们认识到了自由贸易的好处。应该说，绝对优势理论第一次从经济学原理角度探讨国际贸易产生的原因、贸易模式以及贸易利益，为之后的国际贸易理论研究奠定了非常重要的基础。

绝对优势理论似乎存在这样的局限性，根据这一理论，一国要参与国际贸易，就必须有至少一种产品在生产上与交易伙伴相比处于生产成本低的优势地位。但如果一国没有一种具有绝对成本优势的产品，那么，这个国家是否还要进行国际贸易？这种情况下贸易双方还能不能都获得利益？在上述情况下，自由贸易仍然是各国应该执行的政策吗？如表 2－3 所描述的情形，英国与法国之间的贸易模式又应该如何呢？这些问题好像不易用绝对优势理论进行解释，或者说绝对优势理论仅解释了小部分贸易事实。

表 2－3　英国和法国的劳动生产率没有绝对差异的情况

	毛呢［匹/（人・天）］	小麦［千克/（人・天）］
英国	1	2
法国	0.5	1.5

但是，人们忽略了斯密理论的完整体系，事实上，斯密理论有 3 个独立的理论分支，即绝对优势、剩余外溢和市场扩张（或生产力扩大）。现在人们只重点提炼出其中之一即绝对优势或绝对成本原理来解释国际分工与贸易产生的原因与模式。然而，仅从经过抽象和提炼的绝对优势概念出发，是不能合理理解斯密的地域分工学说的深刻内涵的。如果将斯密的绝对优势、剩余外溢和市场扩张理论结合起来，地域分工学说不仅能解释不同劳动生产率水平国家间的垂直分工模式，也可以解释相同劳动生产率水平国家间的水平分工模式。因此，探讨国际分工与贸易的理论和现实问题，有必要重构斯密的地域分工学说。

1. 绝对优势应该是动态的

斯密从劳动价值论出发，提出相对生产成本、相对价格完全由相对劳动投入决定的命题。这一命题的结论为：各国之间商品生产的不同成本，是用生产商品的劳动耗费量来衡量的，成本的差异归结为劳动生产率的差异。因此，劳动生产率的绝对优势是国际分工与贸易产生的根源。形成各国商品生产劳动生产率差异的基础是各国所拥有的绝对优势不同。

绝对优势分为两大类：一类是自然优势，就是超出人力范围的气候条件、地理位置、矿产资源和固有的其他天赋优势；另一类是获得性优势，即工业发展所取得的经济条件，如资本、技术优势等。二者结合起来，构成一个国家在生产和出口某种产品上具有的劳动生产率绝对优势。由此可见，绝对优势的取得，也包含了资本、技术因素的作用，因而绝对优势应该是动态的。可以认为，传统上对绝对成本检验的技术不变假定不一定符合斯密的原意。

2. 专业化与市场扩张的递增报酬

斯密认为，专业化分工的好处是："第一，劳动者的技巧因业专而日进；第二，由一种工作转到另一种工作，通常要损失不少时间，有了分工，就可以免除这种损失；第三，许多简化劳动和缩减劳动的机械的发明，使一个人能做许多人的工作。"①

斯密还认为，市场范围制约社会分工，而外国市场的存在，则有助于克服国内市场狭小所带来的限制。因为当国内产业为世界市场生产时，就会克服国内市场容量小对分工的限制，使生产的专业化程度大大提高，而专门生产大量产品的国家，通过改进生产技术，降低生产成本，就必然会在这些产品的生产中取得自我强化的绝对优势。这种自我强化的绝对优势的来源就是技术创新。因此，对外贸易能够使国内产业更大程度地利用分工，获得动态递增报酬。所以，对绝对成本检验的规模报酬不变假定也不符合斯密的专业化分工原理。

3. 剩余外溢与需求扩张

斯密认为，外国需求是国内需求的延伸，一国的出口产品总是那些相对于国内市场已经剩余的产品，而出口贸易常常发生在那些国内消费市场已经饱和的产业部门。也就是说，某一产业首先成长于国内市场，当国内市场对这种产品的有限需求接近极限时，该产业便应转而寻求国际市场，出口使需求扩大，剩余产品外溢。因此，国际分工规模的扩大也是国内外需求扩张的结果。

> 经营国际贸易的任何地方之间，毫无例外地都可以从中得到两种不同的利益。那就是，输出当地人所不需要的土地和劳动产品的剩余部分，换回他们所需要的其他物品。通过以剩余物品换取其他物品来满足他们一部分的需要并增加他们的享受，这种贸易使剩余物品有了价值。利用这个办法，国内市场的狭隘性并不妨碍任何工艺或制造业部门的分工发展到十分完美的程度。由于给国内消费不了的那部分劳动成果开辟了一个比较开阔的市场，这就可以鼓励他们去改进劳动生产技术，竭力增加他们的年产量，从而增加社会的真实财富和收入。②

毫无疑问，斯密的地域分工学说对当时在欧洲流行的重商主义学说提出了挑战，因而，为走向自由竞争阶段的资本主义国家的自由贸易政策的出台奠定了理论基础。但是，斯密关于通过国际分工提高资源使用效率、增加贸易双方财富的观点，虽然是主流国际分工理论的核心和基础，但大卫·李嘉图的比较成本相对于绝对成本从理论实际运用的广泛意义上讲，确实长期占据主导地位。

人物介绍 2-1

亚当·斯密

20 世纪 80 年代以来，一些历史学家和经济学家开始考虑斯密理论分支之间的联系和不可分割性，认为理论界需要重新审视《国富论》，重构斯密的地域分工和贸易学说。尔蒙斯莱（Earmousley）和詹姆斯（James）在 1993 年将绝对优势和市场扩张联系起来研究富国制造业专业化和穷国初级产品产业专业化之间的贸易和

① 斯密．国民财富的性质和原因的研究：上卷．北京：商务印书馆，1972：8.

② 斯密．国民财富的性质和原因的研究：下卷．北京：商务印书馆，1972：19.

分工模式，认为绝对优势和专业化协作的递增报酬是紧密相连的。

新贸易理论者运用产业组织理论和市场结构理论来解释国际贸易和国际分工原理的现象，也反映了人们重新审视《国富论》的热情。新贸易理论用不完全竞争、规模报酬递增和产品差异化等概念及思想来构造新的国际贸易理论分析框架，认为相对要素禀赋差异和经济规模差异的共同作用是决定国际贸易和国际分工的根本因素。迈克尔·波特（Michael Porter）的国家竞争优势说，用“钻石”（diamond）结构综合说明国际分工和国际贸易竞争框架，可以说是古典地域分工学说在更高层次上的现代理性回归。总之，细品现代各种贸易和分工理论研究的新视角，仍然可见当年斯密的思想光芒。

第三节　李嘉图的比较优势理论

大卫·李嘉图是古典政治经济学的集大成者。他在1817年出版的主要代表作《政治经济学及赋税原理》中继承和发展了斯密的学说，提出了比较优势理论。迄今为止，比较优势思想一直是主流贸易理论的核心思想，本节主要介绍李嘉图的比较优势理论。

一、李嘉图的贸易思想

与斯密的理论一样，李嘉图也以个人为例，从形成个人分工的原因推广到国家贸易产生的原因。为了说明比较优势理论的基本思想，他在著作中先举了这样一个例子来解释：“如果两人都能制鞋和帽，其中一个人在两种职业上都比另一个人强一些，不过制帽时只强1/5或20%，而制鞋时则强1/3或33%，那么这个较强的人专门制鞋，而那个较差的人专门制帽，岂不是对双方都有利吗?”

接着，李嘉图从个人推及国家，举了一个现在已经成为经典的例子：

> 英国的情形可能是生产棉布需要100个人劳动一年，而如果酿制葡萄酒则需要120个人劳动同样长的时间。因此，英国发现通过出口棉布来进口葡萄酒对自己比较有利。
>
> 葡萄牙生产葡萄酒可能只需要80个人劳动一年，而生产棉布却需要90个人劳动一年。因此，对葡萄牙来说，出口葡萄酒以交换棉布是有利的。即使葡萄牙进口的商品在本国制造时所需要的劳动少于英国，这种交换仍然会发生。虽然葡萄牙能够以90个人的劳动生产棉布，但它宁可从一个需要100个人的劳动生产的国家进口棉布。对葡萄牙来说，与其挪用生产葡萄酒的一部分资本去织造棉布，还不如用资本来生产葡萄酒，因为由此可以从英国换得更多的棉布。因此，英国将以100个人的劳动产品交换80个人的劳动产品。[①]

可见，李嘉图认为国际贸易的基础是：各国生产不同产品的比较成本差异。比较成本较低的产品是一国的比较优势产品，则国际贸易的模式是：每个国家集中生产并出口

---

① 李嘉图．政治经济学及赋税原理．北京：商务印书馆，1962：532－533.

其具有比较优势的产品，进口其不具有比较优势的产品。这种分工与贸易的结果是：劳动生产率不同的两个国家，通过对外贸易都能取得比自己以等量劳动所能生产的更多的产品，从而使贸易双方获利。

二、比较优势理论的模型分析

李嘉图的比较优势理论简化了现实中错综复杂的国际贸易关系，而只突出了比较成本的差别。但要使比较成本的分析得以成立，必须满足与绝对成本分析一样的假设条件（见本章第一节的相关内容）。

1. 比较优势的度量

李嘉图的贸易理论建立在劳动价值论的基础之上，认为劳动是唯一的生产要素或者所有产品的生产中各要素的投入比例是固定的，而且劳动是同质的，产品的价值取决于生产一单位这种产品所投入的劳动量，从而可以用相对劳动生产率来判断一国的比较优势。然而，在实证分析中难以用相对劳动生产率法判断一国的比较优势。1936 年，哈伯勒提出了判断比较优势的机会成本法，这一方法广泛用于比较优势理论的实证检验。下面我们对两种判断方法加以介绍。

（1）相对劳动生产率法。

相对劳动生产率是指不同产品劳动生产率的比率，一国某产品的相对劳动生产率高于另一国，意味着该国该产品的比较成本低于另一国，则该国具有生产该产品的比较优势。

令国家 1 产品 i 的相对劳动生产率（与产品 j 相比）为 $\mathrm{I}_{ij}=\frac{a_{1i}}{a_{1j}}$，其中，$a_{1i}$ 代表国家 1 产品 i 的劳动生产率，a_{1j} 代表国家 1 产品 j 的劳动生产率；国家 2 产品 i 的相对劳动生产率（与产品 j 相比）为 $\mathrm{II}_{ij}=\frac{a_{2i}}{a_{2j}}$，$a_{2i}$ 代表国家 2 产品 i 的劳动生产率，a_{2j} 代表国家 2 产品 j 的劳动生产率。

若 $\mathrm{I}_{ij}>\mathrm{II}_{ij}$，则国家 1 在产品 i 上具有比较优势，国家 2 在产品 j 上具有比较优势。

表 2－4 是根据表 2－3 计算所得的相对劳动生产率。观察可得：法国毛呢的相对劳动生产率（0.33）低于英国毛呢的相对劳动生产率（0.5），因此，英国具有生产毛呢的比较优势；法国小麦的相对劳动生产率高于英国小麦的相对劳动生产率，因此，法国具有生产小麦的比较优势。

表 2－4　英国和法国的相对劳动生产率

	毛呢	小麦
英国	0.5	2
法国	0.33	3

（2）机会成本法。

根据机会成本理论，某产品的机会成本是指在资源一定且得到充分利用的情况下，多生产一单位该产品所必须放弃的另一种产品的产量。一国某产品的机会成本低于另一国，则该国具有生产该产品的比较优势。

根据表 2－3 对应的例证，法国生产 1 匹毛呢需要 2 人・天，而 2 人・天在法国可以生产 3 千克小麦，为了多生产 1 匹毛呢需要减少 3 千克小麦的生产，因此，法国毛呢的机会成本是 3 千克小麦；英国生产 1 匹毛呢需要 1 人・天，而 1 人・天在英国可以生产 2 千克小麦，为了多生产 1 匹毛呢需要减少 2 千克小麦的生产，因此英国毛呢的机会成本是 2 千克小麦。英国毛呢的机会成本低于法国，故英国具有生产毛呢的比较优势；同理，法国具有生产小麦的比较优势。

在古典政治经济学体系下，用相对劳动生产率法和机会成本法都可以度量比较优势，而且结论是相同的。

2. 比较优势理论的例证分析

就表 2－1 对应的例证而言，李嘉图的比较优势理论所得的贸易模式与斯密绝对优势理论所得的贸易模式是相同的，而且两国均可以获得贸易利益。

当用表 2－3 替换表 2－1 时，情况就不同了。根据表 2－3，法国在任何产品上都没有绝对优势，但是，法国毛呢的相对劳动生产率为 0.33，英国毛呢的相对劳动生产率为 0.5，显然英国具有生产毛呢的比较优势；同理，法国具有生产小麦的比较优势。而且，在封闭经济条件下，法国国内 1 匹毛呢的价值相当于 3 千克小麦的价值，英国国内 1 匹毛呢的价值仅相当于 2 千克小麦的价值；在开放经济条件下，法国显然愿意用小麦去交换英国的毛呢，而英国亦愿意用毛呢去交换法国的小麦，此时形成了建立在比较优势基础上的国际分工模式。

假设在封闭经济条件下两国在两种产品的生产上平均分配劳动力，即各用 50 人生产毛呢，余下的 50 人生产小麦。在开放经济条件下，趋利动机使得英国多生产毛呢而法国多生产小麦，由于法国的劳动生产率过低，其全部资源都用于生产小麦亦不能满足两国对小麦的需求，此时，英国会将资源在毛呢与小麦的生产中分配。假设最终法国将全部资源都用于生产小麦；英国用 80 人生产毛呢，20 人生产小麦。两国在满足原有需求的基础上互换剩余产品，设最终世界市场比价关系为 2∶5，法国用 75 千克小麦向英国换取 30 匹毛呢，此时世界的总产量和总消费量都增长了，各国的消费量亦有所增长，国际贸易使得各国福利水平提高（见表 2－5）。

表 2－5　比较优势下贸易产生的福利影响

	封闭经济				开放经济			
	毛呢（匹）		小麦（千克）		毛呢（匹）		小麦（千克）	
	生产量	消费量	生产量	消费量	生产量	消费量	生产量	消费量
英国	50	50	100	100	80	50	40	115
法国	25	25	75	75	0	30	150	75
世界	75	75	175	175	80	80	190	190

三、比较优势与贸易利益

下面我们用一般均衡分析方法说明贸易利益。贸易利益不仅体现为生产效应——产出水平与产出结构的变化，而且体现为消费效应——消费水平与消费结构的变化。我们假设英国与法国的劳动总供给分别为 $L=120$、$L'=180$，在封闭条件下，两国各用一半劳动生产毛呢和小麦，毛呢的相对价格分别为 P_A 和 P_B。

在开放条件下，假设贸易条件为 $T=P_c/P_f=2.5$（P_c、P_f 分别表示毛呢、小麦的价格），两国单位产品的劳动生产率或劳动投入量如表 2－3 所示，并假设是完全分工，即英国把所有劳动都投入到毛呢的生产上，法国把所有劳动都投入到小麦的生产上。若法国用 130 千克小麦向英国换取 52 匹毛呢，英国与法国在贸易前后生产与消费的变动及福利变化便可用表 2－6 及图 2－3 表示。

表 2－6　比较优势下贸易产生的利益及其分配

	封闭经济				开放经济			
	毛呢（匹）		小麦（千克）		毛呢（匹）		小麦（千克）	
	生产量	消费量	生产量	消费量	生产量	消费量	生产量	消费量
英国	60	60	120	120	120	68	0	130
法国	45	45	135	135	0	52	270	140
世界	105	105	255	255	120	120	270	270

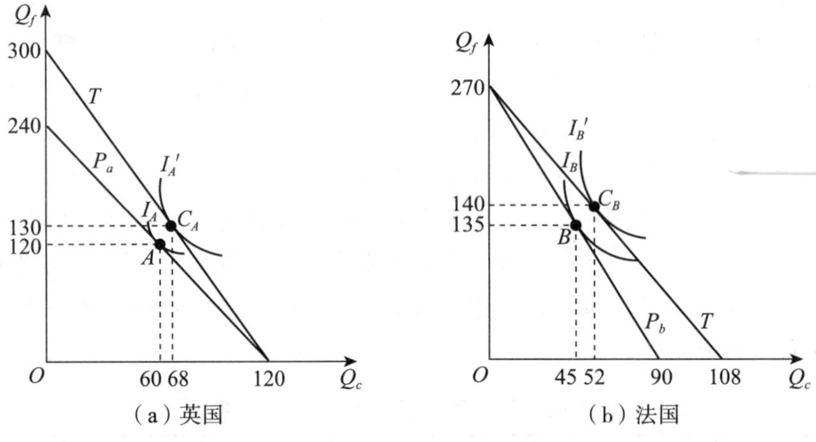

图 2－3　比较优势条件下贸易利益的一般均衡分析

贸易前，英国的生产点和消费点均为 A（60，120），法国的生产点和消费点均为 B（45，135），两国毛呢的相对价格分别为 2（$P_A=P_c/P_f=120/60$）和 3（$P_B=P_c/P_f=135/45$），国民福利水平分别由社会无差异曲线 I_A 与 I_B 表示。

贸易后，英国与法国的生产可能性曲线虽然没有变化，但由于进行完全专业化分工，即英国专门生产毛呢（120 匹/天），而法国专门生产小麦（270 千克/天），两国可接受的贸易条件即毛呢的相对价格在 2 和 3 之间。现在贸易条件为 $T=P_c/P_f=2.5$，是英国与法国都愿意参与交换的价格。贸易后英国的消费点变为 C_A（68，130），较封闭条件下多消费 8 匹毛呢和 10 千克小麦，而法国的消费点变为 C_B（52，140），较封闭条件下多消费 7 匹毛呢和 5 千克小麦，两国国民福利水平提升分别由社会无差异曲线从 I_A 上升到 I'_A 与从 I_B 上升到 I'_B 表示。

四、比较优势贸易利益的合成

按照李嘉图的比较优势理论进行分工与贸易，可以获得的利益有两种：一是来自交换（或参与贸易）的利益——交换所得；二是来自分工的利益——分工所得。如图 2－4 所示。

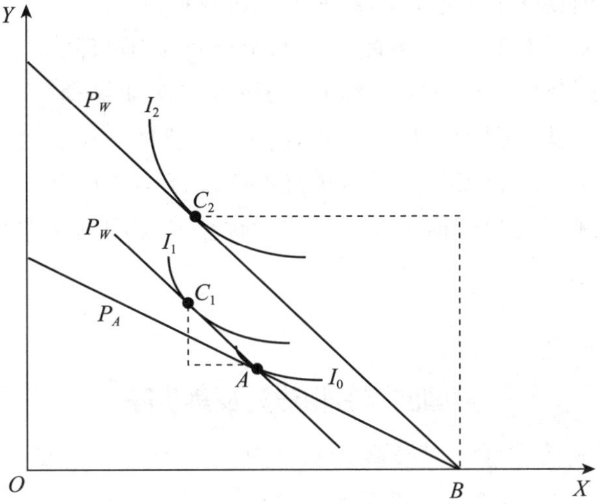

图 2－4　比较优势贸易利益的合成

从图 2－4 可以看出，P_A 和 P_W 分别表示一国国内相对价格与国际相对价格，该国生产 X 具有比较优势，但在没有贸易的情况下，其生产与消费都只能是在 A 点，达到的福利水平为 I_0；如果该国生产不变，仍处在 A 点，但是参与贸易，则可以通过出口 X、进口 Y 使消费达到 C_1 点，福利水平也提高到 I_1；若该国不但参与贸易，而且参与专业化分工，生产会移至 B 点，而消费达到 C_2 点，则福利水平更高，达到 I_2。因此，可以看出，该国来自专业化分工的利益要大于来自只参与贸易的利益（I_0 到 I_1 的变化幅度小于 I_1 到 I_2 的变化幅度）。

五、对比较优势理论的简要评价

比较优势理论比绝对优势理论更全面、更深刻地揭示了国际贸易产生的原因，说明国际贸易的产生不仅在于绝对成本的差异，而且在于比较成本的差异，从而阐明了发展程度不同的国家都可以从参与国际贸易和国际分工中获得利益。从整体来看，这些观点对世界市场的扩大、社会生产力的发展和国际贸易在更广泛的领域展开都无疑具有积极的促进作用。

但是，为了论证比较优势理论，李嘉图把复杂多变的国际经济抽象成静态的、凝固的情形，尽管这些假设基本上是合理的和有意义的，但毕竟使由此得出的比较成本理论与现实的国际经济有较大的差距，这就在一定程度上影响了比较成本理论的适用性。事实上，现代国际贸易理论正是力图突破这些假设，争取更大限度地接近国际贸易现实，以提升国际贸易理论的适用性和可操作性。

另外，虽然比较优势理论是以劳动价值论为基础，但李嘉图的劳动价值论是不彻底的，因为它认为国内的劳动等价交换规律不适用于国际交换。或者说，比较成本说的一个主要缺陷是未能解释两国进行商品交换的比率问题，即贸易利益或利得是如何在贸易双方之间分配的。这一事实反映了比较优势理论解释国际交换中的价值规律的困惑，李嘉图本人也只好说：“支配一个国家中商品相对价值的法则不能支配两个或更多国家间互相交换的商品的相对价值。”①同时，比较优势理论也未能解释比较优势的来源问题，即一国为何具有比较优势。以俄林为代表的新古典贸易理论从均衡分析法出发，将决定国际分工的因素由单纯的劳动成本扩展到资本和劳动两种生产要素，并以各国要素禀赋不同为依据，在解释比较优势来源问题上取得了进展，亦比较好地解决了李嘉图的困惑。

人物介绍 2-2

大卫·李嘉图

专栏 2-1

英国的《谷物法》及其废除

1815 年，英国政府为维护土地贵族阶级的利益，制定了《谷物法》。禁止或不鼓励进口的法规可以追溯到 15 世纪，但是直到 1663 年一个法令颁布它们才生效。然而，出口补贴始于 14 世纪，并且依照 1689 年制定的一个法令而变得更成系统。颁布《谷物法》的目的在于通过禁止进口直至价格达到一定水平（对小麦来说，达到每夸脱 80 先令）的方法来鼓励国内生产。《谷物法》颁布后，英国粮食价格上涨，地租猛增，这对土地贵族阶级有利，而严重地损害了产业资产阶级的利益。昂贵的谷物使工人的货币工资提高，工业生产成本增加，利润减少，削弱了工业品的竞争力。《谷物法》还招致外国以高关税阻止英国对它们出口工业品。这样，出于发展资本主义和提高利润率的需要，英国产业资产阶级迫切要求废除《谷物法》，从而与土地贵族阶级展开了激烈的斗争。

为了废除《谷物法》，产业资产阶级在全国各地组织了“反《谷物法》同盟”，广泛宣传《谷物法》的危害性及谷物自由贸易的好处。而土地贵族阶级则千方百计维护《谷物法》，他们认为，既然英国能够自己生产粮食，那就根本不需要从国外进口，反对谷物自由贸易。就在这种形势下，产业资产阶级迫切需要找到支持谷物自由贸易的理论依据。李嘉图适时而出，他认为，英国不仅要从国外进口粮食，而且要大量进口，因为英国在纺织品生产上所占的优势比在粮食生产上所占的优势大，故英国应专门发展纺织品生产，以其出口换取粮食，取得比较利益，提高商品生产数量。为此，李嘉图提出了比较成本说。

从 19 世纪 30 年代中期开始，《谷物法》再也无法对谷物自由贸易造成很大的实际困

① 李嘉图．政治经济学及赋税原理．北京：商务印书馆，1962：110.

难，《谷物法》的废除被认为标志着自由贸易理论在英国的最终胜利，并且迅速获得象征性的价值。《谷物法》的废除没有（像大家希望的那样）导致小麦价格的下跌，可是这样做降低了每年进口量的波动性。

资料来源：伊特韦尔，米尔盖特，纽曼．新帕尔格雷夫经济学大辞典：第1卷：A－D.3版．北京：经济科学出版社，1996：725.

第四节 李嘉图模型的扩展

美国经济学家弗兰克·陶西格（Frank Taussig，1859—1940年）在肯定李嘉图的比较成本说的基础上进行了一些扩展，认为应将生活中的各种因素如货币、利息、多种商品等置于模型之中，这样会更符合国际贸易的现实。针对古典贸易理论模型的9个假设，陶西格提出应对其中的4个假设进行修正与扩展：

（1）商品的生产成本即生产费用不是以劳动时间计算的，而是以货币计算的，国际贸易不是单纯的物物交换，而是以货币为媒介的交换，因此在理论假设中必须加入货币因素。

（2）商品的生产成本是由工资和利息组成的，在实际中，各国和各部门的工资水平和利息水平不同，单位成本随产量的变化也不相同；此外，运输费用也需要考虑。这些因素都应考虑进去。

（3）在实际中，参加国际贸易的是多个国家和多种商品，因此两个国家和两种商品的假设条件必须扩展。

（4）商品的国际价格是随着商品的供求关系而不断调整的。

一、货币化的李嘉图模型

在现实生活中，货币充当交易的媒介，绝大多数经济交易并非易货贸易。当两国商品的价值用货币表示时，又该如何度量比较优势呢？对这一问题的回答便是对李嘉图模型的一个扩展——货币化的李嘉图模型，即用货币来表现商品的成本与价格，并通过比较两国商品的货币价格来判断比较优势模式。

（1）假设英美两国货币的兑换比率为1英镑＝1.8美元，由表2－7计算可得，英国1匹毛呢的美元价格为5.4，1匹亚麻布的美元价格为2.7，均高于美国同种商品的价格，此时，英美两国之间的贸易是单向的，仅有美国向英国输出商品，而无英国的出口，因此，贸易是不平衡的。

表2－7 英国和美国的劳动生产率、货币工资与价格

	工资	毛呢		亚麻布	
		劳动生产率	价格	劳动生产率	价格
英国	1.5英镑/（人·天）	0.5匹/（人·天）	3英镑	1匹/（人·天）	1.5英镑
美国	4美元/（人·天）	1匹/（人·天）	4美元	1.5匹/（人·天）	2.67美元

（2）假设英美两国货币的兑换比率为 1 英镑＝1.5 美元，根据表 2－7 计算可得，英国 1 匹毛呢的美元价格为 4.5，高于美国毛呢的价格，因此，英国会从美国进口毛呢；英国 1 匹亚麻布的美元价格为 2.25，低于美国亚麻布的价格，因此，美国会从英国进口亚麻布。

（3）假设英美两国货币的兑换比率为 1 英镑＝1.3 美元，根据表 2－7 计算可得，英国 1 匹毛呢的美元价格为 3.9，1 匹亚麻布的美元价格为 1.95，均低于美国同种商品的价格，因此美国仅会从英国进口商品，而无美国的出口，因此，贸易亦是不平衡的。

在上面的例证中，我们仅变换了汇率水平，而固定了工资水平和商品的劳动生产率。如果汇率水平、工资水平与劳动生产率都是可变的，三者的变化亦会产生不同的贸易模式。总体来看，贸易是否发生不仅取决于两国相对劳动生产率的比较，还受到汇率水平与工资水平的影响。

我们将上面的分析模型化。假设世界由两国组成，国家 1 产品 i 的出口条件（一国出口商品所需的成本条件）为

$$\frac{W_{\mathrm{I}}E}{a_{1i}}<\frac{W_{\mathrm{II}}}{a_{2i}},\frac{a_{1i}}{a_{2i}}>\frac{W_{\mathrm{I}}E}{W_{\mathrm{II}}} \tag{2-1}$$

国家 2 产品 i 的出口条件为

$$\frac{W_{\mathrm{I}}E}{a_{1i}}>\frac{W_{\mathrm{II}}}{a_{2i}},\frac{a_{1i}}{a_{2i}}<\frac{W_{\mathrm{I}}E}{W_{\mathrm{II}}} \tag{2-2}$$

其中，a_{1i} 为国家 1 产品 i 的劳动生产率，W_{I} 为国家 1 的工资水平（以本国货币表示）；E 为间接标价法下的汇率水平（一单位国家 1 的货币可兑换国家 2 的货币的数量，量纲是“国家 2 货币/国家 1 货币”）；a_{2i} 为国家 2 产品 i 的劳动生产率，W_{II} 为国家 2 的工资水平（以本国货币表示）；$i=1, 2, \cdots, n$。

以 2×2×1 模式为例，设产品 1 为国家 1 的相对劳动生产率较高的产品，产品 2 为国家 2 的相对劳动生产率较高的产品。在不考虑货币因素时，国家 1 与国家 2 进行贸易的条件是

$$\frac{a_{11}}{a_{21}}>\frac{a_{12}}{a_{22}} \tag{2-3}$$

国家 1 出口产品 1，国家 2 出口产品 2；在考虑货币因素时，国家 1 与国家 2 进行贸易的条件是

$$\frac{a_{11}}{a_{21}}>\frac{W_{\mathrm{I}}E}{W_{\mathrm{II}}}>\frac{a_{12}}{a_{22}} \tag{2-4}$$

可见，在考虑货币因素时，存在李嘉图的比较优势模式仅是两国发生国际贸易的必要条件，而不是充分条件。两国间要发生互利贸易还要保证两国的相对工资水平和汇率水平处于一定范围内。

二、两种商品与多个国家的李嘉图模型

多个国家发生贸易的必要条件是，至少有两个国家存在比较成本差异。为了分析的方便，这里仍采用前面的假设前提，将 n 个国家两种商品的比较成本差异从小到大进行排序，即

$$\frac{c_{11}}{c_{12}}<\frac{c_{21}}{c_{22}}<\cdots<\frac{c_{i1}}{c_{i2}}<\cdots<\frac{c_{n1}}{c_{n2}} \tag{2-5}$$

其中，c_{i1} 表示国家 i 商品 1 的生产成本，c_{i2} 表示国家 i 商品 2 的生产成本，$i=1, 2, \cdots, n$。

在任何情形下，都会有一些国家的比较成本小于世界市场的相对价格 P_1/P_2，而其余各国的比较成本大于 P_1/P_2，即

$$\frac{c_{11}}{c_{12}}<\cdots<\frac{c_{i1}}{c_{i2}}\leqslant\frac{P_1}{P_2}<\frac{c_{(i+1)1}}{c_{(i+1)2}}<\cdots<\frac{c_{n1}}{c_{n2}} \tag{2-6}$$

若式（2-6）成立，则比较成本低于 P_1/P_2 的国家出口商品 1，比较成本高于 P_1/P_2 的国家出口商品 2。而若 $c_{i1}/c_{i2}\leqslant P_1/P_2$ 中的等号成立，则国家 i 就不参与国际贸易或者说国家 i 缺乏进行国际贸易的动力。

三、两个国家与多种商品的李嘉图模型——多恩布什-费雪-萨缪尔森模型

多恩布什、费雪和萨缪尔森 1977 年在前人研究的基础上进一步完善了两个国家与多种商品的李嘉图模型，该模型为后人所广泛认可，故又称两个国家与多种商品的李嘉图模型为多恩布什-费雪-萨缪尔森模型。该模型研究的主要问题是，在两国最初的劳动力禀赋给定的情形下，商品的供给和需求状况、相对工资水平以及两国之间贸易方式的决定。

我们借助货币化的李嘉图模型来阐述多恩布什-费雪-萨缪尔森模型。将两个国家 m 种商品的相对劳动生产率由大到小进行排序：

$$\frac{a_{11}}{a_{21}}>\frac{a_{12}}{a_{22}}>\cdots>\frac{a_{1j}}{a_{2j}}>\cdots>\frac{a_{1m}}{a_{2m}} \tag{2-7}$$

结合前面给出的出口条件，显然国家 1 将出口 $a_{1j}/a_{2j}>W_{\mathrm{I}}E/W_{\mathrm{II}}$ 的商品，进口 $a_{1j}/a_{2j}<W_{\mathrm{I}}E/W_{\mathrm{II}}$ 的商品。而国家 2 将出口 $W_{\mathrm{I}}E/W_{\mathrm{II}}>a_{1j}/a_{2j}$ 的商品，进口 $W_{\mathrm{I}}E/W_{\mathrm{II}}<a_{1j}/a_{2j}$ 的商品。

四、运输成本与不可贸易品

古典学派对国际贸易的解释都假设不存在运输成本。但实际上，产品从一国到另一国的运输成本是显然存在的。为了分析运输成本对国际贸易的影响，我们用劳动投入量

来衡量运输成本，并假设所有的运输成本都由进口商支付，从而将运输成本加到生产的劳动投入量中。

继续考虑多恩布什-费雪-萨缪尔森模型，此时国家 1 产品 j 的出口条件为

$$\frac{1/a_{1j}+t_j}{1/a_{2j}}<\frac{W_{\mathrm{II}}}{W_{\mathrm{I}}E} \tag{2-8}$$

国家 1 产品 j 的进口条件为

$$\frac{1/a_{1j}}{1/a_{2j}+t_j}>\frac{W_{\mathrm{II}}}{W_{\mathrm{I}}E} \tag{2-9}$$

t_j 表示单位产品 j 的运输成本。显然，运输成本使得一些原来具有比较优势的产品丧失原有优势，由贸易品变为不可贸易品（non-traded goods）。

本章小结

1. 亚当·斯密是古典政治经济学的创始人，他运用劳动价值论的理论成果提出了地域分工说，由此奠定了古典贸易理论的基础，成为第一个建立起古典贸易理论的人。斯密的绝对优势（成本）理论认为国际分工和国际贸易的原因和基础是各国间存在的劳动生产率和生产成本的绝对差别，各国应该集中生产并出口其具有劳动生产率和生产成本绝对优势的产品，进口其不具有绝对优势的产品，这样贸易双方都会从贸易中获益。

2. 大卫·李嘉图在斯密绝对优势（成本）理论的基础上提出了比较优势（成本）理论。该理论认为贸易的基础是劳动生产率的相对差别，而非绝对差别，以及由此产生的相对成本的不同。每个国家都应该集中生产并出口其具有比较优势的产品，进口其具有比较劣势的产品。比较优势理论在更大的应用范围上解释了国际贸易产生的基础和贸易所得。

3. 在两种商品和多个国家的模型中，一国的比较优势由该种商品生产的相对成本（或相对劳动生产率）与两国的相对工资来确定。如果一国的相对工资的提高超过商品的相对劳动生产率的提高，该国就会在越来越多的商品上失去比较优势。另外，一国的比较优势还会由于汇率水平的变化而发生变化。

关键术语

劳动生产率	生产成本	绝对优势	比较优势	机会成本
相对价格	贸易利益	交换所得	分工所得	

复习与思考题

1. 简述绝对优势理论的意义与局限性。
2. 简述比较优势理论的作用与现实意义。

3. 中国生产自行车的单位劳动投入为5，生产滑板的单位劳动投入为2；韩国生产自行车和滑板的单位劳动投入均为3。请画出中国和韩国的生产可能性边界，并说明在没有贸易的情况下中国和韩国用滑板表示的自行车的相对价格。

4. 美国生产计算机的单位劳动投入为1/5，生产布的单位劳动投入为1；中国生产计算机的单位劳动投入为1，生产布的单位劳动投入为1/3。美国在哪种商品的生产上拥有绝对优势？中国在哪种商品的生产上拥有绝对优势？为什么？假如美国用10单位的计算机换取中国12单位的布，美国和中国的贸易所得分别是多少？

5. 假设本国与外国均生产和消费以下4种产品，每种产品的单位劳动投入如下表所示。

产品	A	B	C	D
外国的单位劳动投入	1	2	4	15
本国的单位劳动投入	12	18	24	30

（1）外国在哪种产品上拥有绝对优势？在哪种产品上生产优势最小？

（2）本国在哪种产品上拥有比较优势？在哪种产品上生产劣势最大？

（3）假如外国工资是本国的8倍，外国将生产哪些产品？本国将生产哪些产品？

（4）说明专业化生产及由此产生的贸易是怎样使两国获益的。

（5）假如外国工资变成本国的6倍，专业化分工模式与贸易模式是否会改变？新的模式是怎样的？

（6）为什么在实际生活中专业化分工并不完全像（2）中的结果那样？

6. 一个小国和一个大国发生贸易，哪一个国家的福利水平提高的幅度更大一些？请画图说明。

7. 试对下列说法加以评价：

（1）由于发达国家的工资水平高于发展中国家，所以发达国家与发展中国家进行贸易无利可图；

（2）因为美国的工资水平很高，所以美国产品在世界市场上缺乏竞争力；

（3）发展中国家的工资水平比较低是参加国际贸易的缘故。

8. 试根据斯密的模型证明：如果A国在两种产品上都具有绝对优势，那么贸易后A国的名义工资水平肯定高于B国。（提示：比较 w_A/P_x^W 与 w_B/P_x^W 之间的大小。）

第三章

特定要素模型

在第二章的李嘉图比较优势理论中我们看到，国际贸易对参与贸易的国家都有利。但是从历史上看，各国政府几乎都曾对经济的某些部门进行保护以避免进口竞争。即使是像美国这样一个所谓信奉自由贸易的国家，也限制钢铁、纺织及一些农产品的进口。既然国际贸易对各国都有利，为什么还会遭到反对呢？要理解这一点，就不仅要看贸易对国家的福利效应，而且要看贸易对国内的收入分配效应。在李嘉图模型中，国际贸易推动各国的专业化分工，每个国家的劳动力都从效率相对较低的产业转移到效率相对较高的产业。由于这是唯一可以自由流动的生产要素，个人就不可能受到损害。因此，根据李嘉图模型，贸易不仅使所有国家都获益，而且使每个人的境况都变得更好。但在现实世界中，贸易对每个国家内部的收入分配有很大的影响。

与简单的李嘉图模型一样，我们在本章的特定要素模型中也假定一个国家生产两种产品，劳动力可以在两个部门间自由流动。与李嘉图模型不同的是，特定要素模型中存在劳动以外的生产要素，即土地和资本。

在现实世界中，有些生产要素能在部门间流动，尽管这些流动可能要付出一定的代价。而有些生产要素却几乎不能流动，因为它们只对某些生产活动有用。例如，机械工程师是许多行业都需要的，因此他们的流动就比较容易；而某些专用机床、专用设备就很难用于其他生产活动。我们把前者称作流动（mobile）要素，把后者称作特定（specific）要素。

特定要素模型是由萨缪尔森和琼斯（Samuelson & Jones，1971）创建并发展起来的。它对国际贸易理论的意义在于分析了国际贸易给国内收入分配带来的影响。一方面，资源在不同部门间的转移是有成本的；另一方面，各个生产部门对生产要素的需求不同。为更好地理解特定要素模型对参与国际贸易的国家的影响，我们首先对单个国家的特定要素模型进行分析。

第一节 基本假设

（1）一国能生产两种产品，一种是制成品 M（机器），另一种是农产品 F（粮食）。

（2）该国有三种生产要素：劳动（L）、资本（K）和土地（T）。

（3）农产品用土地和劳动（不用资本）生产；制成品用资本和劳动（不用土地）生产。

（4）土地和资本是特定要素，不能移动，只能用于一种产品的生产；而劳动可在两个部门中使用，是流动要素。

该国两种产品的产出（产量）受制于生产要素的数量：机器的产量用 Q_M 表示，粮食的产量用 Q_F 表示，则机器和粮食的生产函数分别为

$$Q_M=Q_M(K,L_M) \tag{3-1}$$

$$Q_F=Q_F(T,L_F) \tag{3-2}$$

其中，L_M 表示机器生产上的劳动投入，L_F 表示粮食生产上的劳动投入，且

$$L=L_M+L_F \tag{3-3}$$

劳动可以在两个生产部门之间转移，但资本不能用于生产粮食，土地不能用于生产机器。

第二节 生产的可能性

我们假设劳动、土地和资本都满足边际报酬递减规律，即在任一部门，只要劳动投入增加 1 单位，产量就会增加，但产量的增加量越来越少，资本在机器生产部门、土地在粮食生产部门的作用也类似。用数学语言表示就是

$$\partial Q_M/\partial L_M>0，\partial^2 Q_M/\partial L_M^2<0，\partial Q_M/\partial K>0，\partial^2 Q_M/\partial K^2<0 \tag{3-4}$$

$$\partial Q_F/\partial L_F>0，\partial^2 Q_F/\partial L_F^2<0，\partial Q_F/\partial T>0，\partial^2 Q_F/\partial T^2<0 \tag{3-5}$$

图 3-1 表示产品产量与劳动投入的关系，机器和粮食的产量与劳动投入的关系是类似的。

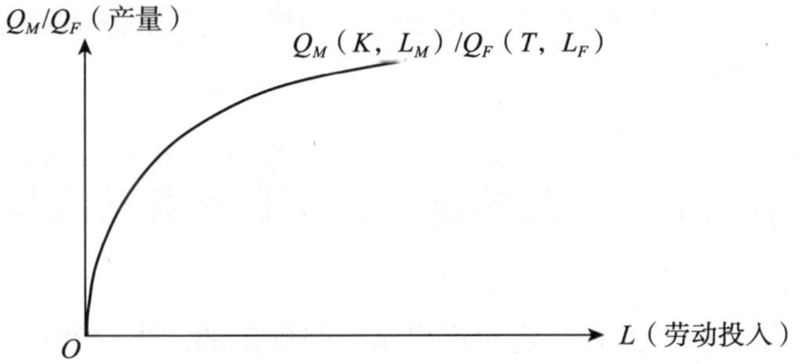

图 3-1 要素投入与产量

用 MPL_M 表示机器的劳动边际产量，即机器生产部门每增加 1 单位劳动，机器产量增加的数量。MPL_F 表示粮食的劳动边际产量。根据边际报酬递减规律，我们画出劳动投入和边际产量的关系图（见图 3－2）。

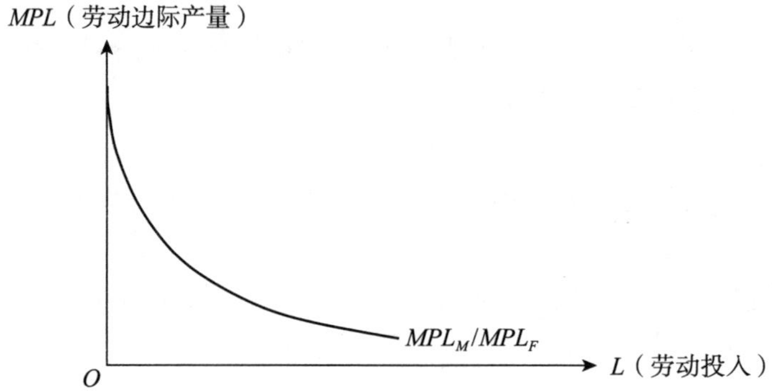

图 3－2　边际产量递减

如果 1 单位劳动从机器生产部门转移至粮食生产部门，机器的产量将下降，粮食的产量将上升。根据边际报酬递减规律，随着越来越多的劳动转移至粮食生产部门，每一单位转移引起的机器产量下降越来越多，粮食产量上升越来越少。因此，生产可能性边界是凹向原点的，如图 3－3 所示。

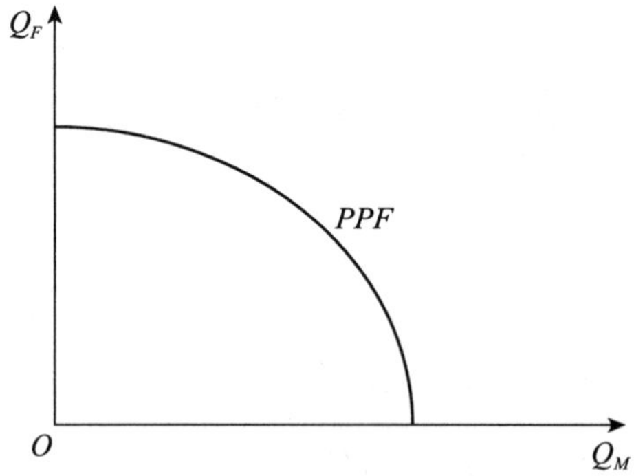

图 3－3　生产可能性边界

在李嘉图模型中，劳动是唯一的生产要素，生产可能性边界呈现为一条直线，即机会成本是不变的。然而，在特定要素模型中，其他要素的加入会使生产可能性边界变为一条曲线。这反映了各部门劳动的边际报酬递减规律。边际报酬递减是特定要素模型和李嘉图模型的关键区别。

第三节　产品的价格、工资和劳动配置

我们已经说明了在劳动配置一定时产出是如何确定的。现在我们要讨论的问题是每个部门到底会雇用多少工人。这要看产品的价格和工人的工资率，而工资率又依赖于两个部门各自对劳动力的需求。

我们知道，企业总是以利润最大化为目标，因此，每个部门的企业主都会雇用工人，直到边际劳动的产出值与小时成本相等。设机器和粮食的单位价格分别为 P_M 和 P_F，则向两个部门分别投入 1 单位劳动所增加的产出值分别为 $MPL_M \times P_M$ 和 $MPL_F \times P_F$。假设市场是完全竞争的，各个部门为追求利润最大化，会选择使得劳动边际产值等于工资率（w）的劳动数量，即使得

$$MPL_M \times P_M = w = MPL_F \times P_F \tag{3-6}$$

图 3-4 表示两种产品相对价格给定时，在生产可能性边界上均衡时的产量组合。均衡产出点为 A 点。从 A 点出发，如果把 1 单位劳动从机器生产部门转移到粮食生产部门，机器产量减少 MPL_M 单位，粮食产量增加 MPL_F 单位，产量组合移至图中的 B 点。因此，过均衡产出点 A 与生产可能性边界相切的直线的斜率为 $-MPL_F/MPL_M = -P_M/P_F$。反过来说，当机器与粮食的相对价格给定时，生产可能性边界上斜率为 $-P_M/P_F$ 的点即为均衡产出点。

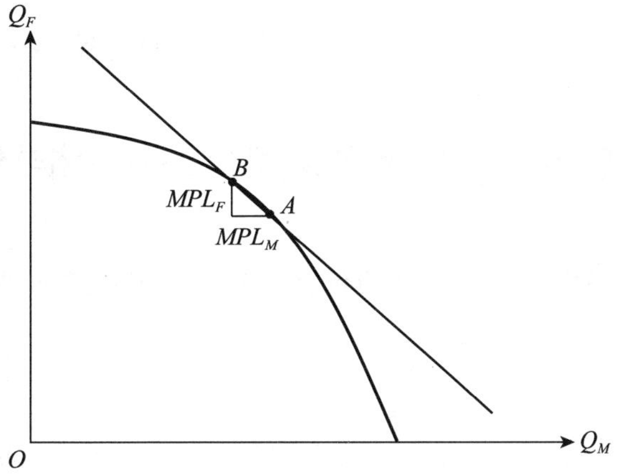

图 3-4　边际产量与相对价格

图 3-5 表示劳动在两个生产部门的均衡配置。图中横坐标全长即线段 OO' 表示所有的劳动，横坐标上的每一点都对应劳动在两个部门的一种配置。例如，对应图中的 A' 点，OA' 表示机器生产部门使用的劳动投入 L_M，$A'O'$ 表示粮食生产部门使用的劳动投入 L_F。图中纵坐标表示两部门的劳动边际产值。

图 3-5 分别绘出了机器生产部门和粮食生产部门的劳动边际产值。根据边际报酬递减原理，在机器和粮食的价格给定时，某一部门投入的劳动越多，劳动边际产值就越低。

在完全竞争市场上，劳动价格即工资率等于劳动边际产值，且不同部门的工资率相等。只有在图中的 A 点，两部门的劳动边际产值才相等。因此，A 点即为市场均衡点。

如果机器的价格由 P_M 涨到 P'_M，机器生产部门的劳动边际产值线也随之变化，图中的虚线表示变化后的劳动边际产值线。此时，新的市场均衡点为 B 点。可以看出，机器价格的变化引起部分劳动从粮食生产部门流向机器生产部门，且均衡工资率上涨。

如果在机器的价格由 P_M 涨到 P'_M 的同时，粮食的价格也由 P_F 涨到 P'_F，且相对价格不变，即 $P_M/P_F = P'_M/P'_F$，则两部门的劳动边际产值线都上移，但两线交点的横坐

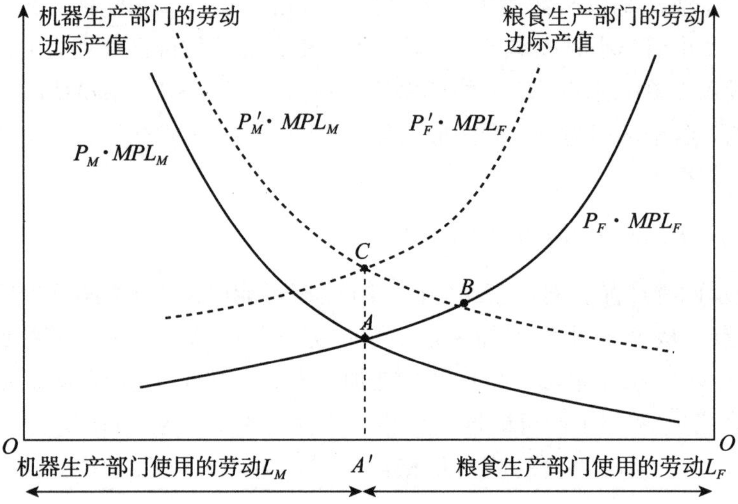

图 3－5　相对价格与劳动配置

标不变，如图中所示，C 点为新的均衡点。此时两部门的产量都不变，但工资率上涨。

第四节　特定要素模型的数学推导

在完全竞争的市场中，每一商品的价格一定等于其生产成本，在制成品部门中，则有

$$P_M = a_{KM} r + a_{LM} w \tag{3-7}$$

其中，r 是资本 K 的价格，w 是劳动 L 的工资率，a_{KM} 是单位产品资本 K 的投入系数，a_{LM} 是单位产品劳动 L 的投入系数。通过对其求导，得出

$$\mathrm{d}P_M = a_{KM}\mathrm{d}r + a_{LM}\mathrm{d}w + r\mathrm{d}a_{KM} + w\mathrm{d}a_{LM} \tag{3-8}$$

在均衡条件下，厂商成本最小化条件成立，所以有 $r\mathrm{d}a_{KM} + w\mathrm{d}a_{LM} = 0$，则有

$$\mathrm{d}P_M = a_{KM}\mathrm{d}r + a_{LM}\mathrm{d}w \tag{3-9}$$

变化式（3－9），得

$$\frac{\mathrm{d}P_M}{P_M} = \frac{a_{KM}}{P_M} \cdot r \cdot \frac{\mathrm{d}r}{r} + \frac{a_{LM}}{P_M} \cdot w \cdot \frac{\mathrm{d}w}{w} \tag{3-10}$$

其中，$\frac{\mathrm{d}P_M}{P_M}$可以用 P_M 的变化率来表示，记为 $\hat{P}_M$，依此类推，有 $\hat{r}$ 和 $\hat{w}$。$\alpha_{KM} = \frac{a_{KM}r}{P_M}$为资本占总价格的比例，$\alpha_{LM} = \frac{a_{LM}w}{P_M}$为劳动占总价格的比例，并且 $\alpha_{KM} + \alpha_{LM} = 1$。在制成品部门则得到

$$\hat{r}_K = \frac{1}{\alpha_{KM}}(\hat{P}_M - \alpha_{LM}\hat{w}) = \hat{P}_M + \left(\frac{\alpha_{LM}}{\alpha_{KM}}\right)(\hat{P}_M - \hat{w}) \tag{3-11}$$

在农产品部门则得到

$$\hat{r}_T=\frac{1}{\alpha_{TF}}(\hat{P}_F-\alpha_{LF}\hat{w})=\hat{P}_F+\left(\frac{\alpha_{LF}}{\alpha_{TF}}\right)(\hat{P}_F-\hat{w}) \tag{3-12}$$

从式（3-11）和式（3-12）可以推出资本价格变化（$\hat{r}_K$）和土地价格变化（$\hat{r}_T$）。由于 $K=a_{KM}Q_M$是制成品部门的资本存量，$L_M=a_{LM}Q_M$ 是制成品部门的劳动数量，则

$$L_M=\frac{a_{LM}}{a_{KM}}K \tag{3-13}$$

式（3-13）说明在制成品部门中就业人数随着劳动-资本比$\left(\frac{a_{LM}}{a_{KM}}\right)$的变化而变化，利用帽子符号（导数），可以推导出

$$\hat{L}_M=\hat{a}_{LM}-\hat{a}_{KM}=-\sigma_M(\hat{w}-\hat{r}_K) \tag{3-14}$$

其中 σ_M 是要素价格比$\left(\frac{w}{r}\right)$变动导致的资本-劳动比$\left(\frac{a_K}{a_L}\right)$的变动：

$$\sigma_M=\frac{\mathrm{d}\left(\frac{a_K}{a_L}\right)/\frac{a_K}{a_L}}{\mathrm{d}\left(\frac{w}{r}\right)/\frac{w}{r}}=\frac{\hat{a}_{KM}-\hat{a}_{LM}}{\hat{w}-\hat{r}} \tag{3-15}$$

由式（3-11）可以推出

$$\begin{aligned}
&\hat{r}_K-\hat{w}=\left(\frac{1}{\alpha_{KM}}\right)(\hat{P}_M-\hat{w})\\
&\hat{L}_M=\sigma_M\left(\frac{1}{\alpha_{KM}}\right)(\hat{P}_M-\hat{w})\\
&\hat{L}_F=\sigma_F\left(\frac{1}{\alpha_{TF}}\right)(\hat{P}_F-\hat{w})
\end{aligned} \tag{3-16}$$

由于 $\mathrm{d}L_M+\mathrm{d}L_F=0$，则$\frac{\mathrm{d}L_M}{L_M}\frac{L_M}{L}+\frac{\mathrm{d}L_F}{L_F}\frac{L_F}{L}=0$，即

$$\beta_M\hat{L}_M+\beta_F\hat{L}_F=0 \tag{3-17}$$

其中，$\beta_M=\frac{L_M}{L}$，$\beta_F=\frac{L_F}{L}$。将式（3-16）中的$\hat{L}_M$ 及$\hat{L}_F$公式代入$\beta_M\hat{L}_M+\beta_F\hat{L}_F=0$，整理得

$$\left(\frac{\beta_M\sigma_M}{\alpha_{KM}}\right)\hat{P}_M+\left(\frac{\beta_F\sigma_F}{\alpha_{TF}}\right)\hat{P}_F=\left[\left(\frac{\beta_M\sigma_M}{\alpha_{KM}}\right)+\left(\frac{\beta_F\sigma_F}{\alpha_{TF}}\right)\right]\hat{w} \tag{3-18}$$

$$\hat{w}=\frac{\left(\frac{\beta_M\sigma_M}{\alpha_{KM}}\right)\hat{P}_M+\left(\frac{\beta_F\sigma_F}{\alpha_{TF}}\right)\hat{P}_F}{\left(\frac{\beta_M\sigma_M}{\alpha_{KM}}\right)+\left(\frac{\beta_F\sigma_F}{\alpha_{TF}}\right)} \tag{3-19}$$

式（3-19）说明，工资率的上升（变化）是制成品部门产品价格上升（变化）和农产品

部门产品价格上升（变化）的加权平均。假如 P_M 上升的幅度大于 P_F 上升的幅度，那么，w 的变化幅度介于两种产品价格的变化幅度之间，即 $\hat{P}_M > \hat{w} > \hat{P}_F$。

从 $\hat{L}_M = \sigma_M \left(\frac{1}{\alpha_{KM}}\right)$（$\hat{P}_M - \hat{w}$）和 $\hat{L}_F = \sigma_F \left(\frac{1}{\alpha_{TF}}\right)$（$\hat{P}_F - \hat{w}$）中可看出对劳动配置的影响：因为 $\hat{P}_M > \hat{w}$，$\hat{P}_F < \hat{w}$，得出 $\hat{L}_M > 0$，$\hat{L}_F < 0$。

可以看出制成品部门的就业人数上升，农产品部门的就业人数下降。而从对 K 和 T 的所有者的收入影响来说，由于 $\hat{P}_M > \hat{w}$，$\hat{P}_F < \hat{w}$，由式（3－11）和式（3－12）可以看出，r_K 一定比 P_M 上升得多，相反，r_T 不如 P_F 上升得多，所以有：$\hat{r}_K > \hat{P}_M > \hat{w} > \hat{P}_F > \hat{r}_T$。

第五节　生产要素增长的影响

我们进一步考虑在产品价格给定时，要素禀赋变化对生产的影响。考虑一个国家，如果由于某些原因，土地资源突然增加而产品价格不变，劳动将会在两个生产部门间流动，要素价格和产品产量也会随之变化。图 3－6 表示土地资源增加引起的变化。

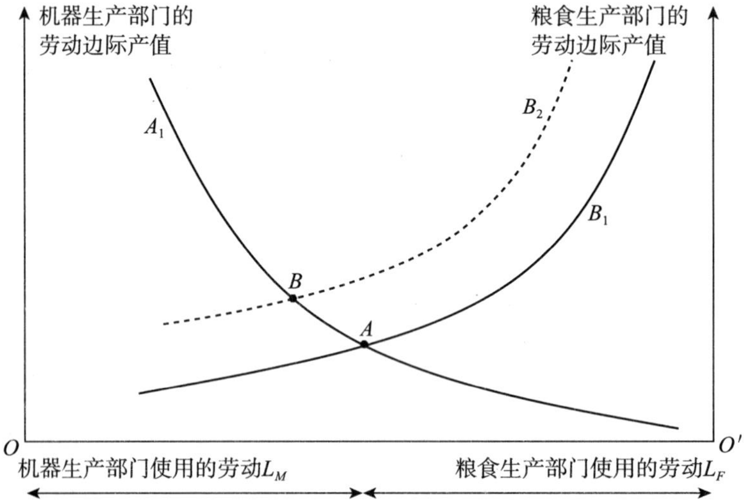

图 3－6　土地增加的影响

图中 A_1 为机器生产部门的劳动边际产值线，B_1 为土地增加之前的粮食生产部门的劳动边际产值线，A 点为原产出均衡点。土地增加以后，在劳动投入数量相等的条件下，粮食生产部门的劳动边际产值上升，所以粮食生产部门的新的劳动边际产值线 B_2 在 B_1 上方。B 点为新的产出均衡点。

由此可以看出，在产品价格给定时，如果土地增加、资本变得相对匮乏，则该国将倾向于生产更多的粮食，劳动也从机器生产部门流向粮食生产部门。在两个部门，劳动边际产值都增加，工资率也随之上升。

如果劳动增加，则会出现如图 3－7 所示的情形。在图中，设原有劳动总量为 OO'，现劳动增加 $O'O''$单位，故把横坐标延长 $O'O''$。此时，粮食生产部门所用劳动从 O''点开始向左，机器生产部门所用劳动仍然从 O 点开始向右。粮食生产部门原来的劳动边际产

值线 B_1 向右平移 $O'O''$ 单位，形成新的劳动边际产值线 B_2，而机器生产部门的劳动边际产值线不变，仍为 A_1。新的产出均衡点为图中的 B 点。从图中可以看出，两部门所用的劳动都增加了，因此产量也都随之增加。但劳动边际产值有所下降，因此工资率也会下降。

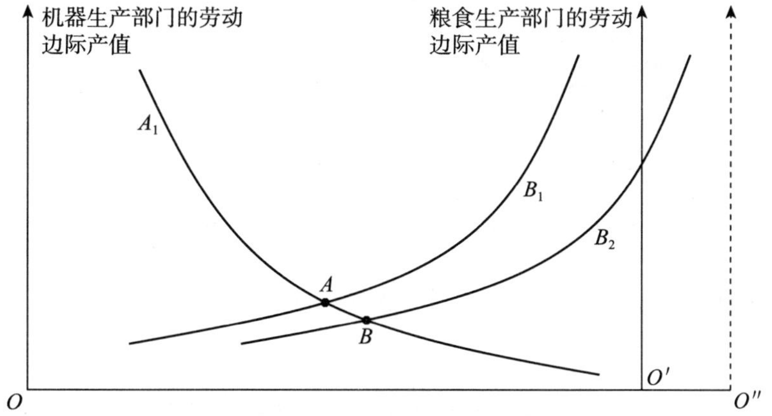

图 3-7　劳动增加的影响

第六节　贸易对相对价格的影响

假设存在 A 和 B 两个国家，A 国人均拥有的资本存量大于 B 国，而 B 国人均拥有的土地量大于 A 国。设两国居民的消费偏好相同，由此可以画出两国的相对供给曲线和相对需求曲线。

在图 3-8 中，横坐标为机器/粮食相对产量，纵坐标为机器/粮食相对价格。D_1 为相对需求曲线，因为两国居民的消费偏好相同，因此两国的相对需求曲线重合。因为 A 国人均拥有的资本存量较高，在相同的相对价格下，A 国的机器/粮食相对产量大于 B 国，所以 B 国的相对供给曲线 S_B 在 A 国相对供给曲线 S_A 的左上方。在两国不进行贸易时，图中 A 点和 B 点分别是两国的相对生产和消费均衡点。可以看出，A 国的机器/粮食相对价格低于 B 国，而机器/粮食相对产量高于 B 国。

当两国进行贸易时，两国形成一个统一市场。在某一给定的相对价格下，两国生产的机器总产量与粮食总产量之比应在 A 国和 B 国的机器/粮食相对产量之间，因此，两国总体的相对供给曲线在 S_A 和 S_B 之间，图中用曲线 S_W 表示。可以看出，此时的整体均衡点为 W。对应均衡相对价格 $(P_M/P_F)_W$，A 国的相对产量点移至 A'，即 A 国机器产量上升，粮食产量下降，机器的相对价格上涨，粮食的相对价格下降；B 国的相对产量点移至 B'，即 B 国机器产量下降，粮食产量增加，机器的相对价格下降，粮食的相对价格上涨。

由于两国居民的消费偏好相同，如果机器/粮食相对价格一致，两国居民的相对消费需求是一致的，都移到图中的 W 点。可以看出，相对于原来 A、B 两国的相对消费点 A 点和 B 点，A 国的机器消费减少，粮食消费增加；而 B 国的机器消费增加，粮食消费减少。

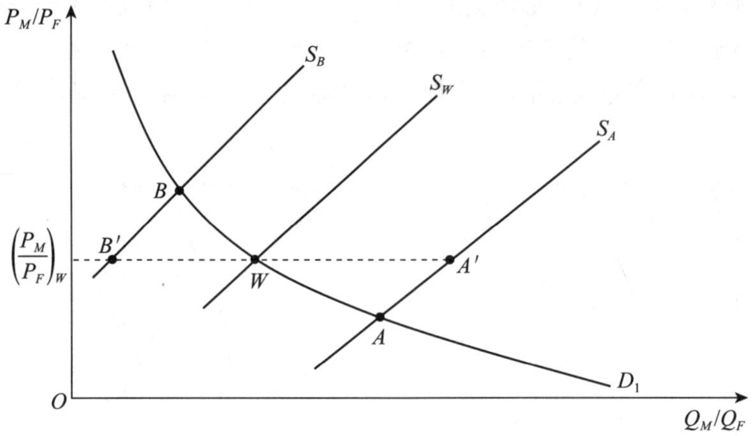

图 3-8　产品相对价格的确定

第七节　贸易的收入分配效应

从收入分配的角度来看，在 A 国，机器的相对价格上升使得资本边际产量增加，所以资本价格上涨，资本所有者受益。与之相反，由于粮食的相对价格下降，土地边际产量下降，所以土地价格也下降，土地所有者受损。劳动所有者的收益则不确定。而在 B 国，机器的相对价格下降使得资本所有者受损，土地所有者受益，劳动所有者的收益同样不确定。总而言之，国际贸易使得出口部门特定要素的所有者受益，进口部门特定要素的所有者受损，流动要素所有者的收益不确定。不同的要素所有者对收入变化的敏感度不同，使得我们在考察国际贸易对社会福利水平的影响时，难以用总收益的变化来衡量总福利的变化，因此我们通过一国消费可能性的变化来分析国际贸易对社会总福利的影响，如图 3-9 所示。

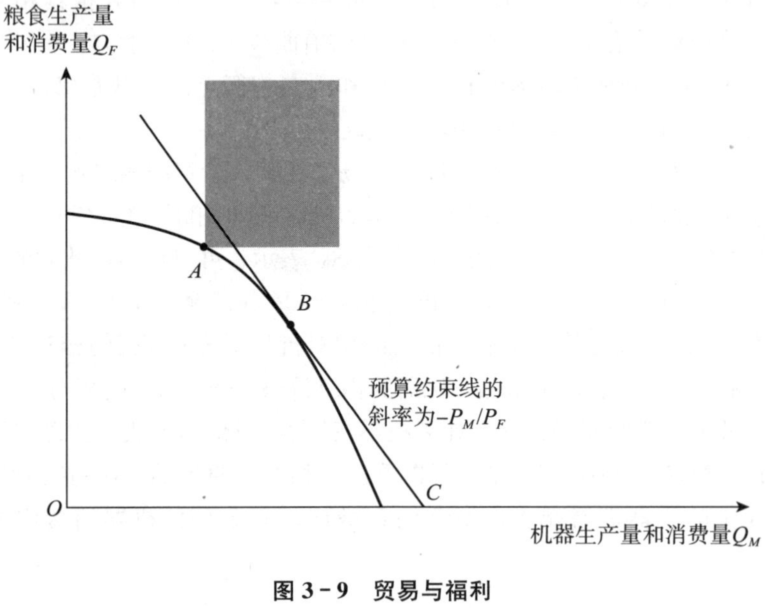

图 3-9　贸易与福利

图 3-9 中曲线为 A 国的生产可能性边界，在发生贸易前，A 国的消费点必须满足自给自足，即在生产可能性边界上消费，不妨假设 A 点为贸易前的生产点和消费点。在发生贸易后，对应给定的相对价格 P_M/P_F，此时最优生产点为 B 点，即生产可能性边界上与斜率为 $-P_M/P_F$ 的直线相切的点。图中直线 BC 为预算约束线，它的斜率为世界相对价格 $-P_M/P_F$。可以看出，开放国际贸易以后，如果他们愿意，A 国居民能够选择图中阴影部分的预算约束线，在这一部分，机器和粮食消费均多于贸易前的消费点 A，从理论上讲，每个人对两种产品的消费也都增多。也就是说，贸易能增加每一个人的福利。当然，如果一个人多消费了一种产品而少消费了另一种产品，他的福利也有可能改善。上述论点都强调了一个结论——每个人都能从贸易中获得潜在的收益。

然而，居民整体福利增加并不意味着每一个居民的福利都增加了。如前所述，A 国的土地所有者和 B 国的资本所有者会受损。在居民整体消费增加的前提下，理论上，一国可以通过某种转移支付政策，使每一个居民的福利都得到部分增加。当然，由于现实世界的复杂性，这种转移支付政策并不是总能实现，自由贸易通常会造成部分居民的福利水平绝对下降。福利受损的居民往往会强烈反对贸易自由化，这正是贸易自由化进展缓慢的原因。

本章小结

1. 与李嘉图模型相比，特定要素模型存在劳动以外的生产要素，即土地和资本。所以在特定要素模型中有三种要素投入，其中两种是不能流动的特定要素（土地和资本），另一种是流动要素（劳动），它在两种产品的生产中都有所使用。

2. 特定要素模型是一个有关收入分配效应的很有用的模型，它把可以在部门间转移的有一般用途的要素与有特殊用途的特定要素区分了开来。在这个模型中，资源的不同会使得各国的相对供给曲线不同，并因而产生了国际贸易。

3. 国际贸易使出口部门的特定要素所有者获益、进口部门的特定要素所有者受损，流动要素所有者可能受益，也可能受损，是不确定的。这一模型对人们认识贸易政策的制定有非常有益的启示。

关键术语

流动要素　　特定要素　　特定要素模型　　边际报酬递减

劳动边际产量　　生产可能性边界　　预算约束

复习与思考题

1. “世界最贫穷的国家没有什么东西可以出口，它们没有什么资源是丰裕的，它们的资本和土地都不丰裕，在较小的国家，甚至劳动力也不丰裕。”请对上述论断进行评价。

2. 假定法国生产葡萄和汽车，土地是生产葡萄的特定要素，资本是生产汽车的特定要素。工人可以在这两个部门之间自由流动。在特定要素模型的框架内，讨论国内要素报酬的变化：

（1）世界市场上葡萄的价格上升 5%；

（2）有大量外国汽车厂商到法国投资；

（3）生产葡萄和汽车的工人都减少。

3. 在特定要素模型中，劳动 L 是流动要素，资本 K 是生产汽车的特定要素，石油 N 是生产汽油的特定要素。已知：汽车的生产函数为 $f_M(K, L)=K^{1/2}\cdot L^{1/2}$，国内需求函数为 $P_M=392/Q_M$；汽油的生产函数为 $f_G(N, L)=N^{1/2}\cdot L^{1/2}$，国内需求函数为 $P_G=8/Q_G$。该经济的三种投入要素的禀赋分别为：劳动 200 单位，资本 4 单位，石油 16 单位。世界市场上汽车的价格为 8，汽油的价格为 4。试求：

（1）封闭经济条件下的均衡工资水平以及汽车与汽油的产量、价格；

（2）开放经济条件下的均衡工资水平以及两部门的产量、贸易量（假设小国情形）。

第四章

新古典贸易理论

古典贸易理论中的比较优势理论的重大缺陷是：(1) 未能解释比较优势的来源问题，也就是一国为何具有比较优势；(2) 未能说明两国进行商品交换的比率问题，即贸易利益或利得是如何在贸易双方之间分配的，这反映了比较优势理论解释国际交换中的价值规律的困惑。

以俄林为代表的新古典贸易理论从均衡分析法出发，在解释比较优势来源问题上取得了进展，比较好地解决了李嘉图的第一个困惑。约翰·穆勒用机会成本来解释各国在某种商品上的比较优势，被认为是较好地解决了李嘉图的第二个困惑的经济学家。

在古典贸易理论中，假设只有一种要素——劳动，且机会成本固定不变。然而，在现实世界中，其他要素，特别是资本，对生产也起到至关重要的作用，且机会成本通常是递增的。自 19 世纪末以来，以马歇尔（A. Marshall）为代表的经济学家研究了存在多种要素投入的经济学理论，建立了新古典经济学。在本章，我们介绍新古典经济学的国际贸易理论——存在多种要素投入的要素禀赋理论和标准贸易模型。

第一节　赫克歇尔-俄林模型

大卫·李嘉图从各国生产同一产品时存在劳动生产率差异的角度，以比较成本阐明了产生国际分工和国际贸易的原因。20 世纪 20 年代，瑞典经济学家赫克歇尔和俄林认为比较优势的来源是资源禀赋差异，从而提出了比较优势理论的另一种解释，即要素禀赋理论（theory of factor endowment，常被称为 H-O 理论或 H-O 模型）。

一、H-O 理论的产生背景与基本假设

1. H-O 理论的产生背景

从现实世界来看，不同国家的人的偏好是较为相似的。因此，国际贸易产生的主要原因是各国生产可能性边界的差异。为什么各国的生产可能性边界会存在很大的差异？李嘉图理论认为是因为存在生产技术差异或劳动生产率差异，而 H-O 理论则从要素禀赋差异角度回答了这一问题。即：

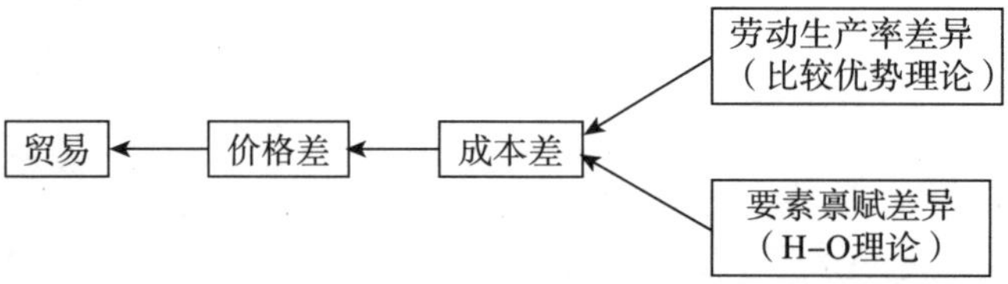

瑞典经济学家赫克歇尔和俄林指出，李嘉图理论中只有一种要素——劳动，国际分工和国际贸易的出现完全是因为不同国家的劳动生产相同产品存在技术差异，由此产生比较优势。然而在现实中，即使是已经完成工业化、技术水平差别不大的发达国家之间，相同产品的生产成本仍然存在很大差异。因此，生产技术差异并不能完全解释国际贸易产生的原因。

因此，在 20 世纪上半叶赫克歇尔和俄林提出并完善了要素禀赋贸易理论体系。这一理论认为，不同国家产生国际贸易和国际分工的原因除了生产技术差异之外，各国的要素禀赋差异也是重要因素。赫克歇尔于 1919 年在《外贸对收入分配的影响》一文中首先提出各国劳动要素差异导致了成本差异。之后，赫克歇尔的学生俄林接受和发展了他的理论，并在 1933 年出版了《区际贸易与国际贸易》，在这部著作中，俄林系统地阐述了要素禀赋理论。俄林的这一著作被认为是现代国际贸易理论的最重要著作之一，他也因此获得了 1977 年的诺贝尔经济学奖。由于赫克歇尔与俄林的贸易理论一脉相承，二人又是师徒关系，所以后人一般把两者的理论合在一起，称为 H-O 理论。

2. H-O 理论的基本假设

H-O 理论建立在以下几个基本假设之上：

（1）世界上存在两个国家（A 和 B）、两种商品（X、Y）、两种要素（劳动 L 和资本 K），即是 2×2×2 模型；

（2）两国相同部门的生产函数相同，即使用相同的生产技术；

（3）两国消费者偏好相同；

（4）所有商品市场、要素市场都是完全竞争的；

人物介绍 4－1

赫克歇尔和俄林

（5）两国的生产要素供给是既定不变的，且得到充分利用，不存在闲置的资源；

（6）假设一国为资本相对丰富的国家，另一国为劳动相对丰富的国家，两国 K/L 不同，即单位劳动使用的资本不同；

（7）生产要素在一国之内可自由流动，在国家间不能自由流动；

（8）一种商品是劳动密集型产品，另一种是资本密集型产品，且要素密集度固定；

（9）完全自由贸易，商品在两国间流动没有运输成本和贸易壁垒等限制。

以上多数假设都很容易直观理解，其中假设（1）、（6）、（8）是关键假设，分别假设了有两种要素、两国的要素禀赋存在差异、不同产品的要素密集度不同。

在 H-O 模型中，要素禀赋差异主要指的是相对禀赋差异而不是绝对差异。也就是说，如果用 K 和 L 表示资本丰富国的资本量和劳动量，用 K^* 和 L^* 表示劳动丰富国的资本量和劳动量，假设（6）并不是指 $K>K^*$ 且 $L<L^*$，而是指 $K/L>K^*/L^*$。

要素禀赋的实际衡量，通常是人均资本存量。但在具体测算时，往往根据经验观察，判断要素禀赋差异。这是因为，各国大都没有关于资本存量的直接统计数据，只有每年的固定投资统计数据，为计算某一时刻（一般是某年）的资本存量，必须将以前各期的固定投资进行加总，并考虑不同年份的固定资本折旧，而且还得用不变价格进行调整，这项工作进行起来相当繁重。另外，当比较各国的人均资本存量时，还会遇到各国的货币单位不同的问题，无法直接进行比较，因此在比较之前尚须统一单位。由于这些实际困难，很多人在应用要素禀赋理论分析实际问题时，倾向于根据经验观察，但这样做有时可能会导致错误或不尽合理的结果。

假设（8）中的产品要素密集度指的也是比率，即在给定的要素价格下，生产产品时的最优资本-劳动比 K/L。如果某产品的最优资本-劳动比高于另一种产品，则这种产品（相对于另一种产品）就是资本密集型的，另一种产品是劳动密集型的。此处强调的仍然是比率而非资本或劳动的绝对量。例如，生产 1 单位面包需要 1 单位资本和 1 单位劳动，生产 1 单位衣服需要 2 单位资本和 3 单位劳动，虽然生产 1 单位衣服的绝对资本投入高于生产 1 单位面包的绝对资本投入，但前者的资本-劳动比却较低，因此面包是资本密集型产品，而衣服是劳动密集型产品。

值得注意的是，为了生产 1 单位某种产品，可以有不同的要素投入组合方式。因此，在不同国家，即使生产技术即生产函数完全相同，也可能采用不同的要素投入比率生产同一种产品。例如，A 国采用投入 1 单位资本和 1 单位劳动的组合生产 1 单位面包，而 B 国可能采用投入 0.9 单位资本和 1.1 单位劳动的组合生产 1 单位面包。之所以可能出现这种情况，原因是在不同国家资本和劳动的成本可能不同。A 国是资本丰富的国家，资本成本相对 B 国较低，因此 A 国会选择用资本投入较高的要素投入组合生产面包，而 B 国则倾向于用成本较低的劳动替代资本。因此，在不同国家生产同一种产品的要素密集度可能不同，甚至有可能出现同一种产品在 A 国是资本密集型产品，而在 B 国则是劳动密集型产品，这种情况称为要素密集度逆转。在标准的 H-O 模型中，我们通常假设不存在要素密集度逆转的情形，即虽然同样的产品在不同国家的要素密集度可能不同，但不会出现这种产品在一个国家是资本密集型产品，在另一个国家是劳动密集型产品。即一种产品在一个国家是资本密集型产品，则在另一个国家也是资本密集型产品，虽然要素密集度可能不同。

在两国生产技术相同的条件下，国家之间要素禀赋的差异，最终会影响到两国 X 和 Y 两种商品的生产能力，从而引起供给能力的差别。如图 4-1 所示。

图 4-1 中的曲线 B 为 B 国的生产可能性边界，曲线 A 为 A 国的生产可能性边界，

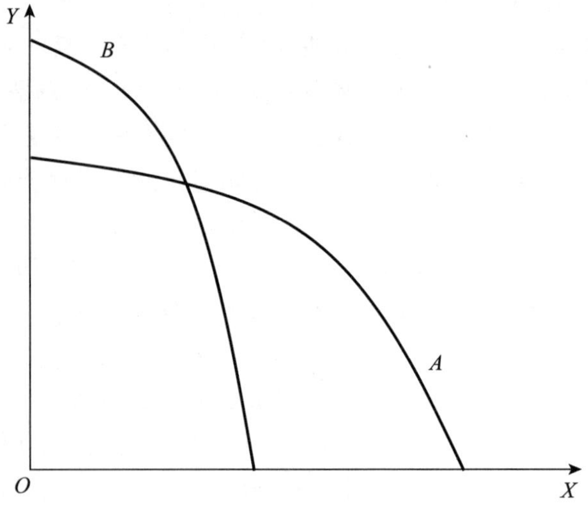

图 4-1 两国的生产可能性边界

可以看出，曲线 B 在 Y 轴上的截距大于曲线 A，在 X 轴上的截距小于曲线 A。即在相同的生产技术条件下，A 国可以生产更多的 X，B 国可以生产更多的 Y。换句话说，资本丰富国（A）的生产可能性边界相对偏向于资本密集型产品，劳动丰富国（B）的生产可能性边界则相对偏向于劳动密集型产品。

将以上得到的供给曲线相结合，我们可以发现，A 国生产可能性边界相对偏向于 X，则在相同的商品相对价格下，A 国在 X 上的相对供给能力高于 B 国，而 B 国则在 Y 上的相对供给能力高于 A 国。即资本丰富国在资本密集型产品上的相对供给能力较强，劳动丰富国则在劳动密集型产品上的相对供给能力较强。

根据前面给出的假设，两国需求条件完全相同，因此，在封闭条件下，两国要素禀赋差异造成两国供给差异，供给方面的差异又造成两国的产品相对价格差。所以，两国产品相对价格差完全是由要素禀赋差异引起的。

由两国的社会无差异曲线和生产可能性边界可以得到两国的产品相对价格，如图4-2所示。

图 4-2 中的直线 p 为 A 国的相对价格曲线，直线 q 为 B 国的相对价格曲线，E_A、E_B 分别为两国不进行贸易时的均衡点。可以看出，p 的斜率在绝对值上小于 q，这表示 A 国在 X 上具有比较优势，而 B 国则在 Y 上具有比较优势，即资本丰富国在资本密集型产品上具有比较优势，而劳动丰富国在劳动密集型产品上具有比较优势。

二、H-O 理论的基本命题与结论

1. H-O 理论的基本命题

（1）产品生产靠单一要素是不可能的，两种要素的比率在生产中非常重要，即生产成本的高低取决于要素价格和要素比率。

（2）国内、国际贸易都是不同区域之间的贸易，贸易双方以 K/L 不同为标准条件，

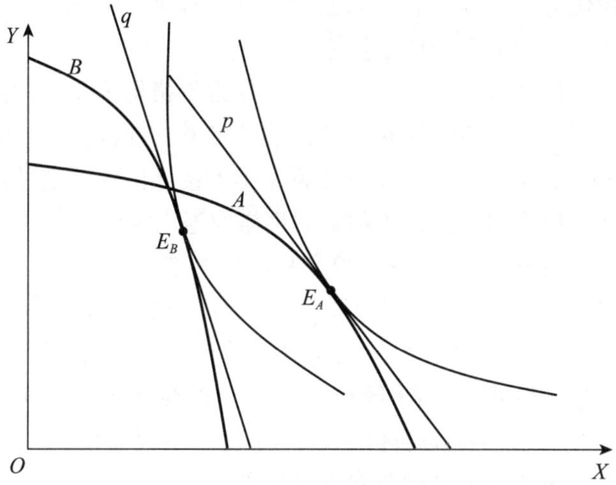

图 4-2 相对价格的确定

即一国将出口密集使用其丰裕要素生产的产品，进口密集使用其稀缺要素生产的产品。也就是资本丰富国将出口资本密集型产品，进口劳动密集型产品。反之亦然。

2. H-O 理论及相关理论的基本结论

如果两国要素存量的比率不同，即使两国的资本与劳动的生产率一样，也会使产品成本产生差异，两国亦可发生贸易。

（1）H-O 理论。

一国若用自己相对丰裕的要素生产，则将会处于有利地位，相反，则将处于不利地位。所以，一国出口的产品总是密集使用其丰裕要素生产的产品，而进口的产品则是密集使用其稀缺要素生产的产品。因此，如果不存在要素密集度逆转，一个国家会出口相对密集使用其相对丰裕的生产要素进行生产的产品，进口相对密集使用其相对稀缺的生产要素进行生产的产品。这一结论称为 H-O 理论，也就是狭义的要素禀赋理论，又称要素比率说。

直观来说，H-O 理论认为，要素禀赋决定了国际分工和进出口产品的结构，其逻辑如下：当两国不开展贸易时，各自生产和消费自己生产的产品。此时，由于 A 国资本相对丰裕，因此资本密集型产品（面包）相对价格较低，B 国则相反，劳动密集型产品（衣服）相对价格较低。在两国开展贸易后，由于 B 国市场面包的相对价格高于 A 国市场，A 国将输出面包到 B 国，而衣服将由 B 国输出 A 国。即 A 国将出口面包，进口衣服，B 国则相反。面包由 A 国输出 B 国的结果是 A 国面包相对价格将上升，B 国面包相对价格将下降，最终两国相对价格趋于一致，即两国面对相同的国际均衡价格。

两国进行贸易以后，各自的产量组合也会随之改变。贸易后 A 国面包产量会增加，衣服产量会下降，而衣服消费会增加①，这是由 A 国出口面包、进口衣服造成的。

因此，A、B 两国在贸易前由于要素禀赋不同，供给能力存在差异，进而引起产品相对价格的不同，从而产生了贸易机会。因此，即使两个国家的生产函数完全相同，不存

① A 国的面包消费可能增加也可能减少，但即使面包消费增加，消费的增加量也必定小于产出的增加量。

在生产技术上的比较优势，只要存在要素禀赋差异，也能引起国际贸易。要素禀赋差异也能引起不同国家在生产能力上的比较优势。

（2）广义要素禀赋理论（H-O-S 理论）——要素价格均等化定理。

国际贸易会使各国要素价格或要素报酬的差异缩小，直至相等，即 H-O-S 理论。这由于萨缪尔森（P. Samuelson）对在 H-O 模型基础上推导出的结论进行数学证明而得名，它是贸易对要素价格的反作用理论，也称要素价格均等化定理。

H-O 理论不但可用于分析国际分工和产品价格的变化，还可用于分析要素价格的变化。萨缪尔森深入研究了 H-O 模型中的要素价格，严格证明了要素价格均等化定理，故该定理被称为赫克歇尔-俄林-萨缪尔森理论，即 H-O-S 理论。要素价格均等化定理表明，在符合一定条件的前提下，国际贸易不但会使得各国产品价格相等，还会导致各国要素价格相等。

人物介绍 4-2

保罗·萨缪尔森

要素价格均等化定理认为，在 H-O 模型的基本假设下，如果两个国家都是不完全分工，自由贸易会导致两国同质的生产要素获得相同的相对与绝对收入。

所谓不完全分工，就是说每个国家都不是只生产一种产品，另一种产品完全依赖进口，而是同时生产两种产品，但一种产品不能完全满足本国需求，还需要部分进口，而另一种产品产量高于本国需求，会部分出口到另一个国家。在图 4-3 中，如果 A 国的生产组合是生产可能性边界上的 A 点，也就是同时生产面包和衣服，因而是不完全分工；如果生产组合是 A_0 点，也就是只生产面包，则是完全分工。

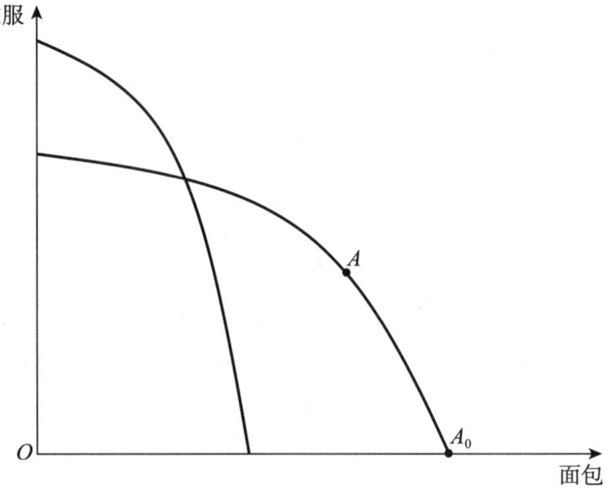

图 4-3　完全分工与不完全分工

要素价格均等化定理的基本逻辑是这样的：在两国不进行贸易时，在 A 国资本相对丰裕，因此资本成本较低，劳动成本较高，资本密集型产品面包的价格较低，劳动密集型产品衣服的价格较高；B 国则正好相反，资本成本较高造成面包相对价格较高。两国进行贸易以后，根据 H-O 理论，A 国将生产更多的面包并出口到 B 国。为生产更多的面包，A 国一部分原来用于生产衣服的要素将会转而用于面包的生产。由于面包是资本密集型产品而衣服是劳动密集型产品，这一要素转移过程会导致资本的相对需求增加，劳动的相对需求下降。由于A国的要素禀赋是固定的，要素相对供给不变，资本相对需求的增加会导致资本相对价格的上涨。对B国来说，这一过程恰好相反，贸易会导致要素向衣服生产部门转移，资本相对需求下降会引起资本相对价格下降。如果两个国家都是不完全分工，调整过程最终会使得两国的资本相对价格完全相等。图4-4给出了国际贸易引起的产品和要素相对价格之间的关系。

在图4-4中 P_b/P_c 为面包的相对价格，r 为利率即资本价格，w 为工资即劳动价格，故 r/w 为资本的相对价格。如前所述，面包是资本密集型产品，衣服是劳动密集型产品。在完全竞争的条件下，产品价格等于产品成本。因此，当 r/w 即资本的相对价格上涨时，面包的相对价格也会上涨。在图中 P_b/P_c 与 r/w 是单调上升的关系。A、B 两点分别为A、B两国不进行国际贸易时面包相对价格与资本相对价格的均衡点，如前所述，A、B两国分别为资本和劳动相对丰裕的国家，故A国的面包相对价格和资本相对价格都低于B国。

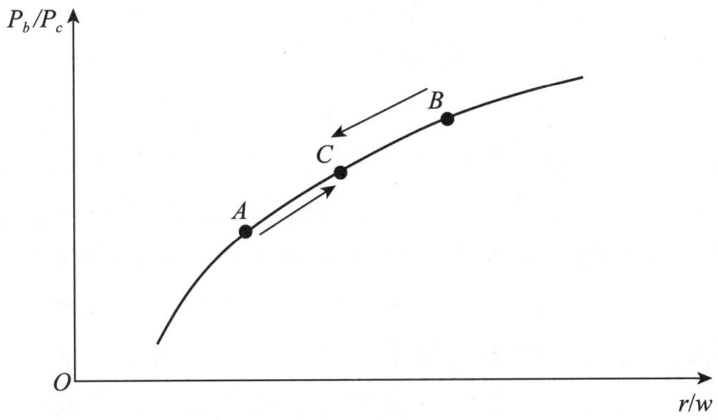

图4-4　产品相对价格与要素相对价格的调整

两国进行国际贸易以后，若面包和衣服的绝对价格相等，则相对价格也相等。当面包与衣服的相对价格确定时，资本与劳动的相对价格也就随之确定。因为两国进行贸易后，面包和衣服的价格会介于两国不进行贸易时的各自国内价格之间，因此贸易后面包和衣服的相对价格也介于两国不进行贸易时的各自国内相对价格之间。图4-4中的 C 点即为贸易后的产品相对价格与要素相对价格均衡点。可以看出，此时两国的要素相对价格相等。

如果两国要素的相对价格相等而绝对价格不相等，则必然意味着其中一国的两种要素的绝对价格都低于另一国。由于两国生产技术相同，两国要素绝对价格的不同会导致两国产品绝对成本即产品绝对价格不同，这与贸易后的情况矛盾。因此，两国两种要素的绝对价格也相等。

要素价格均等化定理的重要意义一方面在于证明了在各国要素禀赋存在差异，以及要素不能通过在国家间自由流动来直接实现最佳配置的情况下，国际贸易可替代要素的国际流动，间接实现资源在世界范围内的最佳配置；另一方面，说明了贸易利益在一国内部的分配问题，即说明国际贸易如何影响贸易国的收入分配格局。

现实中，由于运输成本和贸易壁垒的存在，各国的产品价格难以达到一致，而要素价格的均等是以产品价格的均等为先决条件的。因此，要素价格均等化在现实中一般难以完全实现。

（3）施托尔珀-萨缪尔森定理。

要素价格均等化定理表明，国际贸易会导致要素价格相等，但并未分析要素价格是如何变动的，即贸易会导致要素价格上升还是下降，也没有进一步分析产品价格变化时要素价格会如何变化。1941 年，两位美国经济学家施托尔珀和萨缪尔森提出了著名的施托尔珀-萨缪尔森定理（Stolper-Samuelson theorem，即 S-S 定理），回答了这些问题。他们的结论是：如果一种产品相对价格上涨（下降），将导致该产品密集使用的生产要素的价格上涨（下降），且上涨（下降）幅度超过产品价格的上涨（下降）幅度，而另一种生产要素的价格会下降（上涨）。即如果劳动密集型产品的相对价格升高，将使劳动（L）价格（w）升高，并降低资本（K）的价格（r）。如果一个国家从封闭状态转向开放状态，在出口产品中密集使用的生产要素的价格会上升，在进口产品中密集使用的生产要素的价格会下降。因此，可得出一个重要结论：国际贸易会提高该国丰裕要素所有者的实际收入，降低稀缺要素所有者的实际收入。

施托尔珀-萨缪尔森定理的基本逻辑如下：在完全竞争条件下，生产要素在每一部门的报酬等于其边际产值，即等于其边际产量与商品价格的乘积。在均衡时，生产要素在所有部门的报酬应当是相同的。此时，如果面包的相对价格上升，那么面包生产部门的资本和劳动的报酬与衣服生产部门就不再保持一致，面包生产部门的资本和劳动可获得比衣服生产部门更多的报酬，于是资本和劳动就会从报酬低的衣服生产部门流向报酬高的面包生产部门。由于面包生产部门是资本密集型的，所以面包生产部门生产扩张需要相对较多的资本与相对较少的劳动相配合，但因衣服生产部门是劳动密集型的，衣服生产部门只能释放出相对较少的资本和相对较多的劳动，于是在生产要素重新配置过程中，对资本新增加的需求（面包生产部门生产增加所需的资本）超过了资本新出现的供给（衣服生产部门所释放的资本），而劳动新出现的供给则超过了对劳动新增加的需求，从而在要素市场上资本价格将会上涨，而劳动价格将会下跌。

另外，随着生产要素价格的重新调整，每个部门在生产中所使用的资本-劳动比也将发生变化。由于资本变得相对昂贵，劳动变得相对便宜，所以每个部门都会调整其要素使用比率，尽量多使用变得便宜的劳动，来替代一部分变得昂贵的资本。最后，每个部门所使用的资本-劳动比都要低于面包相对价格变化之前的值。

但要素名义价格的变化说明不了要素实际价格的变化，只有将要素名义价格的变化与产品价格的变化加以对比之后，才能确定要素实际价格的变化。而要素的实际报酬等于其边际生产力。由于在规模报酬不变的条件下，要素的边际生产力只取决于两种要素的使用比率，与两种要素投入的绝对量没有关系，因此产品相对价格的变化对要素实际报酬的影响只取决于两种产品所使用的要素比率的变化。

当面包的相对价格上升时，面包和衣服两个生产部门所使用的资本-劳动比均下降。根据边际报酬递减规律，当资本-劳动比下降时，由于资本相对于劳动的投入减少，所以资本的边际生产力上升，相反，劳动的边际生产力下降。由此我们得到施托尔珀-萨缪尔森定理的部分结论，即某一产品相对价格的上升，将导致该产品密集使用的生产要素的实际价格或报酬提高，而另一种生产要素的实际价格或报酬下降。

通过以上分析，我们理解了要素价格变化的方向，下面进一步分析要素价格变化的幅度。根据完全竞争的假设，产品价格总是等于产品成本。我们已经知道，面包价格上涨导致两个生产部门的资本-劳动比都下降了，且劳动的价格也下降了，在这种情况下，如果资本价格的上涨幅度低于或等于面包价格的上涨幅度，就会引起面包价格低于生产成本，这种现象不可能长期维持。只有资本价格的上涨幅度超过面包价格的上涨幅度才可能实现稳定均衡。这种产品价格上涨引起该产品生产密集使用的要素价格上涨且涨幅超过产品价格涨幅的现象称为“放大效应”。

施托尔珀-萨缪尔森定理的主要意义在于用来分析产品价格的变化与要素价格、收入分配的关系，即给定要素价格均等化的结论，施托尔珀-萨缪尔森定理认为如果贸易前后经济能维持充分就业，自由贸易会使得价格上升的出口部门使用的丰裕要素价格上升，而价格下降的进口部门使用的稀缺要素价格下降，将使丰裕要素所有者的实际收入水平提高，稀缺要素所有者的实际收入水平降低。所以说，自由贸易带来的实际福利的增长并非人人都可以平等地分享。

在现实世界中，各国的生产要素禀赋并不总是固定不变的，缺乏资本的国家可以通过储蓄来积累资本，人口数量的增减、年龄结构的变化也会引起劳动力数量的变化。

一个国家生产要素禀赋的变化通常会对产品价格、要素价格、各种产品的产量产生一系列影响。这里我们分析一种特殊情形——在产品价格维持不变的条件下，生产要素禀赋变化对要素价格和产品产量的影响。

（4）罗布津斯基定理。

在两种产品、两种要素的情况下，如果要素（或产品）的相对价格不变，规模报酬不变，那么，要素单一增长会导致密集使用该要素生产的产品产量绝对增加，而密集使用另一种要素生产的产品产量则绝对减少，这就是罗布津斯基定理（Rybezynski theorem，简称 R 定理）。这是以这一定理的提出者英国经济学家罗布津斯基的名字命名的。

罗布津斯基定理指出：在生产技术不变、产品价格也不变的情况下，要素的价格也不变。此时，两个生产部门投入的资本-劳动比也不变。在这种情况下，如果衣服的产量增加，则必须增加劳动和资本投入。劳动投入只能来自面包生产部门，由于面包是资本密集型产品，故当从面包生产部门流出的劳动全部流向衣服生产部门时，只有部分从面包生产部门流出的资本流向衣服生产部门。剩下的资本加上新增加的资本，会使得整个经济出现资本过剩的现象。所以，在资本增加时，衣服的产量不可能增加，产量增加的产品只能是资本密集的面包，罗布津斯基定理第一部分结论得到证明。

如前所述，两种产品的要素投入比率分别维持不变。因此，面包产量的增加意味着面包生产所用的劳动和资本投入都增加。增加的劳动投入只能来自衣服生产部门，这意味着衣服产量的下降。由于衣服是劳动密集型产品而面包是资本密集型产品，从衣服生产部门流出的资本少于面包生产增加所需的资本，差额由新增加的资本来填补。这样我们就完成了罗布津斯基定理的证明，如图 4-5 所示。在图中，R 线即为罗布津斯基线。R 线向右下方倾斜，说明 X 的产出越来越多，而 Y 的产出越来越少。这一定理的证明有很多方法，如数学法、图形法等。

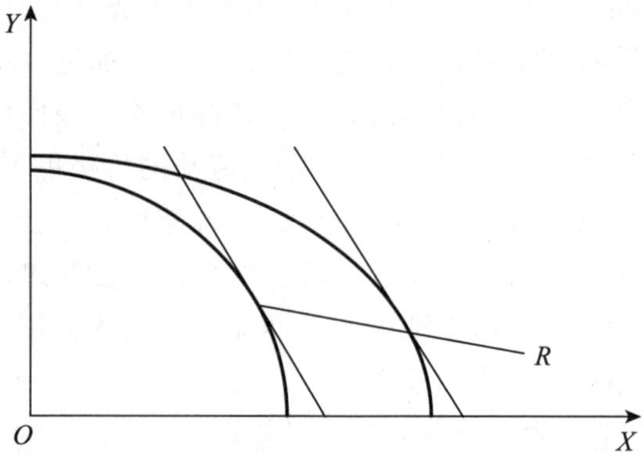

图 4-5　单一要素增长——罗布津斯基定理

1）数学证明。

假设某一要素总量增加，当所有的要素都得到充分利用时，在产品相对价格保持不变的前提下，要素相对价格亦会保持不变，从而两种产品的要素密集度保持不变。若现在单一要素劳动增长（ΔL），为了使新增加的劳动（ΔL）能够被全部利用，则需要 X（劳动密集）部门来吸收新增加的劳动。但要保证 X 部门将新增加的劳动全部吸收，还需要一定的资本来与其搭配。所以 Y（资本密集）部门不得不缩小生产规模，以便释放出一定的资本（ΔK_y），但 Y 部门在释放出资本的同时还会释放出一定的劳动（ΔL_y），这部分劳动也需要由 X 部门来吸收，最后达到如下状态或满足下列等式：

$$k_x=\frac{K_x}{L_x}=\frac{K_x+\Delta K_y}{L_x+\Delta L_y+\Delta L} \tag{4-1}$$

$$k_y=\frac{K_y}{L_y}=\frac{K_y-\Delta K_y}{L_y-\Delta L_y} \tag{4-2}$$

其中，k_x、k_y 表示 X、Y 产品生产中的资本-劳动比（要素密集度），K_x、K_y 表示 X、Y 产品生产中的资本投入量，L_x、L_y 表示 X、Y 产品生产中的劳动投入量。当式（4-1）和式（4-2）都得到满足时，所有的要素都得到了充分利用，并且两个部门的要素密集度保持不变，结果 X 部门的生产扩大，而 Y 部门的生产则缩小。如果是资本总量增加，劳动总量不变，同理，则 Y 部门的生产将扩大，X 部门的生产将缩小。于是，罗布津斯基定理得以证明。

2）图形证明。

用图形更容易证明罗布津斯基定理（见图 4-6 和图 4-7）。

从图 4-6 可以看出，单一要素劳动增长（$L_0 \to L'$）后，X 的产出绝对增加（$X \to X'$），Y 的产出绝对减少（$Y \to Y'$）。

现在假定 X 是密集使用劳动的可供出口的产品，Y 是密集使用资本的可能进口的产品（即对进口具有替代能力的产品）。由于劳动的增长，X 的产出绝对增加，出口亦绝对增加，而 Y 的产出减少，使得 Y 的进口亦绝对增加（若对 Y 的需求不变），这种增长情况被称为超顺贸易增长，即该国的进出口同时大幅增加。

从图 4 - 7 可以看出，单一要素资本增长（$K_0 \to K'$）后，X 的等产量线由 X 变为 X'，Y 的等产量线由 Y 变为 Y'，Y 的产出绝对增加，而 X 的产出绝对减少。

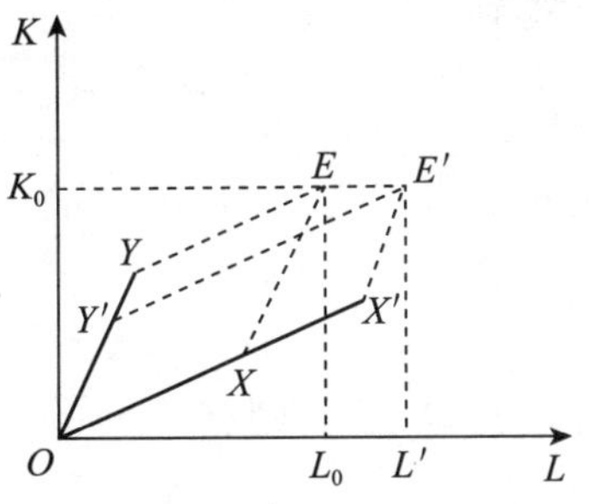

图 4 - 6　单一要素 L 增长的影响

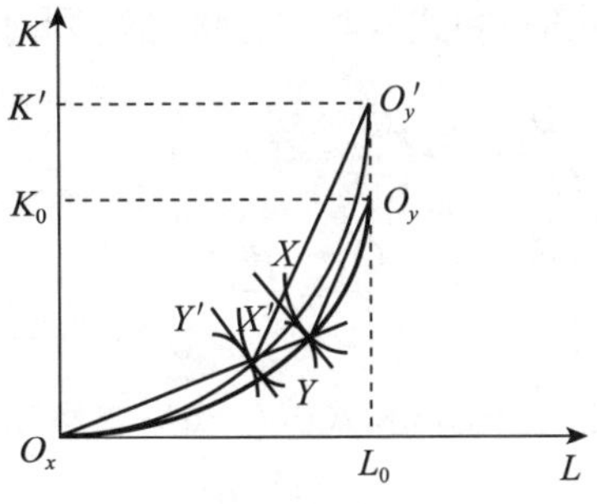

图 4 - 7　单一要素 K 增长的影响

现在仍然假定 X 是密集使用劳动的可供出口的产品，Y 是密集使用资本的可能进口的产品。由于资本的增长，Y 的产出绝对增加，现在就可以大大减少 Y 的进口，即 Y 的进口绝对减少，而 X 的产出减少，使得 X 的出口亦绝对减少，这种增长情况被称为超逆贸易增长，即该国的进出口同时大幅减少（关于顺、逆贸易倾向增长问题，第五章再详细分析）。

在现实世界中，很多国家的资本和劳动是同时增加的。此时两种产品产量的增长速度由资本和劳动的增长速度决定。例如，一个国家的资本以每年 10%的速度增长，劳动每年的增速为 2%。这会引起面包产量增长速度高于 10%，而衣服产量增长速度低于 2%，衣服产量甚至可能下降。这是经济增长中的放大效应。

罗布津斯基定理的一个典型例证是“荷兰病”。20 世纪 70 年代，荷兰、挪威、英国等国家开发了北海油田，发现大量石油和天然气，由此引起大量劳动和资本流向石油和天然气行业，制造业则相对萎缩。这一现象被称为“荷兰病”（第五章再详细介绍），完全符合罗布津斯基定理的结论。

三、H-O 理论的数学证明

在前面我们已用文字与图形阐明了 H-O 理论，在这里我们给出萨缪尔森与琼斯对该理论的数学证明。

假设 X 为劳动（L）密集型产品，Y 为资本（K）密集型产品，a_{LX}、a_{LY}、a_{KX}、a_{KY} 分别表示在 X 与 Y 两种产品生产中劳动和资本的投入系数，Q_x、Q_y 分别表示 X、Y 两种产品的产出。

由于 H-O 理论旨在从宏观上证明相对要素丰裕度在决定国家的相对生产优势与专业化方向中的作用，也就是证明 $d(Q_y/Q_x)$ 与 $d(K/L)$ 之间存在一一对应的同方向的变动，因此，这里假设产品价格与要素价格是既定不变的，由此推知单位产品的要素投入数量也是不变的，即 a_{LX}、a_{LY}、a_{KX}、a_{KY} 均取大于零的常数。在此前提下，我们可以得出如下公式：

$$a_{LX}Q_x + a_{LY}Q_y = L \tag{4-3}$$

$$a_{KX}Q_x + a_{KY}Q_y = K \tag{4-4}$$

式（4－3）和式（4－4）的两边同时除以 L，得到

$$\frac{a_{LX}Q_x}{L} + \frac{a_{LY}Q_y}{L} = 1 \tag{4-5}$$

$$\frac{a_{KX}Q_x}{L} + \frac{a_{KY}Q_y}{L} = \frac{K}{L} \tag{4-6}$$

利用式（4－5）和式（4－6）求解未知数 Q_x/L 与 Q_y/L，则有

$$\frac{Q_x}{L} = \frac{a_{KY} - a_{LY}K/L}{a_{LX}a_{KY} - a_{KX}a_{LY}} \tag{4-7}$$

$$\frac{Q_y}{L} = \frac{a_{LX}K/L - a_{KX}}{a_{LX}a_{KY} - a_{KX}a_{LY}} \tag{4-8}$$

用式（4－8）除以式（4－7），则有

$$\frac{Q_y}{Q_x} = \frac{a_{LX}K/L - a_{KX}}{a_{KY} - a_{LY}K/L} \tag{4-9}$$

对式（4－9）求关于 K/L 的导数，则有

$$\frac{d(Q_y/Q_x)}{d(K/L)} = \frac{a_{LX}a_{KY} - a_{KX}a_{LY}}{(a_{KY} - a_{LY}K/L)^2} = a_{LX}a_{LY}\frac{\rho_y - \rho_x}{(a_{KY} - a_{LY}K/L)^2} \tag{4-10}$$

其中，$\rho_x = a_{KX}/a_{LX}$，$\rho_y = a_{KY}/a_{LY}$，它们分别是 X 与 Y 的要素密集度。由于式（4－10）的分母为正，因此，$d(Q_y/Q_x)/d(K/L)$ 的符号取决于分子 $\rho_y - \rho_x$ 项。由于假定 Y 是资本密集型产品，X 是劳动密集型产品，可知 $\rho_y > \rho_x$，则有 $d(Q_y/Q_x)/d(K/L) > 0$，也就是说，资本的相对增加会使资本密集型产品的产出相对增加，这意味着资本相对丰裕的国家应当专业化生产资本密集型产品，而劳动相对丰裕的国家应当专业化生产劳动密集型产品。

四、H-O 理论的检验

自赫克歇尔和俄林提出 H-O 理论以来，要素禀赋差异被认为是解释发达国家与发展中国家之间贸易产生的主要原因。但第二次世界大战后，实证检验结果对 H-O 理论提出了挑战。对 H-O 理论最著名的检验是“列昂惕夫之谜”。

1. 列昂惕夫之谜的由来及内容

在 1953 年发表的一篇论文①中，美国经济学家瓦西里·列昂惕夫（Wassily Leontief）运用投入产出法对美国 1947 年进出口行业所用的资本存量与工人人数数据进行检验，其检验结果引发了一系列富有成效的争论。

---

① Leontief W. Domestic Production and Foreign Trade: The American Capital Position Re-examined. *Proceedings of the American Philosophical Society*, 1953, 97 (4): 332－349.

通常认为，与世界其他国家相比，美国应是资本丰富的国家。依据 H-O 理论，美国应该出口资本密集型产品，而进口劳动密集型产品。列昂惕夫预期会得到美国出口产品中资本含量相对较高、进口产品中劳动含量相对较高的结论。

通过使用美国各产业的投入产出表，列昂惕夫计算了 1947 年美国出口行业的资本存量 K_x 与劳动力数量 L_x、进口行业的资本存量 K_m 与劳动力数量 L_m。列昂惕夫不仅分析了生产最终产品企业的资本和劳动力结构，还考虑了用于生产最终产品的中间产品所包含的资本和劳动含量。如果 H-O 理论成立，出口产品总体包含的资本-劳动比应高于进口产品包含的资本-劳动比，即$\frac{K_x/L_x}{K_m/L_m}>1$。

但检验结果显示，美国出口产品的资本密集度 K_x/L_x 约为 14 000 美元/劳动力，进口产品的资本密集度 K_m/L_m 约为 18 200 美元/劳动力，即$\frac{K_x/L_x}{K_m/L_m}\approx 0.77<1$。也就是说，美国出口劳动密集型产品，进口资本密集型产品。这一结果与根据 H-O 理论得到的结论相反，H-O 理论预测这一比值应该大于 1。因此，这被称为列昂惕夫之谜（the Leontief's paradox）。

列昂惕夫之谜引起了国际经济学界的震动。一些学者用类似的方法对美国不同时期的进出口产品的要素含量比率进行分析。1956 年列昂惕夫分析了 1947—1951 年的数据，1971 年鲍德温（Baldwin）分析了 1958—1962 年的数据，结果都发现美国出口产品与进口产品的资本-劳动含量比率都小于 1。其他一些学者则发现，在其他时期，如 1899 年和 1972 年，美国进出口产品的要素含量比率符合 H-O 理论的预测。列昂惕夫及其他一些学者的测算结果如表 4-1 所示。这些研究似乎表明，列昂惕夫之谜仅仅存在于美国，特别是 1947—1971 年这一时期。

表 4-1　H-O 模型的实证检验：美国数据

学者	数据年份	$\frac{K_x/L_x}{K_m/L_m}$（H-O 理论预测：>1）
威特尼（Whitney，1968）	1899	1.12
列昂惕夫（Leontief，1953）	1947	0.77
列昂惕夫（Leontief，1956）	1947—1951	0.94（或不包括自然资源行业，1.14）
鲍德温（Baldwin，1971）	1958—1962	0.79（或不包括自然资源行业，0.96）
斯特南德和马斯克斯（Sternand & Maskus，1981）	1972	1.05（或不包括自然资源行业，1.08）

资料来源：海闻，林德特，王新奎．国际贸易．上海：上海人民出版社，2003：96.

2. 列昂惕夫之谜的谜内解释

为了证明 H-O 理论的正确性，也为了解开列昂惕夫之谜，列昂惕夫本人及许多经济学家都提出了各种各样的解释。对谜的解释可分为根据美国的情况进行的谜内解释，以及把世界其他国家与美国对照及加入其他一些列昂惕夫未曾考虑的因素进行的谜外解释，即对 H-O 模型的扩展。现就几种重要的谜内解释的观点进行介绍。

人物介绍 4-3

瓦西里·列昂惕夫

（1）列昂惕夫本人的解释。

对于列昂惕夫之谜，列昂惕夫本人反思自己没有认真评估美国的要素禀赋，想当然地假设美国是资本丰富的国家。对此，他从有效劳动（effective labor）的角度做出如下解释：由于各国劳动者素质不同，在同样的资本的配合下，美国的单个劳动者的生产率约为他国（比如意大利）的 3 倍，因此若以他国作为衡量标准，则美国的有效劳动量应是现存劳动量的 3 倍。美国的资本-劳动比虽然比其他国家要高一些，但差距不到 200%。因此，从有效劳动量看，美国应为（有效）劳动力相对丰富的国家，而资本在美国则成为相对稀缺的要素，这似乎就解决了矛盾。但由于列昂惕夫使用进口替代品进行检验，即以美国国内生产的产品代替进口产品进行检验，而且美国进口替代部门的劳动生产率亦高于其他国家，因此，列昂惕夫本人的解释没能自圆其说。

（2）要素密集度逆转。

在要素禀赋理论的基本模型里，我们曾假设，无论在什么情况下，两种产品的要素密集度之间的关系是不会改变的，即对任何一组给定的要素价格，面包永远都是资本密集型产品，衣服永远都是劳动密集型产品。反之，如果在某些要素价格下，面包是资本密集型产品，衣服是劳动密集型产品，但在另外一些要素价格下，面包会变成劳动密集型产品，而衣服却变为资本密集型产品，那么这种现象被称为要素密集度逆转。当存在要素密集度逆转时，同样一种产品，虽然两国生产函数相同，但在两国不同的要素价格下，可能属于不同类型。如此就有可能出现这样一种情形：资本丰富的国家可以比较廉价地生产某种资本密集型产品，而劳动丰富的国家也可以比较廉价地生产同样一种产品，因为该产品在劳动丰富的国家是劳动密集型产品而不是资本密集型产品。在这种情形下，H-O 理论的基本假设不成立，两个国家的国际分工与国际贸易也就不符合 H-O 理论了。一些研究发现，要素密集度逆转是一种常见现象，8%～30%的产品在一定条件下都可能会发生。因此当产品种类增多时，要素密集度逆转现象更容易发生，使得 H-O 理论的假设不成立。但也有一些学者认为，要素密集度逆转现象虽然在理论上可能出现，但在现实中并不常见，这可能并不是导致列昂惕夫之谜的主要原因。

在图 4-8 中，XX、YY 是两种产品的等产量线，A、B 两国生产 X、Y 的资本-劳动比（K/L）不同，由于两国的要素相对价格（T_A、T_B）不同，所以，在 A 国 X 是资本相对密集的产品，Y 是劳动相对密集的产品，而在 B 国，正好反了过来，X 是劳动相对密集的产品，Y 是资本相对密集的产品。

（3）需求逆转。

在 H-O 理论中，假设两国消费者偏好完全相同，所以国际贸易形态只取决于要素禀赋差异，与需求因素无关。但在现实中，决定国际贸易的因素既可能来自供给方面，也可能来自需求方面。影响国际贸易的需求因素可能有很多表现，例如当某国在某一产品的生产上具有比较优势，且其民众在消费上又特别偏好该产品时，将会使得原来依据 H-O 理论所决定的进口方向发生改变，即发生了需求逆转（demand reversal）（见图 4-9）。基

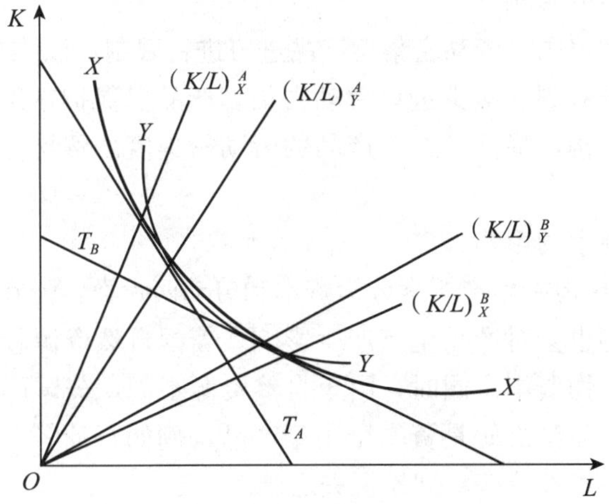

图 4－8　要素密集度逆转

于需求逆转，列昂惕夫之谜可以这样解释：虽然美国的资本比较充裕，但如果在美国消费者的消费结构中，资本密集型产品（以制成品为主）占绝大部分比重，那么美国则有可能出口劳动密集型产品，进口资本密集型产品。

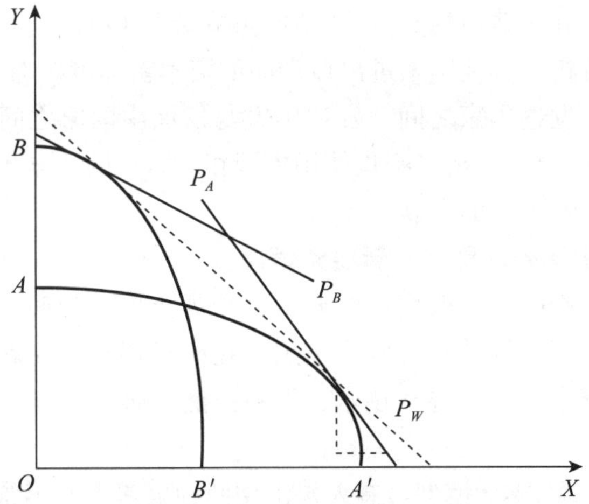

图 4－9　需求逆转

在图 4－9 中，X 是劳动密集型产品，Y 是资本密集型产品，在生产上，A 国由于劳动相对丰富，所以在劳动密集型产品 X 上具有比较优势，B 国则在资本密集型产品 Y 上具有比较优势。

但在消费上，A 国特别偏好 X，B 国特别偏好 Y，虽然依据 H-O 理论，A 国应出口 X，B 国应出口 Y，可事实上，因需求因素的影响，两国若进行贸易，A 国不但不出口具有比较优势的 X，反而进口 X（A 国国内 P_x 高于 B 国），B 国亦不出口具有比较优势的 Y，而是进口 Y（B 国国内 P_y 高于 A 国）。

在这种情况下，比较优势与生产成本优势不再是一致的，需求方面的影响超过了生产（成本）方面的影响。

（4）贸易保护政策的影响。

由于种种原因，如美国对劳动密集型产品进口进行限制，以维持国内高工资，因此，美国的贸易政策偏向于限制和减少进口劳动密集型产品以保护本国的同类产业。这些政策扭曲了美国的贸易结构，降低了进口产品的劳动密集度。贸易保护政策的影响可以部分解释列昂惕夫之谜。

（5）自然资源等要素的影响。

标准 H-O 理论简单地把生产要素分为资本和劳动两大类，但在现实世界中自然资源如土壤、矿藏、淡水等也会对产品生产产生影响。美国自然资源较为丰富，为利用这些资源，需要投入大量实物资本。同时，由于自然资源不同，美国严重依赖几种自然资源型产品的进口，这些产品又恰好是资本密集型产品，例如石油等。这都会提升美国进口产品的资本密集度，可以部分解释列昂惕夫之谜。

（6）研究方法的问题。

20 世纪 80 年代，利默尔（Leamer）提出列昂惕夫之谜可能事实上并不存在，是研究方法的错误引起的。利默尔认为，H-O 理论分析得到的是进出口平衡时的结论，但在现实世界中贸易失衡是常见现象，列昂惕夫之谜主要出现在 20 世纪 40 年代和 50 年代，此时美国的对外贸易存在巨额顺差。利默尔指出，在贸易失衡的条件下，应该通过计算和比较美国整体生产中和消费中的资本-劳动比来检验 H-O 理论。

一些经济学家还分析了其他国家进出口产品的资本密集度，对 H-O 理论做进一步的检验。多数研究显示，发达国家之间、发达国家与发展中国家之间的贸易结构基本都支持 H-O 理论，即各个国家主要出口密集使用本国相对丰裕的要素生产的产品，进口密集使用本国相对稀缺的要素生产的产品。

3. 列昂惕夫之谜的谜外解释——新要素学说

在传统国际贸易理论中，一般把生产要素归结为土地、劳动、资本三种。随着现代国际经济的发展，生产要素的外延得到了拓展。在国际贸易新要素理论中，生产要素不仅包括土地、劳动和资本，而且包括技术、人力技能、研究与开发、信息与管理等新型生产要素。

由于 H-O 理论是 2×2×2 模型，有人提出用两种要素生产不符合现实，其他一些要素也可能影响生产与贸易模式。其中最有代表性的是人力资本说、研究与开发（R&D）说、信息要素论和管理与决策论等。

（1）人力资本说。

受列昂惕夫有效劳动解释的启发，后来一些学者在要素禀赋理论框架下引入人力资本（human capital）这一因素。人力资本的概念最早是由美国经济学家舒尔茨（Schultz，1961）和贝克（Becker，1964）提出，他们通过研究分析得出了如下结论：美国工人身上蕴含大量的资本因素，美国的劳动力密集并非单纯的一般劳动力密集，而是高效率、高技术、高熟练度的技术工人的密集，技术工人的高熟练度来自对劳动力的高投资。因此，美国的劳动密集型产品与其他国家的劳动密集型产品有重大的区别。

由于素质上的差异，劳动力一般可分为非熟练劳动力（unskilled labor）和熟练劳动力（skilled labor）两大类。其中，熟练劳动力是指具有一定技能的劳动力，这种技能不是先天具备的，而是通过后天的教育、培训等手段积累起来的。由于这种后天的努力类似于物质资本的投资行为，所以我们称这类劳动力为人力资本。这样一来，资本的含义就更广泛了，它既包括有形的物质资本，又包括无形的人力资本。一些经济学家在分析美国劳动力市场上的工资和员工技能、受教育程度、工资水平等因素之后，发现美国的人力资本投入在世界上处于领先地位。学者们还发现，美国出口行业的劳动生产率和人力资本都高于美国所有产业的平均水平。因此，不考虑人力资本因素而只考虑劳动人数和劳动时间，可能会低估出口产品的资本含量。如果把对人力资本的投资资本加入到实物资本中，美国出口产品中的资本密集度将显著上升，列昂惕夫之谜也可以得到解释。

各国劳动生产率的差异在很大程度上体现为人力技能的差异。因此，人力技能也是一种生产要素，而且是越来越重要的生产要素。由于人力技能是资本投资的结果，因此人力技能又称人力资本。

由于人力资本说在解释国际分工产生的原因时引进了一种新的生产要素，即在劳动力身上的资本投资，并从这一点出发否定了过去理论中劳动力同质的假设，所以它被称为新要素学说。

主张人力技能要素的经济学家提出了人力技能理论。该理论把劳动分为两大类：一类是简单劳动，即无须经过专门培训就可以胜任的非技术性的体力劳动；另一类是技能劳动，即必须经过专门培训形成一定的劳动技能才能胜任的技术性的劳动。

要对劳动者进行专门培训，就必须进行投资。因此，体现在劳动者身上的、以劳动者的数量和质量表示的资本就是人力资本。由于人力资本投资持续时间不同，投资形式存在差别，投资领域不一致等原因，造成了劳动力的质的差别，从而使人力资本作为一种特殊资本在生产过程中的效力不同。

人力资本的投资形式通常包括：正规的学校教育、在职的岗位培训、合理的人员配置、必备的卫生与营养条件、休养生息的外部环境，以及与上述各项投资形式相关的其他投资形式。人力资本投资和其他投资一样既需要时间，也需要资源。

人力资本投资的效果实际上就是人力资本效用发挥的程度。其评估方法主要有以下几种：一是以收入报酬计算。这种方法是以工资差别反映劳动者的人力资本的差异，计算非技能劳动与技能劳动的工资差别，并以适当的贴现率将其折算为工资。比如凯能（Kenen）就以 9%的贴现率将技能劳动超过非技能劳动的工资资本化，即把它作为实物资本的一部分，并和实物资本相加，得出资本总量，用以解释列昂惕夫之谜。二是以所有的要素报酬为基础，运用要素收入数据计算人力资本、实物资本和初级劳动的报酬，衡量人力资本的效用。这实质上也是以收入报酬评估人力资本的方法。三是以成本计算。这种方法把投在劳动者身上的全部教育、培训费用和所放弃的全部收益相加，得出投资人力资本的全部成本，用以衡量人力资本的效用及其差别。四是用以生产出口或进口产品的不同劳动集团的重要性为基础计算的技能指数来衡量人力资本的价值。

人力资本论者认为，技能禀赋或人力资本丰裕状况对国际贸易格局、流向、结构和利益等方面具有重要的影响。因此，资本充裕的国家往往也是人力资本充裕的国家，这些国家的比较优势实际上在于人力资本的充裕，这是它们参与国际分工和国际贸易的基础。在贸易结构和流向上，这些国家往往是出口人力资本或人力技能要素密集的产品。

他们在分析美国的情况时指出，美国最充裕的要素不是物质资本，而是人力资本，相对稀缺的是非熟练劳动。这就决定了美国的贸易结构必然是出口人力资本密集型产品占主体。比如最先进的通信设备、电子计算机等都属于技能密集型产品，而不再是传统的资本密集型产品。因此，用传统国际贸易理论中的三要素论是无法说明当代国际贸易现实的。

（2）研究与开发（R&D）说。

研究与开发说是格鲁伯（W. H. Gruber）、梅塔（D. Mehta）、弗农（R. Vernon）及基辛（Kissing）等西方经济学家于1967年在注重技术要素作用的同时，进一步研究推动技术进步的形式和途径及其与贸易的关系时提出的。研究与开发要素投入一般指研究和开发某项产品所投入的费用。

研究与开发要素投入不同于生产过程中其他形式的要素投入。研究与开发要素是以新产品生产中的与研究和开发活动有关的一系列指标来衡量的。在进行国别比较时，可以通过计算研究与开发费用占销售额的比重、从事研究与开发工作的各类科学家和工程技术人员占全体就业人员的比重以及研究与开发费用占一国国民生产总值或出口总值的比重等方法，来判断各国研究与开发要素在经济贸易活动中的重要性及其差别。

一国越重视研究与开发要素的作用，这个国家投入研究与开发活动中的资金就越多，其生产的产品中知识与技术密集度就越高，在国际市场竞争中的地位就越有利。基辛曾以美国在10个主要工业发达国家不同部门出口总额中的比重代表竞争力，分析研究与开发要素与出口竞争力的关系。结果表明，从事研究与开发活动的高质量劳动力比重越大的部门，国际市场竞争力就越强，出口比重就越高。这就证明了一个国家出口产品的国际竞争力和该产品的研究与开发要素密集度之间存在很高的正相关关系。

格鲁伯和弗农也进行了类似的研究。他们根据1962年美国19个产业的有关资料进行了分类比较，并按照研究与开发费用占销售额的比重以及科学家和工程师占整个产业全部雇佣人员的比重进行排列。结果发现，运输、电器、仪器、化学和非电器机械这五大产业名列前茅。五大产业的研究与开发费用占19个产业的78.2%，科学家和工程师占85.3%，销售量占39.1%，出口量占72%。可见，具有较强研究与开发实力的工业部门在产品生产上占有明显的优势，因而更有能力获得比较利益。

三位学者还分析了发展研究与开发型产业的条件，即充裕的资金、较为丰富的自然资源与高质量的劳动力是进行研究与开发的先决条件，国内有对新产品巨大的需求则是这种产业得以发展的基础。

由于美国的研究与开发投资占销售额的比重以及科学家、工程师和技术人员占行业职工的比重高于大多数国家，结论是显而易见的，美国在高新技术产品的生产及世界市场中占有很大的份额。目前，美国之所以仍占有优势，就是因为具有发展研究与开发型产业的充分条件：第一，有充裕的资金、较为丰富的自然资源与高质量的劳动力；第二，国内有对新产品巨大的旺盛需求。

（3）信息要素论。

在现代经济活动中，企业除了需要土地、劳动和资本这些传统生产要素以外，更需要信息，信息成为必不可少的和越来越重要的生产要素。作为生产要素的信息是指来源于生产过程之外并作用于生产过程的能带来利益的一切信息的总称。

随着人们对生产力发展研究的深入，到今天，生产要素的范围不仅从有形的物质资料扩大到了无形的资产，而且进一步扩大到了无形的技术、工艺、构思以及商情信息。在信息技术（IT）飞速发展的情况下，信息成为不仅能创造价值，而且可进行交换的无形产品。信息这种无形的“软件”要素，一方面是形成贸易的基础，占有信息的多寡、信息的准确性和及时性是信息与有形资源结合产生实际贸易过程的关键，并能产生数量巨大的贸易商品；另一方面，这些无形资源本身在今天已经成为国际贸易的重要内容，这拓宽了交易的范围，促进了国际贸易理论与实践的新发展。

信息要素是无形的、非物质的，将其区别于传统生产要素，是生产要素观念上的大变革。西方经济学家认为，股票是财产的象征，而信息则是象征的象征。随着现代社会的发展，市场在世界范围内的拓宽以及各种经济贸易活动的日益频繁，社会每时每刻都在产生海量的信息。这些信息在不同的方面、不同的程度上影响社会经济活动，影响企业的生产经营决策和行为方式，甚至有时还决定企业的命运。

信息是一种能够创造价值并能进行交换的无形资源。但是由于信息创造价值的能力难以用通常的方法衡量，其交换价值只能取决于信息市场的自然力量。由于信息具有强时效性，信息交换也常常带有神秘的性质。信息能够创造价值的特性，使得信息利用状况能够影响一国的比较优势，从而改变一国在国际分工和国际贸易中的地位。

（4）管理与决策论。

管理是指在一定的技术条件下最优地组织、配置和调节各种生产要素之间的比例关系。决策是为最优地达到目标，对若干个准备行动方案进行的选择。一般认为，管理和决策既可以看成生产函数中的一种单独要素，也可以看成劳动要素的特殊分类，但它和其他生产要素之间不存在相互替代关系。并且，管理需求随生产规模的扩大而增加。

在现实经济活动中，管理通过管理人员（如经理等）的工作体现。西方经济学家认为，管理水平的差异说明了劳动生产率的差异。一般来说，在经济落后的国家管理要素都相对稀缺，表现在管理人员比重小和管理水平比较低等方面。

五、对 H-O 理论的简要评价

1. H-O 理论与比较成本理论的异同

（1）H-O 理论与比较成本理论的相同点。

H-O 理论与比较成本理论有一致的地方，即都是比较利益论，都是要发挥比较优势。一般认为，比较成本理论是基于外生的技术差异而产生了生产成本的差异，而 H-O 理论是基于外生的自然禀赋差异而产生了生产成本的差异。

（2）H-O 理论与比较成本理论的差异。

1）贸易发生原因不同，比较成本理论认为是劳动生产率差异，H-O 理论认为是要素禀赋差异。

2）使用要素不同，比较成本理论是单要素生产模型，H-O 理论是双要素生产模型。

3）交换规律不同，比较成本理论认为国内交换规律不适用于国际交换，而 H-O 理论认为国内交换规律适用于国际交换。

2. H-O 理论的政策含义

H-O 理论最基本的政策含义是所谓的“靠山吃山，靠水吃水”的思想，发挥一国要素固有的优势，从固有的要素优势出发进行国际贸易，令自己能够把成本较为低廉的产品推向国际市场，是今天世界各国都在遵循的原则。因此，依照 H-O 理论制定一国的对外贸易战略与政策，是大多数国家特别是发展中国家对外开放的出发点。

3. H-O 理论的缺陷

只用要素禀赋差异解释贸易的发生并不具有普遍性。因为自然禀赋并非贸易发生的充分条件，社会因素在确定一国对外开放的战略中具有极其重要的地位，同时 H-O 理论比较强调静态结果，排除了技术进步等因素，这严重影响了该理论的广泛适用性。事实上，一国的资源优势除了自然禀赋外，更有由于社会经济发展而形成的后天优势。例如，一国的资本丰富状况大多是社会经济发展的产物。另外，这一理论对于需求因素并未予以考虑，因此，其对现实的解释力受到一定的削弱。

第二节　标准贸易模型

我们在前面介绍不同的模型时，为了突出重点，对于每一个模型都略去了其他模型强调的现实世界中的一些情形。这些模型有：

李嘉图模型——生产可能性由单一要素（劳动）在两个部门的分配情况决定。该模型阐述的实质观点是比较优势，但无法让我们对收入的分配进行讨论。

特定要素模型——劳动可以在不同部门之间自由流动，其他要素对具体的产业而言都是特定的。就理解收入分配而言，这是一个理想的模型，但难以用于讨论贸易模式。

H-O 模型——生产中的多种要素都可以在部门之间自由流动。该模型以通俗易懂的方式用要素禀赋解释比较优势来源而成为传统国际分工理论的主流。但没有说明贸易价格的确定问题，即没有解决国际交换的比率问题。

在此我们将引入一个有关世界贸易的标准模型，它不再只依赖于各国的供给，还考虑了各国不同的需求。标准贸易模型建立在下面四个主要关系的基础上：（1）生产可能性边界和相对供给曲线之间的关系；（2）相对价格和相对需求之间的关系；（3）均衡的世界相对供给与相对需求之间的关系；（4）贸易条件与国家福利之间的关系。

一、生产可能性边界与机会成本

标准贸易模型是新古典贸易理论的基本模型。这一模型基于以下几个假设：

（1）每个国家都生产两种产品——面包和衣服；

（2）生产每种产品都需要两种投入——劳动和资本；

（3）机会成本递增。

假设（1）、（2）都不难理解，下面解释机会成本递增的概念。

在资源有限的条件下，为多生产一些面包，就必须把部分原来用于生产衣服的劳动和资本转而用于生产面包，从而减少衣服产量。反之亦然。为多生产面包而减少的衣服产量被称为面包的机会成本。

与机会成本密切相关的一个概念是边际转换率。产品 X 对产品 Y 的边际转换率就是每多生产 1 单位 X 而少生产的 Y 的数量，也就是多生产 1 单位 X 的机会成本。如果以 X 为横坐标、以 Y 为纵坐标绘出生产可能性边界，X 对 Y 的边际转换率即为生产可能性边界上对应点的斜率绝对值，Y 对 X 的边际转换率为斜率绝对值的倒数。

机会成本可以是不变的、递增的或递减的。所谓不变的机会成本，就是边际转换率始终不变，不会随着面包或衣服产量的变化而变化，即无论目前面包或衣服的产量是多少，为多生产 1 单位面包而必须减少的衣服产量保持不变。在图 4－10（a）（与图 1－1 相似，在此只是把 X、Y 具体化了）中直线形生产可能性边界表示的即为机会成本不变的情形。从图中可以看出，在生产可能性边界上的任意一点，增加 1 单位面包的生产所必须减少的衣服产量都不变。这是古典贸易理论的主要假设之一。

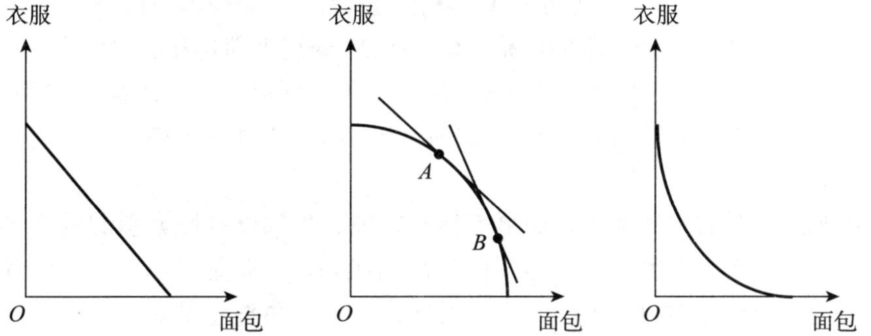

（a）机会成本不变　（b）机会成本递增　（c）机会成本递减

图 4－10　生产可能性边界和机会成本

机会成本递增则是指随着面包产量的增加和衣服产量的下降，面包对衣服的边际转换率越来越高的情形，即如果要再增加 1 单位面包的生产，必须减少的衣服产量越来越多。图 4－10（b）显示了机会成本递增的情形。在 A 点，要多生产 1 单位面包，需要少生产 1 单位衣服。在面包产量较高而衣服产量较低的 B 点，要多生产 1 单位面包，需要减少 4 单位衣服。即随着一种产品的产量越来越高，生产这种产品的机会成本也越来越高，这被称为机会成本递增。值得注意的是，如果只有两种产品，一种产品机会成本递增必然意味着另一种产品也是机会成本递增的。如果产品是机会成本递增的，则生产可能性边界是凹向原点的。

另一种情形是机会成本递减，即随着一种产品的产量增加，这种产品对另一种产品的边际转换率越来越低。图 4－10（c）表示的即为机会成本递减的情形。同样地，如果只有两种产品，一种产品机会成本递减必然意味着另一种产品也是机会成本递减的。在这种情形下，生产可能性边界是凸向原点的。这是新贸易理论的主要假设之一。

在现实世界中，机会成本是递增还是递减取决于产品生产的特点。通常认为，在多数情况下，机会成本是递增的，即随着衣服产量的增加，为多生产 1 单位衣服所必须减少的面包的产量越来越大。可以通过以下例子来说明这一问题：有些劳动和资本适合生产衣服，另一些则适合生产面包。随着衣服产量的增加，越来越多适合生产面包的劳动和资本转而用于生产衣服，这导致为了多生产 1 单位衣服而减少的面包产量越来越大。在这种情况下，凹向原点的生产可能性边界比机会成本固定的直线形生产可能性边界更接近实际。新古典贸易理论假设机会成本总是递增的，即图 4-10（b）中的情形。

需要指出的是，不同国家的生产可能性边界是不同的。这是因为两国具有不同的要素禀赋或者两国的产品生产技术不同。此外，一国要素供给和生产技术的变化也会造成生产可能性边界的移动。

二、相对供给曲线与预算约束

在生产可能性边界给定时，我们可以求出相对供给曲线。在价格给定时，一些不同的产量组合具有相同的价值。在坐标系中，把具有相同价值的产量组合点连接起来，可得到等价值线。图 4-11 显示了一组等价值线，每条直线都由 $P_B \cdot Q_B + P_C \cdot Q_C = V$ 确定，式中，P_B 和 P_C 分别为面包和衣服的价格，Q_B 和 Q_C 分别为面包和衣服的产量，V 为总价值。对应不同的总价值，可得到不同的等价值线。离原点越远、位置越高的等价值线对应的总价值越大。不难得到等价值线的斜率都为 $-P_B/P_C$，在相对价格 P_B/P_C 不变时，等价值线为一组平行线。

根据微观经济学的均衡理论，如果不存在垄断、外部性等因素引起的市场扭曲，一个经济就会处于最有效率的状态，即产值最高的状态。也就是说，一个经济各种产品的产量组合会是生产可能性边界上、处于尽可能高的等价值线上的点。如果生产可能性边界是凹向原点的，则最优产量组合应该处于生产可能性边界和与之相切的等价值线的切点处。图 4-11 中的 A 点即为最优产量组合点。

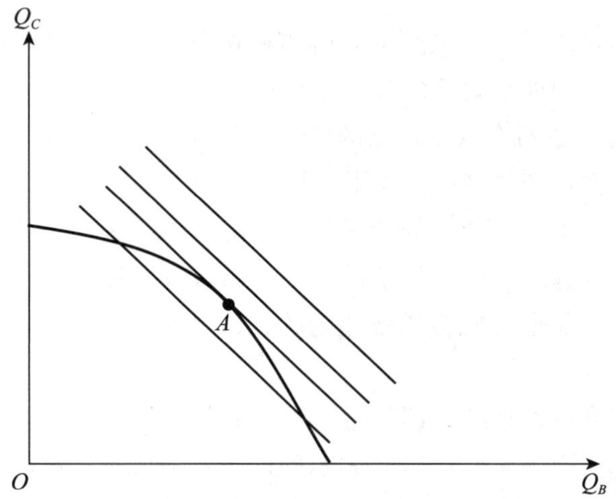

图 4-11　生产可能性边界和预算约束

值得注意的是，最优产量组合仅与相对价格有关，如果绝对价格变化而相对价格不变，最优产量组合不会变化。

如果产品的相对价格变化，即 P_B/P_C 变化，最优产量组合也会随之变化。在图 4-12 中，当相对价格由 P_B/P_C 下降为 P_B'/P_C' 时（即面包的价格相对下降，衣服的价格相对上升），等价值线的斜率在绝对值上也随之下降，最优产量组合从 A 点转移至 A' 点，衣服的产量增加，面包的产量下降。

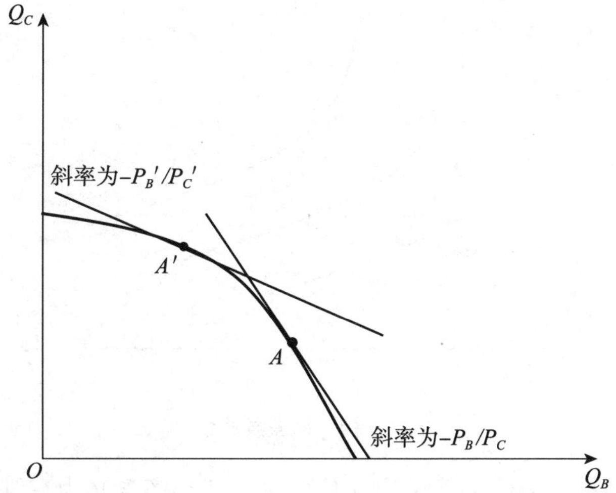

图 4-12　相对价格与最优产量组合

从图 4-13 可以看出，面包的相对产量 Q_B/Q_C 与面包的相对价格 P_B/P_C 成正比，因此我们可以得到相对供给曲线。图 4-13 中的 S 即为相对供给曲线。

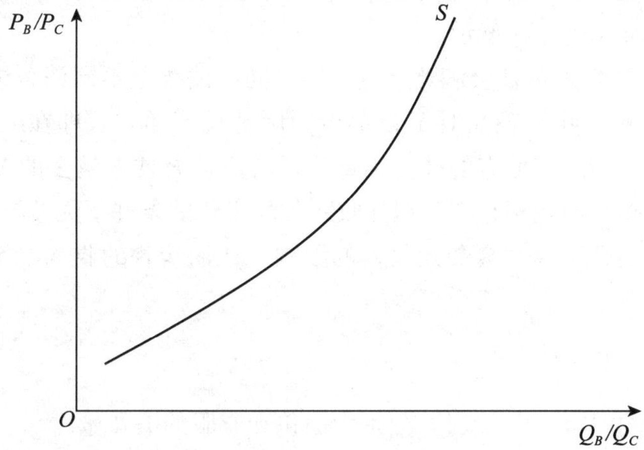

图 4-13　相对供给曲线

三、个人和社会无差异曲线

任何一个商品消费组合都会带给消费者一定程度的满足感。在正常情况下，消费的商品数量越多，满足感越高。我们通常把满足程度表示为一个实数，称为效用。在可能的情况下，消费者会尽可能选择效用高的消费组合。

在某些情况下，不同的消费组合能带给消费者同样程度的满足感，即同样程度的效用。例如，消费者消费 4 个面包、2 件衣服与消费 3 个面包、3 件衣服的满足度相同，效用相等。在图中把满足度相同的消费组合连接起来，即可得到无差异曲线，如图 4－14 所示。

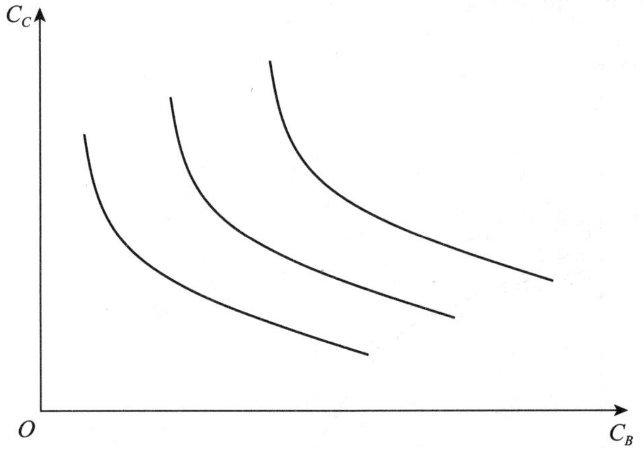

图 4－14　无差异曲线

无差异曲线的斜率在数值上等于边际替代率，其经济含义为在维持效用不变的条件下，如果减少 1 单位某商品（如面包）的消费，需要增加的另一商品（如衣服）的消费量。

通常认为，人们的消费偏好表现出边际效用递减的特点，即随着对某商品的消费量增加，人们的效用也增加，但增加幅度越来越小。在边际效用递减的情况下，无差异曲线会凸向原点，即如图 4－14 所示。

曲线离原点 O 越远表示社会满意度越高，在同一曲线上不同消费组合的社会满意度相同。曲线凸向原点说明 X 商品对 Y 商品的边际替代率递减。即在减少若干单位 X 商品的消费的条件下，为维持原有的社会满意度，需要补充越来越多的 Y 商品的消费。一般情况下，两条无差异曲线不相交，但在收入分配变化的条件下无差异曲线可能相交。

消费者在做出消费选择时会受到收入的限制。在消费者的收入给定时，其消费选择必须满足预算约束

$$P_B \cdot C_B + P_C \cdot C_C \leqslant V \tag{4-11}$$

式中，V 为消费者的财富，C_B 和 C_C 分别为面包和衣服的消费量。

在本章模型中，我们不考虑储蓄带来的效用，因此消费者会选择消费掉所有的财富，所以在实现最优消费时式（4－11）会取等号。

在价格给定时，消费者的最优消费组合必定满足 $P_B \cdot C_B + P_C \cdot C_C = V$，我们在图中把最优消费组合表示出来。不难发现，得到的是一条直线。如图 4－15 所示，图中直线即为预算约束线。

如前所述，消费者选择消费组合以达到尽可能高的效用，即希望消费组合位于尽可能高的无差异曲线上。如果无差异曲线凸向原点，则最优消费组合应该位于预算约束线和与之相切的一条无差异曲线的切点处，即图 4－15 中的 A 点。

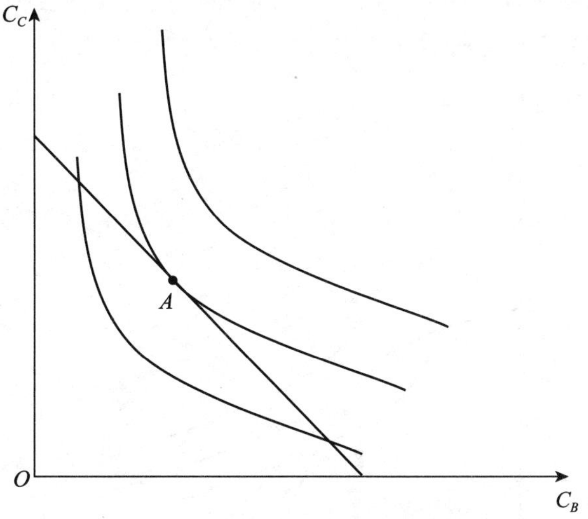

图 4-15　无差异曲线与最优消费组合

根据所有的个人无差异曲线，我们可以推出社会无差异曲线。社会无差异曲线是反映社会获得同等满意度的消费组合的曲线，其形状与个人无差异曲线十分相似。与个人无差异曲线一样，位置更高的社会无差异曲线代表更高的效用水平。同样地，社会的最优消费组合是在满足社会预算约束的条件下处于尽可能高的无差异曲线上的点。当社会总财富给定时，社会最优消费组合就位于社会预算约束线和与之相切的社会无差异曲线的切点处。在图 4-16 中，S_1 为原预算约束线，A 点为社会最优消费组合。

如果产品价格变化，预算约束线也会变化，消费者的最优消费组合随之变化。如图 4-16 所示，如果衣服的价格上涨，预算约束线变为 S_2，B 点为最优消费组合。

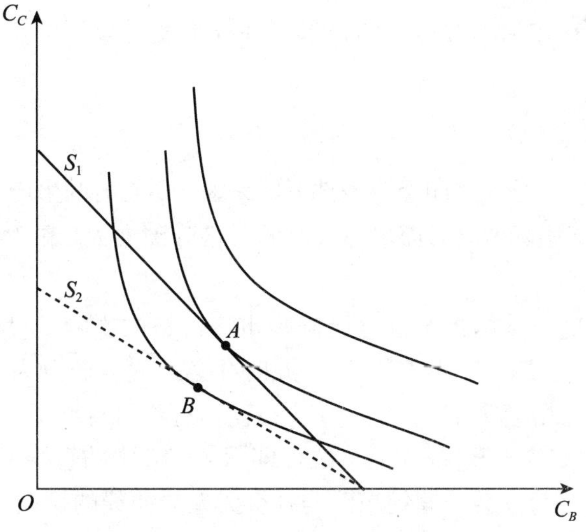

图 4-16　相对价格变化与最优消费组合移动

有了生产可能性边界和社会无差异曲线的概念，我们就可以得到在无国际贸易的条件下一国的均衡生产。根据微观经济学中的福利经济学第一定理，在不存在垄断和外部性等因素引起的市场失灵的条件下，供给与需求相等且实现社会福利最大化。在封闭经济条件下市场均衡如图 4－17 所示。

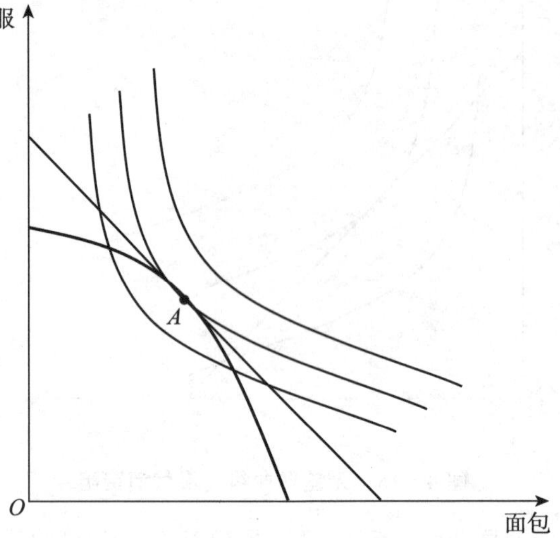

图 4－17　封闭经济条件下的市场均衡

图 4－17 中的 A 点为均衡点，生产可能性边界和社会无差异曲线在这一点相切。同时，过 A 点与生产可能性边界和社会无差异曲线相切的直线即为社会预算约束线，其斜率在绝对值上即为面包的相对价格 P_B/P_C。在没有国际贸易时，本国产品的产量正好等于消费量，即

$$Q_B=C_B \tag{4-12}$$

$$Q_C=C_C \tag{4-13}$$

接下来我们考虑存在国际贸易时的情形。在标准贸易模型中，社会消费总价值等于社会总产值，即

$$P_B \cdot Q_B+P_C \cdot Q_C=P_B \cdot C_B+P_C \cdot C_C \tag{4-14}$$

在图 4－18 中，A 点是在封闭经济条件下即无国际贸易时的生产点和消费点，W_1 为此时的预算约束线，设无国际贸易时面包与衣服的价格分别为 P_B^A 和 P_C^A，直线 W_1 的斜率即为$-P_B^A/P_C^A$。

在存在国际贸易时，本国市场价格受国际市场价格的影响，设此时面包与衣服的价格分别为 P_B 和 P_C，且 $P_B/P_C>P_B^A/P_C^A$。此时社会最优生产点为 B 点，此时社会产品的总价值最高。社会总财富为 $P_B \cdot Q_B+P_C \cdot Q_C$，这些财富可用于消费，因此社会预算约束线为过 B 点、斜率为$-P_B/P_C$ 的直线，即图 4－18 中的直线 W_2。

社会最优消费组合为社会预算约束线与社会无差异曲线的切点，即图中的 C 点。

可以看出，在存在国际贸易时，生产点和消费点不再重合。由于 $P_B/P_C>P_B^A/P_C^A$，即面包的相对价格上升，衣服的相对价格下降，激励本国增加面包的产量，减少衣服的产量，同时，刺激衣服的消费量增加（面包的消费量变化不确定，可能增加也可能下降）。在本国市场上衣服出现供不应求，面包出现供过于求。于是本国出口面包，进口

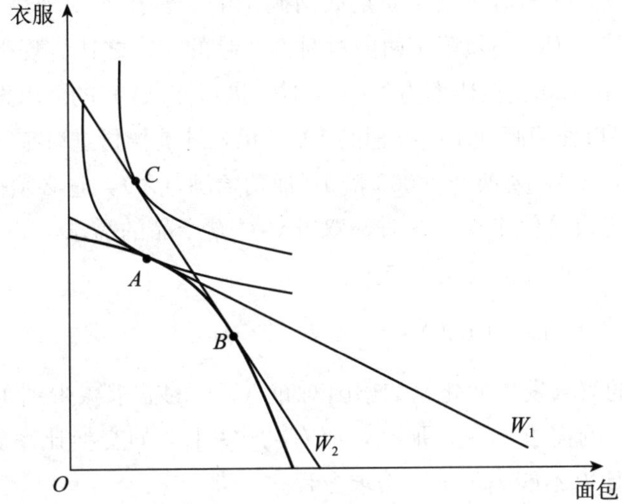

图 4-18　开放经济条件下的市场均衡

衣服。

四、贸易价格的确定——国际相互需求理论

现假设有 A、B 两个国家，生产两种产品 X（葡萄酒）、Y（布）。在 A 国，若把所有生产要素都投入 X 产品的生产，则可以生产出 10 个单位；若把所有生产要素都投入 Y 产品的生产，则可以生产出 15 个单位。而在 B 国，同样地，若把所有生产要素都投入 X 产品的生产，则可以生产出 10 个单位；若把所有生产要素都投入 Y 产品的生产，则可以生产出 20 个单位。因此，在 A、B 两国，X 与 Y 的交换比率是不同的，即 X 与 Y 的相对价格在两个国家不同，因而具有产生相互贸易的基础。如图 4-19 所示。

	X	Y	
A	10	15	⟶ A 国 X 与 Y 的交换比率为10:15
B	10	20	⟶ B 国 X 与 Y 的交换比率为10:20

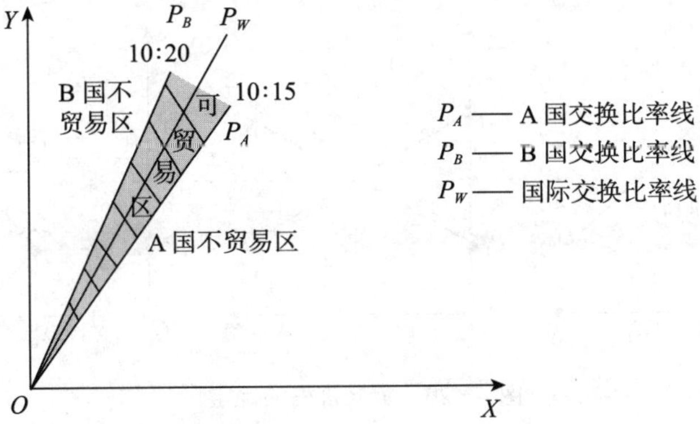

图 4-19　两国可贸易范围

国际交换比率或国际相对价格 P_W 是如何确定的呢？按照穆勒相互需求（reciprocal demand）理论的观点，P_W 必须等于两国对对方产品的需求之比。现举例说明如下。

假设德国（A）在国际交换比率为 1∶1.7 时，进口布（Y）的需求为 17 码的 1 000 倍，为此，它只有提供出口葡萄酒（X）10 桶的 1 000 倍，才能偿付进口布（Y）所需的价值。

同样，假设英国（B）要换回 1 000 倍 10 桶葡萄酒（X），它必须提供 1 000 倍 17 码布（Y），才能使进出口价值平衡，这时，双方对对方产品的需求（相互需求）均等，故交换比率稳定在国际需求方程式均衡点上：

$$(10\times1\ 000)\colon(17\times1\ 000)=1\colon1.7$$

倘若其中一方的需求发生变化，如德国对布（Y）的需求减少到 17 码的 800 倍，而英国对葡萄酒（X）的需求不变，那么，原有的 1∶1.7 的交换比率就会发生变化。这时，1∶1.7 的交换比率不能满足国际需求方程式，即

$$(10\times1\ 000)\colon(17\times800)\neq1\colon1.7$$

在这种情况下，英国对葡萄酒（X）的需求大于德国对布（Y）的需求，则使葡萄酒（X）的价格上升，布（Y）的价格下降。假定交换比率上升到 1∶1.8，英国对葡萄酒（X）的需求因其价格上升而从 10 桶的 1 000 倍减少到 10 桶的 900 倍，德国对布（Y）的需求因其价格下降而从 17 码的 800 倍上升到 18 码的 900 倍，这时，双方对对方产品的需求重新达到均衡，即

$$(10\times900)\colon(18\times900)=1\colon1.8$$

这就是穆勒的相互需求方程式。因此，穆勒得出结论：商品的国际价值停留在使两国贸易达到平衡的那个交换比率上，它是由两国对彼此的商品需求强度决定的。

人物介绍 4-4

约翰·穆勒

图 4-20 表示的是本国市场与外国市场对产品 X 的供给和需求情况，同时它们也决定了国际市场剩余供给和剩余需求以及贸易价格与数量。

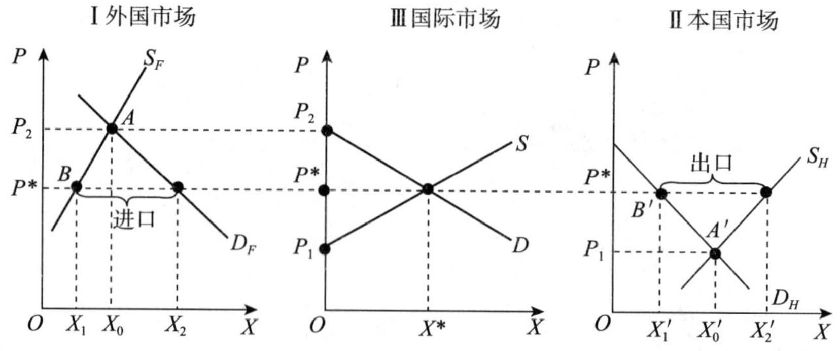

图 4-20　贸易价格的确定

在封闭经济条件下外国市场上的 X 价格较高，为 P_2，均衡供求量为 X_0；开放贸易

后，X 的价格下跌至 P^*，导致国内需求增加，同时国内生产减少，新的需求与国内产量之间的差由进口弥补。在封闭经济条件下本国市场上的 X 价格较低，为 P_1，均衡供求量也较小；开放贸易后，X 的价格上升，导致国内需求减少，同时国内供给增加，故新的供给与国内需求之间的余量由出口解决。

两国市场的变化反映在国际市场上，便是国际供求均衡量（X^*）和均衡价格（P^*）的形成。因此，若将需求因素引入国际贸易的分析中，则国际贸易不仅会影响一国的生产，而且会影响一国的消费模式和价格。

五、贸易条件与提供曲线

1. 贸易条件

由于进出口产品的相对价格直接决定贸易量，因此在国际贸易理论中，我们通常用贸易条件（terms of trade，TOT）来表示进出口产品的相对价格。

在市场交换过程中，价格问题始终是令人关注的中心，因为它直接关系到各方切身的经济利益。同样，国际贸易中的价格，即不同国家之间的产品交换比率，也是国际经济学理论要研究的一个重点。在前面对比较优势的分析中，我们假定不同国家按照合理的比率进行交换，各方都从中获益。现在来考虑国家之间究竟按什么样的比率来交换产品，这就是贸易条件问题。

所谓贸易条件，通常是从一国出口产品价格与进口产品价格相对比较的角度来进行观察和分析。即 A 国以一定数量的 X 产品与 B 国相应数量的 Y 产品交换，两者的交换比率就是贸易条件。简单来说，贸易条件就是进出口产品的比价。贸易条件一般有如下四种：

（1）净贸易条件。

净贸易条件又称商品贸易条件，指一国在一定时期内，出口产品价格指数与进口产品价格指数之比。用公式表示为

$$N=\frac{P_x}{P_m}\times 100 \tag{4-15}$$

其中，P_x 代表出口产品价格指数，P_m 代表进口产品价格指数。

净贸易条件反映某一时期相对于基期一国的贸易利益和国际分工地位变化。如果净贸易条件上升，则意味着同样数量的出口产品可换到更多数量的进口产品，我们称之为贸易条件改善。如果净贸易条件下降，则意味着同样数量的出口产品可换得的进口产品数量减少，我们称之为贸易条件恶化。

如果只有两个国家进行贸易，且仅有两种产品，则一个国家的出口产品就是另一个国家的进口产品，所以两国的贸易条件互为倒数。

如果一个国家的贸易处于平衡状态，即进出口相等，则贸易条件等于进口数量比出口数量。

在现实中，由于世界各国都进出口多种产品，所以 P_x 和 P_m 通常表示出口产品和进口产品的加权物价指数。任何物价指数都是相较于某一时刻物价水平的相对指标，因此

贸易条件本身也是一个相对指标，在进行历史比较时才有意义。我们通常选取某一年为基期，设当年的贸易条件指数为100，再根据进出口产品价格的相对变化计算其他年份的贸易条件指数。

（2）收入贸易条件。

它是在净贸易条件的基础上，把出口数量变化考虑进来。用公式表示为

$$I=\frac{P_x}{P_m}\times Q_x \tag{4-16}$$

其中，Q_x 为出口数量指数。

（3）单因素贸易条件。

它是在净贸易条件的基础上，把出口产品的劳动生产率变化考虑进来。用公式表示为

$$S=\frac{P_x}{P_m}\times Z_x \tag{4-17}$$

其中，Z_x 为出口产品劳动生产率指数。

（4）双因素贸易条件。

它是在净贸易条件的基础上，把进出口产品的劳动生产率变化都考虑进来。用公式表示为

$$D=\frac{P_x}{P_m}\times\frac{Z_x}{Z_m}\times 100 \tag{4-18}$$

其中，Z_m 为进口产品劳动生产率指数。

那么，一国的贸易条件怎么样算改善，怎么样算恶化呢？一句话，越是贱买贵卖，就越是贸易条件改善，反之，就越是贸易条件恶化。举例说明如下：

例题：假定某国净贸易条件以2000年为基期是100，2005年出口产品价格下降5%，进口产品价格上升10%，那么：（1）这个国家2005年的净贸易条件（商品贸易条件）是多少？（2）假如该国出口数量从2000年到2005年上升了20%，收入贸易条件是多少？

解：（1）已知：$P_x=95$，$P_m=110$，代入式（4-15），得

$$N=\frac{P_x}{P_m}\times 100=\frac{95}{110}\times 100\approx 86.36$$

表明这个国家的贸易条件恶化了约13.64个百分点。

（2）已知：$Q_x=120$，代入式（4-16），得

$$I=\frac{P_x}{P_m}\times Q_x=\frac{95}{110}\times 120\approx 103.64$$

表明这个国家尽管净贸易条件恶化了，但由于出口数量增加，贸易收入或创汇并未减少。值得注意的是，如果不特别说明，我们所讲的贸易条件一般是指净贸易条件。

2. 提供曲线

前面我们在考虑一个国家的市场均衡情况时，利用无差异曲线这一比较抽象的工具，无法直接和准确地确定贸易均衡价格和均衡数量，也不能确定贸易利益的分配。在此我

们把两国市场结合起来，使用另一种分析工具——提供曲线（offer curve）来确定两国贸易时的相对价格和数量，并分析贸易利益的分配。

马歇尔在1879年出版的《国际贸易纯理论》和1890年出版的《经济学原理》中，以边际效用论和生产费用论相结合的均衡价格论，来解释描绘贸易条件的提供曲线，对约翰·穆勒的相互需求理论做出了进一步的分析和说明。

提供曲线表示一个国家在不同相对价格下进出口产品的数量。也就是说，它表示一个国家在各种可能的贸易条件下从事国际贸易的愿望。提供曲线也称为相互供给与需求曲线，其思想最早由约翰·穆勒提出，并经马歇尔和埃奇沃思发展完成。

根据生产可能性曲线和社会无差异曲线，可以导出提供曲线。与上一节相同，我们假设每个国家生产两种产品——面包和衣服；生产可能性曲线凹向原点。

如前所述，在面包（X）和衣服（Y）的国际相对价格给定时，国内两种产品的生产量和消费量也就确定了。如图4-21（a）所示，P_1、P_2、P_3分别为三个不同的相对价格，且$P_1<P_2<P_3$，其中P_1为没有国际贸易时的相对价格。A、B、C和A、B'、C'分别为对应的消费量和生产量。与之对应，在图4-21（b）中，原点、（X_1，Y_1）、（X_2，Y_2）为对应的进出口量组合。可以看出，对应不同的相对价格，得到不同的进出口量组合。把所有不同相对价格下该国的进出口量组合表示在以出口产品为横坐标、以进口产品为纵坐标的图形中，即可得到这个国家的提供曲线。在图4-21（b）中，OA即为对应的提供曲线。

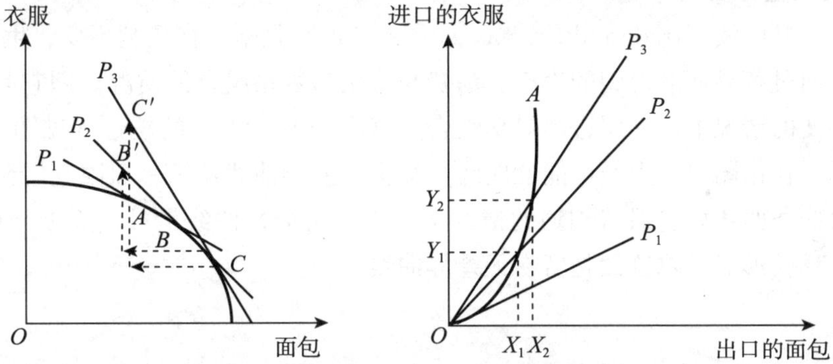

（a）　　（b）

图4-21　提供曲线的推导

值得指出的是，提供曲线在原点处切线的斜率为P_1，即为本国不与外国进行贸易时的相对价格，此时贸易量为0。当相对价格大于P_1时，本国开始出口面包，进口衣服。如果相对价格低于P_1，本国将变成面包的进口国，并出口衣服，这一部分未表示在图中。

提供曲线一般具有以下性质：

（1）曲线上的任一点表示该国在某一相对价格下愿意进行国际贸易时的交换数量；

（2）原点与曲线上点的连线的斜率等于国际相对价格；

（3）提供曲线的形状为过原点并凸向比较优势产品（出口）坐标轴；

（4）提供曲线反映了商品的国际市场供求变动，可用于两种商品的一般均衡分析。

如果一个国家的生产能力或是消费者偏好改变，提供曲线往往也会随之改变。例如，如果由于某些原因，本国消费者变得更加喜欢面包，相对不那么喜欢衣服，则在相同的相对价格下，面包出口和衣服进口都减少，这会导致提供曲线向左移动，贸易意愿下降；反之，提供曲线右移，贸易意愿上升。图 4－22 表示了这两种情况。

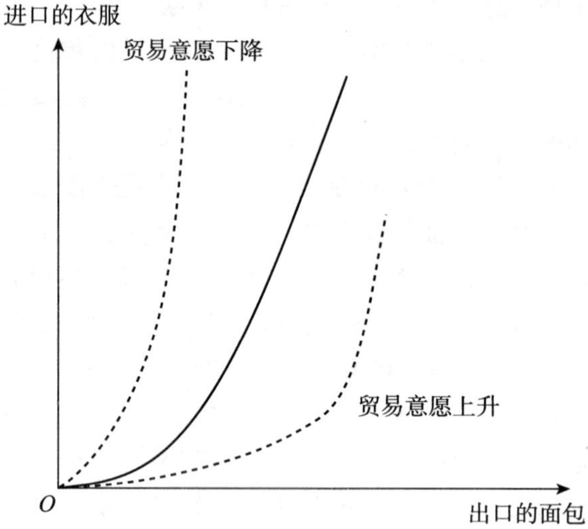

图 4－22 提供曲线的移动

3. 贸易无差异曲线

贸易无差异曲线（trade indifference curve，TIC）是指，在福利不变、生产水平不变的情况下，通过贸易调节得到的生产、消费与进出口数量组合的情况。即它是福利不变、生产水平不变的情况下，一国进出口量组合点（O、O_1、O_2）的轨迹（见图 4－23）。为了方便说明，在作图时，生产可能性曲线与社会无差异曲线从第一象限翻转到第二象限，并且在使得两条曲线始终保持相切的情况下，生产可能性曲线沿社会无差异曲线平滑移动，其原点移动形成的轨迹便是贸易无差异曲线。

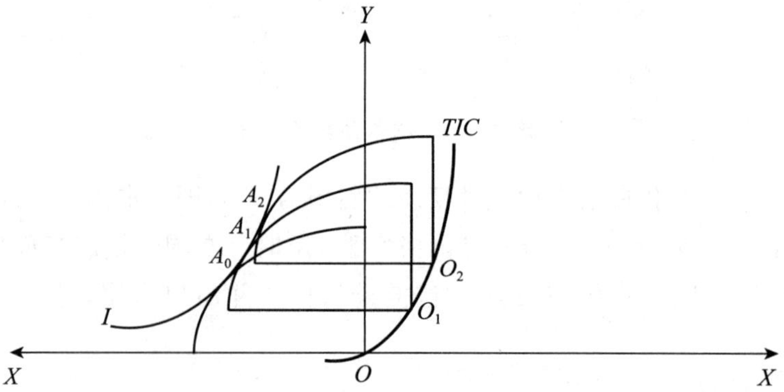

图 4－23 贸易无差异曲线的推导

在图 4－23 中，该国从事 X、Y 两种产品的生产，在初始状态下生产点为 A_0（对应 O 点），A_0 亦是消费点。当生产可能性曲线沿社会无差异曲线上移时，生产点先后移到

A_1（对应 O_1 点）和 A_2（对应 O_2 点），由于消费点所对应的始终是原点 O，这时 X 的生产就多于消费，多出的部分用于出口，而 Y 的生产少于消费，缺口部分即是进口。因此，不变的福利水平是通过进出口调节达到的。

从贸易无差异曲线也可以得到提供曲线。由于贸易无差异曲线有无数条（因社会无差异曲线有无数条），以原点 O 为起点，画出射线 P_{W0}、P_{W1}、P_{W2} 等，使得每条射线总能与一条相应的贸易无差异曲线相切，然后用一条平滑的曲线将这些切点和原点 O 连接起来，得到的曲线就是该国的提供曲线。这时，提供曲线就是两国或世界发生贸易时，不同相对价格（国际价格 P_W）线与贸易无差异曲线切点的轨迹，即图 4－24 中的 OA 线。用同样的方法，我们可以得到另外一个国家的提供曲线，只是其提供曲线的方向与上面所述国家的提供曲线相反，即弯向 X 轴。

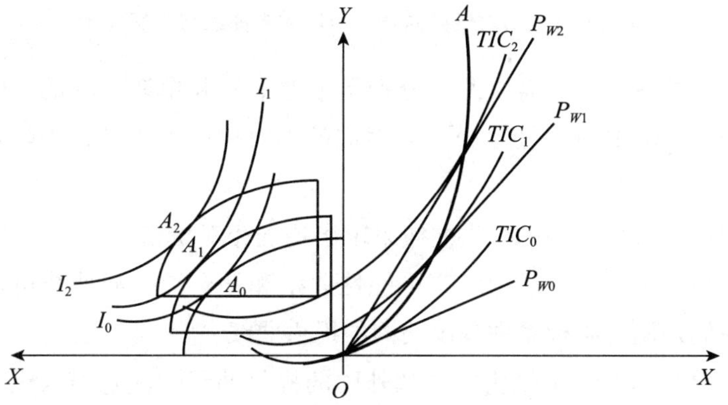

图 4－24　贸易无差异曲线与提供曲线

六、贸易价格的确定方法

在国际相对价格给定时，通过分析一个国家的提供曲线可以得到进出口产品的种类和数量。这种分析方法是局部分析法，所得结果是局部均衡。下面运用全局分析法求出一般均衡下的国际相对价格。

为简化分析，我们假设世界上存在两个国家——本国和外国，有两种产品——面包和衣服——可用于国际交换。我们假设本国出口面包，进口衣服。下面分别通过两种方法确定贸易均衡价格。

首先，我们采用相对价格——相对供求模型确定贸易均衡价格。

如前所述，当本国的生产可能性曲线和社会无差异曲线给定时，对应给定的相对价格 P_B/P_C 可求得本国的最优产量组合（Q_B，Q_C）和最优消费组合（C_B，C_C）。相应地，也可以求得外国的最优产量组合（Q_B^*，Q_C^*）和最优消费组合（C_B^*，C_C^*）。由此可知，世界作为一个整体，相对供给量 $(Q_B+Q_B^*)/(Q_C+Q_C^*)$ 和相对需求量 $(C_B+C_B^*)/(C_C+C_C^*)$ 分别是关于相对价格 P_B/P_C 的函数。不难得到，$(Q_B+Q_B^*)/(Q_C+Q_C^*)$ 是关于 P_B/P_C 的增函数，$(C_B+C_B^*)/(C_C+C_C^*)$ 是关于 P_B/P_C 的减函数。在同一坐标系中画出这两个函数，分别得到相对供给曲线和相对需求曲线，见图 4-25。

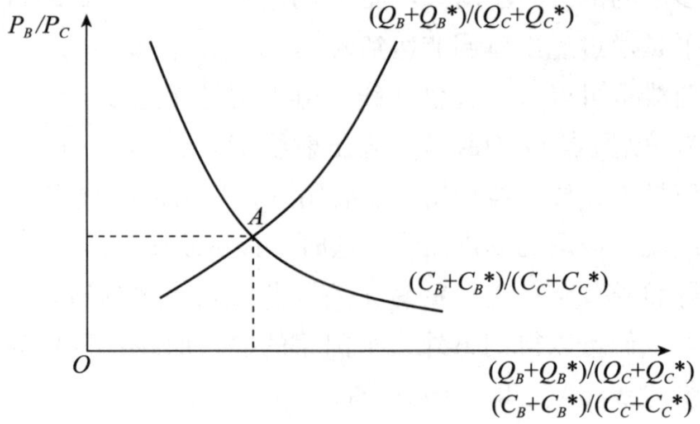

图 4-25　相对供给曲线、相对需求曲线与市场均衡

由于相对供给曲线和相对需求曲线分别是单调上升和单调下降的，两条曲线最多有一个交点，即图 4-25 中的 A 点。这一点对应的相对价格即为进行国际贸易时的均衡相对价格。

其次，我们可以通过两国的提供曲线来求出均衡相对价格。

如前所述，根据本国和外国的生产可能性曲线和社会无差异曲线可得到本国和外国的提供曲线。我们在同一坐标系中画出两国的提供曲线。

在图 4-26 中 S_1 和 S_2 分别为本国和外国的提供曲线，注意横（纵）坐标表示相同的产品，但对不同国家分别代表出口和进口。从图中可以看出，S_1 和 S_2 交于 A 点，这一点对应的相对价格为 P。P 即为均衡相对价格，此时本国出口的面包数量等于外国进口的面包数量，而本国进口的衣服数量等于外国出口的衣服数量，两种产品在国际市场上的供给和需求都相等，处于均衡状态。如果相对价格不等于 P，则必定存在供求失衡。例如，如果国际相对价格为 $P_1<P$（就本国出口的面包而言），则对应本国的出口与进口组合为 B 点，对应外国的进口与出口组合为 C 点。显然，在国际市场上，面包供不应求，衣服供过于求，处于失衡状态。如果没有人为因素的干扰，市场会自动调节，使相对价格从 P_1 恢复到 P，达到原来的均衡状态。

将局部均衡分析与一般均衡分析做比较，我们可以发现：在两种情况下供求曲线和提供曲线都由生产可能性曲线和社会无差异曲线推导出。提供曲线上的各点都代表相应的相对价格水平下两国的意愿出口和意愿进口。区别在于：

（1）通过一般均衡分析能同时直接看出两个市场、两个国家的情形，快速地确定均衡价格。

（2）通过局部均衡分析只能看出个别市场的均衡情形，经反复探索才能确定均衡价格。

（3）一般均衡分析包括市场中所有产业及其相互影响，局部均衡分析只涉及一种产品或产业，相对不完整。

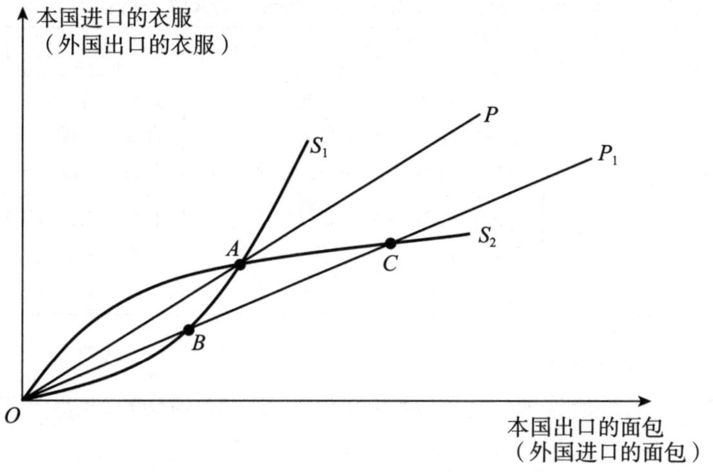

图 4－26　提供曲线与市场均衡

七、生产、消费与贸易的一般均衡

当把生产、消费与贸易三者的情况用一张图表示出来时，可以画出一个像蝴蝶一样的贸易均衡图（butterfly map），这个图说明了在开放经济条件下两国进行贸易时所达到的生产、消费与进出口平衡情况（见图 4－27）。

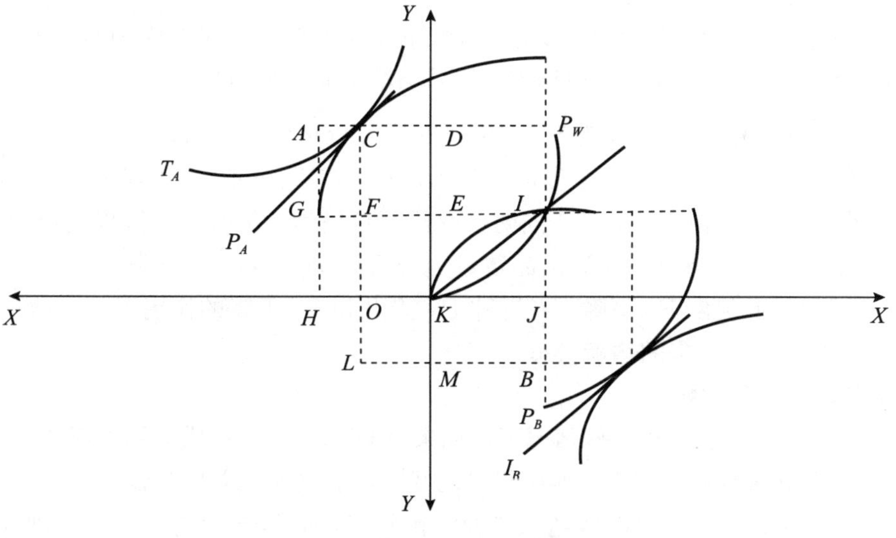

图 4－27　贸易的一般均衡

注：(1) 均衡价格是 A、B 两国国内及世界的共同价格。

(2) 只有在收支平衡（$x=m$）的情况下，才能得出世界贸易均衡价格。

(3) 各国的产量必须是极大值，能使各国实现最大福利（E 点是契约曲线上的一点）。

把图 4－27 中 A、B 两国的生产、消费与贸易情况总结为表 4－2。

表 4－2　A、B 两国的生产、消费与贸易在均衡条件下的情况总结

	X	Y
A 国	生产：$AD=GE=HK$ 消费：$AC=GF=HO$ 出口：$CD=FE=OK=LM$	生产：$AG=CF=DE$ 消费：$AH=CO=DK$ 进口：$GH=FO=EK=IJ$
B 国	生产：$BM=JK=IE$ 消费：$BL=JO=IF$ 进口：$LM=OK=FE=CD$	生产：$IB=EM=FL$ 消费：$JB=KM=OL$ 出口：$IJ=EK=FO=GH$

1. 均衡价格的失衡与恢复

当国际价格偏离均衡价格时，如果没有外界干预，市场会自动进行调节，使国际价格恢复到原来的均衡价格（见图 4－28）。

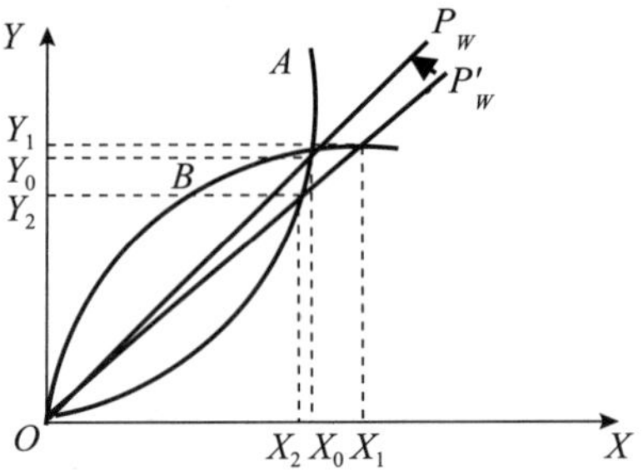

图 4－28　均衡价格的失衡与恢复

注：当国际价格偏离均衡价格从 P_W 变为 P'_W 时，由于在国际市场上 Y 产品的相对价格（P_Y）下降，X 产品的相对价格（P_X）上升，在供求的作用下，使 P'_W 自动恢复到 P_W。

假如国际价格偏离了 P_W 变为 P'_W，由于在国际价格为 P'_W 时，A 国愿意出口的 X 产品数量为 OX_2，B 国想进口的 X 产品数量为 OX_1，$OX_1>OX_2$，国际市场上出现 X 产品的供不应求，因此促使 P_X 上升。同时，在国际价格为 P'_W 时，A 国想进口的 Y 产品数量为 OY_2，而 B 国希望出口的 Y 产品数量为 OY_1，$OY_1>OY_2$，国际市场上出现 Y 产品的供大于求，因此促使 P_Y 下降。在这种 P_X 上升和 P_Y 下降的作用下，推动国际价格自动恢复到 P_W，回到原来的均衡状态。

2. 稳定与不稳定均衡

如图 4－29 所示，在一些特殊情况下，如果 A 国和 B 国的提供曲线出现“～”形状，或至少一国的提供曲线缺乏弹性，两国提供曲线有可能出现 3 个交点 D、E、C，国际价格偏离 P_W 变为 P'_W 时，就不能回到原来的均衡状态，而是继续偏离，直至到达另一国际均衡点（如 D 点），或偏向另一方的均衡点（如 C 点）。在这种情况下，E 点是不稳定（unstable）均衡点，而 C、D 点是稳定（stable）均衡点。

假如国际价格偏离了 P_W 变为 P'_W，由于在国际价格为 P'_W 时，A 国愿意出口的 X 产品数量为 OX_2，B 国想进口的 X 产品数量为 OX_1，$OX_1>OX_2$，国际市场上出现 X 产品的供不应求，因此促使 P_X 上升。同时，在国际价格为 P'_W 时，A 国想进口的 Y 产品数量为 OY_2，而 B 国希望出口的 Y 产品数量为 OY_1，$OY_1>OY_2$，国际市场上出现 Y 产品的供大于求，因此促使 P_Y 下降。在这种 P_X 上升和 P_Y 下降的作用下，推动 P'_W 向左边的 D 点靠拢，直至到达 D 点，这时才稳定下来，而不再回到原来的均衡状态 P_W。

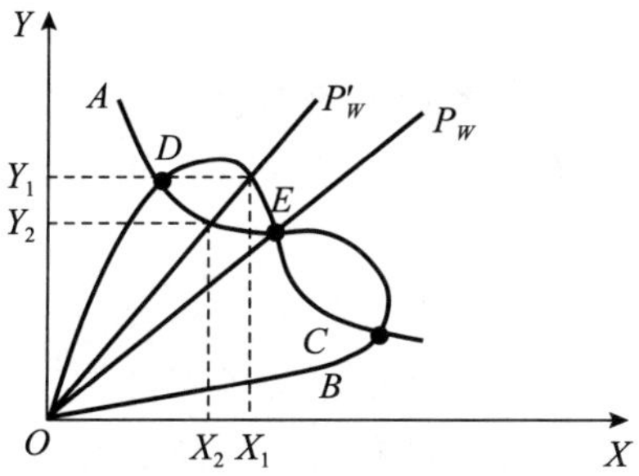

图 4-29　国际价格的稳定均衡与不稳定均衡

本章小结

1. 19 世纪末 20 世纪初，以瓦尔拉斯、马歇尔等经济学家为代表的新古典经济学逐渐形成。在新古典经济学的框架下，许多微观经济学理论被用来对国际商品贸易和要素流动进行分析，并建立起了比较完整的新古典贸易理论体系。与古典贸易理论相比，新古典贸易理论的发展主要表现在以下两个方面：(1) 在两种或两种以上生产要素的框架下分析产品的生产成本；(2) 运用边际成本和一般均衡的方法分析国际贸易与要素流动的相互影响。

2. 在新古典贸易理论中，贡献最大的是瑞典经济学家赫克歇尔和俄林。他们认为产品的相对成本主要取决于产品生产中的要素比率和一国要素禀赋。根据 H-O 模型，各国倾向于集中生产并出口密集使用本国充裕资源的产品，以换取需要密集使用本国稀缺资源的产品。这种国际贸易的基础是生产要素的禀赋和使用比率差别。

3. 新古典贸易理论主要包括 H-O 理论（狭义要素禀赋理论）、S-S 定理（施托尔珀-萨缪尔森定理）、H-O-S 定理（赫克歇尔-俄林-萨缪尔森定理）和 R 定理（罗布津斯基定理），后三者为 H-O 理论的拓展。S-S 定理和 R 定理分别探讨了产品价格变化对要素价格变化的放大效应和要素禀赋变化对产品产量变化的放大效应。H-O-S 定理论证了不是只有自由贸易才能提高福利，实行保护主义也可以提高一国相对稀缺要素的实际报酬。H-O-S 定理指出了国际贸易通过商品流动及价格均等化导致要素价格的均等化，从而影响一国的收入分配格局。

4. 运用对单个商品市场的局部均衡分析，也可以看出一国参与贸易的福利变动。在新古典模型中，出口使本国生产者获益而使本国消费者受损，但因为生产者所获的利益大于消费者的损失，所以整个社会的福利水平提高了。进口使本国生产者受损而使本国消费者获益，但因为消费者所获的利益大于生产者的损失，因此整个社会的福利水平亦上升。国际贸易的结果可以是双赢。

5. 经济学家列昂惕夫在 20 世纪 50 年代用美国的数据对 H-O 理论进行实证检验并发现其结果并不符合根据 H-O 理论得到的结论，这被称为列昂惕夫之谜。对列昂惕夫之谜的解释包括要素密集度逆转、需求逆转、人力资本说以及研究与开发说等。尽管 H-O 理论仍然成立，但对现实世界贸易的解释范围越来越小。

6. 在标准贸易模型中，通过生产可能性曲线推导出世界相对供给曲线，并由消费者偏好推导出世界相对需求曲线。

7. 国际贸易中的交换比率是由约翰·穆勒提出的国际相互需求理论来确定的。这一理论说明一种产品的贸易价格不是由在生产中投入的劳动成本决定的，而是由贸易双方对对方产品的需求决定的。

8. 出口产品对进口产品的相对价格，即一国的贸易条件，由世界相对供给曲线和世界相对需求曲线的交点确定，也可以由参与国际贸易的两个国家的提供曲线来确定。在其他条件相同的情况下，一个国家的福利水平会随着贸易条件的改善而提高，随着贸易条件的恶化而下降。

9. 当把生产、消费和贸易三者用一张图表示出来时，可以画出一个像蝴蝶一样的贸易均衡图。这种均衡是在假设均衡价格是 A、B 两国国内及世界的共同价格，收支平衡且各国的产量必须是极大值，从而能使各国实现最大福利（均衡点是契约曲线上的一点）的情况下得到的。

关键术语

稀缺要素	丰裕要素	劳动密集型产品	资本密集型产品
H-O 定理	H-O-S 定理	S-S 定理	R 定理
列昂惕夫之谜	资本密集度	要素密集度逆转	需求逆转
人力资本说	研究与开发说	相互需求理论	相对价格
贸易条件	提供曲线	贸易无差异曲线	

复习与思考题

1. 假设大米是劳动密集型产品，钢铁是资本密集型产品，在没有贸易发生时，英国大米的相对价格为 4，菲律宾大米的相对价格为 0.5。假设两国自由贸易的结果是使大米的相对价格变成 2，请用社会无差异曲线说明贸易发生后两国福利的改变，并标出各国的贸易三角。

2. 在 H-O 模型中，假设在没有贸易的情况下，中国国内市场的大米价格是每吨 100 美元，而国际市场上的大米价格是每吨 120 美元。在允许自由贸易的情况下，中国国内市场的大米价格会出现什么变动趋势？如果中国以国际市场价格出口 1 000 吨大米，中国的纯收益（或纯损失）是多少？请用图表和数字说明。

3. “一种产品的国内市场价格与国际市场价格相差越大，该产品的自由贸易所带来的收益越大。”请评论这种说法，并作图说明。

4. 假设中国是汽车进口国，对汽车的需求和供给分别为

$$D_c = 2\,000 - 0.02P, \quad S_c = 1\,200 + 0.02P$$

并假设国际市场上的汽车价格为 10 000，请用数字和图形说明下列问题：

(1) 贸易前，中国汽车的产量和价格；

(2) 自由贸易条件下，中国汽车的产量及进口量或出口量；

(3) 自由贸易对中国国内消费者、厂商和整个社会福利的影响。

5. 假设 A、B 两国生产技术相同且在短期内不变，生产 1 单位衣服需要的资本为 1 单位，需要的劳动为 3 单位；生产 1 单位食品需要的资本为 2 单位，需要的劳动为 2 单位。A 国拥有 160 单位劳动和 100 单位资本；B 国拥有 120 单位劳动和 80 单位资本。则：

(1) 哪个国家为资本充裕的国家？

(2) 哪种产品为劳动密集型产品？

(3) 假设所有要素都得到充分利用，各国最多能生产多少单位衣服和多少单位食品？

(4) 假设两国偏好相同并进行贸易，哪个国家会出口衣服？哪个国家会出口食品？

6. 美国不同地区工人的工资仍有很大的差异，例如，对于干同样工作的制造业工人的工资，东南部要比西部低大约 20%。在关于要素价格均等化失败的解释中，哪一点可以说明这一现象？这一现象与美国和墨西哥之间的工资差异又有什么不同（墨西哥与美国在地理上比美国国内东南部与西部之间还要接近）？

7. 简述要素价格均等化进程对国际分工中比较优势变化的影响。

8. 用 H-O 理论分析国际贸易对各国生产者、消费者和福利的影响。

9. 为什么列昂惕夫之谜及其他一些经验分析结果与 H-O 理论相矛盾？评析围绕列昂惕夫之谜所产生的主要学术观点。

10. 简述贸易价格确定的主要影响因素。

11. 假设在自给自足条件下，中国的汽车价格是 20 万元/辆，需求量为 100 万辆。中美两国进行汽车贸易后，国际市场价格为 15 万元/辆，中国自己生产 60 万辆，从美国进口 60 万辆。中国的消费者是获益还是受损？生产者呢？总福利增加了吗？请用图形和数字说明。

12. 假设某国有如下数据：

P_c/P_w	布		葡萄酒	
	需求	供给	需求	供给
4		120	140	20
4/3	80	110		30
1	100	100	50	
	140	80	45	85

试把表中的空格填上，并画出该国的提供曲线（P_c 表示布的价格，P_w 表示葡萄酒的价格）。

第五章

经济增长与国际贸易

新古典贸易理论的两个基本假设是给定生产技术和要素禀赋不变。在这样的静态假设之下，就可以从各国给定的生产可能性边界出发，结合各国社会偏好或社会无差异曲线，分析各国国内相对价格的差异、各国的进出口意愿或提供曲线。由此可以对国际贸易的基础、模式和影响等问题展开全面分析。

但在现实中，国际分工和国际贸易并不是发生在这样的静态环境下。在现实中，经济是动态变化的，国际分工、国际贸易与经济增长过程是互动发展的。随着资本积累过程的展开，实物资本存量不断增加；人力资本投资导致人力资本存量不断增加；人口增长导致劳动供给不断增加；技术创新和进步改变了生产技术水平；自然资源的开发导致资源存量的变化。所有这些因素作为经济增长的源泉，其变化也改变了国际分工和国际贸易的基础。因此，在前几章静态分析的基础上，必须进一步把经济增长这一动态因素纳入新古典主义的分析框架之中，拓展新古典贸易理论。

对经济增长过程的完整分析，涉及要素积累、制度变革、技术变迁以及相关的各种政策问题，这远远超出了国际贸易理论的分析范畴。所以，本章的分析只围绕新古典贸易理论的两个基本假设——要素禀赋给定和技术水平不变——展开。分别放松这两个假设，考虑要素增长和技术进步对国际贸易的影响。[①]要素增长和技术进步是推动经济增长的基本动力。

---

① 对要素增长和技术进步的原因及具体过程的分析，属于经济增长理论的分析范畴，本章不做分析。所以，本章的分析主要是比较静态分析，只对比分析经济增长前后国际贸易的差异。

第一节 经济增长源泉与生产可能性边界

根据经济增长理论的基本逻辑，技术进步、资本和劳动等要素积累是经济增长的源泉。①随着经济增长过程的展开，一国的供给能力发生变化，这又表现为生产可能性边界发生变化。经济增长意味着经济体系的供给能力增强，生产可能性边界向外扩张。由于技术进步、资本和劳动等要素的增长会以不同的方式影响生产可能性边界，因此我们将分别讨论这两种变化。

一、技术进步和生产可能性边界

技术所反映的是从投入到产出的转化关系。从这种关系出发，技术进步就是指对于任意给定的投入组合，所得到的产出都比原来增加。因此，所谓技术进步，就是在生产某种产品时，由于科学技术水平的提高，生产要素的利用率提高，使得生产一单位产品所需的成本降低，从而推动经济增长。假定只有两种投入要素：资本和劳动。技术进步就是指，在给定资本和劳动总量的情况下，总产出增加了。以单位产出来衡量，技术进步则是指生产同样一单位产品，所需的资本和劳动投入减少了，也就是说，技术进步节约了要素投入。

由于生产需要两种投入要素——资本和劳动，根据技术进步对要素节约的作用程度不同，可以把技术进步分成中性技术进步（neutral technical progress）和偏向型技术进步，其中后者具体又可以分为不同的类型，即劳动节约型技术进步（labor saving technical progress）和资本节约型技术进步（capital saving technical progress）。

（1）中性技术进步。

中性技术进步是指在要素相对价格不变的情况下，生产单位产品所需的资本和劳动投入都减少了（劳动 L 和资本 K 按照同一比率节约），但是最优资本-劳动比保持不变，即产品所含的资本和劳动的投入比率不变。如图 5-1 所示。

在图 5-1 中，MN 是技术进步前的成本预算线，其斜率为 $-K/L$，K/L 即要素价格比率，生产一单位 X 的等产量线为 $x=1$，与预算线 MN 相切于 A 点（生产点）。

技术进步后，生产一单位 X 的等产量线下移到 $x'=1$，与 $M'N'$ 相切于 A' 点，$M'N'$ 与 MN 平行，说明要素价格比率不变。OA' 与 OA 位于同一直线上，表示两种生产要素 K 与 L 的投入比率不变，但都已大大减少，这是技术进步使这两种要素的利用率都同等程度地大大提高所致。

---

① 新古典增长理论和新增长理论对经济增长源泉的界定并没有差异，它们的差异主要在于对技术进步机制和要素积累机制的不同看法。新古典增长理论把技术进步看成外生的，从而忽略对技术进步机制的分析；对要素积累过程特别是对资本积累过程的分析，建立在边际报酬递减这一核心条件之上。新增长理论对经济增长的分析不同于新古典增长理论，主要表现在两个方面：首先是技术内生化，认为技术进步是生产过程的结果，而理性厂商在从事技术生产时同样遵循利润最大化的原则；其次是边际报酬非递减，人力资本和实物资本等要素的积累过程具有边际报酬非递减的特征。关于这些问题的详细讨论，可以参阅经济增长方面的理论著作。

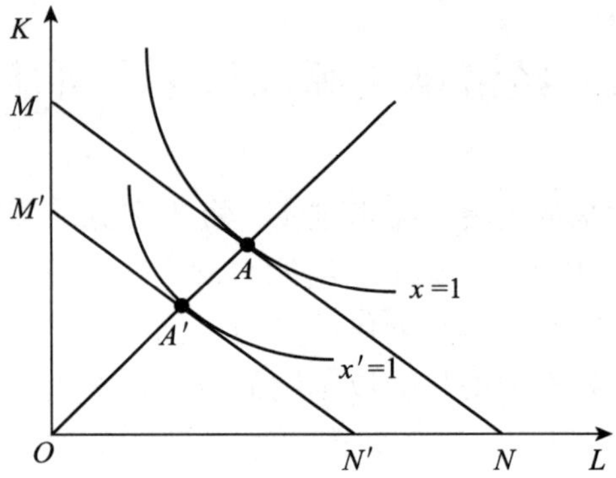

图 5-1　中性技术进步

（2）劳动节约型技术进步。

在要素相对价格不变的情况下，生产单位产品所需的资本和劳动投入都减少，但是劳动投入减少得更多，最优 K/L 上升。技术进步前同上，但技术进步后，劳动的节约程度很大，资本没有节约，这样在技术进步后，OA'与 OA 不在同一直线上，在 X 的生产中，两种要素的相对价格亦没有变化（$M'N'$平行于 MN）。由于劳动投入大大减少，而资本投入没有变化，因此这两种要素的投入比率发生变化，即 $K'/L'>K/L$。如图 5-2 所示。

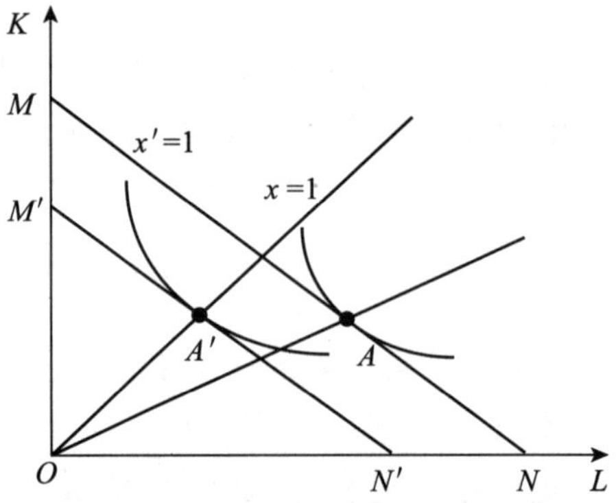

图 5-2　劳动节约型技术进步

（3）资本节约型技术进步。

在要素相对价格不变的情况下，生产单位产品所需的资本和劳动投入都减少，但是资本投入减少得更多，最优 K/L 下降。[①]技术进步后，资本的节约程度很大，劳动没有节约，新的等产量线下移至 $x'=1$，它与 $M'N'$相切于 A'点，生产一单位 X 需投入的资本大大减少，而劳动的投入没有变化，因此有 $K'/L'<K/L$。如图 5-3 所示。

按照希克斯（J. Hicks）的定义，在资本-劳动比不变的情况下，如果技术进步并不改变两种要素的边际生产力（MP）之比，那么，这种技术进步就是中性的；如果技术

① 换一个角度，可以认为技术进步相当于增加了经济中可利用的劳动和资本总量。所以，有时候也可以把偏向型技术进步分为劳动扩张型技术进步和资本扩张型技术进步。

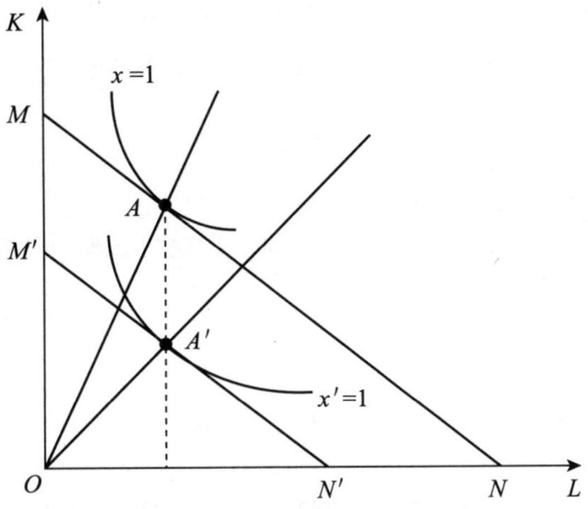

图 5-3　资本节约型技术进步

进步导致两种要素的边际生产力之比发生变化，这种技术进步就是偏向型的。对任意给定的 K/L，有

$$\left(\frac{MP_K}{MP_L}\right)_{t+1}=\left(\frac{MP_K}{MP_L}\right)_t \tag{5-1}$$

$$\left(\frac{MP_K}{MP_L}\right)_{t+1}>\left(\frac{MP_K}{MP_L}\right)_t \tag{5-2}$$

$$\left(\frac{MP_K}{MP_L}\right)_{t+1}<\left(\frac{MP_K}{MP_L}\right)_t \tag{5-3}$$

上面所讨论的技术进步是针对单一产品而言的。在我们通常所使用的 2×2 分析框架中，存在两种产品和两种要素，技术进步可以同时发生在两种产品的生产部门，也可以发生在其中任一个部门。假定存在 X、Y 两种产品，X 是资本密集型产品，Y 是劳动密集型产品。在给定资本和劳动总量以及技术不变的情况下，我们再次给出如图 5-4 所示的生产可能性边界。

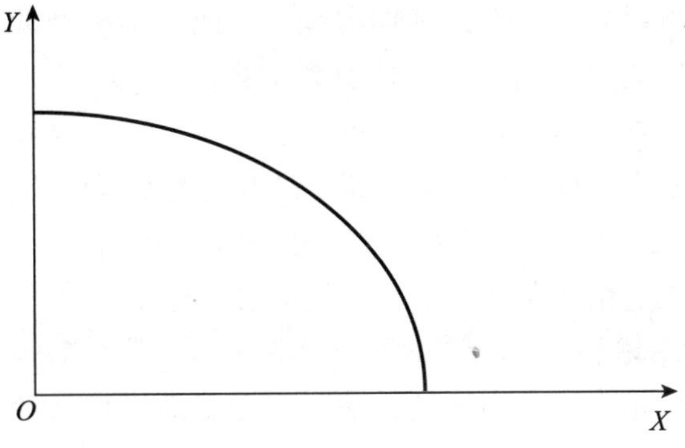

图 5-4　生产可能性边界

如果技术进步发生在 X 生产部门，Y 生产部门的技术不变，那么，在给定资源总量的情况下，X 的最大产量增加，Y 的最大产量仍与之前相同；如果技术进步发生在 Y 生

产部门，那么，Y 的最大产量增加，X 的最大产量不变。[1] 如图 5－5 所示。

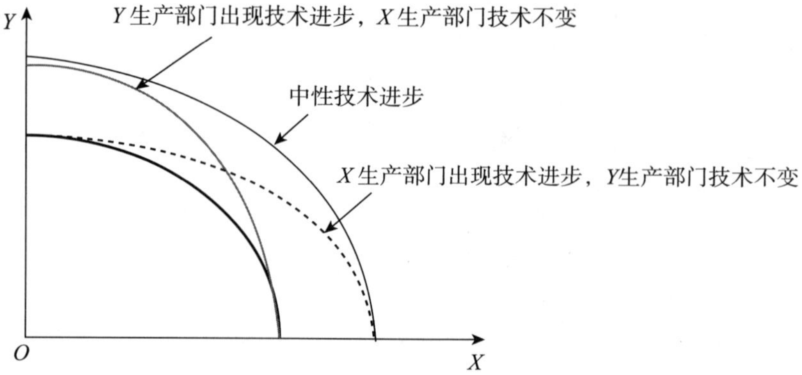

图 5－5　技术进步和生产可能性边界的变化

无论技术进步发生在哪个部门，都意味着供给增加和生产可能性边界向外扩张。但由此也出现另一个问题：在给定资源禀赋的情况下，两部门的技术进步是否为平衡的？或者说，技术进步导致的生产可能性边界向外扩张是否为平衡的？如果技术进步使两部门的最大产量同比例扩张，生产可能性边界则按比例向外移动，形状保持不变，那么，这样的技术进步就是平衡型的或中性的（见图 5－5），否则就是偏向型的。

二、 要素增长和生产可能性边界

可利用的生产要素增加是经济增长的另一个源泉。生产中最重要的两种要素——资本和劳动，都是可再生资源。资本积累导致一国的资本存量不断增加。人口增长、移民、劳动参与率提高等都可以增加一国的劳动力存量。生产过程中的其他要素，如土地、人力资本等，也都不是固定不变的。

依然在两种产品、两种要素的分析框架下考察问题。假定生产技术保持不变，资本和劳动存量发生变化，这也将改变一国的供给能力或生产可能性边界。[2]与技术进步类似，要素增长同样也可以分为中性的和偏向型的，或者平衡型的和偏向型的。如果资本和劳动同比例（以相同速率）增加，保持要素丰裕度[3]（K/L）不变，那就是中性或平衡型要素增长；如果一种要素增长、另一种要素保持不变，或者两种要素的增长比例不相同，最终会导致要素丰裕度发生变化，那就是偏向型要素增长。

为了简化，现假设：（1）只有两种要素，即资本和劳动；（2）要素价格不变；（3）生产技术不变，其他外在的生产条件也不变。要素增长有如下三种情况：

1. 要素按同一速率增长

假设全部要素都按相同的速率增长，即资本和劳动增长后的比率不变——完全中性

① 这里没有区分技术进步的类型，关于两个部门发生不同类型技术进步时的具体影响，参见甘道尔夫．国际经济学：第 1 卷．2 版（修订版）．北京：中国经济出版社，1999：176－183。

② 这里不考虑资本和劳动等要素存量变化的原因和机制。

③ 即一国资源禀赋的结构，或者说资本存量与劳动总量的比率。

的增长。在经济中性增长状态下，一国的生产可能性边界按原来的形状等比例向外扩张，从 X_0Y_0 外移到 X_1Y_1（见图 5-6）。

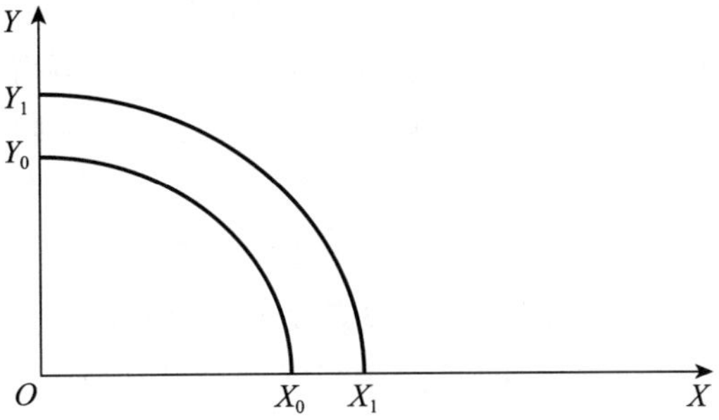

图 5-6 完全中性的经济增长

在这种增长方式下，生产可能性边界按比例向外移动，形状保持不变。此时，如果给定两种产品的相对价格，经济增长将导致两种产品的均衡产量同比例增长。平衡型增长可以是要素中性增长——资本和劳动以相同比例增长的结果，也可以是平衡型技术进步——两部门的技术进步程度相同的结果。

2. 要素按不同的速率增长

当不同要素按不同的速率增长时，经济增长后的生产可能性边界随之变形。设 X 是劳动密集型产品，Y 是资本密集型产品。若劳动的增长快于资本的增长，生产可能性边界沿 X 轴扩展的幅度会更大（X_1Y_1）；若资本的增长快于劳动的增长，生产可能性边界沿 Y 轴扩展的幅度会更大（X_2Y_2）。如图 5-7 所示。

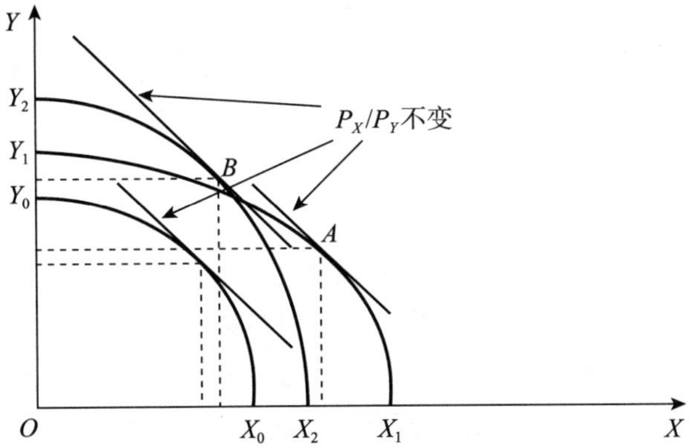

图 5-7 要素按不同的速率增长

在图 5-7 中，X_1Y_1 表示偏向于劳动密集型产品的增长。在这种增长方式下，生产可能性边界的扩展偏向于劳动密集型产品。给定产品的相对价格，这种经济增长导致劳动密集型产品 X 的均衡产量增加得更多，而资本密集型产品 Y 的均衡产量增加得相对较少（如 A 点所示）。X_2Y_2 表示的是偏向于资本密集型产品的增长。在这种增长方式下，生产可能性边界的扩展偏向于资本密集型产品。给定产品的相对价格，经济增长导致资本密集型产品 Y 的均衡产量增加得更多，劳动密集型产品 X 的均衡产量增加得相对较少（如 B 点所示）。当劳动和资本以不同的比例增长或者不同产业的增长速度出现差异时，就会出现偏向型经济增长。

3. 单一要素增长

单一要素增长的情况就是第三章讨论过的罗布津斯基定理。在此不再赘述。

根据在微观经济学中对生产可能性边界特征的讨论，可以得出如下结论：

（1）无论是哪一种原因导致的经济增长，最终结果都是供给能力增强或生产可能性边界向外扩张；

（2）中性要素增长导致生产可能性边界等比例外移；

（3）偏向型要素增长导致生产可能性边界发生偏向型扩张；

（4）劳动的增加多于资本的增加，劳动密集型产品和资本密集型产品的最大产量都增加，但是劳动密集型产品的最大产量增加得更多；

（5）资本的增加多于劳动的增加，资本密集型产品和劳动密集型产品的最大产量都增加，但是资本密集型产品的最大产量增加得更多。①

第二节　要素增长与国际贸易

有了关于经济增长以及生产可能性边界的讨论，就可以对经济增长条件下的国际贸易展开分析。因为我们的目的是分析经济增长条件下的国际贸易，不是经济增长本身，要分析国际贸易的基础、模式及影响等问题，在给定有关社会偏好以及市场结构等的假设前提下，关键则是生产可能性边界的形状及其变化特征，就这一目的来说，无论是技术进步还是要素增长，分析逻辑都是一样的。所以，下面只针对要素增长引发的经济增长条件下的国际贸易进行分析，至于技术进步，则可以用相同的思路进行分析。

一、经济增长的供给效应②

经济增长会同时影响生产和消费。假定要素增加了，或者技术发生了进步，那么，一方面生产将随之变化，生产者将根据产品相对价格在新的生产可能性边界上选择新的均衡生产点；另一方面随着经济的增长，消费者的实际收入将发生变化，这将改变其消费选择。所以经济增长将从生产和消费两个方面影响一国参与国际贸易的意愿，最终影响进出口的规模。下面首先从生产角度分析经济增长对国际贸易产生的影响。

1. 供给效应的含义

一国的经济增长，主要表现在国民收入的增加、生产要素存量的扩大、技术进步等方面，反映在生产供给上，则是产品数量的增加或产品质量的提高。所有这些，都会对国际贸易产生影响，导致贸易形态的变化。经济增长中的供给变化与贸易效应，就称为经济增长的供给效应。

---

① 复习微观经济学中有关生产可能性边界的内容，可以很容易地证明这些结论。

② 这里的分析是针对小国展开的，假定贸易条件不变。

2. 供给效应的类型

假定一个小国经济增长前的均衡状态由图 5－8 中的 AB 表示。经济增长意味着生产可能性边界向外扩张，生产者将在新的生产可能性边界上选择两种产品的不同生产组合。可能存在如下三种情况：（1）按照与初始生产点（Q）相同的比率同时扩大两种产品的生产（Q'）；（2）同时扩大两种产品的生产，但是其中一种产品的产量增加得更多；（3）一种产品的产量绝对增加，另一种产品的产量绝对减少。

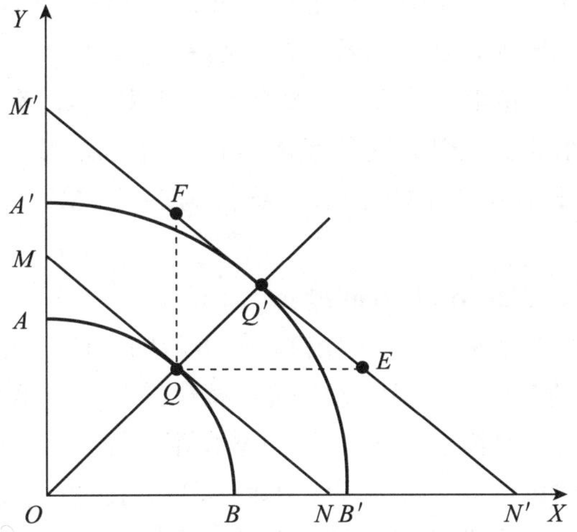

图 5－8　经济增长的供给效应

若把一国的产品分成两大类，即一类是可供出口的产品，另一类是对进口产品具有替代能力的产品，那么，经济增长会对这两大类产品产生不同的供给效应，造成产品结构的各种变化。一国的生产可能性边界也将随之出现各种变化，从而对该国的对外贸易产生不同的作用和影响。

一国经济增长后，出口产品和进口替代品的产量都可能增加，或者一种增加，另一种减少，将两者的增长率做比较，可以划分出与贸易有关的五种类型：

（1）中立型（中性）增长——中性贸易生产效应（neutral-trade production effect）。这对应平衡型经济增长。

（2）偏于出口型增长——顺贸易生产效应（pro-trade production effect）。两种产品的产量都增加，但是出口产品的产量增加大于进口替代品的产量增加。

（3）超偏于出口型增长——超顺贸易生产效应（ultra pro-trade production effect）。出口产品的产量绝对增加，进口替代品的产量绝对减少。

（4）偏于进口替代产业型增长——逆贸易生产效应（anti-trade production effect）。两种产品的产量都增加，但是出口产品的产量增加小于进口替代品的产量增加。

（5）超偏于进口替代产业型增长——超逆贸易生产效应（ultra anti-trade production effect）。出口产品的产量绝对减少，进口替代品的产量绝对增加。

在图 5－8 中，横轴表示一国具有出口能力的产品 X 的产量，纵轴表示一国进口替代品 Y 的产量。AB 是原来的生产可能性边界，MN 是相对价格线 P_X/P_Y，与 AB 相切于 Q 点，Q 点为该国两种产品的生产组合点。从供给方面来看，一国努力生产并供给那些可能进口的产品，就是生产进口替代品（Y）。

经济增长后，该国的生产可能性边界向外扩张至$A'B'$，假设$A'B'$的形状与AB一样（当然也可能因X、Y的增长量不同而发生变化），新的相对价格线P_X/P_Y形状不变：$M'N'$平行于MN，$M'N'$与新的生产可能性边界相切于Q'（$X+\Delta X$，$Y+\Delta Y$）点，Q'点为新的生产组合点。在此基础上，我们下面具体讨论经济增长的供给效应的类型。

（1）中性增长（neutral growth）。

根据前面的讨论可以得出，在这种情况下，如果保持贸易条件P_X/P_Y不变，产品X和Y的均衡产量将同比例增加，这意味着出口产品和进口替代品的产量以相同的比例增长。这种情况被称为中性贸易生产效应。若新的生产均衡点Q'落在OQ的延长线上，则这种经济增长被称为中性增长。因为这种经济增长使得$\Delta X/X=\Delta Y/Y=\Delta N/N$（$N$表示国民收入），由于进口替代品$Y$的供给收入弹性为$\varepsilon=(\Delta Y/Y)/(\Delta N/N)$，则经济发生中性增长时，$\varepsilon=1$。

（2）顺贸易倾向增长（pro-trade biased growth）。

如果新的生产可能性边界变形（未画出），使得新的生产均衡点落在Q'点与E点之间，这时，出口产品X的产出增加幅度大于进口替代品Y的产出增加幅度，即$\Delta X/X>\Delta Y/Y>0$，并且国民收入的增长率也大于Y的增长率，即$\Delta N/N>\Delta Y/Y$，所以，经济增长使得进口替代品Y的供给收入弹性为：$0\leqslant\varepsilon<1$（当生产均衡点Q'与E点重合时，$\Delta Y=0$），说明X、Y两种产品都可能增长，但是，出口产品增长得多，进口替代品增长得少，甚至不增长，因此呈现出偏于出口型增长，产生一种促进出口贸易的倾向（X的出口增加，而Y的进口增加得较少或不增加），使对外贸易的增长率有可能超过经济的增长率，因此称为顺贸易倾向增长。

（3）超顺贸易倾向增长（ultra pro-trade biased growth）。

当新的生产均衡点落在E点与N'点之间时，经济增长集中在出口产品X的增长上，进口替代品Y的产量反而减少，出现负增长，即$\Delta Y<0$，此时，$\Delta X/X>0$，$\Delta Y/Y<0$，$\varepsilon=(\Delta Y/Y)/(\Delta N/N)<0$。这种经济增长有可能使一国对外贸易的增长率远远大于经济的增长率，经济增长极大地促进对外贸易增长，并且出现超偏于出口型增长，所以叫作超顺贸易倾向增长。

（4）逆贸易倾向增长（anti-trade biased growth）。

当新的生产均衡点落在Q'点与F点之间时，出口产品X的增长率小于进口替代品Y的增长率，即$\Delta Y/Y>\Delta X/X$，并且$\Delta Y/Y>\Delta N/N$，$\varepsilon>1$。此时，进口替代品Y和出口产品X的产量都增加，但是进口替代品Y的产量增幅大于出口产品X的产量增幅，说明经济增长对该国的对外贸易增长产生抑制倾向，有可能使该国进口贸易的增长率低于经济的增长率，出现偏于进口替代产业型增长，称为逆贸易倾向增长。

（5）超逆贸易倾向增长（ultra anti-trade biased growth）。

当新的生产均衡点落在F点与M'点之间，经济增长集中在进口替代品Y的产量增长上，出口产品X的产量不但没有增加，反而减少了，即$\Delta X<0$，而$\varepsilon\geqslant1$。这种经济增长对一国的对外贸易有着极大的抑制作用（Y的进口大大下降，X的出口也大大下降），经济增长反而减少了对外贸易量，这是一种超偏于进口替代产业型增长，称为超逆

贸易倾向增长。

上述经济增长引起的供给与贸易倾向的变化，可归纳为表 5－1。

表 5－1　经济增长的供给效应

名称	进口替代品的供给收入弹性（ε）	经济增长率与贸易增长率的比较	X 与 Y 增长率的比较
超顺贸易倾向增长	$\varepsilon<0$	贸易增长率>经济增长率	$\Delta X/X>0$，$\Delta Y/Y<0$
顺贸易倾向增长	$0\leqslant\varepsilon<1$	贸易增长率>经济增长率	$\Delta X/X>\Delta Y/Y>0$
中性增长	$\varepsilon=1$	贸易增长率=经济增长率	$\Delta X/X=\Delta Y/Y=\Delta N/N$
逆贸易倾向增长	$\varepsilon>1$	贸易增长率<经济增长率	$\Delta Y/Y>\Delta X/X>0$
超逆贸易倾向增长	$\varepsilon\geqslant1$	贸易增长率<经济增长率	$\Delta X/X<0$，$\Delta Y/Y>0$

二、经济增长的需求效应

可以用同样的方法从消费角度来描述经济增长对国际贸易产生的影响。经济增长导致实际收入增加，在给定的贸易条件下，消费可能性边界向外移动。这使得消费者可以选择原先无法达到的消费组合。

1. 需求效应的含义

一国经济增长后，一般会使国民收入增加，消费水平提高。但经济增长形态的不同，会导致对一国消费水平和消费结构的影响程度不同。同时，一国的消费者偏好的特点，也会影响该国经济增长的需求效应。这两者都会对一国的对外贸易产生一定的作用。经济增长中的需求变化与贸易效应，称为经济增长的需求效应。

2. 需求效应的类型

假设同前，X 是可供出口的产品，Y 是可能进口的产品。从消费需求的角度来看，Y 亦可看作对进口产品的需求，这时，Y 是可能进口的产品，而不是进口替代品。或者说，Y 产品在供给情况下表示进口替代品，在需求情况下则可看作进口产品。在讨论经济增长与贸易的关系时，也相应地引入进口需求收入弹性 η，$\eta=(\Delta Y/Y)/(\Delta N/N)$。

和上面供给效应的分析中与相对价格线相切的是生产可能性边界、切点是生产均衡点不同，在需求效应的分析中，与相对价格线相切的是社会无差异曲线，切点是消费均衡点，这两个切点可能重合（封闭条件下），也可能不重合（开放条件下）。

在图 5－9 中，经济增长前，一国的国民收入总值以 Y 产品表示就是 OB，以 X 产品表示就是 OA。两种产品的相对价格线 P_X/P_Y 为 AB，假设在此种经济发展水平下，该国的消费特点决定了该国的消费均衡点为 E，即消费 OX_0 的 X 产品和 OY_0 的 Y 产品。

经济增长后，国民收入总值增加，以 Y 产品表示即由原来的 OB 提高到 OB'，以 X 产品表示即由原来的 OA 提高到 OA'。根据相对价格不变的假设，即 $A'B'$ 平行于 AB，新的相对价格线 $A'B'$ 与更高的社会无差异曲线相切于 E' 点，但 E' 点到底落在 $A'B'$ 的什么位置上，取决于社会无差异曲线的形状和方位，取决于消费者偏好的特点，从而决定经济增长的需求效应。

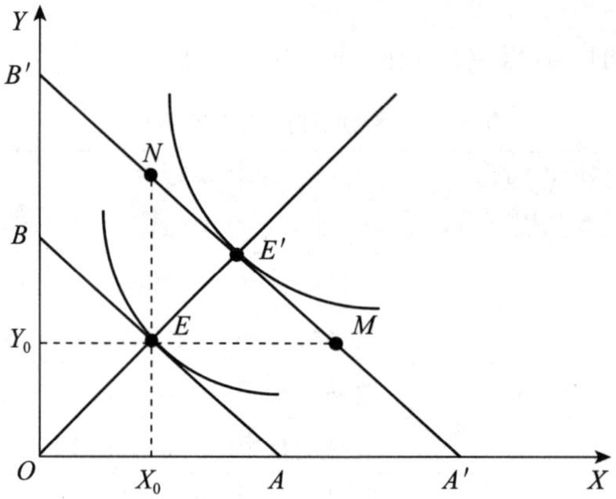

图 5-9　经济增长的需求效应

（1）中性增长。

中性增长又称中性贸易消费效应（neutral trade consumption effect）。如果新的消费均衡点 E'落在 OE 的延长线上，那么这种经济增长造成的消费需求会同比例增长，即 $\Delta X/X=\Delta Y/Y=\Delta N/N$，$\eta=1$。这种经济增长引起对外贸易以相同比例增长。

（2）顺贸易倾向增长。

顺贸易倾向增长又称顺贸易消费效应（pro-trade consumption effect）。若新的消费均衡点落在 E'点与 N 点之间，则表示经济增长后，人们把增加的收入更多地用于 Y 产品的消费，致使 Y 产品的进口大量增加，出口产品 X 的消费需求增长得慢，可让较多的 X 产品出口，从而起到促进对外贸易增长的作用。

（3）超顺贸易倾向增长。

超顺贸易倾向增长又称超顺贸易消费效应（ultra pro-trade consumption effect）。经济增长后，当新的消费均衡点落在 N 点与 B'点之间时，人们把增加的收入更多地用于 Y 产品的消费，而减少可供出口的 X 产品的消费，这时，Y 产品的进口会大大增加，而 X 产品的出口也会大大增加，从而导致对外贸易的增长率远远超过经济的增长率。

（4）逆贸易倾向增长。

逆贸易倾向增长又称逆贸易消费效应（anti-trade consumption effect）。如果新的消费均衡点落在 E'点与 M 点之间，则意味着经济增长后，人们把增加的收入更多地用于 X 产品的消费，即对可供出口的产品 X 的需求增加得较多，而对进口产品 Y 的需求增加得较少（甚至不增加），从而产生抑制对外贸易的作用。

（5）超逆贸易倾向增长。

超逆贸易倾向增长又称超逆贸易消费效应（ultra anti-trade consumption effect）。若新的消费均衡点落在 M 点和 A'点之间，则表示经济增长后，人们不仅把增加的收入都用于 X 产品的消费，而且会减少对进口产品 Y 的消费，这样，X 产品可供出口的数量会大大减少，出口自然也大大减少，由于同时对进口产品 Y 的需求下降，导致进口亦大大减少，从而使经济增长后对外贸易量出现绝对减少，所以称为超逆贸易倾向增长。

上述经济增长引起的需求与贸易倾向的变化，可归纳为表 5-2。

表 5－2　经济增长的需求效应

名称	进口需求的收入弹性	经济增长率与贸易增长率的比较	X 与 Y 增长率的比较
超顺贸易倾向增长	$\eta \geqslant 1$	贸易增长率>经济增长率	$\Delta X/X<0$，$\Delta Y/Y>0$
顺贸易倾向增长	$\eta>1$	贸易增长率>经济增长率	$\Delta Y/Y>\Delta X/X>0$
中性增长	$\eta=1$	贸易增长率＝经济增长率	$\Delta X/X=\Delta Y/Y=\Delta N/N$
逆贸易倾向增长	$0\leqslant \eta<1$	贸易增长率<经济增长率	$\Delta X/X>\Delta Y/Y>0$
超逆贸易倾向增长	$\eta<0$	贸易增长率<经济增长率	$\Delta Y/Y<0$，$\Delta X/X>0$

三、经济增长的综合贸易效应

经济增长对贸易的最终影响取决于它对生产和消费两者的效应。把两者结合起来，就可以得出经济增长对一国贸易规模或贸易意愿的总影响。当生产效应和消费效应都处于顺贸易或超顺贸易区域时，经济增长导致的贸易扩张效应通过生产和消费两个渠道相互强化；当生产效应和消费效应都处于逆贸易或超逆贸易区域时，经济增长导致的贸易收缩效应通过生产和消费两个渠道相互强化。经济增长可能会扩大贸易规模、增加各国的贸易意愿，也可能会导致贸易规模缩小。结果取决于经济增长类型和社会偏好结构。给定社会偏好结构，结合前文对经济增长类型的讨论，可以具体分析不同类型的经济增长对贸易规模的不同影响。① 这里所说的贸易规模等价于给定贸易条件下一国的贸易意愿。由此就可以看出经济增长对一国参与国际贸易的意愿的影响。

1. 供求都是中性增长的贸易效应

当供给和需求都是中性增长时，生产可能性边界随经济增长而向外扩张，生产点与消费点按比例以相同的产品结构扩张。如图 5－10 所示。

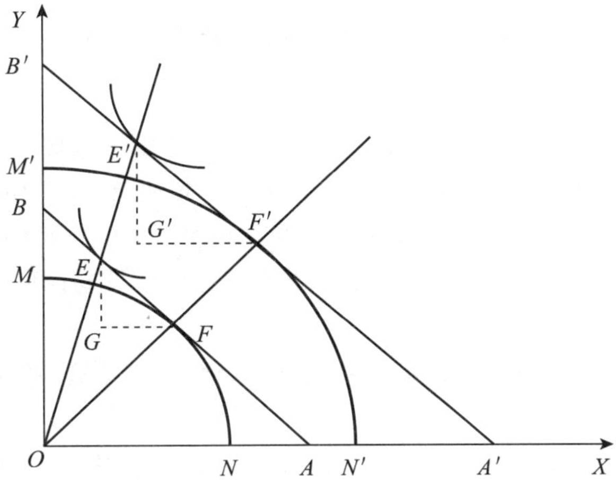

图 5－10　供求都是中性增长的贸易效应

① 如果用贸易规模作为反映一国经济开放度的简单指标，就可以分析不同类型的经济增长对一国经济开放度的影响。读者可以对此进行具体分析。

经济增长后，生产可能性边界由原来的 MN 等比例扩张为 $M'N'$，形状不变，生产点由 F 变为 F'，消费点由 E 变为 E'，相对价格线的斜率不变（$A'B'$平行于 AB），贸易三角形由$\triangle EGF$ 变为$\triangle E'G'F'$，产品 X 的出口由 GF 变为 $G'F'$，产品 Y 的进口由 EG 变为 $E'G'$。生产增长情况是，X 产品增量为 $\Delta X=ON'-ON$，X 产品增长率为 $\Delta X/X=NN'/ON$。同理，Y 产品增量为 $\Delta Y=OM'-OM$，Y 产品增长率为 $\Delta Y/Y=MM'/OM$，而且，生产与消费增长率为 $\Delta X/X=\Delta Y/Y=\Delta N/N$。

综合起来，就是供求增长率=经济增长率=对外贸易增长率（可用相似三角形原理证明）。

2. 供求非中性增长下的贸易效应

为了便于形象直观地分析，在图 5-11 中，省略了生产可能性边界与社会无差异曲线，其余完全与图 5-10 相同，虚线 FH、FJ 构成$\triangle FHJ$，表示供给倾向的关系，虚线 EI、EK 构成$\triangle EIK$，表示需求倾向的关系，由此可以做出以下判断。

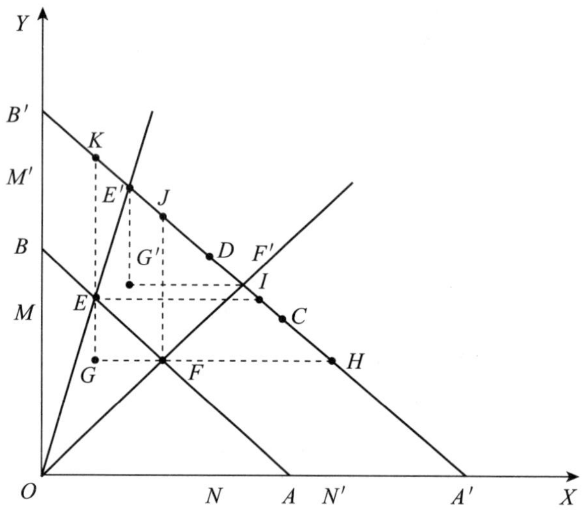

图 5-11 供求都是非中性增长的贸易效应

在生产供给方面：

(1) 如果新的生产点落在 F'点和 J 点之间，将会产生逆贸易倾向的供给效应；

(2) 如果新的生产点落在 J 点的左方，将会产生超逆贸易倾向的供给效应；

(3) 如果新的生产点落在 F'点和 H 点之间，将会产生顺贸易倾向的供给效应；

(4) 如果新的生产点落在 H 点的右方，将会产生超顺贸易倾向的供给效应。

在消费需求方面：

(1) 如果新的消费点落在 E'点和 K 点之间，将会产生顺贸易倾向的需求效应；

(2) 如果新的消费点落在 K 点的左方，将会产生超顺贸易倾向的需求效应；

(3) 如果新的消费点落在 E'点和 I 点之间，将会产生逆贸易倾向的需求效应；

(4) 如果新的消费点落在 I 点的右方，将会产生超逆贸易倾向的需求效应。

现在假定一个国家的供给按顺贸易倾向增长，需求则按逆贸易倾向增长，那么，新的生产点应在 F'点和 H 点之间，设为 C 点，新的消费点应在 E'点和 I 点之间，设为 D

点，最后的综合贸易效应将是线段 CD 与线段 $E'F'$ 长短的比较：

如果 $CD=E'F'$，综合贸易效应与中性供求增长情况相同；

如果 $CD>E'F'$，综合贸易效应超过中性供求增长的效果，出现顺贸易倾向的增长；

如果 $CD<E'F'$，综合贸易效应表示经济增长后，对外贸易没有以相同速度或比例增长，出现逆贸易倾向的增长。

上述经济增长引起的综合贸易效应或贸易倾向的变化，可归纳为表 5-3。

表 5-3　经济增长的综合贸易效应

生产效应	消费效应				
	中性贸易（N）	顺贸易（P）	超顺贸易（UP）	逆贸易（A）	超逆贸易（UA）
中性贸易（N）	N	P	P 或 UP	A 或 UA	UA
顺贸易（P）	P	P	P 或 UP	不会出现 UP	UA
超顺贸易（UP）	P 或 UP	P 或 UP	UP	不会出现 UA	所有类型都可能
逆贸易（A）	A 或 UA	不会出现 UP	不会出现 UA	A 或 UA	UA
超逆贸易（UA）	UA	UA	所有类型都可能	UA	UA

资料来源：甘道尔夫．国际经济学：第 1 卷．2 版（修订版）．北京：中国经济出版社，1999：167.

第三节　经济增长与国际贸易的福利效应

在封闭条件下，无论是哪种类型的经济增长，都可以带来社会福利的增加。但是在开放条件下，经济增长的影响就没那么简单了。必须考虑经济增长的类型以及贸易条件的变化。

一、国际贸易的福利效应

假定一国是劳动丰裕的国家，那么，在参与国际分工后，该国将更多地生产劳动密集型产品 X，出口劳动密集型产品 X、进口资本密集型产品 Y。如图 5-12 所示。

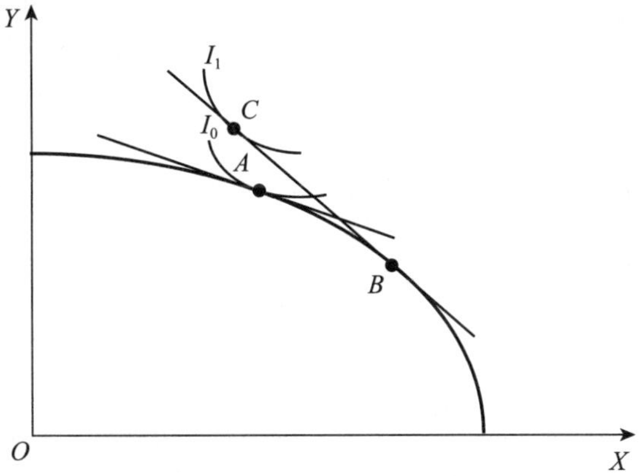

图 5-12　国际贸易的福利效应

在图 5 - 12 中，参与国际分工前，该国的生产和消费都位于 A 点；参与国际分工后，该国更多地生产劳动密集型产品 X，生产点移到 B 点，分工后的消费位于 C 点。国际贸易的福利效应表现为从 A 点到 C 点的变化，国际分工和国际贸易使该国达到更高的社会无差异曲线（从 I_0 移到 I_1）。

经济增长导致生产可能性边界向外移动。如果经济增长发生在小国，贸易条件不会发生变化。在这种情况下，无论增长是何种类型，都可以带来社会福利增加的结果。[①]

在图 5 - 13 中，经济增长前后贸易条件保持不变，始终是 $(P_X/P_Y)_1$。增长前后的生产点分别是 A_1 点和 A_2 点，消费点分别是 C_1 点和 C_2 点。经济增长的福利效应表现为该国现在可以达到更高的社会无差异曲线（I_2）。

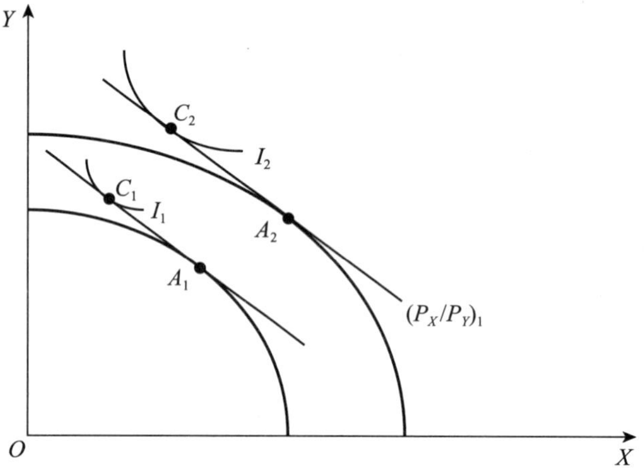

图 5 - 13　小国经济增长与国际贸易的福利效应

二、大国的经济增长与国际贸易的福利效应

放松小国假定，如果经济增长是发生在大国，那么，该国国际贸易意愿的变化可能会显著影响国际市场的供求关系，进而导致贸易条件发生变化。而贸易条件的任何变化都会影响该国的社会福利，进而又会影响该国收益与经济增长的程度。所以，经济增长的最终影响受制于贸易条件的变化方向，后者又取决于经济增长的类型。

在图 5 - 14 中，OA 表示 A 国的提供曲线，OB 表示 B 国的提供曲线。我们考虑的国家是 A 国，它进口资本密集型产品 Y、出口劳动密集型产品 X。假定 A 国出现经济增长，贸易条件的变化取决于提供曲线的移动方向。如果 A 国的提供曲线向左移动，该国贸易条件就会改善；如果向右移动，贸易条件就会恶化。通常，只有在出现超逆贸易倾向增长的情况下，提供曲线才会向左移动（OA'），贸易条件改善；否则，提供曲线都是向右移动（OA''），贸易条件恶化。[②] 剔除超逆贸易倾向增长这一特殊情况，可以认为大

① 读者可以自己分析平衡型增长、偏向劳动密集型产品的增长和偏向资本密集型产品的增长各自的影响。

② 出现超逆贸易倾向的经济增长，往往意味着有一种产品是劣等产品。而在一般情况下，随着经济的增长，对进口产品的需求都会增加，根据瓦尔拉斯法则，出口产品的供给必然会增加。所以，在同一贸易条件下，进口和出口都会增加，提供曲线向右移动。参见甘道尔夫．国际经济学：第 1 卷．2 版（修订版）．北京：中国经济出版社，1999：168 - 169。

国的经济增长一般都会导致贸易条件恶化。

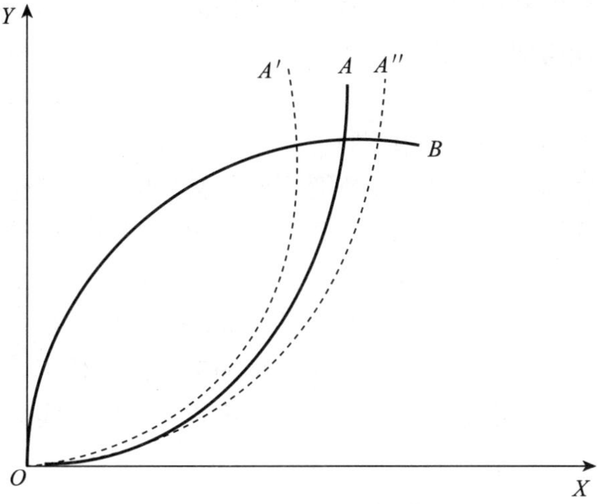

图 5－14　提供曲线与贸易条件

在图 5－15 中，如果是小国出现经济增长，贸易条件保持不变，经济增长导致社会福利从 C_1 点增至 C_3 点；如果是大国出现经济增长，贸易条件恶化，从 $\left(\frac{P_X}{P_Y}\right)_1$ 降至 $\left(\frac{P_X}{P_Y}\right)_2$，该国只能达到通过 C_2 点的社会无差异曲线。由此可以看出，贸易条件的恶化在一定程度上抑制了大国从经济增长中获益的程度。

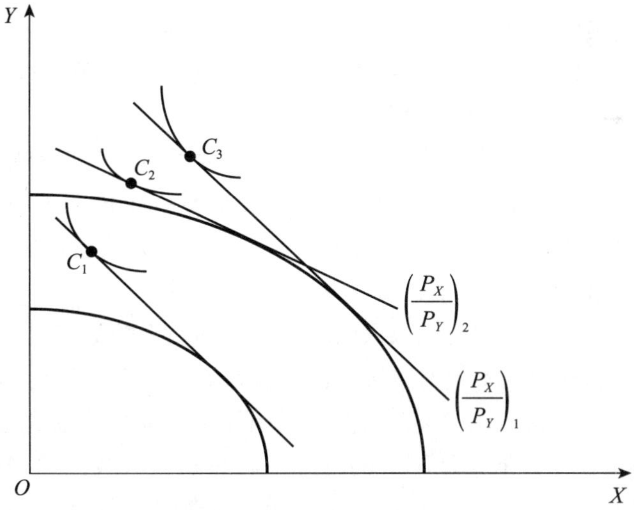

图 5－15　大国的经济增长与国际贸易

三、经济增长的现实意义与问题

1. 经济增长的现实意义

（1）资本积累对不同国家的作用不同。

资本积累是经济发展的根本问题，任何一个国家都致力于资本积累。可是，经济发展水平不同的国家却会产生不同的贸易效应。例如，发达国家一般出口资本密集型产品，资本积累就会引发超顺贸易倾向增长；而发展中国家一般出口劳动密集型产品，资本积累则会引发超逆贸易倾向增长。因此，资本积累会对发达国家与发展中国家产生不同的贸易效应。

（2）技术进步对不同产业的作用不同。

一般来说，在工业制成品行业，特别是在资本密集度大的重化工业，技术进步的作用突出，若技术进步使资本节约，则发达国家产生超顺贸易倾向增长。在劳动密集度大的轻工业中，技术进步的作用则相对较小。这样一来，在以重化工业作为出口产业的发达国家，技术进步能够通过扩大出口促使经济快速增长，而发展中国家则需要采取贸易保护措施，调整产业结构，转而发展技术进步作用突出的重化工业。但是，发展中国家劳动力资源丰富，要从劳动密集型产业转向资本密集型产业，实现经济增长的要求与发展中国家的现实情况发生矛盾。

（3）技术进步对贸易条件的影响不同。

发展中国家以出口劳动密集型产品为主，劳动供给增长较快，或技术进步后节约劳动，使劳动供给相对增加，很容易产生超顺贸易倾向增长；而发达国家以出口资本密集型产品为主，技术进步若使劳动节约，则有利于缓解劳动供给相对不足的矛盾，减少进口劳动密集型产品，因此发达国家就不一定会产生顺贸易倾向增长。这将使出口劳动密集型产品的发展中国家出现贸易条件恶化的趋势，对发展中国家的经济发展不利。与此同时，还会产生严重的非经济问题，如劳动力过剩、失业增加等一系列社会问题。此外，还可能出现贫困化增长（immiserizing growth）的现象。

综上所述，一个国家在开放条件下，要使经济发展取得成功，受很多因素、条件的制约。但在发展的初期，资本积累、促进出口和抑制进口是有必要的。

2. 经济增长的问题——贫困化增长与“荷兰病”

如果一国经济增长后，贸易条件恶化的程度足够大，则可能呈现贫困化增长或福利恶化型增长，即增长不仅不能增加一国的福利，反而减少了该国的福利。出现贫困化增长要求具备两个基本条件：（1）必须是大国；（2）增长是极端顺贸易的。

（1）贫困化增长的概念。

一般来说，经济增长会带来国民收入的增加和福利水平的提高，但有一种可能带来不利影响的经济增长，这种增长不但对本国经济没有好处，反而使社会福利水平下降，故美国经济学家巴格瓦蒂（Bhagwati，1958）称之为贫困化增长或福利恶化型增长。

贫困化增长是指，在其他条件不变的情况下，贸易大国或出口产品单一的国家，由于经济增长使得进出口的数量大幅增加，导致贸易条件严重恶化，贸易条件恶化促使国民福利下降的作用超过经济增长促使国民福利上升的作用，最终使得国民福利水平绝对下降。如图 5-16 所示。

经济增长后，生产可能性曲线由 X_0Y_0 变为 $X_0'Y_0'$，社会无差异曲线从原来的 I 下降为 I'，福利水平不但没提高反而下降了。

（2）出现贫困化增长的主要原因。

出现贫困化增长的主要原因是贸易条件的恶化，或者说用出口更多的 X 换回较少的

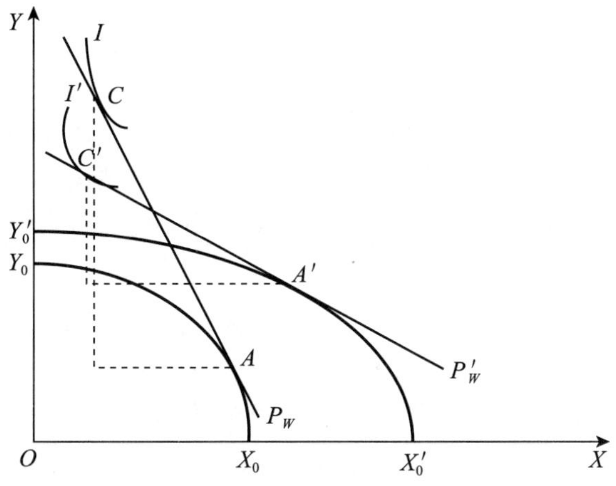

图 5-16　出口的贫困化增长

Y。具体来说，有如下几个原因：

第一，一国出口占世界市场的份额相当大，若增加出口，世界市场价格（相对价格 P_W）会急剧下降。

第二，单一经济，即国民经济的增长严重依赖某种产品的生产与出口，为提高国民收入，只能扩大这种产品的生产与出口，使市场价格下降，出口收入减少，因此，只能再增加生产与出口，以至无法有效地调整生产与出口，出现恶性循环。

第三，某种产品的需求弹性小，若增加市场供给，价格会大幅下降。例如，石油输出国组织（OPEC）原油的生产与出口。

如果不考虑需求因素，只考虑同生产渠道有关的贸易效应，那么：

1）偏向于出口部门的增长往往会导致贸易条件恶化；

2）偏向于进口部门的增长往往会导致贸易条件改善。

本国贸易条件改善意味着外国贸易条件恶化，反之亦然。这样又可以引起经济增长的外溢效应。在不考虑需求变化的情况下，若大国偏向于出口部门的增长，会通过贸易条件的变化对外国产生正的溢出效应；若大国偏向于进口部门的增长，会通过贸易条件的变化对外国产生负的溢出效应。

（3）荷兰病。

在现实世界里，不管是哪一类经济增长，似乎都会给社会带来或多或少的福利水平的提高。但在某种特殊条件下，不平衡的经济增长会给本国经济带来不利的影响。“荷兰病”就是这样一种特殊情况。

所谓荷兰病，是指一个行业的增长与扩张导致其他行业萎缩。20 世纪 70 年代发生在荷兰和欧洲其他国家的情况是一个典型例子。当时，荷兰大规模开发和出口北海石油与天然气，使得大量的劳动和资本流向石油和天然气行业，从而造成荷兰制造业的生产和出口相对萎缩。经济学家将这种现象称为“荷兰病”。这种情况后来也在挪威、英国等国发生过。“荷兰病”是罗布津斯基定理的一个典型案例。

专栏 5-1

荷兰病

开发新的出口资源有时也会带来问题，一个例子是福利恶化型增长，即对一个出口大国来说，出口的扩张会使世界市场价格下跌，并最终使该国的福利恶化。另一个例子被称为“荷兰病”，这是根据荷兰在北海开发新的石油、天然气资源所碰到的问题命名的。

当时的情况是荷兰已是一个工业化国家，但随着 20 世纪 60 年代巨大天然气储量的发现，其国内生产发生了巨大的变化：天然气生产得越多，生产出口产品的制造业就越萧条。尽管当时有两次石油冲击，使天然气、石油价格暴涨，荷兰因此发了一笔横财，但这好像加剧了荷兰的经济滑坡。人们把这种情况称为“荷兰病”。不过，“荷兰病”并不止出现在荷兰，后来一些新开发了自然资源的国家（包括英国、挪威、澳大利亚、墨西哥和其他一些国家）好像也都出现了类似的经济问题。

在许多情况下，开发新的自然资源所获得的意外收益确实会造成对原有出口产业生产和盈利的不利影响，也会因为同样的原因而发生非工业化现象，即新兴部门从传统工业部门吸走资源而使后者出现萎缩。造成这种情况的原因之一是新兴部门支付的工资高，利润高，因此劳动和资本都从传统工业部门流向新兴部门。

也可以从另外一个角度来解释这种现象。自然资源出口的增加，使该国获得了更多的外国货币，因而该国货币在外汇市场上升值。该国货币升值使外国消费者面临更高昂的价格，因而减少对该国商品和服务的需求，造成对该国传统出口产品的需求下降，以致传统出口部门出现萎缩。从长期来看，贸易总是要平衡的，增加了一种产品的出口，就要增加进口，或者必须减少另一种产品的出口。在本例中，传统出口部门成了牺牲品。

我们知道，在这种情况下，有两种方式可能使传统产业扩张。第一种方式是，如果自然资源的价格下降，那么就会促使以此为主要中间投入品进行生产和销售的传统产业扩张。第二种方式是，可以对新的自然资源产业征税，然后将所征的税用于鼓励传统产业的发展。然而，我们要注意的是生产资源从传统产业转移到自然资源产业不一定是坏事。之所以指责自然资源的发展和出口是传统产业萎缩的罪魁祸首，是因为人们传统上假设产业是一个国家繁荣的关键。但无论如何，在开发自然资源产业的过程中，传统产业的萎缩是一种副产品。

资料来源：海闻，林德特，王新奎．国际贸易．上海：上海人民出版社，2003：138.

第四节 发展经济学家的国际贸易理论评价

大多数发展中国家的左派经济学家对传统的国际贸易理论观点是不赞成的。他们认为这种观点是为在旧的国际经济秩序下发达国家攫取发展中国家的财富辩护，并提出在实际中存在着财富通过国际贸易从发展中国家向发达国家转移的现象。

一、普雷维什对传统贸易理论观点的抨击

劳尔·普雷维什（Raúl Prebisch，1901—1986 年）是阿根廷著名经济学家，也是拉丁美洲著名的经济学家和政治活动家，他被称为"发展经济学的先驱"。在联合国拉丁美洲经济委员会工作时，普雷维什提出了名为《拉丁美洲的经济发展及其主要问题》的报告，这一报告也是他的代表作。在报告中，他将 1876—1880 年的世界价格设定为 100（用英国进出口的平均价格分别代表原料和制成品的世界价格）。根据他的计算，除了在 1881—1885 年原料和制成品价格之比有所上升（102.4）外，在第二次世界大战前，其余各年均在下降，1938 年两者之比降为 64.1，这说明作为原料出口国的发展中国家的贸易条件长期恶化。他提出的原因有三个：

（1）技术进步的好处主要由工业发达国家获得，发展中国家未获得应有的利益。这是因为，技术进步后，制造业生产率的上升幅度和成本的下降幅度可能低于厂商要素报酬的增长幅度，致使制造业产品的价格不降反升。而发展中国家要素收入的提高低于生产率的增长，因此发展中国家的贸易条件趋于恶化，技术进步的利益为发达国家占有，而发展中国家甚至将自己技术进步所获得的利益，部分地转移给了工业发达国家。

（2）制成品市场与初级产品市场结构不同，前者具有很强的垄断性。

（3）发达国家与发展中国家的工会组织力量存在区别。发达国家的工会组织力量比较强大，有较强的工资谈判能力，在经济危机发生后也较容易保持相对较高的工资水平，而发展中国家情况不同，工会组织力量薄弱而难以形成与资方谈判的利益团体。

因此，普雷维什对传统的国际贸易学说提出了批评。他认为，旧的国际分工与专业化生产原则是不合理的，它不仅不利于也不适用于相对落后的国家。正如他提出的三个原因，旧的国际贸易关系不仅不是经济发展的发动机，反而是导致发展中国家经济落后的主要原因之一。他说："世界经济分为工业中心国家与从事初级生产的外围国家，中心国家与外围国家之间的收入差距在日益扩大，这是由于按比较优势进行的专业化分工阻碍了相对落后国家合理的经济结构的形成，同时发展中国家的贸易条件长期恶化，最终使相对落后的发展中国家的经济受到抑制，降低了经济增长的速度。"此即所谓"中心-外围论"的观点。另外，他还认为，国际资本流动所产生的利益分配也是不公平的，资本输出国获益多，而资本输入国获益少。

怎样才能改变发展中国家在国际贸易中的不利地位呢？普雷维什提出的解决办法有两种：

（1）发展中国家必须尽力实行工业化，只有工业化才是发展中国家提高生活水平和分享技术进步利益的唯一手段。他说："工业化本身并不是目的，而是那些国家取得一部分技术进步利益，逐步提高其人民生活水平的主要手段。"他认为，为了实现工业化，广大发展中国家应该扩大对外贸易，可以暂时继续出口初级产品，以进口急需的资本品。

（2）发展中国家应适当采取贸易保护政策。普雷维什认为，经济落后的外围国家的贸易保护政策与中心国家（发达国家）的贸易保护政策意义不同，前者的目的是纠正国际贸易中的不平等，发展工业以便实现工业化，不会妨碍世界贸易的增长；而发达国家

实行的保护主义则只会加重世界贸易中的不平等，不利于发展中国家的出口，从而影响发展中国家的经济发展，最终必然会影响整个世界贸易的正常发展。

普雷维什的观点代表了大多数发展中国家的利益，他如实地指出了发达国家与发展中国家在国际贸易中的地位，从某些方面分析了原因，尽管他的看法存在一定的偏颇之处，但却反映了发展中国家对国际贸易的基本看法。

二、阿明的依附论

萨米尔·阿明（Samir Amin，1931—2018年）是著名的经济学家，以观点激进著称，曾在世界多所大学任教，并在联合国任过职。他提出的依附论在发展经济学中具有较大影响。关于国际贸易，他的观点是：世界资本主义再生产是由出口部门、群众消费部门、奢侈消费部门和设备部门组成的，其中，群众消费部门和设备部门居再生产的中心，这两个部门是再生产的基本动力。发达国家以这两个部门为主，因而处于体系的中心，而发展中国家则以出口部门和奢侈消费部门为主，处于体系的外围，形成了世界的中心-外围结构，且外围对中心有很强的依附。

按照阿明的分析，外围依附中心的基础是这两类国家间存在的不等价交换，发展中国家国内市场狭小，生产力低下，在制成品上难以与发达国家竞争，故以生产为世界市场所用的初级产品和原料性产品为主，产品出口发达国家；而发达国家由于资本过剩，为追求利润而向外输出资本，外围国家吸收资本后发展起来的仍多是原料性产品的生产行业，这样由于国际市场价格原因，外围国家的利润则向中心国家转移，从而会产生财富的两极分化，中心国家与外围国家的收入差距日益加大，外围国家日益贫困。

对摆脱这种依附所造成的长期贫困化状况，阿明认为，要靠发展中国家组织集体自力更生，加强发展中国家间的合作，同时要实行工业化并努力使收入平均化。

三、伊曼纽尔的不平等交换理论

阿吉里·伊曼纽尔（Arghiyi Emmanuel）是著名的激进经济学家，一直在巴黎从事研究工作，长期致力于现代国际贸易中发达国家与发展中国家之间不平等交换及价值转移问题的研究。他在分析中以五个基本论点作为不平等交换理论的基础：

（1）资本在国家间可以自由流动，但劳动却不能在国家间自由流动，使各国工资率差异凝固化，不平等交换因而成为可能。

（2）各国工资率是由制度的、历史的各方面因素决定的，工资是自变量，而劳动不能自由流动必然导致各国工资率的国民差异。

（3）参加国际交换的商品对参加国来说是独一无二的，即它们有不可通约的使用价值。

（4）发达国家与发展中国家之间国民工资率的差异要大于劳动生产率的差异。

（5）国民工资率差异是研究不平等交换的出发点。

在以上五个基本论点的基础上，伊曼纽尔根据马克思经济学中价值转化为生产价格的思路，分析了发达国家与发展中国家之间存在的两种不平等交换形式，即广义不平等交换和狭义不平等交换。

广义不平等交换是指交易两国的资本有机构成不同而工资率相同，由价值转化为生产价格时引起的不平等交换，即发达国家与发展中国家剩余价值率相等，但由于发达国家的资本有机构成高于发展中国家，因而当资本在国家间流动、国际生产价格形成时，就会出现剩余价值从发展中国家向发达国家的转移，两国间的交换是不平等的。

狭义不平等交换是指在交易两国的资本有机构成和工资率都不相同的条件下进行的不平等交换。在这种情况下，由于资本在国家间可以自由流动而劳动则不能，即使发达国家与发展中国家投入的总资本相同，所费的不变资本相等，两国工人创造的新价值一样，从而两国商品价值也相等，但发达国家的工资率高于发展中国家，发展中国家的剩余价值率却高于发达国家，因此当资本在国家间流动、国际生产价格形成时，也会出现剩余价值从发展中国家向发达国家转移的情况，两国间的交换依然是不平等的。

在上述两种不平等交换形式中，伊曼纽尔认为只有狭义不平等交换才是真正意义上的发达国家与发展中国家之间的不平等交换。因为发达国家与发展中国家的工资率不相同，也就是说，工资率的不平等是引起不平等交换的唯一原因。由于国内部门之间的资本有机构成也不同，因此这种不平等交换并非国际贸易所独有。

伊曼纽尔认为，在其他条件一样时，工资率决定剩余价值率，国民工资率差异导致剩余价值率差异，只要穷国工资率低，就可以提供高剩余价值率。国际交换就可以使部分剩余价值转移到有高工资率的发达国家，即发展中国家在世界市场上用本身花费较多劳动时间所生产的商品去交换发达国家花费较少劳动时间所生产的商品，国际经济的不平等主要源于此。另外，按照他的看法，在国际交换中，这种不平等交换实际上是富国的工人阶级剥削穷国的工人阶级。

伊曼纽尔的观点得到了一些激进经济学家的赞同。从积极的意义上说，这一学说揭示了富国剥削穷国的事实，并在一定程度上解释了这种情况。但是，他的观点却有值得商榷的地方。

首先，伊曼纽尔的学说是建立在国际平均利润率和国际生产价格的形成基础上的，但利润率国际平均化和国际生产价格形成需要若干条件，在现实世界中，尚未具备产生国际平均利润率、国际生产价格的所有条件。因此，它还只是一种可能和趋势，是一种理论存在。

其次，伊曼纽尔把工资率的国民差异作为产生不平等交换的唯一原因是不全面的，导致不平等交换的原因是复杂多样的，除了国民工资率差异之外，还有各国生产力发展水平不同、国际经济关系复杂等。

最后，把国际不平等交换说成是富国的工人阶级剥削穷国的工人阶级是不妥当的。不平等交换应该主要体现在资本家阶级和工人阶级之间的剥削关系上，或者说，发达国家工人阶级只是分沾了从发展中国家剥削来的利益，而且只是比较小的一部分。如果认为是富国的工人阶级在剥削穷国的工人阶级，那么将淡化世界工人阶级与国际垄断资本之间的根本矛盾。

本章小结

1. 在经济发展中，技术进步和要素增长都会对一国生产和贸易产生影响。技术进步可以分为中性技术进步和偏向型技术进步。偏向型技术进步又可以进一步分为劳动节约型技术进步和资本节约型技术进步。要素的不平衡增长对一国生产和贸易的影响又分为进口替代型增长和出口扩展型增长两类。

2. 单一要素增长的情况，可用英国经济学家罗布津斯基在 20 世纪 50 年代提出的定理来进行论证。即在两种产品的世界中，假设产品价格保持不变，一国一种要素增加而另一种要素不变，将会导致密集使用增加要素的产品产量绝对增加，密集使用另一种要素的产品产量绝对下降。

3. 从经济增长的供给效应来看，可以把经济增长的贸易效应分为五种：中性贸易生产效应、顺贸易生产效应、超顺贸易生产效应、逆贸易生产效应和超逆贸易生产效应。

4. 从经济增长的需求效应来看，亦可以把经济增长的贸易效应分为五种：中性贸易消费效应、顺贸易消费效应、超顺贸易消费效应、逆贸易消费效应和超逆贸易消费效应。

5. 从经济增长的综合贸易效应来看，不管经济增长的供给效应和需求效应如何变化，经济增长对贸易的总影响都可分为五种：中性贸易效应、顺贸易效应、超顺贸易效应、逆贸易效应、超逆贸易效应。

6. 在一般情况下，经济增长使一国的福利水平提高，但贸易大国的出口扩张型增长最终引起的贸易条件恶化有可能使该国的福利水平下降，这种情况被称为贫困化增长。

7. 发展经济学家对西方国际贸易理论提出了批评，认为国际自由贸易可能给落后的发展中国家带来不利影响，原因是中心国家与外围国家之间在国际商品交换中的地位不对称，存在不平等交换。

关键术语

经济增长源泉	中性技术进步	偏向型技术进步	单一要素增长
中性要素增长	偏向型要素增长	经济增长的贸易效应	中性贸易生产效应
平衡型经济增长	顺贸易生产效应	超顺贸易生产效应	逆贸易生产效应
超逆贸易生产效应	中性贸易消费效应	顺贸易消费效应	超顺贸易消费效应
逆贸易消费效应	超逆贸易消费效应	贫困化增长	经济增长的外溢效应
荷兰病	中心-外围论	依附论	不平等交换

复习与思考题

1. 偏向型要素增长和技术进步为什么会导致生产可能性边界的偏向型扩张？

2. 中国的人口增长会对中国的对外贸易规模、贸易条件以及社会福利产生什么影响？

3. 产生贫困化增长需要哪些条件？

4. 结合贸易条件的可能变化，从社会福利的角度探讨经济增长战略的选择问题。

5. 中国相对于菲律宾而言是资本充裕的国家，假设中国和菲律宾生产每单位大米和钢铁的要素投入如下：

	中国		菲律宾	
	大米	钢铁	大米	钢铁
劳动投入	50	25	80	35
土地投入	20	15	10	20
资本投入	30	60	10	45

（1）如果开放贸易，中国应该出口什么、进口什么？

（2）如果各种要素都不能自由流动，开放贸易使得中国哪些要素受益、哪些要素受损？

（3）如果只有劳动可以在国内各部门之间自由流动，而土地和资本不能流动，情况又如何？

6. 假设A国是劳动充裕的国家，以劳动和土地两种要素生产服装和玉米，服装是劳动密集型产品，玉米是土地密集型产品，给定A国作为一个小国参加自由贸易。试问：

（1）A国会出口什么产品？

（2）A国国内服装和玉米的价格会发生什么变化？

（3）假设突然有大批移民进入A国，这对该国的生产、贸易量和福利有什么影响？

（4）如果A国是个大国，上述三个问题的结论还会一样吗？

7. “自由贸易使穷国受损、富国受益。”请评论这一说法。

第六章

产业内贸易理论

第一节　产业内贸易概述

一、产业内贸易的概念、发展以及对传统贸易理论的挑战

产业内贸易（intra-industry trade）指一国同时从贸易伙伴进口和向贸易伙伴出口同类产品的现象，也称为重叠贸易（overlapping trade），或者双向贸易（two-way trade）。这里的“同时”指的是同一时期，可能是同一月份、季度或年份，取决于所使用贸易数据的时间单位。在现实生活中，我们可以观察到美国每年向西欧出口大批轿车，但同时也从西欧进口大批轿车；中国向美国出口啤酒，同时也从美国进口啤酒。这里的“同类产品”是根据标准的产品分类体系来划分的，划分的类别越细，同一类别中产品的相似程度就越高。比如，根据《联合国国际贸易标准分类》第 3 次修订版（Standard International Trade Classification，SITC，Rev. 3），铁钉和铁制手锯同属于该分类中的第 69 类产品——金属制品。但是如果更进一步划分，铁钉属于第 694 类产品——小五金件，铁制手锯属于第 695 类产品——手用或机器用工具。一些国家的产业内贸易如表 6 - 1 所示。

虽然说产业内贸易的现象可能存在已久，但直到 20 世纪 60 年代产业内贸易才真正受到学者们的关注。如巴拉萨（Balassa）分别在 1963 年和 1966 年对欧洲经济共同体成员之间的制成品贸易进行研究，发现制成品贸易的增长大部分发生在根据 SITC 定义的产品组内，而非发生在产品组之间。格鲁贝尔（Grubel）和劳埃德（Lloyd）在 1975 年对欧洲经济共同体成员之间在 1959—1967 年的贸易进行分析，发现超过一半属于产业内贸易，并且贸易增量中的 71%属于产业内贸易。

由于大量早期研究发现产业内贸易多发生于发达国家之间，并且涉及的产品多为相似的工业制成品，因此人们很难用传统贸易理论对其成因进行有说服力的解释。因为传统贸易理论强调贸易的成因是基于劳动生产率或者资源禀赋的相对差异而形成的比较优势，因此贸易应当主要发生在生产技术和资源禀赋相对差异较大的发达国家与发展中国家之间，并且涉及的产品应当是在生产过程中要素密集度差别较大的不同类别产品。

表 6-1 在一些国家的制成品贸易中产业内贸易所占比重（%）

	1988—1991 年	1992—1995 年	1996—2000 年
美国	63.5	65.3	68.5
德国	67.1	72.0	72.0
法国	75.9	77.6	77.5
英国	70.1	73.1	73.7
加拿大	73.5	74.7	76.2
意大利	61.6	64.0	64.7
韩国	41.4	50.6	57.5
日本	37.6	40.8	47.6
墨西哥	62.5	74.4	73.4

资料来源：OECD. Intra-Industry and Intra-Firm Trade and the Internationalisation of Production. 2002，Table VI-1.

人们曾经尝试在传统贸易理论的框架内解释产业内贸易，例如，欧洲经济共同体成员之间地理距离近导致的边境贸易、季节性因素导致的农产品贸易以及贸易壁垒减少带来的贸易增长。不过，实证研究表明这些理由只能解释产业内贸易的一小部分，绝大多数的产业内贸易仍然没有得到合理解释。有人则另辟蹊径，认为产业内贸易仅仅是统计现象而已，如果产品分类足够细致，那么产业内贸易就会基本消失。不过，实证研究表明即使是按照现有分类体系中最细致的类别来统计，产业内贸易仍顽强地存在着。

在比较优势理论的框架内，林德（Linder）在 1961 年从需求的角度出发，提出了需求偏好相似理论，对发达国家之间存在大量贸易的现象做出了有说服力的解释。然而，对传统贸易理论的突破发生于 20 世纪 70 年代末和 80 年代初。以克鲁格曼和兰开斯特（Lancaster）为代表的经济学家用规模经济、不完全竞争和产品差异化（product differentiation）来解释产业内贸易的发生。这种理论由于与假定产品同质（homogenous）、规模报酬不变的李嘉图模型和 H-O 模型具有明显差异，因此被称为新贸易理论（new trade theory）。此外，布兰德（Brander）等人采用寡头竞争模型说明了相互倾销会导致在同质化产品上发生产业内贸易。另外，也有一些经济学家尝试通过修正传统的比较优势理论来解释产业内贸易现象。其中，法尔维（Falvey）和基尔考斯基（Kierzkowski）在 1987 年引入了收入分配不均导致的需求多样性，将纵向差异化产品的质量水平与要素密集度联系起来，用比较优势理论解释了发达国家和发展中国家之间存在的纵向差异化产品的贸易。戴维斯（Davis）在 1995 年则是将李嘉图模型和 H-O 模型相结合，说明在维持固定规模经济、完全竞争的假定前提下，两国之间存在的技术差异可能会导致在要素密集度要求相同的产品上形成专业化分工和贸易。这种产业内贸易也可以发生在质量有差异的同类产品之中，并认为产品的质量差异取决于各国之间技术或资源禀赋的差异，因此通过修正传统的比较优势理论来解释这一类产业内贸易的理论，被称为新比较优势模型

（包括新李嘉图模型和新 H-O 模型）。这说明产生产业内贸易的原因不是单一的，其福利效应和政策含义也会存在差异。因此，对产业内贸易现象的分析应当具有针对性，因具体国家和具体行业而异。我们将在本章对相关理论进行讨论。

二、产业内贸易的量度

一般用格鲁贝尔和劳埃德提出的产业内贸易指数（也称 G-L 指数）来衡量一个产业的产业内贸易程度，用以下公式表示：

$$IIT_i=1-\frac{|X_i-M_i|}{X_i+M_i} \tag{6-1}$$

式中，X_i 和 M_i 是 i 产业的出口总值和进口总值。显而易见，IIT_i 衡量的是 i 产业中双向贸易的程度，取值介于 0 和 1 之间。IIT_i 等于 0 意味着一国在该产业是纯进口或纯出口；IIT_i 等于 1 意味着一国在该产业的进口总值和出口总值刚好相等。$0<IIT_i<1$ 表明一国在该产业同时发生进出口。IIT_i 的值越接近 1，表明该产业的产业内贸易程度就越高。

一个国家的产业内贸易指数可用如下公式计算：

$$IIT=1-\frac{\sum|X_i-M_i|}{\sum X_i+\sum M_i} \tag{6-2}$$

另一个度量产业内贸易的指数是巴拉萨指数：

$$B=\frac{|X_i-M_i|}{X_i+M_i} \tag{6-3}$$

式中，B 为巴拉萨指数，其他参数与式（6-1）相同。

据测算，21 世纪初世界产业内贸易的平均水平（G-L 指数）为 60%左右，而发达国家的产业内贸易水平为 60%～70%。①

三、产品差异分析

产品差异是产业内贸易发生的基础。没有产品差异，就不可能存在产业内贸易。因此，我们要首先认识产品差异是怎么产生的，产品差异的性质与特点是什么。

1. 产业与产品差异的含义

（1）产业

产业是指投入要素基本相同，产品有很大替代性的一组企业组成的群体。

按照 1950 年制定完成的《联合国国际贸易标准分类》，国际贸易标准分类或目录编

---

① 根据《联合国国际贸易标准分类》第 3 次修订版，按照只要是前三位数相同的产品之间的贸易即为产业内贸易进行统计计算。

号为5位数（10大类—63章—233组—786个分组—1 924个基本项目），即所有参与国际贸易的产品都用5位数来表示（目前已修订为8位数，中国已经是10位数），凡前三位数相同的产品就是相同产业的产品。因此，产业内贸易即是同行业产品的贸易，又称行业内贸易。

（2）产品差异

产品差异又称产品分化，是指企业以某种方式改变那些基本相同的产品，以使消费者相信这些产品存在差异而产生不同的偏好。一般来说，产品可以分成同质（相同产品）和异质（不同产品）两大类。这里的产品差异主要是指由同质产品的异质化引起的产品差异。

2. 产品差异的原因、性质与特点

现实中，即使是同质产品，由于时空、政策或产品特性、质量、款式、型号、规格等因素，也可能变成“异质”产品。另外，转口贸易也产生大量产业内贸易。

总之，产品差异（product differentiation ）的原因、性质与特点包括如下三个方面：

（1）同质产品由于性能、质量、款式、型号、规格、品牌、商标、包装、售前售后服务、时空、政策等因素存在差异，从而形成了“异质”产品。

（2）产品可以相互替代，但不能完全相互替代。

（3）基本功能相同，但附加价值不同。

为什么说产品差异是产业内贸易产生的基础？一国在封闭的情况下，由于市场、规模的制约，同种产品的异质性“变体”的种类不可能很多。因为种类越多，生产规模越小，生产成本越高。开展国际贸易后，两国或多国市场合一，突破了市场狭小与规模的制约，各国分别生产几种“异质”产品，互不重合。这样通过贸易，互相出口各自的产品，既增加了消费者的选择余地，又提高了福利水平，生产企业的效率也会提高。但这都是在有产品差异的条件下才能实现的分工。因此，产品差异是产业内贸易能够产生并且不断增加的原因。

本章其余部分做如下安排。第二节介绍从需求方面来解释产业内贸易理论，即林德假说。第三节讨论产业内贸易发生的利益源泉——规模经济理论。第四节介绍垄断性竞争模型，其中包括兰开斯特模型和克鲁格曼模型。第五节介绍双头垄断下的产业内贸易理论——布兰德-克鲁格曼（Brander-Krugman）模型以及相互倾销模型。第六节介绍新比较优势模型，包括新李嘉图模型和新H-O模型。

第二节　需求偏好相似理论：林德假说

一、需求偏好相似理论的基本内容

传统的贸易理论主要是从供给方面来解释国际贸易，强调的是技术和资源禀赋差别所形成的比较优势。林德却与之不同，从需求偏好的角度出发对发达国家之间的双向贸易做出了颇有说服力的解释，主要结论被称为林德假说（Linder's hypothesis），亦即需求偏好相似理论，已经成为国际贸易理论的一个重要组成部分。

首先，林德指出工业制成品是由具有革新精神的厂商因应市场需求而生产的。只有当厂商确信对某种工业制成品的潜在需求大到足以支撑生产时，才会开始生产该产品。也就是说，是对潜在需求的领悟，而不是对要素禀赋的考虑，导致了产品的生产。

其次，林德指出厂商更熟悉的是本国市场，而非外国市场。由于不同国家之间存在地理距离、语言、文化等方面的障碍，厂商很难准确地感知究竟什么样的新产品会在外国市场上获得成功。而在本国市场上，由于各方面的便利因素，厂商更容易感知到消费者的需求，生产所面临的销售风险相对较小，所以厂商会首先选择满足本国市场的需求。

因此，林德得出结论说如果某一工业制成品在一国得以生产并有可能出口到其他国家，那么该产品在本国必定有强烈的国内需求。也正是这个原因，一国所生产的工业制成品的范围既取决于要素禀赋等生产方面的考虑，也取决于本国的需求。在大量生产的过程中，厂商会逐渐改进生产技术和提高效率，从而降低生产成本，增强产品的国际竞争力，在满足国内需求之余具有了向外出口的能力。

那么，假设某厂商发现了本国对某产品的潜在需求并开始生产该产品，该厂商是如何找到出口市场以销售更多产品的呢？林德指出最好的出口市场是与本国在需求结构方面非常相似的国家。因此，如果一个美国公司生产了最新款的环保型混合能源轿车，那么这种轿车的出口市场最有可能的是西欧、加拿大和日本等。类似地，德国的厂商很可能会把美国和其他西方发达国家作为自己的主要出口市场。

最后，林德还指出，在对工业制成品的需求结构方面最为相似的国家会是那些有着相似的人均收入的国家。人均收入较低国家的人会购买较为简单的产品，而人均收入较高国家的人会购买功能更为复杂的产品，比如带闪光灯的咖啡机。因此，由于西欧、美国和日本等的人均收入较为相似，它们对工业制成品的需求结构也较为相似，所以它们之间发生的工业制成品贸易也就最多。此外，这些工业制成品大都属于相同或相似产品，所发生的贸易也大都属于产业内贸易。根据林德假说，随着发达国家人均收入的不断提高，工业制成品贸易以及产业内贸易在发达国家之间的贸易中会越来越重要。

需求偏好相似是产业内贸易产生的原因。产业内贸易是产业间重叠度很大的产品之间的贸易。该理论认为，一种工业制成品是否出口，关键在于该产品是否属于国内代表性需求产品。所谓代表性需求产品，是指该产品在国内有旺盛的需求，且有技术上的相对优势及生产上的规模经济。那么，这种代表性需求产品将出口到什么样的国家呢？

在图 6-1 中，纵轴代表产品加工深度或产品档次，横轴代表一国人均收入或经济发展水平，P_W 代表产品的价格水平，a_0 和 b_0 分别代表 A、B 两国的代表性需求产品，Y_a、Y_b 分别代表 A、B 两国的人均收入水平，A 国需求产品的范围是 a_0、a_1、a_2、a_3，B 国需求产品的范围是 b_0、b_1、b_2、b_3，两国都有需求的产品，即需求重叠的产品为 a_0、a_2、a_3和 b_0、b_1、b_2（斜线部分）。两国的经济发展水平越接近（人均收入越接近），则需求重叠部分越大，两国的需求偏好越接近，一国产品在另一国市场就越有销路，因此发生贸易的可能性就越大，并且是产业内贸易。

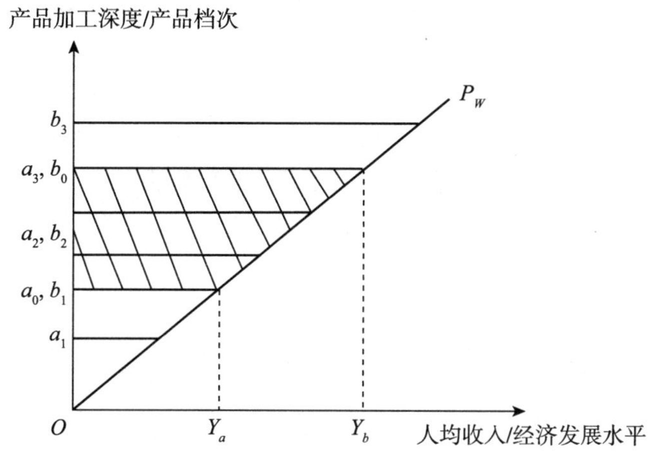

图 6-1 需求偏好相似导致产业内贸易

二、对需求偏好相似理论的简要评价

林德将需求引入国际贸易理论，分析需求在国际贸易中的极其重要的地位，可谓独树一帜。同时，林德还认为，H-O 理论只适用于解释初级产品的贸易，而不适用于解释工业制成品的贸易。

这一理论的意义在于它部分地解释了产业内贸易产生的原因。比较优势理论认为，各国经济发展水平越接近，开展国际贸易的可能性越小；需求偏好相似理论则相反，认为各国经济发展水平越接近，越有扩大相互贸易的可能性，这可能更贴近国际贸易的实际。因此，需求偏好相似理论是对比较优势理论的重要补充。

第三节 规模经济理论

一、规模经济的基本含义

规模经济（economies of scale）或者规模报酬是描述在一定的技术水平条件下，投入与产出关系的一个概念。它建立在两个重要前提之上：一是投入要素的比率不变；二是投入品的价格不变。以此为前提，生产函数显示规模报酬递增的结果是平均成本下降，从而我们可以认为规模报酬递增着眼于描述短期生产成本的变化。

从微观经济学的角度分析，规模经济有静态和动态两种含义：静态的规模经济是指一个企业或一个行业的最佳规模，即达到帕累托最优的生产规模。动态的规模经济是指报酬随规模的扩大呈递增的趋势，也就是产出的增幅大于投入要素的增幅。规模经济产生的原因是：（1）固定成本在每一件产品上的分摊下降；（2）随着规模的扩大，专业化分工更细，劳动生产率提高（见图 6-2 左边部分）。

随着产量的不断增加，这种递增的规模报酬会达到顶点，即最佳生产规模。在最佳生产规模下，产品的平均成本达到最低点，并且在一定范围内平均成本不会因产量的增加而降低，这一阶段的规模报酬不变，但是这种成本不变的状况不会永远保持下去。如果生产规模继续扩大，平均成本会因规模过大、管理和合作效率下降而上升，这一阶段的规模报酬递减，或者说规模不经济。如图 6-2 所示，长期平均成本（LAC）曲线会随着产量或规模的扩大而下降、不变和上升，从而形成 U 形曲线。

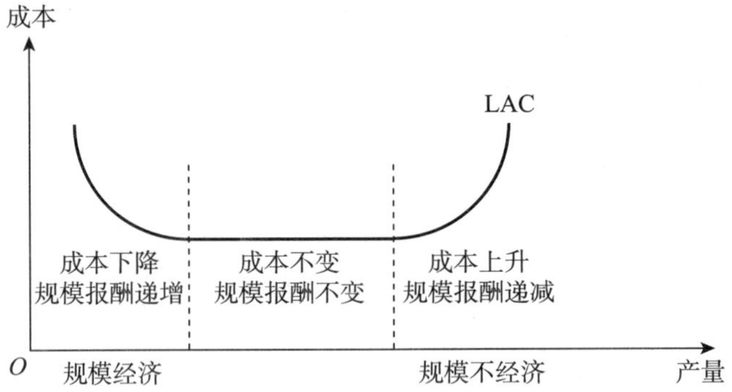

图 6-2　企业的长期平均成本与规模经济

规模经济又可分为内部规模经济和外部规模经济两种。内部规模经济主要源于企业本身生产规模的扩大。由于生产规模扩大和产量增加，分摊到每件产品上的固定成本（管理、设计、研究与开发成本等）会越来越少，从而使产品的平均成本下降。具有内部规模经济的一般都为大企业、大公司，多集中于研发、设计、管理以及销售成本较高的制造业和信息产业，如汽车、飞机、机械制造、软件行业等。

外部规模经济主要源于行业内企业数量的增加所引起的产业规模的扩大。由于同行业企业的增加和相对集中，在信息收集、产品运输、产品销售等方面的成本会降低。外部规模经济一般出现在竞争性很强的同质化产品行业中。例如，美国硅谷有成千上万个电脑公司，每个都不是很大，但集中在一起形成了外部规模经济。

二、规模经济与国际贸易

1. 外部规模经济与国际贸易

规模经济是产业内贸易的主要利益源泉。说明外部规模经济导致国际贸易从而解释发达国家之间贸易的一个模型，是由经济学家默里·肯普（Murray Kemp）在 1964 年提出的。这一模型说明了两个具有相同技术、资源禀赋，甚至具有相同需求的国家为什么会进行贸易。为了讨论方便，我们假设有两个国家（美国和日本）和两种产品（电脑和照相机），并假设生产这两种产品的行业都具有外部规模经济。

为了集中说明规模经济与国际贸易的关系，我们假设美日两国的生产技术、资源禀赋和需求偏好都相同，因此，两国的生产可能性边界和社会无差异曲线也完全相同。

在没有贸易的情况下，任何一个国家都必须根据本国的生产能力和消费偏好来决定两种产品的产量，在图 6-3 中，我们假设这一点为 E。在这一点上，两个国家都生产和消费一定数量的电脑和照相机，社会福利水平为 I_0。

由于两国产品的相对价格、产量和消费量都一样，按照比较优势理论，两国不会发生贸易。现在，一方面，我们假设美国的电脑生产发展迅速，有更多的人从事电脑生产，在图 6-3 中其生产点从 E 移到 A，由于规模经济，在 A 点处，生产电脑的相对成本下降而生产照相机的相对成本上升。另一方面，我们假设日本的照相机生产扩大，生产点从 E 移到了 B，生产照相机的相对成本下降而生产电脑的相对成本上升。此时，两国的生产成本发生了变化：在美国电脑的相对成本低于日本，而在日本照相机的相对成本低于美国。两国有了贸易的基础。美国会出口一部分电脑，进口一部分照相机，日本则正好相反，出口照相机而进口电脑。两国以介于封闭经济中的两国电脑相对成本之间的电脑相对价格 P_T/P_W 进行交换。结果是两国都能在 C 点上消费，社会福利水平从 I_0 提升到 I_1。

图 6-4 说明了规模经济的一种更加极端也更优的状况，即美国和日本在生产电脑和照相机上实行完全专业化分工。如果美国集中生产电脑，而日本集中生产照相机，然后进行交换，则两国都能在 D 点上消费，其社会福利水平会大大提高，即实现 I_2 所示的福利最大化水平，从而达到最优状态。

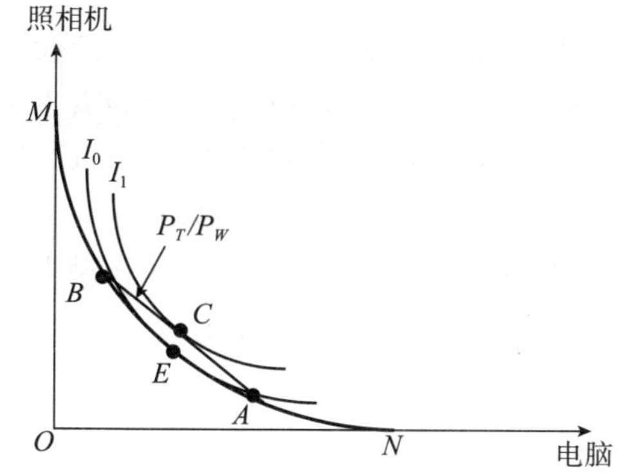

图 6-3 规模经济与国际贸易

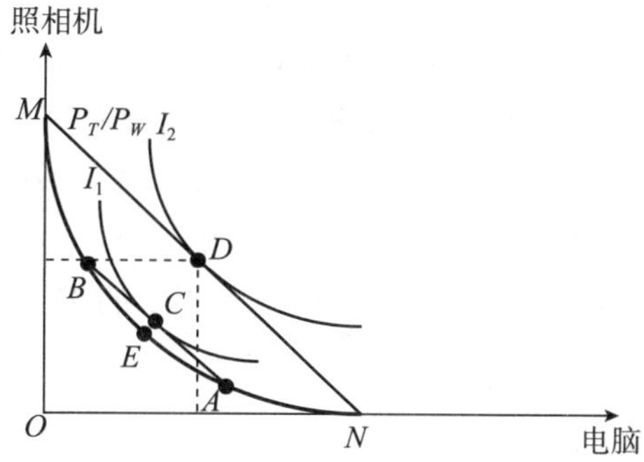

图 6-4 专业化生产与国际贸易

2. 内部规模经济与国际贸易

国际贸易中的内部规模经济理论主要是由克鲁格曼和赫尔普曼提出来的。这种内部规模经济存在的条件是：垄断竞争、进入门槛高，且存在技术、专利等因素限制。

在长期竞争下，具有内部规模经济的垄断竞争企业的平均成本曲线与需求曲线相切，产品价格等于产品平均成本，利润为零。在参与国际贸易前，我们假设企业处于长期均衡状态。在参与国际贸易后，企业是如何获得规模经济效益的呢？在图 6-5 和图 6-6 中，我们分别加以说明。

图 6-5 说明的是开放贸易后的短期影响。在参与国际贸易前，企业所面临的只有国内需求曲线（D_1），在利润最大化的目标下，企业会选择产量 Q_1，即边际成本 MC 等于边际收益 MR_1 时的产量。

在参与国际贸易后，外国需求加入进来，从而总需求增加，企业面对的需求曲线由 D_1 变为 D_2，边际报酬曲线也从 MR_1 变为 MR_2。企业追求利润最大化，生产扩张，

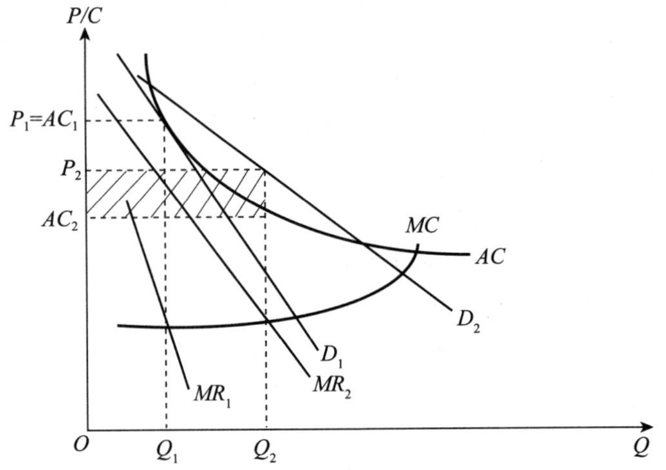

图 6－5　垄断竞争企业参与国际贸易的短期影响

从 Q_1 增加到 Q_2，平均成本下降，由原来的 AC_1 降到 AC_2。在短期内，需求的突然增加使得企业的平均成本较产品价格下降得更快，在图 6－5 中的斜线部分就是超额利润。

短期内存在超额利润会引起更多的国内企业进入，新进入的企业虽然不会生产相同的产品，但会有很大的替代性。一部分消费者就会转向购买新产品，原有企业的需求下降（向下平移），长期竞争使得原有企业的利润消失，原有企业面对的需求曲线由 D_1 变为 D_3，如图 6－6 所示。然而，由于参与国际贸易后的需求 D_3 比不参与国际贸易时的需求 D_1 更有弹性，原有企业的生产依然扩张，从 Q_1 增加到 Q_3，实现了更低的长期平均成本。同时产品的定价也由原来的 P_1 降到 P_3，等于更低的长期平均成本 LAC_3。

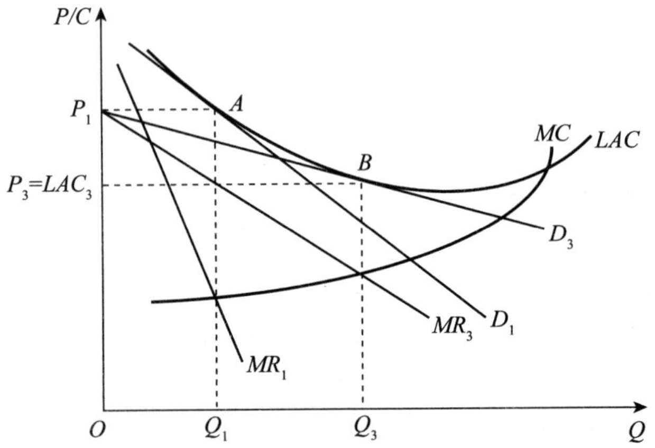

图 6－6　垄断竞争企业参与国际贸易的长期影响

所以，开放贸易的长期影响是企业产量增加，平均成本和产品价格都下降且两者相等，企业经济利润回到零。本国消费者消费量增加，消费者剩余增加。从社会福利的角度来看，无论短期还是长期，整个的社会福利水平都比没有贸易时要高。

第四节 垄断性竞争模型

经济学家在采用规模经济、不完全竞争和产品差异化来解释产业内贸易时，普遍采用了由张伯伦提出的垄断性竞争模型（monopolistic competition model），所以这种模型又被称为新张伯伦模型。这些垄断性竞争模型可以根据需求多样性假设的产生方式分成两类。一类以兰开斯特和赫尔普曼为代表，另一类以克鲁格曼为代表，其中，前者采用了最偏好品种（preferred variety）方法，后者采用了偏好多样性（love of variety）方法。

人物介绍 6-1

保罗·克鲁格曼

最偏好品种方法假定在包含多品种产品的同组产品中，消费者最偏好的产品品种或者说理想的产品品种是固定的。当这些产品品种在现实中不存在时，消费者会选择与其理想产品品种距离最近的产品品种。而且，消费者所偏好的产品品种不会因为同组产品可选数量的不同而发生变化，也不会因为他组产品的消费水平而发生变化。偏好多样性方法则假定消费者对不同的产品品种的偏好并没有差别，但却偏好于消费尽可能多品种的同组产品。

一、兰开斯特模型

1. 产品的差异化与消费者的需求

兰开斯特（1980）模型以产品的水平差异性为基础。兰开斯特认为，每个产品都有一组不同于其他产品的特性，这种特性构成了产品的水平差异性。假定一国的制造业生产的是某一同组产品，同组产品被定义为拥有同样特性的所有实际或潜在产品，不过，这些产品以不同比例拥有此特性，从而形成了产品的差异性。兰开斯特最简单的模型假定差异化的产品只有两个特性，而消费者的偏好将根据这两个特性在每个产品中所占的比例来排列。一种表达可得产品品种范围的办法就是把它们看作散在一条直线上的点，这就是所谓的光谱分析法（spectrum approach）。在图 6-7 中，线段 ab 代表了可得产品品种的范围，在线段的 a 端，产品只具有特性 A，随着向右移，特性 B 出现，并且它的比例（与 A 相比）逐步提高。这样到线段的 b 端，产品就不再有特性 A，而只有特性 B 了。

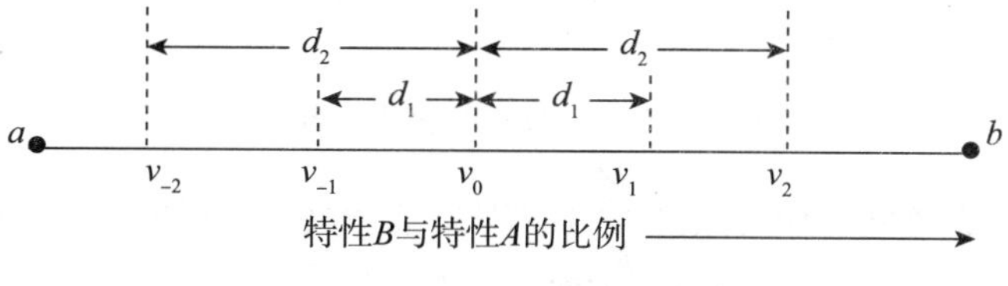

图 6-7 产品品种的范围

同组产品包含无数拥有不同特性比例的产品，兰开斯特将同组产品拥有特性的比例定义为品种（specification），各产品按拥有特性比例的高低在该组产品的品种光谱（spectrum）上连续分布，因此该组产品可能包含无数品种的潜在产品。以直线代表品种光谱，那么一个品种就是线上的某个点。此外，同组产品具有相同的质量，并不因拥有特性的比例不同而有差别。

在消费者的偏好方面，兰开斯特采用了最偏好品种方法，即假定不同的消费者喜好的产品品种各有差别，这样在总体水平上就产生了需求多样性。具体来说，消费者是对产品品种而非产品本身有偏好，每个消费者会偏好某一特定品种。这些品种有可能在现实中被生产，也有可能是未被生产的潜在产品。消费者对不同特性有不同偏好，但是消费者无法购买多个品种并将它们"混合"起来，得到一个新的品种来更好地满足自己的偏好。这就是说，如果一个消费者只喜欢一个产品的某些特性、另一个产品的另一些特性，他不可能把两个产品都买来但只消费其中他喜欢的特性。给定可支配收入，消费者根据现实可得产品品种及其相对价格以及现实可得产品品种与自己偏好产品品种的距离来做出选择。

消费者如何选择差异化产品的消费品种和数量呢？一方面，对某一产品的需求取决于与相邻产品相比该产品的价格和品种；在最偏好品种未被生产时，在同等价格条件下，消费者会选择距离其最偏好品种最近的产品。但这只决定了消费者购买差异化产品的品种，那么消费者会购买多少数量的差异化产品呢？我们可以用图 6－8 来说明。在价格和收入水平给定的情况下，离他理想的品种越远，他会买得越少，这就是说，在任一给定的收入水平下，消费者对他较不偏好的品种的需求曲线位于他较偏好的需求曲线之下。通常的假定是，消费者的偏好有一种对称性，即消费者对"高于"他的理想品种距离为 d 的品种和"低于"他的理想品种距离为 d 的品种是无偏好差异的。就图 6－7 来说，理想品种为 v_0 的消费者对 v_1 和 v_{-1} 这两个品种的偏好是无差异的。因为它们与 v_0 的距离都是 d_1，因此他对这两个品种中任何一个的需求曲线都是图 6－8 中的 $D(d_1)$。相应地，对离 v_0 更远的品种如 v_2 和 v_{-2}，他的需求曲线就是 $D(d_2)$，处于更低的位置。

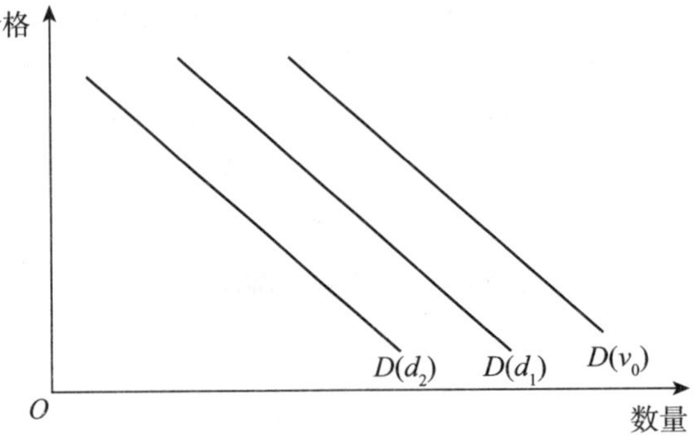

图 6－8　消费者的需求随其他品种与其理想品种距离的扩大而下降

另一方面，消费者也要购买组外产品（即外部产品），所以消费者购买差异化产品的数量取决于消费者的收入和外部产品的价格。

为简化起见，我们假设组外产品和组内产品之间的替代弹性是相同的，并且消费者对组内产品的支出比例固定不变。由于各消费者有着相同的消费函数，通过加总可获得对各差异化产品的需求函数，因此，在给定收入的条件下，这样导出的消费函数将每个组内产品需求数量表示为自身价格、品种，相邻产品的价格和品种，以及组外产品价格的函数。其关键特点如下：

（1）需求是品种和价格的函数。

（2）价格弹性是相邻产品间替代弹性的减函数。当产品的品种趋同时，价格弹性趋近于1。

2. 生产方面

在生产方面，假定存在初始的规模经济，在从生产起点开始的一段产品品种范围内生产的平均成本呈下降趋势。公司在品种光谱内可自由选择生产任何产品，生产所有实际或潜在产品的单位成本完全相同。进一步假设组内所有产品的生产函数完全相同，所以生产数量为 Q 的任何产品的总成本是独立于品种的。

单个公司在销售某产品时要考虑两个因素：价格和品种。每个公司有两个相邻公司，位于其左右。该公司的市场由两个独立的半市场组成，一个位于其光谱点的左边，另一个位于其光谱点的右边。由于模型的对称性假设，要使该公司的利润最大化，价格和品种组合必须满足下列条件：

（1）在这两个半市场中边际报酬相等。

（2）边际报酬等于边际成本。

3. 一般均衡

在一般均衡状态下，在两国消费者偏好相同、公司的成本函数相同以及消费者均匀分布的前提下，各个公司如果在光谱点左右两侧有距离相等的相邻公司，并都以相同的价格销售，那么它们的市场需求将会是相同的。所以组内含有 N 个公司的纳什均衡具有下列特点：

（1）同一个产品品种不会有两个公司共同生产。

（2）所生产产品的品种在光谱上的距离彼此相等。

（3）所有产品的市场需求是一样的。

（4）所有产品以同样的价格售出相同的数量。

利润最大化要求所有公司的边际成本和边际报酬相等，各公司的利润水平（价格和平均成本的关系）取决于市场中公司的数目。由于公司可自由进入市场，因此只要平均成本低于价格，公司就会进入市场以获取利润。随着公司数目的增多，单个公司的市场份额会变小，产量降低；再与规模经济的假设结合起来，产量的降低意味着平均成本的升高，结果是利润水平的下降，所以利润水平是公司数目的减函数。在均衡状态下，从事差异化产品生产的公司数目 N^* 必须满足价格等于平均成本的条件，否则会发生公司进入或退出。这样的市场结构被称为完全垄断性竞争，具有自由进入和信息公开的特点。

4. 相同国家之间的贸易

假设两个国家（A国和B国）具有相同的生产技术、相同种类和数量的资源、相同的人口分布和数量，并且消费者有着相同的偏好。两国具有相同的经济结构，其中生产差异化产品的制造业部门具有规模经济的特点，而生产相同产品的农业部门不具有规模经济的特点。

两国的消费者都具有偏好的多样性。在自给自足条件下，两国有着相同的均衡状态，即在制造业部门生产数量为 Q^0 的差异化产品，以相同的价格［等于平均成本 $C(Q^0)/Q^0$］销售。两国在农业部门生产数量为 X^0 的农产品。

如果两国在没有壁垒或运输成本的条件下自由贸易，它们就组成了一个大市场，人口扩张了一倍。只是生产要素不能在两国之间移动。

在自由进入和完全获知信息的前提下，制造业的世界市场结构为完全垄断性竞争，不会有两个公司生产同样的产品。这样，每种制成品只会在一国生产，但会在两国消费。由于每种产品的数量由世界需求决定，两国制造业的相对规模取决于两国生产差异化产品的相对数目，并与其成正比。将在 A 国生产的差异化产品数目表示为 n_1，在 B 国生产的差异化产品数目表示为 n_2。由于两个国家在各方面完全相同，模型的对称性保证了在均衡状态下 $n_1=n_2$ 总是成立。并且：

（1）两国有着相同规模的制造业部门、同样的资源，会有同样的农业产出和实际收入。

（2）两国具有同样的偏好结构，两国消费同等数量的各种产品。

（3）两国达到贸易均衡。

在处于 $n_1=n_2$ 均衡时，只存在产业内贸易。每个国家出口其制成品的一半以交换另一国生产的制成品的一半。各国自己消费自己生产的农产品。不过，这样的均衡解虽然给出了贸易的一般模式和水平，但并没有决定各国生产的品种，这是垄断性竞争模型的共同特点，与比较优势理论存在明显差别。

那么，和贸易发生前相比，贸易发生后差异化产品的品种数目和生产数量有何变化？关于品种数目，兰开斯特模型的结论是贸易后两国的差异化产品品种数目之和大于任何一国贸易前的差异化产品品种数目，但小于贸易前两国的差异化产品品种数目之和。我们对此略加以解释。一方面，假定只由本国来供给整个国际市场，那么市场规模的扩大增加了对差异化产品的需求，单个公司必然要增加产量以满足需求，而产量的增加意味着平均成本的降低和利润的增加，因此会有新公司进入市场，在均衡状态下，品种数目必然大于贸易前本国的品种数目，同理可推知均衡状态下的品种数目大于贸易前外国的品种数目。另一方面，均衡状态下留在市场上的公司需要增加产量以满足本国和外国对该品种的需求，所以单个公司的贸易后产量会高于贸易前产量，而我们知道贸易导致市场规模扩大了一倍，那么可以推知贸易后两国的差异化产品品种数目之和必然小于贸易前两国的差异化产品品种数目之和。显而易见，贸易后各品种的生产数量会增加，公司的平均成本会下降，因此价格也会相应下降。

就消费者而言，贸易后消费者能以较低的价格享受更多品种的差异化产品，显然从贸易中得利。对厂商而言，其福利取决于具体的成本函数形式。

下面我们利用生产者剩余和消费者剩余来对兰开斯特模型的静态福利效应进行分析。在图 6-9 中，横轴表示特性光谱上的一段，在自给自足情况下两国生产的品种有两个：A_1 和 A_2。在消费者方面，有些人是所谓的边界消费者，他们对购买相邻的两个品种中的任何一个都无所谓，这种消费者就是其理想品种为 V_1、V_2 或 V_3 的消费者。以 V_2 为例，消费者的理想品种是 V_2，但厂商生产的或该消费者能得到的却是 A_1 或 A_2，因此该消费者就是一个边界消费者。最佳偏好处于 V_1 与 V_2 或 V_2 与 V_3 之间的消费者，可以通

过消费 A_1 或 A_2 获得一定的效用，而且偏好距离 A_1 和 A_2 越近的消费者购入的 A_1 和 A_2 数量越多，但对于超过 V_1 与 V_2 或 V_2 与 V_3 的特性临界点的，消费者认为与自己理想的品种差距太大而放弃购买 A_1 或 A_2。因此在图 6－9 中，当消费者的偏好恰好为 A_1 或 A_2，生产者剩余与消费者剩余均达到最大，A_1B_1（A_2B_2）为生产者剩余，B_1C_1（B_2C_2）为消费者剩余。在品种选择上与 A_1 或 A_2 的距离越大，则生产者剩余和消费者剩余越小。对于消费品种 V_2（V_1 或 V_3 亦一样）的边界消费者来说，他们的消费者剩余为零。

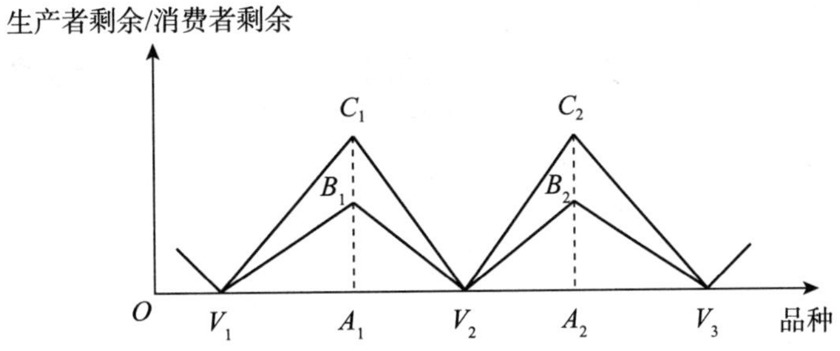

图 6－9 自给自足情形下的生产者剩余和消费者剩余

在开放经济条件下，我们假设可得的品种数目正好增长 50%，并且新的品种在光谱上的分布如图 6－10 所示，即在自给自足情形下由两个品种所占据的空间在自由贸易情形下由三个品种占据。

从图 6－10 中我们可以看到，在自给自足情形下那些理想品种为 V_2（或 A_1 与 V_2 之间）而只能选择 A_1 或 A_2 的消费者，由于下列两个理由他们的境况必然变好了。

（1）他们现在可以购买品种 T_2 了，并且由于 T_2 更接近他们的理想品种（在图 6－10 中正好与 V_2 重叠），即使价格不变，他们也会增加消费；同时，现在由于厂商变少，平均成本下降，价格也下降了，因此他们的消费和消费者剩余都会增加。在图 6－10 中，如果某些消费者的最佳偏好处于 A_1 与 V_2 之间的 U 点，以前只能消费 A_1（消费者剩余为 UD），现在可以通过消费 T_2 获得更高的效用（消费者剩余为 UF），由于与理想品种的距离更近，他们的消费者剩余上升了。

（2）有一些在自给自足情形下处于两可状态的消费者，现在可以得到他们的理想品种了。在图 6－10 中，那些理想品种为 T_2（图 6－9 中为 V_2）的消费者就是这样一些人。这些消费者显然由于贸易而获益了。而且，由于价格下降，他们的消费者剩余更是得以增加。

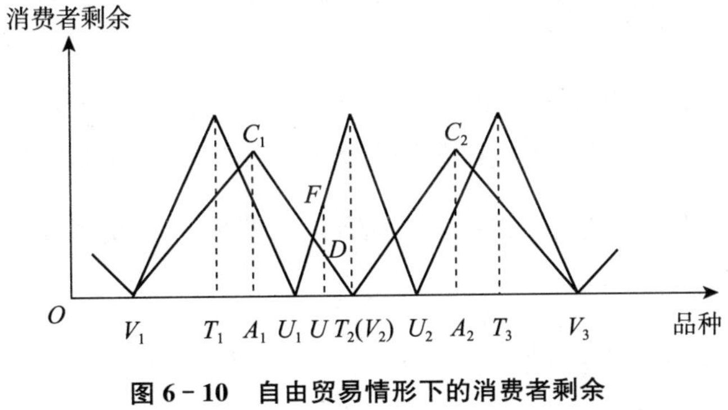

图 6－10 自由贸易情形下的消费者剩余

进行自由贸易以后，有些在自给自足情形下能够买到理想品种的消费者现在买不到了。这就是说，原来购买 A_1 或 A_2 的消费者现在因为这两个品种已经没有，而只能购买相邻的、在他们看来是次优的品种。因此他们的消费者剩余减少了。但是，现在这些品种的价格降低了，这又使他们的消费者剩余增加。所以，对这些消费者来说，我们很难确定总体上他们的消费者剩余是增加了还是减少了。然而，很明显，其中有些消费者会受损。例如图 6－10 中的原来理想品种为 U_1 或 U_2 的消费者，他们在自给自足情形下的消费者剩余比在自由贸易情形下的要大。

虽然有些消费者会受损，但由于在自由贸易情形下能够买到理想品种的消费者必然比在自给自足情形下的要多，而且从图 6－10 中我们可以看到，开展贸易后所有消费者的总消费者剩余增加了，自由贸易情形下锯齿形线条以下的面积必然大于自给自足情形下的面积。

二、 克鲁格曼模型

产业内贸易是相似但不相同的产品的贸易。英国的汽车与法国或德国的汽车不同。事实上，汽车制造商遇到了许多麻烦，花了很多钱才生产出与竞争者有所不同的汽车。所以，需要解释的是差异化产品的贸易问题。为什么英国的消费者除了购买英国鞋商生产的鞋之外，还要购买意大利、法国和西班牙鞋商生产的鞋呢？一个可能的解释就是消费者喜欢多样化的产品，从而使福利上升。

有关需求多样化的主要研究是由迪克西特和斯蒂格利茨在 1977 年依据张伯伦不完全竞争模型的线索在封闭型经济环境下完成的。之后，迪克西特-斯蒂格利茨模型为克鲁格曼在一系列文章中所引用，迪克西特和诺曼在 1980 年将其用于开放型经济环境下，他们所用方法的基本要素可以通过最简单的模型（新张伯伦垄断性竞争模型）清楚地表示出来。

1. 需求方面

假定所有的消费者都相似，并假设某产品有多个品种 $i=1, 2, \cdots, N$，品种的数目是内生决定的。消费者的数目固定为 L，每个消费者从消费 c_i 单位的各品种中得到下列效用：

$$U=\sum_{i=1}^{N} v(c_i), \ v' > 0, \ v'' < 0 \qquad (6-4a)$$

注意，某产品的各品种对称地进入了上面的效用函数，其含义是消费同等数量的各品种所得到的效用是相等的。每个消费者的劳动收入是 w，因此面临的预算约束为 $w=\sum_{i=1}^{N} p_i c_i$ 。给定预算约束，消费者选择每个品种的消费量 c_i 以实现效用最大化。解出这个最大化问题的一阶条件是

$$v'(c_i)=\lambda p_i, \ i=1,2,\cdots,N \qquad (6-5)$$

其中，λ 是拉格朗日乘数，也就是收入的边际效用。

通过对式（6－5）以及预算约束求导，我们可以得出价格变化对消费量的影响。通常，价格的变化也会影响到λ。但是，当品种数目足够多时，每个品种所占的预算比例就很小，所以我们可以忽略单个品种的价格变化对λ的影响。这样，价格变化对消费量的影响可以简化为

$$v''\mathrm{d}c_i=\mathrm{d}p_i\lambda\rightarrow\frac{\mathrm{d}c_i}{\mathrm{d}p_i}=\frac{\lambda}{v''}<0 \tag{6-6}$$

将式（6－5a）和式（6－6）结合起来，我们将对品种i的需求弹性定义为

$$\eta_i=-\frac{\mathrm{d}c_i}{\mathrm{d}p_i}\frac{p_i}{c_i}=-\left(\frac{v'}{c_iv''}\right)>0 \tag{6-7}$$

式（6－4a）具有这样的性质，即在其他条件不变的情况下，效用水平在一个人的消费量增加时提高。要认识这一点，让我们对式（6－4a）进行更加专门的描述，现在假设

$$u=\sum_i c_i^{\theta}，0<\theta<1 \tag{6-4b}$$

现在假设最初消费了n种差异化产品，它们的价格相同并且等于1，同时代表性消费者具有收入I。然后假定他必须每种产品都消费相同的数量$\bar{c}$（$\bar{c}=I/n$）。在给定的最初条件下，我们考察的这个消费者所达到的效用水平为

$$U(n)=n\bar{c}^{\theta} \tag{6-8}$$

现在让我们再假设相似的消费者拥有同样的收入，并消费以同样价格提供的nk种产品，通过直接替代，两种效用水平的差异显示如下：

$$U(nk)-U(n)=n\bar{c}^{\theta}(k^{1-\theta}-1)，其中\ U(nk)=nk\left(\frac{I}{nk}\right)^{\theta} \tag{6-9}$$

从式（6－9）可以看出，当$k>1$时，结果（效用）一定是正的（>0），即虽然在每种产品上都消费得更少（I/nk），但是却消费了更多的品种，因而所获得的效用水平会提高，即使一个人的收入保持不变，价格也没有变化。这就是多样化能够使人们的状况变好的道理。这只是一个简单的逻辑，每个人都希望市场中有数目无限的产品，并且把它们都消费掉，然而这不可能实现（这一点由他的预算约束显示出来）。这一模型的一个重要含义是国家越大，产品多样性越高，假使其他条件不变，在一个大国中一个人的境况也会有所改善。

2. 生产方面

现在我们转向这个模型的供给方面。假设劳动是唯一的生产要素，各公司生产相同品种的成本函数完全相同，即不存在技术差异。我们将各公司生产y_i单位品种i产品的成本函数定义如下：

$$L_i=\alpha+\beta y_i \tag{6-10}$$

式中，α是生产所需的固定劳动投入，β是边际劳动投入。给定均衡工资w，各公司的平均成本是

$$AC_i=\frac{wL_i}{y_i}=w\frac{\alpha}{y_i}+w\beta \tag{6-11}$$

式中，边际成本很明显就是 $w\beta$，如图 6－11 所示。

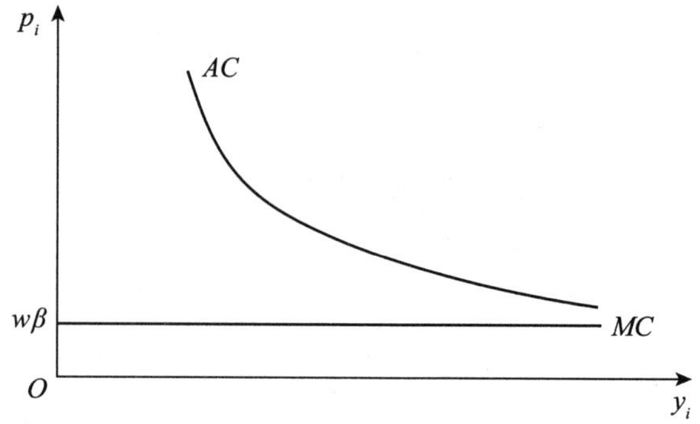

图 6－11　边际成本与平均成本

3. 一般均衡

处于垄断性竞争中的公司面临两个均衡条件。首先，各公司要使利润最大化，要求边际收益等于边际成本，即 $MR=MC$。其次，当经济利润大于零时，任何公司都可以自由地进入市场，因此在长期均衡条件下经济利润必然降到零的水平，这就意味着价格与平均成本相等，即 $p=AC$。除此之外，我们还要加上均衡呈对称的条件，意味着在均衡状态下不同品种的价格和数量是相等的。将以上各式的下标去掉，我们将生产的均衡条件表示为

$$p\left(1-\frac{1}{\eta}\right)=w\beta \quad 即 \quad \frac{p}{w}=\beta\left(\frac{\eta}{\eta-1}\right) \tag{6-12}$$

根据 $MR=MC$ 的条件，我们得出了式（6－12）。根据 $p=AC$ 的要求，我们得出了式（6－13）。利用这两个等式，我们可以解出两个未知数：p/w 和 c。我们将式（6－12）中 p/w 和 c 的关系表示为图 6－12 中的 PP 线。假设 $\mathrm{d}\eta/\mathrm{d}c_i<0$，$PP$ 线的斜率将为正。类似地，我们将式（6－13）中的 p/w 和 c 的关系表示为图 6－12 中的 ZZ 线，显而易见，ZZ 线的斜率为负。这两条线的交点就决定了 p/w 和 c 的均衡值。

为了确定品种的均衡数目，我们使用经济中的充分就业条件，即

$$p=\left(\frac{w\alpha}{y}\right)+w\beta,\frac{p}{w}=\left(\frac{\alpha}{Lc}\right)+\beta \tag{6-13}$$

$$L=\sum_{i=1}^{N}L_i=\sum_{i=1}^{N}(\alpha+\beta y_i)=N(\alpha+\beta y)=N(\alpha+\beta Lc) \tag{6-14}$$

从式（6－14）可以得出

$$N=\frac{1}{\dfrac{\alpha}{L}+\beta c} \tag{6-15}$$

因此品种数目 N 取决于 c 的均衡值。

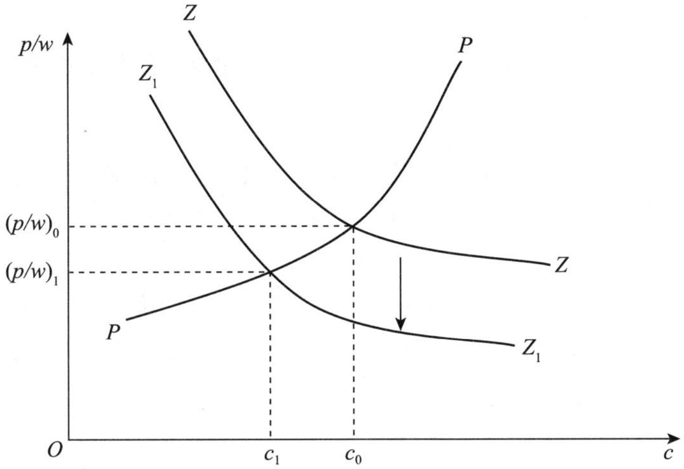

图 6-12 克鲁格曼模型的均衡

4. 贸易后的均衡

到目前为止，我们只是展示了单个经济的均衡。不过我们很容易引入贸易的作用。例如，假设经济规模完全相同的两个国家从自给自足向自由贸易转变。请注意，由于这两个经济是完全相同的，根据 H-O 模型，两国之间没有理由会发生贸易。但是在垄断性竞争模型中，两国却会发生贸易，理由如下：由于各国的公司生产的是差异化产品，它们会彼此向对方出口，这样本国公司就面临着对方国家公司的竞争压力。竞争者数目增加的结果是均衡价格得以降低，我们可以通过均衡条件证实这个结论。

让两个规模完全相同的国家彼此贸易就像是将人口 L 翻了一番。由于式（6-12）不含 L，PP 线不会发生变化。但是通过式（6-13）可证实，ZZ 线会因此向下平移。因此，各品种的均衡消费量从 c_0 下降到了 c_1，同时实际工资从（$p/w)_0$ 下降到了（$p/w)_1$。各品种的均衡消费量之所以下降，是因为个人将支出花费在更多的品种上，从而提高了需求弹性，降低了均衡价格和实际工资。这是消费者贸易所得的一个来源。但这里存在贸易所得的另一个来源，因为随着 L 的上升和 c 的下降，通过式（6-15）可证实，差异化产品的品种增加了。也就是说，在自由贸易下两国生产的品种总和超过了任何一国在贸易前的品种数目。

但是也要注意到每个国家所生产的品种数目随着贸易的放开而减少。之所以有这样的结论，是因为当公司沿着它的平均成本曲线向下移动时，p/w 随之下降，也就意味着产出 y 的增加。其含义是在贸易前后都生产的公司在自由贸易下会销售更多的数量。但是每个经济中的充分就业条件是 $L=N(\alpha+\beta y)$，其中 L 是固定的。因此，当公司利用规模经济时，y 的增加必然意味着公司数目的减少。这就解决了本章一开始提出的谜团：在两国间开放贸易确实意味着在各国会发生公司退出市场，而那些剩下的公司则会更充分地利用规模经济，扩大生产。

第五节　双头垄断下的产业内贸易理论

前面讨论的产业内贸易模型都假设了市场中有许多厂商存在，并且这些厂商都是价格接受者，长期利润为零。本节研究两个在规模大小、偏好模式以及技术水平等方面都完全一样的国家（绝对相同的国家），在不完全竞争的条件下仍然发生贸易的可能性。布兰德和克鲁格曼从寡头垄断模型（oligopoly model ）入手，展示了拥有市场影响力的厂商之间的竞争会引发相互倾销（reciprocal dumping），而这样的相互倾销属于双向贸易，也就是产业内贸易。

一、布兰德-克鲁格曼模型

假设两个国家（本国和外国）在各方面都完全相同，两国国内各有一个垄断厂商生产同一产品 Z。该模型的一个主要特点是对每个厂商来说，自己面对的本国市场和外国市场是相互分离的（也就是说，即使自己的产品在外国的售价低于在本国的售价，也不会有人将其返销本国，冲击本国市场上的售价），因此厂商在每个市场上独立地决定利润最大化时的销量。

和前面的模型不同，布兰德和克鲁格曼允许运输成本的存在。一国厂商如果要在出口市场上售出一单位产品，就必须生产和运输 $1/g$ 单位产品，其中 $0<g<1$。这里 g 的含义是离岸时每单位出口产品到岸扣除运输费用后还剩下的部分，显而易见，$1-g$ 就是出口一单位产品作为运输成本而耗去的部分。我们称之为冰山（iceberg）型运输成本，因为产品价值的一部分在运输中像冰山一样融化了。

两个厂商对市场均有影响力，那么每个厂商对产量的决定必然会对市场上的产品售价产生影响，它们做决策时也必然要考虑对方的反应。假设两个厂商之间是古诺竞争(Cournot competition) 的关系，即每个厂商要在对方生产既定的情况下决定自己的产量，也就是等同于将对方的国内产量假设为固定不变的，因此产量是厂商的战略变量。

让我们首先考察一个与世隔绝的经济体，其中，某种特定产品的全部供给都是由一个垄断经营者提供的。现在假定国内市场包括两个子市场 1 和 2，它们之间是严格分隔开的，也就是说，如果两个市场中的价格有所区别，也不会有产品的套利行为发生。在这种情况下，利润最大化的第一个条件是实行价格歧视的垄断经营者的标准条件：

$$MC=P_1\left(1-\frac{1}{e_1}\right)=P_2\left(1-\frac{1}{e_2}\right) \tag{6-16}$$

式中，e_1 和 e_2 分别代表两个子市场中需求的价格弹性；P_1 和 P_2 代表相应的价格。只要两个价格弹性不等，价格歧视就会发生。垄断经营者就会在具有较低价格弹性的市场中确定一个较高的价格，而在具有较高价格弹性的市场中收取一个较低的价格。

与一个拥有两个被分隔开的市场的封闭型经济不同，我们现在来考虑具有统一市场的两个国家的情况。在每个国家市场中只有一个企业生产某种产品。企业可以为国内市场也可以为国外市场生产。用 q_i^j 表示生产者 i 为市场 j 生产的某种产品的数量。国内市场 1 的总供给就等于 $q_1^1+q_2^1$，国外市场 2 的总供给就等于 $q_1^2+q_2^2$。为了简化，需求函数被假定为线性的，并且在两个国家都一样，它们以相似的形式表述如下：

$$P_1=a-b(q_1^1+q_2^1) \tag{6-17}$$

$$P_2=a-b(q_1^2+q_2^2) \tag{6-18}$$

$$R_1^1=[a-b(q_1^1+q_2^1)]q_1^1 \tag{6-19}$$

$$R_1^2=[a-b(q_1^2+q_2^2)]q_1^2 \tag{6-20}$$

式中，R_1^1、R_1^2 分别为本国生产者在本国市场和外国市场上的收入。

总成本函数 TC 也被假定为线性的，拥有一个固定的成本 F 和不变的边际成本 c：

$$TC=F+c\left(q_1^1+\frac{1}{g}q_1^2\right) \tag{6-21}$$

在国内市场上不存在运输成本，运输成本在生产者将产品出口到国外市场的时候才会发生。根据冰山模型来专门详细说明运输成本：当国内企业出口了 q_1^2 单位产品，其中一部分在到达国外市场之前就消失了，或者说被吸收了，所以最终只有 $gq_1^2(0\leqslant g\leqslant 1)$ 单位到达目的地，也就是说，企业要在出口市场售出 1 单位产品就必须生产和运输 $1/g$ 单位产品。

两个企业的利润函数现在可以表示如下：

$$\pi_1=[a-b(q_1^1+q_2^1)]q_1^1+[a-b(q_1^2+q_2^2)]q_1^2-c\left(q_1^1+\frac{1}{g}q_1^2\right)-F \tag{6-22}$$

$$\pi_2=[a-b(q_1^1+q_2^1)]q_2^1+[a-b(q_1^2+q_2^2)]q_2^2-c\left(q_2^2+\frac{1}{g}q_2^1\right)-F \tag{6-23}$$

在确定它们的最优产量时，两个企业被假定按照古诺模型行事，每个企业都认为自己的行为不会引起竞争者改变生产。这样在决定 q_1^1 和 q_1^2 的时候，国内企业就会把 q_2^1 和 q_2^2 作为参数来考虑（国外企业也这样做）。利润最大化的一阶条件就可以描述为：

$$\frac{\partial\pi_1}{\partial q_1^1}=-2bq_1^1-bq_2^1+a-c=0 \tag{6-24}$$

$$\frac{\partial\pi_1}{\partial q_1^2}=-2bq_1^2-bq_2^2+a-\frac{c}{g}=0 \tag{6-25}$$

$$\frac{\partial\pi_2}{\partial q_2^1}=-2bq_2^1-bq_1^1+a-\frac{c}{g}=0 \tag{6-26}$$

$$\frac{\partial\pi_2}{\partial q_2^2}=-2bq_2^2-bq_1^2+a-c=0 \tag{6-27}$$

显然，可以联立式（6－24）和式（6－26）及式（6－25）和式（6－27）解出 q_1^1、q_2^1（国内企业和国外企业在国内市场上出售产品的均衡数量）和 q_1^2、q_2^2（国内企业和国外企业在国外市场上出售产品的均衡数量）。式（6－24）构成了国内企业的古诺反应，表现为图 6－13 中 R_1R_1 的轨迹。式（6－26）给出的国外企业的反应函数，由 R_2R_2 的轨迹表示。可以马上证明国内企业的反应函数必然陡于国外企业的反应函数。交点 E 表示国内市场的均衡状态（有运输成本时）。

这证明国内企业在运输成本存在时会占据较大的国内市场份额，均衡点为 E 点，这一点可以通过式（6－24）和式（6－26）看出来。如果将产品运到国外市场不花任何费用，即 $g=1$，那么，两个反应函数就应该是对称的（R_1R_1 与 $R'_2R'_2$），因此 q_1^1 就应该与 q_2^1 相等，均衡点就应位于从原点画出的 45°线上。当运输成本越来越高时，g 就会趋于零，R_2R_2 向内移动，结果是均衡点沿着 R_1R_1 移向了 q_1^1 轴，国内企业在国内市场上的份额逐渐增大，最终的结果是完全没有外国产品进口，这种极端的情况在横轴和国内企业反应函数的交点出现。

图 6－13 描述的均衡状态是稳定的，任何偏离均衡状态的情况都会引起系统向 E 点的回归。假设国外企业原来生产 q_2 单位用于出口，国内企业认为它的竞争者继续生产 q_2 单位用于出口，因而选择为国内市场生产 q_1 单位。这种情况不会持续下去，甚至不会发生，国外企业对国内企业产量 q_1 的反应是产量 q_4，国内企业则要选择产量 q_3，古诺游戏会持续下去直到整个系统在 E 点稳定下来。

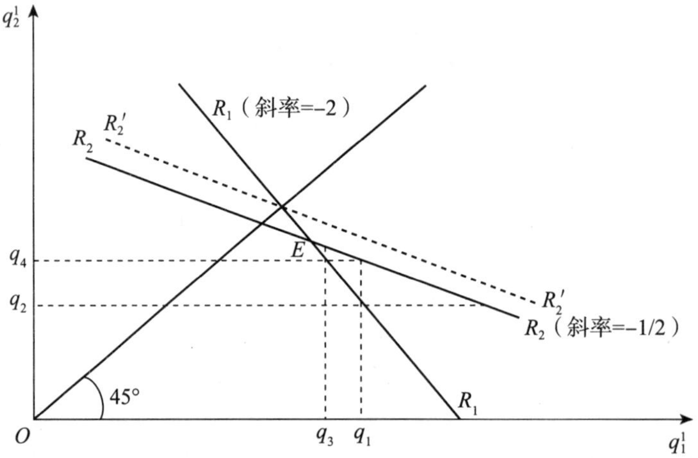

图 6－13　古诺反应（寡头垄断厂商的反应曲线及均衡）

上面描绘的模型成功地证明了，即使是在以同样的成本在国内、国外市场上生产一种完全相同产品的情况下，国际贸易也会发生。这个结论构成了对产业内贸易的一种可能的解释。注意，这里所说的双边贸易即使在存在运输成本的条件下也会发生。

二、相互倾销模型

1. 倾销和相互倾销的产生

从纯经济学的角度分析，一般倾销（主要是持续性倾销）不会对进口国甚至世界的福利造成净损失，而且进口国因价格下降反而获益。

图 6－14 说明了持续性倾销是如何发生的。从图中可以看出，由于国内外需求弹性的差异，企业在国内市场的销售价格 P_H 高于在国外市场的销售价格 P_F，如果没有人为

因素（例如反倾销等）影响，这种倾销就可以持续下去，原因就在于这是生产者或企业谋求利润最大化的正常行为。

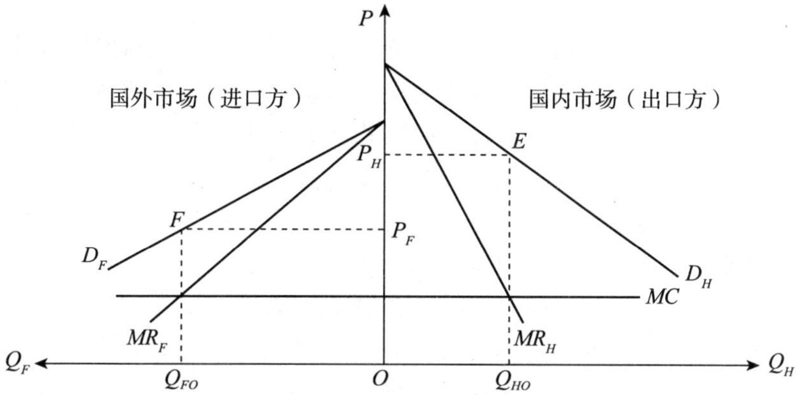

图 6-14　倾销的经济学含义

在自由贸易条件下，由于国内外企业生产的是同一产品，所以发生的贸易必然属于产业内贸易。那么在什么样的情况下会发生贸易呢？只有当出口能为企业赚取利润时，也就是当销售价格大于出口的边际成本时，出口企业才会获利。

联立式（6-24）和式（6-26）解出 q_1^1、q_2^1——国内企业和国外企业在国内市场上出售产品的均衡数量，联立式（6-25）和式（6-27）解出 q_1^2、q_2^2——国内企业和国外企业在国外市场上出售产品的均衡数量。下面给出两个企业在两国市场上的反应函数：

$$q_1^1=\frac{a-c}{2b}-\frac{q_2^1}{2} \tag{6-28}$$

$$q_2^1=\frac{a-c/g}{2b}-\frac{q_1^1}{2} \tag{6-29}$$

$$q_1^2=\frac{a-c/g}{2b}-\frac{q_2^2}{2} \tag{6-30}$$

$$q_2^2=\frac{a-c}{2b}-\frac{q_1^2}{2} \tag{6-31}$$

从式（6-29）和式（6-30）可以知道，由于 g 小于 1，c/g 必然大于 c，因此在图 6-13 中，国外企业在本国市场上的反应函数必然比没有考虑运输成本时更靠近原点，R_2R_2 代表存在运输成本时国外企业在本国市场的反应函数（没有运输成本时是$R'_2R'_2$）。由于模型的对称性假设，在任何需求水平上都会存在一个独一无二的稳定的双向贸易均衡。

对每个企业而言，它们虽然在两个分离的市场上都实现了边际成本与边际收益相等这一利润最大化条件，但在均衡状态下，每个企业在出口市场所占的份额都小于在其国内市场所占的份额。因为在出口市场的销量小于在国内市场的销量，所以在出口市场的边际收益也大于在国内市场的边际收益。我们从图 6-14 还可以看到，在存在运输成本时，外国生产者对本国出口的减少必然大于本国生产者销售的增加，结果就是本国市场的价格必然上升，两国生产者的产出减少。并且，每个生产者出口时的离岸价（FOB

价）必然低于其在国内的价格，也就产生了相互倾销。只要垄断溢价超过运输成本，这种相互倾销就必然会发生。

2. 相互倾销的福利效应

该怎样看待相互倾销的福利效应呢？首先，相互倾销并不是帕累托有效的。即使是发生贸易，一些垄断也仍然会存在，而且在相互运输中产生了无谓的运输成本。那么，在存在不完全竞争的次优世界里，自由贸易和自给自足究竟孰优孰劣呢？一方面，贸易导致了在运输中浪费资源；另一方面，国际竞争导致了价格降低，减少了垄断扭曲。最终的社会福利是正还是负取决于这两种作用的大小。

不过，在两种特殊情况下，我们可以确定福利影响的正负。如果运输成本低到可以忽略不计，那么相互运输虽然无意义，但不涉及什么成本，因此促进竞争的作用就能确保从贸易中得利。另一种极端情形是运输成本非常高，那么贸易则会降低福利。

布兰德和克鲁格曼进一步证明了如果允许自由进入市场，那么相互倾销这种贸易形式毫无疑问会改善福利。因为自由进入确保了厂商的长期利润保持为零，因此贸易对其福利无影响。但由于竞争的缘故，厂商的平均成本下降，导致价格下降，消费者的福利必然会上升，对福利的影响是正向的。

总的来看，这个简单的模型有一些全新的含义：（1）即使没有比较优势，贸易也会发生，事实上贸易在克服了运输成本这一阻碍后会持续爬升。（2）在完全相同的产品中可以发生双向贸易，即产业内贸易。（3）表面上看起来毫无意义的贸易却可让两国都获益，这是由于各国从垄断向双头垄断的转变使得价格更接近边际成本。只要运输成本不是很大，即使在运输中浪费了一些资源，获益也仍然存在。

第六节　新比较优势模型

前面介绍的新贸易理论从规模经济、不完全竞争和差异化产品等方面颇有说服力地解释了传统的比较优势理论无法解释的两个现象——发达国家之间存在大量贸易以及产业内贸易现象。不过，我们应当注意到新贸易理论假设差异化产品是在质量之外的其他特征上存在差别，因此更适于解释发达国家之间的产业内贸易。在新贸易理论出现不久，经济学家就发现在南北贸易中产业内贸易也日益显著，并且其中的差异化产品在质量上明显存在差别。针对这类产业内贸易，一些经济学家修正了传统的比较优势理论，并给予相当合理的解释，主要的代表性研究是法尔维和基尔考斯基模型。

法尔维和基尔考斯基模型在需求方面利用收入分配不均和位似偏好（homothetic preference）的假设，说明了对质量差异化产品的多样性需求；在生产方面结合李嘉图模型和 H-O 模型的特点，说明了两国在同质化产品上存在的技术水平和要素禀赋相对差异都可能导致在质量差异化产品上形成比较优势模式和相互贸易。

如果说法尔维和基尔考斯基模型纳入了需求方面的影响，并且只限于解释南北贸易中质量差异化产品的贸易，戴维斯模型则将李嘉图模型和 H-O 模型结合起来，完全从供给方面说明了两国之间存在的技术差异可能会导致在要素密集度要求相同的产品上形成专业化分工和贸易。戴维斯模型假定了差异化产品在生产中具有相同的要素密集度和不同的生产技术，而其生产技术既不是资本偏向型，也不是劳动偏向型，而是中性的。因此，差异化产品的相对价格取决于生产所需的技术水平的相对高低。这样，即使在固定规模经济和完全竞争的假定前提下，两国之间存在的技术差异也可能会导致在要素密集度要求相同的产品上形成专业化分工和贸易。

一、 法尔维和基尔考斯基模型

法尔维和基尔考斯基模型有两个主要特点：一方面，在需求层面，通过允许消费者间存在收入水平的差别，将消费者收入水平与其所需的差异化产品的质量联系起来，从而在总体层面上产生了对差异化产品质量的多样性需求。另一方面，在供给层面，纵向差异化产品的质量与资本密集度紧密相关，这样就将纵向产业内贸易与要素禀赋的相对差异联系在了一起。后者奠定了生产纵向差异化产品的比较优势模式，前者保证了需求多样性的存在，因此发生纵向差异化产品的贸易是很自然的结果。

1. 生产方面

在生产方面，法尔维和基尔考斯基模型结合了李嘉图模型和 H-O 模型的特点。假设一国有两个产业，一个产业生产同质化产品即无差异化产品（Y），Y 的生产只需要投入劳动，劳动的边际产量取决于生产的技术水平，这也是李嘉图模型的经典假设；另一个产业生产纵向差异化产品（X），X 的生产需要投入劳动和资本，而且该差异化产品的质量水平与生产中使用的资本密集度一一对应，高质量的差异化产品要求高资本密集度，这其实类似于 H-O 模型按资本密集度将产品分成资本密集型产品和劳动密集型产品的做法。

进一步假设两个产业都具有完全竞争的市场形态，并且劳动可以在两个产业间自由流动，而资本则特定于生产 X 的产业。假设生产 Y 的单位劳动投入为 b，那么 $\Delta b<0$ 意味着生产 Y 的产业发生了技术进步，提高了生产效率。为简化起见，我们假设生产 1 单位质量为 s 的 X 需要投入 1 单位劳动和 s 单位资本。那么，本国生产 Y 和质量为 s 的 X 的成本可表示如下：

$$P(Y)=bW，P(s)=W+sR \tag{6-32}$$

为简化表述，我们将 $p(s)$、w、r 分别定义为以 Y 的数量来度量的质量为 s 的 X 的单位价格、实际工资和实际租金，从而将上式改写为

$$1=bw，p(s)=w+sr \tag{6-33}$$

2. 需求方面

假设消费者具有同样的偏好，但随着收入的增加，他们会需要更多数量的 X 和 Y，以及更高质量的 X，因此我们可以将消费者偏好表示为 $U(x，q，y)$，其中 $q=sx$ 是该消费者所享用的总质量单位。

生产 X 的产业的产出是两维的，一个是数量 x，另一个是质量 q。消费者通过选择 x 和 q 的组合来确定差异化产品的消费数量。在该模型中，法尔维和基尔考斯基假定了

每个消费者必须在满足最低消费组合（x_0，q_0，y_0）的前提下将多余的收入分配在 x、q 和 y 上，他们所采用的具体效用函数形式为

$$U(x,q,y)=(x-x_0)^{\alpha}(q-q_0)^{\beta}(y-y_0)^{\gamma} \tag{6-34}$$

为简化起见，我们假设 $\alpha+\beta+\gamma=1$。$U(x, q, y)$ 满足边际效用为正和边际效用递减的经典假设。

给定一个典型消费者（以产品 Y 的数量度量）的预算约束

$$I=p(s)x(s)+y=wx+rq+y \tag{6-35}$$

那么该消费者会选择一个 x、q 和 y 的组合以最大化 $U(x, q, y)$。根据最大化所需的一阶条件，容易得到

$$\frac{\alpha}{\beta}\frac{q-q_0}{x-x_0}=\frac{w}{r},\frac{\alpha}{\gamma}\frac{y-y_0}{x-x_0}=w,\frac{\beta}{\gamma}\frac{y-y_0}{q-q_0}=r \tag{6-36}$$

式（6－36）也就是欧拉方程（Euler equation），描述均衡时消费组合如何随要素价格而变化。由于满足最低消费组合所需的收入为 $I_0=wx_0+rq_0+y_0$，因此给定消费者的收入，我们可以进一步解出均衡时的消费组合

$$\begin{aligned}
&x(I)=x_0+\frac{\alpha}{w}(I-I_0)\\
&q(I)=q_0+\frac{\beta}{r}(I-I_0)\\
&y(I)=y_0+\gamma(I-I_0)
\end{aligned} \tag{6-37}$$

式（6－37）说明消费者将其满足最低消费组合后的剩余收入按比例分配在 x、q 和 y 上。

3. 贸易前均衡时商品相对价格的影响因素

考虑到国际贸易发生的前提是各国参加贸易前均衡的商品相对价格存在差别，我们特别关注影响商品相对价格的因素，特别是技术进步和要素禀赋变化等影响比较优势模式的主要因素。由于完全竞争的假设，商品价格的变动取决于要素价格的变动，我们因此力图将要素价格的变动与技术进步和要素禀赋变化联系起来。

回想 $q=sx$，那么 $q(I)=sx(I)$ 可以解释为最优消费组合所要求的资本投入。由于在均衡状态下，$q(I)=q_0+\frac{\beta}{r}(I-I_0)$，将式（6－35）代入，可以整理得出

$$\begin{aligned}
q(I)&=q_0+(\beta/r)(I-I_0)\\
&=\left(q_0-\frac{\beta}{r}I_0\right)+\beta\frac{w}{r}[x(I)+by(I)]+\beta q(I)\\
&=(1-\beta)q_0-\beta\frac{w}{r}l_0+\beta\frac{w}{r}l+\beta q(I)
\end{aligned} \tag{6-38}$$

式（6－38）运用了式（6－33）中 $b=1/w$ 的条件以及最低消费组合所需资本投入和劳动投入分别为 $K_0=q_0$ 和 $L_0=x_0+by_0$ 的条件。将所有消费者的最优消费组合所要求

的资本投入累加起来，结果就应当等于本国的资本禀赋 K

$$K=\int_I q(I)\mathrm{d}I=N(1-\beta)q_0-N\beta\frac{w}{r}L_0+\beta\frac{w}{r}Nl+\beta\int_I q(I)\mathrm{d}I$$

$$=(1-\beta)K_0-\beta\frac{w}{r}L_0+\beta\frac{w}{r}L+\beta K \tag{6-39}$$

在式（6-39）中，人口总数用 N 来表示，劳动总数用 L 来表示。稍做整理，可以得出要素价格比和资本-劳动比之间的关系

$$\frac{w}{r}=\frac{1-\beta}{\beta}\frac{K-K_0}{L-L_0} \tag{6-40}$$

利用式（6-40），我们可以分析要素禀赋变化和技术进步对要素价格的影响。对式（6-33）中的 $1=bw$ 和式（6-40）取全微分，整理之后可得（以产品 Y 的数量表示的）实际工资和实际租金的变化率①

$$\hat{w}=-\hat{b},\hat{r}=-\hat{b}-(\hat{K}-\hat{L}) \tag{6-41}$$

式（6-41）蕴含丰富的信息。如果在同质化产品部门发生了技术进步（$\hat{b}<0$），式（6-41）告诉我们实际工资和实际租金会相应上涨（$\hat{w}>0$，$\hat{r}>0$）。其原理是同质化产品部门的技术进步降低了生产 Y 的单位成本，导致 Y 的均衡价格下降，从而提高了以 Y 的数量度量的实际工资和实际租金。类似地，如果本国资本变得更为充裕（$\hat{K}-\hat{L}>0$），式（6-41）告诉我们实际工资保持不变，实际租金下降。其原理是资本-劳动比的提高导致资本的边际产量下降和实际租金下降，而决定实际工资的生产同质化产品的技术水平并没有发生变化。

我们现在可以进一步考察要素禀赋变化和技术进步如何影响贸易前的均衡相对价格。由式（6-33）可得：

$$\hat{P}(s)=\theta_L(s)\hat{W}+\theta_K(s)\hat{r} \tag{6-42}$$

式中，$\theta_L(s)=w/p(s)$，$\theta_K(s)=rs/p(s)$，分别表示差异化产品 X 生产中的劳动和资本成本占比。由完全竞争假设可知 $\theta_L(s)+\theta_K(s)=1$，再将式（6-41）代入式（6-42），容易得出

$$\hat{P}(s)=-\hat{b}-\theta_K(s)(\hat{K}-\hat{L}) \tag{6-43}$$

所以，当同质化产品部门发生技术进步时，不同质量水平的差异化产品 X 相对于同质化产品 Y 的价格都会随之上升（$-\hat{b}>0$，$\hat{K}-\hat{L}=0$）；当本国的资本变得更为充裕时，$\hat{K}-\hat{L}>0$，同时资本占比 $\theta_K(s)$ 也会变大，不同质量水平的差异化产品 X 相对于同质化产品 Y 的价格都会随之下降，而且不同质量水平的差异化产品单位价格之间的差距会随着质量水平的提升而扩大。

4. 自由贸易条件下的一般均衡

根据前文得到的结果，我们可以根据两国在技术水平和资源禀赋方面的相对差异来

① 例如，变量 z 的变化率定义为 $\hat{z}=\mathrm{d}z/z$。式（6-40）同时假定了 K_0 和 L_0 不变。

判断两国商品相对价格的差异，并对开放经济条件下的贸易模式做出判断。这包括以下几种可能情形：

（1）两国的技术水平存在差异。

一般来说，在其他条件相同的前提下，如果一国在生产同质化产品上技术领先，那么该国倾向于出口同质化产品 Y，进口纵向差异化产品 X；在其他条件相同的前提下，资本相对充裕的一国倾向于出口纵向差异化产品 X（特别是高质量的纵向差异化产品），进口同质化产品 Y。那么有可能出现一国生产 Y 和另一国生产 X 的完全专业化分工模式吗？答案是不可能。因为如果是完全的专业化分工模式，专业化生产 Y 的国家的资本将会被完全闲置，无法满足均衡状态下要素得到充分利用的要求。

假设本国在生产同质化产品方面技术领先，即 $b<b^*$，那么以产品 Y 的数量度量的本国实际工资会高于外国（$w>w^*$）。如果以产品 Y 的数量度量的本国实际租金高于外国（$r>r^*$），那么本国所有质量水平的差异化产品的相对价格都会高于外国[$p(s)=w+rs>p^*(s)=w^*+r^*s$]，导致贸易时本国只生产 Y 而不生产 X，资本完全被闲置，这显然是不可能的结果。要素的充分利用要求在均衡时的本国实际租金低于外国实际租金（$r<r^*$），这样就使得本国在高质量的差异化产品 X 的生产上具有成本优势。也就是说，假设成本函数是质量水平的连续增函数，就必定存在一个边际质量水平 s_1，使得本国在质量高于 s_1 的差异化产品的生产上具有成本优势，而外国在质量低于 s_1 的差异化产品的生产上具有成本优势，即

$$p(s)=\begin{cases} w^*+r^*s, & s\leqslant s_1 \\ w+rs, & s\geqslant s_1 \end{cases} \tag{6-44}$$

从式（6-44）可以得出边际质量水平 $s_1=(w^*-w)/(r-r^*)$。如图 6-15 所示。

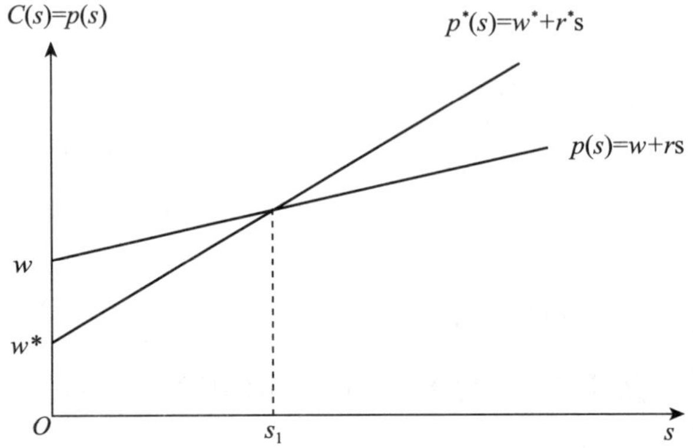

图 6-15　纵向差异化产品的质量分工

到目前为止，两国在差异化产品 X 上的分工模式和贸易模式就很明确了，本国生产和出口高质量的差异化产品 X；外国生产和出口低质量的差异化产品 X。不过，在同质化产品 Y 上的分工模式要复杂一些，取决于两国要素禀赋和收入分布的假设，具体情形的分析相当烦琐，在此我们可以略过，基本结论之一是如果两国有相同的要素禀赋和收入分布，那么本国就会成为同质化产品 Y 的净进口国。因此，两国之间不仅存在产业间

贸易——X 和 Y 的交易，而且存在产业内贸易——不同质量段的差异化产品 X 的交易。由于均衡的要求，本国在本模型中成为差异化产品 X 的净出口国。

我们接下来可以分析不同收入的消费者在差异化产品上的消费模式。究竟什么收入水平的消费者会选择消费本国生产的高质量差异化产品？什么收入水平的消费者会选择消费外国生产的低质量差异化产品？要回答这些问题，我们需要找到使得消费者在消费组合中选择本国生产的差异化产品和外国生产的差异化产品产生同样效用的边际收入水平。

对于购买本国生产的差异化产品 X 的消费者而言，将式（6-37）代入式（6-34），可以得出给定收入 I 时的效用函数：

$$\begin{aligned} V(I) &= U(x(I), q(I), y(I)) \\ &= \alpha^{\alpha}\beta^{\beta}\gamma^{\gamma}\frac{I-I_0}{w^{\alpha}r^{\beta}} \end{aligned} \tag{6-45}$$

就购买外国生产的差异化产品 X 的消费者而言，其预算约束为 $I=w^*x+r^*q+y$，满足其最低消费组合所需的收入为 $I_0^*=w^*x_0+r^*q_0+y_0$。给定预算约束对式（6-34）进行最大化，可得效用最大化时的消费组合：

$$\begin{aligned} x(I) &= x_0+\frac{\alpha}{w^*}(I-I_0^*) \\ q(I) &= q_0+\frac{\beta}{r^*}(I-I_0^*) \\ y(I) &= y_0+\gamma(I-I_0^*) \end{aligned} \tag{6-46}$$

将式（6-46）代入式（6-34），可以得出购买外国生产的差异化产品 X 的消费者的效用函数：

$$\begin{aligned} V^*(I) &= U(x(I), q(I), y(I)) \\ &= \alpha^{\alpha}\beta^{\beta}\gamma^{\gamma}\frac{I-I_0^*}{w^{*\alpha}r^{*\beta}} \end{aligned} \tag{6-47}$$

对给定收入的消费者而言，只要 $V(I)>V^*(I)$，他们就会选择购买本国生产的差异化产品，反之亦然。因此，给定连续的收入分布，必定存在一个边际收入水平 I_1，使得收入水平为 I_1 的消费者购买本国生产的差异化产品和外国生产的差异化产品得到的是相同的效用，即 $V(I_1)=V^*(I_1)$。由式（6-45）和式（6-47）容易解出

$$I_1=\frac{I_0-(w/w^*)^{\alpha}(r/r^*)^{\beta}I_0^*}{1-(w/w^*)^{\alpha}(r/r^*)^{\beta}} \tag{6-48}$$

由于 $I_0>I_0^*$，从 $V(I_1)=V^*(I_1)$ 容易得出 $(w/w^*)^{\alpha}(r/r^*)^{\beta}<1$，所以确保了 I_1 总是为正。因此，我们很清楚地说明了收入高于 I_1 的消费者会选择购买本国生产的差异化产品，也就是质量在 s_1 之上的差异化产品 X；收入低于 I_1 的消费者会选择购买外国生产的差异化产品，也就是质量在 s_1 之下的差异化产品 X。

（2）两国拥有相同的技术水平和资源禀赋。

相同的技术水平和资源禀赋相结合，导致两国的要素边际产量以及要素价格相同，进而导致在同质化产品 Y 和所有质量的差异化产品 X 上两国的贸易前价格都没有差别，两国因此也就丧失了通过贸易获利的空间。即使我们假定两国的收入分布不尽相同，各国也能够根据自己国内收入分布所决定的质量范围生产差异化产品 X 以及相应的同质化产品 Y，以满足不同收入阶层消费者的需求，而彼此不会发生贸易。

（3）两国拥有相同的技术水平和不同的资源禀赋。

假设本国资本充裕，外国劳动充裕，那么就如 H-O 模型所预测的那样，两国都会生产同质化产品 Y 和差异化产品 X，本国在生产差异化产品 X 方面具有比较优势，外国在生产同质化产品 Y 方面具有比较优势，通过彼此贸易在均衡时达到产品相对价格拉平和要素相对价格拉平的结果。由于两国生产的差异化产品 X 在质量水平上存在差异，需求的多样性确保了两国会彼此交换不同质量段的差异化产品以满足消费者所需。因此，本国会从外国进口同质化产品和差异化产品，同时向外国出口差异化产品，在均衡的前提下成为差异化产品的净出口国。不过，虽然我们可以预测两国都会生产并交易差异化产品，但我们却无法确定各国所生产差异化产品的质量范围，因此也就无法预测准确的贸易模式。

可以看出，法尔维和基尔考斯基模型对传统的比较优势理论进行了修正，引入了需求方面的影响因素：收入分布；不必借助不完全竞争、规模经济或消费偏好差异等新贸易理论中的常用假设即可解释在纵向差异化产品上发生的双向贸易。在现实世界中，我们确实观察到发达国家和发展中国家之间在要素禀赋上的明显差异，以及在相似产品（比如汽车、数码相机）质量上的差异。对于这些差异化产品的双向贸易，传统的 H-O 模型难以解释，这是因为同质化产品的假设；而垄断性竞争模型也难以解释，因为假设了产品属于横向差异化产品，而修正的 H-O 模型很好地填补了空白。

二、 戴维斯模型

法尔维和基尔考斯基模型关注的是南北贸易中存在的发生于纵向差异化产品之间的产业内贸易。那么，是否可以用传统的比较优势理论来解释发生于横向差异化产品之间的产业内贸易呢？如果将横向差异化产品定义为在生产中使用的要素密集度相似并且在消费中具有高度替代性的相似产品，那么戴维斯提出的赫克歇尔-俄林-李嘉图模型给出了一个合理的解释。

戴维斯模型的基本原理如下：产业内贸易涉及的产品具有相同的要素密集度，这些产品的生产函数的差别仅仅体现为希克斯中性（Hicks-neutral）的技术差异。① 在固定规模经济和完全竞争的假设之下，这些产品之间的边际转换率的变化完全取决于生产技术差异的变化，也就是说，生产技术差异决定了这些产品在均衡时的相对价格。进一步假设这些技术差异因国而异，那么在开放经济条件下两国相同产品的相对价格就会存在差

① 希克斯中性技术是指既不偏向于资本也不偏向于劳动的技术，例如 $Q=AK^{\alpha}L^{\beta}$ 中的 A 即代表希克斯中性技术。

别，从而形成分工和贸易的基础。并且由于固定规模经济以及这些产业内贸易产品具有相同要素密集度的假设，一国内部同时发生某些产品生产扩张和某些产品生产萎缩不会改变要素的边际产量，也就是说，专业化分工是在固定规模经济的前提下完成的。因此，戴维斯模型指出不需借助规模经济、不完全竞争和需求多样性等新贸易理论中的基本假设，要素密集度相同的产品之间发生的产业内贸易也可以在比较优势模型的框架下得到合理的解释。我们接下来介绍戴维斯模型的基本结构和部分结论。

1. 基本假设

在生产方面，假设存在三种产品：X_1、X_2 和 Y。X_1 和 X_2 为完美的产业内产品，即在任何要素价格下都以相同的要素密集度生产 X_1 和 X_2，而产业内贸易被定义为完美的产业内产品之间的贸易。产品 Y 则属于另一产业。假设本国和外国在 X_2 和 Y 的生产上具有相同的技术，在 X_1 的生产上存在希克斯中性的技术差异。具体来说，本国的生产函数为：

$$x_1=AF(K_{x1},L_{x1}),x_2=F(K_{x2},L_{x2}),\ y=G(K_y,L_y) \tag{6-49}$$

外国的生产函数为：

$$x_1=F(K_{x1},L_{x1}),x_2=F(K_{x2},L_{x2}),\ y=G(K_y,L_y) \tag{6-50}$$

进一步假设各生产函数具有固定规模经济的特点，假设 X_1 和 X_2 属于资本密集型产品，那么由于二者具有相同的要素密集度，可知 $K_{x1}=K_{x2}>K_y$，而且三种产品的要素密集度不因要素价格而发生变化。假设产品市场和要素市场都处于完全竞争的市场状态，因此各要素都得到充分利用。

在需求方面，假设消费者具有相同（identical）和位似（homothetic）的偏好。相同偏好指同一收入水平的消费者具有同样的偏好，位似偏好指同一消费者在不同收入水平下具有同样的偏好。相同和位似偏好的假设允许我们在模型中不考虑需求方面的因素。

2. 贸易前的一般均衡

在完全竞争的条件下，要素的名义价格等于要素的边际产值，即：

$$w=P_{x1}MPL_{x1}=P_{x2}MPL_{x2}=P_yMPL_y \tag{6-51}$$

$$r=P_{x1}MPK_{x1}=P_{x2}MPK_{x2}=P_yMPK_y \tag{6-52}$$

以 X_2 的数量为单位来度量，容易得出均衡时本国 X_1 的相对价格为 $P_{x1}/P_{x2}=MPL_{x2}/MPL_{x1}=1/A$，本国 Y 的相对价格为 $P_y/P_{x2}=MPL_{x2}/MPL_y$。类似地，容易得出均衡时外国 X_1 的相对价格为 $P_{x1}/P_{x2}=MPL_{x2}/MPL_{x1}=1$，外国 Y 的相对价格为 $P_y/P_{x2}=MPL_{x2}/MPL_y$。给定特定的生产函数形式，我们很容易确定贸易前均衡条件下要素的配置。

3. 分工和贸易模式

假设产品可以在国家之间自由流动，那么在没有贸易壁垒和运输成本的前提下，自由贸易将导致均衡时两国的要素相对价格拉平（由于产品种数大于要素种数，所以要素相对价格更容易确定）。那么在贸易时的均衡状态下，两国之间会是怎样的分工和贸易模式呢？由前可知，当以 X_2 的数量为单位来度量时，本国在 X_1 上具有持久的价格优势，而这种价格优势源于本国在 X_1 的生产上具有的持久技术优势，所以两国消费者所需的

X_1 都将由本国生产。这意味着本国将首先保障 X_1 的生产所需的要素总量，然后将剩余资源用于其他产品的生产。这些剩余资源与外国的资源禀赋合在一起，构成了满足两国生产 X_2 和 Y 所需的要素总量。那么，类似于 H-O 模型，给定两国的要素禀赋比与 X_2 和 Y 的要素密集度，我们可以确定两国在 X_2 和 Y 上的分工模式。

我们可以利用图形来更具体地阐述各种可能的分工模式。在图 6－16 中，K 和 L 代表两国的资本和劳动禀赋，O^H 代表本国原点，O^F 代表外国原点。k_{x1} 和 k_{x2} 代表生产 X_1 和 X_2 所需的资本-劳动比，k_y 代表生产 Y 所需的资本-劳动比。本国生产 X_1 需要的资源配置表示为图中的 v_1 点。四边形 O^Fav_1b 表示两国相互贸易后要素价格得以拉平的区域。只有当两国的要素配置落入该区域，两国才能通过相互贸易来拉平要素价格。

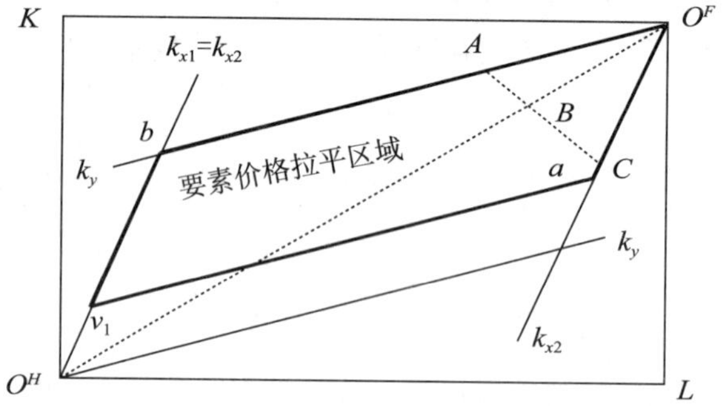

图 6－16　分工与贸易模式

具体的生产和贸易模式取决于两国具体的要素禀赋情况和需求方面因素。将一国的要素禀赋用（L^P，K^P）来表示，将其总消费中的要素含量用（L^c，K^c）来表示，那么均衡要求：

$$w(L^c-L^P)+r(K^c-K^P)=0 \tag{6-53}$$

由于两国消费者在需求偏好方面无差异，因此他们的最佳消费组合中的要素含量比应当相同，所以各国总消费中的要素含量应当只在总量上有差别，在比率上无差别，也就是说，总资源在两国总消费中的分配应当位于图中对角线上的某一点，例如 B 点。由均衡条件可知均衡时生产所使用的要素分配点和消费中的要素含量分配点必须位于斜率为 $-w/r$ 的同一条直线上，这条直线也称等收入线（isoincome line）。下面我们考虑具体的要素分配情形。

（1）假设两国要素分配发生在 A 点，那么可知 $k_{x1}=k_{x2}>(K/L)^H>(K/L)^F=k_y$，在这种情形下，本国资本充裕，外国劳动充裕。由于外国的资本-劳动比刚好等于生产 Y 所需的要素密集度，外国将专业化生产并出口 Y，进口其消费所需的全部 X_1 和 X_2。在扣除本国生产 X_1 所需的资源后，本国剩余资源中的资本-劳动比位于 k_y 和 k_{x1} 之间，所以本国将生产 X_1 和 X_2，向外国出口 X_1 和 X_2，进口 Y。此时的贸易模式为完全的产业间贸易。

（2）假设两国要素分配发生在 A 点和 B 点之间，那么可知 $k_{x1}=k_{x2}>(K/L)^H>(K/L)^F>k_y$，在这种情形下，本国资本充裕，外国劳动充裕。由于两国的资本-劳动比都介于 k_y 和 k_{x2} 之间，所以两国都会生产 Y 和 X_2。由于本国生产全部的 X_1，外国必须

进口 X_1。如果外国的资本-劳动比接近 k_y，生产的 X_2 会无法满足自己所需，那么外国向本国出口 Y，进口 X_1 和 X_2，此时的贸易模式仍然为完全的产业间贸易；如果外国的资本-劳动比靠近对角线，生产的 X_2 会超出自己所需，因此会向本国出口 Y 和 X_2，进口 X_1。此时的贸易模式为产业间贸易和产业内贸易并存，外国是产业内贸易中的净进口国。

（3）假设两国的要素分配发生在 B 点，可知 $k_{x1}=k_{x2}>(K/L)^H=(K/L)^F>k_y$。此时两国资本-劳动比相同且等于消费中的要素含量比，本国生产满足自己所需的 Y，满足两国所需的 X_1，以及部分 X_2；外国生产满足自己所需的 Y，生产超出自己所需的 X_2。因此，贸易模式为本国出口 X_1，进口 X_2，为完全的产业内贸易。

（4）假设两国的要素分配发生在 B 点和 C 点之间，那么可知 $k_{x2}>(K/L)^F>(K/L)^H>k_y$，在这种情形下，外国资本充裕，本国劳动充裕。在扣除本国生产 X_1 所需的资源后，本国剩余资源中的资本-劳动比介于 k_y 和 k_{x1} 之间，所以本国将生产 X_2 和 Y；不过由于剩余资源中的资本-劳动比接近 k_y，本国生产的 Y 将超出自己所需，生产的 X_2 将不足自己所需。外国将生产超出自己所需的 X_2 和不足自己所需的 Y，因此本国向外国出口 X_1 和 Y，进口 X_2，此时的贸易模式为产业内贸易与产业间贸易并存，本国成为产业内贸易中的净进口国。

（5）假设两国的要素分配发生在 C 点，那么可知 $k_{x2}=(K/L)^F>(K/L)^H>k_y$。在这种情形下，外国资本充裕，本国劳动充裕。本国将生产全部的 X_1、超出自己所需的 Y 和不足自己所需的 X_2，外国生产 X_2，因此本国向外国出口 X_1 和 Y，进口 X_2，此时的贸易模式为产业内贸易与产业间贸易并存。

因此，我们发现在完全竞争和固定规模经济等传统比较优势理论的假设之下，技术差异的存在完全可能导致专业化分工模式的形成和产业内贸易的发生。而且，当要素禀赋相同时，传统的 H-O 模型预测不会发生贸易，但戴维斯模型说明两国之间仍然可能存在大量贸易，并且是纯粹的产业内贸易。

本章小结

1. 第二次世界大战后，特别是 20 世纪 60 年代以来，国际贸易出现了许多新的倾向，主要表现在：同类产品之间的贸易量大大增加，发达国家之间的贸易量大大增加，以及产业领先地位不断转移。这些现象用传统的赫克歇尔-俄林模型都无法解释。

2. 产业内贸易是同一产业的产品，主要是制成品通过外部市场和内部市场，在不同的国家或地区间的双向流动。为深入研究产业内贸易，可以依据不同的标准，将其进行不同的分类。产品差异是产业内贸易发生的基础，产品差异可由时空、政策或产品特性、质量、款式、型号、规格等因素引起。其中，同质化产品产业内贸易和差异化产品产业内贸易的区分具有十分重要的意义。

3. 以解释产业内贸易现象为主的贸易理论经过很多经济学家的发展之后，其理论体系不断得到完善，逐渐形成了新贸易理论。从总体上来说，产品的异质性是产业内贸易发生的基础，需求偏好的相似性和多样性是产业内贸易发生的动因，规模经济或规模报酬递增是产业内贸易的主要利益源泉。

4. 用规模经济和不完全竞争来解释资源储备相似国家之间和同类工业产品之间的双向贸易的代表性人物是克鲁格曼、赫尔普曼和肯普等。

5. 在产业内贸易模型中，需求偏好相似理论从需求角度出发，较好地揭示了发达国家之间以及发达国家和发展中国家之间产业内贸易的现实。新张伯伦模型则从产品的水平差异性出发进行分析，结果显示，即使在两个完全相同的国家之间也会有产业内贸易的发生，并且能同时增进两国的福利。兰开斯特模型仍以产品的水平差异为基础，突出了产品特性和消费者偏好之间内在关系的矛盾。布兰德-克鲁格曼模型和相互倾销模型在国内市场完全垄断情况下推演出产业内贸易的福利效应。新李嘉图模型仍然以比较成本为基础来解释纵向差异化产品和同质化产品的贸易，而新 H-O 模型是从产品的垂直差异性出发来建模，仍沿用 H-O 模型的要素禀赋来解释产业内贸易现象。

关键术语

产业内贸易　　产业内贸易指数　　需求偏好　　重叠需求
规模经济　　不完全竞争　　兰开斯特模型　　差异化产品
水平差异性　　克鲁格曼模型　　相互倾销　　新李嘉图模型
新 H-O 模型

复习与思考题

1. 总结以解释产业内贸易现象为主的新贸易理论的本质特征与核心观点。

2. 给定某国某些行业的进出口数据如下，请计算该国各行业的产业内贸易指数。

	向其他国家的出口额（万美元）	从其他国家的进口额（万美元）
新鲜水果	65	54
玩具	56	680
电视机	300	97

3. 需求偏好相似理论能解释发展中国家之间的贸易吗？能解释发达国家与发展中国家之间的贸易吗？为什么？

4. 根据克鲁格曼提出的新张伯伦模型，两个完全相同的国家也能发生贸易，为什么？这种贸易会产生什么样的福利效应？

5. 在下述例子中，决定贸易模式的主要是比较优势还是规模经济？

（1）加拿大是主要的新闻纸出口国；

（2）英国生产了世界上半数以上的 CPU；

（3）美国和日本相互出口复印机；

（4）中国是电视机的主要出口国；

（5）东南亚国家大力出口运动服和鞋。

6. 在完全竞争条件下，自由贸易一般为贸易双方带来净收益。当一种贸易商品由具有规模经济的垄断竞争企业生产并出口时，自由贸易是否仍然为贸易双方带来净收益？请画图分析。

7. 假定有两个完全相同的国家，它们都生产一种规模报酬递增的产品，贸易前的厂商数和品种数也一样多。如果对该产品的需求收入弹性大于1，需求价格弹性大于0（绝对值），现在允许进行贸易，问：

（1）贸易后该产品品种会发生什么变化？

（2）对消费者会产生什么影响？

（3）对生产者会产生什么影响？

8. 如果运输成本是出口销量的一定比例，两个属于不同国家的寡头企业在古诺行为假设下会如何确定在本国市场的销量和出口量？

9. 相互倾销模型的经济基础是什么？

10. 兰开斯特模型是如何论述社会福利水平的提高的？

11. 根据新H-O模型，资本相对丰裕的本国会出口质量较高的机械，而劳动相对丰裕的外国会出口粮食和质量较低的机械，请问：

（1）这种贸易是否对两国都有利？

（2）贸易对两国的要素所有者的实际收入有什么影响？

（3）贸易对消费者有什么影响？

第七章

国际贸易动态理论与新发展

传统贸易理论，包括古典贸易理论和新古典贸易理论，是一种静态的贸易理论，这些理论在20世纪50年代后所受到的挑战之一就是无法解释国际分工格局和国际贸易格局的动态变化。第二次世界大战后，国际上出现的一个普遍现象是产业的跨国转移和各国贸易结构的动态变化。同样是普通家电产品，其主要生产国从美国变为日本，又从日本变为亚洲其他经济体，现在又变为中国。随着产业的跨国转移，行业主导权在不同国家之间传递。对于同一个国家，50年前可能主要是专业化生产和出口劳动密集型产品，30年前开始专业化生产和出口资本密集型产品，现在可能又转向专业化生产和出口技术密集型产品。也就是说，各国在国际分工体系中的地位是动态变化的，其背后的比较优势基础也是动态变化的。从静态的、外生的差异出发，传统贸易理论无法回答为什么会出现这样的变化。即便是前面对经济增长和国际贸易的分析，也无法回答这一问题。

国际贸易动态理论的出现，就是要回答国际分工格局和国际贸易格局动态变化背后的可能原因。为了解释传统贸易理论所无法解释的现象，国际贸易动态理论必须逐步突破传统贸易理论的分析框架。一旦突破或者摆脱了传统贸易理论的分析框架，新出现的各种理论模型就不再像传统理论那样具有统一的、完整的分析框架，而是许多并存的、既具有一定联系又具有显著区别的理论模型。由于相关理论模型既没有统一的分析范式，也没有统一的分析方法和分析视角，甚至所依赖的理论基础也差异很大，很多理论模型的理论基础也超出了主流经济学的范畴，所以，本章仅仅是有选择地对相关理论模型进行简略的介绍和讨论。

第一节 技术差距论与产品生命周期理论

一、技术差距论

国际贸易的产生，可以用外生给定的要素禀赋差异、劳动生产率差异或者生产规模差异等所导致的相对价格差异来解释。古典贸易理论、新古典贸易理论以及基于规模经济和不完全竞争的产业内贸易理论正是从这样的思路出发，对国际贸易的基础和格局进行了解释。在这些理论中有一个共同的假设条件，即两国的生产技术是给定不变的。在斯密等人的古典贸易理论中，两国的技术差距是给定不变的，这表现为两种产品的劳动投入系数或劳动生产率的固定差异。在新古典贸易理论和产业内贸易理论中，两个国家在同种产品上具有相同的生产函数，也就是具有同样的生产技术，而且生产技术不会随着时间的推移或者生产过程的延续而变化。

但在现实中，生产技术并不是一成不变的。随着研发活动的开展，技术创新不断出现。如果两个国家的研发投入和成功率存在差异，或者技术创新速度存在差异，那么，随着时间的推移，两个国家之间的技术差距将不断变化。技术差距及其变化影响产品的可获得性，进而导致贸易的产生和贸易格局的变化。创新性产品首先在某个国家出现时，这个国家就在该产品上拥有排他的可获得性，其他国家不能生产该产品，如果其他国家有需求，就只能通过进口来满足。这样，创新国就可以出口该产品，其他国家将进口该产品。如果创新国出现的只是新的生产技术或生产工艺，这导致该产品的相对可获得性发生变化，创新国可以用相对于其他国家更低的成本生产同样的产品。在这种情况下，创新国同样可以出口该产品，其他国家则选择进口。

波斯纳（Posner，1961）利用熊彼特的创新理论，从创新与技术差距的动态关系角度分析国际贸易的产生基础以及国际贸易格局的动态变化，提出了国际贸易理论中的技术差距论（technological gap theory）。[①]

熊彼特的创新理论主要是分析创新与经济周期的关系。在熊彼特看来，所谓创新，既可以是新产品、新生产工艺和新材料的出现，也可以是发现新的产品市场或者组织生产过程的新方式。由于各个企业在企业家才能、创新能力和机遇等方面的差异，创新并不会在所有企业同时、普遍出现，而是在个别企业首先出现。也就是说，技术创新总是在少数企业率先出现和实施，这些少数企业将拥有垄断优势并获得垄断利润。在垄断利润的吸引下，众多企业加入模仿的行列，希望通过模仿生产来获得更多的利润。这将引发投资高潮，并推动整体经济活动逐步走向高涨和繁荣。随着模仿企业的增加，垄断利润逐步消失，企业投资热情下降，经济将从高峰跌落，并逐步走向衰退和萧条，如图 7－1 所示。

波斯纳利用熊彼特的创新理论，通过分析创新、模仿以及技术差距的产生和消失，

---

① Posner M V. International Trade and Technical Changes. *Oxford Economic Paper*, 1961, 13 (3): 323－341.

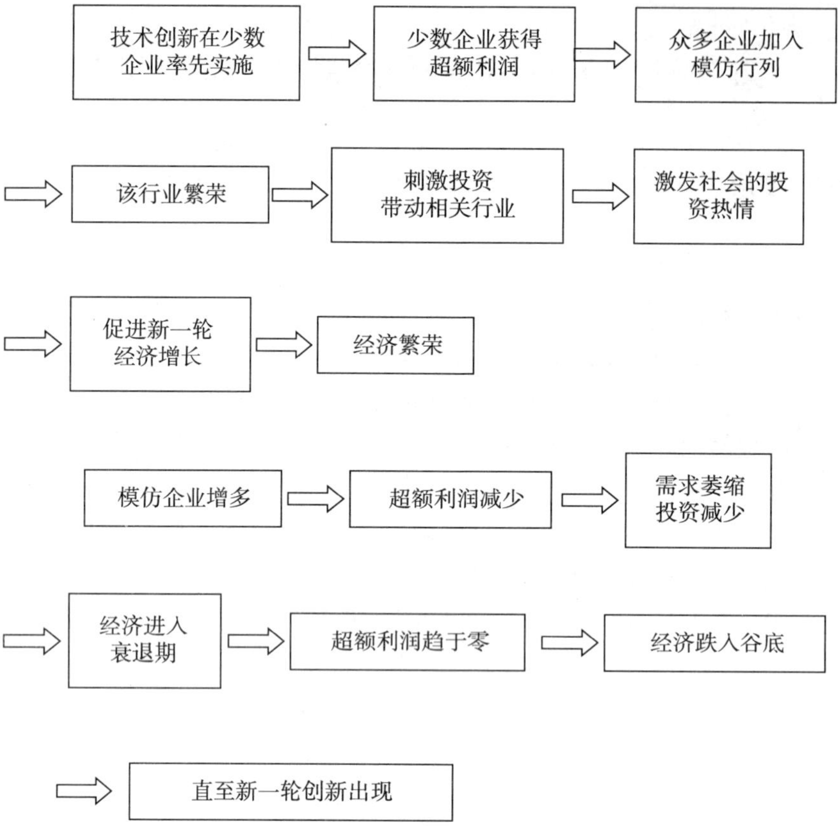

图 7－1　熊彼特创新理论图示

对国际贸易格局的动态变化进行了分析。由于各国在基础科研能力、研发投入、市场规模和竞争状况、人力资本存量等方面存在差异，创新不会在所有国家同时出现，而是在少数国家率先出现，这样就导致不同国家之间出现技术差距。创新国能够生产新产品，并且具有技术垄断优势。后进国因为不掌握该项新技术，在有需求的情况下只能通过进口来满足。所以，波斯纳认为，技术也可以视为独立的生产要素，技术要素不仅在静态上反映各国拥有技术的程度差异，而且即使从动态的角度去考察，各国由于技术革新的进展不一致，也必然存在一定的技术差距。国家之间在技术方面所存在的静态和动态差距，构成了国际贸易的基础，这样就出现了国际贸易。随着后进国的进口不断增加，其国内企业开始模仿生产。在模仿生产的过程中，后进国也逐步掌握相应技术，国际技术差距不断减小，并最终消失，如图 7－2 所示。

技术差距从产生到消失，需要一段时间。在这段时间内，贸易格局是创新国出口、后进国进口，但是贸易规模将随着技术差距的变化而变化。如图 7－3 所示，假定只有两个国家，即创新国和后进国，纵轴箭头向上表示创新国生产和出口，纵轴箭头向下表示后进国生产和出口，横轴表示时间。这种贸易格局的变化及持续时间即时滞取决于如下几个因素：

1. 需求时滞

创新国出现新产品时，后进国并没有意识到它是国内产品的替代品，要经过一段时

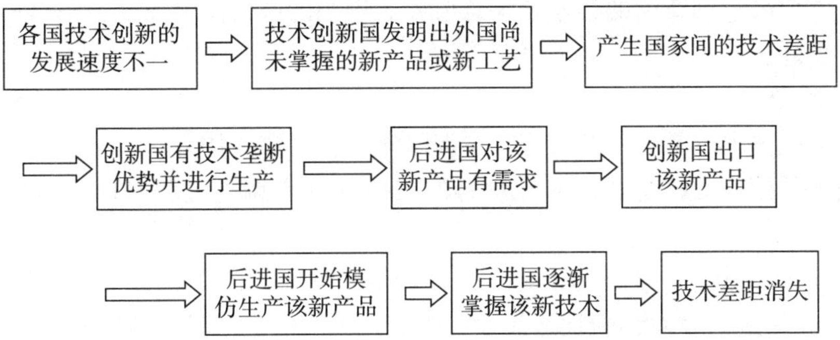

图 7－2　波斯纳技术差距论图示

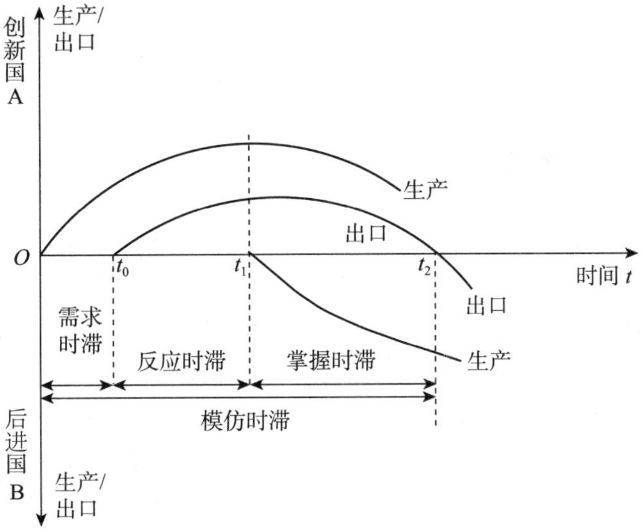

图 7－3　技术差距与模仿时滞

间才会产生需求。这段时间就是需求时滞。需求时滞的主要影响因素是两个国家的收入水平差异，因为收入水平影响需求结构。如果后进国与创新国的收入差距不大，后进国将很快出现对创新国新产品的需求，需求时滞较短；如果收入差距很大，需求时滞就会很长。需求时滞还取决于后进国收入分配的公平程度，后进国收入分配越平均，则需求时滞越长，反之，则越短。

另外，信息传递的速度以及创新国与后进国的市场开放情况亦影响需求时滞的长短。

2. 反应时滞

创新国出口新产品，经过一段时间，后进国意识到进口对国内竞争品行业的威胁，开始模仿生产该产品。但要经过一段时间才能模仿生产，这段时间就是反应时滞。若后进国企业家投资意识、风险意识强，则反应时滞就较短；如果进行模仿生产的效益不大，反应时滞就长，创新国可以长期保持出口优势。因此，反应时滞取决于后进国企业家的投资意识、风险意识以及规模效应、贸易壁垒，以及后进国的收入水平和市场大小等。

3. 掌握时滞

从开始模仿到完全掌握相关技术，达到与创新国同一技术水平的时间，就是掌握时滞。掌握时滞取决于创新国的技术转移意愿和后进国的国内需求强度、R&D 经费、技术基础和生产条件。

4. 模仿时滞

模仿时滞是需求时滞、反应时滞和掌握时滞三种时滞的加总。

随着技术差距的动态变化，国际贸易的产生和动态调整过程可以通过图 7－3 进行说明。

（1）创新国 A 出现一项技术创新，并开始生产创新性产品。由于存在需求时滞（长度假定为 t_0），后进国 B 对创新性产品没有需求，A 国的生产只为满足国内消费。t_0 时刻之前没有贸易。

（2）经过需求时滞，到 t_0 时刻，B 国出现对创新性产品的需求。由于 B 国不能生产，所以只能从 A 国进口。所以，从 t_0 时刻开始，A 国出口，B 国进口。随着 B 国需求的增加和 A 国生产的增加，A 国出口不断增加，B 国进口不断增加。

（3）经过一段时间的反应时滞（长度为 t_1-t_0），到 t_1 时刻，B 国企业认识到进口的压力和创新性产品市场需求蕴藏的利润空间，开始模仿生产。B 国用一定量的模仿性产品替代进口，从而 B 国的进口开始下降，A 国的出口规模缩小。

（4）随着模仿生产活动的持续，B 国对新技术的掌握程度不断提高，到 t_2 时刻完全掌握了 A 国的生产技术，掌握时滞为 t_2-t_1。t_2 时刻以后，技术差距消失，B 国国内生产可完全满足国内需求①，停止进口并开始出口，A 国停止出口②，A 国国内生产降低。

在 B 国完全掌握生产技术以后，A 国和 B 国之间不存在技术差距。之后是否会发生国际贸易，就要看两个国家在资源禀赋、生产规模以及市场结构方面的对比状况，分析逻辑又可以回到新古典贸易理论和基于规模经济的贸易理论。总之，在技术差距论中，贸易的基础是创新速度差异所导致的国际技术差距；贸易模式是创新国出口、后进国进口；贸易规模随技术差距的变化而变化；技术差距消失以后，国际贸易的基础回归比较优势或规模经济。

二、产品生命周期理论

1. 产品生命周期理论的主要内容

产品生命周期理论最早属于市场营销的范畴，主要是用于分析产品进入市场以后销售行为的变化规律。弗农（Vernon，1966）把这一概念引入国际贸易领域，从产品生命周期不同阶段的生产特征出发，分析创新时机、规模经济和不确定性对国际贸易模式的影响，创建了国际贸易中的产品生命周期理论，以此分析在产品生命周期不同阶段的生

---

① 在这里并没有考虑生产规模的其他约束。B 国在完全掌握了原先进口产品的生产技术以后，受制于其他因素，国内生产并不能立刻完全满足国内需求。也就是说，在完全掌握国外生产技术以后，仍然会存在进口。但这里不考虑这种情况。

② 我们分析的是只有两个国家的情况，不存在向第三国出口的问题，所以，一旦 B 国停止进口，A 国的出口就会立刻降为零。

产决策以及在此基础上的国际贸易和国际投资行为。①

人物介绍 7-1

雷蒙德·弗农

依据产品生命周期理论，产品的生命周期可以划分为引入阶段、成长成熟阶段和标准化阶段。在生命周期的不同阶段，产品特征、生产投入和市场结构都是不一样的。

在引入阶段，R&D 投资是制约生产的关键投入，因为从科学原理到适用性技术之间存在很大的距离，需要大量的研发投入进行科技转化，同时，在这个过程中存在巨大的风险和不确定性。所以在这个阶段必须有足够的利益激励来诱导企业家进行研发投入，并承担风险。利益激励来自市场，如果市场对新产品的需求足够大，并且新产品在引入阶段在市场上具有唯一性，那么企业的研发投入就可以换来较大的垄断利润。所以，在引入阶段，生产地点往往选在那些收入水平较高的国家。收入水平高，一方面意味着消费者的需求层次较高，对新产品的需求较多；另一方面，在收入水平较高的国家，单位劳动成本一般也比较高，对那些节约劳动的创新性产品的需求较多。所以，产品的生命周期往往是从收入水平较高的发达国家开始。

新产品一旦被引入，即开始了它的生命周期。在进入成长成熟阶段后，生产技术逐步标准化，生产过程中的关键投入变为资本和管理经验等。在成长成熟阶段，日益标准化的生产技术使得生产过程中的规模经济效应越来越明显。随着生产规模的扩大，在满足国内需求的同时，可以对外出口以满足国外对新产品的需求。由于研发的重要性在降低，其他要素的重要性不断上升，市场上出现近似的替代品，产品的差异性降低，市场结构变为垄断竞争。这导致企业加强对成本的考虑。所以在成长成熟阶段，企业必须考虑服务国外需求的最好方式。一方面，企业继续在本国生产并通过出口满足国外需求；另一方面，企业会通过技术转让的方式，授权国外企业进行生产，或者通过对外直接投资，在有产品需求的国家设厂生产、直接满足当地的需求。

到生命周期的第三阶段——标准化阶段，产品的生产技术完全标准化，并且固化在标准化的机器设备中。任何企业都可以得到这些标准化的机器设备，并从事产品的生产。在这个阶段，决定市场竞争格局的关键因素是生产成本，所以产品的生产过程将被转移到那些劳动成本较低的地点，如表 7-1 所示。

表 7-1　产品生命周期各阶段的特征

阶段	产品	关键投入	市场结构和竞争压力
引入阶段	非标准化技术，无替代品	R&D 投资	垄断、无竞争压力
成长成熟阶段	生产技术日益标准化，有近似的替代品	管理经验和资本	垄断竞争、成本和价格影响企业的利润
标准化阶段	生产技术完全标准化，产品无差异	劳动	完全竞争、成本是决定竞争结果的主要因素

① Vernon R. International Investment and International Trade in the Product Cycle. *The Quarterly Journal of Economics*, 1966, 80 (2): 190-207.

产品生命周期的阶段性特征与不同国家的禀赋条件、市场条件等结合起来，决定了国际贸易模式及其动态变化过程。

（1）引入阶段。

在图 7-4 中，从时间来看，引入阶段为 T_0 到 T_1，在这一阶段，产品的生产技术没有成形，还处于从科研向适用性技术转化的过程，研发费用是决定成本的关键因素。只有少数最发达的国家能够满足新产品引入阶段的投入和市场条件要求。首先，这些国家拥有较高的科技水平和较多的科研人员，能够满足从事大规模研发活动的基本要求。其次，劳动较为稀缺，劳动成本较高，企业具有较强的从事节约劳动的技术创新的动机。再次，这些国家的收入水平和消费层次较高，对创新性产品的需求较大。最后，这些国家拥有丰富的人力资本和实物资本存量，并且有发达的金融体系，不仅能够满足研发投入的要求，而且承担研发风险的能力较强。①

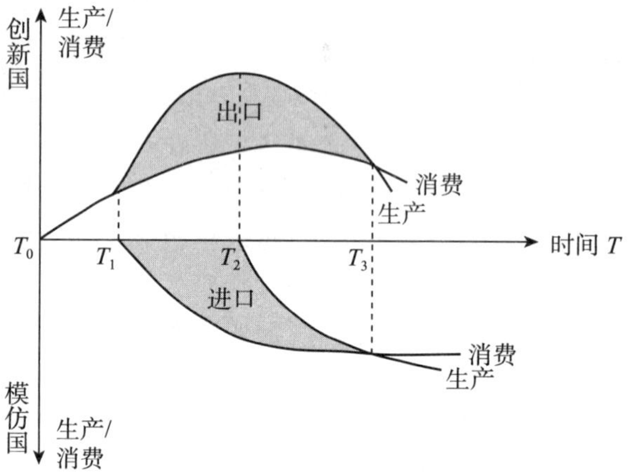

图 7-4　产品生命周期与国际贸易

根据弗农的研究，创新一般发生在美国。原因是：1）美国科技水平高，科研人员多；2）美国科研经费多；3）美国企业水平高，科研成果能迅速转化为生产力；4）美国人有需求偏好，喜欢新产品；5）美国市场容量大，购买力巨大，产品有销路。

在新产品的引入阶段，生产是非标准化的，产品差异性明显，生产规模较小。这时对新产品的国内需求弹性较低，需求量相对较大，生产者只是少数垄断技术的厂商，拥有垄断地位，属于卖方市场。生产主要是满足国内市场不断增长的需求，不存在国际贸易，或者只有规模非常小的国际贸易。由于产品需求在很大程度上依赖于收入水平，所以在新产品的引入阶段，即便存在小规模的国际贸易，也主要是集中在收入水平相近的发达国家之间。

在这一时期，因产品属于技术密集型产品，所以科学家、技术人员很重要。同时，由于消费者对新产品不熟悉，宣传、推销、广告等手段也很重要。

---

① 在弗农看来，发达国家的企业虽然能够得到同样的科学知识，对科学原理具有同样的理解能力，但是科学原理的获得与其在生产中的应用之间存在很大的距离。需要有愿意承担风险的企业家把科学原理应用于生产过程。企业家能否意识到科学发明所蕴藏的市场机会，并对此做出反应，首先取决于生产地点与新发明诞生地之间的距离远近，其次取决于生产地点与销售市场之间的距离远近。所以，新产品并不会在发达国家普遍引入，而只会在少数最发达的国家率先引入。

专栏 7-1

美国为什么能成为创新国？

美国是一个经济发达的国家，更重要的是，美国是一个科技领先的国家。工业革命使美国成为世界头号工业强国，而美国工业革命的完成在很大程度上则是得益于科技的发展。美国在发展科技上不因循欧洲的现成技术，而是致力于科学创新。许多重要的现代科技发明都来自美国，包括电、汽车、电视机、互联网等。在19世纪初到20世纪初的100年间，美国在各个领域完成了许多技术发明。进入20世纪，美国继续保持着科技飞速发展的势头。在1953—1973年的约20年间，在世界总共500种技术革新项目中，265种即半数以上是由美国完成的。1940年后世界主要的技术革新项目的大部分出自美国人之手。例如，20世纪40年代的黑白电视机、半导体收音机、电子计算机，50年代的磁带录像机、数控机床、电子复印机，60年代的激光、集成电路、太阳能电池、通信卫星，70年代的微处理机等，都是由美国科学家和技术人员率先开发出来的。直到今天，美国仍是世界科技最先进的国家。在基础科学研究中，美国也是名列第一。在全世界最著名的大学中，美国占了大多数。诺贝尔科学奖获得者中美国人或美国籍最多。在2001年的9个诺贝尔科学奖获得者中，就有5个是美国人或美国籍的科学家，占总数的56%。美国无疑是科研资源最充裕的国家。

美国科研能力之所以如此强大，除了经济发达、人均GDP高以外，与美国的教育制度、移民政策，以及政府与企业对科研的重视程度有密切关系。

第一，美国的教育制度反映了美国对创新的重视。美国的高等教育主要分三个层次。第一个层次是社区大学，主要是普及知识，提高国民素质。第二个层次是公立和私立的本科大学，包括硕士教育，主要是培养技术工人和白领阶层。第三个层次是研究型大学，授予博士学位的大学多为研究型大学，主要目标是知识创新。这些著名大学的主要任务不是普及知识，哈佛大学的办学目标明确指出，哈佛就是要努力去创造知识，启发学生们发现知识的心智，使学生们可以最大限度地利用他们的教育机会。

美国教育制度对创新的重视还表现在入学招生制度方面。美国在本科招生中比较重视考试成绩，学校公布入学标准，也以新生入学前各项考试的高平均分为豪。但美国在研究生招生中则主要强调研究能力。尽管研究生入学要参加美国研究生入学考试(GRE)，但这只是参考标准之一，本科教授的推荐信、本科所在的学校教育质量和学生其他方面的素质占很大比重。这种招生制度看上去有很大的随意性和不公平性，但这一方面是不想把学生都引导到应付考试而忽视创新方面去，另一方面是为了避免通过一次考试把优秀但可能偏科的研究和创新人才排除在外。美国每年还花大量的钱招收和资助国外的优秀学生进入美国的研究生院，这是任何国家都无法与之相比的，而正是这种开放的有远见的政策，使得美国聚集了大批科研人才。

美国的初等教育和中等教育经常受到外界批评，人们认为美国中小学生的水平不如中国、日本和欧洲的高。从培养熟练工人的角度看，美国的中小学确实不如这些国家的，但从另外的角度看，即使是美国的中小学也比较重视科学和创新。美国的幼儿园和小学里都有实验室，以便让孩子从小就跟动植物打交道，培养孩子对科学的兴趣和知识。

美国教育制度对研究和创新的重视还表现在教授的聘用制度上。虽然美国有终身教授制度，但从助理教授到终身教授一般要6～7年的时间。只有经过考核的最优秀的学者才能留校，在哈佛大学、麻省理工学院等一流大学能最终获得终身教授教职的比例很低。这种制度迫使每个教授都不得不竭尽全力去从事研究和创新。

第二，美国的移民政策也反映了美国对科技的重视。美国允许亲属移民、投资移民，但还有一个重要的政策是允许外国公民凭借自己的知识与技术移民美国。这类移民又分成两类：一类是一般技术移民，最低条件是大学本科毕业；另一类是特殊技术移民，美国对这一类移民是最优惠的，没有名额限制。

美国的许多科技发明都是由外国移民创造的，包括爱因斯坦，而且这种开放的政策会吸引来各种不同文化、历史和教育背景的科学家，多元文化的相互碰撞与合作更能激发创新灵感。

第三，美国政府与企业对科研高度重视。作为世界上最大的经济体，美国用于R&D的经费不仅在数量上第一，在占GDP的比重上也是名列前茅的。用1997年前后的数字相比，日本排名第一，为2.92%（1996年）；美国第二，为2.60%；德国第三，为2.31%。法国、英国、加拿大分别为2.23%、1.87%和1.60%。20世纪90年代以来，尤其是1997年以后，美国R&D费用占GDP的比重不断上升。1998年达到2.67%，1999年达到2.79%。

从资金的来源看，1999年R&D资金的68.5%（1 693亿美元）来自企业界，26.7%（659亿美元）来自联邦政府，其余分别来自州和地方政府、各高等院校及非营利机构。20世纪70年代末以前，R&D的主要部分是由联邦政府支持的。80年代以后，企业界越来越意识到科研的重要性，大大增加了对R&D的投资，成为美国科研经费的主要来源。但是，在基础科学研究中，美国政府仍是主要支持者（52.3%），其次是企业界（31.5%）、各高等院校（11.4%）和非营利机构（4.8%）。从资金用途看，大部分R&D资金用于应用科技的开发，其中主要用于企业界的应用科研。1999年用于企业界的应用科技开发的资金共有1 756.79亿美元，占总资金的71.1%和应用科研资金的85%。基础科研资金主要用于高等院校。1999年用于高等院校基础科研的资金为188亿美元，占全部基础科研资金的46.6%；高等院校总的科研经费为283亿美元，占全部科研经费的11.4%。

总之，美国之所以有充裕的科技资源，成为世界最主要的创新国，除了强大的经济实力以外，制度和政策也起了不可低估的作用。

资料来源：海闻，林德特，王新奎．国际贸易．上海：上海人民出版社，2003：187－189.

（2）成长成熟阶段。

从T_1到T_2，是新产品的成长成熟阶段。在这一阶段，技术已经成形并开始扩散，生产过程的标准化程度不断提高。生产从研发密集型转向资本密集型，包括物质资本和人力资本在内的资本成为生产的关键投入。生产阶段的转化和生产特征的变化，使得生产过程中的规模经济效应越来越明显。此外，在创新国内部，新进入的厂商不会受到技术约束，市场竞争程度不断提高。产品的价格弹性提高，出现一些国内模仿者，这使得企业必须不断扩大生产规模，以降低单位成本和增强竞争力。生产的增加带动出口的增加，包括对其他发达国家的出口和对发展中国家的出口，并逐步达到高峰。

在成长成熟阶段，因为面临国外竞争，所以创新国企业开始选择服务国外需求的最优方式。基于对国际贸易成本的考虑，它们会在本国生产并出口、到目标市场投资生产并在当地销售和对外技术转让这三种方式之间进行权衡选择。

（3）标准化阶段。

从 T_2 到 T_3，进入标准化阶段以后，产品的生产技术完全标准化，由于技术已凝结在标准化的机器设备中，通过购买这些标准化的机器设备就可以获得全部生产技术和工艺，产品之间无差异。在这种情况下，劳动成本成为决定竞争结果的关键因素。拥有劳动成本优势的发展中国家大规模扩大生产，并开始向发达国家出口。包括创新国在内的发达国家的国内生产不断降低，并从出口逐步转变为进口。

在标准化阶段，市场竞争越来越激烈，消费者对产品已有较大的选择余地，市场开始变成买方市场，生产已专门化。而且由于外国厂商开始大量模仿生产该产品，创新国的垄断地位丧失，出口开始大幅下降，模仿国产品在第三国开始取代创新国产品，逐渐向创新国出口，创新国逐步退出该产品的生产，该产品的生命周期在创新国基本完结，创新国着手研发新的产品。

虽然创新性产品的生命周期在创新国基本完结，但在其他经济体并未完结，仍在继续，就像田径比赛中接力赛的传棒过程。弗农认为，世界上的经济体可以分为四类或者说四组：1）美国；2）欧盟、日本等其他发达经济体；3）新兴工业化经济体（NIE）、中国、印度；4）其他发展中经济体（见图 7－5，为了图示方便，把新兴工业化经济体、中国、印度和其他发展中经济体放在了一组）。在所有的制成品中，电子产品最具有产品生命周期的特点。

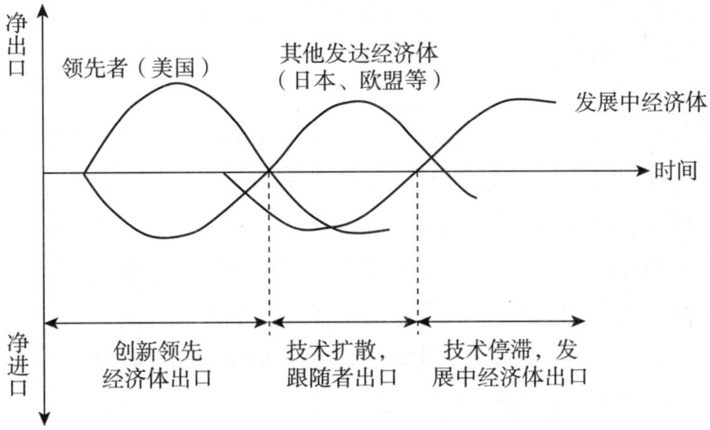

图 7－5　在一种新产品的产品生命周期中各经济体贸易地位的变化

2. 产品生命周期理论对国际贸易理论的发展

产品生命周期理论对国际贸易理论的发展集中地表现为它是工业制成品贸易的动态理论，其动态含义体现在以下三个方面：

（1）生产要素密集度的动态变化。

引入阶段——对科学家、工程师、技术人员的需求很大，产品表现出很强的知识、技术密集型特征。

成长成熟阶段——在生产要素中资本、管理跃居首位，产品由技术密集型向资本密集型转变，资本、熟练劳动工人的作用突出。

标准化阶段——完全是资本与熟练劳动密集，甚至是熟练劳动与非熟练劳动密集。

（2）贸易国比较优势的动态转移。

引入阶段——美国（创新国）具有比较优势。

成长成熟阶段——一般发达经济体及新兴工业化经济体具有比较优势。

标准化阶段——一般发展中经济体具有比较优势。

（3）进口需求的动态变化。

美国经济学家威尔斯（Wells）对美、德、日不同品种的耐用消费品价格进行研究后发现：

美国对奢侈型商品需求最大，市场最大（价格高），如向美国出口引入阶段的耐用消费品，出口的比较优势最大。

德国对中档型商品需求最大，市场最大（价格次高），如向德国出口成长成熟阶段的耐用消费品，出口的比较优势最大。

日本对初级型商品需求最大，市场最大（价格低），如向日本出口标准化阶段的耐用消费品，出口的比较优势最大。

美、德、日的耐用消费品价格弹性呈逐渐增大的趋势。

另外，根据产品生命周期理论对世界不同类型国家的工业竞争潜力进行比较研究的还有赫希（L. Hirsch）等人。

3. 产品生命周期理论的启示

在产品生命周期理论中，随着产品从一个阶段向另一个阶段转化，不同国家所拥有的比较优势依次得到体现，国际贸易格局也随之发生变化。由此得到的一个启示是：不同产品在生命周期各个阶段的持续时间是不一样的，这将影响各国在国际贸易格局中特定地位的持续时间和获益程度。随着产业结构的变化和调整，高新技术产业在经济中所占的比重越来越大。高新技术产品的一个特征就是升级换代的速度非常快，这意味着标准化阶段的持续时间非常短。在这种背景下，发展中国家在利用国际产业转移来发展高新技术产业的过程中，将面临极大的挑战。因此，对发展中国家来说：

（1）随着产品被模仿，产品生产优势从创新国逐渐转移到模仿国，这样，发展中国家可以把从发达国家转移出来的产业接过来，并发挥后发优势。

（2）由于产品生命周期的不同阶段对生产要素的要求不同，因此，可根据本国的实际情况，选择进入产品生命周期的某个阶段。

专栏 7-2

产品生命周期理论与“一带一路”倡议

2013 年 9 月和 10 月，习近平主席先后提出共建“丝绸之路经济带”和“21 世纪海上丝绸之路”的重大倡议。中国提出的“一带一路”倡议从根本上配合和顺应的是国际产业转移规律（产品生命周期理论）和世界经济发展大趋势，有着很强的普遍性和客观性。“一带一路”是中国企业“走出去”的升级版和新阶段，也是国际产业转移的重要组成部分。中国正成为新一轮国际产业转移的主要输出地，而“一带一路”沿线国家则成为主要承接地。未来世界经济新的增长中心有望出现在“一带一路”沿线国家，但至于哪些国家能够率先通过承接产业转移实现工业化和经济起飞，不仅取决于发展阶段、技术、成本和地理等客观条件，也取决于这些国家内外政策的调整与选择。

为了纪念“一带一路”倡议提出10周年，第三届“一带一路”国际合作高峰论坛于2023年10月17—18日在北京隆重举行。习近平主席出席开幕式并发表了主旨演讲，强调高质量共建“一带一路”，携手实现共同发展繁荣。10年来，这一重大倡议全球瞩目、应者云集，在广袤大陆上落地生根，在浩瀚海洋中乘风破浪。2013—2022年，中国与沿线国家的货物贸易进出口总额累计超过19万亿美元，中国企业对沿线国家的直接投资超过1 900亿美元，在沿线国家完成对外承包工程营业额超过38 000亿美元。2017年召开的首届“一带一路”国际合作高峰论坛形成的279项具体成果已全部得到落实。这6年来，共建“一带一路”坚持打造共商国际化平台与载体、强化多边机制在共商中的作用、建立“二轨”对话机制，坚持打造共建合作的融资平台、积极开展第三方市场合作，致力于使发展成果惠及沿线国家、改善沿线国家民生、促进科技创新成果向沿线国家转移、推动绿色发展。实践充分表明，共建“一带一路”不仅促进了经济合作，而且为推进经济全球化健康发展开辟了重要途径，为全球治理体系变革提供了中国方案，成为推动构建人类命运共同体的重要实践平台。

中国与“一带一路”沿线国家的投资合作不断深化，一批重大合作项目有序实施，示范效应不断增强。截至2022年12月，中国与150多个国家和30多个国际组织签署了200多份共建“一带一路”合作文件，还与40多个国家建立了双边投资合作工作组。中白工业园、泰中罗勇工业园、巴基斯坦海尔-鲁巴工业园、中匈宝思德经贸合作区等建设成效明显，中阿（联酋）产能合作园区、中埃苏伊士经贸合作区等稳步推进。中马友谊大桥、比雷埃夫斯港等一批重大项目落地，中老铁路、中泰铁路、雅万高铁（已顺利竣工并交付使用）等项目扎实推进，黑河公路桥建成，同江铁路桥合龙，中尼友谊大桥恢复通车，阿联酋哈利法港正式运营。

“一带一路”倡议源自中国，更属于世界；根植于历史，更面向未来；重点面向亚欧非大陆，更向所有伙伴开放。实践充分证明，共建“一带一路”跨越不同地域、不同发展阶段、不同文明，是和平发展、经济合作倡议，不是搞地缘政治联盟或军事同盟；是开放包容、共同发展进程，不是要关起门来搞小圈子或者“中国俱乐部”；不以意识形态划界，不搞零和游戏，只要各国有意愿，都欢迎参与。共建“一带一路”倡议以共商共建共享为原则，以和平合作、开放包容、互学互鉴、互利共赢的丝路精神为指引，以政策沟通、设施联通、贸易畅通、资金融通、民心相通为重点，已经从理念转化为行动，从愿景转化为现实，成为开放包容的平台、各方共同打造的全球公共产品。

世界潮流浩浩荡荡。共建“一带一路”倡议顺应历史大潮，所体现的价值观和发展观符合全球构建人类命运共同体的内在要求，也符合沿线国家人民渴望共享发展机遇、创造美好生活的强烈愿望和热切期待。

党的二十大报告指出，“共建‘一带一路’成为深受欢迎的国际公共产品和国际合作平台”。2023年10月18日，习近平主席在第三届“一带一路”国际合作高峰论坛开幕式上发表题为《建设开放包容、互联互通、共同发展的世界》的主旨演讲，回顾 10 年成就，总结成功经验，宣布中国支持高质量共建“一带一路”八项行动，为“一带一路”明确了方向，开辟了新愿景，注入了新动力。

资料来源：一带一路倡议源自中国属于世界．人民日报，2019 - 04 - 23；2023 年度中国对外直接投资统计公报．商务部网站，2023 - 11 - 06.

第二节　国家竞争优势理论

新古典贸易理论从劳动生产率、要素禀赋等方面解释为什么不同国家会在不同产品上具有比较优势，进而具备参与国际分工和开展国际贸易的基础。新贸易理论借助在规模经济、技术差距和市场结构方面的不同假设，从厂商的微观行为和政府的宏观战略行为等方面解释国际贸易发生的动因。无论是新古典贸易理论还是新贸易理论，在解释国际分工和国际贸易格局问题时，都只是关注资源禀赋、技术或市场结构等单一要素的作用。波特认为这些理论的解释力不足，无法充分解释在国际经济竞争中，为什么某些国家能够在特定产业的竞争中获得成功并取得国际垄断地位，而其他国家却在竞争中失败。

20 世纪 80 年代中期到 90 年代初期，美国哈佛大学商学院教授波特先后提出企业如何在竞争中获得优势、一国如何赢得国际竞争优势的一系列观点。波特认为，古典贸易理论沿着从劳动生产率到生产成本再到产品价格和市场竞争力这样的单一线索去解释国际贸易，它对国际贸易的解释，“说好一点是不完全的，说坏一点，就是错误的”。因为在产品价格和竞争力的决定因素中，劳动生产率只是其中之一，它的作用很容易被汇率和工资的反向变化抵消，竞争力提高和劳动生产率增长方向也并非总是一致。对于H-O模型，波特认为，要素禀赋虽然可以在短期中对一国竞争优势的形成发挥作用，但是随着国际产业结构的变化，要素禀赋对竞争优势的影响是难以持久的。规模经济和技术差距对各国竞争优势的解释也是不完全的。在现实的国际经济中，在特定产业中占据垄断或领先地位的国家，不一定具有技术优势或者国内市场规模优势。

一、钻石模型

波特在批判和继承原有国际贸易理论的基础上提出了国家竞争优势理论，也称钻石模型（diamond model）。该理论认为，国家是企业或产业参与国际竞争的基础，企业或产业的国际竞争优势是国家竞争优势的体现，或者说，国家竞争优势最终以特定企业或产业作为载体表现出来。国家竞争优势取决于四个基本因素——生产要素，需求因素，相关和支撑产业因素，企业战略、组织和竞争状态因素，以及两个辅助性因素——机遇和政府。波特认为这六个因素共同构成一个动态的、激励创新的竞争环境，形成一个类似钻石分子结构的菱形结构。由于钻石模型是一个各因素互相增强的系统，各因素的

人物介绍 7 - 2

迈克尔·波特

相互作用产生加强的利益，从而构成一国国际竞争力的来源（见图7-6）。①

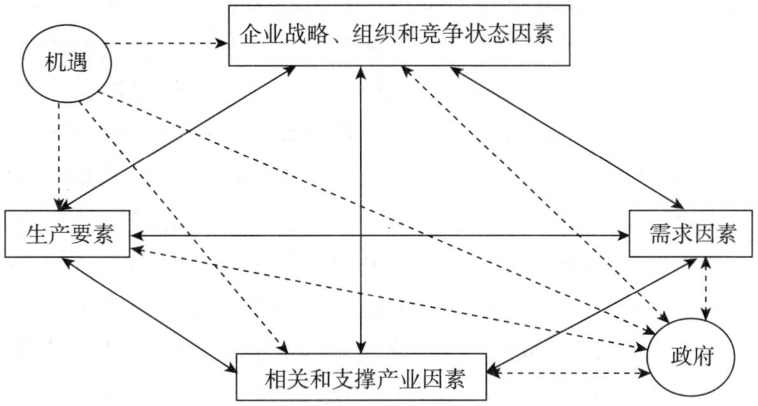

图7-6 波特国家竞争优势的钻石模型

1. 生产要素

生产要素包括初级要素和高级要素。初级要素（或基础要素）是一国先天拥有的或者只需要简单的投资就能得到的要素，如自然资源、气候条件、地理位置、非熟练劳动力等；高级要素是通过长期投资或发展而创造出来的要素，如实物资本（包括通信设施、研究设施等）、人力资本、基础设施和知识等。波特认为要素条件对一国竞争优势的影响是多方面的。初级要素的重要性因生产条件等的变化而变化，其作用在下降。先天拥有丰富的初级要素，可能会抑制一国竞争优势的培育和提高。而在初级要素匮乏的国家，人们更有动力去创造和培育高级要素。一国想要提升竞争优势，就必须大力发展高级要素，这将决定竞争优势的质量和持续性。

2. 需求因素

国内需求条件是影响产业国际竞争力的另一个重要因素。企业的投资、生产和销售活动总是首先着眼于本国市场的需求，所以国内需求的状况和特征将影响企业的国际竞争力。

国内需求对竞争优势产生影响主要通过如下一些渠道。首先是本国市场的全球性。如果本国市场是国际市场的一个细分市场，那么本国企业就会更加关注国际需求状况，并且具有更强的满足国际需求的能力。如果本国市场在国际市场中的份额比较大，那么在与国外企业的竞争中，本国企业就更容易具有规模优势。其次是国内需求的层次。如果本国消费者的需求层次较高，并且本国消费者比较挑剔，本国企业就将面临较大的改进产品质量、性能和服务的压力，这有助于提高企业的竞争力。再次是国内需求的超前性或者国内消费结构的升级速度。如果国内需求具有较大的超前性，那么本国厂商也就相应地走在了世界其他厂商的前面。最后是本国市场的规模和成长速度。本国市场规模是一把“双刃剑”，一方面具有激励厂商投资、再投资的作用，因而成为产业参与国际竞争的一大优势；另一方面，庞大的本国市场所带来的丰富机会也可能导致厂商丧失向海外拓展的动力，这不利于国际竞争力的提高。

---

① 波特．国家竞争优势．北京：华夏出版社，2002.

3. 相关和支撑产业因素

这是指国内是否存在有国际竞争力的供应商与相关和支撑产业。任何一个企业，必然会在生产经营过程中与众多相关企业或产业保持密切联系，企业创新与升级有赖于企业的前向、后向和旁侧关联产业的辅助与支持，并从中获得和保持竞争力。任何一个产业最终产品的生产，都需要大量的中间投入和机器设备，产品竞争力依赖于供应商和相关产业的支持。供应商直接提供必需的投入品，所以中间投入和机器设备供应商的效率和竞争力是影响最终产品竞争力的关键因素。例如，日本在机械工具产业上表现出来的国际竞争优势，离不开世界级的数控机床、电动机和其他零件供应商的支持。瑞典在滚珠轴承和切割工具等产业上的国际竞争力依赖于国内高度发达的特殊钢产业。相关和支撑产业的竞争力也非常重要，关联产业的发展可以带来新的资源、新的技术、新的竞争方法，从而能促进产业的创新和升级。

波特认为，相关和支撑产业之间存在着密切的协同效应。一方面，当本国的支撑产业具备国际竞争力时，它会通过以下方式为下游产业创造竞争优势：以最有效的方式及时满足国内企业的投入需求，促进信息在产业内的传递，加快整个产业的创新速度。另一方面，竞争力强的产业也会通过传导效应带动相关产业发展。

所以，波特认为竞争优势在很大程度上来自产业聚集（cluster/agglomeration）。一群在地理上互相靠近、在技术上和人才上互相支持并具有国际竞争力的相关和支撑产业所形成的产业聚集，是国家竞争优势的重要来源。这种地理上的相对集中加剧了同业之间的竞争，缩短了相互之间的沟通渠道，不断进行创新和观念交流，并不断扩大可以共享的专业人才队伍和专业研究力量，在产业集群内部形成竞争力的自加强机制。一个有国际竞争力的优势产业集群内的企业最好全部由国内企业组成，特别是由本地企业组成上下游配套齐全的产业发展链条，这样所形成的国际竞争优势才是稳定的、可靠的。

4. 企业战略、组织和竞争状态因素

这涉及企业的组织结构、发展战略和竞争状况。各个国家由于环境不同，适合国内企业的管理模式和组织结构不尽相同。只有选择一种适应国内环境的管理方式，才能够有效提高该国产业的国际竞争力。波特认为企业能够形成国际竞争优势的关键在于其发展战略，在经营管理层次上由于企业之间的激烈竞争和优秀企业在竞争中的相互学习，竞争性企业之间的差别已不大，而企业之间真正不容易被学习或模仿的是竞争战略或发展战略。企业可以通过变换战略变换来适应环境的变化，获得持久的竞争优势。激烈的国内竞争是创造和保持国际竞争优势最有力的刺激因素。国内竞争会迫使企业不断更新产品、改进技术、提高生产效率，以获得持久、独特的优势地位。此外，激烈的国内竞争还会迫使企业参与国际竞争，而经过国内激烈竞争锤炼的企业往往更加成熟，更具有竞争力，更容易在国际竞争中取胜。在激烈竞争的国内市场环境中，企业必须不断优化组织结构、调整发展战略，这在提高企业竞争力的同时，使国内竞争走向更高层次。在这种良性循环中，企业的国际竞争力不断提高。

不同国家的企业有不同的战略和组织结构。例如，德国企业有等级森严的组织和管理惯例，高级经理通常都有技术背景，具有产业技术和工程背景是企业的重要特征，也是企业取得成功的重要因素；意大利中小企业注重战略，在具有自己特色的很小的利基市场（niche market）生产经营目标顾客喜爱的特色产品，避免标准化产品的生产；美国企业持有大量风险资本，并进行广泛交易。又如，德国和瑞士的银行持有大量预期会升值的长期股票，很少交易。各国在个人寻求成功的目标上也有显著的不同。个人工作和扩展技能的动力对竞争优势也是很重要的。一国的成功也取决于优秀人物选择教育的类型，他们选择工作的位置及承诺和努力。一国机构的目标、个人和企业确定的价值取向、某些产业所重视的声望等会指导资本和人力资源的流动，结果直接影响某些产业的竞争力表现。

国内竞争对培养竞争优势、发挥创造性的特殊功能，会促进国际竞争力的提高。应该说，地理集中放大了国内竞争的力量，为了使技术出众，为了实现杰出表现和赢取夸赞而竞争，竞争越是地方化越是激烈。激烈的国内竞争最终迫使国内企业放眼全球市场，增强它们的竞争力，并使其在全球竞争中取得成功。尤其是当存在规模经济时，国内竞争者竞相开拓国际市场以实现更高的效率和利润。

5. 政府

除了上述四个基本因素外，波特认为政府和机遇是影响国家竞争优势的两个辅助性因素。

关于政府的作用，波特认为政府的首要任务就是尽力创造一个有利于生产率提升的良好环境。首先是通过补贴、教育投资、信贷安排和税收政策，发挥政府在提供高级生产要素方面的重要作用。其次是制定严格的规章制度，刺激和提升国内市场需求、增强竞争优势；通过实施有关产品性能、产品安全和环境影响的严格标准，影响国内市场需求的性质，迫使企业提高质量、提升技术、满足消费者和社会的要求。最后是通过运用金融市场规范、税收政策、反垄断法、反不正当竞争法等手段影响企业的战略结构和竞争状态。

波特在理论中极力赋予政府和企业在追求竞争力提高和经济繁荣进程中的新的、建设性的和可行的功能。就政府职能而言，自由放任与国家干预的传统划分已经过时。政府所面临的首要任务就是努力创造一个能够促进生产率提高的环境。这表明在某些领域如定价，政府应尽量减小发挥作用的余地，而在另一些领域如素质教育和培训，政府应该发挥积极的作用。也就是说，政府应为有效竞争提供一个良好的环境，而不是自身也作为一个实体去直接参与竞争。

6. 机遇

机遇无疑也很重要，它具有历史性和偶然性的特点，新兴工业化国家的起飞与西方发达国家产业结构升级、后工业化时代的到来有关。一般情况下，机遇包括重要发明、技术突破、生产要素供求状况的重大变动（如石油危机）以及其他突发事件。机遇能够对一国的产业竞争优势产生重要影响。因为机遇会打破原有的均衡状态，带来新的竞争空间，使得原来的竞争者优势丧失，为能够适应新形势的企业获取竞争优势提供机会。

二、竞争优势的发展阶段理论

世界各个国家在发展过程中，其产业国际竞争会表现出不同的形式和特点，因而产业国际竞争会经历具有不同特征的发展阶段。波特的国家竞争优势理论特别重视各国生产力的动态变化，强调主观努力在赢得优势地位中所起的重要作用。他将一国优势产业参与国际竞争的过程分为以下四个依次递进的阶段。

1. 要素驱动阶段

要素驱动（factor-driven）阶段的竞争优势主要取决于一国在生产要素上拥有的优势，即是否拥有廉价的劳动力和丰富的资源。这种表述与传统的比较优势理论是一致的，表明比较优势蕴含竞争优势。在这一阶段，企业参与国际竞争的方式是只能依靠较低的价格取胜，所以，参与国际竞争的产业对世界经济周期和汇率十分敏感，因为这会直接影响产品的需求和相对价格。虽然拥有丰富的自然资源可以在一段时间内维持较高的人均收入，但由要素驱动的经济缺乏生产力持续增长的基础。

按照波特的标准，几乎所有的发展中国家都处于这一阶段。某些资源特别丰富的发达国家，如加拿大、澳大利亚等，也基本处于这一阶段。

2. 投资驱动阶段

投资驱动（investment-driven）阶段的竞争优势主要取决于资本因素，资本被大量用于更新设备，扩大规模，以增强产品的竞争力。在这一阶段，企业仍然在相对标准化的对价格敏感的市场中进行竞争。但随着就业的大量增加、工资及要素成本的大幅提高，一些对价格敏感的产业开始失去竞争优势。因此，政府能否实施适当的政策是很重要的，政府可以引导稀缺的资本投入特定的产业，增强特定产业承担风险的能力，提供短期的保护以鼓励本国企业的进入，建设有效规模的公用设施，刺激和鼓励获取外国技术，以扩大出口。

按照波特的标准，只有少数发展中国家进入这一阶段。第二次世界大战后，只有日本和韩国获得了成功。

3. 创新驱动阶段

创新驱动（innovation-driven）阶段的竞争优势主要源于产业中整个价值链的创新，特别注重投资于高新技术产品的研究与开发，并以把科技成果转化为商品为努力的目标。在这一阶段，民族企业能在广泛领域成功地进行竞争，并不断实现技术升级。一国进入创新驱动阶段的显著特点之一是高水平的服务业占据越来越重要的地位，这是产业竞争优势不断增强的反映。高级服务业所需的人力资源及其他要素也发展起来，不仅本国服务业需求随着收入和生活水平的提高而大大增加，而且本国服务业进入国际市场，其国际竞争力也大大增强。政府的直接干预越来越弱，政府鼓励创造更多的高级要素，改进国内需求质量，刺激新的产业领域的形成，保持竞争力等。

按照波特的标准，英国在 19 世纪上半叶就进入了创新驱动阶段。美国、德国、瑞典等在 20 世纪上半叶也进入了这一阶段。日本、意大利等则到了 20 世纪 70 年代才进入这一阶段。

4. 财富驱动阶段

进入财富驱动（wealth-driven）阶段后创新、竞争意识和竞争力都会出现明显的下降，经济发展缺乏强有力的推动力，企业开始失去国际竞争优势。企业更注重保持地位，而不是进一步增强竞争力，进行实业投资的动机下降，投资者的目标从资本积累转变为资本保值，有实力的企业试图通过政府施加影响，以达到保护自身的目的。长期的产业投资不足是财富驱动阶段的突出表现。进入财富驱动阶段的国家，一方面是富裕的，一些资金雄厚的企业和富人享受着成功产业和过去投资所实现的成果；另一方面又是衰落的，许多企业受到各种困扰，失业和潜在失业严重，平均生活水平下降。这就提醒人们要居安思危，通过促进产业结构的进一步升级来提高价值链的增值水平，防止被淘汰的厄运。

按照波特的标准，英国早已进入这一阶段。还有一些国家如美国、德国等在20世纪80年代也开始进入这一阶段。

三、对国家竞争优势理论的简要评价

波特的国家竞争优势理论突破以往国际贸易理论对单一因素的考察，强调如下因素的综合作用：生产要素，需求因素，相关和支撑产业因素，企业战略、组织和竞争状态因素，机遇，政府。该理论对现实问题具有一定的解释力，在现实中，各国在国际分工体系中的竞争策略并不是基于单一要素的优势而构建的，而是基于对国内要素条件、市场状况、产业结构以及政策战略等因素的综合权衡而构建的。

波特提出的国家竞争优势理论，是对传统国际贸易理论的一个超越，是对当代国际贸易现实的进一步接近。波特第一次明确地阐述了竞争优势的内涵。他关于竞争优势来源的论述，关于取得或保持竞争优势途径的探讨，对任何一个国家、产业和企业来说都具有重大的借鉴意义。

虽然波特的国家竞争优势理论在解释世界各国参与国际竞争方面有一定的说服力，但他的理论也存在一定的局限性。这表现在根据国家竞争优势理论对产业的选择是就已经存在的产业而言的，是对已结构化或未完全结构化的产业进行的选择，这样就使企业在所选择的产业中取得领先地位是相当困难的。在一个已结构化的产业中，企业生存发展的空间十分有限，因为产业结构化程度越高，产业内的竞争强度就越大，企业选择的余地就越小，并且边际产量递减。此外，波特的国家竞争优势理论过多地强调了企业和市场的作用，而对政府在当代国际贸易中所扮演的角色的重要性认识不足，仅把政府的作用作为一个辅助性的因素来对待。

同时，国家竞争优势理论也存在很多缺陷，并存在很多争议。例如，一些学者认为，波特的国家竞争优势理论既没有用规范的经济学语言来表达，也没有用规范的数学推导来证明，很难称其为理论。也有学者认为，国家竞争优势理论所分析的内容及提出的各种影响因素，并不是什么新东西，只是把比较优势理论的各种观点以新的形式组合在一起。还有学者认为，国家竞争优势理论只适用于美国、日本、德国和英国这些经济规模较大的发达国家。而对于小型经济体和发展中国家，由于其国内市场条件、产业发展水平以及高级要素存量等都无法支撑它们获得国际竞争优势，它们将如何创造国际竞争优势？这也是国家竞争优势理论所无法说明的。

第三节　产业集聚理论

产业集聚是国家竞争优势产业的一个共同特征。产业集聚是指经营同种产业的一群企业在地理上的集中。它的提出是为了解决如何改善企业环境的问题。以美国为例，重要的产业集聚情况是：微电子、生物技术产业集聚在硅谷；汽车设备与零部件产业集聚在底特律；互惠基金、生物技术、软件与网络产业集聚在波士顿；金融服务、广告、出版、多媒体产业集聚在纽约；飞机设备与设计、软件、金属加工产业集聚在西雅图；房地产开发业集聚在达拉斯；化工业集聚在得克萨斯与路易斯安那两州南部交界处；影视娱乐业集聚在好莱坞。产业集聚的概念把注意力集中在生产率和企业间的彼此联系上。围绕着一个共同的、建设性的和可行的议事日程，产业集聚把政府实体、企业、供应商以及当地各项制度组成一个整体。

一、产业集聚理论的内容

产业集聚作为新的空间产业组织形式，竞争优势的主要来源表现在以下四个方面：

（1）外部经济效应。

集聚区内企业数量众多，从单个企业来看规模也许并不大，但集聚区内企业实行高度的分工协作，生产率大大提高，产品不断出口到区外的国内市场和国际市场，从而使整个产业集聚区获得一种外部规模经济。

（2）空间交易成本的节约。

空间交易成本包括运输成本、信息成本、寻找成本以及合约的谈判成本与执行成本等。产业集聚区内的企业在地理上邻近，容易建立信誉机制和相互信赖关系，从而大大减少机会主义行为。

（3）学习与创新效应。

产业集聚是培育企业学习能力的温床，企业彼此接近，激烈竞争的压力、不甘落后的自尊需要及当地高级顾客的需求，迫使企业不断进行技术创新和组织管理创新。产业集聚也促进了企业家才能的培育和新企业的不断诞生。

（4）品牌与广告效应。

产业集聚的影响力不断扩大，会在消费者中形成一个良好的品牌形象，增强消费者的购买欲望。有时这种品牌形象会惠及相关产业，由此产生一个优势产业群。

以克鲁格曼、维纳布尔斯（Venables）、马库森（Markusen）等为代表的西方学者，着眼于资金（pecuniary）或者技术的外部性、产业前后向联系和地理优势的内生属性，对产业区位的影响是基于集聚经济效应的存在，进而推动经济活动的空间集中，且使该地区具备自我增强的发展机制进行了深入研究。他们的主要观点是，外围地区专业化于低层次的产业和成熟产品或有较少差异化产品且有局部溢出效应的产业；如果要素价格在中心地区过快上涨，或集聚非经济效应（也称拥挤效应）凸显，或经济一体化程度非常低，将使中心地区和外围地区的成本差异更具有决定性意义，与集聚过程相反的现象可能出现，即产业布局趋向于分散；历史在产业区位选择中扮演了重要的角色，依据集聚累积逻辑推理，现实中的产业布局均衡依赖于产业起始条件。不过，此类理论模型的实证研究仍处于初期阶段，最有意义的分析仍主要着眼于空间上的个别案例，特别是现有实证研究主要立足于北美自由贸易区和欧盟。

二、产业集聚理论的实证研究

迄今为止，关于贸易与集聚力的最为严格和完整的论证是汉森（Hansen）在1996年和1998年对美国和墨西哥一体化后产业集聚中心转移进行的研究。他发现贸易自由化对产业区位有着强有力的影响，且找到了支持集聚和报酬递增之间联系的证据，证明了一体化促使墨西哥的工业远离墨西哥城，向接近美国市场的州转移。这从对地区间工资差异的解释——与首都的距离的重要性下降，而与边界的距离的重要性上升——可得到充分反映。相似地，在美国，工业向美国边界州转移的现象也能观察到。汉森在1996年的研究中使人们认为，边界经济体是天然的实验室，从中可以识别出一体化的任何区位重建效应，并且边界城市是最好的分析单元。他发现一体化不仅在美国和墨西哥促使产业转移到边界城市，而且使需求和成本联系成为决定产业区位的重要因素：就业会在大的具有投入-产出关联的产业集聚区增加。汉森在1998年的研究中分解了两种对地区劳动力需求的影响呈相反作用的力：从运输成本方面考虑，鼓励企业重建区位于较靠近外国市场的地区；从集聚经济方面考虑，增强产业区位的原有贸易格局。和运输成本假说相一致，贸易自由化后就业增长快的州是接近美国的边界地区。而对集聚的影响要视情况而定。在上下游产业集聚的地区就业增长快，而不是在相同产业的企业集聚区就业增长快。结论是贸易自由化有助于墨西哥城及其周边制造业带和更广泛意义上的接近美国的墨西哥北部专业化产业中心的形成。

至于欧洲，布鲁尔哈特（Brülhart）和托尔斯滕松（Torstensson）在1996年研究了1980—1990年间11个（除了卢森堡、奥地利、芬兰和瑞典）欧盟成员国的工业就业格局的演变。他们发现了一些支持上述理论模型的主要论点的证据。第一，在1980—1990年间，18个产业中的14个在地理上变得更加集中（通过基尼系数测量）。第二，规模经济显著的产业门类在地理集中上的表现更为充分。第三，发现了一些支持在劳动力流动性较低的情况下，区域一体化程度和空间集聚之间的U形关系的论据：在欧洲一体化早期阶段，具有较大规模经济的产业更多地集中在接近欧洲地理核心的地区，然而，在20世纪80年代这种在核心区的集中已经下降。

第四节　贸易引力模型

贸易引力模型（trade gravity model）的基本思想源于牛顿的万有引力定律。万有引力定律指出，两物体的相互引力与两物体的质量成正比，与两物体间距离的平方成反比。

贸易引力模型以万有引力定律为指导，是地理学家、社会学家与经济学家为了解释与预测人类在地理空间上的经济、社会及政治性相互影响与相互作用方式，利用经典力学中的万有引力公式建立的一种理论假说。引力模型的最早引入可追溯至凯瑞（Carey），其所著的《社会科学原理》直接应用万有引力定律解释社会现象。直到 20 世纪 40 年代，地理学家、经济学家才大规模在理论分析与经验检验方面引入引力模型。在国际贸易问题的研究中，丁伯根（Tingbergen）在 1962 年的研究中为了说明在由多个国家组成的世界里贸易流量的不对称现象，即大国的贸易量占其 GNP 或 GDP 的比重小于小国，建立了贸易引力模型。该模型指出，两国或两地区之间的双边贸易额与这两国或两地区的经济总量成正比，与两国或两地区之间的空间距离成反比。20 世纪 80 年代，经济学家常用类似的贸易引力模型说明部门内贸易流量与流向的决定问题。

一、贸易引力模型的基本形式

为了更好地理解贸易引力模型，我们首先回顾万有引力公式：

$$F_{ij}=k\frac{m_im_j}{D_{ij}^2} \tag{7-1}$$

在式（7－1）中，F_{ij} 为物体 i 与 j 之间的引力，m_i、m_j 是物体 i 与 j 各自的质量，D_{ij} 为物体 i 与 j 之间的距离，k 为常数，它可依据具体情况来确定。该公式表明，引力的大小与物体 i、j 各自的质量成正比，与物体 i 和 j 之间距离的平方成反比。

经济学家利用万有引力公式及其思想建立了各种各样的贸易引力模型，在这里，我们介绍丁伯根建立的贸易引力模型：

$$X_{ij}=K\frac{Y_i^{\,a}Y_j^{\,b}}{(1+eD_{ij})^f} \tag{7-2}$$

在式（7－2）中，X_{ij} 是 i 国对 j 国的出口总量，Y_i 与 Y_j 分别为 i 国与 j 国的国内生产总值（GDP）或国民生产总值（GNP），D_{ij} 为 i 国与 j 国之间的距离，K、e 为常数，a、b、f 为参数。该公式表明，i 国对 j 国的出口总量或者 i 国和 j 国之间的贸易量与 i 国和 j 国的 GDP 或 GNP 成正比，与两国之间的距离成反比。

贸易引力模型由于对两国或两地区之间的双边贸易进行量化，因此它为国际贸易理论在计量领域开拓了新的研究空间。贸易引力模型虽然缺乏必要的理论基础，但是在古典和新古典贸易理论始终无法对双边贸易进行实证研究的情况下，无疑具有重要的应用价值。

二、贸易引力模型的解释效力

贸易引力模型可以较好地解释现代贸易中地区间（国家）贸易与地区内（国家集团）贸易的高度的地理集中现象，这可由图 7－7 显示出来。

从图 7－7 可以看出，20 世纪 90 年代，在世界贸易中占有最大份额的是欧盟，约占

2/5（39%）；其次是北美，占将近1/5（18%）；再次是东亚（包括日本7%，中国5%～6%）和亚洲其他经济体（7%）（主要是东南亚经济体与印度）；北欧和大洋洲各经济体以及石油输出国占有的份额大体相当，都约为7%；拉美占有的份额为4%；而非洲和东欧所占份额不大，都约为2%；所占份额最小的是俄罗斯，仅为1%。这些数据基本证实了各个经济体贸易量的多少与经济规模以及距离大小有很大的正相关关系。

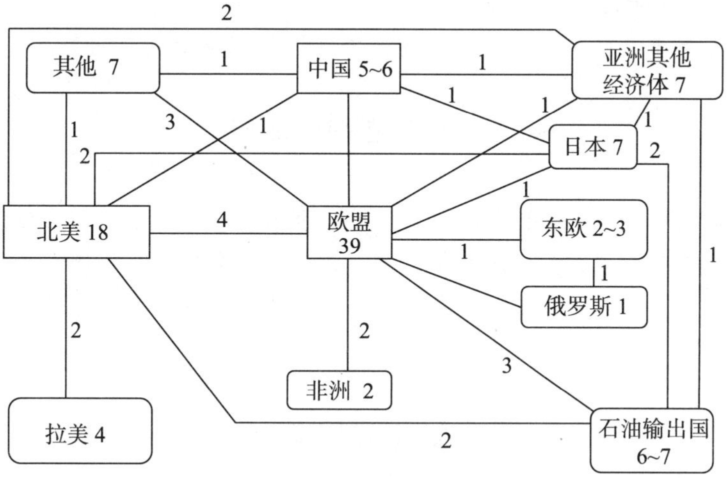

图7-7　20世纪90年代的世界贸易地理结构（%）

注：(1) 框内数字为占世界贸易的百分比，和为100%；框外数字为两国或两地区之间的贸易占世界贸易的比重，假设两国或两地区之间的贸易基本平衡，则该数字总和应乘以2，如33%×2=66%；两组数字之差为100%－66%＝34%，表明34%左右的贸易为地区内贸易及其他比重不到1%（图中未标出）的贸易。

(2) 其他指北欧及大洋洲各经济体。

(3) 世界贸易的大部分发生在发达经济体之间，贸易所占份额最少的是非洲和拉美经济体。

资料来源：根据WTO《国际贸易统计》计算得出。

本章小结

1. 传统贸易理论是一种静态的贸易理论，这种理论不断受到挑战，特别是在国际分工格局不断动态变化的背景下，传统贸易理论就无法回答为什么出现这些变化。国际贸易动态理论的出现，就是要回答国际分工格局和国际贸易格局动态变化背后的可能原因。由于国际贸易动态理论逐步突破了传统贸易理论的分析框架，所以新出现的各种理论模型就不再像传统理论那样具有统一、完整的分析框架，而是许多并存的、既具有一定联系又具有显著区别的理论模型。

2. 弗农的产品生命周期理论用产品生产技术的周期变化来解释各国比较优势的变化，产品生产技术发展在不同阶段对生产要素的需求不同，生产该产品的比较优势逐渐从技术发达国家转移到劳动力充裕的发展中国家。

3. 国家竞争优势理论强调一国整体竞争力的重要性。一国的竞争优势取决于如下基本因素：生产要素，需求因素，相关和支撑产业因素，企业战略、组织和竞争状态因素，政府，机遇。一国优势产业在参与国际竞争时在不同阶段拥有不同的优势要素和优势地位，从而需要采用不同的策略来提高国际竞争力。创新机制的完善与否决定了一国在国际竞争中是否取得优势。产业的发展需要良好的竞争环境，政府要为有效竞争提供一个能够促进生产率提高的环境，而不是自身也作为一个实体去直接参与竞争。

4. 产业聚集可以通过外部经济效应、空间交易成本的节约、学习与创新效应以及品牌与广告效应获取竞争优势。

5. 贸易引力模型说明了不同国家或地区之间贸易流量的决定问题。

关键术语

熊彼特创新理论	技术差距	需求时滞	反应时滞
掌握时滞	模仿时滞	产品生命周期	国家竞争优势
初级要素	高级要素	相关和支撑产业	机遇
贸易引力模型			

复习与思考题

1. 技术差距的产生和变化如何影响国际贸易格局?

2. 掌握时滞的影响因素有哪些?

3. 产品生命周期理论是如何分析比较优势的动态变化的? 这一理论对发展中国家有何意义与启示?

4. 第二次世界大战后，很多发展中国家成功地利用了发达国家大规模对外转移夕阳产业的机遇，通过接受外部转移来的产业并发展对外贸易，带动国内的工业化进程和产业升级。结合高新技术产品生命周期的特征，思考美国新经济及其调整趋势给发展中国家带来的机遇和挑战。

5. 利用国家竞争优势理论，分析我国加工贸易型外贸发展模式对我国国家竞争优势培育的不利影响。

6. 产业集聚理论是如何分析国际贸易的产生与发展的?

7. 贸易引力模型是如何分析不同国家或地区之间的贸易流量的?

第八章

国际贸易利得与分配

第一节　国际贸易利得的类型

国际贸易自产生之日起，从只是少数国家间的简单物物交换形式，发展成为今天几乎囊括世界上所有国家以及各种利益集团，涉及社会生产和生活各个层面，具有广泛意义、内容和形式的世界贸易体系。这其中有国际贸易理论的推动，但决定性因素在于贸易利益的驱动。

亚当·斯密在《国富论》中对贸易利得（trade gains）或利益做出了四种解释：(1) 通过使用价值的交换，满足消费者的欲望；(2) 交换价值的增加；(3) 出口可增加居民的就业和收入；(4) 对外贸易扩大了市场，从而促进了国际分工，提高了劳动生产率。虽然这几种解释不够严密，却基本概括了贸易利得的主要内容。

大卫·李嘉图的比较成本说或比较优势理论，对国际贸易利得做出了更加充分的说明，并成为现代贸易理论解释贸易利得的主要依据。

H-O 理论从要素禀赋的角度论证了比较优势的另一个来源，并成为传统贸易理论的主流。

以克鲁格曼为代表的新贸易理论突破传统贸易理论的分析框架，通过不完全竞争假设及产品差异化分析，论证了规模经济是产业内贸易利得的主要来源。

对于贸易利得，可以从直接和间接、静态和动态的角度进行分析。所谓直接利得，是指国际贸易本身所产生的利得。这种利得分别表现为生产的扩大、消费的增加和产品价格的变化，并综合表现为社会福利水平的提高。所谓间接利得，是指通过国际贸易产生并表现在国际贸易之外的其他方面的利得，如市场的扩大、垄断的打破以及产业结构的调整与升级等。如果从静态和动态的角度分析贸易利得，直接利得又可视为静态利得，间接利得又可视为动态利得。

一、国际贸易的直接利得

1. 国际贸易直接利得的局部均衡分析

所谓局部均衡分析，是指各种产品的供求假定为只由产品价格的函数来进行分析，是用于分析单个市场、单种产品的价格与供求关系变化的一种经济理论分析方法。

用局部均衡分析法分析贸易利得，就是从局部的、价格的角度来看，进口产品可以比国内生产的产品更便宜，出口产品可以比国内卖得更贵。这种价格变化的实质，就是贸易对生产者、消费者和整个国家福利的不同影响。

在具体分析之前，首先应明确两个概念：生产者剩余和消费者剩余。所谓生产者剩余，是指生产者因产品收益大于生产耗费而获得的净收益。在供求关系图中，通常用供给曲线以上和价格线以下的面积来表示。所谓消费者剩余，是指消费者获得的效用超过其支付价格所代表的效用而产生的净收益。在供求关系图中，通常用需求曲线以下和价格线以上的面积加以表示。在分析之前，还要假定效用是可以测定的，可以按一定的货币额来把握，并且货币的边际效用也是一定的，从而使用效用衡量的消费者剩余可以与用货币衡量的生产者剩余相互比较。

假设现在美国的布和小麦两种产品的供求曲线如图 8-1 所示。在图 8-1(a) 的布市场上，当美国不参加国际贸易时，布的生产和消费在 A 点达到均衡，这时消费者剩余为 c，生产者剩余为 $a+e$。当美国参加国际贸易时，布的生产点变为 C，消费点变为 B，消费者剩余变为 $a+b+c+d$，生产者剩余变为 e。这样，在美国参加国际贸易后，消费者增加了由面积 $a+b+d$ 所表示的净利益，生产者减少了由 a 所表示的净利益。

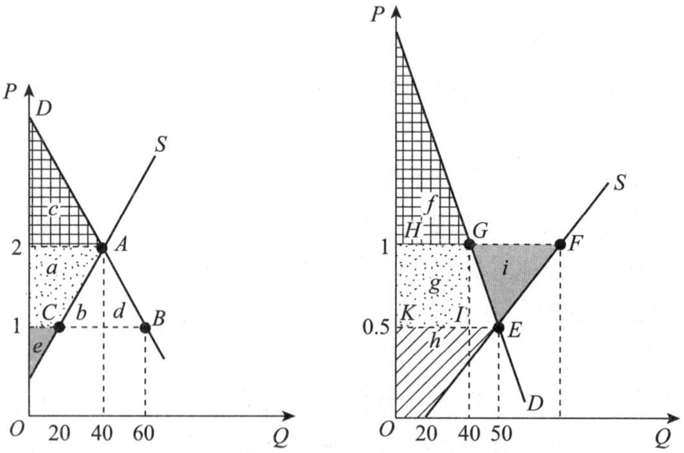

（a）布市场 （b）小麦市场

图 8-1 国际贸易直接利得的局部均衡分析

在图 8-1(b) 的小麦市场上，当美国不参加国际贸易时，小麦的生产和消费在 E 点达到均衡，消费者剩余为 $f+g$（g 为四边形 $HKEG$），生产者剩余为 h。当美国参加国际贸易时，生产点变为 F，消费点变为 G，生产者剩余变为 $h+g+i$，消费者剩余变为

f。贸易使美国小麦的生产者增加了由面积 $g+i$ 所表示的净利益，使美国小麦的消费者损失了由 g 所表示的净利益。

根据前面的假设，生产者剩余和消费者剩余可以直接相加减，那么，美国参加贸易后，布市场增加的净利益等于 $b+d$ 的面积；小麦市场增加的净利益等于 i 的面积。若将两个市场的情况进行综合，美国在进口布和出口小麦的贸易中获得了由面积 $b+d+i$ 所表示的净利益。

同理可知，与美国进行自由贸易的其他国家也可以获得相应的贸易直接利得，双方贸易直接利得之和，便是整个世界进行自由贸易所获得的净利益。由此可见，贸易直接利得就表现为：参加贸易会使各国的福利水平都有所提高。

2. 国际贸易直接利得的一般均衡分析

国际贸易直接利得表现在生产、消费和价格方面。用一般均衡分析法，可以分析出一个国家在贸易前后直接利得的不同情况。所谓一般均衡分析，是指用生产可能性曲线和社会无差异曲线来分析均衡情况的方法。这种方法把经济整体的一般相互依存关系全部考虑进去，并把货币机制抽象掉，可同时分析多种产品、多个市场的贸易情况，因此，又被称为国际贸易纯理论分析，如图 8-2 所示。

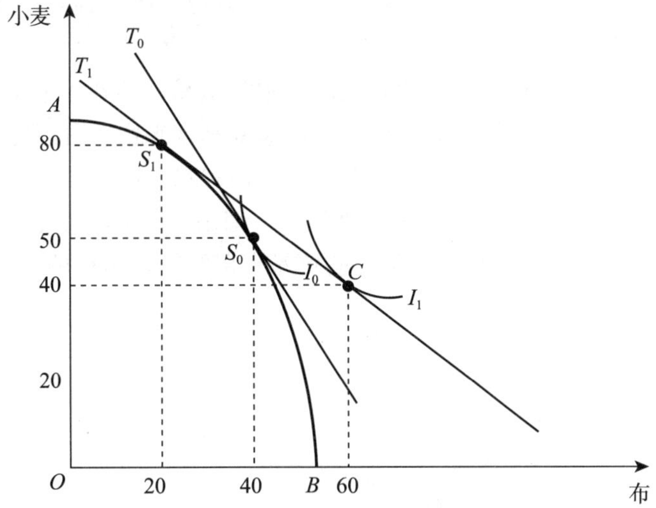

图 8-2　国际贸易直接利得的一般均衡分析

假设美国的生产可能性曲线为 AB，在没有发生国际贸易时，美国国内价格线 T_0（斜率为-2，表示 2 单位的小麦可换 1 单位的布）同时与生产可能性曲线 AB 和社会无差异曲线 I_0 相切于 S_0 点。在这一点，即美国在生产和消费 50 单位的小麦和 40 单位的布时，生产和消费达到均衡。在美国参加国际贸易后，国际市场上小麦和布的价格比为 1∶1。根据比较优势原理，美国将扩大生产其具有比较优势的小麦，将原来用于生产布的一部分资源转移到小麦的生产上。当小麦的生产成本提高到和国际市场上小麦的价格一致时，即生产点移到国际价格线 T_1 与美国生产可能性曲线 AB 相切的 S_1 点时，这种转移便会停下来。

在 S_1 点上，美国生产 80 单位的小麦和 20 单位的布。美国将本国生产的小麦的一半用于出口，换回 40 单位的布供国内消费，这时便形成一个新的消费点 C。在 C 点上，美国国内消费 40 单位的小麦和 60 单位的布（如表 8－1 所示）。

表 8－1　美国参加贸易前后生产与消费的变化情况

	生产	消费	价格
贸易前	S_0：小麦　50 布　40	S_0：小麦　50 布　40	2 单位小麦：1 单位布
贸易后	S_1：小麦　80 布　20	C：小麦　40 布　60	1 单位小麦：1 单位布

从表 8－1 可以看出，美国的生产扩大了，消费总量增加了（主要是布的消费增加，而小麦的消费则有所减少）。也就是说，贸易后美国的生产与消费结构变化了，在新的消费点，美国消费者得到了更大程度的满足。国家福利水平由 I_0 提高到 I_1。这便是国际贸易所产生的直接利得。

若进一步分析这一贸易利得的来源，我们可以把这种贸易利得分解为得自参加交换（贸易）的利得和得自参加国际分工进行专业化生产的利得。如图 8－3 所示，当美国只参加贸易而不参加国际分工时，生产点还是 S_0，但消费点达不到 C，而只能达到由生产点 S_0 处引出的一条平行于国际价格线 T_1 的价格线 T' 与另一条社会无差异曲线 I' 的切点 S' 点。这表明美国的生产规模没有变化，而因为参加贸易，消费水平由原来的 50 单位小麦、40 单位布变为 35 单位小麦、55 单位布。国家福利水平由 I_0 提高到 I'。如果美国还参加了国际分工，则生产点就由 S_0 移到 S_1，国家福利水平进一步由 I' 提高到 I_1。可见，若把贸易利得划分成交换利得和分工利得两部分，则由 I_0 到 I' 是美国得自交换的利得，由 I' 到 I_1 是美国得自分工的利得。通常说的贸易直接利得，是这两部分利得之和。

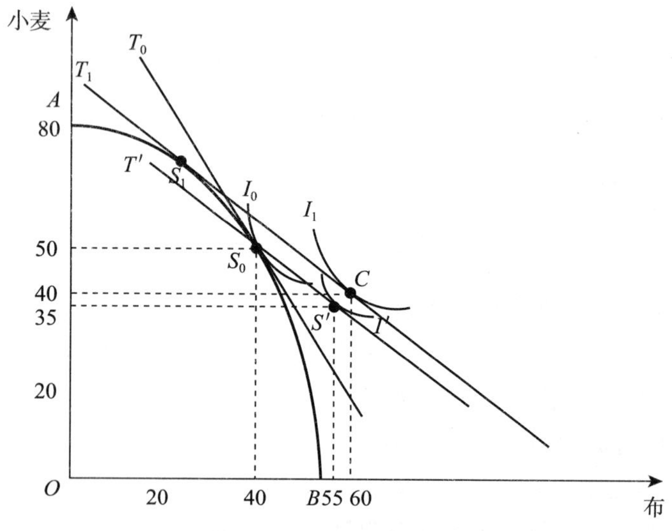

图 8－3　贸易利得来源分析

二、国际贸易的间接利得

1. 国际贸易与市场

(1) 国际贸易使市场扩大。

亚当·斯密在分析对外贸易发展对一国经济的影响时指出，对外贸易为一国的剩余产品提供了出路。因为参加国际贸易的各个国家只出口本国劳动产品的剩余部分或价值无法在市场上实现的产品，所以国际贸易使各国市场扩大，这是贸易间接利得的一种重要表现。

如图 8－4 所示，一国由于经济发展水平低，只能过度集中于低层次的 X 产品的生产，从而造成 X 产品的供给过剩，Y 产品的供给不足。结果生产点在 B 点，消费点却只能在生产可能性曲线之内，假设在 C_0 点。这样，虽然本国的资源得到了充分利用，但它所带来的是低水平效率，因而国家福利水平也很低。

若该国参加国际贸易，剩余的 X 产品在国际市场上找到了出路，并且可以换回 Y 产品，满足国内需求，使消费点变为 C_1，甚至是 C_2（超出生产可能性曲线），国家福利水平将得以提高。

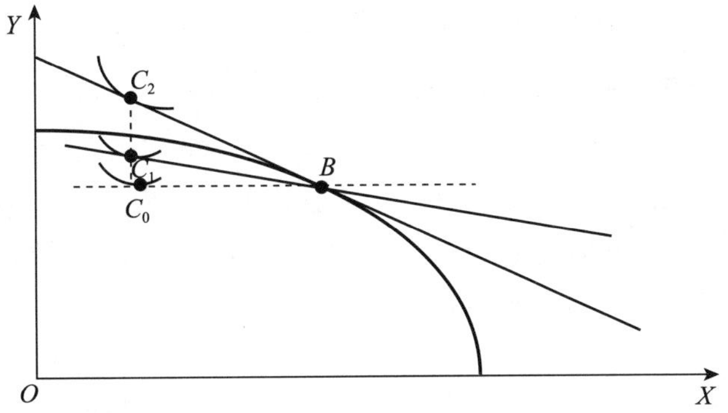

图 8－4　国际贸易使市场扩大

在现实中，一方面，一国总是存在生产要素闲置或使用效率不高的情况，造成这一情况的原因是多方面的，但其中最重要的就是市场的狭小或萎缩。出口本国产品意味着市场的扩大。市场的扩大，必然直接刺激生产规模的扩大，把闲置的生产要素加以利用或提高生产要素的使用效率，使那些处于原始状态的自然资源得以开发，劳动者得以充分就业，机器、设备、厂房的开工率得以提高，等等。这些便是一国经济发展的标志。

另一方面，一国必然存在某些生产要素稀缺的现象。进口产品不仅包括消费品，也包括资本品（如机器、设备）和原材料等有形货物和技术、熟练劳动者、管理知识等广义上的生产要素。因此，当一国在经济发展上受到稀缺生产要素制约时，可以通过进口资本品、雇用外国熟练劳工、聘请外国企业管理人才、购买专利或技术等，扩大本国稀缺生产要素的存量。一般来说，这些进口的生产要素由于都是国内所稀缺的，因此边际生产力都很高，这些生产要素与国内生产要素有效结合，必然对本国的经济发展做出重大贡献。

总之，无论是为扩大市场而出口，还是为增加本国稀缺要素的存量而进口，最终都会导致生产规模的扩大和经济的增长。

（2）国际贸易可以打破国内市场的垄断。

在封闭条件下，发达国家的一些经济部门很容易通过控制产量来控制市场价格，从而形成垄断局面。

假设甲国小麦的生产部门形成垄断，乙国布的生产部门形成垄断，在两国参与国际贸易后，甲国将进口小麦，乙国将进口布，如图 8－5 所示。

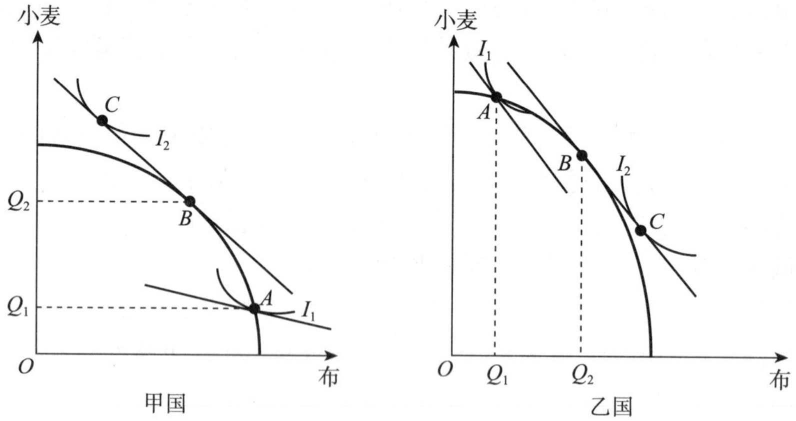

图 8－5　国际贸易对国内垄断市场的打破

在甲国，为了垄断市场，该国的生产者将小麦产量控制在 Q_1，产量低，但价格很高。这时生产点和消费点虽然都在 A 点，但由于是按垄断价格进行消费，社会无差异曲线为 I_1。在该国参加国际贸易后，国外的竞争者打破了国内小麦市场的垄断，于是，甲国小麦生产者不得不把产量提高到 Q_2（按国际价格生产），使该国小麦的生产点提高到 B 点，消费点提高到 C 点。很明显，社会无差异曲线 I_2 高于 I_1。

在封闭条件下，乙国布的生产也形成国内垄断。假设垄断者把布的产量控制在 Q_1，因而价格也较高，这时生产点和消费点虽然都在 A 点，但消费是按较高的价格进行的，社会无差异曲线为 I_1。在该国参加国际贸易后，布的生产者的垄断地位亦被打破，从而刺激该国布的生产者增加产量，一直增加到 Q_2。此时布的边际成本等于国际价格，该国充分发挥了自己的比较优势，生产点提高到 B 点，消费点提高到 C 点，国家福利水平也比以前有所提高（I_2 比 I_1）。

由此可见，国际贸易能够打破国内市场的垄断局面，扩大生产，提高国家福利水平。

2. 国际贸易与产业结构

（1）纵向看，国际贸易会产生产业连锁反应。

任何一个国家的经济，都不是由单一产业而是由多种产业构成的。产业之间不是孤立的而是相互联系的，这种联系可分为前向联系和后向联系两类。所谓前向联系，是指某种产业依靠另一种产业的产出作为投入所形成的一种联系；所谓后向联系，则是指某种产业的产出作为另一种产业的投入所形成的一种联系。

按照比较优势理论，一国参加国际贸易时，应该从事自己具有比较优势的产品的专业化生产，发展自己具有比较优势的出口产业。在国际贸易的推动下，该国的出口产业将会发展成为大规模的现代化产业。而这一产业的崛起，将会作为一种先导产业带动一大批其他产业的发展。一方面，它可以利用其产出作为投入，带动后续产业的发展。另一方面，它又可以推动向其提供投入的前续产业的发展。这就是所谓经济发展中的产业连锁反应。因此，从纵向看，出口产业的建立和发展，可以推动许多相关产业的发展，从而带动整个国家的经济走向繁荣。

（2）横向看，国际贸易可以促进产业结构的调整。

在一国经济中，各种产业要保持一种合理的比例关系，才能使整个经济持续而均衡地向前发展。然而，一国的要素毕竟有限，难以保持经济的均衡发展。因此，处在经济发展过程中的各国，无不在产业结构的调整上煞费苦心。由于经济运行中的自然调整速度慢，见效不明显，因而各国多求助于在外力作用下的强制性调整。国际贸易作为这种外力之一，对一国内部的产业结构调整及经济的均衡发展，起着极其重要的作用。

例如，有些在国际上很有前途的产业，因国内需求不足而萎缩，为扶植这些产业，一国可采取各种措施来扩大这些产业的出口能力，从而使这些产业得以较快发展。

又如，一国通过直接进口本国稀缺的生产要素，建立和发展一些本国急需的产业；一国也可以通过消费品的进口，带动国内产业结构的调整和平衡。

3. 国际贸易与经济增长

20 世纪 30 年代，美国经济学家罗伯逊（D. H. Robertson）提出了国际贸易是经济增长的发动机这一观点。他认为，19 世纪国际贸易的发展是许多国家经济增长的主要原因，将国际贸易摆在经济增长动力源的地位上。20 世纪 50 年代，美国经济学家诺克斯（R. Nurkse）通过对以英国为首的发达工业国家因国际贸易带动了新移民地区国家迅速发展的历史分析，从另一个角度进一步证明了罗伯逊观点的正确性。

1970 年，克拉维斯（I. B. Kravis）明确指出，对外贸易不是经济增长的“发动机”，而是经济增长的“侍女”（handmaiden）。克拉维斯提出强烈批评态度的依据是在 19 世纪经济取得成功的国家几乎都不是以出口导向型增长为标志，而经济发展不成功的外围国家在 19 世纪倒是有相当大的出口扩展，因此贸易扩展不是经济增长的发动机，而是经济增长的侍女。

尽管在 20 世纪初到第二次世界大战这段时间里，发达国家的经济增长并未通过国际贸易对发展中国家的经济增长起到巨大的推动作用（主要是因为发展中国家初级产品的国际市场需求萎缩，贸易条件恶化，加上发达国家的贸易保护主义蔓延，发展中国家的出口增加并未带来国民收入的相应增加，从而造成国民经济的发展远远滞后于对外贸易的发展），但是，在 20 世纪 50—70 年代，国际贸易的迅速发展为发展中国家的初级产品提供了广阔的市场，在发展中国家在国际贸易中的不利地位还不是非常明显的条件下，国际贸易对经济增长的作用还是十分明显的。一方面，因为各国按比较成本规律进行国际贸易，通过两利取重、两劣取轻的办法进行专业化分工，使资源得到更有效的配置，增加了产量，通过交换，各国都实现了高于自己生产的消费量。另一方面，通过一系列动态转换过程，把经济增长传递到国内各个经济部门，从而带动国民经济的全面增长。

第二节 影响国际贸易利得大小的因素

若把国际贸易利得看成一个蛋糕，那么，贸易参加国要想使自己多分一些，必须首先把这个蛋糕做大。

一、贸易参加国之间比较成本的差距

一般情况下，贸易参加国之间边际机会成本的差异越大，贸易利得就越多。

假定世界上只有两个国家：英国和葡萄牙；只生产两种产品：葡萄酒和布。英国倾其资源，只能生产出 100 单位的布或 50 单位的葡萄酒；同样，葡萄牙只能生产出 100 单位的布或 75 单位的葡萄酒。再假设两国的两种产品的边际机会成本是固定不变的，如图 8-6 所示。

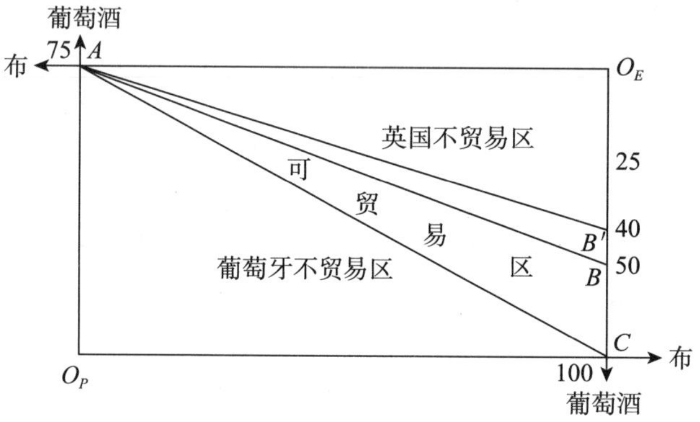

图 8-6 比较成本与贸易利得的大小

在图 8-6 中，O_P 和 O_E 分别为葡萄牙和英国两国的坐标原点，横轴为布的产量，纵轴为葡萄酒的产量，英国的生产可能性曲线为 AB，葡萄牙的生产可能性曲线为 AC。这时，AO_PC 是葡萄牙的生产可能性范围，AO_EB 是英国的生产可能性范围。如果两国根据比较优势理论进行分工，各自生产具有比较优势的产品，葡萄牙专门生产葡萄酒，英国专门生产布，那么，四边形 AO_PCO_E 便是分工后英、葡两国新的生产可能性范围。这个“世界”的生产可能性范围，大于分工前两国的生产可能性范围之和。大出的面积 ABC，就是贸易利得区，即按照比较优势理论进行专业化生产，使产品的产量增加的部分。这一增加的部分，经贸易后被两国瓜分。

很明显，若两国生产 100 单位布的边际机会成本之差，由 75 单位葡萄酒（葡）减 50 单位葡萄酒（英）变为 75 单位葡萄酒（葡）减 40 单位葡萄酒（英），那么，英国的生产可能性曲线变为 AB'，从而使贸易利得由 ABC 扩大到 $AB'C$。可见，双方比较成本的差距越大，贸易量也就越大，从而使可供瓜分的贸易利得区域也越大，即贸易双方的收益越大。

二、贸易双方国家提供曲线的弹性

1. 提供曲线弹性的含义

所谓弹性，是指一个变量的变化率除以另一个变量的变化率。如图 8－7 所示，OA 为 A 国的提供曲线，也表示 A 国对 Y 产品的进口需求量（一个变量）随着交换条件（另一个变量）变化而变化的函数关系。如果用 η 表示 OA 曲线的弹性，用 $\Delta Y/Y$ 表示 Y 产品进口需求量的变化率，交换条件为 Y/X，其变化率为 $\Delta(Y/X)/(Y/X)$，则得出弹性（更确切地说应称为进口需求贸易条件弹性）公式：

$$\eta=\frac{\Delta Y/Y}{\Delta(Y/X)/(Y/X)}=\frac{\Delta Y/X}{\Delta(Y/X)} \tag{8-1}$$

把 $\Delta\left(\frac{Y}{X}\right)=\frac{X\cdot\Delta Y-Y\cdot\Delta X}{X^2}$ 代入式（8－1）可得

$$\eta=\frac{1}{1-Y/X\cdot\Delta X/\Delta Y} \tag{8-2}$$

在提供曲线 OA 上选一点 D，假设 D 点就是均衡点，过 D 点作 OA 曲线的切线与 X 轴相交于 B 点，国际价格线 OT 也过 D 点，那么（Y/X）·（$\Delta X/\Delta Y$）用图中的线段表示则为

$$\frac{Y}{X}\cdot\frac{\Delta X}{\Delta Y}=\frac{BC}{OC} \tag{8-3}$$

代入式（8－2），得出

$$\eta=\frac{1}{1-BC/OC}=\frac{OC}{OB} \tag{8-4}$$

很显然，当 D 点沿着 OA 曲线移动时，B 点、C 点也随之移动，当 D 点移动到 E 点的位置时，由 E 点引出的 OA 的切线 EF 垂直于 X 轴，此时 $OC=OB$，$\eta=1$。

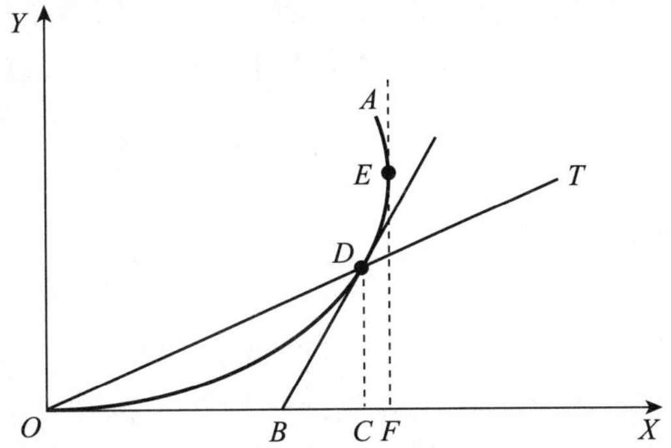

图 8－7　提供曲线的弹性

当 D 点在 OE 段移动时，$OC>OB$，$\eta>1$；当 D 点在 E 点以上移动时，$OC<OB$，$\eta<1$。这里所说的提供曲线的弹性，一般是指其值大于 1 的那部分的弹性。

提供曲线的弹性，也可以用出口供给的变动率除以贸易条件的变动率来表示，称为出口供给贸易条件弹性。一般来说，提供曲线的弹性是指进口需求贸易条件弹性。

2. 提供曲线弹性与贸易利得的关系

由提供曲线的含义可知，提供曲线的弯曲程度越大，弹性越大；弯曲程度越小，弹性越小。如图 8－8 所示，提供曲线 OA、OB 的弹性小于 OA'、OB'的弹性。

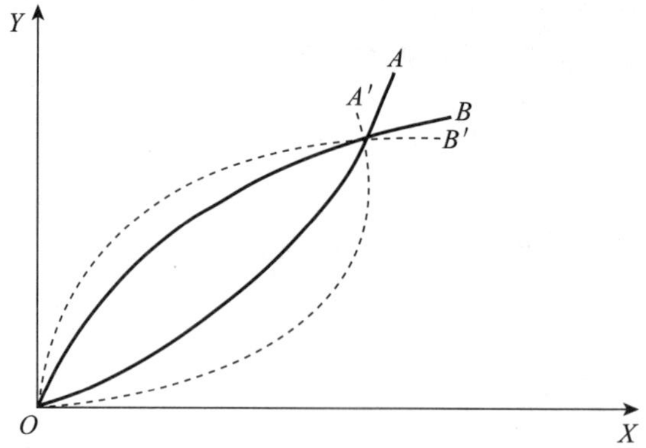

图 8－8　提供曲线弹性与提供曲线弯曲程度及贸易利得的关系

由提供曲线的含义又知，OA'、OB'所表示的两国的成本差距，大于 OA、OB 所表示的两国的成本差距。因而，即使贸易条件不变，OA'与 OB'所表示的贸易利得，也会大于 OA 与 OB 所表示的贸易利得。因此，贸易利得与两国提供曲线所包括的范围正相关。所以，两国提供曲线的弹性越大，贸易产生的利得也就越大，反之，则越小。

第三节　贸易条件与贸易利得分配

如果我们把贸易利得比作一个蛋糕，则贸易条件就是切这个蛋糕的一把刀，或者说贸易条件是分配贸易利得这个蛋糕的切割线。前已述及，贸易条件是指商品的交换条件，即一国在一定时期内，以一定数量的出口商品换回进口商品的数量，也就是古典经济学家所说的国际交换比率。

一、传统的贸易利得分配理论

传统的贸易利得分配理论主要是指新古典学派的贸易理论。最早明确指出国际交换比率（又称比价）对贸易利得分配产生影响的是约翰·穆勒。他的相互需求理论认为，国际交换比率越接近本国国内交换比率，该国所得到的贸易利益越少；国际交换比率越接近他国国内交换比率，该国所得到的贸易利益越多。

在图 8-9 中，O_E 表示英国的坐标原点，O_P 表示葡萄牙的坐标原点，纵轴代表葡萄酒的产量，横轴代表布的产量，贸易条件线 AD（国际交换比率）越趋近葡萄牙的国内价格线 AB，以至最后与它重叠，葡萄牙在贸易中所得到的利益就越少，甚至最后变为零，全部利益为英国所独占。如果贸易条件线 AD 越来越接近英国的国内价格线 AC，情况正好相反，英国得到的贸易利得越来越少，甚至所有利益全部被葡萄牙独占。

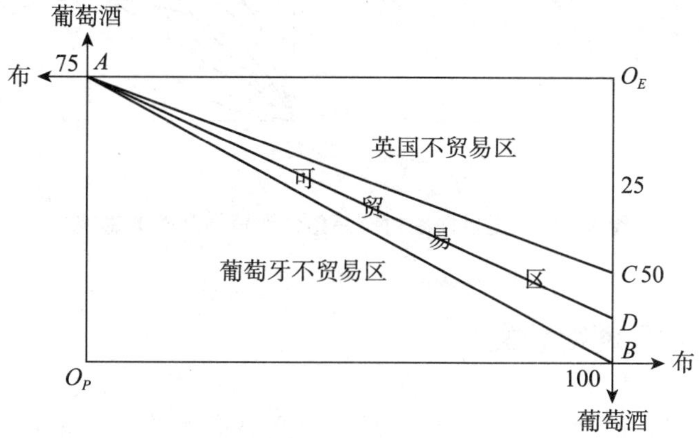

图 8-9　贸易条件与贸易利得的分配

按照传统的贸易利得分配理论，由于发达国家的生产及相互间的贸易占世界总量的绝大比重，故贸易条件一般更接近发达国家的国内交换比率，这样，贸易利得的分配更多地倾向于相对落后的发展中国家。

因此，新古典经济学家认为，国际贸易对相对落后国家的发展具有极大的贡献，这主要体现在：（1）通过贸易可以得到经济发展必不可少的物资（机器设备、原料等）；（2）贸易是技术、管理与经营方法传递的途径与载体；（3）贸易是国际资本流动的通道，可以使资金从发达国家流向发展中国家；（4）贸易可以保持一种自由竞争的环境。

马歇尔根据穆勒的相互需求理论，用现代分析方法得出的提供曲线说明贸易条件对贸易利得分配的影响。在图 8-10(a) 中，OA 为 A 国的提供曲线，OB 为 B 国的提供曲线，OT 为贸易条件线。如果 B 国的提供曲线不变，A 国的提供曲线向外扩展到 OA'，则贸易条件变为 OT'，贸易利得分配就会不利于 A 国而有利于 B 国（A 国为了进口一定数量的 Y 产品必须向 B 国出口更多的 X 产品）。若 A 国的提供曲线向本国进口产品（Y）轴提升到 OA''，贸易条件线变为 OT''，那么贸易利得分配将朝着有利于 A 国而不利于 B 国的方向发展。对于 A 国来说，OT' 意味着贸易条件恶化，OT'' 意味着贸易条件改善，对于 B 国来说，情况正好相反。

在图 8-10(b) 中，若 A 国的提供曲线不变，B 国的提供曲线向外扩展至 OB'，则贸易条件线变为 OT'。若 B 国的提供曲线向本国进口产品（X）轴压低至 OB''，则贸易条件线变为 OT''。显然，OT' 不利于 B 国而有利于 A 国，OT'' 则有利于 B 国而不利于 A 国。由此可以看出，国际交换比率（贸易条件线）离本国进口产品轴越近，越有利于本国。

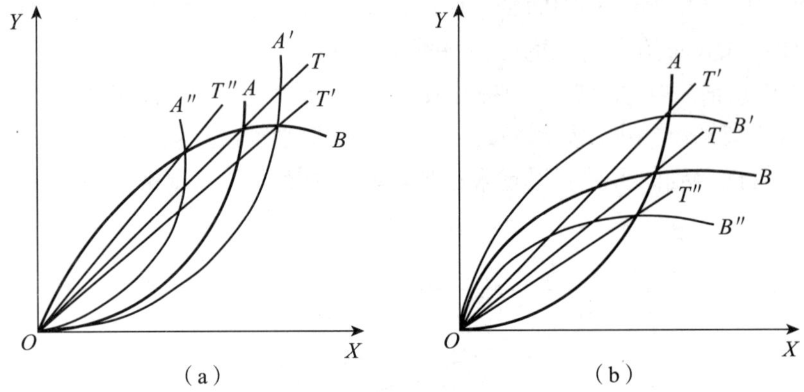

图 8-10　提供曲线对贸易条件和贸易利得的影响

二、交易成本与贸易利得分配

传统和现代贸易理论都假设国际贸易是没有交易成本的。实际上，国际贸易的交易成本是很大的（例如，运输成本一般会占到所交易商品价值的1%以上，有时甚至达到10%以上，特别是对于价值较低的笨重货物，运输成本还会更高），它使贸易利得不仅在贸易国之间分配，而且扩展到参与贸易的利益集团（即为贸易提供服务的各方，如运输、金融、保险、咨询服务等），最终使贸易国预计获得的贸易利益大大减少。

国际贸易发展到今天，几乎涉及社会发展的各个层面，也使得交易成本复杂多样，主要有运输成本、获取信息的成本、金融服务成本以及风险成本，也有因各国设置关税与非关税等贸易壁垒所增加的交易成本，还有因语言、文化、政治制度、经济制度和法律制度不同造成沟通困难所增加的交易成本，以及进出口商为获得各种贸易机会而从事寻租活动所付出的额外成本等。这其中最主要的是运输成本。

如图 8-11 所示，某国在参加贸易前，其生产与消费的均衡点为 A 点，该国在参加贸易后，则在 B 点生产、C 点消费，T 是国际交换比率线或国际价格线。若考虑交易成本，该国所面临的国际交换比率线或国际价格线是 T'，进口商品 Y 的价格相对上升了，则该国会在 B'点生产、C'点消费。很显然，交易成本降低了国内生产的专业化程度，减少了贸易量以及贸易利得。

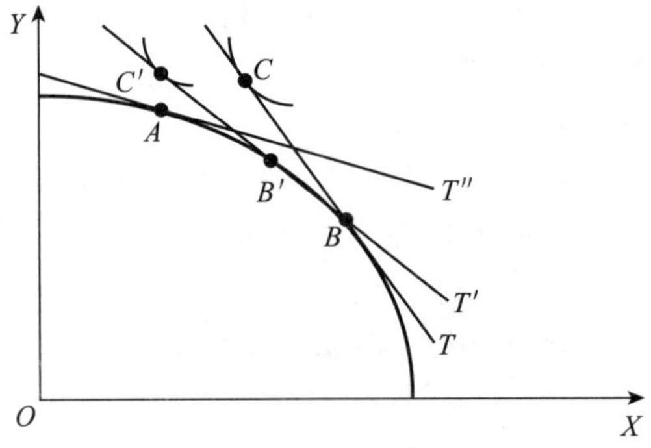

图 8-11　交易成本与贸易利得

若把交易成本的利益获得者称为贸易第三方，预期的贸易利得则被贸易双方和贸易第三方共同瓜分。若交易成本超过贸易双方所能得到的贸易利得之和，则表明贸易利得被第三方独占。这时贸易就会停止。这个使贸易停止的极限数量，可以用下面的例子来说明。

假设在分工前，A 国 1 单位小麦可交换 a 单位布，B 国 1 单位小麦可交换 b 单位布；分工后，若国际交换比率为 1 单位小麦可交换 P 单位布，各国承担的每单位小麦（或布）的运输成本为 F 单位布（或小麦）。如表 8-2 所示。

表 8-2 A、B 两国分工前后小麦与布相对价格的变化

	A 国 布/小麦	B 国 小麦/布	国际市场 布/小麦
分工前	a	$1/b$	—
分工后	$P-F$	$(1-F)/P$	P

对于 A 国来说，贸易后 1 单位小麦所换回的布必须多于分工前，即 $P-F>a$，而对于 B 国来说，贸易后 1 单位布所换回的小麦也必须多于分工前，即 $(1-F)/P>1/b$，联立两国的表达式可得：$F<(b-a)/(b+1)$。由此可见，各国承担的单位运输成本若超过 $(b-a)/(b+1)$，国际贸易就无法进行，自动停止。

这种贸易利得因交易成本的出现而分流的现象，是贸易双方谁都不愿看到的，但却是必然存在的。因此，在预测贸易利得时，一定要注意理论分析与实际运行的差异，尤其不能忽视交易成本对贸易利得所产生的影响。

总之，贸易利得分配会受到各方面因素的影响。如关税与非关税等贸易壁垒不仅会增加交易成本，使各国的贸易利得发生变化，而且会使各国国内各利益集团的利益分配受到影响。

三、使贸易利得分配有利于本国的办法

（1）使本国的提供曲线弹性变大，或使本国提供曲线的弯曲程度不变。由于贸易条件线越靠近一国的提供曲线，国际交换比率越接近该国国内交换比率，这时贸易条件与一国提供曲线所形成的面积，即该国参加国际贸易所应得的利益就越小。在贸易条件不变的情况下，一国提供曲线弹性变大，也会使该国获得更多的贸易利益。要做到这一点，就必须提高出口产品的质量，加强进口替代产品的生产，也就是要扩大本国出口产品的国际需求，同时减少本国对进口产品的需求。

（2）使本国的提供曲线向进口产品轴靠近，亦即在国际市场供求基本不变的情况下，使本国出口产品的生产减少或对进口产品的需求下降。

（3）使贸易对象国的提供曲线向外扩展。要做到这一点，除了要使贸易对象国本身的出口产品大幅增长以外，还必须使其对本国出口产品的需求增加。

第四节 国别差异与贸易利得分配

一、大国与大国的贸易利得分配

国际贸易中的大国概念，是指其进出口在国际贸易中起着举足轻重的作用，对国际价格具有很大的影响力，在一定程度上是国际市场价格的决定者。它与国土面积、GDP、人口、资源等没有直接关系，或者说不是由这些因素决定。

大国的生产比较容易形成规模，从而使边际机会成本递减，在这种情况下，两个大国无论怎样进行国际分工和交换，都会使两国获益。

如图 8－12 所示，在边际机会成本递减（边际报酬递增）的条件下，某国的生产可能性曲线 AB 为一条凸向原点的曲线，在该国未参加国际贸易时，国内的最佳消费点只能是生产可能性曲线与社会无差异曲线相切的 C 点；若该国参加国际贸易，且国际交换比率为 1 单位小麦可换 2 单位布，那么，无论该国集中资源生产哪种产品，都会使消费水平提高到 C'点，相当于将生产可能性曲线扩展到直线 AB，从而获得阴影部分表示的利益。

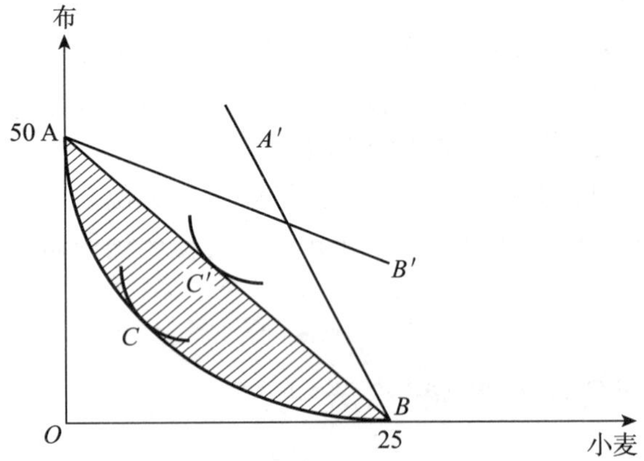

图 8－12 边际机会成本递减与贸易利得

从图 8－12 还可以看出，若国际交换比率为 1 单位小麦可换多于 2 单位的布（用$A'B$表示），该国显然应该在 B 点生产，这时获得的利益最大；若国际交换比率为 1 单位小麦可换少于 2 单位的布（用 AB'表示），该国显然在 A 点生产可获得最大的利益。当两国的比较优势不是很明显时，一般都采取协议分工的方式，也能使双方都从贸易中获益。

二、大国与小国的贸易利得分配

所谓小国，是指该国的对外贸易在世界贸易中无足轻重，该国对国际市场价格不具有影响力，或影响甚小，是国际市场价格的接受者。

目前，大多数经济学理论认为，在比较优势基础上所进行的国际贸易，如果是在一大国和一小国之间发生的，那么，这种贸易会使小国走上高度甚至完全专业化生产的道路，获得大部分甚至全部的贸易利得。

如图 8－13 所示，A 国是一个贸易大国，若其提供曲线在接近原点处近似一条直线，而 B 国是一个贸易小国，其提供曲线相交于 A 国提供曲线的直线部分，这样，A 国实际上是按本国国内交换比率进行贸易，未获得国际贸易直接利得，而 B 国作为价格的接受者获得了全部贸易直接利得。

同时，从图 8－13 可知，若 B 国的国内供给与需求发生变化，使提供曲线发生变化，但其提供曲线只要继续保持与 A 国提供曲线的直线部分相交，就不会使贸易条件改变；若 B 国的出口供给能力大幅增强，致使 B 国的提供曲线与 A 国提供曲线的弯曲部分相交，这时，贸易条件就会发生变化，B 国也由贸易小国变成了贸易大国，贸易利得将被两国瓜分。

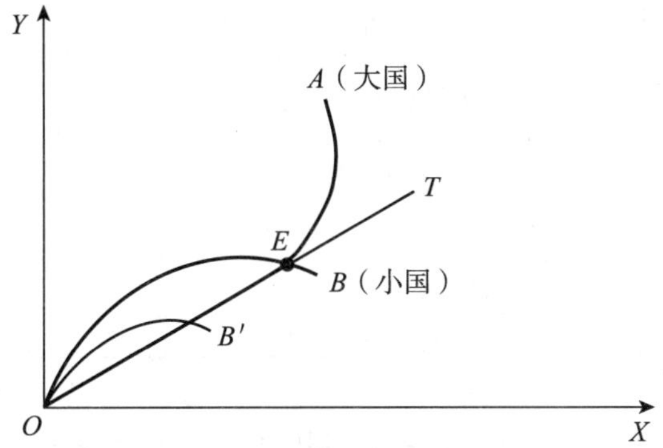

图 8－13　大国与小国的贸易利得分配

既然大国与小国进行贸易时几乎未获得任何利益，那么大国为什么还要参加贸易活动呢？这是因为：

（1）当大国的消费发生一些变动，而它的产业结构又来不及调整时，该大国就会以供给过剩的产品同小国交换国内供给不足的产品。

（2）当大国对产业结构做了一些调整，而消费模式并未发生变化时，该大国为满足国内需求，也会在不获得任何贸易直接利得的情况下与小国开展国际贸易。

（3）虽然大国从与小国的贸易中可能没有获得多少直接利得，但获得了大量间接利得。如生产结构的调整、产业结构的升级、投资规模的扩大、就业的增加和收入水平的提高等。

就小国而言，虽然从贸易中获得了直接利得，但由于是国际市场价格的接受者，其国民经济容易受到大国经济波动的巨大冲击。例如，大国发生消费模式变化或产业结构调整，减少对小国产品的进口时，就会使小国蒙受很大的损失。总之，小国既然是价格接受者，自然就会处于比较被动的地位。

三、发达国家与发展中国家的贸易利得分配

发达国家与发展中国家的贸易越来越具有这样一种明显的趋势：发达国家瓜分到的

贸易利得越来越多，而发展中国家则在贸易中处于越来越不利的地位。原因是多方面的，这里仅就双方提供曲线的弹性加以说明。

发达国家出口的是工业制成品、高技术产品和新开发产品，发展中国家出口的则是初级产品、技术相对落后的产品和劳动密集型产品。在双方贸易时，发达国家的经济越发展、收入水平越高，对发展中国家的出口产品的需求越小，发达国家的提供曲线的弹性一般较大（弯曲程度较大），而发展中国家的经济越发展、收入水平越高，对发达国家的出口产品的需求越大，发展中国家的提供曲线的弹性一般较小（弯曲程度较小）。在图8-14中，*OA* 为发达国家的提供曲线，*OB* 为发展中国家的提供曲线，*OT* 为贸易条件线，已知贸易利得与贸易条件线与提供曲线形成的面积正相关。很显然，发达国家在贸易中所获得的利益远远多于发展中国家。中国与发达国家之间的贸易也基本如此。

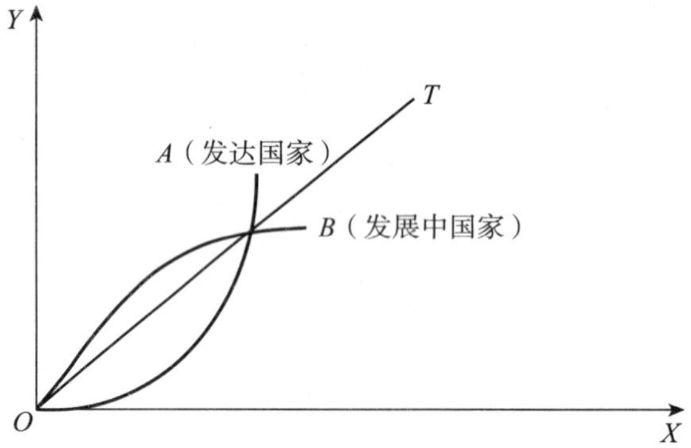

图 8-14　发达国家与发展中国家的贸易利得分配

以上分析完全是以自由贸易为假设前提，不然情况会复杂得多。

第五节　汇率与贸易利得分配

汇率是以一国货币表示的另一国货币的价格。因此，外汇也是一种商品，它的价格同样要由市场上的外汇供需状况决定，并随着外汇供需状况的变动而变动。外汇价格的变动（即汇率的变动），会导致贸易利得的变动，而且是国际贸易中最主要的风险之一，它直接影响贸易利得的分配。

一、汇率变化对进出口商品价格的影响

外汇供给与需求，最终取决于各国的国际收支为差额。当一国的国际收支为顺差时，则外汇供给大于外汇需求，外汇价格就会下降，本国货币相对价格上升，即汇率下降（直接标价法），本币升值；相反，当外汇供给小于外汇需求时，外汇价格呈上升趋势，本国货币相对价格下降，汇率上升，本币贬值。

外汇价格的升降将影响到进出口商品价格，当汇率上升（外汇价格上升），即本国货币贬值时，一方面，以外币表示的出口商品价格下降；另一方面，以本币表示的进口商

品价格上升，进而影响到国际贸易和国内总供给与总需求。以本币贬值为例，传统理论认为，在需求弹性比较高的前提下，本币贬值可以提高进口商品的国内价格、降低出口商品的国外价格。通过这种相对价格的变化，进口会减少，使生产进口替代品的产业得以扩张；出口会增加，使生产出口商品的产业得以扩张。因此，本币贬值可以从这两个方面，在不产生国内物价上涨压力的情况下，带动国内产量和就业的增长。但是在实践中，本币贬值不一定能得到上述理想结果。因为本币贬值通过货币工资机制、生产成本机制、货币供应机制和收入机制，有可能导致同类工资和物价水平的循环上升，并最终抵消本币贬值可能带来的全部收益。特别是在进出口需求弹性较小时，本币贬值虽然直接对进出口商品价格产生很大影响，但对进出口商品数量的影响却并不太大。

二、利用本币贬值改善贸易收支的条件

分析本币贬值对进出口商品价格的影响的核心是进出口供给和需求弹性，它是一种局部均衡分析。在此对本币贬值能够改善贸易收支的假设前提、限制条件和对贸易条件的影响以及经济学家的不同看法做简要介绍。

1. 假设前提

（1）经济处于充分就业状态，国民收入不变，进出口供给弹性是无限的。

（2）变量只有汇率，其他都是常量。

（3）不考虑资本流动的作用及本币贬值的金融效应。

（4）将商品和劳务贸易收支等同于国际收支。

本币贬值改变需求条件或贸易条件，使出口商品价格下降，出口扩大；进口商品价格上升，进口减少。其调节机制为：

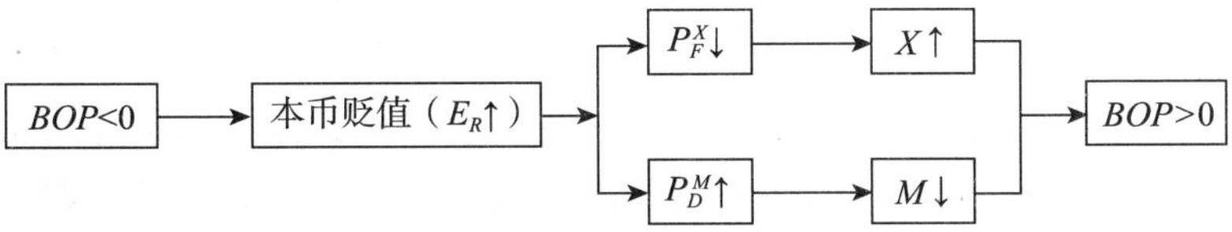

其中，$BOP<0$、$BOP>0$ 分别代表贸易收支逆差、顺差，E_R 为汇率，P_F^X 为以外币表示的出口商品的价格，P_D^M 为以本币表示的进口商品的价格，X、M 则分别是出口、进口商品的数量。

2. 限制条件

（1）通过本币贬值使贸易收支得以改善的条件。

当一国贸易收支出现逆差时，通过本币贬值调整汇率，使贸易收支得以改善。但这要满足如下一些条件：

1）贸易对方不进行报复（不同时使本币贬值），能够接受。

2）本币对外贬值的速度要快于对内贬值的速度，即国内通货膨胀率要低于本币贬值幅度。

3）符合马歇尔-勒纳条件（Marshall-Lerner condition），即在进出口供给弹性无穷大的情况下，只要一国进出口需求弹性之和的绝对值大于1，本币贬值就会改善国际收支

状况。用公式表示如下：

$$|d_X+d_M|>1(s_X=s_M=\infty) \quad (8-5)$$

其中，d_M、d_X 分别表示一国进口、出口需求弹性，s_M、s_X 分别表示一国进口、出口供给弹性。其推导过程从略。①

(2) J 曲线效应——本币贬值的时滞效应。

在短期内，本币贬值并不能立即引起贸易量的变化，不但不能带来贸易收支的改善，反而会导致其恶化（如图 8-15 所示）。J 曲线描绘了本币贬值后贸易收支变动的时间轨迹。产生 J 曲线效应的原因主要是：

1）从进口方面来看，存在进口惯性。进口合同都是事先签订好的，而且存在进口替代滞后，只有找到替代品后才能减少进口。

2）从出口方面来看，存在出口增加时滞。扩大出口存在生产滞后，同时还存在寻求市场等影响因素。出口价格降低但出口数量却没能同步增加，因而导致总的外汇收入反而降低。

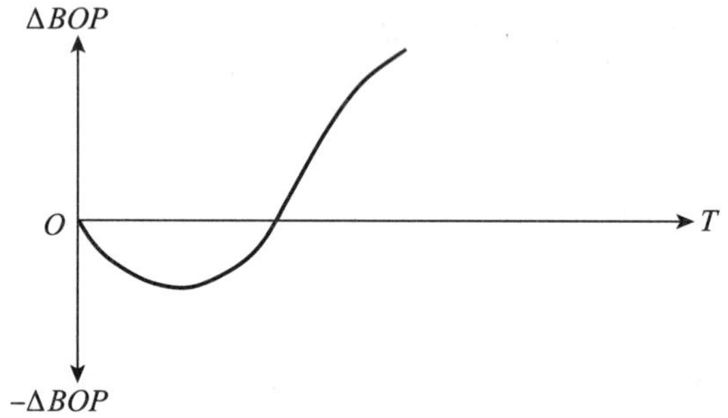

图 8-15 J 曲线效应

3. 对贸易条件的影响

贸易条件是进出口商品价格的比较。本币贬值对贸易条件的影响取决于供求弹性状况：如果出口与进口的需求弹性大于出口与进口的供给弹性，本币贬值在促进出口、抑制进口的同时，使贸易条件得到改善；如果出口与进口的需求弹性小于出口与进口的供给弹性，则贸易条件恶化；如果出口与进口的需求弹性等于出口与进口的供给弹性，贸易条件不变。即：

d_M、$d_X>s_M$、s_X，贸易条件改善

d_M、$d_X<s_M$、s_X，贸易条件恶化

d_M、$d_X=s_M$、s_X，贸易条件不变

由于我们假设进口与出口的供给弹性是无穷大的，即当符合马歇尔-勒纳条件时，在促使出口价格下降、进口价格上升的同时，本币贬值的结果只能是贸易条件的恶化。

4. 简要评价

经济学家对本币贬值的贸易收支效应有很多不同的看法：在 20 世纪 20 年代，本币

① 关于马歇尔-勒纳条件的推导，可参见林德特．国际经济学．北京：经济科学出版社，1992：790-795。

贬值能够改善贸易收支的观点是主流派；到 40 年代，有经济学家认为本币贬值会导致贸易收支进一步恶化，因为进口存在刚性，出口商品需求不旺，降低价格不会使消费量增加多少，出现了悲观论；60 年代后，又出现谨慎乐观派，即认为本币贬值后虽然进出口商品相对价格会较快调整，但贸易量的增加却比较缓慢，在两者之间存在着时间差（J 曲线效应），因此，本币贬值开始时不但不能改善贸易收支，反而使其恶化。但一般经过 3～6 个月或更长一些时间，贸易收支最终会得到一定程度的改善。

目前，虽然关于本币贬值的贸易收支效应仍然存在争论，但多数经济学家认为，当一国贸易收支出现严重逆差时，可以通过调整汇率，使本币贬值来改善贸易收支逆差，最终改善贸易收支状况。

总之，汇率变动对贸易收支的影响是复杂的，从而对贸易利得分配的影响也是复杂的，直接和间接的影响兼而有之，而且对大国和小国的效应不一样，操作起来比较困难。同时，还必须清醒地认识到，在世界经济全球化、区域经济一体化趋势日益增强的情况下，任何一国都难以单独通过本币贬值来改善其贸易收支状况。

本章小结

1. 当今的国际贸易几乎囊括世界上所有国家以及各种利益集团，这有国际贸易理论的推动，但决定性因素在于贸易利益的驱动。对于贸易利得，可以从直接和间接、静态和动态的角度进行分析。如果从静态和动态的角度分析贸易利得，直接利得又可视为静态利得，间接利得又可视为动态利得。

2. 国际贸易的直接利得是指国际贸易本身所产生的利得，如产品价格的变化、生产的扩大、消费的增加等。

3. 国际贸易的间接利得是指通过国际贸易产生并表现在国际贸易之外的其他方面的利得，如市场的扩大、垄断的打破以及产品结构的调整与升级等。

4. 影响国际贸易利得大小的因素主要是贸易参加国之间比较成本的差距和贸易双方国家提供曲线的弹性。

5. 贸易条件是决定贸易利得分配的关键因素，若把贸易利得比作一个蛋糕，贸易条件就是切这个蛋糕的一把刀。贸易条件越接近一国国内交换比率，则越不利于该国。传统的贸易利益分配理论认为，由于发达国家贸易量占世界贸易总量的比重大，故贸易条件很可能接近发达国家的国内交换比率，这样贸易利得分配就越有利于相对落后的发展中国家。

6. 汇率是影响国际商品价格的重要因素。一国为了改善贸易收支状况，往往采取本币贬值的做法，但利用本币贬值改善贸易收支状况要满足一定的条件，如：贸易对方不进行报复；本币对外贬值的速度要快于对内贬值的速度；符合马歇尔-勒纳条件。而且即使本币贬值能够起到改善贸易收支的效果，也仍然存在本币贬值的时滞效应——J 曲线效应。

关键术语

国际贸易利得	直接利得	间接利得	静态利得
动态利得	提供曲线的弹性	贸易条件	交易成本
汇率	货币贬值	贸易收支	马歇尔-勒纳条件
J曲线效应			

复习与思考题

1. 何谓国际贸易的直接利得和间接利得？在现实中，哪种利得可能更大一些？为什么？

2. 影响国际贸易利得大小的因素主要有哪些？

3. 何谓提供曲线的弹性？它与贸易利得有什么关系？

4. 简述贸易条件对贸易利得分配的影响。

5. 汇率变化对国际商品价格有何影响？

6. 利用本币贬值改善贸易收支必须满足哪些条件？

7. 什么是马歇尔-勒纳条件？

8. 什么是J曲线效应？为何出现这种效应？

9. 假定中国的总劳动供给为600小时，生产每单位钢铁 Y 需要4小时劳动，而生产每单位大米 X 需要2小时劳动，中国的福利函数为 $U=XY^2$。

(1) 求封闭经济条件下中国的福利水平。

(2) 假设开放后大米的相对价格为1，求开放后中国的福利水平。

(3) 求开放后中国的分工所得和交换所得。

第九章

要素流动、跨国公司与国际贸易

第一节　要素跨国流动与国际贸易

要素在国家间的流动是国际分工的重要组成部分，并且其相对地位随国际分工的发展而日益突出。要素的流动不仅直接或间接地对国际贸易产生影响，而且它本身就作为联系各国经济的重要渠道在发挥作用。要素的国际流动有劳动力的国际移动、通过国际借贷的资本转移、跨国公司的直接投资以及技术转移等。一般来说，要素的国际流动在政治上比国际贸易更加困难。要素的国际流动受到的限制比国际贸易更多、更严。例如，各国都普遍实施移民政策以对劳动力的国际流动进行限制；许多国家对外国跨国公司的投资持怀疑态度并实行严格的管制。结果是要素的国际流动在实际生活中似乎没有商品的国际贸易那么容易。要素的国际流动毕竟是很重要的，而且越来越重要，因此值得我们对此进行专门的讨论。

一、资本的国际流动

1. 资本流动的两缺口模型

两缺口模型是 20 世纪 60 年代由美国经济学家钱纳里（H. Chenery）提出来的。这一模型从理论上说明了发展中国家利用外资弥补国内资金缺口的必要性。所谓两缺口，是指储蓄缺口与外汇缺口，其推导如下：

由国民收入恒等式

供给：$Y=C+S+T+M$　　(9－1)

需求：$Y=C+I+G+X$　　(9－2)

若 $T=G$，则 $S+M=I+X$，可得

$$S-I=X-M \text{ 或 } I-S=M-X \tag{9-3}$$

当 $I>S$ 时，由于储蓄资金短缺，投资若是不足，将导致经济萧条，失业增加。但要增加投资，这就要靠 $M>X$（逆差）才能平衡。但这样就会既存在储蓄缺口，又存在外汇缺口。因此，为了弥补这两个缺口，就必须引进外资。

两缺口模型的政策含义是，由于发展中国家存在储蓄缺口与外汇缺口，所以用引进外资来弥补这两个缺口，是发展中国家解决国内资金短缺困难的重要途径。因此，积极引进外资或资源具有特别重要的意义。

2. 资本流动的经济效应

在经济学原理中，我们把投资视为一种推迟消费的行为，或者说，进行投资就是用目前的消费去换取未来的（通常是更多的）消费。根据这一解释，我们也可以把国际投资看作一种国际交换，但不像国际贸易理论所描述的那样是用一种商品交换另一种商品，而是用现在的商品去换取未来的商品。

由于边际效用递减假设，随着消费的增加，消费者所获得的总效用随之增加，但总效用增加的速度却越来越慢。在图形上，这一现象表现为总效用曲线在上升阶段斜率越来越小。现在我们假定不存在资本流动，一国的消费完全取决于本国的产出，并且消费倾向是稳定的，那么产出多时消费也多，产出少时消费也少，也就是说，消费水平在各个时期随产出的波动而波动（如图 9-1 所示）。

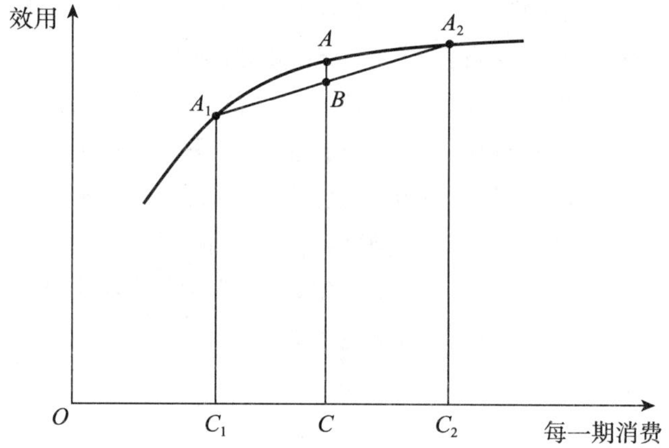

图 9-1 消费与效用

在图中横轴表示单位时间内（如 1 年）的消费水平，纵轴表示效用水平，图中曲线表示消费与效用的关系。在不存在资本流动时，根据假设，在经济不景气的时期，该国的消费水平较低，如图中的 OC_1，而在经济状况较好的时期，该国的消费水平较高，如图中的 OC_2。这样，两个时期的效用水平分别为 C_1A_1 和 C_2A_2。如果我们把两个时期作为一个完整的过程来分析，那么这两个时期该国消费者的平均效用水平为 $(C_1A_2+C_2A_2)/2$。根据平面几何的简单原理我们知道，如果 C 是线段 C_1C_2 的中点，那么 $(C_1A_2+C_2A_2)/2=CB$。也就是说，在不存在资本流动时，两个时期所实现的平均效用水平为 CB。

在存在资本流动时，两国通过现在商品和未来商品的交换就可以平抑消费水平在不同时期的波动。例如，如果经济不景气，那么该国便可以借入资金，即出售未来商品以换取现在商品，从而使消费水平保持在 OC，这样消费者获得的总效用就为 CA；如果经济高涨，那么该国就可以借出资金，即出口现在商品并进口未来商品，这样也可能使消费水平保持在 OC，总效用同样也是 CA。因此，无论产量如何波动，两个时期的平均效用水平都为 CA，与不存在资本流动时的平均效用水平 CB 相比，高出 BA 部分。因此，BA 便是资本流动使效用水平提高的量，也就是资本流动带来的净利益。

资本的流动遵循从报酬率较低的国家流向报酬率较高的国家的规律。因为决定要素价格的是这种要素的边际产量，所以说资本流动的过程必然是资本从边际产量较低的国家流向边际产量较高的国家的过程。在其他条件相同时，决定资本边际产量的因素主要是资本的丰裕程度。那么资本从较丰裕的国家流向较稀缺的国家是如何影响资本的边际产量的呢？回顾要素价格均等化定理，在没有要素流动的情况下，通过商品的流动可以间接地实现要素价格的均等化。如果要素可以直接流动，那么流动的结果自然是使同质要素的价格趋于一致。这一过程将使世界总产出水平提高，当然消费的可能性也就因此而提高，这是资本流动促进福利水平提高的基本机制（如图 9－2 所示）。

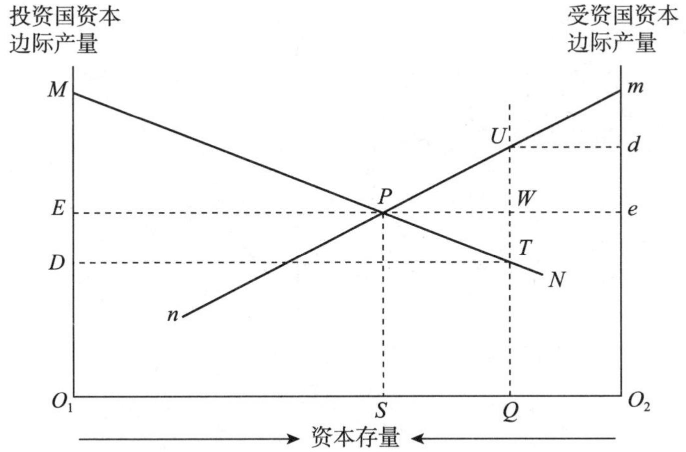

图 9－2　资本流动的效应

我们假定投资国和受资国都是完全竞争的经济，资本的报酬完全由资本的边际产量决定；同时资本流动不受任何限制。O_1 为投资国的原点，O_2 为受资国的原点；横轴表示两国的资本存量，纵轴表示各自的资本边际产量。O_1O_2 的长度表示两国的总资本存量。MN 表示投资国的资本边际产量曲线，这条负斜率曲线同时也代表这个国家的资本需求；mn 是受资国的资本边际产量曲线，它与 MN 具有同样的性质。在资本流动发生之前，投资国利用 O_1Q 单位的资本实现 O_1MTQ 单位的产量；受资国则利用 Q_2Q 单位的资本实现 O_2mUQ 单位的产量。投资国的资本边际产量为 QT，而受资国的资本边际产量为 QU，前者低于后者。由此引发资本从投资国向受资国的流动，当两国的资本边际产量相等时，资本的流动过程便停止。这时有 SQ 单位的资本从投资国流向受资国，两国的资本边际产量同为 $SP=O_1E=O_2e$。

资本流动发生之后，投资国的产量为 O_1MPS，受资国的产量为 O_2mPS。与资本流动发生之前两国的总产量相比，资本流动使两国的总产量净增加了 PUT。这说明，资本流动通过提高资本的边际产量从而增加了世界总产量。投资国的国内产量虽然减少了，但其国民收入却增加了 $SPWQ$，大于其产值损失 $SPTQ$（净增加 PWT）。同时受资国也净增加了 PWU。这说明通过资本流动的自由化，在世界总产量增加的同时，投资国和受资国都有机会分享这一净福利增量。

二、劳动力的国际流动

相比资本的国际流动，劳动力的国际流动更为复杂。劳动力的国际流动是多种因素作用的结果，但主要还是经济因素。因此这种流动也随着经济状况而在方向上有所变化，其中政府政策越来越成为劳动力流动的调节力量。劳动力流动会对劳动力市场产生影响，进而影响一国经济的发展。我们这里主要分析劳动力流动对有关国家劳动力市场的影响。我们不妨考虑两个国家：一是移民移出国 B 国，另一是移民移入国 A 国。劳动力从移出国进入移入国会引起两国劳动力市场上劳动力供给的变化，从而使劳动力价格或工资发生变化。如图 9－3 所示。

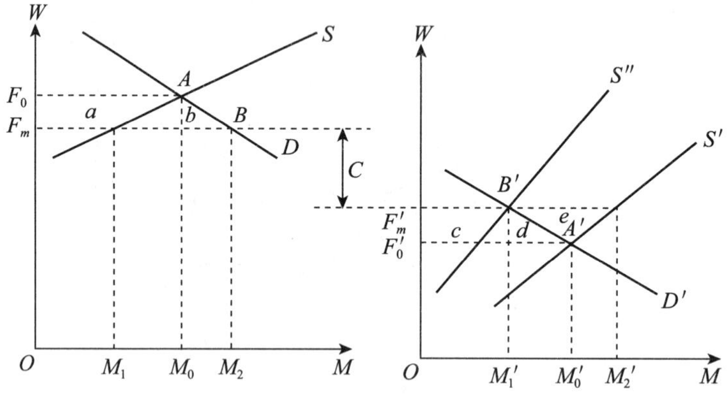

（a）A国　　（b）B国

图 9－3　劳动力跨国流动

图 9－3 显示了两国劳动力供给变动对市场价格的影响。图 9－3(a) 的横轴表示 A 国劳动力的供求 M，纵轴表示劳动力的价格 W，S 表示劳动力的供给曲线，D 表示劳动力的需求曲线。在封闭的劳动力市场条件下，供求均衡点为 A，此时均衡价格为 OF_0，均衡的供求量为 OM_0。

在封闭条件下，图 9－3(b) 表示 B 国劳动力市场的均衡点为 D' 曲线与 S' 曲线的交点 A'，此时均衡价格为 OF'_0，表示每小时工资水平，而均衡的供求量为 OM'_0。显然两国的工资水平有明显的差异，量为 $F_0F'_0$。如果劳动力可以在各国间自由流动，那么工资水平的差异很自然地成为劳动力流动的推动力。B 国的劳动力就会流向 A 国，我们假设这种情况会成为现实，那么大量的劳动力流入 A 国就会引起其劳动力市场上供求的不平衡。与原来的情况相比，在 A 国劳动力的供给显然大于需求，这就迫使劳动力的价格下降，假设降至 OF_m，此时 A 国劳动力的供给从 OM_0 减少到 OM_1，在工资水平下降的情况下，需求增加到 OM_2，供求之间有 M_1M_2 的差别，这一缺口由移入的劳动力来弥补。在此情况下，A 国劳动力的供给者剩余减少了 a 的部分，而 A 国的雇主或劳动力的需求者剩余增加了 $a+b$ 的部分。在 B 国市场上，劳动力的移出使其国内劳动力的供给减少了，劳动力的供给曲线从 S' 移到 S''，劳动力供给的减少使国内劳动力的供求发生了变化，劳动力的国内需求由原来的 OM'_0 减少到 OM'_1，在新的均衡价格 OF'_m 下，B 国国内劳动力的供给由原来的 OM'_0 增加到 OM'_2，但国内只需要 OM'_1，这样就出现了 $M'_1M'_2$ 的供求缺口，这一供大于求的劳动力正好移居 A 国，这一移出量又恰好等于 A 国国内供不应求的数量，即 $M_1M_2=M'_1M'_2$，结果在劳动力市场开放的情况下，A 国和 B 国的劳动力市场都达到了新的均衡状态。

对劳动力的国际流动的经济效应分析，与资本的国际流动基本相似。但在现实中，劳动力流动还受到其他因素的影响。因此，劳动力流动后，两国工资率并不相等，如图中两国工资率仍然相差 C，这被称为背井离乡成本，包括精神补偿以及语言、文化、习惯、风俗、生活环境等差异引起的成本。近年来，美国国家经济研究局的学者就移民对劳动力市场的影响进行了实证考察，发现移居美国的移民在获得工资收益上有这样几个特点：(1) 移民比较集中的地区工资要高于移民比较稀少的地区；(2) 移民时间较长者的工资水平高于较短者；(3) 移民受教育程度高的比受教育程度低的工资水平要高；(4) 白种人移民比黑种人移民和黄种人移民收入水平高；(5) 一般而言，移民的工资水平低于原居民的工资水平，也就是说，比较而言，在美国这样的移入国，移民的第二代比第一代的工资水平要高。因此，实际上在移入国，工资水平远不是完全统一的。

专栏 9-1

中国成为世界上最大的留学生派出国

据中国教育新闻网报道，到 2016 年底，全球留学生总数达到 500 多万人，其中接收外国留学生的国家和地区有 108 个，中国留学生分布在世界 103 个国家和地区。在英国和美国，中国已经成为这两个国家最大的留学生生源国；在英国，中国留学生在 3 年内增长了近 4 倍，总数突破了 1 万人。目前，居中国学生出国留学目的地前几位的国家是美国、英国、澳大利亚、法国、加拿大、德国和日本。

据悉，中国学生出国留学的层次以大学本科和研究生为主，其中自费生占绝大多数。据了解，中国是世界上少数几个拥有公派留学制度的国家，2016 年的公派留学人员大约为 3 万人。有关人士认为，中国留学生增加的主要原因是：中国经济持续增长，各国看好中国的留学市场，纷纷推出招揽中国学生的优惠政策。此外，中国现有的高等教育未能满足社会的需要，这也是中国留学生人数不断增长的一个重要原因。

从 1978 年到 2016 年底，我国各类出国留学人员达 458.7 万人，学成回国的有 265.1 万人；2017 年 3 月 1 日，教育部发布了 2016 年度出国留学人员情况统计，2016 年度我国出国留学人员总数为 54.45 万人，其中自费留学 49.82 万人，占 91.50%；国家公派留学 3 万人，单位公派留学 1.63 万人。与 2015 年度的统计数据相比较，出国留学人数增加 2.08 万人，增长了 3.97%。2016 年度各类留学回国人员总数为 43.25 万人，其中有国家公派的 2.25 万人，单位公派的 2 万人，自费留学的 39 万人。与 2015 年度相比，留学回国人员增加2.34万人，增长了5.72%。随着年度回国人数与出国人数的增长，两者之间的差距呈逐渐缩小趋势。年度出国人数与年度回国人数之比从2015年的1.28∶1下降至2016年的1.26∶1。

截至2007年底，中国出国留学人员已达121.17万人，成为世界上最大的留学生派出国。

2008年4月12日在广西南宁召开的第二届中国留学人员创业园发展论坛上，中国教育部留学服务中心表示，留学归国创业人员越来越多，迄今为止，留学归国创业发展人数已达31.97万人。海归创业有力地促进了知识、资本等生产要素的结合，推动了中国产业加快升级换代，在高新技术与市场经济的结合上已经形成巨大而良好的示范效应。

自2016年6月以来，国务院18个相关部委积极行动，为留学回国人员创业创新"清障搭台"。国家工商总局提出，商标注册申请受理通知书发放时间由6个月内缩短至3个月内。工业和信息化部改进电信业务许可审批工作，以简化企业申请电信业务经营许可程序，减少50%以上的填写内容。而针对申请户口难、子女上学难等问题，公安部、人力资源和社会保障部等部门相继出台落户政策；教育部也有针对性地推动解决留学回国人员子女入学等问题。

新华网信息显示，自1994年全国首家留学人员创业园——金陵海外学子科技工业园在南京成立以来，到2015年底，全国已建成各级各类留学人员创业园超过260个，在园企业超过1.9万个，累计孵化企业超过4万个，有近4.5万名留学人员在园创业和工作。

资料来源：改编自新华网的相关报道。

第二节　跨国公司与国际直接投资概述

一、跨国公司

跨国公司（multinational corporation，MNC；multinational enterprise，MNE；transnational corporation，TNC），是指在两个或两个以上国家（地区）拥有工厂、矿山、生产企业、销售机构或其他资产，在母公司统一决策体系下从事国际性生产经营活动的企业。它可以由一个国家的企业独立创办，也可以由两个及以上国家的企业合资、合作经营，或控制当地的企业使其成为子公司。

根据联合国跨国公司委员会对跨国公司的界定，一个跨国公司应具备下述三个要素：

（1）跨国公司本质上是一个工商企业，组成这个企业的实体在两个或两个以上的国家（地区）经营业务，而不管其采取何种法律经营形式，也不管其经营所涉及的领域。

（2）跨国公司的管理决策着眼于全球，尽管它的管理决策机构的设立主要以某国（某地区）为主。哪里有市场或资源，它就根据需要到哪里投资建厂或设立其他经营机构。在跨国公司的全球决策中，市场占据主导地位：市场决定了工厂、企业的经营策略和经营状况。

（3）跨国公司的经营范围很广，从研究与开发、原料开采、工业加工到批发、零售等再生产的各个环节都被纳入了它的经营范围。它包括的是资本运作的全过程，而不是某个行业或再生产的某个环节。

国际贸易在微观层面是由单个公司来完成的。在前面的内容中我们从国家之间在技术和资源禀赋方面的差别阐述了国际贸易的成因，但还没有对公司的作用进行探析。事实上，相当数量的国际贸易属于公司内贸易（intra-firm trade），即在那些有跨国分支机构的公司内部发生的贸易。据估计，大约 1/3 的国际贸易属于公司内贸易。例如，在 1992 年，美国有大约 1/3 的出口和超过 40%的进口属于公司内贸易。①近年来，跨国公司的投资活动对世界经济贸易发展发挥了举足轻重的作用。随着经济全球化步伐加快，各国政府竞相采取优惠政策吸引外资，大幅削减贸易和投资壁垒，使跨国公司在全球范围内配置资源、扩张经营获得了有利的环境空间。

据统计，20 世纪 70 年代跨国公司的内部贸易占世界贸易的 20%，在 80—90 年代这一比重上升至 30%～40%，目前世界贸易总量中有约 80% 与跨国公司有关。

跨国公司大规模向各地区渗透，进行跨国生产、经营和销售，不仅增加了东道国的对外贸易量，而且其开创的以公司内部分工为特征的国际生产一体化体系，使母公司分支机构间的内部贸易量急剧增长，是当今国际贸易增长的重要组成部分。由于公司内贸易可以大大减少交易成本，所以，跨国公司的生产、销售越来越多地在内部进行。

有跨国分支机构的跨国公司或多国公司，已经成为国际贸易的重要主体。在具体的统计实践中，各国在界定跨国公司时依据的标准有所不同。在美国的统计中，如果一个美国公司股权的 10%以上由外国公司持有，那么该美国公司就被认为由外国跨国公司控制，是外国跨国公司的子公司。在美国由于股权比较分散，所以持有某公司股权的 10%就足以对该公司的决策有决定性的影响力。在另外一些国家，持有的股权比例可能需要更高才能影响公司决策。

二、国际直接投资

在上一节分析要素的国际流动时，我们讨论了资本的国际流动问题，在这里我们进一步深入讨论国际资本流动的一种最重要的形式——国际直接投资。

国际直接投资，又称外国直接投资（foreign direct investment，FDI），是指投资者以获得国外公司的控制权为目的而购买该公司资产，或者在外国设立全资子公司而发生的资本流动。应当注意它与外国证券投资（foreign portfolio investment，FPI）的显著区别。FPI 是国际资本流动的另一种方式，指投资者持有国外公司的证券和其他金融资产，但一般并不享有对该公司的控制权或经营权。二者的关键区别在于 FPI 是由资本收益如利率差异等因素引起的，投资者不享有投票权，具有被动的特点；而 FDI 的目的是利用获得的控制权经营获利，而非从证券市场上获取利差等资本收益，所以具有直接主动的

① Feenstra R C. *Advanced International Trade: Theory and Evidence*. Princeton University Press，2002.

特点。[①] 显而易见，FDI 是以跨国公司为主体来进行的，所以跨国公司也是国际资本流动的重要渠道。

FDI 分为两种。一种是 FDI 流入（inward FDI），指外国投资者获取本国资产或对本国的投资；另一种称为 FDI 流出（outward FDI），指本国投资者获取外国资产或对外国的投资，又称对外直接投资。我们将投资者所在国称为投资国或母国（home country），将投资流入的国家称为东道国（host country）。

据世界银行《2007 年世界投资报告》统计，2006 年全球国际直接投资流入量连续三年呈现上涨趋势，达到 13 060 亿美元，增长 38%。这一数字接近 2000 年创造的 14 110 亿美元的历史纪录，反映出世界很多地区强劲的经济表现。2006 年国际直接投资在所有三大类经济体中均出现增长，包括发达国家、发展中国家和东南欧及独立国家联合体（独联体）中的转型期经济体。

近年来，受新冠疫情等因素的影响，跨国公司进行的对外直接投资有较大幅度的下降。《2024 年世界投资报告》统计数据显示，2023 年，全球国际直接投资（FDI）小幅下降 2%，降至 1.3 万亿美元。排除部分中转效应后，全球 FDI 流量比 2022 年下降了 10% 以上。2024 年，国际投资的全球环境仍面临挑战。增长前景疲软、经济分化趋势等因素正在重塑 FDI 模式，导致一些跨国公司对海外扩张采取谨慎态度。

跨国公司可以通过 FDI 在外国设立子公司或为子公司提供资金，但跨国公司并不仅仅是资金跨国流动的渠道。首先，来自母公司的投资通常只占子公司所需融资的一小部分，子公司所需资金的大部分来自跨国公司之外的借贷或其他投资者，很多时候子公司的资金需求是在子公司所在国解决的。例如，根据统计，2018 年所有 8 万个跨国公司和它们下辖的 80 多万家分支机构在世界范围内的融资总规模为 22 万亿美元，但其中来自跨国公司母公司的直接投资只占 7 万亿美元。

其次，跨国公司向其分支机构提供各种无形资产，比如独有技术、商标品牌、营销能力和管理经验等，主要目标是将其所掌握的无形资产与国外市场的资源优势相结合以获取最大利益，因此跨国公司更关注的是采取怎样的组织形式才能达到这个目标，而 FDI 只不过是实现目标的手段之一。在权衡各方面利弊后，跨国公司可能会采用水平型跨国公司（horizontal multinational）或者垂直型跨国公司（vertical multinational）的组织形式。

简单来说，水平型跨国公司的特点是在两个以上的国家设立生产设施来生产同样的商品，水平型跨国公司设立这些生产设施时所发生的投资称为水平 FDI；垂直型跨国公司的特点是将总部和生产设施分别设立在两个不同的国家，因此发生的投资称为垂直 FDI。

究竟为什么会有跨国公司这样的组织形式出现？FDI 和国际贸易到底是互补关系还是替代关系？是否还有什么其他关系呢？我们将在本章后面的几节里予以讨论。

---

① 随着国际投资的不断发展及投资方式的多样化，简单地仅以投资者是否直接参与企业的经营管理而将国际投资分为国际直接投资和国际间接投资的观点受到了严重挑战。如在证券市场或资本市场参股或购买股票而进行的投资中，当投资者购买的股份很小时，投资者就不能对企业的经营管理进行控制，即无控制权。但如果他们购买的股份已达到控股的程度，这样的证券投资就会变为国际直接投资。因此，我们认为应该把证券投资视为第三大类投资。

专栏 9-2

跨国公司在中国——可口可乐

随着中国经济改革开放的不断深入，跨国公司在中国的投资也从 20 世纪 80 年代的“投石问路”发展到 90 年代后期的“大举进军”。跨国公司进入中国大体可分为三个阶段：第一阶段为 1979—1992 年，跨国公司在中国的活动主要是商品贸易和技术贸易。第二阶段为 1992—2001 年，跨国公司在中国进行了大规模的直接投资，但领域有限。在这一阶段，《财富》500 强企业中有 250 个在中国有直接投资。截至 2000 年底，在外商投资企业就业的人数达到约 2 000 万，占全国城镇劳动人口的近一成。第三阶段是 2001 年中国加入 WTO 以后。中国加入 WTO，对外国公司开放了金融、通信、交通、零售等许多过去一直不允许外资进入的行业。因此，在新阶段出现跨国公司全面进入中国的新局面。

目前，世界 500 个最大跨国公司已有 400 多个入驻中国，它们的投资涉及机械、电子、化工、建材、通信、医药和食品等几十个领域，投资区域从沿海的上海、广东和福建等地向中西部等内陆地区挺进。跨国公司在华投资在规模大、产业新、领域广的基础上，开始呈现出投资目标战略化、投资结构产业化、投资产品系列化和投资趋向配套化的新趋势，在促进中国经济增长、加强人力资本的开发与利用、增加国际收支盈余等方面有非常重要的作用。

全世界最畅销的 5 种饮料中可口可乐公司就占了 4 种，它们是可口可乐、芬达、雪碧和健怡可口可乐。可口可乐公司拥有世界上最大的分销系统，它的软饮料产品畅销世界 200 多个国家和地区。全世界每天消费的可口可乐产品高达 10 亿多罐。可口可乐品牌的价值已超过 470 亿美元。

1. 生产本地化

可口可乐公司很早就进入了中国市场。最早的两家可口可乐瓶装厂是 1927 年分别在上海和天津建立的。到 1948 年，上海的可口可乐瓶装厂已成为美国境外第一家年产超过 100 万箱的瓶装厂。1949 年后可口可乐公司退出中国市场。1978 年中国改革开放后，可口可乐公司是最早重返中国市场的跨国公司之一。1979 年 1 月 24 日，首批 3 万箱可口可乐被运到广州、上海和北京销售。随着可口可乐产品在中国销售范围的扩大，可口可乐公司开始在中国建立罐装厂。

改革开放后第一家可口可乐罐装厂于 1981 年在北京投产，其罐装设备全部由可口可乐公司提供。之后不久，厦门、珠海、大连等城市相继出现了可口可乐罐装厂。到 1992 年，可口可乐公司参与投资建立了 13 个合资企业。1993 年可口可乐公司又同中国轻工业部签署了合作备忘录，愿意长期进行合作，于 5 年中在中国北部及中西部的西安、武汉等城市建立了 10 家罐装厂。1999 年，可口可乐公司又在中国的成都、昆明和太原新建了 3 家瓶装厂，使其在中国的瓶装厂总数达到 24 家，总投资达 8 亿美元。

据统计，到 20 世纪 90 年代末，可口可乐产品已占到中国软饮料市场的三分之一，可口可乐已成为在中国知名度最高的国际品牌，连续多年保持最畅销的饮料品牌。盖洛普调查公司 1997 年的调查显示，81%的中国人知道可口可乐公司。1998 年，可口可乐公司在中国销售了 87.92 亿罐饮料，较前一年增长了 20%。

2. 对中国经济的影响

根据美国南卡罗来纳大学、中国北京大学和清华大学研究人员 1999 年的联合调查研究，1998 年中国的 41.4 万多个就业机会同可口可乐产品的生产和销售有直接或间接的关系。研究还发现，可口可乐公司为中国经济直接注入资金 80 亿元，间接创造了将近 220 亿元的增加值。另外一项主要发现是可口可乐公司对中国税收所做的贡献：在 1998 年，可口可乐瓶装厂上缴利税近 4 亿元。可口可乐公司在中国的经营还间接地增加利税 12 亿元。

另外，可口可乐公司对中国经济的间接影响要远远超过其对中国经济的直接影响。可口可乐公司在中国创造了一个庞大的独立供应商和销售商网络。它几乎覆盖了中国的所有省份。可口可乐公司在中国的合资灌装、制瓶伙伴绝大多数为国有企业。在与这些国有企业合资生产及灌装的过程中，可口可乐公司通过全新的全球营销和管理策略以及最新的生产技术来支持国有企业改革。

资料来源：海闻，林德特，王新奎．国际贸易．上海：上海人民出版社，2003：223-228.

第三节　国际直接投资与跨国公司理论

早期的国际经济学理论是在传统贸易理论即比较优势理论的框架下解释 FDI，认为生产要素相对价格的差异是导致 FDI 发生的原因，这样的解释被普遍接受。但 20 世纪 60 年代后，经济学家开始质疑用传统贸易理论来解释 FDI 和跨国公司的合理性。如果 FDI 是为了追求更高的资本收益，那么为什么寻求外国资产控制权的都是一些公司而不是银行呢？难道银行不是更好的资本流通中介吗？此后出现了用交易成本和内部化等因素来解释 FDI 和跨国公司的理论，并最终由邓宁（J. H. Dunning）整合成了集所有权优势、区位优势和内部化优势为一体的折中理论，该理论成为较完整的 FDI 和跨国公司理论。此外，一些经济学家从知识资本的角度出发，也对为什么会选择水平型跨国公司或垂直型跨国公司的组织形式做出了解释。

一、资本流动性理论

蒙代尔（Mundell）在 1957 年的研究中首先在传统贸易理论的框架下对资本流动做出了解释，他的理论也被称为资本流动性理论。在一个传统的 H-O 模型中，假设 A 国资本充裕，B 国劳动力充裕，根据比较优势理论，显而易见，A 国出口资本密集型产品，B 国出口劳动密集型产品。如果 B 国对进口的资本密集型产品施加关税，那么该产品在 B 国国内市场上的价格就会上升。根据 S-S 定理，B 国生产该产品所密集使用的要素即资本的收益必然上升。在资本具有流动性的前提下，资本就会从出口国 A 国流向进口国 B 国，以求得到更高的收益，因此发生资本的国际流动。

这样的资本流动到什么时候结束呢？均衡状态要求资本收益在两国间拉平。但是，只要有贸易发生，关税的存在就会导致两国间的商品价格总是存在差别，无法满足要素价格均等化定理的前提，两国间的资本收益也就不可能拉平。所以，资本收益差别的存在会使得资本持续从出口国流向进口国，在均衡状态下，两国的资本-劳动比等同，资本的收益也就完全相同，这就意味着两国商品的贸易前相对价格相同，贸易发生的可能性完全消失了，两国经济都回到了自给自足状态。在这种情形下，要素的贸易也就是资本的流动完全取代了商品的贸易，所施加的关税也变得毫无意义。

蒙代尔的分析依据的是 H-O 模型的经典假设和资本具有完全流动性的假设，和现实显然不尽符合。然而，他的分析结果仍然说明了只要资本在国家间仍然具有一定的流动性，即使是小幅的关税也会导致资本在国家间的大量流动。这种由关税引发的 FDI 并不鲜见，在进口替代型国家中经常可观察到。即使在发达国家之间也有不少例子，其中日本汽车制造商为避免高关税而在美国投资设厂就是著名例子。

二、产品生命周期理论

弗农（1966）认为公司对外投资的决策主要是受到其主要产品的生命周期影响。弗农将产品生命周期定义为由三个阶段组成：引入阶段、成长成熟阶段和标准化阶段。弗农理论中的公司指的是位于发达国家的致力于创新活动的寡头企业。

引入阶段指的是新产品首次被引入市场的阶段。在这个阶段，由于不确定国外市场是否对新产品具有长期需求，产品的生产设施设立在本国，产品的销售对象是本国消费者。

第二个阶段是成长成熟阶段，这时国内市场对该产品的需求达到顶点，国外市场对该产品的需求虽然规模不大，但在不断成长。由于国内消费者对该产品变得更为熟悉，同时由于生产效率的提高和生产过程的标准化，产品价格开始下降，导致了国内需求的增长。在这个阶段，厂商面临的竞争日益加剧，逐渐出现国外对该产品的需求以及厂商在国外相应的销售。当创新企业与其竞争者所面临的国内市场最终饱和时，创新企业只有通过增加出口才能维持原先的利润水平。在这个阶段的后期，创新企业会在国外设立生产设施，目的地通常是和本国具有相似收入水平和消费者偏好的发达国家。

最后一个阶段是标准化阶段，这时产品的生产工艺在其他发达国家已成为公开信息，所以产品失去其创新优势。到某个时候，东道国的企业会开始生产替代品，甚至向创新企业的母国出口，所以创新企业会面临日益加大的竞争压力。为了继续使该产品的生产有利可图，创新企业必须在发展中国家建立生产设施，以降低成本。在本阶段的初期，创新企业在发展中国家生产的产品通常并不在当地销售，而是出口到创新企业的母国或其他发达国家。在本阶段的后期，创新企业会试图在发展中国家培育当地市场对该产品的需求。

产品生命周期理论与第二次世界大战后到 20 世纪 70 年代初 FDI 的表现是相吻合的，例如，在这个时期，先是出现了美国公司对西方国家的 FDI 的增长，然后出现了对发展中国家的 FDI 的增长。不过，由于产品生命周期理论认为进行 FDI 只是为了寻求市场，故而也受到了很多批评。其他 FDI，比如基于资源或寻求生产效率等类型的 FDI，产品生命周期理论并未涉及。此外，产品生命周期理论也无法解释在很多情况下新产品在本国市场和国外市场几乎同时上市的现象（第七章已对产品生命周期理论进行了较深入的探讨）。

三、垄断优势理论与区位优势理论

1. 垄断优势理论

1960 年，美国经济学家、麻省理工学院的斯蒂芬·海默（Stephen Hymer）完成了其博士学位论文——《国内企业的国际化经营：对外直接投资研究》，创立了垄断优势理论（monopolistic advantage theory），又称所有权优势理论或公司特有优势理论，这是最早研究对外直接投资的独立理论，之后由麻省理工学院教授、海默的导师查尔斯·金德尔伯格（Charles Kindleberger）在 20 世纪 70 年代对海默提出的垄断优势理论进行补充和发展，形成了一种阐明当代跨国公司在海外投资是因为具有垄断优势的理论。该理论认为，考察对外直接投资应从垄断优势着眼。

海默从对美国跨国公司的实证研究入手，试图运用西方微观经济学中关于垄断竞争的原理来说明跨国公司对外直接投资的动因。除金德尔伯格外，约翰逊（H. G. Johnson）、尼克博克（F. T. Knickerbocker）、贺尔什（S. Hirsch）、鲁特（F. Root）等西方经济学家对海默的垄断优势理论也做出了进一步的发展和完善。由于海默和金德尔伯格对该理论的巨大贡献，垄断优势理论又被称为海默-金德尔伯格传统。

这一理论突破了国际资本流动中完全竞争的假设。海默认为，当时的市场竞争不再是完全竞争，而是不完全竞争。传统的解释国际资本流动的理论是要素禀赋理论，该理论认为各国的产品和要素市场是完全竞争的：资本从资本过剩的国家流向资本稀缺的国家，国际资本流动的根本原因在于各国间利润率的差异，对外投资的主要动机是追求较高的利润率。海默认为，这种理论已不能科学地揭示战后迅速发展的国际直接投资现实。跨国公司从事对外直接投资会遇到诸多障碍，如语言、法律、文化、经济制度的不同，非国民待遇，汇率风险等。与东道国企业相比，跨国公司在这些方面处于不利的地位。既然如此，跨国公司为什么还要进行对外直接投资呢？

海默认为，在不完全竞争市场上，不仅存在价格竞争，而且存在非价格竞争。跨国公司之所以进行对外直接投资，主要原因在于：一是排除竞争；二是利用垄断优势。

首先，不同国家的企业常常彼此竞争，但市场缺陷意味着有些企业居于垄断或寡头垄断地位，因此，这些企业有可能通过同时拥有并控制多个企业而获利。

其次，在同一产业中，不同企业的经营能力各不相同，当企业拥有生产某种产品的优势时，就自然会想方设法将其发挥到极致。这两方面都说明了跨国公司和对外直接投资出现的可能性。

海默还进一步指出，从消除东道国市场障碍的角度来看，跨国公司的优势有一种补偿的作用，亦即它们起码足以抵消东道国当地企业的优势。

这一理论主要是回答一个外国企业的分支机构为什么能与当地企业进行有效的竞争，并能长期生存和发展下去。海默认为，一个企业之所以要进行对外直接投资，是因为它具有比东道国同类企业有利的垄断优势，从而在国外进行生产可以赚取更多的利润。这种垄断优势可以划分为两类：一类是包括生产技术、管理与组织技能及销售技能等一切无形资产在内的知识资产优势；另一类是由于企业规模大而产生的规模经济优势。

海默的导师金德尔伯格对此进一步引申，列出了各种可能的补偿优势，如商标、营销技巧、专利技术和专有技术、融资渠道、管理技能、规模经济等。通过研究，金德尔伯格把美国的垄断优势概括为：

（1）实行横向一体化和纵向一体化的优势。后者使跨国公司对价格有一定的控制力，前者使跨国公司获得外部规模经济的优势。

（2）拥有市场的优势。如获得技术、专利、商标等优势。

（3）由于跨国公司资金雄厚、技术先进和实行全球性经营战略，因而在生产和管理技能、方式上占有绝对优势。

（4）由于面向发展中国家投资，美国的跨国公司具有获得廉价劳动力的优势。

垄断优势理论从理论上开创了以国际直接投资为对象的新研究领域，使国际直接投资的理论研究开始成为独立的学科。这一理论既解释了跨国公司为了在更大范围内发挥垄断优势而进行横向投资，也解释了跨国公司为了维护垄断地位而将部分工序，尤其是劳动密集型工序，转移到国外的纵向投资，因而对跨国公司对外直接投资理论的发展产生了很大的影响。

垄断优势理论对企业对外直接投资的条件和原因做了科学的分析和说明。该理论的最大贡献在于将研究从流通领域转入生产领域，摆脱了新古典贸易和金融理论的思想束缚，为后来者的研究开辟了广阔的天地。

但该理论无法解释不具有技术等垄断优势的发展中国家为什么也越来越多地向发达国家进行直接投资。

2. 区位优势理论

区位选择是企业国际化过程中的重要问题，已成为国际直接投资领域的研究重点。虽然理论界至今还未形成企业国际化区位选择的一般理论，但很多主流国际直接投资理论都包含了区位选择的思想。最初，国际直接投资的区位选择理论以发达国家企业为研究对象，从母国的角度考虑传统的比较优势因素对国际直接投资的影响。20 世纪 80 年代中期后，发展中国家对外直接投资有了很大发展，于是相继出现了许多研究发展中国家国际直接投资的理论，东道国的影响等问题也受到广泛关注。20 世纪 90 年代以来，区位选择研究引入集聚经济的思想，把区位选择理论逐步扩展到产业层面。我们对企业国际化的区位优势理论（location advantage theory）综述如下。

（1）垄断优势与区位选择。

海默开创性地将传统产业组织理论中的垄断理论用于分析跨国公司对外直接投资问题，提出了垄断优势理论，认为一个企业对外直接投资是因为它与东道国的同类企业相比拥有垄断优势。虽然海默的理论没有正面涉及跨国投资的区位选择问题，但包含了跨国公司以竞争力为标准选择东道国的区位思想。在海默提出垄断优势理论后，尼克博克等从不同角度丰富了垄断优势的内涵。尼克博克在 1976 年的研究中提出寡占反应论，认为一个跨国公司在某海外市场投资后，母国或第三国的竞争对手相继而来，将它们在母国或第三国的竞争格局传导至东道国。这种战略跟随现象多发生在寡头垄断型行业中，能很好地解释寡头企业对外投资的区位选择。

（2）相对技术优势与产业区位转移。

弗农的产品生命周期理论认为，新产品从上市起要经历引入、成长成熟和标准化三个阶段。对外直接投资是生产条件、竞争条件等区位因素变化的结果，其过程是技术领先优势与区位优势相互结合的过程。随着新产品依次经历引入阶段、成长成熟阶段和标准化阶段，对应的投资区位也依次从最发达国家向较发达国家，再向欠发达国家转移。对外直接投资通过跨国公司这种载体同时扩大母国和东道国的优势。母国的技术优势与东道国的区位优势都是动态变化的，且以梯度形式实现转移。产品生命周期理论在一段时间内作为产业区位转移理论被广泛接受，但在 20 世纪 70 年代末期受到挑战，因为美国和其他发达国家之间收入和劳动力成本差距的缩小及本土公司日益提高的新产品模仿速度，许多美国公司倾向于在全球多个市场同时推出新产品，而不是遵循首先在国内市场而后再拓展国际市场的模式。对此，弗农在 1979 年撰文指出，这一模型仍适用于刚刚开始国际扩张的公司及处于产品销售初期的公司，也适用于处于像墨西哥、巴西和韩国那样快速工业化国家中的公司。

巴特利特（Bartlett）和高歇尔（Ghoshal）在 1997 年和 1998 年的研究中提出产品创新—接近市场—通过竞争降低成本的跨国投资模式，进一步完善了产品生命周期理论。这一模式修补了传统国际投资理论，验证了发达国家跨国公司的产品、技术、核心能力在国家间转移的特征，对生产管理当地化战略、产品差异与本土化改造、在东道国建立研发基地等从理论上进行了归纳。

小韦尔斯（Wells，Jr.）在 1983 年提出的小规模技术理论和拉尔（Lall）在 1983 年提出的技术地方化理论都强调发展中国家跨国公司具有的竞争优势不是绝对优势而是相对优势。相对于发达国家的跨国公司，发展中国家的跨国公司拥有更加适合当地市场条件的生产技术，因而在同类型发展中国家市场具有竞争优势。相对于欠发达国家，许多发展中国家的跨国公司有相对先进的生产技术，从而具备竞争优势。

坎特韦尔（Cantwell）和托伦蒂诺（Tolentino）在 1990 年进一步研究发展中国家跨国投资的行为，并提出技术累积—技术改变的理论，从技术累积出发解释发展中国家的对外投资行为，从而把对外投资动态化和阶段化。该理论认为，发展中国家的技术能力提高与国际直接投资累积增长相关联。发展中国家应首先在周边发展中国家投资，积累海外投资经验。然后从周边发展中国家向其他发展中国家扩展直接投资。最后，在经验积累的基础上为获得更加复杂的技术，开始向发达国家投资。这个理论比较全面地解释了 20 世纪 80 年代后发展中国家，特别是亚洲新兴工业化国家的对外直接投资现象。因此，具有一定的普遍意义。

小泽辉智在 1992 年提出的动态比较优势投资理论认为，各国经济发展水平具有阶梯形等级结构，跨国投资的模式选择应能激发国家现有和潜在的比较优势，并使其最大化。因此，发展中国家的跨国投资模式必须结合工业化战略，将经济发展、比较优势和跨国直接投资作为互相作用的三种因素结合起来分析。他认为提高经济竞争力的动机是发展中国家从纯吸引外资转变为向海外投资，并把这种转变过程分为四个阶段：第一阶段是吸引外商直接投资阶段；第二阶段是外资流入并向海外投资转型阶段；第三阶段是从劳动力导向的贸易支持型对外投资向技术支持型对外投资过渡阶段；第四阶段是资本密集型资金流入和资本导向型对外投资交叉发展阶段。该理论不仅强调发展中国家在不同发展阶段以不同模式参与跨国投资的必要性，还提出选择原则和实现步骤，进一步丰富了国际直接投资理论。

四、交易成本和内部化理论

交易成本（transaction cost）和内部化理论（theory of internalization）的根源是20世纪30年代科斯关于公司的理论，其基本原理如下：由于公司内部和市场机制在执行不同类型的交易时涉及不同的效率（当市场完善时，市场交易具有最高效率；当市场存在外部性或失灵时，在公司内部交易具有更高的效率），因此它们是公司组织生产可采取的不同形式。当利用市场经济的成本（交易成本）大于在公司内部进行同样活动的成本时，公司会选择内部化的组织形式。

应用在跨国公司方面，如果内部化成本（比如内部交易成本和管理成本等）小于与出口有关的成本，公司会选择将在国外的活动内部化，或者将外国公司收购为己有，或者在国外直接设立子公司，从而形成跨国公司。这样的内部化过程也称为一体化过程。归纳起来，内部化的原因有如下几种：

1. 技术外部性

规模经济是公司实施一体化的一个原因：如果两个公司通过合并就给定资源能够生产更多数量的产品或者降低成本，那么合并就是有利可图的一件事。比如说，一个垂直一体化的炼钢厂在制造薄钢片时就省去了重新加热出炉钢所需的资源。水平型跨国公司也体现出这样的技术外部性：设立公司总部的固定成本只需要在一个国家支付，但却可以为设立在多个国家的生产设施提供总部的有关服务。

2. 交易成本

科斯的交易成本理论也可用来解释内部化。当在市场上完成交易的成本过高时，公司就会选择将交易内部化。具体来说，我们可以用资产特定性和扣押问题来阐述。假设A公司需要一种新投入，它可以要求B公司生产该产品，但对B公司而言，需要花费很多资源来生产和测试该产品。即使B公司设法成功地生产出该产品并出售给了A公司，B公司也无法保证得到足够的补偿来支付设计费用，姑且不论生产成本。如果A公司和B公司能够在开始时就订立合同确定研发成本，那么这个问题就会得到解决。但是在开始时也许根本就很难准确地预测研发成本究竟是多少，因为存在太多的不确定性。

在没有完善合同的情况下，B公司生产的产品也许并不适用于A公司之外的其他公司，这称为资产特定性。如果这种产品更适合A公司，对其他的潜在买方来说并不那么有价值，那么B公司除了将产品卖给A公司之外，别无选择，这称为“扣押问题”。由于这种问题的存在，B公司就会生产一种虽然并不是特别适合A公司，但会被其他买方接受的产品。所以不完善合同导致了低效率的结果。如果效率损失太大，A公司还不如自己设计和生产该产品，也就是说，它会实施垂直一体化，将该产品的生产纳入自己的掌控之下，成为一个规模更大的公司。因此，我们可以看出，一个公司是否实施一体化取决于不完善合同下的市场交易成本。

创立内部化理论的代表性人物英国里丁大学的巴克利（Buckly）和卡森（Casson）以及加拿大学者拉格曼（Rugman）就是沿用科斯的理论而提出内部化理论的。与垄断优势理论不同，内部化理论把市场的不完善归结为市场机制的内在缺陷，并从技术、知识等中间品的特性与市场机制的矛盾入手，论证了跨国公司是经营内部化跨越国界的产物。

3. 市场垄断

另一个实施一体化的原因是抵消市场垄断势力。例如，在 19 世纪晚期，钢铁公司争相收购煤矿以避免支付煤的垄断价格，形成了逆向的垂直一体化，所以公司可以通过一体化来抵消供应商的市场影响力。中国的炼钢厂也在境外收购铁矿来确保矿石来源和免于支付高昂价格。

4. 交易成本与区位选择

交易成本的内部化过程离不开特定的区位条件，只要在某个地方国际资源配置的内部化要比利用市场的成本少，那里就会出现跨国公司。跨国公司通过这种方法就可能把它拥有的特殊优势资本化。贺尔什在 1976 年的研究中从成本的角度建立了企业参与国际竞争的决策模型，以比较简洁的方式说明了企业对外投资的区位条件：企业倾向于在对外直接投资优于对外贸易且强于对外技术转让的区位进行跨国投资。在赫尔普曼、克鲁格曼与马库森等在研究国际直接投资与国际贸易的关系时发现，国际直接投资一般会发生在技术偏好和资源禀赋相似的国家间，从具有垄断优势的企业所在国流向贸易壁垒较高、运输成本较高的国家。

五、国际生产折中理论

一个公司如果预期自己的产品在国外市场有利可图，进入国外市场有如下几种方式可供选择：（1）在本国生产再直接向外国出口；（2）在外国设厂生产并在当地销售；（3）将自己的生产技术转让给当地厂商，让它们来生产以满足当地需求，自己则收取技术转让使用费。那么为什么一个公司会采取第二种方式呢？

对于一个公司来说，到国外设立工厂面临许多固有劣势。首先，和在国内设立公司相比，到国外设立分支机构或公司会发生额外的通信和运输成本，比如越洋电话和旅行等。其次，本国和外国在语言和文化上的差别会带来额外的成本。再次，跨国公司对东道国的商业环境、税法和政府规章等一开始并不熟悉，而当地公司在这方面享有优势。此外，跨国公司面临汇率变化等风险。最后，跨国公司还必须将管理者和技术人员派驻国外，而只有大幅提高工资才能调动这些人的积极性。由于这些劣势，如果一个公司和其竞争对手即东道国公司在各方面完全相同，那么对该公司而言到东道国设厂生产并不是有利可图的事。只有当一个公司具有某种特别优势，并且这种特别优势能抵消并超过固有劣势，使得该公司和东道国公司相比要么成本较低要么回报较高时，该公司才会选择到国外市场设厂生产。

因此，对外国直接投资进行分析必须确认跨国公司所具有的能抵消在国外生产的固有劣势的特别优势。邓宁则提出了公司要到国外进行投资应当具有三个方面的优势，即所有权（ownership）优势、区位（location）优势和内部化（internalization）优势。简单来说，跨国公司以其特有的所有权优势，寻找具有区位优势的东道国进行直接投资，并根据其内部化优势采用适当的组织形式。这种理论被称为OLI范式（OLI paradigm），以强调上述三种优势；同时因为它是三种优势理论的折中，也被称为外国直接投资或国际生产折中理论。我们下面对三种优势逐一说明。

人物介绍 9-1

约翰·邓宁

1. 所有权优势

所有权优势指跨国公司特有的优势，凭借这些优势，跨国公司能够拥有足够的市场影响力以抵消在国外生产的劣势。所有权优势既可以是跨国公司特有的产品或生产工艺，比如专利和技术秘密，也可以是商标和商誉等无形资产，它的一个特点是可以在公司内部跨国流动。

根据邓宁的理论，我们可以将所有权优势分为两类。一类是资产优势，指的是公司所拥有的有形投资或无形资产，例如产品的研发创新能力、技术优势、商标、商誉和生产管理优势等。另一类是跨国公司在跨国生产经营中拥有资源共享和组织协调方面的优势，例如跨国公司和当地公司相比，在规模经济、专业化生产和资源使用效率方面具有优势；此外，和当地公司相比，跨国公司拥有更多的市场机会、销售渠道和更大的经营弹性。所有权优势回答了为什么跨国公司在当地设厂生产而非直接出口的问题。

2. 区位优势

要在国外市场上利用所有权优势获利，跨国公司必须将其所有权优势与当地生产要素结合起来。那么究竟应当选择到什么地方设厂生产呢？由于各国资源禀赋存在差别，各国生产要素的边际生产力和相对价格也存在差别，地理距离的远近会导致运输成本不同，各国的贸易开放程度也有所不同，因此一个公司在决定设立国外分支机构时要综合权衡各国的区位优势。

我们可将影响跨国公司投资地点的区位优势分成三种。第一种是经济优势，包括生产要素的数量和质量、市场的规模和范围、运输和信息交流成本等。第二种是社会和文化优势，包括投资国人民和东道国人民之间的心理距离、对外国人的友善程度、语言和文化差异以及对自由企业的欢迎程度。第三种是政治性优势，包括政府针对FDI流入、国际化生产和公司内贸易的一般性和特定性政策。对于跨国公司来说，最具有吸引力的区位优势具有以下特征：规模巨大、正在成长的高收入市场、低成本、具有充裕的投资国稀缺要素、稳定的政治经济环境、对FDI持欢迎态度以及在文化上和地理上与投资国较为接近。

很明显，不同区位的相对吸引力会随着时间的推移而变化，所以东道国在一定程度上可以加强自己作为FDI吸收地的竞争优势。

3. 内部化优势

所有权优势解释了为什么一个公司要到国外设厂生产，区位优势解释了该公司在何处设厂生产。那么在具有这些优势的前提下，到国外设厂生产是不是一个公司进入外国市场的必经途径呢？

对于对外直接投资有一个明显的替代策略，那就是授权许可一个外国公司生产某产品或使用某生产工艺。那么为什么跨国公司不是省事地将蓝图卖给外国公司或者与外国公司组成合作企业（因为这样做既可以满足当地市场需求，又可以获得许可权使用费），而是大费周折地在外国设立自己的生产设施或者收购外国生产设施为己有呢？之所以如此，是因为在市场不完善或者市场失灵的情况下，和在市场上交易相比，跨国公司的特有优势如产品和工艺等在公司内部能得到更有效的利用，即跨国公司的内部市场比外部市场要更有效率，这被称为内部化优势。所以，内部化优势解释了为什么一个公司会选择跨国公司的组织形式。

总之，所有权优势能够解释企业进行对外直接投资的现实基础，区位优势能够解释企业为什么会到某个特定的国家或地区开展投资活动，内部化优势能够说明在跨国投资的过程中怎样获得实际的经济收益。表 9－1 说明了上述三种优势与经营方式选择的关系。

表 9－1　供应国际市场方式的选择

供应国际市场的方式	优势		
	所有权	内部化	区位
对外直接投资	有	有	有
出口	有	有	无
许可证等特许经营（非股权资源转让）	有	无	无

虽然邓宁的区位优势模型可用来解释对外直接投资的区位选择问题，但由于没有充分指出三种优势的关系而受到批评，特别是没有明确区分所有权优势和内部化优势。阿利伯（Aliber）在 1983 年的研究中批评该模型集中于公司水平的战略而没有考虑币值的变动所引起的市场不完全。因此，后来的学者不断修正该理论，并提出发展中国家不同时具备三种优势仍可能进行对外直接投资，这是因三种优势相互替代产生的。当内部化优势大于所有权优势，且所有权优势小于区位优势，而内部化优势大于区位优势时，内部化优势就弥补了在所有权优势和区位优势方面的不足，就可以在能最大限度发挥内部化优势的国家和地区投资。同理，可发生寻求区位优势或寻求所有权优势的对外直接投资。

该理论较好地解释了跨国公司迅猛发展的原因，但这一理论是对前人理论的综合与折中，并没有很重要的理论突破。当然，这并不妨碍该理论在政策上的重要参考意义。

六、边际产业扩张理论

小岛清在 1977 年的研究中从日本贸易导向的产业政策角度分析日本的对外直接投资，提出了边际产业扩张理论，或称为国际互补原理，从企业比较优势的动态变迁角度解释了日本企业的对外直接投资行为。他将对外直接投资的动机分为资源导向型、市场导向型和生产要素导向型三种。一国应从本国已经或即将处于比较劣势而对东道国来说具有比较优势或潜在优势的产业开始对外直接投资，并依次进行。

小岛清认为，对外直接投资应该从本国（投资国）将陷入比较劣势的产业（可称为边际产业）依次进行，而这些产业是东道国具有明显或潜在比较优势的，但如果没有外来的资金、技术和管理经验，东道国的这些优势又得不到利用。因此，投资国通过对外直接投资可以充分利用东道国的比较优势。日本的传统产业部门之所以能够比较容易地在海外找到有利的投资地，是因为它们向具有比较优势的国家进行投资。小岛清分析了美国与日本两种不同类型的对外直接投资对本国经济和进出口贸易产生的影响。他认为，美国式的对外直接投资属于贸易替代型，而日本式的对外直接投资属于贸易导向型——投资的主要目的是获得东道国的原材料和中间产品，这样可发挥母国和东道国的比较优势，使双方获得利益。

应该说，该理论和日本学者赤松要的雁行形态理论相比，更符合日本现实的国情，反映了当时日本对外直接投资的特点。自 20 世纪 70 年代以来，日本越过进口和国内生产阶段，实现了与欧美发达国家同时开发甚至是先行开发优势产品。

小岛清的这一理论也存在很多缺陷。首先，他把对外直接投资分成两种截然不同的类型——美国式的贸易替代型和日本式的贸易导向型，这种划分无论是在理论上还是在现实生活中都很难站住脚。事实上，随着日本经济和社会的发展以及企业垄断优势的增强，日本的对外直接投资越来越与美国的趋同。其次，他否认了垄断因素在对外直接投资中的作用，回避了发达国家通过对外直接投资维护不合理的国际分工格局的现实。

七、知识资本模型

究竟为什么会出现垂直型跨国公司和水平型跨国公司的组织形式呢？前面提到的跨国公司理论并没有明确地解释。马库森等人建立的知识资本模型则较全面地阐述了公司组织形式的内生机制。

在这一模型中，公司的活动可分成两类：公司特定活动或者总部活动（比如研发、公关、营销、配送和行政管理等）以及工厂特定活动（与生产过程有关的活动），这两类活动分别产生公司特定固定成本和工厂特定固定成本。马库森在 1984 年的研究中强调指出总部活动具有公共产品的特性，因为它们属于在总部（公司）级别的单一投资，但却可在多个生产设施（工厂）中使用。因此，这一模型假设存在与公司特定投入有关的多个工厂的规模经济。

知识资本模型允许公司面临下列选择：建立多个工厂、将总部和单一工厂分散到不同的地方。该模型基于三个基本假设：首先，总部活动可以和生产分开设在不同的地方；其次，总部活动密集地使用高技能工人，生产活动密集地使用低技能工人；最后，总部活动具有公共产品的特性，可以同时被多个生产设施使用。

最后一个假设构成了公司水平的规模经济，也是水平 FDI 的成因；而其他假设则是垂直 FDI 的成因，因为公司会将总部活动放在高技能工人较便宜的地方，将生产放在低技能工人较便宜的地方。

这一模型包括两个国家：母国（h）和外国（f）；两种同质（homogenous）生产要素：高技能工人（S）和低技能工人（L）；两种同质化产品：X 和 Y。生产 Y 产品的产业是完全竞争的产业，具有固定规模经济的特点，密集使用低技能工人 L。生产 X 产品的产业是垄断性竞争产业，具有规模经济的特点，密集使用高技能工人 S。

该模型结果显示可能有多种类型的公司存在。一方面，H 型公司由水平型跨国公司组成，在两个国家都设有生产设施，而总部设立在母国。当两国在规模和要素禀赋方面比较相似以及运输成本较高时，H 型公司占统治地位。另一方面，V 型公司由在母国设立总部且在外国设立单一工厂的垂直型跨国公司组成。取决于运输成本的高低，这些公司也许会也许不会向母国出口。当两国在规模上比较相似，但在要素禀赋上差别较大时，V 型公司占统治地位。在这种情形下，除非运输成本太高，否则总是存在将总部设立在较富有高技能工人的国家，将生产集中到另外一个国家。因此，知识资本模型以两个国家（投资国和东道国）的具体特点来解释公司采取不同组织形式的内在原因。

第四节　国际直接投资与国际贸易关系理论

20 世纪 50 年代，FDI 取代国际借贷成为国际资本流动的主要形式，经济学家开始关注 FDI 这种国际资本流动形式对国际贸易的影响。随着经济全球化的深入发展，FDI 和国际贸易的联系也日益密切，二者都是当前世界经济一体化的重要组成部分。究竟 FDI 与国际贸易是相互替代还是相互促进的关系呢？是否存在其他关系？两者的关系问题在国际经济学中受到很多关注。

联合国贸易和发展会议（UNCTAD）将 FDI 分为三种：资源寻求型、效率寻求型和市场寻求型。这三种不同的投资类型能在一定程度上解释 FDI 与国际贸易之间的关系。

我们在前一节介绍了 FDI 的基本理论，事实上这些理论都对 FDI 和国际贸易的关系做出了相关预测，其中替代效应和互补效应都各有观点支持，而且 20 世纪 80 年代后，随着东南亚对美国市场的出口转变为中国对美国市场的出口，出现了投资的转移效应。

一、国际直接投资与国际贸易的替代效应

从时间上看，FDI 对国际贸易的替代说出现得最早。支持 FDI 替代国际贸易的理论包括要素禀赋理论、产品生命周期理论、国际生产折中理论和新贸易理论中的水平型跨国公司理论。

为了分析资本流动下的国际贸易，1957 年蒙代尔发表在《美国经济评论》上的文章《国际贸易与要素流动》采用了 H-O 模型除要素不流动以外的所有假设，分析资本要素流动以后对国际贸易的影响。因此，蒙代尔提出了要素流动和国际贸易相互替代的著名论断。所谓的要素流动和国际贸易相互替代，是指要素自由流动同商品自由贸易一样都能导致商品价格和要素价格均等化。在导致商品价格和要素价格均等化方面，FDI 和国际贸易之间是相互替代的关系。

在资本流动性模型中，FDI 与国际贸易之间具有替代效应，简单地说就是一种商品可以通过贸易或投资方式进入一国市场，选择了投资便会替代贸易。在自由贸易的前提下，商品相对价格会趋同，导致资源的有效配置，作为生产要素的资本因此不会发生跨国流动。不过，当存在针对资本密集型产品的贸易壁垒时，进口国商品价格的相对上升会促使其国内的资本收益率提高，在资本具有流动性的前提下，资本发生跨国流动，从而产生 FDI，在当地生产销售以服务当地市场。在这种情况下，FDI 和国际贸易之间是相互替代的关系。

弗农的产品生命周期理论认为跨国公司对外直接投资只是为了寻求市场。在产品成长成熟阶段拥有创新技术的公司将生产扩展到相似的发达国家，以拓展当地市场。在产品标准化阶段，当发达国家的市场趋向饱和时，生产被转移到发展中国家，并逐渐培育当地市场需求。因此，总的来看，FDI 取代了投资国向东道国的出口。不过，在产品成长成熟阶段和产品标准化阶段，都存在产品返销投资国的可能，因此也可能引发东道国向投资国的出口。

交易成本和内部化理论指出，如果内部化成本（内部组织成本，比如交流成本、行政管理成本等）低于与出口相关的成本或者进入市场的其他成本，那么跨国公司会将其在国外的活动通过 FDI 来内部化。因此，这种理论认为当外部交易的成本过高时，FDI 会替代投资国向东道国的出口。与此相似，邓宁的折中范式认为当公司具有所有权优势、区位优势和内部化优势时，会选择 FDI 而非其他形式来进入市场，因此 FDI 会替代投资国向东道国的出口。

在水平 FDI 的情形中，由于与出口相关的运输成本过高，跨国公司会选择在国外市场当地设立工厂生产最终产品，以满足当地市场需求，因此，FDI 和国际贸易之间是相互替代的关系。

当 FDI 是水平型投资时，意味着跨国公司在不同国家生产相同的产品或服务，FDI 与国际贸易的关系将是替代性的。在此类模型中，一般来说，不仅投资是水平型的，还假定国家的相似性质（大小、禀赋和技术）、规模经济和运输成本，如霍斯特曼（Horstman）和马库森、布雷纳德（Brainard）等人的论述，以及马库森和维纳布尔斯的进一步发展。尽管布雷纳德考虑的是差异化产品而霍斯特曼等考虑的是同质化产品，这些模型都认为 FDI 和国际贸易之间的最终选择取决于母公司规模经济、交易成本和子公司规模经济间的权衡，高的运输成本和子公司强的规模经济效应偏好水平 FDI。

二、国际直接投资与国际贸易的互补效应

FDI 和国际贸易的互补关系一般存在于垂直 FDI 中，特别是当解释发达国家对发展中国家的 FDI 时。赫尔普曼于 1984 年的研究中在国家间要素禀赋差异的基础上引入跨国公司，建立了一个包含两种产品、两种生产要素的两国模型。跨国公司进行垂直型对外扩张是为了利用源于要素禀赋差异的要素价格差异，投资是单向的，一国仅生产且出口具有要素禀赋优势的产品，进口具有要素禀赋劣势的产品，于是 FDI 将创造国际贸易，即两者存在互补关系；与赫尔普曼不同的是，马库森假定不同国家仅有单一的、同质的

要素禀赋，但规模报酬递增，解释了跨国公司仅在母国进行总部活动但在不同国家分散生产活动的事实，此时，FDI 同样是国际贸易创造型的。

在垂直型跨国公司的情形中，公司总部与产品生产分设在不同的国家。为了完成最终产品的生产，公司总部向工厂提供各项必需的总部服务，导致了公司总部所在国向工厂所在国的出口，而且这类出口属于公司内贸易。另外，工厂生产出来的最终产品会被销往公司总部所在国，或者销往其他国家，因此促进了工厂所在国（东道国）向公司总部所在国（投资国）和其他国家的出口。所以，FDI 和国际贸易之间是互补的关系。

霍斯特曼等还考察了跨国公司和国内公司出口并存的情形，而且混合的均衡更有可能达到。此外，马库森和卡尔等提出的贸易模型包含水平和垂直两种性质的投资，相应地，FDI 与国际贸易存在替代和互补两种效应。

三、国际直接投资与国际贸易的转移效应

从东南亚国家 FDI 的发展实践来看，FDI 与国际贸易之间不只是简单的互补或替代关系，还有可能是 FDI 使国际贸易发生了向第三国的转移。

20 世纪 80 年代以来，东南亚经济体劳动力密集型产业的转移所引致的对欧美等发达经济体的出口，逐步转变为中国对欧美等发达经济体的出口。又如，由于日本和亚洲四小龙对中国的大量投资与产业转移，这些经济体的对美出口大量转变为中国的对美出口，使原来这些经济体对美国的大量出口及顺差转变为中国对美国的大量出口及顺差，严重加剧了中美贸易不平衡。但是，其中的互动关系如何通过建模来得到体现，以及如何通过协整检验、误差纠正模型等得到验证，目前仍然是切合中国国情、非常有价值的研究课题。

第五节　国际直接投资与国际贸易之间关系的经验证据——以中国为例

在上一节我们从理论的角度分析了国际直接投资与国际贸易之间的关系，那么在实际的经济表现中，国际直接投资与国际贸易之间究竟是互补还是替代关系，抑或是转移的关系呢？本节我们从中国改革开放以来大量引进外资的实践这一角度加以阐述。

一、中国的 FDI 流入与贸易增长

改革开放以来，与 FDI 大量流入同时发生的是中国对外贸易额的大幅增加，经过 40 多年的发展，中国在 2021 年成为真正的世界第一贸易大国。

改革开放以来，我国吸收了大量的 FDI，成为世界上主要的也是发展中国家中最大的 FDI 流入国。如表 9-2 所示，改革开放初期，在 1979—1984 年，我国实际利用外资 181.87 亿美元，其中 FDI 为 41.04 亿美元，1985 年我国实际利用 FDI 为 19.56 亿美元，到 2007 年，我国实际利用的 FDI 增长到 747.60 亿美元，到 2021 年又进一步增长到

1 734.83 亿美元。在 1985—2021 年的 37 年时间里，年均增长率达到了 10.2%。

概括起来，FDI 流入我国具有下面几个主要特点：

首先，在 20 世纪 80 年代末 90 年代初，来自发展中经济体（主要是东南亚的新兴工业化经济体）的 FDI 约占 80%，其余来自发达经济体。不过，来自发达经济体的 FDI 比重不断增加，到 2000 年前后，来自欧、美、日等发达经济体的 FDI 所占比重增大到 40%左右。①

表 9-2　1979—2021 年中国实际利用外资额　单位：亿美元

年份	总计	对外借款	外国直接投资	外国其他投资
1979—1984	181.87	130.41	41.04	10.42
1985	47.60	25.06	19.56	2.98
1986	76.28	50.14	22.44	3.70
1987	84.52	58.05	23.14	3.33
1988	102.26	64.87	31.94	5.45
1989	100.60	62.86	33.93	3.81
1990	102.89	65.34	34.87	2.68
1991	115.54	68.88	43.66	3.00
1992	192.03	79.11	110.08	2.84
1993	389.60	111.89	275.15	2.56
1994	432.13	92.67	337.67	1.79
1995	481.33	103.27	375.21	2.85
1996	548.05	126.69	417.26	4.10
1997	644.08	120.21	452.57	71.30
1998	585.57	110.00	454.63	20.94
1999	526.59	102.12	403.19	21.28
2000	593.56	100.00	407.15	86.41
2001	496.72	—	468.78	27.94
2002	550.11	—	527.43	22.68
2003	561.40	—	535.05	26.35
2004	640.72	—	606.30	34.42
2005	638.05	—	603.25	34.80
2006	735.23	—	694.68	40.55
2007	783.30	—	747.60	35.70
2008	952.50	—	924.00	28.50

① 吴国清．中国的 FDI 来源结构及其影响．统计教育，2002（3）：3.

续表

年份	总计	对外借款	外国直接投资	外国其他投资
2009	918.00	—	900.30	17.70
2010	1 088.21	—	1 057.35	30.86
2011	1 176.98	—	1 160.11	16.87
2012	1 132.94	—	1 117.16	15.78
2013	1 187.21	—	1 175.86	11.34
2014	1 197.05	—	1 195.62	1.44
2015	1 262.70	—	1 262.70	—
2016	1 260.01	—	1 260.01	—
2017	1 310.35	—	1 310.35	—
2018	1 349.66	—	1 349.66	—
2019	1 381.35	—	1 381.35	—
2020	1 143.69	—	1 143.69	—
2021	1 734.83	—	1 734.83	—

注：(1) 从 2001 年起不含对外借款数。

(2) 从 2006 年起含银行、证券、保险领域数据。

资料来源：历年《中国统计年鉴》。

其次，流入我国的 FDI 主要集中在制造业。例如，据统计，在 2004 年实际利用的 FDI 中，用于制造业的部分超过了 70%。直到近年来，随着中国国内市场的逐渐放开，流入零售和金融等服务行业的外资才逐渐增加。

再次，多年以来，FDI 流入主要分布在东部沿海经济较发达地区（约占 88%），并且多为出口导向型 FDI。直到近年来 FDI 的流入才较多地偏重于开发我国的国内市场。

最后，随着我国经济的发展以及国内市场的扩张，FDI 的发展势头有所回落。1991—1997 年，FDI 占我国固定资产形成总额的 12.3%，这个数字在 1998 年达到了 13.62%，但到 2006 年，逐渐回落到 8.2%，远低于世界上大型发展中国家的平均水平。

FDI 大量流入对我国对外贸易增长的贡献度不断提高，外资企业进口和出口分别占我国进口和出口的比重达到 50%左右，其中加工贸易占比最高时达到 40%以上。

1978—2021 年，我国货物进出口总额从 206.4 亿美元增长到 60 515.0 亿美元，其中，出口额的增长尤为明显，从 1978 年的 97.5 亿美元上升到 2021 年的 33 640.0 亿美元，增长了 344 倍，出口额年均增长速度达到 14.5%，但 2012 年以来增长速度迅速下滑，且 2015 年和 2016 年进出口甚至出现了负增长。2017 年和 2018 年我国的进出口贸易又出现快速发展，而 2019 年底暴发的新冠疫情导致 2019 年和 2020 年出现迅速下滑，但 2021 年出现大幅逆势增长（见表 9－3）。

表 9-3　1978—2021 年中国进出口贸易的发展

年份	进出口总额（亿美元）	出口额（亿美元）	进口额（亿美元）	较上年增长（%）	
				出口	进口
1978	206.4	97.5	108.9	—	—
1980	381.4	181.2	200.2	—	—
1982	417.8	216.5	201.3	—	—
1984	620.0	261.4	358.6	—	—
1985	696.0	273.5	422.5	4.6	17.8
1986	731.9	309.4	422.5	13.1	0.0
1988	907.3	475.2	432.1	—	—
1990	1 154.4	620.9	533.5	—	—
1991	1 357.0	719.1	637.9	15.8	19.6
1992	1 655.3	849.4	805.9	18.1	26.3
1993	1 957.0	917.4	1 039.6	8.0	29.0
1994	2 366.2	1 210.1	1 156.1	31.9	11.2
1995	2 808.64	1 487.8	1 320.84	22.9	14.2
1996	2 898.81	1 510.48	1 388.33	1.5	5.1
1997	3 251.62	1 827.92	1 423.70	21.0	2.5
1998	3 239.49	1 837.12	1 402.37	0.5	−1.5
1999	3 606.3	1 949.31	1 656.99	6.1	18.2
2000	4 742.9	2 492.0	2 250.9	27.8	35.8
2001	5 097.68	2 661.55	2 436.13	6.8	8.2
2002	6 207.85	3 255.69	2 952.16	22.3	21.2
2003	8 512.1	4 383.7	4 128.4	34.6	39.8
2004	11 547.4	5 933.64	5 613.76	35.4	36.0
2005	14 219.0	7 619.5	6 599.5	28.4	17.6
2006	17 604.0	9 689.4	7 914.6	27.2	19.9
2007	21 738.0	12 180.0	9 558.0	25.7	20.8
2008	25 616.0	14 285.0	11 331.0	17.3	18.6
2010	29 727.0	15 779.0	13 948.0	31.3	38.7
2012	38 671.0	20 487.0	18 184.0	7.9	4.3
2014	43 015.0	23 423.0	19 592.0	6.1	0.4
2015	39 586.0	22 766.0	16 820.0	−2.8	−14.1
2016	36 855.6	20 976.3	15 879.3	−7.7	−5.5

续表

年份	进出口总额（亿美元）	出口额（亿美元）	进口额（亿美元）	较上年增长（%）	
				出口	进口
2017	41 071.4	22 633.5	18 437.9	7.9	16.1
2018	46 224.1	24 866.8	21 357.3	9.9	15.8
2019	45 753.0	24 984.1	20 768.9	0.5	−2.8
2020	46 500.0	25 900.0	20 600.0	3.6	−0.8
2021	60 515.0	33 640.0	26 875.0	29.7	30.1

资料来源：历年《中国海关统计年鉴》。

与贸易额的增加相伴随的是我国贸易结构发生的显著变化。改革开放初期，我国出口的主要是农矿产品等初级产品，进口的是机器设备等生产型产品。现在，我国的出口产品中绝大部分是工业制成品，其中除了传统的纺织类产品外，还包括大量的电器产品等。与此同时，进口产品中消费类产品的比重也在逐渐增加。

事实上，无论是从 FDI 流入的时间、行业还是地域分布来看，FDI 的流入和我国的贸易发展尤其是出口的增长在相当大程度上是一致的。直观来看，我国的经验表明，FDI 流入和贸易具有互补效应。在实证分析中，学者们的研究也表明 FDI 流入对我国的制成品出口具有正面的效应。①

之所以 FDI 流入对我国的制成品出口具有正面效应，是因为相当大部分的 FDI 源于亚洲发展中国家，这些国家的公司在中国投资设厂的目的主要是将中国作为出口平台，将劳动密集型产品和出口导向型企业转移到中国，以利用中国廉价劳动力的优势，因此，这些 FDI 大多流向出口导向型行业。

究竟 FDI 对我国的总体贸易有何影响？这也要看 FDI 流入对我国进口额的影响。大量的出口导向型 FDI 意味着投资国对我国的中间产品以及原材料出口增加。近年来，发达国家对我国的 FDI 逐渐增加，而这类 FDI 的动因主要是利用我国潜在的巨大市场以及规避贸易壁垒，因此，这类 FDI 会替代投资国对我国的出口。不过这方面还缺乏很透彻的实证研究。

另外，关于 FDI 的转移效应，目前还缺乏有力的实证研究来对这一新的研究课题进行分析。

二、FDI 与国际贸易之间关系经验分析的结论

经济学家针对 FDI 和国际贸易之间的关系展开了大量的经验分析，无论是在对美国等发达国家的经验分析方面，还是在对印度、巴西、墨西哥等发展中国家的经验分析方面，结论基本上是一致的，即互补效应的观点得到了更多证据的支持。有的研究使用国

① 沈坤荣，耿强．外国直接投资的外溢效应分析．金融研究，2000（3）：8；江小涓，李蕊．FDI 对中国工业增长和技术进步的贡献．中国工业经济，2002（7）：5－16；李杰．我国利用外资的正负效应分析．经济学家，2004（1）：65－70.

家水平的数据来分析国家间 FDI 的流动是否会影响双边贸易量；有的研究侧重于使用行业水平的数据来验证行业性 FDI 和贸易之间的关系；还有的研究深入到使用公司水平的数据来分析跨国公司投资与公司内贸易之间的关系。从总体上来讲，针对国家水平的研究结果和针对公司水平的研究结果都支持互补效应。针对行业水平的研究则既有支持互补效应的证据，也有支持替代效应的证据。

美国经济学家帕特瑞（P. Patrie）对国际直接投资的动机差异进行的研究结论认为，跨国公司的国际直接投资动机不同，贸易和投资之间的关系也不同。帕特瑞将国际直接投资分成了三大类：市场导向型、生产导向型和贸易促进型。市场导向型直接投资是指跨国公司出于绕过东道国严厉的贸易壁垒或者出于占领当地市场的需要，而对东道国进行直接投资，以适应当地文化、风俗的要求，实现在当地生产、销售。生产导向型直接投资是指跨国公司出于降低生产成本的需要，在拥有一种或多种廉价生产要素，特别是拥有劳动力与土地这些流动性比较差的生产要素的国家进行的直接投资。贸易促进型直接投资是指跨国公司为了更好地配合母公司或总公司的出口贸易活动，提供各种服务而进行的直接投资。进一步的研究表明，只有市场导向型直接投资容易成为贸易的替代。因此贸易替代型直接投资只是国际直接投资的一部分。高水平的贸易保护最有可能导致以逃避关税或占领当地市场为目标的国际直接投资的涌入。生产导向型直接投资和贸易促进型直接投资则会增加投资国和东道国之间的国际贸易。

本章小结

1. 要素在国家间的流动是国际分工的重要组成部分，并且其相对地位随国际分工的发展而日益突出。要素的流动不仅直接或间接地对国际贸易产生影响，而且它本身就作为联系各国经济的重要渠道在发挥作用。

2. 资本的国际流动引起的福利变动是：资本输出国有净收益，资本输入国的劳动力获益、资本受损，但国家整体福利水平上升。

3. 劳动力的国际流动引起的福利变动是：劳动力流入国福利增加，劳动力流出国福利受损，如果包括劳动力本身所得，劳动力流出国的福利也能得到改善，因此，世界整体福利水平提高。

4. 跨国公司是当前世界经济与贸易的重要主体。跨国公司在国际经济中的主要作用是：促进了商品的生产和流通，促进了资本与劳动力的国际流动，也促进了技术的国际转移与外溢。

5. 国际直接投资与跨国公司理论主要有资本流动性理论、产品生命周期理论、垄断优势理论、区位优势理论、交易成本和内部化理论、国际生产折中理论、边际产业扩张理论、知识资本模型等。

6. 国际直接投资与国际贸易之间既存在替代关系，也存在互补关系。随着国际分工格局和国际投资产业的转移，国际直接投资与国际贸易之间还出现了转移关系。当前东南亚国家原先对美国的出口转变为中国对美国的出口就是很好的例证。

关键术语

资本的国际流动	劳动力的国际流动	跨国公司	国际直接投资
垄断优势	所有权优势	区位优势	交易成本
折中理论	内部化优势	边际产业	替代效应
互补效应	转移效应		

复习与思考题

1. 在劳动力的国际流动过程中，对于劳动力本身来说，劳动力流动成本主要有哪些？

2. 假设墨西哥是劳动力充裕的国家，美国是资本充裕的国家，《北美自由贸易协定》签订后，美国的资本大量流入墨西哥。请用局部均衡的方法分析美国和墨西哥两国资本市场各方的利益变动。墨西哥是否能从吸引美国资本中获益？美国呢？

3. 试分析大量外资流入对东道国贸易条件有什么影响。

4. 苹果公司欲向印度出售微型计算机，但印度的进口限制使得苹果公司无法向印度出口，因此，苹果公司决定在印度开设分支机构，但又不愿意将其专利出售或出租给印度厂商。请用跨国公司理论来分析苹果公司的决定。

5. 下列情况哪些属于国际直接投资？哪些不属于？

（1）一个沙特阿拉伯商人购买了价值 1 000 万美元的 IBM 股票；

（2）一个外国商人在纽约购买了一幢公寓楼；

（3）一个法国公司与一个英国公司合并，英国公司的股票持有人将他们的股票换成法国公司的股票；

（4）一个意大利厂商在俄罗斯建造了一座工厂，并根据他与俄罗斯政府订立的合同管理该工厂。

6. 海信集团是一个生产电视机的垄断竞争企业，在电视机生产方面具有一定的技术优势。海信集团是向欧洲国家出售电视机，还是在欧洲进行直接投资并在当地生产、销售更为可取？请对其决策的短期利益和长期利益进行分析。

7. 跨国公司对外扩张的动态过程与产品生命周期理论有哪些异同？

8. 跨国公司的国际生产方式会对收入分配产生何种影响？

9. 结合经济全球化的现实趋势讨论跨国公司对世界资源配置效率的影响。

10. 根据企业进入国际市场的不同方式，讨论发展中东道国在利用外资时应注意的问题。

第十章

国际服务贸易理论

国际服务贸易是当今国际贸易中发展最为迅速的领域，近十余年来，西方发达国家服务贸易的增长速度大都远超商品贸易。随着国际服务贸易的快速发展以及国际服务贸易在国际贸易中的比重日益上升和服务业在各国国民经济体系中重要性的增强，世界各国纷纷加强对服务与服务业的研究并重视发展服务贸易。

第一节　服务、服务业、服务贸易的基本概念

一、服务

1. 服务的概念演进

经济学把满足人们欲望的物品分为自由物品和经济物品。前者指人类无须通过努力就能自由享用的物品，如阳光、空气等，它的数量是无限的；后者指人类必须付出代价方可得到的物品，这种在人类社会生活中占有相当重要地位且数量有限的经济物品有两种基本的存在形式，即实物形态和非实物形态。实物形态的经济物品就是商品或货物(good)，而非实物形态的经济物品则称为服务（service)。在经济生活中对于什么是服务至今尚没有统一的定义。

经典经济学家的服务观点受到他们有关价值决定因素分析的强烈影响。他们认为，服务是不能交换的，服务的生产导致可交换商品产出的减少，所以服务是资源的非生产性利用。重农主义者和重商主义者与许多后来的经典经济学家都依靠劳动价值论与交换价值概念来理解和定义服务。于是，亚当·斯密讲到，两只海狸换一头鹿的市场价格取决于捕获一头鹿要比捕获一只海狸花两倍时间的事实。斯密在《国民财富的性质和原因的研究》中指出：服务生产所使用的劳动并不“将它本身固定或实现在任何特定的物体

上……这个物体在那种劳动过后仍将持续存在，随后还能够购得等量的劳动”。他把“牧师、律师、医生、文人、演员、歌手、舞蹈家”等人的劳动列入非生产劳动范畴，“像演员的对白，雄辩家的演说，音乐家的歌唱这类工作，都是随生随灭的”，另外，“生产劳动却能增加施加劳动的物体的价值”①。

法国的古典经济学家萨伊（J. B. Say）最早定义了服务的内涵和外延。他在《政治经济学概论》（1827）一书中指出，无形产品（服务）同样是人类劳动的果实，我们已经把一切性质的生产劳动全都包括在人类劳动范畴中。②

对服务经济理论做出重要贡献的另一位古典经济学家是巴斯夏（F. Bastiat），他在著名的《和谐经济论》（1870）中写道：“这（劳务）是一种努力，对于甲来说，劳务是他付出的努力，对于乙来说，劳务则是需要和满足。”“劳务必须含有转让的意思，因为劳务不被人接受也就不可能提供，而且劳务同样包含努力的意思，但不去判断价值是否与努力成正比。”③ 巴斯夏还认为服务业是资本，是物。劳动可以归纳为人们彼此提供的服务，因此交换也就是服务的交换。衡量服务有两个标准：一是提供服务的人的努力和紧张程度；二是获得服务的人摆脱努力和紧张的程度。由此可见，巴斯夏的定义比萨伊有更进一步的发展。

由于历史的局限性及当时服务经济还比较落后，上述两位古典经济学家关于服务的解释是晦涩的、不成熟的。随着经济的发展，关于服务的理解也在不断发展和深化。

在西方古典经济学逐步发展的过程中，马克思主义经济学也在日趋成熟。服务经济理论逐渐成为马克思主义经济学的重要组成部分。马克思是这样界定服务的：“服务这个名词，一般地说，不过是指这种劳动所提供的特殊使用价值，就象其他一切商品也提供自己的特殊使用价值一样；但是，这种劳动的特殊使用价值在这里取得了‘服务’这个特殊名称，是因为劳动不是作为物，而是作为活动提供服务的……”④ 马克思的定义首先肯定了服务是使用价值，是劳动产品，是社会财富，可以投入市场进行交换。其次，指出了服务同其他商品的差别只是形式上的，商品具有实物形式，而服务则体现为一种活动形式。

英国经济学家费希尔（Fisher，1939）和克拉克（Clerk，1940）提出了经济增长阶段模型。在分析中，他们把原料生产视为“第一级”，把商品制造视为“第二级”，把服务视为“第三级”。原料生产之所以被认为是第一级，是因为没有原料就不可能有任何商品制造，因此第二级的产出取决于第一级的生产。之所以把服务称为第三级，是因为当时可能含有服务的重要性较低的意思，第三级的产出取决于第一级和第二级的产出。为了使这种分类方法具有可操作性，他们采用了剩余分析法——凡不认为是农业和工业制造部门的产出，就属于服务部门的产出。显然，这种分类方法太笼统，没有抓住商品同服务区别的根本所在。

第二次世界大战后，特别是 20 世纪 60 年代以来，服务经济的迅猛发展引起了世人

---

① 斯密．国民财富的性质和原因的研究．北京：商务印书馆，1974：303－304.

② 萨伊．政治经济学概论．北京：商务印书馆，1963：127.

③ 巴斯夏．和谐经济论．北京：中国社会科学出版社，1995：85.

④ 马克思，恩格斯．马克思恩格斯全集：第 26 卷（Ⅰ）．北京：人民出版社，1972：435.

的极大关注，对服务经济的研究愈发深入，对服务概念的理解也越来越多样化，但其中大多仍是描述性的定义。

富克斯（Fuchs）最早对战后美国的服务经济进行了经典研究。他指出，服务就是生产的一刹那消失，它是在消费者参与的情况下提供的，“货物产品能够储存，而服务产品则不能，这可能是二者的最主要的区别”①。富克斯的定义实际上是一种特征性定义。

现在，经济学家经常采用希尔（Hill）② 的定义：一项服务生产活动是这样一种活动，即生产者的活动会改善其他一些经济单位或个人的状况。这种改善可以是消费单位所拥有的一种或一些商品的物质变化；另外，改善也可以关系到某人或一批人的肉体或精神状态。不管在哪种情况下，服务生产的显著特点是，生产者不是对其商品或本人增加价值，而是对其他某一经济单位的商品或个人增加价值。可见，希尔是从服务生产者入手来解释什么是服务。他接着阐述道：“服务应向某一经济单位提供，这一点是服务观念所固有的。这和商品生产形成鲜明的对照，在商品生产中，生产者也许没有谁将获得他正在制造的商品的想法。一个农民可能在同其最后雇主完全隔离的情形下种庄稼，然而一个教师却不可能没有学生而从事教学。就服务来说，实际生产过程一定要直接触及某一进行消费的经济单位，以便提供一项服务。”希尔进一步解释道：“无论提供的服务性质如何，贯穿一切种类服务生产的一个共同要素是，服务在其生产时一定要交付。这就成为它同商品生产的根本区别，在商品生产中没有这样的生产限制。另外，服务在其生产时一定要由消费者获得，这个事实意味着，服务是不能由生产者堆到存货中去的。”希尔反对对货物和服务不加区别的观点，或像马歇尔指出的那样，服务是非物质商品的观点。他指出，当商品的产出明晰的时候，就很容易进行量度，而服务的产出则不能。希尔宣称：“要量度大多数融入物质单位的服务是不容易的，因此，它们的价格也是模糊和扭曲的。”

苏联经济学家 M. 沙洛特科夫在 1980 年出版的《非生产领域经济学》一书中阐述道：“劳务具有双重定义。第一，劳务可解释为作为活动所消费的劳动的一种特殊使用价值。第二，如果劳务同收入相交换，劳务可理解为非生产性劳动的形式。”这一定义与马克思的定义如出一辙。

鲍莫尔（Baumol）在 1985 年的研究中提出了三种广义的服务，即不移动的个人服务（如理发）、移动的个人服务（如电子通信）和渐动的个人服务（前两种的混合）。渐动的个人服务如计算机服务，它涉及计算机软件开发（不移动的个人服务）和计算机硬件服务（移动的个人服务）。

桑普森（Sampson）和斯纳普（Snape）在 1985 年的研究中通过有关贸易的形式来寻求对服务的分类。他们提出，对于某些服务，比如旅游和医疗服务，服务的生产者和接受者都要移动，这与希尔所称的服务必须在其生产地消费的主张一致。可是，桑普森和斯纳普不认为生产者或接受者的移动对服务的定义是至关重要的，因为通过邮政、电话或计算机联网能够提供一些非接触式服务，像银行、保险或技术咨询等服务可以是由

---

① 富克斯．服务经济学．北京：商务印书馆，1987：177.

② Hill T P. On Goods and Services. *Review of Income and Wealth*, 1977 (23): 315 - 338.

一个国家向另一国家的消费者提供。

兹韦费尔（Zweifel）在1986年的研究中提出，在希尔定义的基础上，对服务的定义必须附加限制条件，即所受服务的产品要有一致性。兹韦费尔附加限制条件的动机是在服务过程中，货物产品不能失去其一致性，服务的消费者在生产过程中的任何一点必须能够辨认和指出他的货物产品。

瑞得尔（Riddle，1986）提出："在服务为服务接受者带来一种变化时，它是提供时间、地点和形态效用的经济活动。服务是靠生产者对接受者有所行动而产生的；接受者提供一部分劳动，以及（或者）接受者与生产者在相互作用中产生服务。"①

市场营销学大师科特勒（P. Kotler，1986）将服务定义为："一方能够向他方提供的在本质上是无形的，可不带来货物所有权转移的某种活动或利益，其生产也许受到货物产品的约束，或不受约束。"② 关于科特勒的定义有两点需要注意：第一，无形或有形，只是形式，而不是本质；第二，所有权（或产权）明确界定是进行市场交易的基本前提。服务活动是不会带来货物所有权转移的，服务的一方是否愿意为被服务的一方提供服务，往往是有条件的，并不是无条件的。如果服务的一方对服务活动不拥有所有权，服务的商品化、市场化就无从谈起。

精确定义服务的问题也在很多其他文献中被研究过。克拉维斯在1983年的研究中认为，人们提出的各种服务定义常常存在不足的原因是试图在货物和服务之间划清界限，因为总能发现一种服务不适于任何所提出的定义。这可以解释某些学者放弃研究定义问题，而简单采取把通常称为服务的活动罗列出来的办法。

从上述许多定义和分类方法中我们似乎可以看出，还没有一致而又精确的服务定义。英曼（Inman，1985）指出："像美丽一样，服务活动的定义常常取决于观看者的眼睛。"③ 确定的和广泛接受的定义是否能够得到还不清楚，尽管人们普遍认为服务在某些方面与货物是根本不同的。现在各国经济学家都在努力尝试使服务的定义和分类能更普遍地为大家所接受，遗憾的是这种尝试似乎都失败了。正如1982年诺贝尔经济学奖得主施蒂格勒说过的，在服务行业的界限或分类问题上，不存在任何权威的一致意见。美国服务经济学家富克斯还指出，甚至在同一作者的著作中也有明显的划分不一致的情况。所以，关于服务的定义及分类问题还有待于在实践中进一步探索与统一认识。

尽管对服务的定义还没有定论，但我们可以综合上述定义得到一个比较简单而又明确的服务定义：服务是对其他经济单位的个人、商品增加价值，并主要是以活动形式表现的使用价值或效用。

2. 服务的基本特征

对服务特征的把握与理解和对服务概念的解释一样，说法不一，但大同小异，互为补充。人们一般认为服务有四个特征：服务的买者和卖者之间的关系和产品使用的不确定，即在消费、使用服务时，卖者的参与是不可或缺的；生产和消费的相互作用，即生

---

① Riddle D I. *Service-Led Growth*: *The Role of the Service Sector in the World Development*. Praeger Publishers，1986.

② Kotler P. *Principles of Marketing*. Upper Saddle River：Prentice-Hall，1986.

③ Inman R P. Introduction and Overview//*Managing the Service Economy*. Cambridge University Press，1985：4.

产和消费的同时性；服务不能贮存，难以运输；制定统一行为标准相当困难。服务的四个基本特征亦可表述为：无形性、同时性、不可贮存性、异质性。

概括起来，服务主要有以下与商品显著不同的特征：

（1）服务的无形性。服务一般是无形的。商品的空间形态是确定的、直接可视的、有形的；商品的生产、供应和消费伴随着它的空间形态而产生、转移和消失；人们通常还可以根据商品的空间形态直接判断它的价值或价格。服务的空间形态基本上是不固定的、无法直接可视的、无形的。一般情况下服务提供者无法向顾客介绍空间形态确定的服务样品，服务消费者在购买服务之前往往不能感知服务，在购买之后也只能感知服务带来的结果而不是服务本身。但服务的无形性特征也不是绝对的，随着科学技术的发展，一些服务产品也有形化了。加拿大经济学家格鲁伯和沃克提出了物化服务（embodied service）的概念。[①] 例如，唱片、软盘、书籍、图纸、电影胶片等作为服务载体的实物，其价值相对于提供的整个价值来说可以忽略不计，其价值主要是服务，这就是无形服务的有形化。

（2）服务的同时性。服务的生产和消费是同时进行的。商品一旦进入市场体系或流通过程便成为感性上独立的交易对象，生产过程在时间上和空间上同它分割开来。而服务要求服务的提供者或（和）购买者不能与服务在时间上或（和）空间上相分离，如理发。当然，在物化服务的情况下，服务的生产和消费有可能发生分离。

（3）服务的不可贮存性。商品可以在被生产出来后和进入消费之前这段时间处于库存状态，而且这不一定给商品生产者带来损失。而服务一旦被生产出来，一般不能长久搁置，也就是说不可能处于库存状态。服务不被使用，则既不能给购买者带来效用，也不能给提供者带来收益。例如，列车、飞机、电影院的空位不会产生服务收入；商店、餐馆、银行如果没有顾客光临就会带来巨大的经济损失。但是随着科学技术的发展，无形的服务有时也可以贮存。所谓贮存，可以分为时间上的贮存和空间上的贮存。服务在时间上的贮存，也就是说服务是在购买时消费还是在购买后某个时间消费。例如，购买保险就可以在一段时间内消费，这一服务的某些方面是在购买后整个有效期内消费的，比如购买以后获得的安全满足感；这一服务的另一些方面是在整个有效期内的某些情况下消费，比如要求得到赔偿。服务在空间上的贮存，是指对一些现场活动的替代服务。例如，足球比赛的替代服务，我们可以投入一些与电视转播有关的要素，使人们不用到现场，而是坐在家里看电视就可以观看比赛。

（4）服务的异质性，即同种服务的质量差别。商品的品质和消费效果通常是均质的，同样品牌的食品和服装，其品质和消费效果基本上没有差别。而同种服务的品质和消费效果往往存在显著差别。这种差别来自供求双方：其一，服务提供者的技术水平和服务态度往往因人、因时、因地而异，他们的服务随之产生差异；其二，服务消费者对服务也时常提出特殊要求，所以，同种服务的一般和特殊的差异是经常存在的。统一的服务标准只能规定一般的要求，难以确定特殊的、个别的需要。这样，服务质量就具有很大的弹性。服务质量的差异或者弹性，既为服务行业创造优质服务开辟了广阔的空间，也

---

① 格鲁伯，沃克．服务业的增长：原因与影响．上海：上海三联书店，1993.

为劣质服务留下了活动余地。因此，与能够执行统一标准的商品质量管理相比，服务的质量管理就困难得多、灵活得多，因此也往往导致寻租等外部性的存在和蔓延。

如果我们把服务的异质性、无形性和同时性结合起来，还可以看出服务与商品的另一个感性差异，即购买商品能够获得的品质和消费效果是可事先预期的，是相对确定的，而购买服务能够得到的品质和消费效果则是难以事先预期的。也就是说，与商品相比，服务具有较强的经验特征和信任特征。

二、服务业

1. 服务业的含义及分类

服务业是生产或提供各种服务的经济部门或企业的集合。服务业是一个门类十分复杂的产业，它所包含的行业数量历来就多于其他产业。当工业处于低级阶段的时候，所含行业数量一般是极少的，而服务业在形成时期就包括十个以上行业。餐饮、住宿、洗染、修理、理发、洗浴、交通运输、殡葬、医疗卫生、娱乐等是服务业发展初级阶段的基本行业。如果我们深入划分，很多服务又可细分为更多的行业。服务业的另一个重要特点是：行业间的技术差异较大，职业提供弹性较小。要对服务业的社会价值以及变化规律有一些具体的认识，就要对服务业内部结构与分类进行较为全面的多角度分析。

（1）经济学意义上的分类。

按照经济学理论，从消费角度来看可把服务业划分为生产服务业和生活服务业两大类。

生产服务业，又称生产者服务（部门），是指那些把自己创造的服务产品直接加入生产消费领域的服务经济部门。一般来讲，不能绝对地说某服务行业属于生产服务业，因为很多服务行业既进入生产消费领域，也进入生活消费领域。以邮电业服务产品为例，当生产企业为原材料和产品的购销事宜发电报、寄信时，邮电业服务产品是被当作生产资料来消费的。而当人们因为私事发电报、寄信时，邮电业服务产品则是被当作生活资料来消费的。因此，当与某服务行业相交换的货币大部分是生产资金或资本而不是工资收入时，我们称其为生产服务业。根据这一原则，我们可以把以下这些服务行业归入生产服务业：广告业、科学技术创造业、市场咨询服务业、信息情报业、生产资料修理业、安装业等。除此之外，还有许多服务行业提供的高档服务产品，比如金融保险业、会计业、律师服务业、旅馆业、饮食业、邮电业等行业提供的高档服务产品大都进入生产消费领域，这在我国较为突出。

同理，每个生活服务行业所提供的服务既可以进入生活消费领域，又可以进入生产消费领域。当我们说某服务行业属于生活服务业时，我们是指该行业的绝大多数产品进入生活消费领域。当然，对某服务行业而言，其自身的性质也不是一成不变的。伴随社会经济的变动，特别是居民个人收入水平和消费支出结构及需求偏好的改变，原先只被集团所购买的服务很可能会陆续成为个人的消费对象。特别突出的是旅游业。因此，当我们界定一个行业的具体属性时，应当从静态和动态两个角度来加以考虑。所谓静态，就是从行业自身提供的服务产品的使用价值特性及社会应用广度出发来考察；所谓动态，就是从外部经济环境的特点和发展变动趋势出发来考察。通过将静态和动态两者结合来判断某服务行业的归属，就可使分类更符合实际。依照这一理论观点和原则，下述服务行业一般可归入生活服务业：旅馆业、理发业、洗浴业、美容业、客运业、生活用品修理业、医疗卫生业、旅游业、家庭服务业、饮食业、殡葬业、托幼业、娱乐场所管理业、洗染业等。

(2) 世界贸易组织的分类。

世界贸易组织（WTO）在 1995 年列出的服务行业多达 150 个，这些服务行业被划分为 12 个部门，每个部门下有行业，每个行业下再有子行业。具体内容如下：

1) 商业性服务。指在商业活动中涉及的服务交换，包括专业性服务、计算机及相关服务、研究与开发服务、房地产服务、设备租赁服务、安装及装配工程服务、设备维修服务、其他商业服务。

2) 通信服务。指在社会通信活动过程中涉及的服务，包括邮政服务、快件服务、电信服务、视听服务等。

3) 建筑及有关工程服务。包括建筑物的一般建筑工作、安装与装配工作和完善与装饰服务等。

4) 销售服务。指产品销售过程中的各种服务，包括代理服务、批发及零售服务、其他销售服务。

5) 教育服务。指在初等教育、中等教育、高等教育、职业教育和特殊教育等各层次上提供的相关服务。

6) 金融与保险服务。包括各种银行服务、货物运输保险服务、非货物运输保险服务、各种附属保险服务以及再保险服务等。

7) 环境服务。包括污水处理服务、废物处理服务、卫生及相关服务、其他环境服务。

8) 健康与社会服务。指涉及个体卫生健康的所有服务，这里的个体，可能是人，也可以是动物，主要包括医院服务和各种社会服务。

9) 旅游服务。指为旅行者或住宿者提供的所有服务，包括宾馆与饭店服务、旅行社服务、导游服务等。

10) 文化娱乐及体育服务。指除广播、电影和电视外的所有文化和体育服务，主要包括娱乐服务，新闻机构服务，图书馆、档案馆、博物馆及其他文化服务，体育及其他娱乐服务。

11) 交通运输服务。指在交通运输过程中形成的各种服务，包括客货海运服务、内河运输服务、空运服务、空间服务、铁路运输服务、公路运输服务、管道运输服务及所有运输方式的辅助性服务。

12) 其他服务。指暂时没有被列入上述服务项目的服务活动。

(3) 中国对服务业的分类。

中国现行统计制度尤其是服务业统计制度不够完善，分类较粗，至今还没有专门的服务业统计分类体系，只有三次产业分类和统计。1994 年国家统计局在《中国统计年鉴》中首次对细分行业进行统计，公布我国在业职工人数等指标，其中第三产业（服务业）的分类包括：农、林、牧、渔服务业，地质勘察、水利管理业，交通运输、仓储及邮电通信业（铁路、公路、管道、水运、航空、交通运输辅助业，其他交通运输业，仓储业，邮电通信业），批发零售和餐饮业（食品、饮料、烟草和家庭用品批发业，能源材料和机械电子设备批发业，其他批发业，零售业，商业经纪与代理业，餐饮业），金融和保险业，房地产业（房地产开发与经营业、房地产管理业、房地产代理与经纪业），社会服务业（公共服务业、居民服务业、旅馆业、租赁服务业、旅游业、娱乐服务业、信息咨询业、计算机应用服务业、其他社会服务业），卫生体育和社会福利业，教育、文化艺术和广播电影电视业（高等学校、普通中学、小学，广播、电影、电视业），科学研究和综合技术服务业（自然科学研究、社会科学研究、综合科学研究、气象、地震、绘制、技术监督、海洋环境、环境保护、技术推广和科技交流服务、其他服务业），国家机关、党政机关和社会团体。

《三次产业划分规定》将第三产业划分为以下类别：批发和零售业，交通运输、仓储和邮政业，信息传输、计算机服务和软件业，批发和零售业，住宿和餐饮业，金融业，房地产业，租赁和商务服务业，科学研究和技术服务业，水利、环境和公共设施管理业，居民服务、修理和其他服务业，教育，卫生和社会工作，文化、体育和娱乐业，公共管理、社会保障和社会组织、国际组织，以及农、林、牧、渔业中的农、林、牧、渔服务业，采矿业中的开采辅助活动，制造业中的金属制品、机械和设备修理业。

国家中长期科学与技术发展规划战略研究专题组起草的《现代服务业发展问题研究专题报告》提出了服务业分类框架，将服务业划分为四大类：基础服务、生产和市场服务、个人消费服务、公共服务。基础服务包括通信服务和信息服务，其中信息服务又包括信息技术服务和信息内容服务等；生产和市场服务包括金融（银行、证券、保险）、物流、批发、电子商务、农业支撑服务以及中介和咨询等专业服务；个人消费服务包括教育、医疗保健、住宿、餐饮、文化娱乐、旅游、房地产、商品零售等；公共服务包括政府公共管理服务、基础教育、公共卫生、医疗以及公益性信息服务等。

2. 服务业与第三产业

英国经济学家费希尔和克拉克提出了经济增长阶段的观点①，认为经济中以农业为主的初级产品生产产业是第一产业，以工业为主的产品加工产业是第二产业，两者之外的所有其他经济部门都属于第三产业。现在许多人认为服务业就是第三产业，而且在多数情况下，第三产业可以理解为服务业，因为两者在内容和范围上几乎是重合的。然而，我们认为两者虽然有密切的联系，但又有区别：（1）第三产业的界定采用的是剩余法，即凡不属于第一和第二产业的部门都属于第三产业。以这种方法界定的第三产业的范围是难以确定的。比如说建筑业是否应当属于第二产业在中国就是一个长期争论的问题。而服务业的界定是以其能否提供或生产各种类型产品（活动）的范围为标准。由于范围本身的若干特点是明确的，因此同第三产业的概念相比，根据产业产品（服务）来定义服务业是比较稳定和明确的。（2）第三产业概念的经济结构含义主要是相对于国内经济

---

① Fisher A. Primary, Secondary, and Tertiary Production. *Economic Record*, 1939, 15 (1): 24 - 38; Clark C. *The Condition of Economic Progress*. New York: Macmillan Company, 1940.

而言的，而服务业概念的经济结构含义是面向国内和国际两个市场。（3）服务业这一概念比第三产业更严谨、更科学、更有规定性。服务业不仅在内涵上有规定性，在外延上也有规定性，即其范围只是服务行业和服务部门；而第三产业在内涵上则没有规定性，这就使第三产业的部门构成存在很多不确定性，各国或各经济学家对某一行业可以凭自己的看法将其划入第三产业。鉴于这一缺陷，克拉克在1957年修订《经济进步的条件》一书时，便改称第三产业为服务业，并坚持农业、制造业和服务业的产业划分法。

三、服务贸易

1. 服务贸易及其分类

服务贸易是指将服务作为商品进行交易或等价交换的活动。服务只有在体现为商品价值时，才具有服务贸易的特征。传统观念认为，由于服务存在储存和传送困难，服务贸易难以实现。但是现在，服务正变得越来越具有可贸易性，服务贸易成为国际竞争的焦点。随着经济和技术的全球化发展，服务业得以在全球范围内寻找贸易对象，实现交易，服务成了主要的国际贸易内容，服务贸易在国际贸易中的比重不断提高。

服务贸易有三个基本类型：一是要素服务贸易；二是人员和商品流动引起的服务贸易；三是物化服务贸易。

（1）要素服务贸易。提供要素（劳动力、技术、资本等）的服务贸易称为要素服务贸易。它包含三个组成部分：一是以人力资本和知识资本的收入形式表现的；二是以手续费和版税形式表现的，如书籍、影片、唱片、乐谱、电脑软件以及类似的商品和服务形式，使用专利、商标、版权而支付的费用；三是劳务，包括工人、技术人员及管理人员的劳务贸易。

（2）人员和商品流动引起的服务贸易。这是随着人员和商品的流动而产生的一种服务贸易，有人称之为追加性服务。这种服务提供了某种追加效用。科技革命和交通运输不断发展会导致商品的变形和因人员流动而产生种种服务。这种服务贸易的表现形式有很多，如商务旅行者、旅游者、学生、病人等接受交通运输、旅馆、教育、医疗等方面的服务。

（3）物化服务贸易。物化服务贸易就是将服务物质化。如人们听音乐会，乐队的演奏属于在一瞬间就消失的服务，演奏结束的那一瞬间就意味着作为服务提供者的乐队对消费者的服务宣告结束。但是，如果对演奏过程录音或录像，制成磁带或录像带，就实现了服务的物质化，即物化服务。

2. 国际服务贸易

对国际服务贸易的定义就像对服务的定义一样众说纷纭。一些国家及专家以服务业产品区别于物质产业产品（货物）的产品特征为界定标准，形成国际服务贸易的狭义定义：一国（地区）的劳动力向另一国（地区）的消费者（法人或自然人）提供服务并相应获得外汇收入的全过程，便形成服务的出口；相对于服务的出口，一国（地区）的消费者购买他国（地区）的劳动力所提供服务的过程，便形成服务的进口。各国的服务进出口活动，便构成了国际服务贸易。按这样的定义，显然涉及国籍、国界、居民、非居民等问题，即人员的移动与否、服务的过境与否及异国国民之间的服务交换等问题。服务贸易发生的方式很复杂，如电信服务，只需服务过境而无须国民移动；一般性的在境外设立分支机构的跨国公司，雇用当地人，向当地居民或部门（企业）提供服务，这样的服务既未发生国民移动，也未发生服务过境；跨国公司内部的服务提供，依据服务过境与否，有时候是国际贸易，有时候是国内贸易。针对这种复杂性，我们对服务贸易的定义做几点进一步的说明：

（1）跨国移动的劳动力有广泛的含义，它既可以是以个体的形式提供服务，也可以是以集体的形式提供服务。

（2）劳动力在提供服务时，一般要借助一定的工具设备及手段。

（3）劳动力与消费者的不同国（地区）籍问题也要做广义的理解。如跨国公司在境外设立分支机构，雇用当地的居民并向当地消费者提供服务，这时的劳动力或称服务提供者，应理解为该外商机构的股权持有人（可能是单个人，也可能是一个法人集体），这些外商机构雇用的本地劳动力在向本地消费者提供服务时是代表外商机构提供服务。

（4）这里的服务进出口是相对过境，作为“产品”的服务和人员未必真正过境。因为服务贸易一般涉及人员、资本及技术信息的移动，所以只要有一个要素发生移动，往往就构成服务贸易。

（5）劳动力的智力成果如技术、知识产权类服务贸易，也被视为劳动力提供服务。

有了这样的界定，当代绝大多数服务贸易都包含于此。

广义的国际服务贸易的定义是以一国的国际收支流量的统计程序为依据的。WTO制定的《服务贸易总协定》（The General Agreement on Trade in Services，GATS）规定，国际服务贸易是指服务提供者从一国境内，通过商业存在或自然人的商业现场向消费者提供服务并获得外汇收入的过程，并把国际服务贸易分为如下四类：一是从一缔约方境内向任何其他缔约方境内提供服务；二是在一缔约方境内向任何其他缔约方的消费者提供服务；三是一缔约方在任何其他缔约方境内通过提供服务的实体介入而提供服务；四是一缔约方的自然人在任何其他缔约方境内提供服务。

第一类国际服务贸易主要是指过境交付（cross-border supply）。这里过境的是服务，一般不涉及资金及人员的过境流动，像电信服务，以电信服务为手段的服务包括信息咨询、卫星影视服务等。

第二类是境外消费（consumption abroad）。一般通过服务消费者（购买者）的过境移动来实现。这类国际服务贸易一般被称为“消费者移动”，最典型的是旅游服务，另外还有教育培训、健康服务、技术鉴定服务等。

第三类是商业存在（commercial presence）。这类国际服务主要涉及市场准入（market access）和直接投资，即在一缔约方境内设立机构、提供服务并取得收入，从而形成贸易。如在境外设立金融服务分支机构、律师或会计师事务所、维修服务站等。

第四类是自然人存在（presence of natural person）。即一国的自然人（服务提供者）过境移动，在其他国家境内提供服务而形成贸易，这种方式通常又被称为人员移动（movement of personnel）。最常见的是建筑设计与工程承包及其所带动的服务人员的输出。这类国际服务贸易涉及两个问题：一般这样的自然人的国籍是一个国家，服务地点是另一国家；这样的自然人是以一定的商业机构形式，以商业目的为导向，在异国提供服务。单个人受雇于外国机构、取得工资并用于自己消费，一般不被视为国际服务贸易。如果他将工资的一部分汇回本国，用于国内消费，则这部分收入构成国际服务贸易。

应该指出，无论是过境交付、境外消费，还是商业存在以及自然人存在，上述定义都是很宽泛的，有的甚至存在交叉，这是因为 WTO 服务贸易委员会在一些发达国家的要求下，尽可能多地把服务贸易纳入谈判内容。实际上，服务的提供往往不是一种方式就能完成的，而是几种方式联合完成的。对于服务贸易的定义，乌拉圭回合中期评审报告曾指出：多边服务贸易的法律框架中的定义，应包括服务的过境移动、消费者的过境移动和生产要素的过境移动（主要指服务提供者的过境移动）。它们一般符合以下四个特征：服务支付的过境移动（cross-border movement of service and payment）；目的的具体性（specificity of purpose）；交易的连续性（discreteness of transaction）；时间的有限性（limited duration）。

四、国际服务贸易统计

随着国际服务贸易的迅猛发展及重要性的日益凸显，围绕国际服务贸易的国际协调工作越来越重要，一国针对本国对外服务贸易进行宏观管理的必要性也在上升。管理要以全面有效的信息为前提，因此有关服务贸易的统计问题越来越受到国际社会和各国政府的关注，但由于服务贸易自身所具有的不同于货物贸易的特点及各国服务贸易发展水平和统计状况的不同，特别是各国国际服务贸易统计体系的建设还相对比较滞后，相关数据信息的搜集远远不能满足现实管理需求。

1. 国际服务贸易统计类型

目前，尽管世界上仍没有一套被各国所公认并遵守的国际服务贸易统计体系，但在反映国家或地区之间交易的国际经济统计中，有三种关于国际服务贸易的统计方法：（1）以国际货币基金组织（IMF）制定的《国际收支手册》（Balance of Payments Manual，BPM）为标准的国际收支统计；（2）WTO 在 GATS 中定义的方法；（3）外国附属机构服务贸易（Foreign Affiliates Trade in Services，FATS）统计。

（1）国际收支统计。

国际收支（Balance of Payments，BOP）统计以国际收支平衡表的编制为核心，是系统记录一国对外经济关系的重要统计工具，也是第二次世界大战后在国际范围内广泛应用的统计体系。为了推进国际收支统计在各国的应用，并使各国国际收支统计数据具有可比性，自 20 世纪 40 年代开始，IMF 一直致力于国际收支统计标准的制定，连续编制关于国际收支统计的方法指导手册，目前最新的是《国际收支手册》第 6 版（BPM6）。通过这样的制度性建设与努力，可以说，国际收支统计已经成为理论方法成熟、应用广泛的数据体系。它所提供的统计数据对各国制定有效的对外经济政策、对国际组织进行国际关系协调均发挥了重要作用。

作为对一个经济体对外经济关系的全面记录，国际收支统计自然包括服务贸易统计的内容，通过经常项目下的服务项目，记录了对外提供的服务和从国外获得的服务。在服务项目下还区分了运输、通信、旅游等 11 个具体类别，贷方与借方相抵后的差额即可反映该经济体当期对外服务活动的收支平衡状况。

通过国际收支统计进行服务进出口统计的优点在于，不是独立地进行服务统计，而是在该经济体全部对外经济往来中观察服务进出口情况，借此可以反映服务进出口对国际收支的影响，反映服务进出口与其他对外经济往来之间的联系，进一步还可以与国民经济核算的相关指标建立起联系。

但是，国际收支统计提供的服务进出口数据也有其固有的缺陷。主要反映在以下方面：

1）国际收支是基于常驻单位定义对外经济活动，记录的对外经济活动仅限于居民与非居民之间发生的交易，不包括外国分支机构的当地服务销售额，形成了以记录跨境服务交易为特征的跨境服务贸易统计。具体到服务项目就是，仅限于居民与非居民之间发生的服务贸易，覆盖 GATS 关于国际服务贸易的第一、二种供应模式及第四种供应模式的一小部分，不包含在国外设立商业存在（即第三种供应模式）实现的服务贸易。

2）国际收支是就对外经济往来进行记录，这些往来不一定都是市场交易活动。受此影响，所记录的服务进出口不一定都属于市场性的服务贸易，这集中体现在政府机构的服务网络方面。

3）国际收支是对一经济体全部对外经济往来的记录，各项目之间的区分具有相对性。由此带来的后果是，出于取得资料的便利，可能会有少量非服务往来活动包括在服务项目中，也可能有少量对外服务活动包括在货物项目中。前者如旅游中的购物支出，后者如船舶等的维修活动。

4）国际收支统计记录对外经济往来的目的主要是为该经济体的对外收支平衡管理提供数据，区分不同项目进行记录也是为了进一步挖掘分析导致对外收支不平衡的各个因素，而不是针对国际事务的具体管理。这就决定了分类的详细程度是有限的。比如，关于服务进出口的类别，主要体现第一级层次的 11 个类别，不再做更具体的划分。

（2）GATS 的服务贸易统计。

依据 GATS，国际服务贸易被赋予更加宽泛的定义，针对服务的不同提供方式，将国际服务贸易定义为以下 4 种模式：

1）过境交付：指从一成员境内向另一成员境内提供服务。服务交付可通过电话、传真、互联网或其他计算机媒体的连接完成，或通过邮件或信件方式发送文件、软盘、磁带等。

2）境外消费：指在一成员境内向其他成员的消费者提供服务。如国外参观、旅游、非居民人员的医疗及留学等。

3）商业存在：指由一成员的服务提供商通过在其他成员境内设立某种形式的商业机构提供服务，如外资服务业企业。

4）自然人存在：指由一成员的个人在另一成员境内以自然人存在的形式提供服务。如外籍教师、律师、医师等以自然人的身份在另一成员境内提供服务。

GATS 对国际服务贸易的划分方法被称为服务贸易谈判小组分类法（GNS），这是 WTO 服务贸易谈判小组根据各缔约方提出的 150 多个项目名单，参照联合国统计局的中心产品分类法（Central Product Classification，CPC）制定的，将国际服务贸易具体划分为商业服务、通信服务、建筑及有关工程服务、销售服务、教育服务、环境服务、金融服务、健康与社会服务、与旅游有关的服务、文化与体育服务、运输服务以及别处未提及的服务 12 大类，共计 155 个部门。

GATS 是针对国际服务贸易的协调、管理而制定的框架，它要求依据更宽泛的服务贸易定义、着眼于管理进行国际服务贸易统计。

（3）FATS 统计。

与国际收支统计相比，FATS 统计是一项新事物，无论是统计内容的开发设计，还是各国开展这种统计的普遍程度，都有待于进一步研究探索。FATS 统计是指：与国际投资活动有关，具有非跨国境交易特征的外国附属机构服务贸易的统计。它记录的是外国商业存在的经营情况，包括与投资国之间的交易、与东道国居民之间的交易以及与其他国家之间的交易。

FATS 统计可具体细分为外向统计和内向统计，因为对任何国家来说直接投资都是双向的，既有外国在本国的直接投资，也有本国在外国的直接投资，这种投资的双向性反映在统计上就形成了 FATS 的内向统计和外向统计。就报告国而言，记录外国附属机构在本国的服务交易称为内向统计；记录本国在国外投资形成的附属机构在东道国的服务交易称为外向统计。

2. 国际服务贸易三大统计体系的比较

为了更全面地理解国际服务贸易的不同统计口径，现在对三大统计体系进行简要的比较说明。

（1）BOP 统计与 GATS 统计的比较。

1）两者观察国际服务贸易的立足点不同。按照 BPM 中的观点，对外贸易是发生在居民与非居民之间的交易，因此服务贸易就是发生在常驻单位之间的服务产品的交易。界定常驻性的依据是经济领土和经济利益，而不是交易单位的所有权。在 BPM 第 4 版中，劳务、非金融财产收入和投资收入都被放在服务贸易项下，第 5 版则明确区分了国际服务交易和收入交易，从而使得基于国际收支的定义与国民账户体系（SNA）的定义统一起来。而 GATS 中的定义是立足于生产要素所有者的角度针对服务的不同提供方式给出的，通过类似于操作化的方法来定义国际服务贸易，认为国际服务贸易是一经济体拥有所有权的单位与其他单位之间的交易，而不管交易单位是哪一个经济体的常驻单位。

2）两种定义立足点的差异导致了对国际服务贸易范围的界定不同。从统计口径看，集中体现为对以商业存在形式提供的服务的处理方式不同。

图 10－1 显示了 B 国所有的某企业在 A 国长期经营，围绕该商业存在所发生的一些服务流量的情况。在 BPM 定义下，尽管该商业存在的所有权属于 B 国，但由于它在 A 国的经济领土内长期从事服务活动，因此是 A 国的常驻单位，则该商业存在向 A 国常驻单位（无论该单位由何国所有）提供的服务都是 A 国的国内交易，不属于国际服务贸易，即图中箭头（1）、（2）、（3）所示的交易；该商业存在向 A 国非常驻单位（包括 B 国所有的单位）提供的服务则属于 A 国的国际服务贸易，即图中箭头（4）、（5）、（6）、（7）所示的交易。在 GATS 定义下，由于该商业存在的所有权属于 B 国，因此它向 A 国

拥有所有权的单位和其他国家拥有所有权的单位提供的服务属于B国的国际服务贸易，如图中的箭头（1）、（3）、（5）、（7）所示的交易，向B国拥有所有权的单位（无论该单位位于何处）提供的服务不属于B国的国际服务贸易，如图中的箭头（2）、（4）、（6）所示的交易。同时，需要指出的是，该图只涉及国际服务贸易的一个流向，实际上还存在反向流量，即该商业存在购买的服务，处理方式亦可由上述处理方式推出。由此可见，BPM定义下的国际服务贸易与传统的跨境国际贸易相一致，对进口和出口的界定是比较直观的。GATS定义下的国际服务贸易则要更复杂。图10-1所示只是一个最简单的例子，如果该商业存在由多国投资者共同拥有，则交易流量就更为复杂。

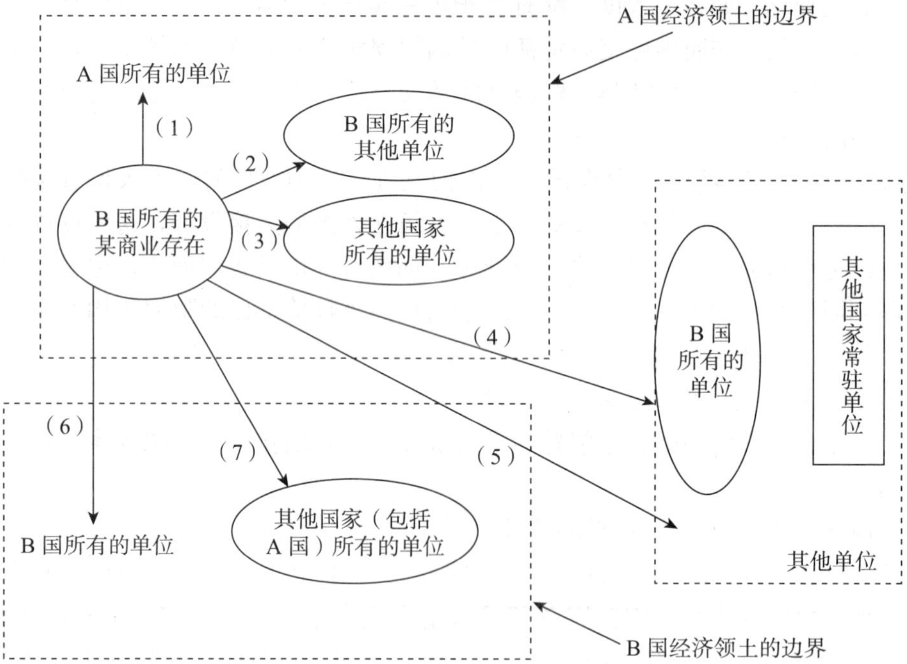

图10-1 国际服务贸易示意

资料来源：李静萍．国际服务贸易统计体系的比较研究．统计研究，2002（8）：32-35.

由于WTO诞生后各方对统计数据产生了新的需求，而国际收支统计中的服务项目已难以满足需求，为此，各国际组织以及一些国家的统计机构在国际收支统计的基础上就服务统计进行了内容补充和扩展的探索，由此体现出国际服务贸易统计的发展。对国际收支统计的补充有以下方面：

首先，对国际收支统计中服务项目统计的分类进行细化，形成了《扩大的国际收支服务分类》（EBOPS），其中的大类基本未变，主要是做了细分，建立了4级分类体系，以适应GATS。

其次，按贸易伙伴分国别统计，形成服务类别国别数据结构，至少要给出主要贸易伙伴。

再次，区分与相关企业的交易和与无关企业的交易，以便分离出真正的国际服务贸易与跨国公司的内部服务贸易。

最后，在国际收支统计之外设置备忘项目，提供与服务贸易相关的其他指标数据。

在扩展方面，以传统国际收支统计记录的服务贸易为基础，将统计范围扩展至以下两个方面：

第一，通过外国商业存在实现的服务贸易，即把外国附属机构在东道国当地的服务销售作为国际服务贸易的组成部分。

第二，通过自然人移动实现的服务贸易，即考虑自然人移动到另一国家作为服务生产者（或服务性企业的雇员）提供的服务。

这些补充和扩展，使国际收支统计的范围与GATS的定义基本趋于一致。

3）虽然国际收支统计和GATS统计对服务贸易的分类都是参照联合国统计局中心产品分类法制定的，但BPM和GATS在具体分类和统计内容上也存在差异。两者的差异不仅表现为BPM分类包含政府服务的内容，而且表现为一些概念性差别，如GATS定义下的第二种服务提供方式——境外消费在BPM分类方法下表示为旅游，包括非服务性支出。

（2）BOP统计与FATS统计的比较。

FATS统计记录的是服务业外国商业存在的交易活动，包括与投资国之间的交易、与东道国居民之间的交易以及与其他国家之间的交易。目前，在世界各国中只有美国和日本使用FATS体系获得了完整数据。根据美国的BOP与FATS统计数据，从出口方面看，BOP统计数据高于FATS统计数据，说明跨境出口的服务多于通过外国附属机构出口的服务；相反，进口方面的BOP统计数据低于FATS统计数据，这说明，相对而言，在服务进口方面外国附属机构发挥了更为重要的作用。BOP着重反映跨境服务的交易情况，而FATS重点反映商业存在的经营情况，两者的统计原则和范围不同，在内容上存在交叉重叠之处，因此不能将两者的简单相加作为过渡到GATS的便捷方式，即BOP+FATS≠GATS。

积极推进BOP体系与FATS体系的调整和修正，使之与GATS体系统一成为当今社会的必然选择。因此各国有必要加快规范服务贸易的统计工作，针对传统的BOP统计已不适应服务贸易发展的新要求，而商业存在的FATS统计还没有得到大力推广与普及，当务之急是要在国际上尽快建立起一套GATS框架下的、科学的、规范的、可操作的国际服务贸易统计新体系，该体系不仅应符合服务贸易谈判小组分类法的分类原则，而且能进一步提供GATS定义下的四种服务的统计数据。

3. 国际服务贸易统计体系的运用

由于国际收支统计体系相对重视服务贸易完成后的资金流——国际收支，同时其对服务贸易出口与进口的界定较为直观，所以目前大多数国家和国际经济组织公布的国际服务贸易统计数据基本源于国际收支统计。目前IMF与WTO这两大国际经济组织对服务贸易的统计数据也都源于各国的国际收支统计，但两者提供的数据并不完全相同。主要区别在于，IMF的统计包括政府服务，而WTO的统计则不包括此项内容；另外，两者在统计的归类上也存在一些差别。以2005年的数据为例，对全球服务贸易出口额的统计，IMF为21 320亿美元，而WTO为21 450亿美元。

虽然在目前国际上对各国服务贸易的统计中，国际收支统计发挥着不可替代的作用，但从国际服务贸易的发展趋势来看，国际收支统计存在着不足之处。西方国家正在积极推行 FATS 统计体系，但直至 21 世纪初全球仅有二十多个国家涉及 FATS 统计，并只有美国和日本各项指标齐全。通过引入 FATS 统计，并对 BOP 统计进行修正，可以逐步向 GATS 统计过渡。

鉴于 GATS 是指导和衡量 WTO 各成员服务贸易领域开放程度的基本框架，代表今后国际服务贸易统计的发展趋势，各成员的服务贸易统计都面临如何与 GATS 衔接，逐步扩展国际服务贸易统计的课题。尽管发达国家都在积极推行 GATS 统计体系，但到 2006 年底为止，只有少数国家能够提供比较完整的数据。以下简要介绍美国、英国、加拿大及中国的统计体系开发情况。

（1）美国。

美国作为服务贸易自由化的积极倡导者和世界上服务贸易额最大的国家，其服务贸易的发展速度已经超过货物贸易的发展速度。为满足对统计数据的不同要求，美国商务部经济分析局（BEA）建立了两套统计体系，即 BOP 统计体系和 FATS 统计体系。目前，美国是世界上能同时按 BOP 和 FATS 两个统计口径提供服务贸易统计数据的极少数国家之一。从世界范围来讲，美国的服务贸易统计也是世界上最先进、最完备的。有关要点概括如下：

1）美国国际服务贸易分类以 BOP 统计中关于服务贸易的分类为基础，同时也和 OECD 及欧盟统计局共同制定的分类系统相对应，应该说，美国的服务贸易分类在具体细分上比 BPM 5 更加详细。比如在私人服务中，美国将旅游项目中的留学生费用单列出来。

2）在对服务贸易进行统计时，美国根据服务贸易类别又将整个服务贸易分成了三大部分：选择性服务、专项服务、运输服务。

3）美国的国际服务贸易 FATS 统计和 BOP 统计都主要由美国商务部经济分析局负责，以问卷调查汇总、相关统计数据参考、经济指标推算的方法实现数据采集加工。在调查方法上，采取基准调查（调查对象为年营业额在 50 万美元以上的企业）和目录抽样调查相结合的方式；不对服务贸易开展专项进度调查，各月公布的初步数据是在上一年度调查的基础上，以本年度国民经济发展有关统计指标为参数，测算出服务贸易主要指标数据。

4）美国的外向 FATS 统计主要通过美国跨国公司统计来实现，内向 FATS 统计则主要通过外国直接投资调查来实现。FATS 统计采取强制报告与自愿报告、基准调查与年度调查相结合的方式。

5）有关跨国贸易数据，在首次发布一年后进行初次修订，过一年后再次修订。附属机构贸易数据在首次发布两年后初次修订，过一年后再次修订，以后不再修订。

6）尽管美国的国际服务贸易统计在世界上处于领先地位，但还是存在不少问题，突出表现在调查问卷回收率低、调查覆盖面不均匀和统计方法创新性不足等方面。

（2）英国。

英国服务贸易统计的涵盖范围非常广泛，主要包括：金融服务（如银行、保险、抵押等），商业服务（如广告、房地产、人员招聘、IT 等支持性服务及后勤保障服务），专业服务（如各类管理咨询服务、律师事务所服务、会计师事务所服务等），旅游以及餐饮服务，等等。英国的服务贸易统计由英国国家统计局归口管理，不同行业分别提供统计数据，由国家统计局统一对外发布统计公报。初次公布的服务贸易统计数据一般都会进行修正，最终统计数据通过年度红皮书公开出版。国家统计办公室对提供商业服务的公司的国际交易进行调查，取得的数据用于编制国际收支平衡表。

英国国家统计局对服务贸易的统计分类基本遵循 IMF 的分类标准，但结合本国服务业实际情况进行了微调，主要包括运输、旅游、通信、建筑、保险、金融、计算机和信息、版权和专利费、其他商业、私人文化及娱乐、政府共 11 个类别。

（3）加拿大。

加拿大的 FATS 统计体系开发是比较成功的。但是，尽管加拿大的 FATS 统计覆盖了加拿大拥有的具有多数股权的国外附属机构（不包括银行）的货物、服务、雇用人数数据，即所谓外向 FATS 统计，却不包括加拿大境内外国拥有的附属机构的相关数据，也就是说加拿大不进行内向 FATS 统计。

加拿大 FATS 统计的领域包括由加拿大常驻单位拥有多数股权或投票权（＞50％）的国外附属机构，但不包括加拿大公司的国外分公司。

在进行 FATS 统计时，加拿大统计部门一般向国外附属机构发放 BP-59 问卷（加拿大企业的对外资本投资），此问卷被用来收集对外直接投资数据，以满足加拿大 FATS 统计的要求。大约有 1 800 家企业填报 BP-59 问卷，其中大约一半每年调查一次，另外一半每三年调查一次。这个调查被认为覆盖了 100％的目标。

此项问卷调查是强制性的，数据直接来自被调查企业或者其他调查。在统计数据的质量评估方面，在发布之前，最终结果要与修正之前的进行比较。任何显著的差异都要进行研究，当修正或估计过程的结果不可接受时，可以做必要的修正。

（4）中国。

中国现行的国际收支统计体系是根据 IMF《国际收支手册》第 5 版定义的统计原则、统计口径、交易分类建立起来的，它是目前国内唯一能全面、客观地采集到全国服务贸易收支数据的统计体系。为适应 WTO 对国际服务贸易统计的要求，也为了全面反映中国国际服务贸易的状况，中国需要借鉴外国（尤其是美国）在服务贸易统计方面的经验，规范和发展服务贸易统计。首先，针对当前中国对服务贸易的国际收支统计存在的诸多漏洞和问题，要进一步完善服务贸易的国际收支统计；其次，引入 FATS 统计体系，建立针对商业存在的统计调查制度，提供以商业存在形式实现的服务贸易数据；最后，要研究国际收支统计体系与 GATS 统计体系在分类上的协调问题，使得国际收支统计数据与 FATS 统计数据具有可加性。此外，还要加强对以自然人移动方式实现的服务贸易的统计工作，从而更好地满足 GATS 统计体系的要求。

鉴于以上原因，也为了适应国家对服务贸易管理的需要，2006 年 7 月，由商务部服务贸易司和中国人民大学统计学院共同组成了中国国际服务贸易统计研究课题组，以联合国等国际组织发布的《国际服务贸易统计手册》为基本指导，借鉴美国等先进国家在国际服务贸易统计方面所积累的经验，结合中国服务贸易发展现实和中国国民经济统计基础，构建了中国国际服务贸易统计的基本框架，设计了中国《国际服务贸易统计制度》，发布了中国国际服务贸易统计方法。

第二节　世界服务业与服务贸易发展的特征和趋向

第二次世界大战以后，随着第三次科技革命的产生与发展，跨国公司的大量出现及金融、信息技术革命的全球化发展，世界服务业和服务贸易取得了迅速的发展。可以这样说，目前世界经济与贸易出现了向服务业和服务贸易倾斜发展的趋势。服务业成为各国重要的支柱产业是社会生产力发展的必然结果。服务业在各国经济中的比重越来越大，据统计，目前服务业产值占国民生产总值或国内生产总值的比重，发达国家达70%以上，中等收入国家达50%以上，低收入的发展中国家也在30%和50%之间。服务业就业人数占就业总人数的比重，据国际劳工组织的报告，1999年在北半球的富裕国家已达70%，在南半球的发展中国家也达到40%以上。

随着服务业分工的进一步发展，国际服务交换日益扩大。1970年世界服务贸易出口额不过710亿美元，在2007年这一数字达到了2.715万亿美元，增长了37倍。目前世界服务贸易约占世界贸易总额的1/5。服务业和服务贸易的重要作用引起了贸易协定谈判者的关注，服务贸易问题已在乌拉圭回合谈判中被列为重要新议题，各成员签署了GATS。GATS的宗旨与目的是在透明和逐步自由化发展的基础上扩大国际服务贸易。

一、世界服务业与服务贸易发展的特征

随着科学技术的不断发展和经济结构的不断调整与优化，服务业经常以更快的速度发展。现在大多数发达国家的服务业无论是从产值来看还是从就业人数来看，都已占整个国民经济的65%～80%，并使世界经济与贸易发展呈现出一些新的特征。

1. 发展速度快，比重升高

由于服务业的发展速度一般快于制造业，更快于农业，因此服务业在各国经济中的比重越来越大。例如，2013年服务业（第三产业）产值在国内生产总值中所占的份额：美国为78.1%，日本为72.6%，德国为68.4%，新加坡为74.9%，韩国为59.3%，泰国为45.5%，墨西哥为62.1%，巴西为70.0%，印度为51.3%，中国为46.9%。①

世界服务贸易增速也在多数年份快于同期的世界货物贸易。特别是在20世纪80年代和1994年GATS签署以后的几年中，世界服务贸易出口平均速度高于世界货物贸易。1970年世界服务贸易出口额仅为710亿美元；1992年首次超过1万亿美元，达到1.01万亿美元；1997年增加到1.3万亿美元；2000年达到1.44万亿美元，是1970年的20倍左右；2004年世界服务贸易又有新的发展，出口额超过2万亿美元，达到2.13万亿美元，是1970年的30倍；2005年，世界服务贸易出口额增加到2.415万亿美元，增长13.4%，占世界贸易出口总额的19.3%；2007年又达到2.715万亿美元。但近几年来世界服务贸易增速略低于世界货物贸易，例如，2005年世界货物贸易增长13%，稍高于世

---

① 资料来源：参见历年《国际统计年鉴》。

界服务贸易11%的增速。自2007年美国次贷危机引发全球金融危机以来，世界服务贸易与世界货物贸易都出现不同程度的下滑。总体来看，世界服务贸易在整个世界贸易中所占的比重有了一定的提高，在20世纪80年代初为1/7，进入90年代后逐步增至约1/5，进入21世纪后保持在1/5左右。①

2. 范围不断扩展，结构进一步完善

第二次世界大战以后，随着第三次工业革命的完成，电信、金融、运输、旅游以及信息产业、知识产权保护等的迅速发展，服务贸易加快向这些领域扩展。如果把目前公认的国际服务贸易项目依据其同货物贸易、直接投资的密切程度划分，可以得到三种类型：

第一类是同货物贸易直接相关的传统国际服务贸易项目，如国际运输、国际维修和保养、国际金融服务（主要是贸易结算服务）等。

第二类是同直接投资密切相关的具有要素转移性质的国际服务贸易项目，如股票、债券等形式的证券投资收益，经营管理的利润收益，建筑和工程承包等劳务输出以及金融服务业的国际信贷等。

第三类是相对独立于货物贸易和直接投资的新兴产业的国际服务贸易项目，如国际旅游业提供的服务、信息网络服务、视听产品与知识产权服务等。

在结构方面，由于技术进步和经济全球化的发展，世界服务业与服务贸易结构也进一步完善。不仅如运输、旅游、劳工等劳动密集、资源密集的服务行业由于采用了先进技术手段贸易规模不断扩大，而且许多从制造业中分离出来独立经营的新兴服务行业发展也很快；以高新技术为载体的资本、技术、知识密集型服务行业，如金融、保险、信息、咨询、数据处理等发展最快。

3. 在世界范围内发展不平衡

无论是从国家的类型来看还是从服务业与服务贸易的结构划分来看，服务业与服务贸易在世界范围内的发展都十分不平衡。这种不平衡性是由世界经济发展的不平衡性决定的。

按国家类型看，在世界服务贸易中发达国家是主体，发展中国家还处于劣势，与发达国家差距很大，极不平衡。根据WTO的统计数据，2005年发达国家的服务出口占全球服务出口的75%，而服务进口占全球服务进口的72.5%。2017年，服务贸易出口排前15位的国家是美国、英国、德国、法国、中国、荷兰、爱尔兰、日本、印度、新加坡、西班牙、瑞士、比利时、意大利和卢森堡，共占世界服务出口额的65.0%，其中除中国和印度外均为发达国家。2017年，服务贸易进口排前15位的国家是美国、中国、德国、法国、英国、荷兰、爱尔兰、日本、新加坡、印度、韩国、比利时、意大利、加拿大和瑞士，共占世界服务贸易进口额的63.3%，其中除了中国和印度之外也均为发达国家（见表10-1）。2017年服务贸易进出口总额排前15位的国家为：美国、中国、德国、英国、法国、荷兰、爱尔兰、日本、印度、新加坡、比利时、意大利、瑞士、西班牙和韩国。

---

① 资料来源：参见历年《中国对外经济贸易白皮书》。

表 10-1　2017 年服务贸易进出口总额排前 15 位的国家

2017 年排名	2005 年排名	国家	出口额（亿美元）	占世界总额的比重（%）	2017 年排名	2005 年排名	国家	进口额（亿美元）	占世界总额的比重（%）
1	1	美国	7 808.8	14.7	1	1	美国	5 381.1	10.4
2	2	英国	3 506.9	6.6	2	7	中国	4 675.9	9.1
3	3	德国	3 040.6	5.7	3	2	德国	3 236.5	6.3
4	4	法国	2 494.7	4.7	4	5	法国	2 404.7	4.7
5	8	中国	2 280.9	4.3	5	3	英国	2 149.5	4.2
6	9	荷兰	2 183.1	4.1	6	8	荷兰	2 108.2	4.1
7	11	爱尔兰	1 864.9	3.5	7	9	爱尔兰	1 988.9	3.9
8	5	日本	1 847.7	3.5	8	4	日本	1 908.9	3.7
9	10	印度	1 839.8	3.5	9		新加坡	1 708.0	3.3
10		新加坡	1 646.8	3.1	10	10	印度	1 540.1	3.0
11	7	西班牙	1 390.7	2.6	11		韩国	1 219.7	2.4
12		瑞士	1 206.6	2.3	12		比利时	1 166.8	2.3
13		比利时	1 188.7	2.2	13	6	意大利	1 149.4	2.2
14	6	意大利	1 107.9	2.1	14		加拿大	1 061.7	2.1
15		卢森堡	1 023.3	1.9	15		瑞士	1 014.5	2.0
		上述国家合计	34 431.4	65.0			上述国家合计	32 713.9	63.3
		世界总计	52 996.0	100.0			世界总计	51 644.0	100.0

资料来源：WTO. International Trade Statistics 2019.

2020 年，服务贸易进出口总额排前 15 位的国家是美国、中国、德国、爱尔兰、英国、法国、新加坡、印度、荷兰、日本、比利时、瑞士、卢森堡、韩国和意大利，共占世界服务贸易进出口总额的 67.2%，其中，除中国和印度外其余仍然均为发达国家（见表 10-2）。

表 10-2　2020 年服务贸易进出口总额排前 15 位的国家

	进出口总额		
	2019 年（亿美元）	2020 年（亿美元）	同比增速（%）
世界总计	118 010	95 102	−19.4
美国	14 209	11 198	−21.2
中国	7 790	6 617	−15.1
德国	7 105	6 120	−13.9

续表

	进出口总额		
	2019 年（亿美元）	2020 年（亿美元）	同比增速（%）
爱尔兰	5 795	5 580	−3.7
英国	6 740	5 400	−19.9
法国	5 635	4 766	−15.4
新加坡	4 249	3 590	−15.5
印度	3 924	3 560	−9.3
荷兰	5 391	3 550	−34.1
日本	4 073	3 390	−16.8
比利时	2 418	2 280	−5.7
瑞士	2 349	2 270	−3.4
卢森堡	2 020	1 960	−3.0
韩国	2 229	1 880	−15.7
意大利	2 421	1 790	−26.1

资料来源：https://www.wto.org/english/res_e/statis_e/wts2021_e/wts2021chapter05_e.pdf.

由表 10－2 可以看出，2019 年底暴发的新冠疫情给世界服务贸易的发展带来了很大的负面影响，2020 年服务贸易主要国家及世界整体都出现了大幅度的下滑，与 2019 年相比世界服务贸易总额下降了 19.4%，美国、中国、德国等主要国家也分别下降了 21.2%、15.1%、13.9%，下降幅度最小的国家卢森堡、瑞士、爱尔兰也分别下降了 3.0%、3.4%、3.7%。

世界贸易组织 2022 年 7 月发布的报告显示，2021 年我国服务进出口总额继续保持世界第二，其中服务出口和服务进口都居第二位。我国服务进出口总额为 8 113 亿美元，世界服务进出口总额为 117 100 亿美元。进出口规模排前五位的国家为：美国、中国、英国、德国、法国；出口规模排前五位的国家为：美国、中国、英国、德国、法国；进口规模排前五位的国家为：美国、中国、德国、法国、英国。我国服务贸易进出口总额世界排名于 2012 年首次进入前三，2014 年上升至第二，2021 年仍然保持第二。

2022 年 2 月联合国贸发会议发布全球贸易报告，根据报告的统计测算，2021 年全球贸易创下历史最高纪录，达到约 28.5 万亿美元，较 2020 年增长了 25%，较 2019 年增长了 13%。2021 年第四季度全球贸易加速增长，商品贸易仍然强劲，服务贸易也基本恢复到疫情前水平。

疫情后的恢复推动了全球制成品贸易，特别是耐用工业品贸易。工业生产的增长几乎与稳定的贸易增长一一对应。报告指出，2021 年全球供应链面对的最大压力呈减弱之势。新冠疫情防控管制放松、经济刺激计划和原材料价格上涨，推动商品需求强劲增长。

推动 2022 年全球贸易增长的因素除了市场需求逐步摆脱疫情的阴霾，还包括一些支持跨境贸易发展的长期变化，包括区域主义的抬头、服务贸易的增长、创新和气候政策等。

当时报告认为，与2021年相比，2022年的贸易增长预计将有所放缓，但仍将保持强劲增长。特别是2021年第四季度发展中国家的贸易表现好于发达国家，南南贸易增长率高于全球平均水平。

但从服务贸易来看，除了中国和印度以外，服务贸易总额排前15位的国家均为发达国家。

发达国家在服务贸易上遥遥领先的原因有：（1）当今服务业与服务贸易是以高新技术为推动力，发达国家在技术上处于领先地位；（2）生产结构差别，发达国家服务业或第三产业产值占国民经济的比重远高于发展中国家，从服务业产值占国内生产总值的比重来看，发达国家一般为60%～80%，发展中国家一般为40%～60%；（3）经济发展水平和消费结构存在差别，发达国家人均收入水平远高于发展中国家，在消费结构中服务的比重大大高于发展中国家；（4）国际服务贸易是在国际投资与跨国公司发展过程中不断发展的，国际投资和跨国公司的发展都是以发达国家为主导的。

进入20世纪90年代，发展中国家在世界服务贸易中的地位上升，发展中国家服务出口增长明显加快，发达国家整体比重有所下降。1990—2000年，发展中国家服务出口年均增速为12%，高于发达国家年均增速1倍以上。其中，亚洲的服务贸易发展尤为迅速，海上运输、旅游、劳务出口等都有很大的增长。

进入21世纪后，世界服务贸易进入稳定增长期，服务贸易的增长不但较快，而且还有不断加速的趋势。服务贸易在整个国际贸易中的比例，在20世纪70年代和80年代约为20%，在20世纪90年代上升到24%，在21世纪的头10年达到25%以上，最近十多年又稍有回落，在24%和25%之间。

在服务贸易结构方面，发达国家与发展中国家有明显的差别。发达国家出口的多是资本密集、技术密集、知识密集的金融、保险、信息、咨询、数据处理等服务；而发展中国家出口的则是旅游、劳务等劳动密集、自然资源密集的服务。这种结构特点反映了经济发展水平与阶段的不同。

4. 国际服务贸易市场呈多元化发展

随着世界经济的发展，近年来国际服务贸易的需求日益增多，范围日益扩大，地理分布也日趋广泛。在20世纪70年代之前，西方国家是最主要的劳务输入市场。在70年代后期，中东和北非几个主要产油国每年都需要大量外籍工人，日益成为主要的劳务输入市场。自80年代以来，亚洲、非洲、拉美地区一些国家的经济迅速增长，对境外服务的需求增加。进入90年代后，亚洲地区成为世界经济增长的热点，特别是普遍的开放性政策带来了大量服务进口。

在服务出口市场方面也呈现多元化态势。为了扩大服务的市场份额，发达国家之间、发达国家与发展中国家之间、发展中国家之间都进行着激烈的竞争。尽管总体上发达国家占有优势，但是这种状况逐渐被打破。

5. 国际服务贸易自由化与贸易壁垒并存

1994年终于达成协议并签署的《服务贸易总协定》第一次为服务贸易的自由化提供了体制上的安排与保障。为顺应经济全球化的潮流，WTO在成立后的二十多年中努力推动服务贸易自由化进程。今天，服务贸易自由化的趋势遍及各个传统服务部门和新兴服务行业，从商业、旅游、运输、工程承包和劳务输出，到信息、金融、保险、法律、咨询、会计、通信等各种专业服务，都成为各国谈判和扩大市场准入的对象。

与此同时，随着服务贸易的迅速发展，该领域的竞争加剧，保护主义盛行。为了保护本国的服务业，各国纷纷采取诸如入境限制、技术标准、外汇管制等非关税壁垒措施。一些敏感性领域，如金融、保险、通信以及航空运输等，往往关系到服务贸易输入国的主权和国家安全，各国对这类进口的限制尤其严格。

二、世界服务业与服务贸易发展的趋势

1. 服务业与服务贸易的发展水平成为衡量一个国家现代化水平的重要标志

一般来说，经济越发达的国家服务业的比重越高。由于服务业体现了生产力的发展水平，标志着居民消费需求的扩大和消费结构的变化，因此，它所占比重的大小就成为权衡各国经济发展水平和产业结构合理性的重要依据。美国斯坦福大学教授莫克尔斯提出的衡量现代化国家的10项标准，其中一项就是第三产业即服务业在GNP中占到45%以上。所以，服务业的发展水平代表了一国经济的发展水平。

2. 服务业和服务贸易已成为国民经济持续增长的保证

现代经济是建立在第一、第二和第三产业高度发展和社会分工不断深化的基础上的，作为物质生产部门的第一和第二产业增长速度达到一定水平后，受多种因素制约增长会逐步放慢，这时工农业必然会对社会服务业提出更多、更高的要求，不仅需要服务业配套和协调发展，而且要求服务业超前发展，引导市场消费，创造新的需求。

服务业的发展也顺应了居民消费水平的提高和消费结构转换的需要。居民生活水平的提高势必导致消费结构向高级化、多样化转变，在用于吃穿的支出比例逐步下降的同时，用于教育、保健、交通、旅游、文化、娱乐等方面的开支出现较大增长。服务业由于能为人们提供更为方便、舒适和有助于全面发展的服务，因此必然会成为提高消费水平、繁荣市场的重要产业。

3. 服务业吸纳了最多的劳动力，是解决就业问题的主要途径

服务业在维护经济与社会的稳定发展中发挥着重要作用。服务业自身的特点决定了它可以广泛吸收体力劳动、中等技术服务和高技术开发、研究与应用等多层次就业，容纳就业的弹性大。产业结构在向高技术密集型转化的过程中，工厂普遍推行自动化，企业实施省力型和效率高的合理化生产经营，这使得制造业的人员需求增长很少，而且不少企业还不断地减员。这时服务业就成为产业结构调整过程中吸收劳动力的容器。服务业吸收了物质生产部门的过剩劳动力，而且降低了物质生产成本，起到了提高工业化效率的作用。

4. 经济服务化的发展呈现出一定的阶段性和规律性

服务业的成长历程可分为以下四个阶段：

（1）主要面向消费的生活服务时期。服务业在国民经济中处于次要地位，只起到一定的补充作用。国民经济中三次产业呈现出“一、二、三”的特征。

（2）商业、交通和通信发展时期。这一时期服务业的作用增强，但在国民经济中的

比重仍然较低，工业开始占据重要地位。国民经济中三次产业呈现出“二、一、三”的特征。

(3) 金融、保险等专业服务迅速成长时期。这一时期第二产业在国民经济中仍居主导地位，但金融、保险等专业服务成为调整社会资源的重要手段。国民经济中三次产业呈现出“二、三、一”的特征。中国正处于这一阶段。

(4) 服务业全面提高和发展时期。此时第三产业在国民经济中居主导地位，科学技术和信息产业成为经济增长的主要推动力。国民经济中三次产业呈现出“三、二、一”的特征。目前，发达国家大都发展到了这一阶段。

5. 科技进步成为服务业成长的主导因素

当代服务业的蓬勃发展，是现代科技对其广泛渗透的结果。新科技在服务领域的应用，不仅大大提高了运营效率，促进了社会生产力的提高，同时还开发出差异化的服务产品。况且，许多重大科技发明往往首先在服务领域中应用，例如，蒸汽机、计算机等。今天，各国都把促进技术进步和服务业发展作为繁荣经济、增加就业的重要手段。实际上，诸如法律、信息、管理、金融、技术等服务行业已成为经济发展的主要推动力。

6. 信息产业成为服务业中最有发展潜力的行业

信息产业的大发展是服务业膨胀的最重要内容。信息已成为社会生产和生活不可缺少的宝贵资源，信息产业成为提高经济竞争力的关键。1991 年被认为是美国工业时代和信息时代的分水岭，这一年美国企业在电脑和通信方面的支出，第一次超过在工业制造方面的支出。美国 1993 年初宣布兴建信息高速公路的计划，这种能把全国以至全球的部门、企业和家庭连接起来并提供各种服务的电子信息网络，对世界经济生活产生了重大影响，也为信息产业的发展提供了空前的良机。由于 20 世纪 90 年代以来美国在信息技术方面居领先地位，在率先提出发展信息高速公路的计划并付诸行动后，其一度受到削弱的经济再现生机。1994 年美国的国际竞争力超过居首位的日本，重新回到领先地位。正如美国斯坦福大学经济学家、诺贝尔奖获得者肯尼思·阿罗所说，信息的作用正在改变经济的性质。

7. 服务业成为国际市场竞争的新焦点

服务作为满足市场需求的一部分，不仅受到服务业企业的重视，也开始为工业生产企业所关注。服务经济的发展具有以下三个突出特点：

(1) 以产品为基础的经济要向以服务为基础的经济转变。

(2) 企业竞争策略不仅要注重有形产品的竞争，更要注重无形服务的竞争。

(3) 服务经济要求新的职业培训体系，使员工受到各种专业教育与培训，具备现代科技知识、技能和素养，能够面对新的挑战。

不难看出，服务经济更应是以知识为基础的经济，服务业的竞争实质上是科技和教育的竞争，是人才的竞争，只有在文化教育和科学技术水平有较大提高的条件下，服务业的竞争力才有迅速提高的基础。

8. 服务贸易迅速增长，服务业向全球化、自由化方向发展

在信息技术革命的推动下，服务业正冲破地理的限制，迅速向全球化方向发展，世界服务贸易额正以比世界货物贸易额增速更高的速度发展。服务业全球化的另一个重要表现是，在发达国家海外投资中服务业投资的比重日益提高，跨国的服务业公司纷纷崛起。在美国等发达国家，对服务业的投资早已超过对汽车等重型产业的投资。在对外投资中，服务业的投资比重已居首位。

随着服务贸易在全球贸易中的重要性不断加强，各个国家特别是发达国家对取消服务贸易壁垒、推行服务贸易自由化显得越来越迫切。这也是《服务贸易总协定》得到签署的原因，该协定的签署是服务贸易自由化发展的重要标志。

第三节 国际贸易原理对服务贸易的适用性

传统的国际贸易理论是建立在商品（货物或有形产品）贸易的基础上，因此，严格地说，服务贸易并未形成自己的理论体系。然而，服务贸易发展的实践呼唤着服务贸易理论的诞生。建立相对完整的服务贸易理论体系存在两种选择：其一是依据服务贸易的实践和特点，借鉴相关学科领域的研究成果，发展出相对独立的服务贸易理论；其二是将传统的商品贸易理论加以延伸，扩展到服务贸易领域，用相应的逻辑和概念来阐述服务贸易，从而实现商品贸易理论和服务贸易理论的对接。从服务贸易理论的实际发展来看，理论界更倾向于第二种选择。这不仅是因为第一种选择存在实际的困难，而且更重要的是，人们在做第一种选择，试图建立相对独立的服务贸易理论的时候，无法与传统的商品贸易理论彻底决裂，结果是不由自主地回到第二种选择。①

一、传统贸易理论对服务贸易的适用性

作为新兴的国际贸易内容与方式，服务贸易的发生、方向和得失是否适用传统的国际贸易理论，国外学术界对此存在不同的看法，主要有如下三种观点：

第一种观点认为，国际贸易原理不适用于服务贸易。美国经济学家菲克特库迪（G. Feketekuty）认为，服务同商品相比具有许多不同的特点，这些特点决定了国际贸易原理不适用于服务贸易。服务贸易的这些特点包括：（1）服务贸易是劳动活动和货币的交换，不是物品和货币的交换；（2）服务的生产和消费同时发生，不能储存；（3）服务贸易在各国海关进出口和国际收支表上没有体现。②桑普森和斯纳普认为，由于以生产要素不能在国家间流动为基本前提，因此，传统的要素禀赋理论不足以解释国际服务贸易。③

第二种观点则相反，认为国际贸易原理完全适用于服务贸易，没有必要把服务贸易同货物贸易区分开来。持这种观点的学者有很多。例如，萨皮尔（A. Sapir）独立或者和卢兹（E. Lutz）合作进行了一系列著名的有关服务贸易的实证研究，其主要结论是："传

---

① 陈宪，程大中. 国际服务贸易. 北京：高等教育出版社，2003：96.

② Feketekuty G. *International Trade in Services：An Overview and Blueprint for Negotiations*. Cambridge, Mass.：Ballinger，1988.

③ Sampson G，Snape R. Identifying the Issues in Trade and Services. *The World Economy*，1985，8（2）：171－182.

统贸易理论不仅适用于货物贸易，也适用于服务贸易，要素禀赋在货物贸易和服务贸易模式的决定上都具有重要作用。”① 1986 年，拉尔通过对发展中国家的实证研究，也得出了相似的结论。1984 年，欣德利（B. Hindley）和史密斯（A. Smith）提出，没有必要专门探求用于决定服务的要素是否可以贸易。② 1989 年，密尔文（J. R. Melvin）运用 H-O 模型来分析要素服务贸易，其结论是，服务贸易和货物贸易一样可以导致均衡，但要素密集度的效应要大得多。对要素征税同样会影响贸易要素和非贸易要素的比价，影响贸易格局。③孔普（R. Kumpe）也坚持认为，作为一个简单的思想，比较优势理论是普遍有效的，对传统比较优势理论的依赖是基于一个简单的命题——每个团体所专注的共同利益正是自身效率更高的那项活动所带来的。

第三种观点介于以上两种观点之间，它既肯定国际贸易的基本原理对服务贸易的适用性，同时也承认传统贸易理论在解释服务贸易问题时具有局限性和缺陷，主张在利用传统贸易理论来解释服务贸易时必须对传统贸易理论进行若干修正。1985 年，迪尔道夫（A. Deardorff）分析了国际贸易理论用于解释服务贸易的局限性，认为至少有三个特征可能导致比较优势理论失灵：（1）一些服务需求仅仅是货物贸易的派生需求，不存在贸易前价格；（2）许多服务涉及要素流动；（3）某些要素服务可以由外国提供。他通过分析指出，前两点不影响比较优势理论在服务贸易中的运用，但第三个特征会导致比较优势理论不成立。然后，他运用标准的 H-O 模型，通过改变其中的个别约束条件，成功地解释了国际服务贸易是如何遵循比较优势原则的。④ 1988 年，塔克（K. Tucker）和森德伯格（M. Sundberg）指出，传统贸易理论可用于分析服务贸易，但也存在下述局限性：（1）要素禀赋理论是从供给的角度来分析国际贸易，而国际服务贸易在许多情况下主要受到需求条件而不是生产成本的影响；（2）商品和服务在研究与开发、广告等方面的效用上存在着差别，这将导致服务的出口同国内市场不同的需求特征；（3）许多服务往往作为中间投入出现在生产过程中，在生产的不同阶段会出现两个不同的生产函数；（4）服务贸易受市场结构和政府管制的影响比货物贸易要大得多。他们主张，为克服上述缺陷，在运用国际贸易原理来分析服务贸易时，需要更多地关注相关的市场结构和需求特征。⑤ 1989 年，伯格斯（D. F. Burges）指出，国际贸易理论是可以用来解释服务贸易的，如果对标准的 H-O 模型做简单修正，就可以得到解释服务贸易的一般模型。

总的来说，第三种观点得到了国际学术界较多的认可。国际学术界比较一致的看法是，国际服务贸易作为国际贸易的一种形式，在解释国际服务贸易时国际贸易理论是适用的。但是，由于服务贸易具有货物贸易不具备的许多特征，在运用以后者为实践基础

---

① Sapir A, Lutz E. Trade in Services: Economic Developments and Development Related Issues. World Bank Staff Working Paper, Washington, 1981.

② Hindley B, Smith A. Comparative Advantage and Trade in Services. *The World Economy*, 1984, 7 (4): 369-390.

③ Melvin J R. Trade in Producer Services: A Heckscher-Ohlin Approach. *Journal of Political Economy*, 1989, 97 (5): 1180-1196.

④ Deardorff A. Comparative Advantage and International Trade and Investment in Services//Stern R M. *Trade and Investment in Services: Canada/U. S. Perspectives*. Toronto: Ontario Economic Council, 1985.

⑤ Tucker K, Sundberg M. *International Trade in Services*. London: Routledge, 1988.

的传统贸易理论来解释前者时，必须进行适当的修正。

二、服务贸易研究方法对传统贸易理论的继承

国际贸易理论作为国际经济学理论框架的两大支柱之一，其历史渊源可以追溯到15世纪末16世纪初的重商主义学说。然而，在国际贸易理论的创立和发展过程中，重商主义并没有获得应有的历史地位。一般认为，国际贸易理论到了18世纪后期在亚当·斯密那里才得到了系统论述。在亚当·斯密的绝对成本理论基础上，大卫·李嘉图提出了比较成本理论；20世纪初，赫克歇尔和俄林提出要素禀赋学说。20世纪70年代后期和80年代国际贸易实践出现了新情况，特别是要素禀赋相似的发达国家之间的巨额贸易和产业内贸易的蓬勃发展，促使西方学者在规模报酬递增和不完全竞争以及产品差异化等全新假设的基础上，用产业组织和市场结构等新的分析框架解释国际贸易的原因和效应、贸易结构和贸易政策，并将技术变动、贸易模式和经济增长相结合进行研究，诠释新现实，创立新学说。与主流国际贸易理论相比，国际服务贸易理论还处于建立与完善阶段，因此显得并不那么成熟，然而人们没有理由因此而低估其理论价值。它是对国际服务贸易的产生和发展对传统贸易理论提出的挑战而做出的新的理论回应。

目前西方学者将比较优势理论分成两个方面：实证分析理论和规范分析理论。前者主要研究某些商品的生产为什么在一个地方比在另一个地方便宜，或为什么一国愿意出口某些商品；后者主要研究国际贸易诱发的劳动分工和专业化是否符合经济效率和社会利益，以及政府应该采取什么政策。对于服务贸易，比较优势实证分析的一个明显难题在于，一国的服务比较优势将以贸易、投资（即商业存在）和劳动力转移这三者中的哪种方式表现出来不易确定。但是，比较优势规范分析理论认为，无论采取何种方式，只要比只依赖本国市场的封闭情形获得更大的收益，那么，服务贸易自由化就是可行的。实际上，比较优势规范分析理论在服务贸易领域的适用性是一个有争议的问题。

1. 服务贸易理论研究的规范分析

在规范分析方面，贡献较大的有迪尔道夫（1985）、李安（Ryan，1988）、达杰克和基尔考斯基（Djajic & Kierzkowsk，1989）、琼斯和卢安（Jones & Ruane，1989）、琼斯和基尔考斯基（1990）、马库森（1988，1989）、密尔文（1989）等。

国外学者对服务贸易的规范分析首先表现在对传统贸易模型的应用上。1985年，迪尔道夫率先运用H-O模型，建立了一个“一种商品、一种服务”的模型来探讨服务贸易的比较优势。他的分析包括以下三种情况：（1）同商品贸易互补的服务贸易；（2）要素服务贸易；（3）没有物品的要素服务贸易。其主要贡献在于，通过研究证明了：如果给定某些条件，国际贸易理论完全可以用来分析国际服务贸易。1988年，李安运用李嘉图模型分析了运输服务贸易所产生的影响。其结论是，运输服务的自由贸易可以大大增加贸易双方的福利，各国应该取消对运输服务贸易的限制，减少导致运输成本上升的各种税收。①

---

① Ryan C. Trade in Services：An Introductory Survey. *Economic and Social Review*，1988，20（1）：37-48.

1989 年，达杰克和基尔考斯基运用 H-O 模型来说明维修服务贸易对耐用消费品贸易的影响。他们认为，服务贸易的数量和方向不仅取决于一国的要素禀赋，而且取决于服务是否可以贸易。①

1989 年，琼斯和卢安建立了一个特定要素模型来考察技术和要素禀赋在服务贸易中的作用，分析最终服务贸易方式的选择问题。他们把服务贸易分为服务要素贸易和服务产品贸易两类，认为它们的相对收入取决于本国的服务要素禀赋和技术优势，选择任何一种贸易形式都可以增加国家福利，但同时选择两种贸易形式优于选择任何一种。贸易方式的选择取决于国内外最初的要素禀赋和技术，但不能仅仅根据贸易前的服务价格和要素价格来做出选择。②同年，伯格斯运用修正过的 H-O-S（赫克歇尔-俄林-萨缪尔森）模型，探讨了服务贸易、服务技术出口对服务贸易双方的影响。他指出，服务贸易自由化和服务技术出口一般会改善出口国的贸易条件，提高出口国的经济福利水平。

现代贸易理论的一个基本特征是，突破传统理论关于完全竞争和规模报酬不变的不现实的假定，探讨在不完全竞争和规模经济条件下国际贸易的决定问题。服务贸易研究自然也必须摆脱传统教条的束缚，探讨不完全竞争和规模经济条件下服务贸易模式是如何决定的。在这方面，比较突出的学者有马库森、基尔考斯基和琼斯等。1988 年，马库森以生产者服务贸易为例分析了规模经济对服务贸易的影响。他指出，在服务贸易中，由于规模经济的作用，首先进入服务业的厂商成本较低，可以阻止后来者的进入，导致其福利水平下降。因此，政府应该给予生产者生产补贴和无代价的公共投入，以使福利最大化。1987 年，基尔考斯基运用寡头垄断模型解释了取消国内服务业管制的国际影响。与马库森的观点相反，他认为取消国内管制可以促使厂商为获取规模经济效益而进行国际竞争，因此政府最好的政策是创造自由的国内市场。1988 年，马库森借助垄断竞争理论，对熟练劳动力的服务贸易问题进行了专门研究。其结论是：（1）即使是单纯发挥要素禀赋的作用也能从贸易中获利；（2）由于多种熟练劳动投入能够提高最终产出，小国将比大国获利更多；（3）由于一些专业化受到限制，仅有货物贸易并不能实现生产的帕累托最优，引入服务贸易则可以实现最大程度的专业化和帕累托最优；（4）即使存在垄断力量，关税也不一定能提高一国的福利水平，反而会因削弱了全球的专业化潜力而使一国福利水平降低。1989 年，马库森建立了一个包含两部门的一般均衡模型来探讨具有规模经济的生产性服务和其他专业服务的国际贸易。其分析结果是，允许生产性服务等特殊中间投入的贸易优于最终产品的贸易，中间投入的自由贸易可以保证贸易双方的福利同时增加。但是，当马库森把这一分析延伸到跨国公司内部的生产性服务贸易时，发现跨国公司的生产性服务优势将在东道国商品生产中造成垄断，从而可能使东道国的福利减少。③ 1990 年，琼斯和基尔考斯基提出并运用服务链的观念来探讨规模经济条件下服务贸易的作用。他们认为，在规模经济的作用下，生产过程更加复杂，需要更多的

---

① Djajic S，Kierzkowski H. Goods，Services and Trade. *Economics*，1989，56（221）：83－95.

② Jones R W，Ruane F. Options for International Trade in Services：A Specific Factors Framework. *Economics*，1989（42）：672－687.

③ Markusen J R. Service Trade by the Multinational Enterprise//Enderwick R. *Multinational Service Firms*. London：Routledge，1989.

服务链。由于比较优势的存在，服务链可以促进生产的国际化，从而服务贸易可以大大促进货物贸易。①

2. 服务贸易理论研究的实证分析

服务贸易研究同货物贸易研究相比，遇到的一个较大困难是资料的缺失和不准确。由于服务贸易涉及的部门复杂，大多是无形贸易，不经过各国的海关，因此，缺乏准确完整的统计资料，这就为服务贸易的实证研究造成了严重障碍。1990 年，豪克曼（B. M. Hockman）在仔细地考察服务贸易现有的统计资料后提出，服务贸易资料是非常不可靠的，往往会导致低估的偏见。②

尽管遇到资料短缺的困难，但许多学者仍然致力于服务贸易决定的实证研究。最早尝试对服务贸易进行实证研究的是 R. 迪克（R. Dick）和 H. 迪克（H. Dicke），他们运用经济合作与发展组织成员的资料来验证传统贸易理论是否适用于服务贸易。③ 1982 年，萨皮尔通过一系列实证研究，验证了比较优势理论对服务贸易的适用性，并描绘了由比较优势决定的现实服务贸易格局。他指出，物质资本丰裕的国家在运输服务贸易上拥有比较优势，而人力资本丰裕的国家在保险和其他私人服务贸易上拥有比较优势。工业化国家由于物质和人力资本都很丰富，在服务贸易上拥有总体的比较优势。④

但服务贸易的比较优势不是静态的，随着发展中国家物质和人力资本的积累，它们在一定的服务贸易部门也会拥有比较优势。1985 年，萨皮尔对服务贸易中的南北问题进行了专门考察，分析了发达国家和发展中国家当时的服务贸易结构和比较优势格局，强调发达国家和发展中国家之间要加强合作，共同推进服务贸易的自由化。1986 年，萨皮尔通过对工程服务贸易的实证研究，再次肯定了比较优势的动态性和发展中国家作为潜在服务贸易出口者的作用。⑤ 1989 年，兰格海默（R. J. Langhammer）通过对法国、德国、日本和美国 4 国服务贸易资料的实证分析，考察了发达国家和发展中国家之间的服务贸易关系。其主要结论是，发达国家和发展中国家之间的服务贸易模式与要素禀赋关系密切。1992 年，豪克曼和卡森迪（G. Karsenty）运用显示性比较优势法（RCA）分析了不同收入水平国家在服务贸易上的比较优势。按照他们的分析，收入水平越高，服务贸易的比较优势越大；人均收入在 6 000 美元以上的国家在服务贸易上拥有较大优势。但是，收入水平低的国家在一些服务贸易部门也拥有比较优势。2019 年 10 月 WTO 发布的《2019 世界贸易报告》显示，发展中国家在世界服务贸易中的地位是不断上升的：2005 年到 2017 年，发展中国家在世界服务贸易中的份额增长超过 10 个百分点，分别占世界服务出口额和进口额的 25%和 34%。如果发展中国家普遍采用数字技术，到 2040

---

① Jones R W，Kierzkowski H. The Role of Services in Production and International Trade：A Theoretical Framework//Jones R W，Krueger A. *The Political Economy of International Trade*. Qxford：Basil Blackwell，1990.

② Hockman B M. Services-related Production，Employment，Trade and Factor Movements//Messerlin P A，Sauvant K P. *The Uruguay Round*：*Services in the World Economy*. The World Bank and the United Nations Center on Transnational Corporations，1990：44.

③ Dick R，Dicke H. Patterns of Trade in Knowledge//Giersch H. *International Economic Development and Resources Transfer*. Tubingen：J. B. Mohr，1979.

④ Sapir A. Trade in Services：Policy Issue for the Eighties. *The Columbia Journal of World Business*，1982，7（3）：77 - 83.

⑤ Sapir A. Trade in Investment-related Technological Services. *World Development*，1986，14（5）：605 - 622.

年，它们在世界服务贸易中的份额还将增加15%。

第四节　国际服务贸易理论模型

经济学家大多是借助传统的国际贸易理论来阐述服务贸易，下面简要介绍其中一些代表性模型。

一、迪尔道夫模型

1985年，迪尔道夫率先成功地利用传统的H-O理论提出了修正的"2×2×2"H-O模型（两国、两种要素、一种商品和一种服务），通过对服务贸易的比较优势进行分析，得出了商品贸易与服务贸易具有互补性的结论。

许多服务贸易是为了方便商品贸易而逐渐发展起来的，如运输、保险、法律等许多生产性服务业，这些生产性服务贸易与商品贸易密切相关。假设存在三种情形：

（1）全封闭情形：以 a（autarky）表示，表示没有任何商品和服务贸易发生。

（2）自由贸易情形：以 f（free trade）表示，表示商品和服务都实现自由贸易。

（3）半封闭情形：以 s（semi-autarky）表示，表明只有商品可以自由贸易。

在第一种情形即全封闭情形下，市场均衡可以表示为（P^a，q^a，X^a，S^a），P^a 和 q^a 分别表示商品和服务的均衡价格，X^a 表示商品的均衡产量，S^a 表示服务的均衡产量。由于禁止贸易而没有服务需求，故服务的均衡产量为零，即 $S^a=0$。假设已实现利润最大化，那么，对于所有可能的（X，S）有

$$P^aX^a \geqslant P^aX+q^aS \tag{10-1}$$

在第二种情形即自由贸易情形下，市场均衡为（P^D，q^w，X^f，S^f），P^D 表示本国商品价格，q^w 表示国际服务价格，一般情况下，国际商品价格 $P^w=P^D+q^w$。如果 T、V 和 U 分别代表商品的净出口、服务的净出口和本国的服务消费量，那么，自由贸易情形下的均衡条件为，对于所有可能的（X，S）有

$$P^DX^f+q^wS^f \geqslant P^DX+q^wS \tag{10-2}$$

对于所有可能的 T、V 和 U，有

$$(P^w-P^D)T^f-q^wU^f \geqslant (P^w-P^D)T-q^wU \tag{10-3}$$

$$P^wT^f+q^wV^f=0 \tag{10-4}$$

其中，式（10-2）表示在均衡状态下实现收益最大化，式（10-3）表示服务的出口达到利润最大化，式（10-4）为贸易均衡方程。

根据显示性偏好弱定理[①]，通过比较全封闭和自由贸易两种情形，可以证明：

---

① 显示性偏好弱定理：如果在某个预算下 X 显示偏好于 Y，那么在任意预算下 Y 绝不能显示偏好于 X。

$$P^aT^f+q^aV^f\leqslant 0 \qquad (10-5)$$

式（10－5）说明按封闭条件下的价格出口商品和服务不如进口商品和服务，这说明商品和服务贸易与传统的比较优势理论相符。

在第三种情形即半封闭情形下，如果将 T^f 替换成 T^s，且由于没有服务贸易，则 $V=0$，那么，同样可以推出 $P^aT^s\leqslant 0$，这意味着，即使服务不可贸易，也不会影响传统的比较优势理论在服务贸易分析中的适用性。

迪尔道夫模型在探讨比较优势理论对服务贸易的适用性上取得了突破性的进展，他的另一个主要贡献在于进一步证明了商品贸易与服务贸易的不可分性。在迪尔道夫之后，研究者开始注重从不同的角度讨论服务贸易比较优势的决定因素。

二、伯格斯模型

从国际贸易的实践看，不同国家之间的技术差异不仅存在，而且技术转移日益成为服务贸易的主要项目。因此，放松国家之间技术相近的假设，研究者从技术差异能够导致所有要素投入成比例的节约来对 H-O-S 模型进行修正。

伯格斯认为，仅需要对标准的 H-O-S 模型做简单修正，就能将其应用于服务贸易，并从中揭示出不同国家在提供服务技术上的差别如何形成比较优势和服务贸易模式。

假设在一个独立生产两种产品和一种服务的完全竞争经济中，生产规模报酬不变，且只使用资本和劳动两种要素。如此，则该经济用下述三个单位成本等于价格的公式来表示：

$$C^1(w,r,p_s)=p_1 \qquad (10-6)$$

$$C^2(w,r,p_s)=p_2 \qquad (10-7)$$

$$C^s(w,r)=p_s \qquad (10-8)$$

其中，$C^i(i=1,2)$ 表示生产一单位产品 i 的最小成本，C^s 表示生产一单位服务的最小成本，w 和 r 分别表示工资和租金，p_i（$i=1,2$）是两种可贸易产品的价格，p_s 是服务的价格。将式（10－8）代入式（10－6）和式（10－7），得到使用两种投入生产两种最终产品的简单模型。因该模型与标准的 H-O 模型相同，故可认为传统的 H-O 模型在一定程度上可以解释服务贸易。应当指出，服务部门的产出应作为中间投入参与最终产品的生产，而服务部门使用的全部要素同样可以用于产品生产部门。劳动与资本要素市场的均衡条件（根据谢泼德引理①）为：

$$Q_1C_w^1+Q_2C_w^2+Q_sC_w^3=L \qquad (10-9)$$

$$Q_1C_r^1+Q_2C_r^2+Q_sC_r^3=K \qquad (10-10)$$

其中，Q_i（$i=1,2,s$）表示两个产品生产部门和一个服务部门的产出水平。如果技术或政策壁垒阻碍国际服务贸易，服务的供给必须等于两个产品生产部门需求的总和，即

① 谢泼德引理：使用单位成本函数相对于要素价格的一阶偏导数，可得到使每单位成本最小的要素需求。

$$Q_1C_{p_s}^1+Q_2C_{p_s}^2=Q_s \tag{10-11}$$

如果一国并没有集中生产一种产品，则式（10－6）、式（10－7）、式（10－8）可单独决定相对于世界市场贸易品价格中任何组合的竞争要素价格和国内服务价格。产品价格决定要素价格，同时决定各部门对每种要素和服务单位成本的最低需求（除产出外，其他已知）。式（10－9）、式（10－10）、式（10－11）构成一个含有三个未知数的由三个线性方程构成的方程组，从中可解出唯一一组作为要素禀赋函数的部门产出。如使经济保持分散化，则要素存量的任何变化只会导致部门产出的变化，而不会影响要素价格和国内服务价格的变化。并且，如果技术相同的两国产品可自由贸易（服务不可贸易），即使没有一种要素能在国际上流动，两国的要素价格和国内服务价格的差异也会缩小。如果没有运输成本，这种价格差异则会完全消失。因此，在服务存在于消费者的效用函数而不是存在于厂商的生产函数的情况下，产品贸易壁垒的减少将降低市场参与者从事服务贸易的欲望。

按照伯格斯模型，一个厂商是选择合约经营还是选择自己进行服务，取决于服务价格与要素价格孰高孰低。若前者较高，厂商就较少依赖服务部门，但用于服务的支出将因要素间替代程度的不同而升降。如果技术或政策壁垒阻碍服务贸易，那么提供服务的技术差距将成为一国产品比较优势的重要决定因素。当然，对此做完整的分析存在困难，但考虑到作为产品生产部门中间投入的服务需求，若两个产品生产部门的要素密集度与两种产品的要素密集度相反，且各国只在服务技术上存在差距，那么，具有服务技术优势的国家将获得相对昂贵的服务而不是相对低廉的服务。服务技术优势反映在较高的要素报酬上，这种较高投入成本的损失可能超过技术优势带来的收益，即使服务在技术先进国相对低廉，也可能不会给相对密集使用服务的部门带来比较优势。事实上，相对低廉的服务意味着服务密集部门相对于其他部门而言将会扩大规模，同时意味着大量使用服务部门密集使用的要素的部门也将扩大规模。当然，这两种部门的扩张不尽相同。比如，如果服务部门只使用劳动要素，而技术符合列昂惕夫条件，即投入-产出系数不受要素价格的影响，那么无论哪种产品密集使用服务，服务部门的中性技术进步都将导致劳动密集型产品的增加和资本密集型产品的减少。如果技术符合柯布-道格拉斯函数，即产品生产部门的要素分配与要素价格无关，则相对于其他部门的产品，密集使用服务部门的产品将会增加。

据此，伯格斯认为，即使服务不可贸易，服务技术的国际扩散也会对收入分配和贸易条件产生影响。这一结论导致一个问题，即一国通过许可证贸易或免费向外国转让自己具有优势的服务技术是否会削弱其竞争优势。如果服务技术优势是服务贸易比较优势的唯一来源，或服务技术优势会加强决定服务贸易比较优势的其他因素，那么答案将是肯定的。相反，如果一国服务技术优势抵消了其他更重要的比较优势的决定因素，那么，即使该国无偿转让服务技术，也可以通过这种转让改善贸易条件而获得某些收益。如果具有服务技术优势的国家同时也是资本丰富的国家，且资本丰富就可提高资本密集型产品的比较优势，这样，如果服务部门密集使用劳动，且服务被密集用于劳动密集型产品的生产，那么服务技术优势将增强劳动密集型产品的比较优势。如果相对要素存量差别是比较优势和服务贸易的决定因素，且服务技术可无偿转让给外国，那么，外国劳动密集型产品的生产将会增加，资本密集型产品的生产将会减少，服务技术出口国的贸易条件将会得到改善。因此，服务技术的出口未必会损害服务出口国的比较优势；相反，由于服务是作为中间投入参与国际贸易，服务贸易自由化可能会损害服务进口国的利益。

三、国际服务贸易显性比较优势论

比较优势可以表述成几种既不相同又相互联系的形式。巴伦斯总结了比较优势衡量技术的新近发展。在以下序列中的任一阶段，比较优势都可以得到衡量：

$$D \longrightarrow CA \longrightarrow T, P, C \longrightarrow RCA$$

此处 D 为经济要素，CA 为比较优势，T、P、C 分别为贸易、生产和消费，RCA 为显性比较优势（revealed comparative advantage），它是一种出口专业化指标，用来衡量一国某种产品的出口额占世界出口总额的比重，即

$$RCA=\frac{\text{某国某种产品的出口额/该国全部产品的出口额}}{\text{世界该种产品的出口额/世界全部产品的出口额}} \tag{10-12}$$

若 $RCA>1$，则意味着该国以出口该种产品为主。

1979 年，R. 迪克和 H. 迪克试图借助显性比较优势分析知识密集型服务贸易。他们以要素禀赋为基础，对各种 RCA 指数进行回归分析，发现在经济合作与发展组织（OECD）成员国中，没有证据表明比较优势会决定服务贸易模式。虽然这种现象可以部分归结为非关税壁垒（NTBs）的存在，但他们仍然坚持：如果不考虑贸易扭曲，那么要素禀赋在服务贸易中的决定作用并不明显。依据 RCA 指数，许多最贫穷的发展中国家都具有服务出口的比较优势，因为它们的服务贸易 RCA 指数一般大于 1（见表 10－3）。

表 10－3　不同收入国家的服务贸易显性比较优势指数

（与商品贸易显性比较优势指数相比较）

人均收入（美元）	商品出口		服务出口	
	1970 年	1985 年	1970 年	1985 年
500 以下	1.10	1.07	0.57	0.67
500～1 500	1.02	0.88	0.91	1.53
1 500～3 000	1.00	1.07	1.00	0.69
3 000～6 000	1.07	1.05	0.67	0.68
6 000～10 000	0.82	0.89	1.75	1.50
10 000 及以上	1.00	1.00	1.00	1.01
LDC（最不发达国家）	0.15	0.93	0.79	1.25

资料来源：谢康．国际服务贸易．广州：中山大学出版社，1998.

当然，RCA 指数可以将一国服务在世界服务出口中所占比重与其全部商品和私人服务在世界出口中所占比重联系起来，其高低说明一国在某些服务方面实际的对外贸易地位或竞争地位。但值得注意的是，比较的竞争地位不仅取决于一国在实际服务市场中的

地位，而且取决于该国在实际商品市场中的地位。这说明 *RCA* 指数在显示一国服务贸易比较优势方面存在着较大的局限性。

第五节　中国服务业与服务贸易的发展

改革开放以来，中国的服务贸易得到了迅速的发展，服务贸易的增长速度高于 GDP 的增长速度，同时也高于国内服务业的增长速度，对国内服务业的发展起到了重要的推动作用，从表 10－4 我们可以看出 2001—2021 年中国服务贸易总额的变化。服务出口总额从 2001 年的 329 亿美元增加到 2021 年的 3 773 亿美元，20 年间也增长了约 10 倍。服务进口总额则从 2001 年的 390 亿美元增加到 2021 年的 4 340 亿美元，20 年间增长了约 10 倍。服务的进口在大部分年份明显高于出口，导致我国服务贸易逆差在 2012—2018 年扩大，达到 2018 年的最大逆差 2 580 多亿美元。而其他几个关键节点是：2013 年逆差超过 1 000 亿美元，2014 年达到了 1 599 亿美元，2016 年超过 2 000 亿美元，达到 2 425 亿美元。但从 2019 年开始，服务贸易逆差开始逐步下降，2020 年逆差减少至 1 000 亿美元左右（受新冠疫情影响出国旅游大幅下降），2021 年又降至 1 000 亿美元以下，为 567 亿美元。这说明中国服务业发展开始迅速恢复但仍然比较落后。

表 10－4　2001—2021 年中国服务贸易进出口情况　　单位：亿美元

年份	2001	2003	2005	2007	2009	2011	2013	2015	2016	2017	2018	2019	2020	2021
出口	329	464	739	1 216	1 286	1 821	2 106	2 855	2 073	2 280	2 668	2 836	2 781	3 773
进口	390	549	832	1 293	1 581	2 370	3 291	4 663	4 498	4 675	5 250	5 014	3 784	4 340
差额	−61	−85	−93	−77	−295	−549	−1 185	−1 808	−2 425	−2 395	−2 582	−2 178	−1 003	−567

资料来源：WTO. International Trade Statistics 2022；中国统计年鉴（2000—2022 年）及商务部统计报告（2022 年 5 月）.

一、中国服务业与服务贸易发展存在的主要问题

从总体来看，中国服务业和服务贸易的发展还处于起步阶段，因此仍存在许多问题亟待解决。

1. 服务业发展滞后

服务业是服务贸易的基础，服务业发展的滞后直接导致服务贸易的落后。一般来说，服务业发达程度的高低，主要看服务业生产总值占 GDP 的比重。一个国家服务业越发达，在 GDP 中所占的比重越大。从表 10－5 我们可以看出，2020 年中国的服务业生产总值占 GDP 的 54.5%。相比之下，美国的服务业生产总值则占 GDP 的 80.8%。印度的服务业生产总值占 GDP 的 61.2%。通过比较，我们可以发现中国的服务业发展远远落后于发达国家，甚至落后于很多发展中国家。

表 10－5　美国、日本、印度和中国国内生产总值构成情况一览表（%）

国家	第一产业		第二产业		第三产业	
	2000 年	2020 年	2000 年	2020 年	2000 年	2020 年
美国	1.2	1.0	23.2	18.2	75.6	80.8
日本	1.6	1.1	31.1	28.4	67.4	70.5
印度	23.0	15.6	26.0	23.2	51.0	61.2
中国	14.8	7.7	45.4	37.8	39.8	54.5

注：2000 年数据是根据 2004 年经济普查数据计算出的，以前的数据是利用历史数据实际值和趋势值的比率，根据经济普查数据计算的历史数据趋势值，得到新的历史数据修订值。

资料来源：中国统计年鉴（2022 年）。

2. 服务贸易总体水平比较低，且结构不合理

根据世贸组织的数据，2021 年世界服务贸易总额为 117 100 亿美元，虽然中国 2021 年的服务贸易总额增长了 22.6%，达到 8 113 亿美元，但只占世界服务贸易总额的 6.9%，而中国 2021 年货物贸易总额则占世界货物贸易总额的 13.5%，表明中国的服务贸易总体水平与货物贸易相比仍然比较低。另外从表 10－4 可以看出，中国的服务贸易存在逆差且逆差有不断扩大的可能，表明中国巨大的市场吸引国际服务的大量流入，但是由于自身服务业的发展比较落后，服务业无法走出国门，造成服务贸易存在较大逆差。另外，中国的服务贸易结构也不合理。从表 10－6 我们可以看出，在 2021 年中国的服务贸易中，运输和旅行（特别是进口）所占的比重仍然过大，出口两项合计 35.2%，进口则达到 57.3%，而且是最主要的逆差来源（另外的重要来源是知识产权使用费与保险和养老金服务）。而知识含量较高、附加值高的行业，除电信、计算机和信息服务外，知识产权使用费（出口）、金融服务、保险和养老金服务（出口）所占的比重过低，发展也比较缓慢，是中国服务贸易中的薄弱环节。在当今的服务贸易竞争中，更多的是人力资本、知识经济以及现代技术的竞争，而这些又恰恰是中国服务贸易最缺乏的。

表 10－6　2021 年中国服务贸易构成

	出口		进口	
	总额（亿美元）	比重（%）	总额（亿美元）	比重（%）
服务贸易合计	3 843	100.0	4 270	100.0
加工服务	201	5.2	7	0.2
维护和维修服务	79	2.1	38	0.9
运输	1 252	32.5	1 336	31.3
旅行	104	2.7	1 110	26.0
建筑	305	7.9	98	2.3
保险和养老金服务	52	1.4	160	3.7

续表

	出口		进口	
	总额（亿美元）	比重（%）	总额（亿美元）	比重（%）
金融服务	50	1.3	54	1.2
知识产权使用费	108	2.8	469	11.0
电信、计算机和信息服务	765	19.9	401	9.4
个人、文化和娱乐服务	19	0.5	33	0.8
其他商业服务	884	23.0	532	12.5
别处未提及的政府服务	15	0.7	32	0.7

资料来源：http://data.mofcom.gov.cn/fwmy/classificationannual.shtml.

3. 服务贸易规制滞后，制度建设落后于服务贸易的发展速度

近年来，中国的服务业不断发展，但尚未出台关于服务业管理的一般性法规，像金融、保险、信息、教育等行业还存在规制与管理方面的不足，缺乏统一的行业标准，也缺少相应的具体管理制度，这不仅制约了内资对服务业与服务贸易发展进行投资，而且使外资投向服务业存在不确定性，影响中国服务业和服务贸易的发展。

4. 服务质量差

过去，由于受思想认识和理论上长期形成的第一产业、第二产业创造价值，而第三产业不创造价值观念的影响，中国长期以来更重视有形商品的生产，轻视流通，轻视服务，忽视经济发展的客观规律，没有把服务业当作一个独立、可以创造价值、同农业及工业一样重要的产业，并且是随着经济发展其重要性越来越突出的产业，从根本上否认服务业也有生产性和商品属性，导致服务业在政策和管理等方面缺乏必要的支持，从而在中国造成服务业发展滞后的现象。服务投资少和服务需求大，使得服务业在数量上求大于供，在质量上有待提高。这是中国目前服务业与服务贸易发展存在的主要问题之一。

二、中国服务业与服务贸易发展的总体目标与政策措施

我们客观地评价与分析中国服务业与服务贸易发展的现状及中国与其他国家的差距，是为了推进中国服务业和整个国民经济的发展，发挥服务业对经济增长的巨大推动作用。而且在大力发展中国的服务业和服务贸易方面，我们也有一定的比较优势，例如，中国有 14 亿多人口，在劳动密集型服务行业中拥有比较优势。此外，中国有悠久的历史、灿烂的文化和勤劳而有智慧的人民，这些宝贵的财富在中国服务业发展中都将起到重要作用。

1. 在总体目标上，加快产业结构调整，提高服务业在国民经济增长中的贡献率

中国服务业发展水平低，与第一、第二产业的发展不相协调，势必对国民经济的进一步发展产生极大的制约作用。中国国民经济要保持稳定与快速发展，就必须以优化产业结构、提高经济效益为前提。当前，交通、能源以及重要原材料和资金等供给不足，是经济快速发展的突出矛盾。大部分服务行业能耗低，投入-产出率高，加快服务业的发

展，将降低国民经济发展的能源、物资、投资等弹性系数，从根本上改变经济增长的结构，实现少投入、高产出的增长，使一、二、三产业比较协调地发展。

重视并大力发展服务业也是城市经济发展的一般规律。目前，中国的城市化发展严重滞后，首先，限制了农村剩余劳动力的转移，农业无法实现规模经济，农业发展和农业现代化进程就会减慢。其次，分散的农村工业化进程导致基础设施利用不经济、规模不经济和土地利用不经济。农村城镇化滞后实际上是由中国服务业发展滞后造成的。

2. 在财政政策上，要重点支持服务业中的薄弱部门，以推动整个第三产业的发展

交通运输、信息通信、金融保险、科研、教育等部门，是国民经济发展中的关键部门。中国目前这些部门仍比较落后，已成为制约国民经济发展的重要因素。但由于这些部门所需投资大，短期内往往难以见效，如果没有政府的财政支持，很难得到发展。特别是科研、教育投资，对技术进步和国民经济持续发展具有不可替代的作用。今后，中国科技与教育进步的步伐和劳动力整体素质的提高将直接影响我们在激烈的国际市场竞争中的胜负。当今世界经济的竞争，说到底是科技和人才的竞争，这在国际服务贸易中尤为突出。所以，中国应大力增加科技与教育投入，通过对劳动者智力的开发、对科学思想和科学方法的培养及教育和技术培训，提高劳动者的素质，增加人力资本，从而促进劳动生产率的提高，这样才能真正发挥中国劳动力资源的优势。

3. 加快改革步伐，扩大开放领域，拓展发展服务业的途径和方式

首先，在不影响国家安全及机密、企业商业秘密的前提下，放手兴办服务业。除了对国民经济发展具有全局性、先导性影响的基础行业主要由国家兴办外，其余大多数行业要依靠集体、个人等各方面力量兴办。

其次，以市场化、社会化为方向，建立开放型服务体系。机关、事业、企业单位的后勤服务部门，从行政福利型转为商品经营型，从封闭型转为社会开放型。

再次，以产业化、商品化为方向，加速发展对各类市场体系的建立和发展有直接推动作用的服务行业。商业、外贸、房地产、旅游、居民服务等行业，要全面推向市场，实行自主经营、自负盈亏、自担风险、自我发展；信息、咨询、卫生、保健、环境保护、文化、娱乐、体育等行业，根据具体情况，分别实行差额预算和自收自支管理，逐步创造条件，使其扩大企业化经营部分，逐渐减少财政的事业费支出。

最后，扩大开放领域。虽然中国按照入世承诺开放了大部分服务行业，但仍需继续扩大开放领域与范围，特别是要积极利用外资发展服务业，利用跨国公司先进的技术与管理经验，加速国内薄弱服务部门的发展。同时，鼓励有条件的服务业企业积极兴办海外中资服务企业，大力开拓对外承包工程与劳务合作，减少对个人跨国境移动的限制。

4. 综合运用经济手段扶持服务业的发展

中国服务业由于历史的原因一直发展缓慢，改革开放后服务业才日益受到重视，但服务业总体落后、比例偏小、结构不合理的发展格局并没有根本改变。因此，我们要综合运用经济手段扶持服务业的发展。在税收政策方面，对一些新办的服务业企业，确有必要的可按产业政策在一定时期内缓征、免征所得税。在银行信贷方面，增加服务业信贷规模，对效益好、有偿还能力的从事服务业的集体企业、私营企业、个体经营者，银行和信贷机构要尽快开办抵押贷款业务。在劳动就业和收入分配方面，要赋予服务业企业充分的用人自主权和分配自主权等。

5. 完善市场服务体系，依法管理服务业

首先，建立全国统一开放的市场体系。要逐步建立完备的流通基础设施，实现各种生产要素交换的市场化，使用现代化的技术装备、信息系统和管理手段，合理运用各类市场运行的多种交易方式，打破地区封锁、部门分割、行业垄断，形成全国性的统一市场。

其次，建立健全的城乡社会综合服务体系。发展交通、通信、市政、教育、卫生、文化、旅游、科技、信息、咨询和农村综合服务等开放型、多层次、多功能的社会服务行业，形成健全的市场中介和市场服务。

最后，建立新型社会保障体系。逐步建立国家、集体、个人三方面合理负担的、覆盖全体职工的城市养老保险制度、行业保险制度，以及适应农村特点的农村各项保险制度，发展社会福利和社会救济事业。

6. 加强服务业的统计工作

服务各行业的投入-产出统计指标体系目前还没有建立起来，统计数据与统计指标很少，这导致既难以客观准确地把握服务业的真实状况，又影响政策的制定。因此，应加强服务业的统计方法与统计指标的制定工作。统计工作要按新的国民经济核算体系的要求，建立服务业的统计标准和指标体系。搞好服务业的统计，全面反映服务业的增加值，正确评价中国社会经济发展的实际水平，使服务业更好地为推进社会主义现代化发展服务。

三、中国服务业与服务贸易的对外开放

服务业和服务贸易对发达国家的经济发展起着重要作用，对中国的经济发展同样具有重大意义。因此，不管世界服务贸易自由化的影响如何，中国都必须正视逐步开放服务市场这一现实。在这种背景下，中国制定服务贸易自由化政策的基本指导思想在于突破原有比较优势的局限，缩小技术差距，改善自身服务业和服务贸易结构，从而尽可能利用服务贸易自由化促进本国服务业的发展，同时最大限度地减弱自由化政策的消极影响。从国际竞争的角度考虑，以下几点是值得普遍注意的。

1. 中国服务业的立足点应当是促进整个国民经济的发展，而不是单纯为了出口创汇，增加收入

依照比较优势原则利用自然条件、廉价劳动力优势发展工程建筑、劳务输出和旅游服务等少数传统服务作为国际收入来源可以较快地获得经济效益，但从长远看（特别是对于大国来说），这种服务出口战略很难在国际市场上长期站住脚。众所周知，当代服务业的国际竞争是与物质生产部门的国际竞争联系在一起的，国际服务贸易强国也都是物质生产强国。现代服务贸易的核心是以信息技术服务为主体的生产性服务，如果说传统的非信息化服务可以更多地依靠劳动力或者地理环境等因素来获得相对优势，那么信息化服务国际竞争能力的提高，则是与整个社会生产力发展的水平相联系的。因此，中国不能把服务业和物质生产割裂开来，应当特别重视生产性服务的发展，把服务业的发展

与物质生产的发展有机地结合起来，相互促进，相互支持，让服务业在经济发展中发挥更加积极的作用。这样，一方面，生产性服务的发展有助于提高出口商品的竞争力，另一方面，生产性服务自身竞争力的提高又可以改善服务的出口结构，减少对外国服务的依赖。在实施这种战略时，切忌急功近利，对于某些对生产发展起重要推动作用的知识、技术密集型服务，即使不符合比较优势原则，一时难以打入国际市场，也应该加以支持，因为只有这样才能保证服务业在国际竞争中的发展后劲。

2. 中国应该在开放服务市场的过程中，充分发挥服务贸易作为技术转让渠道的作用

在服务市场开放过程中，使中国经济安全和经济主权受冲击最大的是通信、信息、金融、计算机服务等高技术服务领域。而中国又最需要引进这类服务，也最有可能从这类服务中得到技术转让的好处。为促进我国服务业的进一步发展，我们应在开放的条件下引进技术，培育自己的高技术服务业。中国在建立高技术服务业的初期，采用吸收外国直接投资的方式引进高技术服务较为有利，因为直接投资的形式更有利于技术转让。美国对发展中国家的技术转让，80%是通过跨国公司的直接投资进行的。而采用贸易方式引进高技术服务只能得到结果，不能引进生产过程，反而容易造成对进口的依赖，不利于中国的高技术服务业从无到有的发展。不过值得注意的是，引进高技术服务的直接投资又会涉及一系列有关国家经济主权和经济安全的问题，这就要求中国采取适当的政策措施，趋利避害。

保护国内服务市场的立足点应当是提高本国服务业的技术层次，培育自己的高技术服务业；开放国内服务市场的立足点应当是引进技术，必须认识到，技术转让是中国可能从服务贸易自由化中得到的最大利益。

3. 争取国际谈判的主动权

《服务贸易总协定》要求各成员实施无条件的最惠国待遇，但认识到服务业与服务贸易的特殊性，在服务市场对外开放的过程中可采取具体承诺的方式，并允许各成员对最惠国待遇做出例外安排。因而，今后中国在进行服务贸易的多边谈判时，应坚持具体承诺与努力创造条件实施无条件最惠国待遇的例外安排的原则，争取在国际谈判中处于有利地位，维护国家利益。

在服务贸易自由化的国际谈判中，中国应当在坚持差别待遇原则的基础上对现存的服务贸易壁垒做出自己的分析，提出积极的建议。例如，在 2003 年 9 月 WTO 坎昆会议中，广大发展中国家在农产品、服务等领域坚持自己的立场与原则，使发达国家不得不放弃原有的要求。我们认为，中国在国际谈判中的主要目标应该有两个：一是维护对本国服务业和服务市场进行适度保护的权利；二是提高本国服务市场的开放水平，为本国服务业走向世界争取有利的条件。

本章小结

1. 本章一开始主要阐述一些基本概念与范畴，包括服务、服务业、服务贸易、国际服务贸易统计等。这些基本概念有助于后续章节的进一步分析。

2. 服务业与服务贸易的发展水平已成为衡量一个国家现代化水平的重要标志，服务业与服务贸易的发展已成为各国国民经济持续增长的保证和解决就业问题的主要途径。同时，服务业与服务贸易已成为国际市场竞争的新热点。

3. 传统的国际贸易理论是建立在商品（货物或有形产品）贸易的基础上，服务贸易能否用传统的国际贸易理论来进行解释，目前尚未有定论。服务贸易发展的实践呼唤着服务贸易理论的诞生，建立国际服务贸易体系有两种选择：其一是依据服务贸易的实践和特点，借鉴相关学科领域的研究成果，发展出相对独立的服务贸易理论；其二是将传统的商品贸易理论加以延伸，扩展到服务贸易领域，实现商品贸易理论和服务贸易理论的对接。

4. 在传统国际贸易理论对服务贸易的适用性问题上，存在三种不同的观点：第一种观点认为，国际贸易原理不适用于服务贸易；第二种观点则相反，认为国际贸易原理完全适用于服务贸易，没有必要把服务贸易同货物贸易区分开来；第三种观点介于以上两种观点之间，它既肯定国际贸易的基本原理对服务贸易的适用性，同时也承认传统贸易理论在解释服务贸易时所具有的局限性和缺陷，主张在利用传统贸易理论来解释服务贸易时必须对传统贸易理论进行若干修正。目前国内外多数学者支持第三种观点。

5. 经济学家大多借助传统国际贸易理论来阐述服务贸易，建立的理论模型有迪尔道夫模型、伯格斯模型等。

6. 中国服务业与服务贸易的发展，总体来看，虽然自改革开放以来有了较大较快的发展，但仍然存在服务业发展相对滞后、服务贸易总体水平比较低、服务贸易规制滞后、服务质量较差等问题。

7. 加入 WTO 以后，中国服务业与服务贸易扩大对外开放，在带来很好的机遇的同时也面临着严峻的挑战。

关键术语

服务	服务业	生产者服务	服务贸易
要素服务贸易	服务贸易理论	无形贸易	迪尔道夫模型
伯格斯模型			

复习与思考题

1. 联系现实生活，谈谈你对服务概念的认识与理解。
2. 从服务概念的历史演进，说明服务贸易区别于货物贸易的主要特征。
3. 何谓物化服务？物化服务产生的主要动因是什么？
4. 简述服务业与第三产业的异同。
5. 简述希尔与鲍莫尔对服务的定义。
6. 何谓生产者服务？它与消费者服务在统计上可以完全相互分离吗？为什么？
7. 联系中国对服务业的分类，简述 WTO 对服务业的分类与界定。
8. 服务贸易的国际收支统计与 FATS 统计有何区别？《服务贸易总协定》对国际服

务贸易是如何划分的？

9. 世界服务业与服务贸易发展的特征是什么？

10. 世界服务业与服务贸易发展的趋势是什么？

11. 试述传统比较优势理论对服务贸易的适用性。

12. 迪尔道夫分析服务贸易比较优势时采用的基本模型是什么？他着重分析了哪三个方面？主要贡献有哪些？

13. 简述伯格斯模型的基本假设及分析结论。

14. 如何度量显性比较优势？该指数存在什么缺陷？

15. 简述中国服务业与服务贸易发展存在的主要问题。

下　篇

国际贸易政策与体系

第十一章
国际贸易政策措施

就国际贸易理论来说，大多是在自由贸易的假设条件下讨论国际贸易产生的原因、国际贸易的模式、国际贸易的利益及其分配。但在国际贸易实践中，为了对本国产业、技术和经济发展实施一定程度的保护，各国往往会采取多种措施对国际贸易活动实施某种程度的限制。由于这些限制措施通常与一国的国际贸易有关，因此一般被称为国际贸易政策措施，而关税壁垒和非关税壁垒是国际贸易政策措施最为常见的两种类型。

国际贸易政策措施是伴随着国际贸易的产生、扩大而出现并不断发展的。关税是国际贸易史上最重要的贸易壁垒。在第一次世界大战之前，关于国际贸易限制在各国之间存在两个被普遍接受的原则：一是出于保护目的而设置的贸易障碍应当以关税为限，而不应设置其他贸易壁垒；二是对不同的出口商品供应方不应当采取歧视性的商业政策，也就是说，对从不同国家进口的商品应当适用相同水平的关税税率。不过在两次世界大战之间，特别是在大萧条期间，上述两个原则被同时打破了。最近几十年，各种形式的非关税壁垒大量涌现，并成为各国政府调控国际贸易活动的重要手段。

随着国际贸易自由化进程的发展、WTO组织和机制的逐步健全、各国之间多边贸易谈判的持续开展，各国对进口征收的关税税率在不断调低，而非关税壁垒作为一种保护手段也已经被商品贸易的多边谈判机制所否定。但关税壁垒和非关税壁垒措施的弱化并不意味着贸易保护政策措施就此退出了历史舞台。在经济全球化持续深入发展的背景下，国际贸易政策措施仍然在不断演变出新的、更多的难以捉摸的形式，并对各国经济贸易产生直接或间接的深刻影响。

第一节　国际贸易政策措施的性质

国际贸易政策措施是指存在于国家之间，旨在对本国产业、技术和经济发展实施保护，并对外国商品实施某种程度的限制的关税壁垒和非关税壁垒政策措施的总称。国际贸易政策措施的主要性质表现为如下几个方面：

（1）保护性。一国的国际贸易政策措施的制定及实施旨在保护本国的产业发展、居民利益、安全以及生态环境，使其免受外国商品的冲击，从而防止国内生产厂商市场份额减少、居民失业率上升、健康水平及环境质量下降等不利情况的发生。

（2）收入性。国际贸易政策措施往往是国家财政收入的重要来源，这在关税上表现得最为突出。不过经过《关税与贸易总协定》（GATT）的多边谈判，关税税率大幅下调，各国特别是发达国家的关税收入在税收收入中所占的比重已经降到很低的水平。

（3）双边或多边性。国际贸易政策措施是一种世界性的普遍经济现象，其形成与变化并不是孤立的，而是与各国经济发展紧密相连并相互依存，因此具有显著的双边或多边性质。这意味着国际贸易政策措施自身受到限制与反限制的制约，也就是说，限制他国必然受到他国的反限制，而他国对本国进行限制也将受到本国的反限制。

（4）波及性。国际贸易政策措施不仅能够直接对进出口商品产生影响，而且能够通过进出口商品的传导机制对该商品的上下游生产结构乃至整个国家的经济结构产生间接影响，而且这种间接影响的作用效果往往更为深远、广泛和复杂。

（5）报复与反报复性。由国际贸易政策措施的保护作用及多边性质可知，国际贸易政策措施可以作为一种报复与反报复的措施和威慑工具加以运用。不过报复性的国际贸易政策措施往往会引起他国的强烈反应，并导致他国实施反报复。

（6）交叉性、复合性与可变动性。现代国际贸易政策措施体系并不是单纯的、相互孤立的国际贸易政策措施的简单综合，而是由不同国际贸易政策措施通过相互支持和相互补充所逐步形成的具有复合性的系统体系，并融财政、经济、技术、法律和政治等多种手段于一体。

（7）对经济的扭曲性。国际贸易政策措施的实施对国际经济和国内经济均产生不同程度的扭曲效应。贸易壁垒的出现对自由贸易造成了干扰，并直接导致国内外价格体系的扭曲和失真。贸易壁垒及其波及性，进一步造成整个经济体系的效率损失和资源配置的错误导向。

（8）对经济的调节性。国际贸易政策措施的存在对于一个开放经济的国家而言，是一种重要的经济杠杆，可以对本国的供求状况、生产状况、分配及消费状况、进出口商品结构、贸易条件以及外汇收支状况等发挥不同程度的调节作用。

第二节　关　税

一、关税的基本概念及特征

关税（tariffs/customs duties）是指进出口商品在经过一国关境时，由海关代表国家并依据本国的海关法和海关税则对进出口商所征收的一种税。目前，世界上绝大多数国家只对进口商品征收关税，所以，如果没有特别说明，我们所说的关税主要是指进口关税。

一般而言，关税具有如下特征：

(1) 透明性。关税一经公布，各个相关的利益主体都能够获悉关税的税率水平以及征收方式。在征收关税时，政府也必须按照已经公布的关税税率征收，不得改动。

(2) 稳定性。一般来说，关税制度较为稳定，其调整必须经过立法等程序予以确定。

(3) 市场调节性。关税可以使商品的国内外价格自动保持联系，从而反映国内外市场需求的变化情况，进而对企业的商品进出口起到指导作用。

(4) 非歧视性。与配额等其他非关税措施相比，关税具有更强的非歧视性，任何国家的出口商只要缴纳相应的关税就可以自由出口商品。而配额在分配方面则含有较多的人为因素，容易导致歧视现象的产生。例如配额的使用将会直接导致寻租行为的产生，即企业为了得到配额，将竭力对相关的政府部门进行全力的游说、贿赂等。而关税则比较透明与公平，能够在一定程度上防止寻租行为的产生。

(5) 保证国家利益。在实施配额时，获得配额的企业将会得到配额所带来的利润，而管理配额的相关政府部门或官员则得到寻租收益。相比较而言，关税收入直接上交国家，能够防止国家利益的流失。

二、关税的基本类型

关税的种类繁多，按照不同的标准，主要有如下 5 种分类方法。

1. 按商品的流向分类

按商品的流向分类，关税可分为进口税（import duties）、出口税（export duties）和过境税（transit duties）。

(1) 进口税。

进口税是指进口国家的海关在外国商品输入时，根据海关税则对进口商所征收的关税。进口税可分为普通关税和正常关税，其中正常关税又称最惠国关税（MFNT），适用于从与该国签订了包含最惠国待遇条款的贸易协定的国家所进口的商品。第二次世界大战后，世界上大多数国家都加入了 GATT 和 WTO，或签订了双边的贸易协定，相互提供最惠国待遇，享受最惠国关税，因此，正常关税税率通常指最惠国关税税率。

进口税是关税中最主要的税种。征收进口税会引起进口商品在国内的销售价格提高，从而导致国内相关产品供应量的增加以及对进口商品需求量的减少，因此进口税在限制外国商品进口、保护本国生产和市场方面具有很明显的作用。一般来说，进口税税率越高，其保护程度就越高。

(2) 出口税。

出口税是指出口国海关在本国商品输往国外时对出口商所征收的关税。目前大多数国家对一般的商品出口并不征收出口税。

那些征收出口税的国家的主要目的包括：增加财政收入；保证国内生产，譬如针对某些出口的原材料征收出口税以保证国内相关产业的原材料供给、限制外国跨国公司在国内低价收购商品以及防止不可再生资源的枯竭；保障国内市场的供给；转嫁开发和生产垄断产品所需的费用；平衡国际收支；等等。

（3）过境税。

过境税是指一国对通过其关境的外国商品所征收的关税，目前各国已不再征收，只征收少量的准许费、印花费、登记费和统计费以及提供服务的其他费用等。

2. 按征收目的分类

按征收目的分类，关税可分为财政关税（revenue tariffs）和保护关税（protective tariffs）。

财政关税是指以增加政府财政收入为主要目的所征收的关税，其特点是税率较低。

保护关税是指以保护本国市场和本国生产发展为主要目的所征收的关税，其特点是税率较高。保护关税最初的目的是保护国内的幼稚工业。但自 20 世纪 30 年代初世界经济大萧条以来，保护关税也逐步应用于一般成熟产业。

3. 按差别待遇分类

按差别待遇分类，关税可分为进口附加税（import surtaxes）、差价税（variable levy）、特惠税（preferential duties）和普惠制（generalized system of preferences，GSP）等。

（1）进口附加税。

进口附加税是指在对进口商品征收正常的进口税后，根据某种目的再加征的额外进口税。进口附加税通常是一种特定的临时性措施，其目的在于应对国际收支危机、维持进出口平衡、防止低价倾销以及对某国家实施歧视、报复等。反补贴税（countervailing duties）和反倾销税（anti-dumping duties）是进口附加税中最为常见的两种形式。

反补贴税是指对直接或间接接受政府的奖金或补贴的进口商品所征收的进口附加税，凡进口商品在生产、制造、加工、买卖、输出过程中所接受的直接或间接的奖金或补贴都构成征收反补贴税的条件，其目的在于增加进口商品的成本，从而抵消出口国补贴或奖金所产生的鼓励作用。

反倾销税是指对实行倾销的进口商品所征收的进口附加税，其目的在于抵制外国商品的倾销行为，从而保护本国的市场和工业。

（2）差价税。

差价税是指在本国商品的国内价格高于进口商品价格时，为削弱进口商品的竞争力，按国内价格与进口价格的差额所征收的关税。差价税是随着国内外价格差额的变动而变动的，因此它是一种滑准税（sliding duties）。

（3）特惠税。

特惠税是指对从某些国家或地区进口的全部商品或部分商品所给予的特别优惠的低关税或免税待遇。比如欧盟向参加《洛美协定》① （Lome Convention，1975）的非加太地

---

① 《洛美协定》是《欧洲经济共同体与非洲、加勒比和太平洋（国家）洛美协定》的简称，是 1975 年 2 月 28 日，非洲、加勒比和太平洋地区 46 个发展中国家（简称非加太地区国家）和欧洲经济共同体 9 国在多哥首都洛美签订的一项为期 5 年的贸易和经济协定，于 1976 年 4 月 1 日正式生效。第一个《洛美协定》的基本内容为：（1）非加太地区国家的全部工业品和 96%的农产品进入欧洲经济共同体时，享有免税、不限量的优惠，而欧洲经济共同体不要求给予反向优惠；（2）欧洲经济共同体设立稳定出口收入的基金，在非加太地区国家 12 种初级产品出口价格下跌而造成损失时给予补偿；（3）欧洲经济共同体在 5 年内向非加太地区国家提供共计 30.9 亿欧洲货币单位的援助；（4）增加欧洲经济共同体与非加太地区国家间的工业合作。此后《洛美协定》一再续签。第五个《洛美协定》于 2000 年 2 月 3 日签署，有效期为 20 年，欧盟逐步取消对非加太地区国家提供单向贸易优惠的政策，代之以向自由贸易过渡，双方最终建立自由贸易区，完成与世界贸易组织规则的接轨。

区发展中国家单方面提供的特惠税，主要包括：对来自非加太地区发展中国家100%的工业品和96%的农产品给予免税和不限量的待遇；对从这些国家进口的牛肉、甜酒和香蕉等商品，每年给予一定数量的免税进口配额；在原产地规定中，确定了充分累积制度等。

（4）普惠制。

普惠制即普遍优惠制，是指发达国家承诺对来自发展中国家的商品，特别是制成品和半制成品，给予普遍的、非歧视的、非互惠的关税优惠待遇。它是发展中国家在联合国贸易和发展会议上进行了长期斗争，并在1968年通过决议后建立的。

目前给予发展中国家普惠制待遇的有28个发达国家：欧盟15个发达国家、日本、新西兰、澳大利亚、挪威、瑞士、波兰、匈牙利、保加利亚、捷克、斯洛伐克、俄罗斯、加拿大和美国。接受普惠制关税优惠的发展中国家达到170多个。

普惠制的主要规定涉及以下方面：对受惠国的规定；对受惠商品范围的规定；对受惠商品减税幅度的规定；对给惠国保护措施的规定（包括免责条款、预定限额、竞争需要排除、毕业条款等）；对原产地的规定（包括原产地标准、直接运输规则、原产地证明等）。由于以上种种规定的限制，普惠制在实施中名不副实。

4. 按征收方法分类

按征收方法分类，关税可分为从量税（specific duties）、从价税（ad valorem duties）、复合税（mixed duties/compound duties）、选择税（alternative duties）和滑准税。

（1）从量税。

从量税是指以商品的重量、容积、长度、面积等计量单位为标准计征的关税。从量税与商品数量成正比，与商品价格无直接关系。

在征收从量税时，大部分国家是根据商品的重量来计算的。目前，各国对应税商品重量的计算方法大致可以分为三种。第一种是毛重法，即根据商品本身的重量、内包装及外包装的重量确定商品的标准重量；第二种是半毛重法，即从总重量中剔除外包装的重量后确定商品的标准重量；第三种是净重法，即从总重量中剔除内、外包装的重量后确定商品的标准重量。

从量税的计算公式为：从量税税额＝商品进口数量×从量税税率。

从量税的优点主要包括：

1）计税手续较为简便，计算简单，简化了商品的通关程序；

2）能够对难以估价的商品征税；

3）每单位税额固定，对廉价进口商品的抑制作用较大，对外国低价倾销商品的进口也有一定的限制作用；

4）有助于消除伪报价格的违法行为；

5）能在一定程度上缓解国际市场价格波动对国内经济的影响。

从量税的缺点主要包括：

1）税负不合理，不能适应商品的质价相关关系，对质优价高商品的保护作用相对减弱；

2）不能适应市场价格与通货膨胀的变化，在商品价格上涨时，税额不能随之变动，使得税收相对减少，保护作用下降；

3）不能对进口商品普遍适用，比如一些重量轻、价值高的艺术品、贵重物品等。

（2）从价税。

从价税是以进口商品的价格为标准计征的关税，税额与商品价格成正比。

征收从价税的关键是确定进口商品的完税价格，通常由海关负责审定，这一过程称作海关估价（valuation for customs purposes）。目前，国际上最具影响力的海关估价制度分为两种，分别是布鲁塞尔估价制度和新估价制度。在布鲁塞尔估价制度下，引入一个抽象的正常价格作为完税价格，正常价格是指在公开独立的市场上所有购买者均可以获得的价格，即正常的竞争价格。在新估价制度下，按照买卖双方达成的成交价格对进口商品进行估价，成交价格是指买卖双方在没有从属关系的公开市场上成交的已付或应付价格，基本上根据具体成交的合同价格或发票价格确定。

从价税的计算公式为：从价税税额＝商品完税价格×从价税税率。

从价税的优点主要包括：

1）税负合理，能够适应商品的质价相关关系，对于质优价高的商品，应缴纳的税额较高，保护作用相应增强；

2）能够适应市场价格和通货膨胀的变化，在物价上涨时，税额相应增加，财政收入和保护作用均不受影响；

3）适用于一切商品，对于同种商品可不必因其品质不同而进行详细分类；

4）税率明确，便于各国税率之间的比较和谈判。

从价税的缺点主要包括：

1）进口商品的完税价格难以准确、可靠地加以确定，征税手续较为繁杂；

2）不能自动抵制伪报价格、偷逃关税的违法行为；

3）不能阻止国际市场价格波动对国内经济的影响，因为在从价税下进口商品的关税后价格的变化率与国际市场价格保持一致；

4）通关时间长，由于征纳双方容易因价格问题产生摩擦，从而延缓了通关进程。

（3）复合税。

复合税又称混合税，是指对某种进口商品同时采用从量税和从价税两种方式计征的关税。在实际中，复合税有两种情况：一是以从量税为主，加征从价税；二是以从价税为主，加征从量税。

复合税的计算公式为：复合税税额＝从量税税额＋从价税税额＝商品进口数量×从量税税率＋商品完税价格×从价税税率。

由于复合税综合了从量税和从价税的优点，在进口商品价格发生变化时，既可以保证财政收入的稳定，又可以起到一定的保护作用，因而可以更好地平衡税额，从而达到适度、合理。缺点在于复合税容易造成关税结构的复杂化，这在确定复合税中从价、从量部分的比例时尤其突出。

（4）选择税。

选择税是指对一种进口商品同时定有从价税税率和从量税税率，在具体征收时，根据情况从中进行选择。

选择税兼具从价和从量计征标准的优点，克服了从价税和从量税各自的缺点，不仅可以起到防止低价倾销进口和保护本国生产的作用，而且可以防止不法商人低瞒价格偷逃税款的行为。缺点在于选择税会使关税结构复杂化。

（5）滑准税。

滑准税是指在海关税则中，对同一商品根据其价格水平的高低划分几个档次，并分别固定不同的税率。商品进口时，对价格高的商品实施低税率或免税，对价格低的商品则实施高税率。滑准税的目的在于将进口商品的价格维持在预定水平上，从而维持国内价格稳定，使其免受国际市场价格波动的影响，进而保护国内的生产。

5. 按照关税的保护程度和有效性分类

按照关税对国内市场的保护程度和有效性，关税可分为名义关税（nominal tariffs）和有效关税（effective tariffs）。

（1）名义关税。

名义关税指某种进口商品进入一国关境时，海关根据本国的海关税则所征收的关税。我们一般所说的关税是名义关税。

（2）有效关税。

有效关税又称实际关税，它是指对某个行业每单位产品增值部分的从价税，其计算公式为

$$E=(V'-V)/V \text{ 或 } E=\frac{T-at}{1-a} \tag{11-1}$$

式中，E 为有效关税税率或有效保护率，T 为进口的最终产品的名义关税率，V 和 V' 分别为该行业的进口原料、中间产品以及最终产品都不含关税和都含关税时的国内加工增值，a 为进口原料价值在最终产品价值中所占的比重，t 为进口原料或中间产品的名义关税税率（关于有效保护率的详细讨论见第十二章）。

三、海关税则

海关税则（customs tariff）又称关税税则，是指一国对进出口商品计征关税的规章以及对进口、出口的应税商品与免税商品加以系统分类的一览表。它是一国海关凭依征收关税及实施关税政策的具体体现。海关税则一般包括两部分：一部分是海关课征关税的规章条例及说明，另一部分是应税商品的关税税率表。

在应税商品方面，一般按照物品的性质对应税商品进行分类，并按照物品所有材料、用途或加工程度分成小类。欧洲关税同盟研究小组于 1952 年 12 月拟定的《关税税则商品分类公约》是应用最为广泛的税则分类方法。目前除美国、加拿大采用本国的税则分类之外，已经有 100 多个国家和地区采用这种分类方法。

在关税税率方面，每种应税商品可以规定一个、两个甚至三个不同的税率，每个税率分占一栏，并分别称作一栏、二栏或三栏关税制。如果关税税率是由本国政府自主地、单独地制定并加以变更，则被称为自主税率或固定税率。如果关税税率需要与其他国家通过贸易谈判，并以条约或协定的方式加以确定，则称协定税率。一栏税率主要是自主的、无歧视的税率，对所有国家一视同仁，无差别待遇。以增加财政收入或保护国内生

产为主要目的的国家通常采用这种税率。二栏税率是一种物品存在两种征税水平。如果均为自主税率，则称最高、最低型自主税率。如果较高税率是自主税率而较低税率是通过谈判方式给予其他国家的协定税率，则称一般、协议型关税税率。三栏税率通常是有殖民地或者与其他国家有密切关系的国家采用。

四、关税减让

一般而言，发展中国家关税政策呈现如下特征：关税税率过高，关税保护期过长，关税保护涉及的产业面过宽，总体表现为关税过度的状况。关税过度状况不仅危害相关产业的竞争效率，而且没有使发展中国家的国内企业得以发展壮大。自 20 世纪 40 年代中期以来，在世界经济区域一体化与贸易自由化深入发展的背景下，经过 GATT 和 WTO 的谈判，各国纷纷实施关税减让措施，各国的关税水平均出现了大幅度的下降。所谓关税减让，是指变高保护率为低保护率、变全面保护为差别保护的过程。具体来讲，包括四层含义：一是削减关税并约束减让后的税率；二是约束现行的关税水平；三是约束上限税率，即将关税约束在高于现行税率的某个特定水平；四是约束低关税或零关税。

GATT 谈判所确定的关税减让方式主要包括产品对产品、线性程序和部门减让三种方式。

1. 产品对产品方式

产品对产品谈判是指某方根据对方的进口税则产品分类，向对方提出自己具有利益产品的要价单，被要求减让的一方根据主供国原则，对其提出的要价单按照每一具体产品进行还价。

该种方式主要在 GATT 的前五个谈判回合中讨论。双边谈判在 GATT 谈判委员会的监督指导下进行，该委员会及时将达成的协议散发给其他缔约方。由于 GATT 须遵守最惠国待遇原则，达成的双边协议条款适用于多边。这种方式的缺点在于程序过于复杂。

2. 线性程序方式

所谓线性程序，就是按照公式减让谈判，即采取一刀切的方法，在谈判中对所有商品或选定的商品，不论税率高低，统一按某一议定的百分比或按某一公式削减。关税减让公式共有三种：

（1）直线减让公式（across the board reduction）。该公式为：$Y=1.5X+50\%$，其中 Y 为减让幅度，X 为原关税税率。按此公式，6%的关税税率应减让的幅度为 $1.5\times 6\%+50\%$，即 59%。该公式是由美国提出的一揽子减税公式，同时规定最大减税幅度为 60%。该公式不能使高关税大幅降低，有利于高关税国家和关税差别较大的国家。

（2）协调关税公式（tariff harmonization）。按此减让方式，10%的关税税率可降至 6.95%，运算如下：

1）先使原关税税率降低 10%，减让幅度为 1%，降至 9%；

2）再使 9%的关税税率降低 9%，减让幅度为 0.81%，降至 8.19%；

3）再使 8.19%的关税税率降低 8.19%，减让幅度为 0.67%，降至 7.52%；

4）再使 7.52%的关税税率降低 7.52%，减让幅度为 0.57%，降至 6.95%。

利用该公式，可使 50%的关税税率降低 12.91%，而 10%的关税税率只降低了 3.05%，可见税率越高，减让越多，可达到协调关税的目的。该公式只适用于工业品。

（3）瑞士公式（Swiss formula）。这是在 GATT 东京回合谈判中确定的一种关税减让方式。其计算式为：$Z=AX/(A+X)$。其中，Z 为减让后的新税率，A 为系数，X 为原税率。在谈判中，欧盟、北欧国家和澳大利亚使用的系数是 16%，而美国、日本和瑞士使用的系数是 14%。按此公式，当 $X=10\%$、系数 $A=14\%$时，$Z=14\%\times10\%/(14\%+10\%)=5.83\%$。

瑞士公式是直线减让公式与协调关税公式的折中，依此公式计算，税率越高，减让越多。但由于系数的不同也会产生一定的差异，如上例中当系数为 18%时，新税率 Z 为 6.43%，可见系数越小，降税越多，反之则越少。该公式简单易行，又综合了上述两公式的优点，所以在东京回合谈判后被发达国家所普遍采用。但在具体运用时，各国在公式及系数的选择等方面都采用有利于自己的方式。

值得注意的是，在多哈回合谈判中，中国建议采用如下关税减让公式：$T_1=(A+B\times P)\times T_0/(A+P^2+T_0)$，其中，$T_1$是最终税率，$T_0$ 是基础税率，A 是基础税率算术平均值，B 是调整系数（如 2010 年为 3，2015 年为 1），P 为峰值因子，$P=T_0/A$——通过因子的作用，不但可以有效削减关税高峰，而且可以适当照顾各成员现行的税率结构。

该公式不仅具有协调和非线性减让的特点，而且在最终减让水平上体现了灵活性。高于平均值的税率，降税幅度较大，低于平均值的税率，降税幅度较小。同时，该公式大大降低了关税的离散度，在有效削减关税高峰的情况下，适当保持了合理的最终税率水平。

3. 部门减让方式

由于各国的情况差异较大，单一的关税削减方式不能满足有效降低关税水平的需要，于是从乌拉圭回合谈判开始采用部门减让的方式。GATT 的主要缔约方提出的这种减让方式，旨在将选定的产品部门的关税约束在某一水平，如将蒸馏酒、啤酒、家具、玩具、建筑机械、农业机械、钢材、药品、医疗机械、纸及纸制品等 10 个部门的关税税率约束在 0 的水平；将化学品的原料、半制成品（中间品）、制成品的上限关税税率分别约束在 0、5.5%和 6.5%的水平。

在乌拉圭回合谈判中，多种关税减让方式得到讨论，没有固定的减让模式。通常是以部门减让及产品对产品方式为主，通过部门减让方式解决缔约方关心的大部分产品，而通过产品对产品方式解决个别重点产品。产品对产品减让是在双边基础上进行的，而线性程序减让及部门减让主要是在多边基础上进行的，但在很多时候它们也被交叉使用。

第三节　非关税壁垒

一、非关税壁垒的基本概念

1. 非关税壁垒的含义

非关税壁垒（non-tariff barriers，NTBs）指关税以外的一切限制外国商品进口的各种措施。相对关税壁垒而言，非关税壁垒种类繁多，并具有更大的灵活性和针对性，隐蔽性和歧视性也更强，更有利于达到限制进口的目的。

由于目前关税税率已经降到很低的水平（发达国家的关税税率一般为3%～4%，发展中国家的也只有10%左右），因此，现代贸易保护主义已不再以关税为主要手段，特别是新的贸易保护主义主要以非关税壁垒为武器。

2. 非关税壁垒的基本性质

（1）限制和减少商品进口数量。

这是非关税壁垒措施最重要的政策倾向。

（2）提高进口商品价格。

非关税壁垒在限制商品进口数量的同时，也会在某种程度上提高进口商品的实际价格或者影子价格。而进口商品实际价格的提高进一步反映了非关税壁垒对经济活动中其他部门的经济行为和表现的影响，比如对以该进口商品作为中间投入的行业的影响。

（3）影响进口商品需求弹性的变化。

非关税壁垒经常改变进口商品需求曲线的斜率，从而改变某个特定部门进口量对商品价格变化的反应程度，并导致进口商品需求弹性的变化。

（4）可变性与不确定性。

与关税不同，非关税壁垒往往被定义为某个数量基准或者独立于市场条件的价格，其效应随时间的推移而变化。在某些国际贸易活动中，如反倾销、反补贴，由于针对的国际贸易商存在不确定性，即使这些非关税壁垒是公开的，执行过程中的效果也往往是不确定的。

3. 与关税壁垒相比非关税壁垒的差异与特点

非关税壁垒除了具有关税所具有的贸易壁垒的一些共性之外，还具有很多独特的性质与特点，主要包括：

（1）具有更大的灵活性和针对性。

一般来说，各国关税税率的制定必须通过严格的立法程序并办理必要的手续，并且具有一定的延续性。因此，关税制度在调整或更改时往往存在时滞，不能适应需要紧急限制进口的情况。同时，关税税率还要受到最惠国待遇条款的约束，从那些签有协议的国家进口商品时较难在税率方面进行灵活的调整。而非关税壁垒的制定和实施通常通过行政手段，制定过程较为迅速，手续也较为简便，能够随时针对某个国家的某种商品设置或更换相应的进口限制措施，从而达到限制进口的目的。

（2）具有更强的隐蔽性和歧视性。

一般来说，关税税率确定之后往往以法律形式公布于众，并依法执行，出口商通常比较容易获取关税的相关信息。但非关税壁垒的相关信息往往不公开，或者规定较为烦琐复杂的标准或手续，使得出口商难以适应和应对。

（3）具有更强更大的复杂性和广泛性。

20世纪60年代以来，发达资本主义国家所采取的非关税壁垒日益复杂，数目多达上千种。此外，非关税壁垒的使用范围也日益广泛，被限制进口的商品范围不仅包括汽车、钢铁等，还延伸到软件等领域。

（4）具有更明显的有效性。

关税壁垒是通过征收高额关税，提高进口商品的成本和价格，削弱其竞争力，间接达到限制进口的目的。但如果出口商宁愿多缴纳关税也要将商品出口，或者出口国采取补贴的形式支持某种商品的出口，或者出口商采取倾销形式，那么关税往往不能起到有效限制进口的作用。但诸如配额、自动出口限制、进口许可证等形式的非关税壁垒，由于它们一般直接规定进口商品的数量或金额，超过限度就禁止进口，因而能够有效保证限制进口作用的发挥。

专栏 11-1

普瓦提埃效应

20世纪80年代初期，日本电子消费品大量进入法国市场。1982年10月，法国政府宣布所有进口的录像机（VCR）都只能从普瓦提埃进口。普瓦提埃是距法国北部港口数百英里的内地小镇，历史上法国人曾成功地在此地击退外族的入侵。镇上海关人员很少，屋子又非常窄小，但海关人员对进口录像机的检查却非常彻底。大量录像机被搬出箱子仔细校对序号，随箱文件也要被逐一核对。检查一卡车录像机原来只要半天，后来却要2～3个月。这项规定使法国每月进口的录像机数量从6.4万多台急剧下降到不足1万台。

日本向GATT提出审议法国这项政策的请求，随后，在日本公司同意向法国投资并同当地公司一起生产录像机零件后，法国政府取消了这项政策。

把录像机进口限制在普瓦提埃，对限制录像机进口起到了明显的作用。普瓦提埃效应后来泛指起阻碍进口作用的非关税壁垒措施的效应。

资料来源：世界银行.1987年世界发展报告.北京：中国财政经济出版社，1987：141.

二、非关税壁垒的基本类型

非关税壁垒的名目繁多，种类更是不胜枚举。各种非关税壁垒可按以下标准进行划分。

1. 按政策制定主体分类

按政策制定主体分类，非关税壁垒可分为内生性非关税壁垒和外生性非关税壁垒。其中，内生性非关税壁垒是指所有由本国政府设置的、影响与限制外国商品进口的非关税壁垒，如进口许可证、进口配额等数量限制措施；外生性非关税壁垒是指所有由外国政府设置的、影响与限制本国商品进口的非关税壁垒，如自愿出口限制等。

2. 按影响方式分类

按影响方式分类，非关税壁垒可分为直接性的非关税壁垒、间接性的非关税壁垒和意外性的非关税壁垒。

（1）直接性的非关税壁垒。

直接性的非关税壁垒是指进口国直接对商品的进口数量或金额加以限制或迫使出口国“自动”对商品出口加以限制的非关税壁垒，主要包括进口配额（import quota）、自愿出口限制（voluntary export restriction，VER，又称“自愿出口配额”，voluntary export quota，VEQ ）、进口许可证（import licence）等。

1）进口配额。

进口配额是指一国政府在一定时期内，对某些商品的进口数量或金额加以直接的限制，即：在规定的期限内，配额以内的商品可以进口；超过配额的不准进口，或在被征收较高的关税以后才能进口。

进口配额包括绝对配额（absolute quotas）和关税配额（tariff quota）两种形式。

绝对配额是指在一定时期内，对某种商品的进口数量和金额固定一个最高限额，达到这个数额后，不准再进口。绝对配额的实施方式包括全球配额（global quota）以及国别配额（country quota）。

全球配额对来自任何一个国家或地区的商品一律适用，不分国家或地区，在世界范围内使用，直至总配额发放完为止。国别配额是在总配额内按国家或地区分配的配额，旨在对有关国家或地区实施差别待遇。国别配额包括自主配额和协议配额两种。

关税配额是指允许商品的进口数量超过配额，但对在配额以内的进口商品给予低税和减免税待遇，对超过配额的进口商品征收较高的关税。关税配额的实施方式按进口来源亦可分为全球配额和国别配额，按征收目的可分为优惠性关税配额和非优惠性关税配额。

关税配额的分配方法主要包括公开拍卖、先入为主、固定参数以及私下拍卖等。此外，还可以采用即要即发式配额许可证、历史性原则法等其他方式。

2）自愿出口限制。

自愿出口限制或自愿出口配额，是指出口国在进口国的要求和压力下，自动规定在某一时期内就某些商品对进口国的出口限制。即在限定的配额内控制出口，超过配额则禁止出口。

自愿出口限制包括非协定的自愿出口限制和协定的自愿出口限制两种形式。非协定的自愿出口限制是指出口国迫于进口国的压力，自行单方面规定出口，限制商品的出口。协定的自愿出口限制是指进出口双方通过谈判签订双边或多边的“自愿”出口限制协议，出口国按照协议规定的某些商品的出口配额，自行限制出口。

与进口配额相比，自愿出口限制也可以起到限制进口的作用，但在控制主体、强制性等方面存在着一些差异。自愿出口限制是由出口国直接控制出口，而进口配额是由进口国直接控制进口；自愿出口限制带有被迫强制性的特点，进口配额具有自动强制性的特点。

3）进口许可证。

进口许可证是指进口国规定某种商品必须事先领取许可证才能进口的管理制度。

与配额结合的进口许可证可分为有定额的进口许可证与无定额的进口许可证两种形式。有定额的进口许可证是指国家有关机构预先规定有关商品的进口配额，在配额的限度内，根据进口商的申请发放一定数量或金额的进口许可证。无定额的进口许可证是指国家有关机构并不预先公布进口配额，而是颁发有关商品的进口许可证，并只在个别考虑的基础上进行。

与进口管制程度联系的进口许可证可分为公开一般许可证、特种进口许可证以及公开个别许可证三种形式。公开一般许可证是指对某种商品的进口国别或地区没有限制，凡是公开一般许可证范围内的商品，进口商只要提交公开一般许可证后即可获准进口。特种进口许可证是指进口商必须向政府有关部门提出申请，经逐笔审查批准后才能进口。公开个别许可证的管制严格程度介于前两者之间，特点是政府可以随时宣布其无效。政府通过对进口许可证发放数量的限制，能够有效地控制商品的进口数量。

（2）间接性的非关税壁垒。

间接性的非关税壁垒是指进口国未直接规定商品的进口数量或金额，而是通过制定种种严格的规定和条例，间接地影响商品进口的非关税壁垒，这主要包括歧视性政府采购（discriminatory government procurement）、歧视性国内税（discriminatory internal tax）、最低限价（minimum price）、进口押金制（advanced deposit）、海关估价制（customs evaluation）、外汇管制（foreign exchange control）、技术性贸易壁垒（technical barrier to trade，TBT）、环境壁垒（environment barrier）以及社会标准壁垒，即以社会责任管理体系（Social Accountability 8000，简称 SA8000）为代表的社会标准壁垒等。

1）歧视性政府采购。是指国家通过法令，规定政府机构在采购时必须优先购买本国商品的做法。

2）歧视性国内税。是指利用国内各种课税制度来限制进口的办法。

歧视性国内税的特点主要包括：

第一，具有一定的灵活性。此方法比关税灵活得多，可以巧立名目。

第二，具有一定的伪装性。国内税的制定和执行属于本国政府机构的职责，有时属于地方政府机构的职责，是一国的内政，不受贸易条约或多边协定的限制和约束。

第三，可以体现差别性。对同种商品，因由不同国家生产，所征的国内税可以差别很大。

3）最低限价。就是一国政府对进口商品规定的最低进口价格，凡低于最低限价的进口商品则加征进口附加税或禁止进口。

4）进口押金制。是指进口商在进口商品时，必须预先按进口金额的一定比例，在规定的时间在指定的银行无息存储一笔现金后才能进口。

进口押金制在限制进口上的作用主要体现在：增加了进口商的资金负担；进口商承担了利息损失，加大了进口成本；影响了进口商资金的周转等。

5）海关估价制。是指进口国海关确定进口商品完税价格的制度。某些国家往往根据某些特殊规定，提高某些进口商品的完税价格来增加进口商品的关税负担，阻碍商品的进口。

6）外汇管制。是指一国政府通过法令对国际结算和外汇买卖进行限制，进而限制商品进口、平衡国际收支和维护本国货币汇价的一种制度。

外汇管制方式一般可以分为数量型外汇管制和成本型外汇管制两种。数量型外汇管制是指国家外汇管理机构对外汇买卖数量直接加以限制和分配，从而达到限制商品进口数量和种类的目的。成本型外汇管制是指国家外汇管理机构对外汇买卖实施复汇率制度，利用外汇买卖成本的差异间接影响不同商品的进口。

7）技术壁垒。又称技术性贸易壁垒，是指强制性或非强制性确定商品的某些特性的规定、标准或法规，以及旨在检验商品是否符合这些规定、标准或法规和确定商品质量及其适应性能的认证、审批和试验程序所形成的贸易障碍。

归纳来看，技术壁垒的形式和特点可以分为以下几个方面：一是颁布各种强制性技术法规，比如直接制定贸易保护法规、在法规中引用质量标准等评估指标；二是制定苛刻的技术标准，比如卫生标准、环境保护标准、人身安全防护标准；三是对商品实施某些特殊要求，比如技术限制、经济限制以及行政和司法限制等。

8）环境壁垒。又称绿色壁垒，是指那些为了保护环境而直接或间接采取的限制甚至禁止贸易的措施，主要包括国际和区域性的环保公约、国别环保法规和标准、ISO14000环境管理体系和环境标志等自愿性措施、生产和加工方法及环境成本内在化要求等分系统。

环境壁垒的主要措施是环境管制，具体包括限制或禁止进口、课征环境进口附加税、对环境贸易实施制裁、推行国内加工和生产方法等多项标准、推行国际标准、政府环境补贴、制定苛刻的环保法规等。

9）社会标准壁垒。主要是指各国经济发展水平的差异以及政治文化历史的不同所导致的各国社会标准的差异对国际贸易的限制，最为典型的例子就是劳工标准。

SA8000就是一种以保护劳动环境和条件、劳工权利等为主要内容的管理标准体系。其以加强社会责任管理为名，通过管理体系认证，把人权问题与贸易结合起来。以劳工标准为本质特征的SA8000实际上是技术壁垒的一种表现形式。

1997年，总部设在美国的社会责任国际（Social Accountability International，SAI）成立，在第一次会议（纽约会议）后不久即提出了标准草案，初名为“SA2000”，最终定名为“SA8000社会责任国际标准”，于1997年10月公开发布。2001年12月，经过18个月的公开咨询和深入研究，SAI发布了SA8000标准的第一个修订版，即《SA8000：2001社会责任国际标准》。它是基于《国际劳工组织宪章》（《ILO宪章》）、《联合国儿童权利公约》和《世界人权宣言》而制定的。

劳工标准所涉及的内容大致包括伦理道德和经济效益两个方面，前者包括劳动者的权利、禁止劳动歧视、下一代成长、工人工作条件等人权方面的问题，后者包括与贸易效益相关的社会福利待遇标准问题，比如制定工人的最低工资标准、保证工人的合理收入、维持工人的基本生活等。

（3）意外性的非关税壁垒。

意外性的非关税壁垒是指进口国的政策一般来说并不是出于贸易上的动机，然而由于政策的溢出效应导致对商品或服务的国际贸易产生了副作用，比如国家税收以及社会保障体制的变革等。

3. 按限制作用分类

按限制作用分类，非关税壁垒可分为价格费用型、数量限制型和综合影响型三类。

价格费用型非关税壁垒可以通过各种措施直接影响进口商品的成本，从而影响进口商品的最终价格，达到限制进口的作用。

数量限制型非关税壁垒可以通过直接限制商品的进口数量或金额，从而达到直接或间接限制商品进口的作用。

综合影响型非关税壁垒可以通过各种规定、标准以及海关检验达到限制进口的目的，对进口商品的数量和价格均能起到间接的影响作用。

第四节 WTO规则下的相机保护措施

一、反倾销

倾销（dumping）是指在正常贸易中一国向另一国出口的某商品的价格低于其正常价值（normal value），通常表现为一个出口企业在某个外国市场上以低于它在其他市场（通常是本国市场）上的价格出售商品。倾销的形式可分为三种：一是偶然性倾销（sporadic dumping），即由于存货过多，企业一边坚持国内的正常价格，一边临时向外国低价倾销；二是掠夺性倾销（predatory dumping），即出口企业为了击垮某些竞争对手、占领市场，暂时采取低价优惠外国购买者，在竞争消除后再提高价格；三是持续性倾销（persistent dumping），即无限期地低价倾销。

由于倾销被视作一种价格歧视，各国从自身利益出发，对来自他国的倾销行为通常采取坚决反对和禁止的态度，这就形成了反倾销。根据《关税与贸易总协定》（1994）第6条和《WTO反倾销协议》的规定，在一项反倾销调查中，如果进口商品被证明存在倾销价格、损害及倾销价格与损害之间的因果关系，进口国可以采取反倾销措施。所征收的反倾销税应与倾销幅度相当。通常的反倾销措施包括征收反倾销税以及出口商承诺。

确定某一进口商品是否存在倾销的条件主要包括：

（1）低于相同商品在出口国正常情况下用于国内消费时的可比价格。

（2）如果没有这种国内价格，则低于相同产品在正常贸易情况下向第三国出口的最高可比价格。

（3）产品在原产国的生产成本加上合理的管理费、销售费等费用和利润的价格。

正常价值是确定是否存在倾销的重要指标。在确定商品的正常价值时，通常应用的方法主要有如下几种：

（1）国内销售价格。采用的国内销售价格必须具有代表性，应当是在正常商业行为下确定的价格。国内销售价格一般采用批发价格。

（2）对第三国的出口价格。如果被指控倾销的商品在出口国无销售或者销售量极小，则出口国可能采取这种方法确定正常价值。

（3）结构价格。结构价格是指商品的生产成本估算值加上一定的利润。

按WTO的规则，倾销是不公平竞争和不公平贸易，是不合法的，而反倾销则是合法的，这是造成目前反倾销泛滥的主要原因之一。

二、反补贴

补贴（subsidies）是指政府或公共机构提供的财政捐助以及对收入或价格的支持。

生产补贴和出口补贴是两种最基本的补贴形式。其中，生产补贴是指无论商品出口与否，政府均给予生产这种商品的工业部门补贴，它可以起到与关税相同的作用与影响；出口补贴是指一国政府为了降低出口商品的价格，增强其在国外市场上的竞争力，给予出口商的补贴或财政上的优惠待遇。

按照补贴起作用的方式，补贴可以分为直接补贴和间接补贴。直接补贴是指政府直接给予的能够直接影响商品价格的补贴，如价格支持、税收优惠等；间接补贴是指政府给予的对成本有直接影响的补贴，如资金优惠、运输优惠、融资优惠等。

在满足以下条件时，进口国政府可以对出口补贴采取反补贴措施：

（1）补贴确定存在。

（2）同类或相同商品的国内产业已受到实质损害。

（3）补贴与损害之间存在着因果关系。

不过，一般来说，反补贴税不应当超过进口商品在原产地直接或间接得到的补贴。

与倾销一样，补贴被 WTO 认定为不公平贸易，属于非法行为，而反补贴则是合法行为。

三、紧急保障措施

根据《关税与贸易总协定》的规定，在国内产业受进口商品严重损害时，政府可以实行临时的进口限制以保护国内生产者，这就是紧急保障措施。

使用紧急保障措施的必要条件是：

（1）进口大量增加。

（2）进口增加是由不可预见的情况造成的。

（3）进口增加是多边贸易谈判所带来的贸易自由化的结果。

（4）这种大量进口对国内生产者造成了严重损害或严重损害的威胁。

进口国政府实行的紧急保障措施主要包括全部或部分地停止正常情况所承诺的关税减让或其他优惠，进口国政府也可以临时设置数量限制。但对紧急保障措施设有时间限制：一般来讲，保障措施不得超过 4 年，延长后总期限不得超过 8 年。

第五节　鼓励出口的贸易政策措施与出口管制

世界各国除了对进口商品实行各种限制措施外，对扩大本国商品出口大都采取种种鼓励措施，同时，也对某些商品特别是战略物资的出口实行管制措施，限制或禁止出口。

一、鼓励出口的贸易政策措施

出口鼓励措施是指出口国政府通过经济、行政和组织等方面的手段，促进本国商品出口的各种措施。

促进对外贸易发展的组织措施主要是各种类型的经济特区措施，如自由港（free port）或自由贸易区（free trade area，FTA）、保税区（bonded area）、出口加工区（export processing zone）、自由边境区（free perimeter/free frontier）等。

鼓励出口的经济措施主要包括出口信贷、出口信贷国家担保制、出口补贴和外汇倾销等。

1. 出口信贷

（1）出口信贷的含义。

出口信贷是指出口方银行为了鼓励商品出口，向本国出口商或外国进口商提供的贷款。它是一国扩大商品出口，特别是扩大金额较大、期限较长的商品如成套设备、船舶等商品的出口的一种重要手段。

（2）出口信贷的类型。

按时间长短可分为短期信贷、中期信贷以及长期信贷。

按借贷关系可分为卖方信贷（supplier's credit）和买方信贷（buyer's credit），其中卖方信贷是指出口方银行向本国出口商提供的贷款，买方信贷是指出口方银行向外国进口商或进口方银行提供的贷款。

（3）出口信贷的特点。

1）出口信贷必须联系出口项目；

2）出口信贷利率低于国际金融市场利率；

3）出口信贷金额通常只占合同金额的85%左右；

4）出口信贷的发放往往与出口信贷国家担保制相结合。

由于国际市场上贸易战的加剧，各国的出口信贷业务不断扩大，为了做好出口信贷工作，很多国家一般都设立专门的银行来负责办理此项业务，例如，美国的进出口银行、日本的输出入银行、法国的对外贸易银行及中国的进出口银行等。为了缓和在发放出口信贷上的矛盾，经济合作与发展组织（OECD）成员国曾经就出口信贷最低利率和期限达成协议，称为《出口信贷君子协定》。

2. 出口信贷国家担保制

（1）出口信贷国家担保制的含义。

出口信贷国家担保制是指由出口国政府设立的专门机构，为本国出口商或商业银行向外国进口商或商业银行提供的信贷进行风险担保的制度。

出口信贷国家担保制的主要内容包括：担保项目与金额、担保对象以及担保期限与费用等。

（2）出口信贷国家担保制的特点。

1）通常是商业保险公司不承保的出口风险，如政治风险、社会经济风险等；

2）担保金额比较大，一般为合同金额的70%～80%；

3）担保期限比较长，所需的担保费较低；

4）担保对象可以是出口国厂商或出口国银行。

3. 出口补贴

（1）出口补贴的含义。

出口补贴是指一国家政府或同业公会，为了降低出口商品的价格，增强其在国外市场上的竞争力，给予出口商的现金补贴或财政上的优惠待遇。

（2）出口补贴的方式。

出口补贴可分为直接补贴和间接补贴两种方式。

直接补贴是指政府在出口某种商品时，直接付给出口商的现金补贴。

间接补贴是指政府对某些出口商品给予财政上的优惠，主要包括：1）退还或减免出口商品所缴纳的国内税（出口退税）；2）暂时免税进口；3）退还进口税。

4. 外汇倾销

（1）外汇倾销的含义。

外汇倾销是指出口企业利用本国货币对外贬值的机会，争夺国外市场的一种特殊手段。

（2）本国货币对外贬值的作用。

在满足一定条件的情况下，本国货币贬值可以起到如下两个方面的作用：

1）出口商品以外国货币表示的价格下跌，有利于促进出口；

2）进口商品以本国货币表示的价格上涨，有利于抑制进口。

（3）本国货币对外贬值以促进出口的条件。

1）本国货币贬值的程度要大于国内物价上涨的程度；

2）其他国家不同时实行同幅度的本币贬值和采取其他措施；

3）符合马歇尔-勒纳条件。①

二、出口管制措施

出口管制是许多国家实行贸易歧视政策的手段。有些国家为了达到一定的政治、军事和经济目的，对某些商品，特别是对战略物资实行出口限制或禁止出口，并制定出口管制法令。

1. 出口管制的原因

（1）出口管制的经济原因。

1）使国内价格维持在一个较低的水平；

2）维护一个较高的世界市场价格；

3）满足国内生产的需要；

---

① 马歇尔-勒纳条件：在进出口供给弹性无穷大的情况下，如果进出口需求弹性之和的绝对值大于1，即 $|d_x+d_m|>1$，那么，一国货币贬值就可以起到促进出口、改善本国贸易收支的作用。

4）保持本国的技术优势。

（2）出口管制的政治原因。

1）出于对某些国家的敌视。如对敌对国家采取经济制裁、禁运。

2）服从战争的需要。如在战争期间为了满足战备需要，与敌对国家在战略物资及有关的先进技术资料，包括武器、军事设备、军用飞机、军舰、先进的通信设备等方面的交易实施严格控制或严密封锁。

3）联合反霸的要求。如石油输出国组织（OPEC）成员联合控制石油的生产与出口，以对抗西方国家控制世界经济的霸权行为。

（3）保护历史和文化的原因。

世界各国都对本国的历史和文化进行保护，因此，对某些重要的文物、古董、艺术品以及黄金、白银等特殊商品的出口实行管制。

2. 出口管制的形式

出口管制的形式主要包括单边出口管制以及多边出口管制。

单边出口管制是指出口国自己制定出口管制方面的法律或法案。

多边出口管制是指几个国家的政府，出于共同的政治和经济目的，制定共同的出口管制政策。最有代表性和最有名的多边出口管制组织是巴黎统筹委员会，这一组织于1949年11月在美国的操纵下成立，其宗旨是对当时的社会主义阵营国家实行出口管制，即对苏联、东欧和中国等国家的禁运，1952年又增设一个所谓中国委员会，以加强对中国的封锁与禁运。

随着冷战的结束和苏联、东欧的巨变，原来针对社会主义阵营国家的巴黎统筹委员会在20世纪90年代初已经基本解体，但其影响仍然存在。

专栏11-2

国际多边出口管制机构——巴黎统筹委员会

巴黎统筹委员会是对社会主义阵营国家实行禁运和贸易限制的国际组织，简称巴统。1948年由美国发起，1949年11月正式成立，总部设在巴黎。巴统成立时有12个成员——美国、英国、法国、意大利、德国、丹麦、挪威、荷兰、比利时、卢森堡、葡萄牙、加拿大，日本于1952年加入，希腊和土耳其于1953年加入，西班牙于1985年加入，澳大利亚于1989年加入，这样该委员会最后共有17个成员。巴统的组织机构有：(1) 咨询小组，是巴统的决策机构，由各成员国派高级官员参加。(2) 调整委员会，1950年成立，是对苏联及东欧国家实行禁运的执行机构。(3) 中国委员会，1952年成立，是对中国实行禁运的执行机构。巴统的宗旨是执行对社会主义阵营国家的禁运政策。禁运产品有三大类，包括军事武器装备、尖端技术产品和战略产品。巴统的禁运政策和货单常受国际形势变化影响，有时还把禁运限制与被禁运国家的社会制度、经济体制或人权联系在一起。巴统带有强烈的冷战色彩和意识形态目的。

冷战结束后，西方国家认为，对世界安全的主要威胁不再来自军事集团和东方社会主义国家，该委员会的宗旨和目的也与现实国际形势不相适应，1994年4月1日宣布正式解散。但是以前巴统成员为主组成的一个新机制，继续对其确定的所谓“危险地区”、敏感地区、核不扩散地区、遭受国际贸易制裁的国家和地区实行高、精、尖技术及设备的出口管制。

资料来源：海闻，林德特，王新奎．国际贸易．上海：上海人民出版社，2003：320.

本章小结

1. 国际贸易政策措施是伴随国际贸易的产生、扩大过程而出现并不断发展的，本章就国际贸易政策措施的性质、关税和非关税壁垒等问题进行分析和讨论。

2. 在国际贸易中，关税是各国普遍采用的主要贸易政策措施。关税是一国政府对流入或流出该国关境的商品课征的一种税。关税的种类繁多，可以按商品流向、征收目的、差别待遇和征收方法等进行分类。常见的关税是进口税。进口税根据征收方法不同可分为从量税、从价税、复合税和选择税等。海关征税的依据是海关税则。

3. 非关税壁垒有不同于关税的特点，如具有更大的灵活性和针对性，具有更强的隐蔽性和歧视性，更能达到限制进口的目的等。

4. 非关税壁垒的形式多种多样，如进口配额与许可证制度、歧视性政府采购、进口押金制、海关估价制、外汇管制、技术壁垒、环境壁垒、社会标准壁垒等。近年来，非关税壁垒的演化呈现出如下特点：传统的制度化措施不断升级，技术标准上升为主要的贸易壁垒，绿色壁垒、环境壁垒成为行之有效的贸易壁垒，贸易措施的政治色彩越来越浓厚，一些措施披着合法的外衣，难以区分其保护的合法性。

5. 非关税壁垒的设立目的主要是试图减少进口数量以提高进口商品的价格，保护国内同类商品的生产。因此，对于非关税壁垒，无论采用何种形式，都可以从数量和价格两个方面来说明它的影响。

6. 第二次世界大战后，各国采取了一些促进商品出口的鼓励措施，使贸易政策的重心从消极防御转向积极拓展。鼓励出口的措施主要有出口信贷、出口信贷国家担保制、出口补贴、外汇倾销。与此同时，出于某些政治目的和对经济利益的考虑，以及为履行贸易协定中应尽的义务，有些国家对一些商品实行出口管制，由此而形成了出口管制制度。

关键术语

关税	从量税	从价税	海关税则
关税减让	非关税壁垒	普瓦提埃效应	进口配额
自愿出口限制	进口许可证	歧视性政府采购	海关估价制
外汇管制	技术性贸易壁垒	环境壁垒	社会标准壁垒
倾销	反倾销	反补贴	紧急保障措施
出口信贷	外汇倾销	出口管制	

复习与思考题

1. 简述国际贸易政策措施的基本性质。
2. 进口关税主要有哪几种？它们各自起什么样的作用？
3. 何谓非关税壁垒？它与关税壁垒相比具有哪些突出特点？
4. 为什么说非关税壁垒是现代贸易保护主义的主要措施？
5. 国际上鼓励出口和限制出口的措施主要有哪些？

第十二章

贸易政策的经济效应分析

虽然目前关税的作用正在逐渐减弱，但关税政策仍然是非常重要的贸易政策之一，并继续对国际贸易产生重要影响。对关税政策作用及经济效应的分析，是我们设计关税政策及权衡其利弊关系的基础，也是我们了解非关税壁垒及其效应的重要基础和途径。本章对关税政策经济效应的分析将应用局部均衡分析和一般均衡分析两种方法，并分别从小国和大国两个不同角度展开详细分析，并且讨论梅茨勒之谜与勒纳对称原理。

由于在当今世界，无论是国内市场还是国际市场，非关税壁垒的作用和影响都在逐步扩大和加深，并日益成为各国调控对外贸易的重要手段，因此本章在对关税政策的经济效应进行分析之后，对非关税壁垒的经济效应也展开了细致分析，并对非关税壁垒对一国经济的影响程度做出评估。本章讨论的非关税壁垒主要包括进口配额制、自愿出口限制、出口补贴、反倾销税以及技术壁垒等。

第一节　关税政策的局部均衡分析

这里讨论的关税政策经济效应主要是指关税政策对进口国经济的多方面影响，具体来讲包括价格效应、贸易条件效应以及经济福利效应等。与自由贸易相比，关税将减少进口国和出口国的双边贸易额，引起进口商品的国际价格和国内价格的变动，从而导致进口国在生产和消费等方面进行调整，最终体现为社会总福利的变化。而关税政策的局部均衡分析就是为了说明关税对一国个别商品的价格变动以及供求平衡的影响过程。

一、小国进口关税的局部均衡分析

我们这里讨论的小国不取决于国土面积、人口总量甚至国内生产总值的大小，而取决于是世界价格的接受者还是决定者。如果是价格接受者，就是小国，它不能改变世界价格，反之，就是大国。

1. 自由贸易条件下的局部均衡分析

为了分析征收进口关税的经济影响，我们先讨论一下在自由贸易条件下即一国的进口不受限制时社会福利的变化情况。这里的福利变化主要是指消费者剩余和生产者剩余的变化。其中，消费者剩余是指消费者愿意支付的价格与消费者实际支付的价格之间的差异。在假定货币的边际效用不变的条件下，消费者剩余可以用需求曲线以下、价格线以上和价格轴围成的三角形的面积来表示。生产者剩余是指生产者实际得到的价格与生产者愿意接受的价格之间的差异。生产者剩余可以用供给曲线以上、价格线以下和价格轴围成的三角形的面积来表示。

如图 12－1 所示，假定国内均衡价格为 P_e，当世界价格 P_w 低于国内均衡价格 P_e 时，该国可以从国际市场进口商品，进口数量为 Q_1Q_2。在未发生贸易时，该国的消费者剩余为 AP_eE，生产者剩余为 BP_eE。而在自由贸易条件下消费者剩余为 AP_wE'，生产者剩余为 BP_wE''。与未发生贸易时的福利情况相比，该国消费者的净福利增长了 P_wP_eEE'，其中 P_wP_eEE''是从生产者一方转移过来的（即面积 a）；$EE'E''$则是自由贸易带来的净福利，它是消费者从过去国内高价消费转向进口低价消费所获得的（即面积 b），以及在进口低价条件下新消费者进行消费而产生的新增福利（即面积 c）。面积 $b+c$ 是自由贸易条件下商品进口的主要利益所在，即一个小国从封闭到开放，实行自由贸易的净福利增加为 $b+c$。

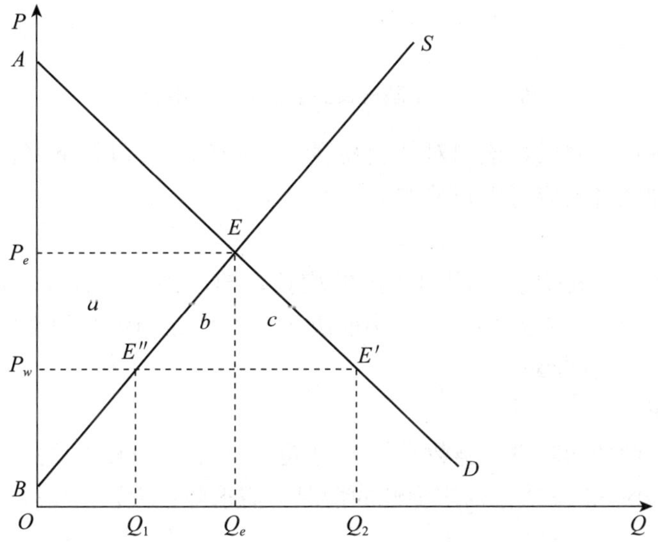

图 12－1　自由贸易条件下的局部均衡分析

2. 征收进口关税条件下的局部均衡分析

假定小国的某种商品的国内均衡价格高于世界价格，如果小国按照世界价格参与贸易，则在该国的国内商品供给中价格超过世界价格的那部分供给将被进口商品替代。为了保护本国市场，假设小国决定对该商品的进口征收一定数量的进口关税，以使本国的国内市场能够留给本国企业一定的市场份额，从而使得本国企业的生产能够持续。小国进口关税的局部均衡分析旨在考察征收关税后该国进出口和福利水平的变化情况。

在图 12－2 中，在供给水平和需求偏好保持不变的前提下，P_e 与 Q_e 是封闭条件下的国内均衡价格与产量以及消费量，而 P_w、P_t 是自由贸易条件下和征收关税后的价格。由于 $P_w<P_e$，即世界价格低于国内价格，小国出现 Q_1Q_2 的供给缺口，这一数量在自由贸易条件下等于满足国内需求的进口部分。该国为了保护本国市场以维持国内生产，征收进口关税，商品价格由 P_w 上升至 P_t，此时进口量由于价格上升而下降，而本国产量却因征收关税而上升，Q_3Q_4 为征收关税后新价格下的进口量。

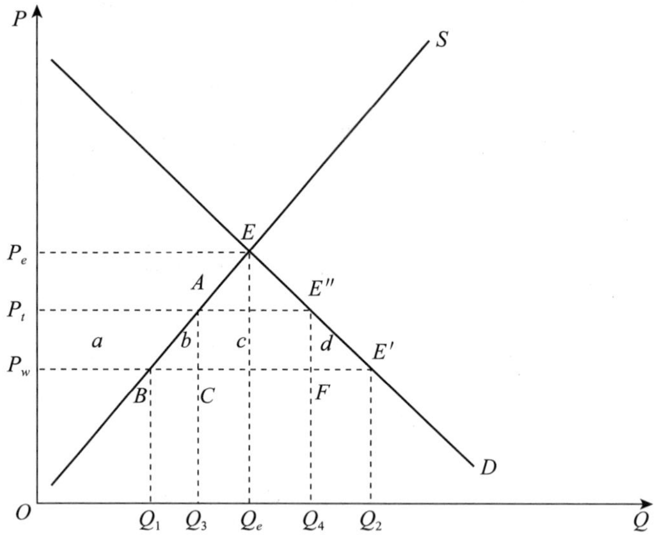

图 12－2　小国进口关税的局部均衡分析

可见，征收进口关税后，该国对外贸易量发生变化，进口量下降，产量上升。具体来说，关税的各种经济效应可以归纳如下：

（1）生产效应。

生产效应是指在关税保护下国内生产的增长，即国内生产替代的那部分进口商品，其数量等于 Q_1Q_3。生产效应（b）的大小取决于生产商品的供给弹性的大小。供给弹性大则生产效应大，反之则小。

（2）消费效应。

消费效应表示消费的减少，其数量等于 Q_4Q_2，它源于价格上升造成的需求下降。消费效应（d）的大小一般取决于需求弹性的情况。需求弹性大则消费效应大，反之则小。

（3）贸易效应。

贸易效应等于生产效应与消费效应之和，即替代进口的部分加上消费减少所造成的进口量的下降。

(4) 税收效应。

税收效应等于政府对进口征收关税形成的财政收入，其数量等于 $P_wP_t \times Q_3Q_4$（即图中的 c）。

(5) 国际收支效应。

国际收支效应是指进口量下降引起的对外支付降低，即外汇的节约，其数量等于 $(Q_1Q_3+Q_4Q_2)\times OP_w$。

总体而言，与自由贸易相比，征收关税对一小国来说，由于 a 是消费者剩余减少而由生产者剩余增加所弥补的部分，c 是消费者剩余减少而由政府以关税收入所弥补的部分，所以，福利变化就是消费者剩余减少的 $b+d$，称为福利净损失，又称无谓损失。

二、大国进口关税的局部均衡分析

大国与小国的差别在于，大国在国际贸易中的交易量较大，市场份额较高，所以大国可以利用自身的交易量优势影响价格，如图 12-3 所示。图 12-3 (a) 是大国 H 某种商品的供给曲线 (S_H)，图 12-3 (b) 是大国没有参与贸易时世界市场上的供给曲线 (S_W)，图 12-3 (c) 是大国参与贸易后世界市场上的供给曲线 (S_{H+W})。从图中可以看出，没有大国参与世界供给时，从供给曲线 S_W 可知，若要有 Q_1 的供给，则价格为 $P_{W'}$；而当有大国参与世界供给时，同样要有 Q_1 的供给，价格则变为 $P_{H+W'}$，$P_{H+W'}$ 明显低于 $P_{W'}$。

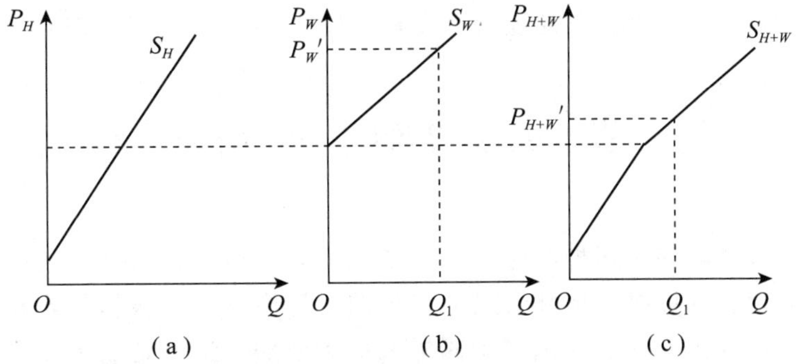

图 12-3　大国 (H) 参与国际贸易对世界价格的影响

如果大国对进口商品征收关税，进口量会有所下降，从而造成世界市场上供大于求以及商品价格的下降，将征收关税造成的损失转嫁给出口商，并减轻由进口国的消费者承担的进口关税负担。征收进口关税后，国内价格的上升幅度往往要低于关税税率。一般而言，国内价格的上升幅度与世界价格的下降幅度的差额应当等于征收的关税税率。作为大国，可以借助自己在购买方面的实力，将进口商品的价格压低到低于世界价格。

假定大国实施进口关税，国内价格会提高至 P_t，国内价格的提高使本国生产扩大，导致生产者剩余增加和需求减少，而这又导致消费者剩余下降。由于是大国，本国的进口下降必然影响外国的出口，客观上要求外国削减出口，同时还导致外国商品的价格下降。由于外国商品价格下跌，假定本国商品价格的上涨幅度要小于关税税率，则两国价格变化幅度的差额应当恰好等于关税税率。

如图 12-4 所示，(a)、(b) 和 (c) 三个图分别表示本国、世界和贸易对方国市场，P_e 是自由贸易时的价格，P_t 是本国征收关税后的国内价格，P_t^* 是外国在本国征收关税后的价格，它既是外国的出口价格，也是本国的进口价格。由于价格上涨，本国供给量由 S_1 增加到 S_2，需求量从 D_1 下降到 D_2，同时外国供给量因为价格下跌而下降到 S_2^*，需求量却扩大至 D_2^*，从而使出口从 $D_1^* S_1^*$ 下降到 $D_2^* S_2^*$，即从 Q_e 减少到 Q_t。

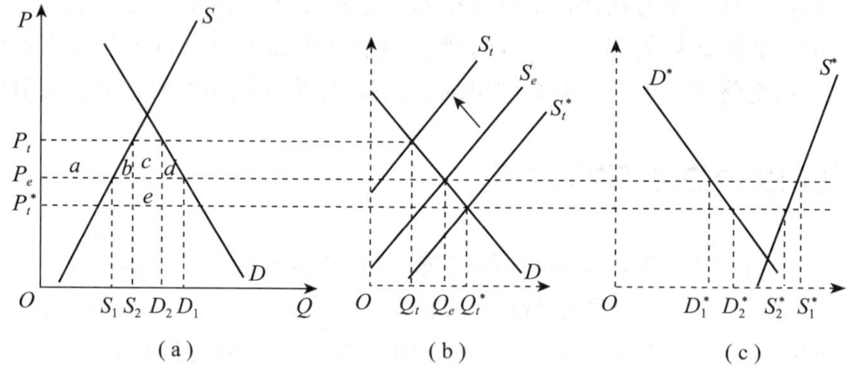

图 12-4 大国进口关税的局部均衡分析

由于征收关税本国价格上升，生产者剩余增加 a，消费者剩余损失 $a+b+c+d$，本国政府因为征收关税而增加的收入为 $c+e$，其中 e 为贸易条件改善所获得的收益。综合来看，进口国的关税净效应为 $a+c+e-(a+b+c+d)=e-(b+d)$。如果 $e>b+d$，存在福利净收益；如果 $e<b+d$，存在福利净损失，其中 b 为生产效率损失，d 为消费损失。

第二节 关税政策的一般均衡分析

一般均衡分析考虑的是多种产品和多个市场的均衡过程。对于一般均衡条件下的关税效应分析，需要引入提供曲线和贸易无差异曲线等概念。在贸易无差异曲线上任何一个进口量和出口量的组合都对一国产生同样的福利效应。通过贸易无差异曲线和设定不同的贸易条件可以推导出提供曲线。关税效应的比较需要给出本国和外国的提供曲线，而小国和大国面临的外国提供曲线的形状是有显著差异的。

一、小国征收关税的一般均衡分析

小国征收进口关税的一般均衡分析如图 12-5 所示。征收进口关税前，生产点为 A，消费点为 C，福利水平为 I；征税后，生产点为 A'，消费点为 C'，X 的生产增加，Y 的生产减少，但由于该国消费偏好于 X，所以要出口 Y，进口 X，福利水平下降至 I' [注意：曲线 I' 与国际交换比率线 P_W 相切、与国内交换比率线 P_A 相交，原因在于贸易条件不改变，而且一国参与国际贸易的福利变化是把该国作为一个整体或一个经济活动单元来考虑的。但亦有学者认为，曲线 I' 应与国际交换比率线 P_W' 相交、与国内交换比率

线 P_A' 相切（如图 12－5 中所画），原因在于国内消费者是按征税后的国内价格而不是按世界价格来决定其最佳消费选择的]。

征税单位以后，在国际市场上，用 $A'B$ 单位的 Y 交换 BC' 单位的 X，在国内市场上，用 $A'B$ 单位的 Y 交换 BD 单位的 X，则 DC' 即为进口关税。

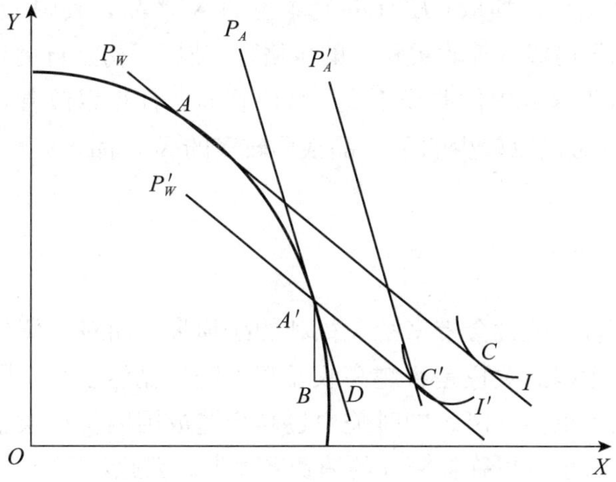

图 12－5　小国关税的一般均衡分析

二、大国征收关税的一般均衡分析

大国所面临的外国提供曲线是一条与本国提供曲线方向相反的曲线，这表明大国可以通过改变贸易比例来影响世界价格。大国征收关税后，导致进口商品的相对价格上升，从而使得国内与出口商品相竞争的部门扩张，并导致出口商品的出口量下降。而进口下降将导致进口商品的世界价格下跌，出口商品供给的减少又将导致该商品的世界价格上涨。

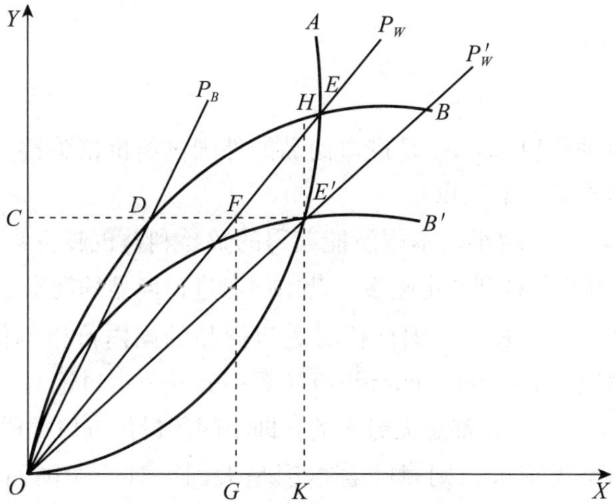

图 12－6　大国关税的一般均衡分析

如图 12－6 所示，OA、OB 分别为 A、B 两国的提供曲线，在自由贸易条件下，贸

易条件为 OP_W，贸易均衡点为 E。B 国在征税前，OC 单位的 Y 产品可以换取 $CF(OG)$ 单位的 X 产品。B 国征收关税后，本国的提供曲线移至 OB'，贸易均衡点由点 E 移到点 E'。由于是大国，B 国征收关税后，贸易条件由 OP_W 变为 OP'_W，X 产品的国内价格提高，进口减少，从而压低其世界价格 P_X，等量的 Y 产品可换得更多的 X 产品，因此，这时 OC 单位的 Y 产品可以换取 $CE'(OK)$ 单位的 X 产品，其中 DE' 为关税，P_B 为 B 国消费者面对的实际价格线（征收关税后的价格），破坏了初始自由贸易下的均衡。如果 A 国对 Y 产品的需求不变或提供曲线不变，B 国贸易条件得以改善，新的国际交换比率线为 OP'_W，这时 B 国可以以较少的 Y 产品换回较多的 X 产品。

三、最优关税

对于贸易小国而言，关税会带来社会福利的净损失，而对于贸易大国而言，关税可以带来收益。那么，大国的关税是否越高收益越大呢？显然不是，因为关税过高，进口量急剧减少，关税收入也会下降。同时关税过高会造成国内价格大幅上升，消费者损失增加，以至额外的税收也难以弥补额外的消费者损失。因此，只有在一个适当的税率下，进口大国才有可能使收益达到最大。这就是说，贸易大国存在一个最优关税（optimum tariff）问题。

1. 最优关税的定义及计算

最优关税是指一国利用市场支配力量，通过一定的关税税率使得本国贸易条件改善所带来的利益超过贸易量减少所造成的福利损失，进而使得本国获得最大净福利的关税。或者说从贸易条件改善中获取的边际报酬正好等于生产与消费扭曲带来的边际效率损失时的关税，称为最优关税。使得一国净福利水平达到最大化的关税税率就是最优关税税率。

最优进口关税税率的计算公式如下：

$$t^* = \frac{1}{e_S} = \frac{1}{e_D - 1} \qquad (12-1)$$

其中，t^* 是最优进口关税税率，e_S 是进口商品的外国供给价格弹性，e_D 是进口商品的需求价格弹性（公式推导见第十三章）。

e_S 或 e_D 值越大，t^* 值越小，本国所能获得的贸易利益也越少；e_S 或 e_D 值越小，t^* 值越大，本国所能获得的贸易利益也越多。若本国对进口商品的需求缺乏弹性，即 $0<e_D<1$，则 $e_S<0$，因此 $t^*<0$，表示大国征税时进口商品的国内价格不但没有升高，反而下降，这就是梅茨勒悖论（Metzler's paradox）（下一节进一步讨论）。

由于对小国而言，e_S 或 e_D 都是无穷大的，即小国的最优进口关税税率是零：$t^*=0$。

如果 e_S 或 e_D 不是无穷大，则意味着本国是大国。对于大国而言，在一般情况下，$t^*>0$。

2. 大国的最优关税分析

对于小国而言，由于无法支配市场以改变商品的供求，也就不能通过关税改善其贸易条件，所以只有零税率才是所谓的最优关税税率。对于大国而言，征收关税一方面会减少商品的贸易量，另一方面会改善本国的贸易条件。虽然贸易量的减少造成了福利损失，但贸易条件的改善则带来了福利提高。因此，适度征收关税可能会给大国带来净收益。如图 12-7 所示。

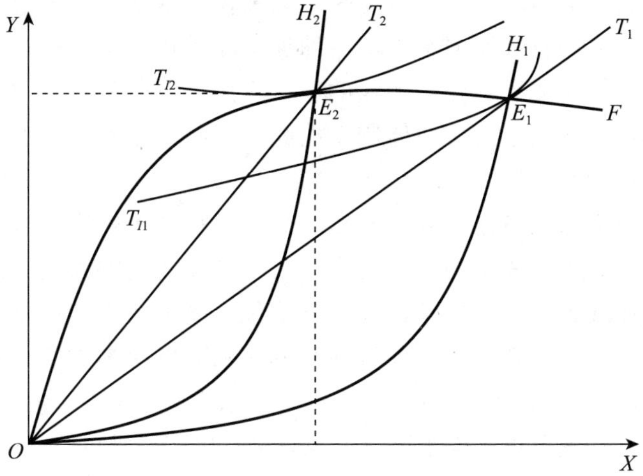

图 12-7 大国最优关税的一般均衡分析

在自由贸易条件下，假定本国（大国）的提供曲线为 OH_1，外国的提供曲线为 OF，贸易条件为 OT_1，本国的贸易无差异曲线为 T_{I1}，在自由贸易均衡点 E_1，本国的贸易无差异曲线和贸易条件线相切。

本国的贸易可能性受到外国提供曲线的制约，而外国的贸易可能性也受到本国提供曲线的制约。因此，本国可行的进出口量的组合只能位于外国的提供曲线上，同样，外国可行的进出口量的组合也只能位于本国的提供曲线上。

最优关税是可以使大国达到其可能达到的最高贸易无差异曲线的关税。在图 12-7 中，这一点恰好是本国贸易无差异曲线 T_{I2} 和外国提供曲线 OF 的切点 E_2。在本国征收关税后，本国的提供曲线向纵轴方向内移，税率越高，移动幅度越大。当税率提高到使得本国提供曲线与贸易无差异曲线和外国提供曲线 OF 在点 E_2 相交时，本国福利达到最大。对于本国而言，贸易条件线无论处于该点的左侧还是右侧，福利水平均均较低。

四、关税的有效保护

1. 关税有效保护率的含义与计算

关税的有效保护率（effective rate of protection，ERP）是相对于名义保护率或名义关税税率而言的。这一观点是由加拿大经济学家巴伯（C. L. Barber）于 1955 年首先提出来的。名义保护率或名义关税税率（T_N）是指，一国实行保护使某种商品的国内市场价格高于国际市场价格的百分比。公式为

$$T_N=\frac{P_E-P_W}{P_W} \tag{12-2}$$

其中，P_E 代表国内市场价格，P_W 代表世界价格。

关税水平之所以被称作名义保护率，是由于它采用了进口税则中规定的税率来衡量对进口商品的国内价格的影响程度，并没有考虑各类商品或者产业之间的前后关联关系，因此关税水平实质上是在衡量局部均衡中关税的影响程度。由于在多部门模型中需要考虑不同产业间相互投入的情况，因此不能简单以关税水平来估计关税的保护程度，必须以有效保护率取而代之。有效保护率是指一种加工商品在不同关税水平下附加值的变化率，可以更为有效地描述关税结构对产业的保护作用。所谓关税结构，是指根据贸易商品附加值的高低采用不同税率的关税体制。据此可以研究在不同加工阶段最终产品投入要素的关税税率对保护程度的影响。

有效保护是指全部保护措施对某类商品的生产过程的净增值所产生的影响。而关税水平一般是指一个国家进口关税的平均税率，就对某类商品的关税保护程度而言，也可以称作名义关税税率或者名义保护率，计算方法包括简单平均和加权平均。就简单平均而言，平均关税税率等于税则中所有税目的税率之和除以税则中所有税目之和，简单平均没有考虑进口商品的不同数量和价格，也没有考虑税目中未进口的商品和零关税商品。就加权平均而言，平均关税税率等于进口关税总额除以有税进口商品总额。

有效保护率或实际保护率（T_E）是指对产品附加价值的保护情况，即实行关税保护使本国某产业加工增值部分受保护的情况，并以国内生产附加价值的提高来衡量。据此，有效保护率亦可定义为关税所引起的国内生产附加价值的变动率。公式为

$$T_E=\frac{V'-V}{V} \tag{12-3}$$

其中，V'表示进口原料、中间产品以及最终产品都含关税时的国内加工增值，V 表示进口原料、中间产品以及最终产品都不含关税时的国内加工增值，即自由贸易条件下的国内加工增值。两个增加值可以分别用如下公式表示：

$$V'=P_j^D-\sum a_{ij}P_i^D \tag{12-4}$$

$$V=P_j^w-\sum a_{ij}P_i^w \tag{12-5}$$

其中，P_j^D、P_j^w 分别表示最终产品 j 的国内价格和世界价格，P_i^D、P_i^w 分别表示原料或中间产品 i 的国内价格和世界价格，a_{ij} 表示原料或中间产品在最终产品中的投入系数。假定国内价格与世界价格之间的差额完全是由征收关税引起的，那么就有：$P_j^D=P_j^w(1+t_j)$ 和 $P_i^D=P_i^w(1+t_i)$，其中，t_j、t_i 分别表示最终产品 j 和原料或中间产品 i 的名义关税税率。这样，式（12-4）就可以写成

$$V'=P_j^w(1+t_j)-\sum a_{ij}P_i^w(1+t_i) \tag{12-6}$$

把式（12-5）和式（12-6）代入式（12-3）并做一些整理可得到

$$T_E=\frac{P_j^w t_j-\sum a_{ij}P_i^w t_i}{P_j^w-\sum a_{ij}P_i^w} \tag{12-7}$$

我们令 $c_{ij}=a_{ij}P_i^w/P_j^w$，c_{ij} 表示原料或中间产品在最终产品中的成本份额，这样，经过进一步整理可得

$$T_E=\frac{t_j-\sum c_{ij}t_i}{1-\sum c_{ij}} \tag{12-8}$$

最后还有一种变式就是先确定产品 j 所用的原料或中间产品的平均税率 t_{ij}，它是实际税率的加权平均，即

$$t_{ij}=\frac{\sum c_{ij}t_i}{\sum c_{ij}} \tag{12-9}$$

把式（12-9）与式（12-8）合并可得

$$T_E=\frac{t_j-t_{ij}\sum c_{ij}}{1-\sum c_{ij}} \tag{12-10}$$

我们对式（12-8）和式（12-10）进行分析，当假定 $\sum c_{ij}<1$（这意味着以世界价格衡量的增加值是正的）时，可以得出：

（1）如果对最终产品征税（$t_j>0$），而不对原料或中间产品征税，则 $T_E>t_j$，表明最终产品的有效关税大于名义关税。

（2）如果对最终产品和原料或中间产品征收同样的关税（$t_j=t_i$），则 $T_E=t_j$，说明最终产品的有效关税等于名义关税。

（3）如果原料或中间产品的关税充分地大于最终产品的关税，则 $T_E<0$，即有效关税是负的，这也就等于国内同类的产品被征税了，因此，不但对国内该产业的发展没有起到保护作用，反而起到了破坏或损害作用。

通过上面的分析，我们可以得出如下一些结论：

（1）当名义关税税率一定，原料或中间产品关税税率越低，有效保护率越高，反之，则有效保护率越低，甚至出现负保护。

（2）对原料或中间产品征税，有效保护率降低，因此，升级型关税结构是各国普遍的做法，即产品的关税随产品的加工程度提高而上升。

（3）对发展中国家应用此理论有两难问题：对最终产品征收高关税而不对原料或中间产品征税，会形成国内针对最终产品的高保护，导致大量进口原料或中间产品，不能促进对进口原料或中间产品的替代；若对原料或中间产品征税，产品的生产成本会上升，不能与进口商品竞争。

有效保护率对一个国家制定关税税率具有重要的指导意义。在最终产品名义税率一定的条件下，投入品的名义税率越低，最终产品名义税率的保护作用越大。所以许多国家的税率结构都是从原料、中间产品到最终产品做总体考虑。比如，对进口原料征收低税甚至免税，对中间产品的税率一般按加工程度递增，最终产品的税率最高。从关税的有效保护角度来看，这一结构使得有效保护率高于名义关税税率，实现在较低的名义关

税税率水平下对本国最终产品进行有效保护。

2. 关税有效保护率与名义关税税率之间的关系

（1）相对于名义关税税率而言，有效保护率是一个更好的指明资源流向的指标。

（2）通过对有效保护率的数量分析，可以找到某些名义关税税率和有效保护率之间关系的变化特征。在确定有效保护水平后，可以有意识地根据这些规律调整名义关税税率以满足决策者的要求。比如，全面降低关税时，只要成品的关税下降幅度低于全部投入品的关税平均下降幅度，有效保护率就可以随关税的降低而升高，反之，会随关税的降低而降低。

3. 关税有效保护的资源配置效应

征收关税后，名义保护率将受保护商品的价格提高至一个新的水平，但是由有效保护率所决定的实际成本可能并不在这一价格水平上。各产业有效保护率的不同造成了各类商品的国内制造成本的差异。国内制造业所得到的有效保护可以用单位外币的国内资源成本表示。这里，单位外币的国内资源成本是指某一商品国产部分以本币表示的国内价格与以外币表示的国际价格之比，即节约或获得单位外币的国内资源价格。

在不同的关税有效保护率下，不同产业所节约或获得的单位外币的国内资源成本有所不同。有效保护率高的产业可以以更高的国内资源成本生产，有效保护率低的产业必须以较低的国内资源成本生产。由于资源在不同产业所获得的报酬不同，有效保护率高的报酬高，国内生产和资源将由保护率低的产业向保护率高的产业转移，由未受保护的产业向受保护的产业转移，这就是关税的资源配置效应。

关税的生产效应是与其资源配置效应相联系的。不考虑贸易品与非贸易品之间的替代时，如果存在四种贸易品 A、B、C、D，其有效保护率由低至高排列，资源将由 A 转到 B，由 B 转到 C 再转到 D。A 的产量会减少，D 的产量将增加。由于没有具体的生产替代弹性，B、C 的产量是否会增加还无法判断。

利用关税的有效保护理论，借助关税的资源配置效应，可以通过市场机制调整产业结构，促进产业技术进步，实现资源配置的合理化。利用关税结构的变化，提高某个产业的有效保护率将提高该产业在生产过程中的增值，根据关税的资源配置效应，这意味着生产要素在该产业会获得更高的报酬，包括可以获得更高的利润，项目的预期利润率将会提高。因此，引导企业向该产业投资同时也将吸引其他生产要素向该产业流动。在关税结构、有效保护率的变动下，投资增量和资产存量在产业之间、产业内部发生迁移。产业结构将趋向于向有效保护率高的产业倾斜。

第三节　梅茨勒之谜与勒纳对称原理

一、梅茨勒之谜

梅茨勒之谜又称梅茨勒悖论，是指一国在征收关税后，本国消费者用每单位出口商品换取的进口商品比在自由贸易条件下还要多。换句话说，进口商品的价格在一国征收关税时要比自由贸易条件下低，即关税反而使进口商品的国内价格下降。

如图 12-8 所示，假定自由贸易条件下的均衡点为 E_0，贸易条件线为 OT，$OT=X_0/Y_0$，B 国在商品 Y 的生产上具有比较优势，出口 Y_0 单位的商品 Y，进口 X_0 单位的商品 X。A 国正好相反，在商品 X 的生产上具有比较优势，出口 X_0 单位的商品 X，进口 Y_0 单位的商品 Y。

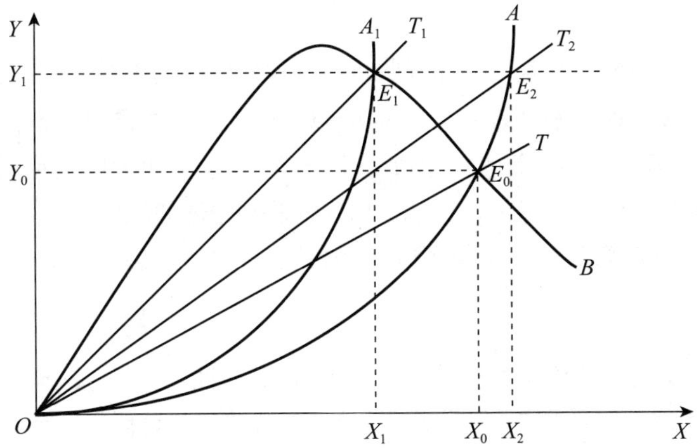

图 12-8 梅茨勒之谜的图解

当 A 国对商品 Y 征收进口关税时，A 国的提供曲线向左移至 OA_1，新的均衡点为 E_1。A 国出口 X_1 单位的商品 X，进口 Y_1 单位的商品 Y，实现以较少的商品 X 换取较多的商品 Y，这时 B 国的提供曲线在自由贸易均衡点 E_0 左边某一段弹性较小，A 国的贸易条件得到较大的改善，新的贸易条件为 $OT_1=X_1/Y_1$。在这种价格条件下，征收关税后，A 国消费者用每单位出口商品换取的进口商品，就比自由贸易条件下要多。这就形成了梅茨勒之谜。

如果进口商品在国内市场上的价格由于征收关税反而下降了，那么征收关税对收入分配的影响就与施托尔珀-萨缪尔森定理的方向相反，或者说与自由贸易时的影响相一致。由于进口商品相对价格下降，出口商品相对价格上升，生产出口商品更加有利可图，资源就会从进口竞争产业转移到出口产业，出口部门密集使用的要素的报酬会提高，收入分配就会有利于该国较丰裕的要素。这与自由贸易的结论类似，而与征收关税的影响结果相反。这里出现了征收关税与自由贸易相同的进出口价格变化趋势。这一相当出乎意料的结果首先由美国芝加哥大学经济学家梅茨勒（L. A. Metzler）研究得到，故称梅茨勒之谜。①

对此，我们可以根据提供曲线的变动做进一步的说明。如图 12-8 所示，若外国的提供曲线（OB）在经过某一临界点之后往回弯曲，是由于随着专业化程度的提高，生产具有比较优势的商品的机会成本越来越高，从而使比较优势转化为比较劣势。如果在比较优势转化为比较劣势之后专业化程度仍在提高，在自由贸易条件下就会使得本国向外

① Metzler L A. Tariffs, the Terms of Trade and the Distribution of National Income. *Journal of Political Economy*, 1949: 1-29.

国提供更多的商品 X（$X_1 \rightarrow X_0$），而外国却向本国提供更少的商品 Y（$Y_1 \rightarrow Y_0$）。如果对商品 Y 的进口征收关税（本国提供曲线从 OA 变为 OA_1），商品 Y 的进口价格只会降低，并且使商品 Y 在国内市场上的含税价格降到低于征税前的自由贸易价格。

梅茨勒之谜亦可用数学进行推导与证明。令进口关税税率公式为

$$t=\frac{P_t-P_w}{P_w} \text{ 或 } P_t=P_w(1+t) \tag{12-11}$$

其中，t 是进口关税税率，P_t 是某商品征收进口关税后的国内价格，P_w 是自由贸易时的世界价格。从前述最优关税税率公式 $t^*=1/(e_D-1)$ 可知，当本国对进口商品的需求缺乏弹性即 $0<e_D<1$ 时，则 $t^*<0$（负值），因此，$P_t<P_w$。这说明大国征税后，进口商品的国内价格不但没有升高，反而下降了，这就是出现梅茨勒之谜的原因。

梅茨勒认为，进口商品相对价格下降的条件是

$$\varepsilon<1-k \tag{12-12}$$

其中，ε 是外国对本国（征税国家）出口商品的需求弹性，$1-k$ 是本国出口商品的边际消费倾向。这一条件说明，如果外国对本国出口商品的需求弹性大于本国出口商品的边际消费倾向，征收关税后进口商品的国内价格就会上升；如果本国出口商品的边际消费倾向大于外国对本国出口商品的需求弹性，征收关税后进口商品的国内价格就会下降。在现实世界中，一个国家出口商品的边际消费倾向不会大于 1，因此，如果外国对本国出口商品的需求弹性大于 1，传统的结论总能成立。

理解梅茨勒之谜并不困难。一个国家对出口商品的消费倾向越高，其关税收入中用于出口商品的开支也就越大。这样对进口商品征税就产生了对出口商品的新的需求来源。如果外国对该国出口商品的需求弹性很小，这就意味着尽管出口商品的相对价格提高，外国的需求也不会大幅减少。在这种情况下，关税就创造了一种对出口商品的额外需求，它使出口商品的国内价格提高了，而使进口商品的国内价格下降了。

二、勒纳对称原理

所谓勒纳对称原理，是指以从价税计征的同样税率的进口关税和出口关税具有同样的效应。核心思想是它们对可进口商品的相对价格和贸易条件会产生相同的影响。

假定 P_X^A、P_Y^A 分别为商品 X 和商品 Y 的国内价格，而 P_X^W、P_Y^W 分别为商品 X 和商品 Y 的国际价格，并假定本国进口商品 Y，出口商品 X，并对商品 X 的出口征收税率为 t 的关税，因此，进口商品 Y 的国内价格 P_Y^A 仍旧和国际价格 P_Y^W 相同，但出口商品 X 的国内价格 P_X^A 低于国际价格 P_X^W，相关关系为

$$P_X^A=\frac{P_X^W}{1+t} \tag{12-13}$$

$$P_Y^A=P_Y^W \tag{12-14}$$

商品 X 和商品 Y 的国内价格之比就是

$$\frac{P_X^A}{P_Y^A}=\frac{P_X^W}{P_Y^W(1+t)} \tag{12-15}$$

若对进口商品 Y 征收税率为 t 的关税，出口商品 X 的国内价格 P_X^A 仍旧和国际价格 P_X^W 相同，则

$$P_Y^A=P_Y^W(1+t) \tag{12-16}$$

$$P_X^A=P_X^W \tag{12-17}$$

同样得到商品 X 和商品 Y 的国内价格之比是

$$\frac{P_X^A}{P_Y^A}=\frac{P_X^W}{P_Y^W(1+t)} \tag{12-18}$$

这表明对商品 Y 的进口征收税率为 t 的关税与对商品 X 的出口征收税率为 t 的关税所得到的结果是一样的，也就是说，无论进口关税还是出口关税都会提高进口商品的国内价格。如果一国是个大国，那么进、出口关税会降低进口商品的国际价格，同时会提高出口商品在世界市场上的相对价格，两者都会造成贸易量的下降。进一步来说，只要进、出口关税的用途相同，两种政策的效应就必然一样。这种进口关税和出口关税的对称性对最优进口关税和最优出口关税也成立。

在进口补贴和出口补贴之间也有同样的对称性。进口补贴和出口补贴都会使国内市场上进口商品的相对价格降低，并且都会增加贸易量。如果一国是个大国，两者又都会提高进口商品在世界市场上的相对价格。不过要注意，补贴必然会降低福利，即使对大国来说也是如此。

第四节　非关税壁垒的经济效应分析

一、进口配额

1. 小国进口配额的福利效应

（1）小国进口配额的福利效应分析。

如图 12-9（a）所示，在自由贸易条件下，世界价格是 P^*，因为本国是小国，这一价格水平也是自由贸易条件下的国内价格。国内的需求量为 Q_2，供给量为 Q_1，此时进口量为 Q_1Q_2。

实施配额 t（Q_3Q_4）限制进口，导致国内需求量的减少和供给量的增加。由于实施配额，国内价格上升，导致需求量减少至 Q_4，供给量增加到 Q_3，进口量下降到 Q_3Q_4，这使得福利发生变化，生产者剩余增加 a，消费者剩余损失 $a+b+c+d$，配额租金增加 c。实施配额后的福利总损失为 $b+d$。

在图 12-9（b）中，S_e、D_e 分别表示世界供给曲线与世界需求曲线，或国内剩余供给曲线和国内需求曲线，S'_e 是本国实施配额后的剩余供给曲线，OM_0（Q_1Q_2）和

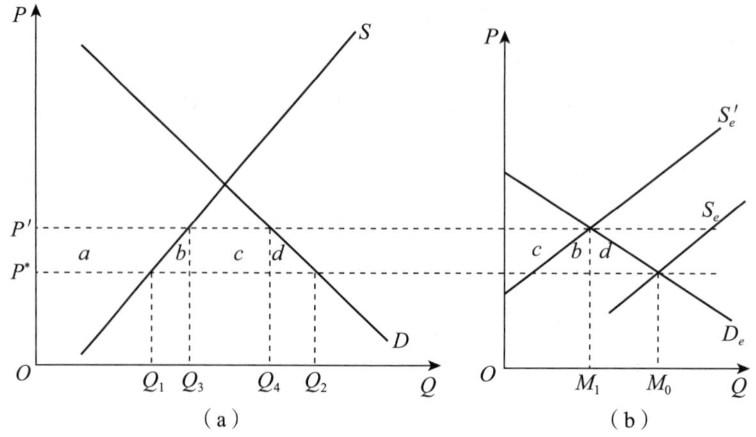

图 12－9　小国进口配额的福利效应

OM_1（Q_3Q_4）分别是本国实施配额前后的进口量。由于本国实施配额，国内剩余供给曲线向上移动，导致国内价格上升。同样，实施配额后本国的净福利损失为 $b+d$。

小国进口配额的经济效应具体可分解如下：

1）贸易效应。进口量由 OM_0（Q_1Q_2）下降至 OM_1（Q_3Q_4）。

2）价格效应。国内价格由自由贸易条件下的 P^* 上升至 P'，这导致消费量减少至 OQ_4，消费者剩余减少 $a+b+c+d$。

3）生产效应。国内产量增加，由自由贸易条件下的 OQ_1 增加至 OQ_3，生产者剩余增加 a，从而带来规模效应，降低了本国的生产成本，保护了本国的产业，创造了更多的就业机会。

4）社会福利效应。小国实施进口配额，导致社会福利的净损失。由于消费者剩余损失为 $a+b+c+d$，生产者剩余增加 a，如果配额是通过招标或拍卖方式进行分配，政府可获得配额收益 c，则社会福利的净损失为 $b+d$。

（2）小国进口配额分配方式对福利分配的影响。

配额分配方式不同，福利的分配结构和比例会有所不同。

1）公开拍卖。如果该国公开拍卖配额，国内价格将在竞争性拍卖中上升至 P'，最后，数量为 Q_3Q_4 的配额以每单位 $P'-P^*$ 的价格出售，c 是该国拍卖配额的收入，并归该国政府所有。这时小国实施配额与每单位征收 $P'-P^*$ 的关税完全相同。如果由于某些原因导致拍卖价格低于 $P'-P^*$，那么将有部分配额收益归进口商所有。

2）先入为主。如果该国对商品的进口不做任何区分，一律采用有配额就允许进口，一旦达到相应额度就禁止进口，且配额的发放采取先申请先无偿发放的原则，那么 c 归进口商所有。因为进口商可以在世界市场上以 P^* 的价格买入该商品，然后按 P' 的价格在国内市场上出售，这样，c 就成了进口商的额外利润。由于额外利润的取得与否取决于能否先进口，所以在这种分配方式下，进口商必然将争先恐后地进口，进口配额将在短期内耗尽。这种方式不仅扰乱了正常的进口秩序，而且损害了该国的收入分配政策，因为进口商的利润不是来自竞争，而是来自先进口。

3）固定参数。配额的分配可以参照进口商在该国实施配额前一段时间内的进口量按比例分配，或者按照进口商所拥有的资产多少来分配，或者由中央政府分配给下一级政府，再由后者分配。但是不管参数如何确定，都不可能达到最优化，而且固定参数会使得到配额的进口商得到固定的优惠，而这种优惠实际上是政府给予的补贴，补贴数额等于 $P'-P^*$ 与分配到的配额数量的乘积。

4）私下拍卖。实施配额的国家往往对配额的申请规定繁杂的手续，申请的批准权则完全掌握在一些官员手中，审批缺乏透明度。在这种情况下，进口商需要花费大量的人力和财力完成申请手续。一种简单易行的办法是贿赂分配配额的官员，这样，政府官员将配额分配给行贿最多的进口商，这就形成实际上的拍卖。此时，c 由官员和进口商共同瓜分。

在以上四种方式中，第一种方式的福利效应与征收关税相似，其他方式的福利效应则不如征收关税。

2. 大国进口配额的福利效应

如图 12－10 所示，假定本国（大国）实施配额 t（Q_3Q_4）限制进口。P^* 是自由贸易时的价格，P'是本国实施配额后的国内价格。与小国不同的是，本国实施进口配额会使世界价格下降，P 是外国在本国实施配额后面临的价格，它既是外国的出口价格，也是本国的进口价格。实施配额后，国内价格上升为 $P'=P^*+t$。假定国内价格的增长量等于实施的配额总量，这又导致国内需求量的减少和供给量的增加。此外，由于本国是大国，本国进口的下降必然影响外国的出口，客观上要求外国削减出口，同时导致外国产品的价格下跌。

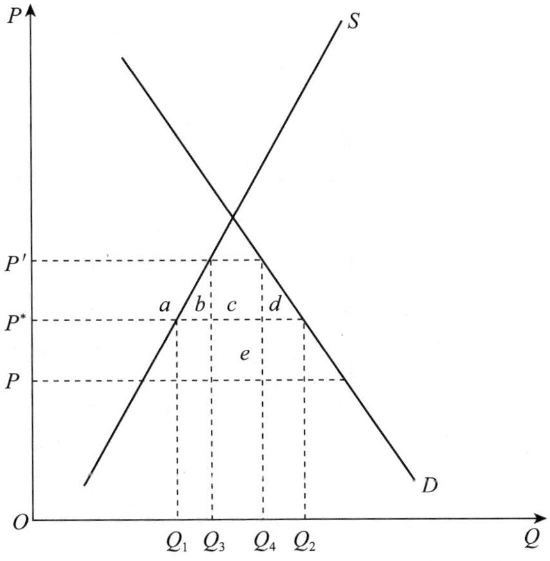

图 12－10　大国进口配额的福利效应

本国实施进口配额后，生产者剩余增加 a，消费者剩余损失 $a+b+c+d$，政府因为实施配额增加租金收入 $c+e$，其中 e 为压低世界价格从而改善贸易条件所获得的利益。本国的配额净效应为 $e-(b+d)$。如果 $e>b+d$，存在净福利收益，如果 $e<b+d$，福利会因实施配额而减少。

3. 进口配额与等额关税的比较分析

进口配额与等额关税的效应比较分析如图 12－11 所示。

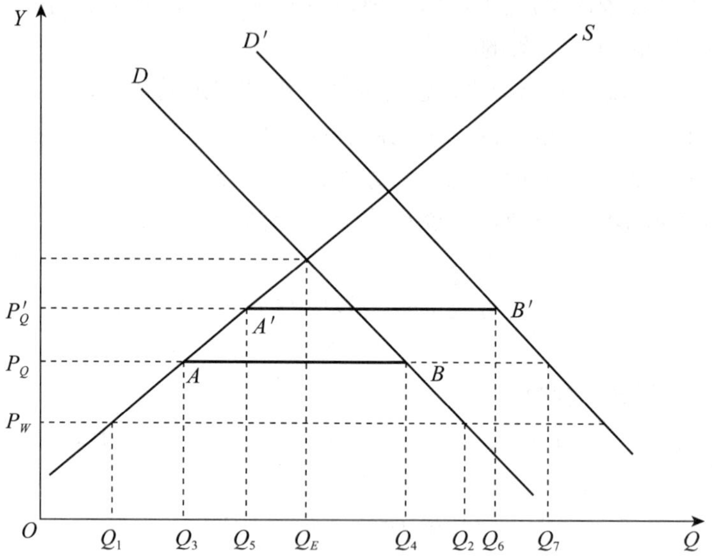

图 12－11　进口配额的效应

在图 12－11 中，Q_1Q_2 为自由贸易条件下世界价格为 P_W 时的进口量，为了限制进口，该国设置了 Q_3Q_4（AB）单位的进口配额，而 P_Q 为设置配额后的国内价格，这与设置P_WP_Q 的进口关税是等效的，在此种情况下，国内需求因价格上升而降为 Q_4。如果国内需求增加，形成了新的需求曲线 D'，国内供给曲线不变，在此基础上，可以看出进口配额与等效关税之间的差异。

（1）在进口配额条件下，当国内需求上升，国内价格上升（P'_Q），进口量不变：$Q_3Q_4=Q_5Q_6$（$AB=A'B'$），对国内市场保护有力，国内生产增加，是市场机制的替代；但在征收与配额等额的关税时，当国内需求上升，国内生产不变，国内价格不变，消费量和进口量增加，即由 Q_3Q_4增加到 Q_3Q_7，是市场机制作用的结果。

（2）关税使政府得到相当于关税数额的收入，财政收入增加；而配额会给政府带来更多控制贸易的权力，配额可以拍卖或无偿分配。如果进口配额采取拍卖的方式分配，收益归政府财政，这与等额关税的效果是一样的。如果是无偿分配配额，则使收益在进口商之间分配（相当于财政补贴），是腐败产生的根源之一，从而会导致大量寻租现象的出现。

（3）在关税下对一国市场的保护取决于供求曲线的状况，弹性大对国内市场的保护程度就高，但供求曲线的状况难以确定，因此，关税的保护程度是模糊的；由于能够进口的数量是明确的，所以配额的保护程度是确定的。

（4）关税可以规避，是相对的；配额难以规避，是绝对的。

以上配额的特点，亦是进口许可证所具有的特点，而且进口许可证的福利效应分析与进口配额完全类似，在此不再赘述。正是由于配额以及进口许可证所具有的非市场机制特点，所以 WTO 坚决要把配额、进口许可证等数量限制措施取消。

二、自愿出口限制

自愿出口限制又称自愿出口配额，或有秩序的销售安排（orderly marketing agreement，OMA），是指出口国在进口国的要求或压力下，“自愿”规定某一时期内在某些商品上对进口国的出口限制，在规定的配额内自行控制出口，超过配额即被禁止进口。这种做法通常是事先两个国家政府之间通过谈判，达成出口国限制向进口国的出口供给的协议，在某些情况下，自愿出口限制协议的达成也可能不通过政府间谈判。自愿出口限制对进口国的影响与进口配额非常相似。在贸易效应、价格效应、政府支出效应方面，自愿出口限制与进口配额完全一样。但在租金收入 c 的归属方面则有所不同，此时这部分租金属于出口方，并根据分配方式的不同归属不同的群体。

如图 12－12 所示，在自由贸易条件下，世界价格为 P'，此时，该国生产在 B 点，产量为 OJ，消费在 A 点，消费量为 OH，国内价格也为 P'，出口量为 HJ。假定此时出口国迫于进口国的压力“自动”确定了数量为 KL 的出口限制，那么国内的市场状况将发生变化。此时国内生产移到 N 点，产量为 OL，消费移到 M 点，消费量为 OK，国内价格为 P''，出口量为 KL。

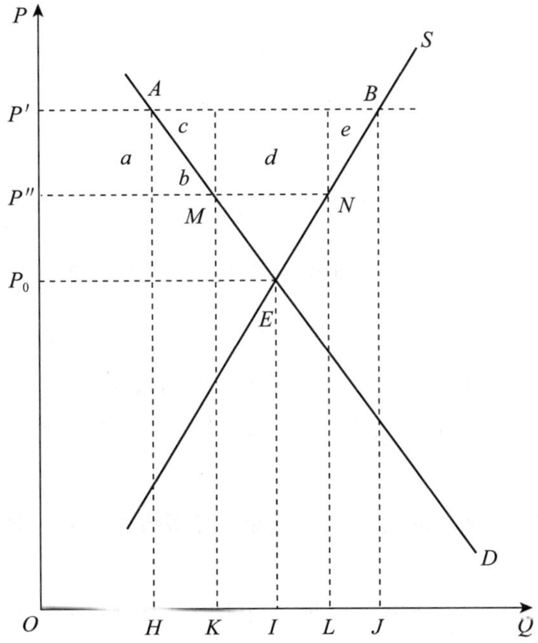

图 12－12　自愿出口限制的经济效应

自动出口限制的经济效应可以分解如下：

（1）贸易效应。出口量由自由贸易条件下的 HJ 降至 KL。

（2）价格效应。国内价格由 P'降至 P''。

（3）生产效应。国内产量由 OJ 降至 OL，减少了就业机会。

（4）消费效应。消费量由 OH 增至 OK。

（5）社会福利效应。由于国内价格下降，生产下降，消费增加。此时，生产者剩余损失 $a+b+c+d+e$，消费者剩余增加 $a+b$，社会福利净损失 $c+d+e$。

下面我们用一个简单的两国模型来进一步说明自愿出口限制对进口国和出口国的经济效应。假定只有一个进口国和一个出口国，且两国均为大国。在这个简单的两国模型中，我们分别对进口国和出口国加以分析。

1. 进口国

图 12－13 描绘了进口国的一个商品市场。这个进口国的供给曲线是 S_m，需求曲线是 D_m，出口国的剩余供给曲线是 S_x。在自由贸易条件下，世界价格为 P_0，消费量为 OQ_0，而且这个消费量可以分为两个部分：由国内生产的 OQ_1 和由国外进口的 Q_1Q_0。假设实施的自愿出口限制把进口量限制在一定范围内，如 Q_2Q_3，于是这种商品在国内变得稀缺，国内价格从 P_0 上升到 P_1。在出口国中，由于对生产的削减形成剩余的生产能力，留下来的生产者愿意以较低的价格提供商品，即供给价格降到 P_2。

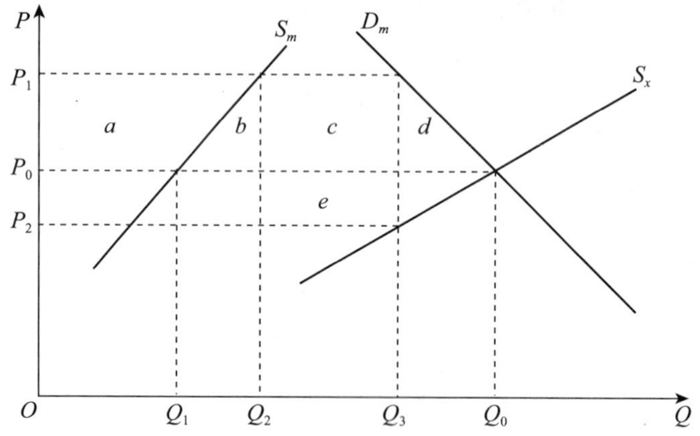

图 12－13 自愿出口限制对进口国的影响

从图 12－13 中我们可以得出自愿出口限制对进口国产生的效应：

（1）贸易效应。进口量由自由贸易下的 Q_1Q_0 降到 Q_2Q_3。

（2）生产效应。国内产量由 OQ_1 上升到 OQ_2，生产者剩余增加了 a，同时价格由 P_0 上升到 P_1。

（3）消费效应。消费者承受价格提高的后果，消费量由 OQ_0 降到 OQ_3，消费者剩余下降了 $a+b+c+d$。

（4）社会福利效应。由于消费者剩余损失 $a+b+c+d$，而生产者剩余只增加 a，所以社会福利净损失 $b+c+d$。

这些影响与我们从征收进口关税或实施进口配额中所观察到的结果一样。一个明显的区别在于，到底是谁获得了较高的国内价格与可能存在的较低供给价格之间的差额（c）。在征收关税的情况下，这个差额以关税收入的形式归进口国政府，在实行进口配额的条件下，可能归进口许可证持有者。然而，在实施自愿出口限制的条件下，可能发生的情况又是什么呢？对于出口国进行自愿出口限制的情况而言，出口的权利在出口国的生产者手中，这些生产者就被授予了一定的垄断力量。我们经常可以看到出口商之间建立起来的卡特尔组织或成立一个官方组织如销售委员会，这样，这部分租金收入就被转移到了出口国。

2. 出口国

出口国能否从自愿出口限制中获得好处呢？下面我们用图 12 - 14 来加以说明。图 12 - 14 描绘的是一个出口国市场。相互竞争的生产者面对着出口剩余供给曲线 ES_x 和出口需求曲线 ED_m。在自由贸易条件下，世界价格是 P_0，出口国的剩余供给量是 OR（等于图 12 - 13 中的 Q_1Q_0）。现在假定实施自愿出口限制，把出口量限制在 OQ_4（等于图 12 - 13 中的 Q_2Q_3），于是形成新的出口剩余供给曲线 ES'_x，即沿着原来的曲线上升到 A 点，然后变得垂直，进口国的国内价格提高到 P_1，供给价格下降到 P_2，单位价格差为 P_2P_1，租金收入用 $a+b$ 表示。既然自愿出口限制是由出口国实施的，由此产生的租金收入一般会在出口国内部积聚起来。

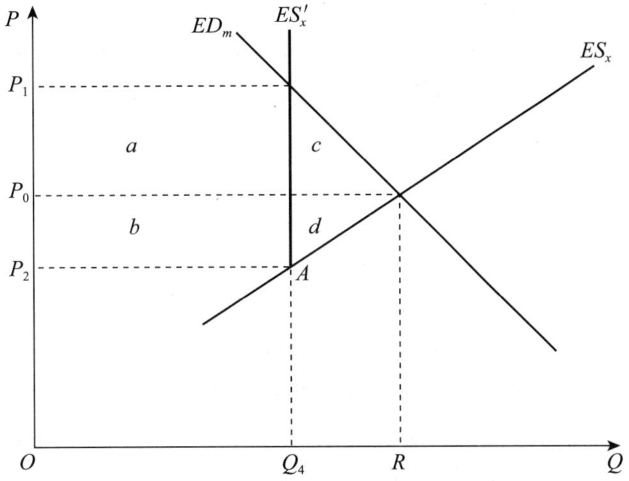

图 12 - 14　自愿出口限制对出口国的影响

从图 12 - 14 中我们可以看出，自愿出口限制对出口国产生的效应如下：

（1）贸易效应。出口量由 OR 下降到 OQ_4。

（2）价格效应。国内价格由 P_0 下降到 P_2，这是该产品出口受阻产生的效应。

（3）消费效应。消费者剩余因国内价格下降而增加，但由于 ED_m 并不是出口国的需求曲线，所以增加多少无法在图中表示出来。

（4）社会福利效应。生产者剩余减少 $b+d$，租金收入为 $a+b$，所以，当不考虑消费者剩余增加时，如果 $a>d$，出口国就会从自愿出口限制中获益。

上面的分析暗含着这样一个假定，即对进口国而言，国内生产的产品与所进口的产品在消费上是可完全相互替代的。显然，这种假定并不总是符合实际，即便如此，这也不影响我们分析问题的实质。比如，美国轿车和日本轿车并不可以完全相互替代，但是，日本轿车对美国的自愿出口限制仍然引起了不完全替代品的价格上升，这样也就间接地保护了美国的汽车生产。

3. 自愿出口限制与进口关税或配额的比较分析

出口国实行自愿出口限制与进口国征收进口关税或实行进口配额有许多差异，主要表现在如下一些方面：

（1）自愿出口限制限制的是供给，进口关税或配额则是限制需求，因此它们对市场供求状况和价格的影响不同，对进出口国会产生不同的经济效果。

（2）自愿出口限制的对象是选择性的，一般只针对主要的出口国，而进口关税或配额通常适用于所有的出口国（国别配额例外）。

（3）贸易条件效应不同。进口关税或配额使贸易条件有利于进口国，实行自愿出口限制时，贸易条件将变得有利于出口国。

（4）出口国自愿限制出口，可以避免进口国单方面限制进口导致的贸易摩擦。

（5）进口限制政策的出台往往需要经过一定的法律程序，实施起来比较复杂、费时，自愿出口限制则可由进出口国双方达成协议实施，程序简单快捷。

（6）出口国对进口国实施的进口限制缺乏干预能力，实施自愿出口限制则可与进口国协商，争取较宽松的限制或配额。

（7）自愿出口限制可以避免违反 GATT 或 WTO 关于不得采用歧视性措施和数量限制的基本原则，所以自愿出口限制就成为一种对出口国而言具有吸引力的选择。

三、出口补贴

1. 竞争条件下小国出口补贴的效应分析

如图 12－15 所示，图 12－15（a）为本国（小国）的供求状况，图 12－15（b）为出口国的剩余供给状况，X 和 X'为本国的出口供给曲线。在无补贴的情况下，本国的国内价格为 P^*，在自由贸易条件下，本国的国内价格 P^* 等于世界价格。在此价格水平上，本国生产者的供给为 S_0，本国消费者的需求为 D_0，此时 D_0S_0 就是可供出口的部分，这体现为图 12－15（b）中的本国出口供给曲线与一条水平状外国进口需求曲线的交点决定的均衡出口量 X_0。

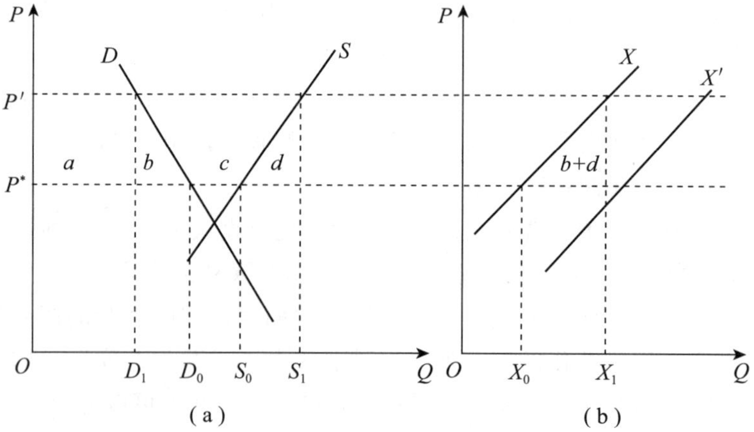

图 12－15　竞争条件下小国出口补贴的效应分析

假定现在本国的生产者得到每单位出口量为 $k=P'-P^*$ 的补贴，利用这些补贴，生产者在价格水平 P'上的供给量为 S_1，消费者的需求量为 D_1，此时 D_1S_1 为可供出口的部分。由于 $S_1>S_0$，$D_0>D_1$，因此 $S_1-D_1>S_0-D_0$（即 $D_1S_1>D_0S_0$），这表明国内产量增加，国内需求下降，出口量增加，由 X_0 增加到 X_1，相应地，由于获得补贴，本国出口供给曲线向下平移至 X'。在社会福利方面，本国实施补贴政策后，生产者剩余增加 $a+b+c$，消费者剩余减少 $a+b$，而补贴成本为 $b+c+d$，净福利损失为 $b+d$。

2. 竞争条件下大国出口补贴的效应分析

如图 12－16 所示，在自由贸易条件下，P_w 是世界价格。在此价格水平上，本国（大国）生产者的供给为 S_0，本国消费者的需求为 D_0，D_0S_0 就是可供出口的部分。

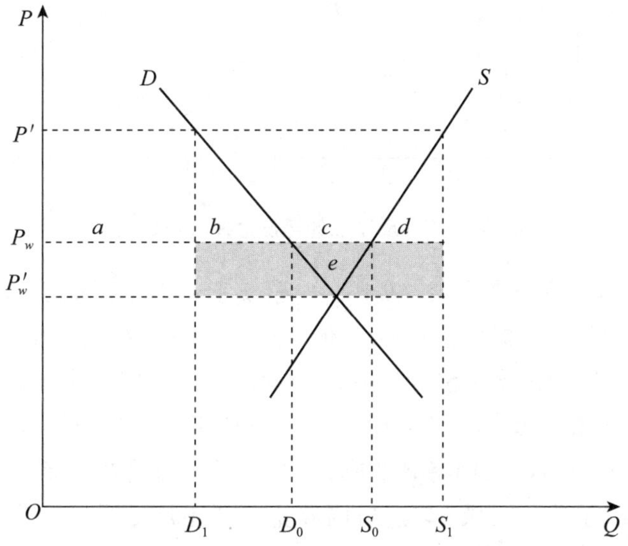

图 12－16　竞争条件下大国出口补贴的效应分析

假定现在本国的生产者得到每单位出口量为 $k=P'-P_w$ 的补贴，利用这些补贴，生产者可以从生产出口商品中获得收益。因此，生产者不愿意在国内市场上出售价格低于此水平的产品，这使国内价格也必须上升至 P'。在此价格水平上，国内需求下降到 D_1，供给提升到 S_1，出口量也上升到 D_1S_1。由于本国是大国，这会压低世界价格，导致出口价格由 P_w 下降至 P'_w，出口补贴使大国的贸易条件恶化，除了 $b+d$ 的损失外，还会导致额外的福利损失 $e=P'_wP_w\times D_1S_1$。

四、反倾销

反倾销可以产生多种效应，具体包括对社会福利的影响，对以倾销产品作为原料或中间产品的工业的影响，以及对产业结构的影响等。反倾销的经济效应分析如图 12－17 所示。

在图 12－17 中，在实施反倾销前，进口国进口量为 Q_0，价格为 P_0；若该国对每单位进口商品征收反倾销税 T，即每单位进口商品成本增加 T，边际成本曲线 MC 向上平移，在新的边际成本 $MC+T$ 等于边际收益 MR 的条件下，进口量减少至 Q_1，价格上涨到 P_1，市场均衡点由 E 移到了 E_1。进口国政府显然获益，获得了 $T\times Q_1$ 的税收收入（c），但消

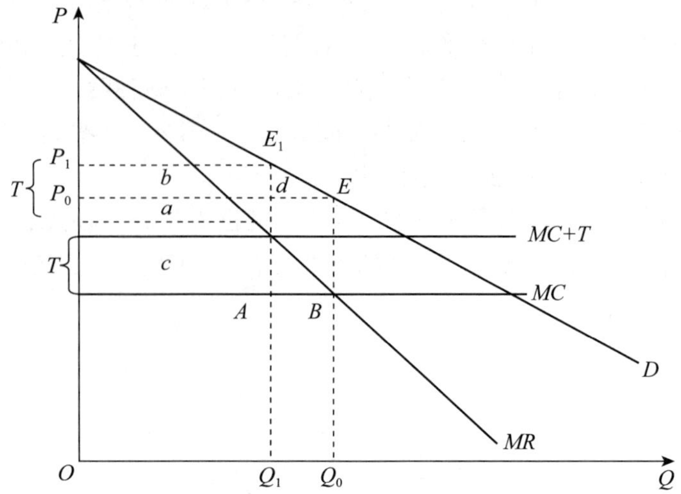

图 12－17　反倾销的经济效应（进口国）

费者则净损失了一部分消费者剩余（$b+d$）。事实上，由于课征反倾销税，虽然进口国价格提高，国内消费者剩余减少了 $b+d$，但对进口国整体来说，可能没有损失，只是利益的重新分配，因为国内价格上涨导致的消费者损失对应国内生产者的收益（未在图中标示）。何况政府通过征收反倾销税获得了 $a+b$（等于 c）的税收（将政府税收收入的部分平移到 P_1 下方的位置），我们将 c 变成 $a+b$ 以后，与消费者剩余损失（$b+d$）进行比较就容易多了，除了公共区域 b，进口国究竟获利还是受损，只需要比较 a 与 d 就行了。如果 $a<d$，进口国有净损失，反之，则有净收益（这还没有考虑生产者剩余的增加部分），所以进口国征收反倾销税一般是有利的。

但从整个世界范围来看，像所有其他贸易保护手段一样，征收反倾销税会导致福利净损失。对于这一点，我们只要把出口国的损失包括进来就不难看出。对于出口国来说，虽然由于价格提高得到了额外的收入 b，但支付的反倾销税是一个损失，正好等于 c。从前面的分析中我们知道 $c=b+a$，所以仍然有损失 a。另外，出口国由于出口减少而损失了（P_0-MC）$\times Q_1Q_0$，其总损失大大超过了进口国可能的净收益。如果我们把进出口两国的所有利益变动综合起来，整个世界的利益会由于征收反倾销税而受到损害，损失的总额等于梯形 $ABEE_1$ 的面积。

总之，反倾销往往是一种损人利己的手段，并且会使世界整体利益遭受净损失。

1. 反倾销对出口贸易的影响

当一国对一项商品实施反倾销时，出口国对进口国市场的该商品的供给量会减少，而进口国生产相似商品的工业可进一步恢复或增加生产从而扩大产量。这样就打破了原有的竞争秩序，而原先的竞争秩序很可能是国际分工的结果。出口国生产的是相对于进口国有比较优势的商品，并且使用的是本国丰富的生产要素，因此在实施反倾销后，进口国相应增加了较稀缺生产要素的供给，这会使得市场均衡发生变动。当一国增加较稀缺生产要素时，贸易条件会得到改善，贸易量会下降，而最终福利水平是不确定的，要视贸易量下降和贸易条件改善程度的情况而定。

2. 反倾销对以倾销产品作为原料或中间产品的工业的影响

进口国对出口国某一出口产品征收反倾销税，实质上损害了进口国消费者的利益，因为他们要支付更高的价格来购买征税产品，而只有该产品或类似产品的生产者得到了保护。反倾销直接打击了进口国以进口产品为主要投入品的出口商。这在很大程度上增加了进口国出口的直接成本和隐含成本，会阻碍进口国贸易的发展。

3. 反倾销对产业结构的影响

反倾销由于对传统产业的广泛保护，对产业结构升级造成了一定的阻碍。一方面，传统产业形成了很强的依赖性，发展动力不足，影响了生产的革新和产品质量的提高，也影响了传统产业的改进。另一方面，政府部门不能集中力量发展高技术产业，对传统产业的保护所造成的恶化的国际贸易环境也制约了高技术的发展。因此，反倾销不仅会阻碍自由贸易的发展，而且不利于进口国利用先进技术，不利于进口国实施科学管理。

专栏 12-1

中国面对反倾销

自 1978 年改革开放以来，中国的对外贸易迅速发展。1978 年，中国出口总额为 97.5 亿美元。到 2001 年底，中国出口总额达 2 661.6 亿美元，增长了将近 26 倍。到 2007 年底，中国出口总额达 12 180 亿美元，占世界出口总额的 9.5%。2021 年中国货物出口总额达到 3.36 万亿美元，占世界的比重达 13.5%。但随着出口的高速增长，中国企业面对的反倾销也日益严重。

外国对中国出口产品的反倾销始于 1979 年 8 月，当时欧洲共同体（简称欧共体，欧盟前身）对从中国进口的糖精钠和机械闹钟提起了反倾销诉讼。当年针对中国的反倾销案只有 2 起，而 2001 年的前 9 个月就有 12 个经济体提出 36 起对中国产品的反倾销案。根据世界贸易组织和中国国家经贸委产业损害调查局公布的资料，截至 2001 年 9 月底，共有 29 个经济体对中国提起 473 起反倾销诉讼。在世界贸易组织的统计中，自 1995 年世界贸易组织成立到 2001 年 6 月 30 日，全世界共有 1 640 起反倾销案，中国反倾销案数量名列榜首，共 229 起，占 14%（见表 12-1）。

表 12-1 对中国出口产品的反倾销案件数量（1979 年 8 月至 2001 年 9 月）

	1979 年 8 月至 1994 年	WTO 成立以来			总计
		1995 年 1 月 1 日至 2001 年 6 月 30 日	2001 年 7 月 1 日至 2001 年 9 月 30 日	合计	
欧盟及其前身	56	35	1	36	92
美国	55	30	2	32	87
印度	4	39	1	40	44
阿根廷	7	32	2	34	41
澳大利亚	23	10	2	12	35
加拿大	20	9	0	9	29
墨西哥	22	6	1	7	29

续表

	1979年8月至1994年	WTO成立以来			总计
		1995年1月1日至2001年6月30日	2001年7月1日至2001年9月30日	合计	
南非	11	15	0	15	26
巴西	8	9	1	10	18
韩国	6	8	0	8	14
秘鲁	0	8	1	9	9
委内瑞拉	1	8	0	8	9
新西兰	3	4	0	4	7
土耳其	0	4	1	5	5
智利	3	1	0	1	4
哥伦比亚	3	1	0	1	4
印度尼西亚	0	3	0	3	3
菲律宾	1	2	0	2	3
埃及	0	0	2	2	2
波兰	0	2	0	2	2
以色列	0	1	0	1	1
尼日利亚	1	0	0	0	1
泰国	0	1	0	1	1
特立尼达和多巴哥	0	1	0	1	1
乌拉圭	1	0	0	0	1
日本*	0	2	0	2	2
俄罗斯*	0	1	0	1	1
乌克兰*	0	1	0	1	1
厄瓜多尔*	0	1	0	1	1
	225	229（+5）	14	243（+5）	468（+5）

资料来源：根据 www. cacs. gov. cn 公布的资料计算而得。1995年1月1日至2001年6月30日的资料来自世界贸易组织秘书处：AD Initiations：Reporting Party vs. Affected Country：01/0195 to 30/06/01（www. wto. org）。还有一些国家（即带*号的国家）的反倾销案在中方有记载但WTO无资料，包括日本（2起）、俄罗斯（1起）、乌克兰（1起）和厄瓜多尔（1起）。

自2005年开始，全球反倾销调查数量和反倾销税实施数量都有明显的下降，但中国在这两方面的数量却仍然在不断上升。2005 年全年，中国出口产品遭受的反倾销调查数量为 57 起，2006 年达到 68 起。2007 年，共有 62 起，虽然较 2006 年有所减少，但所占比重仍然很大。据 WTO 统计，到 2007 年，中国已经连续 12 年成为受反倾销影响最深重的国家。

截至 2007 年底，对中国出口产品的反倾销案达 800 多起，涉及金额超过 200 亿美元。对中国提出反倾销诉讼的主要是发达经济体，其中欧盟最多，共 200 多起，其次为美国（130 多起）。澳大利亚和加拿大也不少，分别达到 80 多起和 70 多起。不少中等收入国家和发展中国家也对中国出口产品进行反倾销调查，其中印度（100 多起）、阿根廷（70 多起）、墨西哥（60 多起）、巴西（50 多起）和南非（40 多起）尤为突出。中国出口产品遭到反倾销调查的多达成百上千种，大到自行车、彩电、摩托车、钢铁、水泥，小到铅笔、曲别针、蜡烛、尿布垫、大蒜等。

这些反倾销诉讼多数会以征收反倾销税结案。美国对中国的反倾销税最高达到过 365%（1994 年的大蒜案），欧盟达到过 83.2%（1994 年的过硫酸盐案）。最厉害的是墨西哥，1993 年墨西哥对中国十大类 4 000 多种产品征收反倾销税，最高为 1 105%。此外，一些反倾销征收的是从量税，如在 1997 年的金属镁一案中，反倾销税是每吨 2 662 欧洲货币单位（ECU）。当然，也有许多案子是以撤诉、中止调查、无税或无损害结案的。

从 2000 年至 2022 年，中国一直是全球遭遇贸易救济调查、反倾销和反补贴调查最多的国家。事实上，中国长期以来均是全球遭遇反倾销调查最多的国家，也是全球遭遇反补贴调查最多的国家。这影响了中国钢铁、铝、光伏、轮胎、家电、化肥等诸多出口产品。

1. 中国遭受反倾销调查的一般性与特殊性

从 1979 年的 2 起反倾销案到 2001 年的平均每月超过 3 起，中国已成为世界上面对反倾销起诉最多的国家。各国对中国的反倾销案为什么增长得那么快又那么普遍？这是一国经济发展中的正常现象还是世界各国对中国的特别歧视？

分析中国面对的反倾销调查，我们必须从两方面入手。首先，从积极的方面看，这说明中国出口产品竞争力的增强。出口产品不仅价格低，而且数量大，已在许多国家形成对当地企业的威胁。这些企业不得不利用反倾销手段来实施保护。一般来说，一些实行出口导向发展战略的经济体都会遇到这个问题。当年的日本就经常被诉倾销。韩国也曾在反倾销案中名列前茅。何况像中国这样的大国，受到倾销指控则在所难免。从这一点来说，中国面对的反倾销调查有普遍性。

其次，中国遭受如此大规模的反倾销调查也有特殊原因。其中最主要的是中国仍处在从原有的计划经济向市场经济转轨的过程中，即中国仍不是一个完全的市场经济国家。

"非市场经济"从两方面使中国企业在国际贸易中处于相对不利的地位。一方面是企业和政府本身的行为。不少出口企业仍未完成体制改革，产权不清，利益不明，经营者为完成出口任务或满足自身利益，在出口竞争中不惜成本竞相杀价，从而造成事实上的倾销。而且，一旦被诉为倾销，这些企业多数不应诉。这里既有缺乏经验的原因，又有产权不清的原因。不应诉的结果是造成外国企业和政府更有积极性和更受利益驱动来对中国提出反倾销调查。从政府角度来说，“非市场经济”表现为政府对市场和企业的干预，包括对价格、市场准入、经营方式等方面的管制。

另一方面是给予外国企业更多的反倾销便利。提起反倾销诉讼的必要条件是提出证据表明出口价格低于本国市场价格。但如果把中国作为“非市场经济”国家，外国企业可以不承认中国国内的市场价格是反映公平价值的正常价格，而采用第三国（替代国）同类产品的价格作为参照价格。毫无疑问，这种第三国的价格一定高于中国国内的市场价格，从而使中国的出口产品都陷入倾销的范围。这样一来，存在倾销的就不是一两家企业，而几乎是一个行业接着一个行业。在这种情况下，中国企业应诉的难度也大大增加。

毫无疑问，外国企业对中国出口产品的反倾销诉讼已成为中国企业与政府不得不认真面对的重要问题。

2. 中国企业应诉反倾销的成功案例

中国企业要想在反倾销诉讼中获胜，关键是要证明存在倾销的三个条件中的任意一个不成立。第一，倾销不存在；第二，进口国的同类产业没有受到损害；第三，进口国同类产业遭受的损害与倾销没有因果关系。如果能证明倾销不存在，整个反倾销案也就不了了之。即使存在倾销，如能证明后两点，反倾销案也可以以无损害裁定结案而不被征收反倾销税。在过去几年中，中国企业对反倾销诉讼开始积极应诉，有几个成功案例值得借鉴。

（1）要求市场经济待遇。

很大一部分中国企业遭受反倾销诉讼是因为外国的同行援用“非市场经济”条款。因此，在中国完全改变“非市场经济”国家地位之前，对于非国有企业和改制后的国有企业来说，争取自己的市场经济地位至关重要。一旦获得市场经济地位，许多反倾销案也就自然不了了之。通过要求市场经济待遇应诉成功的典型案例是欧盟对中国黄磷的反倾销（黄磷案）及对氧化锌的反倾销（氧化锌案）。

欧盟一直将中国视为“非市场经济”国家，但从1998年开始，欧盟允许涉诉中国企业申请市场经济地位。获得市场经济地位的企业必须符合以下五条标准：一是在价格、成本和投入等方面，企业的决定应符合市场的供求关系，不受国家重大干预；二是企业要有一套清楚的财务记录，经过独立的审计，符合国际财务标准，并适用于所有场合；三是企业从非市场机制过渡时，其生产成本和财务状况不能有重大扭曲；四是企业应受制于破产法和财产法，以此确保企业在法律上的确定性和在经营上的稳定性；五是外汇兑换应根据市场规律。

1999年1月，德国顿福斯公司对向欧盟出口黄磷的中国企业提起了反倾销诉讼。由于涉案企业云南马龙化建公司是国有企业，欧盟官员自然采用“非市场经济”标准审理此案。但云南马龙化建公司及时提出市场经济地位的申请，并要求欧盟派人调查。经两次实地调查，欧盟发现：第一，企业虽是国有，但已改制。经营管理者拥有股权，公司30%的股份已经上市，企业经营决策基本不受政府干预。第二，公司在股份制改造过程中没有出现重大的国有资产变相转移和政府补贴现象。第三，原料市场已无政府干预，价格由供求双方自行决定。欧盟官员在调查中也看到了云南马龙化建公司作为上市公司的财务管理非常规范清楚。因此，欧盟最后决定给予云南马龙化建公司市场经济地位，倾销也就不再成立。此案以起诉方撤诉结案。

欧盟对中国氧化锌的反倾销案发生于2000年底。此案涉诉金额为3 000万美元，中国有五家企业参与应诉。中国企业在应诉中阐明了实际生产经营情况，强调了企业自主经营、自负盈亏、企业没有收到政府补贴、市场不受到政府干预等情况，要求获得市场经济地位，以涉诉产品在中国国内市场价格或实际生产成本而非替代国的价格或成本为依据来计算倾销幅度。欧盟委员会在对各企业进行调查后于2001年4月同意给予广西柳州有色冶炼股份有限公司、柳州富鑫化工有限公司与广西贵港格雷蒙化工冶炼有限公司三家中国应诉企业市场经济地位。

(2) 无伤害裁定。

在反倾销案的应诉中，证明出口产品对进口国同类产业没有伤害也是胜诉的重要途径。在过去的一系列案件中，有许多就是以无伤害裁定而结案的。这些案件包括美国的薄荷醇案（1980）、蘑菇罐头案（1982）、碳化钡案（1983）、小口径焊缝管案（1986）、帽子案（1988）、钢丝绳案（1990，2000）、滚珠轴承案（1991）、三氧化锑案（1991）、电扇案（1992）、硫化染料案（1992）、硝基甲烷案（1993）、碳化硅案（1993）、糖精案（1993）、镁案（1994）、一次性打火机案（1994）、硫酸锰案（1994）、柠檬酸与柠檬酸钠案（2000）等。

在欧盟的对华反倾销案中，也有重烧镁案（1982）、锤子案（1985）、金属钨粉案（1988）、仲钨酸铵案（1988）、猪鬃漆刷案（1993）和三氧化锑案（1994）等是以无损害裁定而结案的。在此我们只对美国柠檬酸与柠檬酸钠案做介绍。

中国从1996年开始向美国出口柠檬酸和柠檬酸钠。市场份额由1996年的5.7%迅速增加到1999年的16.2%。由于中国产品价格（每磅0.41美元）远低于美国制造的柠檬酸（每磅1.5美元），美国米德兰公司、嘉古公司和台特里尔柠檬酸公司于1999年12月15日向美国商务部和国际贸易委员会起诉中国倾销柠檬酸和柠檬酸钠，并要求美国政府征收高达355%的反倾销税。美国商务部根据出口价与正常价值的比较，裁定倾销存在，幅度为211.58%～307.79%。

倾销是否对美国国内同类产业造成实质性损害？从表面上看，美国制造的柠檬酸的市场份额有所下降，但这种市场份额的下降是否为中国倾销柠檬酸造成的？调查发现，中美两国生产的柠檬酸和柠檬酸钠在质量上从而在最终用途上有很大的不同。美国的柠檬酸质量很高，主要用于食品和药品，而中国只生产未经提纯的低质包装的柠檬酸，主要用于洗涤剂等工业产品，很少用于饮食业和制药业。即使价格便宜，中国柠檬酸在美国的饮食业中销量也不大。因此，美国同类产品市场份额的下降与中国柠檬酸和柠檬酸钠的价格便宜并不存在因果关系。

调查进一步发现，与美国柠檬酸和柠檬酸钠产生直接竞争的是从澳大利亚和以色列进口的产品。在1996—1998年期间，这些国家的市场份额都有所上升，而从澳大利亚和以色列进口的柠檬酸属于正常的公平贸易。

最后，美国国际贸易委员会又对中国柠檬酸和柠檬酸钠是否对美国的同类产业产生潜在损害或损害威胁进行了调查。调查表明，中国柠檬酸的生产能力很有可能继续增长，但并不说明新增长能力生产出来的产品都会被投放到美国市场。有证据表明，中国企业在国内市场和其他发展中国家出售的柠檬酸年年都在上升，而且向其他市场出口的柠檬酸占出口的大多数。另外，中国产品的质量及在美国饮食业和制药业的接受程度，在较长一段时间内无法与美国产品匹敌。因此，没有令人信服的证据表明中国出口到美国的柠檬酸和柠檬酸钠对美国的同类产业产生了实质性的损害或潜在的损害。美国国际贸易委员会最终对此案做无损害裁定，不征反倾销税。

3. 入世后中国面对的反倾销调查

面对迅速增长的反倾销调查，不少人认为这是外国政府对中国的歧视，也有一些人认为中国加入世界贸易组织后可以减少外国针对中国产品的反倾销调查。其实，反倾销正是世界贸易组织允许各国政府用来保护本国企业的重要手段之一。在全世界实现自由贸易之前，反倾销会一直存在。因此，中国企业避免遭受反倾销调查的最重要途径是要了解和熟悉国际贸易规则，一方面要尽量避免被控倾销，另一方面是一旦被控就要积极应诉，避免被征反倾销税。

在反倾销中对中国企业影响最大的是“非市场经济”地位。在中国加入世界贸易组织后，外国企业和政府仍然可以使用“非市场经济”标准处理针对中国产品的反倾销案。因此，消除反倾销的一个重要途径是加快中国的市场化改革和企业的体制改革。

未来一段时间内，中国经济的快速发展和出口的持续增长可能会引起更多的针对中国产品的反倾销，但随着中国经济体制的深入改革和企业国际商务经验和法律知识的不断积累，反倾销并不会成为中国对外贸易发展的重要障碍。

资料来源：http://chinawto.mofcom.gov.cn/article/dh/janghua/201801/20180102703150.shtml；http://www.drcnet.com.cn/DRCnet.common.web/docview.aspx?docId=1782254&leafId=14140&chnId=&viewMode=content；海闻，林德特，王新奎．国际贸易．上海：上海人民出版社，2003：320.

五、技术壁垒

1. 对进口国贸易条件的影响

如果进口国为大国，技术壁垒将限制外国商品进口，使得该商品在进口国供不应求，导致其国内价格上涨，从而减少其国内需求和进口量。在国际市场上，由于大国对价格的影响力，随着该国进口减少，国际市场又会出现该商品供过于求的局面，从而导致其国际市场价格下跌。因此，大国实施技术壁垒可以改善自身的贸易条件。

如果进口国为小国，由于其进口量只占国际市场很小的份额，实施技术壁垒限制进口虽然减少了商品进口，但并不足以影响该商品的国际市场价格，因此，小国实施技术壁垒不会使自身的贸易条件改善。

2. 对进口国国内经济活动的影响

在图 12-18 中，假定为了调控商品的进口，一国（小国）实施了技术壁垒，使得进口量被限定在了 HI，此时，国内所能得到的最大进口量为 HI，这与实施数量为 HI 的进口配额效应类似，但造成的净福利损失可能比实施进口配额更多。

具体来说，技术壁垒对进口国产生的经济效应可以分解如下：

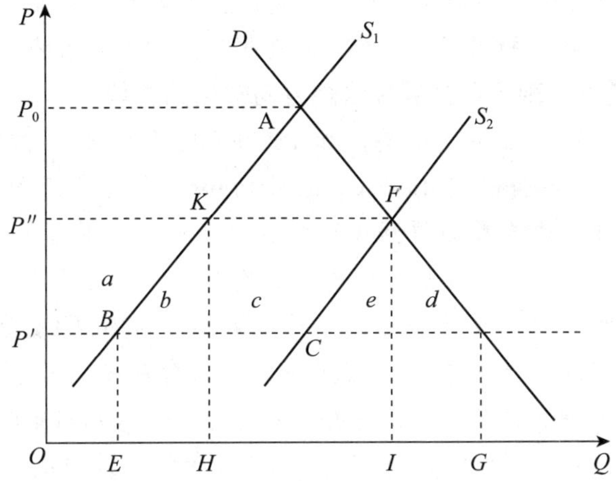

图 12－18　小国技术壁垒的经济效应分析

(1) 贸易效应。技术壁垒对贸易形成障碍，进口量由 EG 下降至 HI。

(2) 消费效应。技术壁垒引起了国内价格的上涨，价格由自由贸易条件下的 P' 上升至 P''，消费者支付的价格升高，消费量减少到 OI，消费者剩余损失为 $a+b+c+d+e$。

(3) 生产效应。技术壁垒引起了国内生产的增加，生产从自由贸易状态下的 OE 增加到 OH，生产者剩余增加 a，这不仅可以获得规模效应，降低本国产品的成本，而且可以保护本国的产业，创造更多的就业机会。

(4) 社会福利效应。技术壁垒引起了社会福利的净损失。由于国内价格上升，消费者剩余损失为 $a+b+c+d+e$，其中由生产增加引起的生产者剩余增加为 a，$b+c+d+e$ 为社会福利净损失。

专栏 12－2

技术性贸易壁垒存在十大趋势

从国际贸易壁垒的发展趋势看，随着传统贸易壁垒逐步走向分化，关税、配额和许可证等传统贸易壁垒逐渐弱化，反倾销等传统贸易壁垒虽然在相当长的时间内仍继续存在，但以技术性贸易壁垒（TBT）为核心的新贸易壁垒将不断发展，并逐渐取代传统贸易壁垒成为国际贸易壁垒中的主体，成为实行贸易保护主义的主要手段和高级形式。因此，国际贸易中技术性贸易壁垒的发展动向值得我们特别关注。

1. 从生产领域和贸易领域向服务贸易和投资领域扩张

TBT 的表现形式十分广泛，既涉及国际或区域性协议和国家法律、法令、规定、要求、指南、准则、程序等强制性措施，也包括社会组织等制定的自愿性规则。TBT 的涵盖范围日趋广泛。从产品形态看，它不仅涉及初级产品，而且牵涉所有的中间产品和制成品。从产品生命周期看，TBT 涵盖了研究、生产、加工、包装、运输、销售和消费以及处置等各个环节。从涉及领域看，TBT 的产生是从生产领域开始的，逐渐扩张至贸易领域；当前已从有形商品扩张到金融、信息等服务以及投资、知识产权等各个领域。从 WTO 成员通报的情况来看，机电产品、石化产品、建材和农产品及食品仍是 TBT 通报的重点；SPS（动植物卫生检疫措施）通报一般涉及农产品与食品。在WTO的谈判中，贸易与环境、贸易便利化、知识产权保护、农业等议题都涉及新的技术性贸易壁垒问题。

2. 一些自愿性措施呈现出向强制性法规方向转化的趋势

在TBT领域，有许多自愿性措施，如ISO9000、ISO14000、各种环境标志认证、HACCP（Hazard Analysis and Critical Control Point，危害分析和关键控制点）认证、有机食品认证等，以生产者自愿为原则决定是否申请认证。但近年来，有些自愿性措施与强制性措施结合并有向强制性法规方向转化的趋势。如美国规定自1997年12月18日起，所有对美国出口水产品的生产企业必须建立并运行HACCP，就此使HACCP从原来的生产企业自发的安全卫生控制行为演变成官方对食品安全卫生管理的强制性要求。欧盟2002年5月12日通过的生态纺织品标签指令（2002/371/EC）规定，到2005年加贴环保标签的纺织品将由19种扩大到30种。2002年德国政府决定启用生态食品标志，以区别于普通食品。类似的例子还有很多。

3. 从针对具体产品向生产经营全过程延伸

最典型的例证是强制推行HACCP体系。HACCP的宗旨是将可能发生的食品安全危害消除在生产过程中，而不是靠事后检验来保证产品的可靠性。以HACCP为基础的食品安全体系，被称为HACCP体系，起源于美国。最初用于保证航天食品的安全卫生。经过40多年的发展，已在美国、加拿大、欧盟等发达经济体广泛应用，现已成为世界上最权威的食品安全质量控制体系之一。建立HACCP体系的目的是消除从农场到餐桌食品生产、加工、储运、销售整个过程中可能出现的食品安全危害，食品加工企业可以通过它确保提供给消费者的食品更加安全。

另一个例子是强制推行PPM（Processing and Product Method，生产过程和加工方法）标准。PPM标准就是通过规定产品加工生产过程所允许采用的技术和标准化规范，对产品的生产过程进行管制。WTO原先有关环境与贸易的条款以及各国的国内法规更多关注的是对最终产品本身制定标准，而不管这种产品是如何被加工、生产制造出来的。而发达国家根据同类产品加工和生产工艺方法不同对生态环境的不同影响，限制或禁止使用不利于环境的方法生产的产品。PPM标准问题的论争意义重大，从环境保护角度来看，有其合理性，但从贸易角度来看，由于发展中国家的经济发展水平低，出口产品的PPM标准远不如发达国家，若滥用PPM标准，将给发展中国家的出口带来灾难性后果。

此外，对劳动密集型工业的生产过程强制推行劳工标准，以及对畜禽产品的生产过程推行动物福利标准也会对发展中国家的经济发展造成严重的负面影响。

4. 影响及扩散效应越来越明显

TBT的影响较之于关税壁垒和一般非关税壁垒更为广泛和深远。许多TBT措施可能直接导致限制甚至禁止进口。另外，TBT具有明显的扩散效应。TBT措施往往产生连锁反应，由一种产品牵涉相关的所有产品，从一国扩展到多国甚至全球。如前面提到的欧盟通过的生态纺织品标签指令，将原来只涉及几种纺织品和服装的环保标签扩大到多种纺织纤维，包含腈纶、棉和天然纤维、弹性纤维、亚麻和其他韧性纤维（包括大麻、黄麻和苴麻）、含脂原毛和其他蛋白纤维、人造纤维素纤维、聚酰胺纤维、聚酯纤维、聚丙烯纤维等，几乎囊括所有纺织品和服装。此外，一国实施TBT措施容易引起其他国家的仿效。2002 年 1 月 30 日，欧盟以中国舟山产冻虾仁氯霉素含量超标为由，通过《关于对产自中国的进口动物产品实行某些保护性措施的决议》，决定暂停进口产自中国的供人或动物消费的动物源产品，禁令由虾仁扩大到 100 多种动物及含有动物成分的产品。欧盟的这一措施很快引起美国、匈牙利、俄罗斯甚至沙特阿拉伯等国的效仿。

5. 随着科技的进步和生活水平的提高呈水涨船高之势

随着科技的进步和技术创新的深入，新的技术标准不断涌现，并被纳入新的技术法规。技术创新使检测设备、手段和方法更加先进，一些国家尤其是 WTO 的发达成员运用 TBT 的水平随之呈水涨船高之势，对进口产品的标准规定越来越细，要求也越来越严格和苛刻。随着对人类生命安全及世界环境问题的关心，发达国家的技术标准和技术法规对这些方面的要求日益提高。如 2000 年欧盟先后发布了 2000/24/EC、2000/42/EC 指令，增加茶叶农残限量 10 项，改变茶叶农残限量 6 项。2001 年 7 月 1 日欧盟实行的新的茶叶农残量检验标准达 118 项，其中限制项目达 40 多种，有些农残限量标准也提高了 100～200 倍。日本厚生劳动省于 2002 年 7 月 1 日决定新设约 200 种农药残留标准。在国内外约 700 种农药中，厚生劳动省对其中的 229 种设定了农药残留标准。2002 年 11 月 8 日日本推出食品卫生法修正案，强化对进口农产品的检查制度，对含有未设定残留标准农药的进口农产品一律停止流通。

6. 技术壁垒与专利壁垒的交叉使用

现在欧盟和美国一方面设立 TBT，要求进口产品达到其设定的技术水平或技术标准；另一方面却对标准水平下的技术申请了专利。这就是技术壁垒与专利壁垒的交叉使用，该方法可以最大限度地保护本国企业的利益，如果别国企业想出口同类产品，就要向对方交纳极高的专利费，不但出口利润大打折扣，甚至本国产品由于成本问题会很难再走出国门。如欧盟通过了《CR 法案》。根据这项法案，出厂价或海关价低于 2 欧元的打火机必须安装防止儿童开启的安全锁（简称 CR 装置），并且须通过欧盟相关认证部门的检验。但是在提出该法案之前，欧盟的打火机企业就开发并申请了相关专利。也就是说，某国企业要想符合欧盟的童锁标准继续出口，要么向对方企业买专利，支付巨额的专利费，这样生产成本会大大提高，失去价格优势，失去市场；要么自行研制，而研制需要很长的时间和巨大的开发费用，也可能会失去欧盟市场。

7. 发达成员仍是实施技术壁垒的主体，发展中成员也越来越重视技术壁垒

由于技术和经济发展水平不同，各国制定和实施的 TBT 差别很大。一般来讲，发达成员居于主导地位，许多国际标准都是发达成员参与制定的。但是发展中成员也越来越重视 TBT 的引进与实施。从 1995—2001 年的 TBT 或 SPS 通报情况看，WTO 成员实施 TBT 呈加速上升的趋势。1995 年 TBT 通报 389 件，1997 年猛增至 846 件，此后每年保持在 600 件左右。SPS 通报量一直保持强劲的增长势头，从 1995 年的 198 件猛增到 2001 年的 772 件。1995—2001 年 TBT 累计通报 4 321 件、SPS 累计通报 2 757 件，两者合计 7 078 件。其中，发达成员通报 TBT 2 429 件，占 TBT 通报总量的 56.21%，而发展中成员通报 TBT 1 892 件，占 TBT 通报总量的 43.79%。自 1999 年以来，发展中成员的 TBT 通报量已经超过发达成员，大有后来居上之势。但是，总体上发达成员仍居于优势地位。这一时期发达成员 SPS 通报量为 1 516 件，占 SPS 通报总量的 54.99%，发展中成员 SPS 通报量为 1 241 件，占 SPS 通报总量的 45.01%。发达成员 SPS 通报量增长速度大大超过发展中成员。发达成员的 TBT 与 SPS 通报量合计 3 945 件，占总量的 55.74%，发展中成员为 3 133 件，占 44.26%。

8. 采用国际标准及合格评定程序的趋势不断加强

TBT 是非关税壁垒的主要形式，具有合理性和隐蔽性的特点，容易被贸易保护主义利用，形成不合理的贸易壁垒。欧共体成员较早认识到了 TBT 对成员间贸易产生的不利影响，于 1969 年制定了《消除商品贸易中技术壁垒的一般性纲领》，首次提出了在国际贸易中限制使用 TBT 的贸易规则。1979 年 GATT 东京回合制定了《技术性贸易壁垒协定》；乌拉圭回合对该协定进行了修改、补充和完善，同时签署了《实施卫生与植物卫生措施协议》（即《SPS 协议》）。为了避免技术性贸易措施成为不合理的贸易壁垒，WTO 制定了《良好行为规范》，建议各成员采取国际技术标准。此外，国际标准化组织、食品法典委员会、世界卫生组织等国际组织的作用越来越大，越来越多的成员参与国际标准的制定，越来越多的国际标准和合格评定程序被各成员采用，而且国际标准日益成为解决争端的重要依据。比如，满足国际标准化组织制定的 ISO9000 质量体系和 ISO14000 环境管理体系已经成为进入国际市场的通行证。

9. 与消费安全有关的技术壁垒日趋严格

随着消费者健康和安全意识的不断增强，有关消费安全的技术标准要求也越来越严格，主要涉及食品、药物、化妆品、电器、玩具以及建材行业。国际贸易中一个极具代表性的案例是 20 世纪 80 年代初期欧盟针对美国含有生长激素的荷尔蒙牛肉案。这种生长激素可能会给人类健康带来一定的影响，但并没有权威的科学证据，然而欧盟还是根据零风险原则（zero-risk policy），禁止这种荷尔蒙牛肉的进口，从而引发旷日持久的争端。

10. 技术壁垒与反倾销、保障措施、关税保护并用

例如，日本为了保证粮食安全，对大米进口进行全方位的限制。首先，实施 400% 的高关税，使进口大米完全丧失价格优势。其次，实施进口配额招标，在招标中存在国别歧视。再次，实施 TBT。20 世纪 90 年代初对进口的大米只实行几项农残检测指标，1994 年为 56 项，1998 年增加到 104 项，到了 2001 年又增加到 114 项，2002 年还提出中国大米包装袋含铅量超标。又如，欧盟针对中国打火机先是提出倾销指控，在中国企业抗辩成功后，又制定儿童安全装置要求即“CR（儿童禁用）法案”等技术标准。

随着科学技术的不断发展，贸易涉及的各种技术问题将更加复杂，同时消费者对商品的质量、卫生和安全要求也越来越严格，对环境保护的要求也不断提高，而高技术含量的测试和检验检疫技术的不断发展，也给一些国家利用 TBT 进行贸易限制甚至贸易歧视提供了更精确的数据。同时，经济全球化带来的日益激烈的国际市场竞争，也使得贸易保护手段花样翻新。所有这些因素都使有关 TBT 问题不断升级，越来越成为影响国际贸易发展的重要因素。

资料来源：全毅．技术性贸易壁垒的十大趋势．经济，2005（12）：28－31.

第五节　对关税壁垒与非关税壁垒的评价

一、贸易保护主义盛行的原因

从第二次世界大战结束到20世纪70年代中期，世界贸易不断自由化，使世界经济实现了空前的增长。在这一黄金时期之后，经济气候开始向相反方向转变：货币危机、石油危机、债务危机、世界性的经济衰退以及高失业率使得要求实行贸易保护主义的呼声激增。日本以及随后的新兴工业化国家在出口方面获得的成功，迫使老牌工业国实行改革。在高失业率的情况下实施这种改革当然是痛苦的，因此当时西方发达国家实行贸易保护主义的主要原因就是企图避免承受这种痛苦。

20世纪90年代以来，特别是自WTO成立以来，世界贸易的自由化趋势日趋明显。但与此同时，几乎所有国家仍然实行某种程度的贸易保护主义政策，原因是什么呢？概括起来看主要有：（1）保护国内就业与维持高工资；（2）保护公平竞争与公平贸易；（3）改善贸易条件；（4）改善国际收支状况；（5）保护投资；（6）保护知识产权；（7）保护环境与生态平衡；（8）绿色消费和保护人类生命与健康；（9）保护国防与国家经济安全。

经过GATT下的8轮多边贸易谈判，世界各国的进口关税已经降到比较低的水平，如在20世纪末21世纪初，发达国家已降到3%左右，发展中国家也已降到10%左右，使得关税作为贸易保护手段的作用越来越小。因此，现在的贸易保护主义已不再以关税为主要手段，而是转向非关税壁垒。非关税壁垒是不公正的，它对各出口国不是一视同仁，通常那些最无讨价还价能力的国家的出口被削减得最多，或所受的限制最多。

二、关税壁垒与非关税壁垒的综合运用

对贸易壁垒保护效应的评估是制定科学合理的贸易政策与产业政策的重要依据。由于关税壁垒和非关税壁垒具有各自的独特之处，所以在实践中往往被世界各国加以综合运用。利用关税壁垒可以一般性地限制商品的进口并增加政府的财政收入，利用非关税壁垒可以有针对性地有效限制某些对国内产业和市场冲击较大的商品的进口，这样就形成了一个互为补充、互为铺垫、互相联系、互相交叉的综合贸易保护体系，既照顾了全局又兼顾了重点，具有很强的灵活性。不过在面临不同的国际贸易环境时，关税壁垒和非关税壁垒之间的地位有所不同。自20世纪80年代以来，由于新贸易保护主义的兴起以及关税的进一步减让，非关税壁垒的作用超过关税壁垒，从而形成了以非关税壁垒为主、以关税壁垒为辅、综合使用两种贸易壁垒的对外贸易政策。从长期发展趋势来看，关税壁垒和非关税壁垒的综合运用必然得到进一步增强，并维持相当长的一段时间。

三、贸易保护效应的评估方法

1. 价格差度量法

由于各种商品最终是通过市场价格进行竞争，尽管贸易保护形式多种多样，但最终还是要通过影响进口商品的价格水平来保护国内的产业，因此，进口商品和国内商品价格的比较就成为度量一国贸易保护效应的一般途径。具体而言，度量国内外同类商品价格差的方法有以下两种。

（1）进口商品到岸价与国内商品出厂价的差异。

假定国内市场是完全竞争的，市场上进口商品的国内价格（含关税与非关税因素的价格）应与其完全可替代的国内商品价格基本一致。

令 P_m 为进口商品的到岸价，P'_m 为进口商品的国内价，P_D 为国内商品的出厂价，t 为关税税率，nt 为非关税保护的当量税率，n 为当量系数，则

$$P'_m = P_m(1+t+nt) \tag{12-19}$$

$$P'_m = P_D \tag{12-20}$$

$$nt = \frac{P_D - P_m}{P_m} - t \tag{12-21}$$

（2）同种商品在不同国家市场上的零售价格差异。

根据同种商品在不同国家市场上的零售价格差异，同样可以度量贸易保护程度。这种度量方法具有更大的比较意义，它可以度量两个国家哪一个更加开放。但这种度量方法也有隐含的前提，即要求两国的生活水平、发展阶段相似等，否则同种商品在两个国家不同的零售价格可能并非反映了贸易保护程度的差别。

2. 等额关税分析法

等额关税化就是把所有非关税措施转化为保护程度相等的关税措施。从理论上说，在关税化后贸易保护程度并没有发生变化，但是这样做大大提升了贸易保护的透明度，这就可以为降低贸易壁垒提供一个很好的基础。实行关税化后的关税税率可以作为今后关税减让的基础税率。关税化后的关税额的计算公式为：

$$\begin{matrix}\text{关税化后的关税额} \\ \text{（关税等值）}\end{matrix} = \begin{matrix}\text{某产品的国内市场} \\ \text{平均价格}\end{matrix} - \begin{matrix}\text{该产品的国际} \\ \text{市场平均价格}\end{matrix}$$

乌拉圭回合在农产品市场准入谈判方面最显著的成果，就是贸易保护措施的关税化。在 GATT 和 WTO 的多边贸易谈判中，特别是在多哈回合谈判中，要求谈判各方将本国那些隐蔽的非关税壁垒措施公开化，并折算成等额幅度关税，然后一并考虑减让。

关税化对发展中国家并不完全适用。在实际谈判中，发展中国家通常在取消非关税措施后以自己提出的较高的上限约束税率替代关税化。

尽管理论上可以使用上述方法对贸易保护程度特别是非关税壁垒的贸易保护程度进行测定，但在现实中却往往难以对非关税壁垒从数量上对贸易所产生的影响加以估计。

本章小结

1. 关税是历史悠久的重要贸易政策措施。关税可以达到保护国内进口竞争产业的目的，并给政府带来可观的关税收入，但代价是消费者利益和社会效率的损失。关税的局部均衡分析是对某一进口商品的供给、需求和价格进行的分析。关税的一般均衡分析考虑的是多种产品和多个市场，在引入提供曲线和贸易无差异曲线等概念的基础上分析关税的经济效应。

2. 关税的征收对小国而言会造成社会福利净损失，而大国征收关税有可能通过改善贸易条件而提高本国收益。理论上存在能使大国收益达到最大的适当税率，即大国存在最优关税税率。

3. 关税的有效保护率考虑了某一行业的生产结构及大国对其制成品和中间产品的保护措施等多个因素，比较合理地反映了对一个进口加工行业的实际保护程度。

4. 梅茨勒之谜反映了一种进口商品的价格在征收关税时要比自由贸易条件下的低，即关税使进口商品的国内价格反而下降的特殊情况。勒纳对称原理则说明以从价税计征的同样税率的进口关税和出口关税具有同样的效应。

5. 非关税壁垒的形式多种多样，配额是对数量的直接控制，是对市场机制的替代，这是 WTO 要坚决逐步取消配额的根源。

6. 自愿出口限制对进口国的影响虽然与进口配额非常相似，但在利益的归属方面有所不同，而且大多数自愿出口限制并非出于自愿。

7. 一国政府为了鼓励出口，常采取出口补贴等产业扶持政策，但外国可以采取相机保护措施，包括反补贴、反倾销等。征收反补贴税和反倾销税的作用与征收关税相似，但使用的理由是反对不公平竞争，是符合 WTO 的公平贸易原则的，因此，反补贴和反倾销成为现代贸易保护的主要手段。

8. 技术壁垒、绿色壁垒、环境壁垒与社会标准壁垒在宏观上起到了阻碍自由贸易的作用，而且给大部分发展中国家带来的不利影响要更大。

关键术语

消费者剩余	生产者剩余	生产效应	消费效应
贸易效应	提供曲线	贸易无差异曲线	最优关税
有效保护率	梅茨勒之谜	勒纳对称原理	等额关税
反补贴税	反倾销税	技术壁垒	

复习与思考题

1. 用局部均衡分析说明进口关税对小国生产者、消费者及政府关税收入的经济效应。

2. 用一般均衡分析说明大国征收关税后进口商品价格的变动和该国福利水平的变化。

3. 假设中国是进口汽车的小国，对汽车的需求和供给分别为

$$D_c = 2\ 000 - 0.02P, \quad S_c = 1\ 200 + 0.03P$$

并假设国际市场上汽车的价格为 10 000 美元。请用数字和图形说明下列问题：

（1）在自由贸易条件下，中国的汽车产量及进出口量，自由贸易对国内消费者及厂商的福利影响。

（2）中国对汽车征收每辆 3 000 美元的进口税，这时中国的汽车产量及贸易量；与自由贸易时相比，国内消费者和厂商的福利变化。

4. 考虑中国与美国的两国贸易模型。中国对汽车的需求和供给分别为

$$D_c = 2\ 000 - 0.02P, \quad S_c = 1\ 200 + 0.03P$$

美国对汽车的需求和供给分别为

$$D_{us} = 1\ 800 - 0.02P, \quad S_{us} = 1\ 400 + 0.03P$$

请计算：

（1）贸易前，双方汽车的均衡价格和产量。

（2）在自由贸易条件下，国际市场上汽车的均衡价格、各国的产量及贸易量（不考虑运输成本），自由贸易给两国的福利带来的影响。

（3）若中国对汽车征收 3 000 美元的单位进口税，计算：

① 这时各国汽车的市场价格、产量及贸易量。

② 关税给中国汽车厂商、消费者和政府的福利带来的影响，关税的福利净损失（与自由贸易时相比）。

（4）美国为每辆出口的汽车提供 3 000 美元的补贴。计算这时各国汽车的市场价格、产量和贸易量，对每个国家的消费者、厂商及政府的福利的影响。

（5）假设中国对美国的汽车进口设定的配额为 100。计算这时各国汽车的市场价格、产量，与自由贸易相比各国消费者、厂商的福利变动情况。

5. 假设下面是中国 20 英寸彩色电视机的供给与需求状况，世界价格是每台 500 美元。

价格（美元/台）	100	200	300	400	500	600
需求	140	130	120	110	100	90
供给	80	90	100	110	120	130

如果政府决定促进本国电视机产业的生产并征求你的意见，以下三种政策你会推荐哪一种？请说明理由（假定中国是电视机出口小国）。

（1）对每一台出口的电视机给予 100 美元的退税；

（2）企业每生产一台电视机给予 100 美元的补贴；

（3）对该产业承诺每台电视机 600 美元的保护价。

6. 比较鼓励出口的三种政策，即出口补贴、出口行业的生产补贴和出口行业的价格支持，对本国市场价格、生产量、消费量、出口量、生产者和消费者利益、政府支出及整个社会福利的影响。

7. 假设中国对小汽车的进口关税税率为50%，国内一典型汽车制造商的成本结构和部件关税税率如下表所示：

成本项目	钢板	发动机	轮胎
占汽车价格比重	20%	30%	10%
关税税率	10%	15%	5%

(1) 请计算关税对中国小汽车行业的有效保护率。

(2) 如果钢板、发动机、轮胎的关税税率分别降为3%、5%、2%，计算关税对小汽车行业的有效保护率。

(3) 从上面的计算中可以推出哪些关于有效保护率的一般结论？

8. 从长期来看，征收进口关税对本国出口部门和进口竞争部门不同要素所有者的报酬会有什么影响？

9. 梅茨勒之谜在什么情况下才会发生？如何解释这一现象？

第十三章

贸易保护政策的理论依据

虽然自由贸易是使世界福利最大化的最优选择，但几乎所有国家都实行某种程度的贸易保护主义政策。这是为什么呢？历史上为贸易保护所做的辩护从未停止过，不过绝大多数辩护都经不起严格的推敲，并不能为实行贸易保护提供充足的证据与理由。但也有少数贸易保护论据产生了很大影响，而且得到了一些经济学家的认同。本章着重介绍几种主要的贸易保护论据。

从政策目标来看，贸易保护主义观点可划分为两大类：一类出于对本国利益的考虑，特别是长远利益，认为在某些情况下实行贸易保护可提高本国现在或未来的福利，如重商主义、幼稚工业保护理论、最优关税理论、国际贸易乘数理论、战略性贸易政策理论等；另一类则从收入再分配的角度出发，把贸易保护政策的制定看成利益集团院外活动的结果，通常把这类观点称为贸易保护政策的政治经济学。

第一节　重商主义

一、重商主义的产生背景与主要观点

在工业文明的萌芽阶段，当时也正值地理大发现时期，商业规模空前扩大，货币需求急剧膨胀，一些注重海外贸易的国家注意到，投入同样多的人力和物力资源，依靠海外贸易的发展可以获得更多的物质财富。于是人们很自然地认为，这种增量财富的来源是流通，是贸易，由此产生了重商主义（mercantilism）的贸易观点。

重商主义是资本主义生产方式准备时期（15—17 世纪），欧洲在资本原始积累过程中实行的一种贸易保护政策，它的目的是通过对外贸易在国内积累货币财富。重商主义是代表商业资产阶级利益的经济思想和政策主张。

由于当时的货币制度是金属本位制，只有金银等贵金属是货币，政府无法像在纸币本位制下那样靠发行货币来满足扩张的货币需求，只有找到新的贵金属来源，才能填补这一货币缺口，因此，重商主义认为，一个国家的财富由其拥有的贵金属代表，拥有的贵金属越多，这个国家就越富有。由于世界资源是有限的，所以国与国之间的经济交往是一种零和博弈，即一方所得为另一方所失。对于国际贸易而言，贸易盈余是贸易所得，而贸易赤字为贸易所失，因此重商主义主张贸易一定要实现盈余。在当时的金属本位制下，贸易盈余意味着贵金属的流入，这将有助于缓解货币缺口。

重商主义分为两个阶段：早期重商主义和晚期重商主义。早期重商主义又称重金主义，是指从 15 世纪末至 16 世纪中叶这一时期的重商主义思想，它着眼于利用流通领域的措施来从国际贸易中积累货币财富，体现为通过少买多卖来保证贸易顺差和绝对禁止金银货币外流，所以又被称为货币差额论，其代表人物是英国的威廉·斯塔福德（William Stafford，1554—1612 年）。

晚期重商主义是指从 16 世纪下半叶至 17 世纪下半叶这一时期的重商主义思想，它将重心从限制金银输出转向限制进口，保证贸易出超或顺差。晚期重商主义并不单纯地直接依赖立法和行政手段来取得和保留金银，而是更多地要求通过国家干涉促进本国的生产和出口，允许对个别国家有贸易逆差，只要这有利于实现总的贸易顺差。例如，当时英国对东印度有贸易逆差，但由东印度输入的产品却可畅销欧洲大陆，从而保证了总的贸易顺差。晚期重商主义又被称为贸易差额论，以英国的托马斯·孟为代表。

人物介绍 13－1

托马斯·孟

二、重商主义的主要政策措施

重商主义特别是晚期重商主义实现贸易盈余的政策主张，主要是奖出限入和相应的产业政策。具体体现在如下方面：

（1）限制输入的措施。禁止若干外国商品尤其是奢侈品的进口，并课征保护性关税，限制外国商品进口。

（2）促进出口的措施。第一，对本国商品的出口给予补贴；第二，降低或免除出口关税；第三，出口退税，对出口商品征税，但在出口后把征的税退给出口商；第四，实行独占性的殖民地贸易政策，如英国、荷兰等国的东印度公司在亚洲经营独占性的贸易与海运，使殖民地成为本国制成品的市场和本国原材料的供应地。

（3）保护农业与工场手工业的发展。例如英国的《谷物法》就是受重商主义影响而产生的。

三、对重商主义的评价

重商主义在历史上起过进步作用，它促进了资本的原始积累，推动了资本主义生产方式的建立与发展。重商主义观点在发展过程中一直影响着资本主义国家的对外贸易政策。尽管重商主义历史久远，并且有缺陷，但它对现实仍有着不可忽视的影响力，仍然可以恰当解释现实中的某些经济现象。实践证明，各国普遍追求贸易盈余，只是出发点不同而已。例如，发展中国家追求贸易盈余主要是基于获得外汇，从而消除或缓解经济发展过程中的两缺口之一，即外汇缺口。而发达国家对贸易盈余的追求多是出于扩大就业，保证经济增长的需要。

但重商主义对经济现象的探索局限于流通领域，未涉及生产领域，因而这种经济思想或观点是不科学的。

英国经济学家休谟利用价格—货币—流通机制最先对重商主义的贸易思想提出质疑。在休谟看来，一国不可能永远保持贸易盈余，价格—货币—流通机制会自动实现贸易均衡。具体机理是，当一国实现了贸易盈余，该国的货币供给就会增加，这将导致物价的上升，从而削弱该国产品的竞争力，出口会减少，进口会增加，贸易盈余会因此而自动消失。

重商主义的思想实际上只反映了商人的目标，或者说只是从商人的角度来看待国际贸易的利益，因此，这种经济思想被称为商人主义或重商主义。所以，到 17 世纪后期重商主义开始没落。随着新兴资产阶级力量的壮大，以亚当·斯密为代表的古典贸易理论诞生了。

第二节　贸易保护的古典理论

19 世纪中叶，英国在经济实力达到顶峰时，通过修改《航海条例》和废止《谷物法》提出了（包括鸦片在内的）自由贸易，但具有讽刺意味的是在当时同中国的贸易中，却是英国的东印度公司独家垄断。美国和德国则因经济实力不敌英国，分别采取了汉密尔顿和李斯特的贸易保护理论和政策，并利用第二次工业革命和世界经济增长的有利时机，在第一次世界大战前就赶上和超过了英国。这说明贸易保护理论与政策对当时美国与德国的经济发展起到了重要作用。

一、汉密尔顿的贸易保护理论

18 世纪中后期，美国在独立之初在经济上仍受英国控制，而当时英国最先出现第一次工业革命，并成为“世界工厂”，所以美国只能以南部的棉花、小麦等农产品与英国的工业品交换，由于工业基础落后，难以和英国竞争。

早在美国独立后不久的 1791 年，亚历山大·汉密尔顿作为美国独立后的首任财政部长，在向国会提出的《关于制造业的报告》中就提出了保护制造业的必要性及措施，该报告被视为支持贸易保护理论的经典文献。

汉密尔顿认为，实行产业保护的必要性主要有：（1）促进社会分工；（2）推广机器使用；（3）促进就业；（4）吸引外国移民；（5）人尽其才，鼓励进取；（6）保证农产品销路。总之，他认为创造出一个新的国内市场远胜于开拓外国市场。

汉密尔顿提出的主要贸易保护措施有：（1）实行贸易保护关税；（2）禁止进口或限制进口；（3）禁止原材料出口；（4）实行出口补贴或出口奖励制度；（5）对以进养出者，实行进口免税或退税；（6）鼓励新的工业发明；（7）引进外国专利权。

按照汉密尔顿的贸易保护理论观点，1807 年美国公布了禁运法案及关税保护税则，作为主要保护手段的关税不断提高。19 世纪初，美国开始工业革命，为了抵御英国工业品的竞争，扶持国内工业的发展，美国不断提高关税。1816 年关税税率为 7.5%～30%，1824 年平均关税税率提高到 40%，1825 年又提高到 45%。到 19 世纪 80 年代，美国工业跃居首位，1900 年美国在世界贸易总额中仅次于英国，位居世界第二，美国在 20 世纪初取代英国成为世界头号经济与贸易强国。

美国的工业在高度保护的条件下迅速发展，直至 20 世纪 30 年代的经济大萧条结束，美国才放弃了关税保护政策，转向了自由贸易。

二、李斯特的幼稚工业保护理论

李斯特是德国经济学家，也是德国历史学派的先驱。他早年在德国提倡自由主义，由于在 1825 年出访美国时受到当时美国实行前任财政部长汉密尔顿提倡贸易保护政策收到很大成效的影响而转向信奉保护主义。19 世纪初，德国的纺织、采矿、冶金、机械制造业等虽然都有所发展，但远较英国、法国落后，受英国廉价工业品的冲击很大。为此，李斯特在 1841 年出版的《政治经济学的国民体系》中，系统地论述了他的幼稚工业保护理论。

1. 幼稚工业保护理论的内容

人物介绍 13－2

弗里德里希·李斯特

李斯特幼稚工业保护理论的基础是生产力论，即生产财富的能力比财富本身更重要。李斯特指出，从外国购买廉价的商品（工业品）表面上看要合算一些，但这样做的结果是德国的工业不可能得到发展，而会长期处于落后和从属外国的地位。如果德国采取关税保护政策，一开始虽然会使工业品的价格很高，但经过一段时间德国的工业得到充分发展，生产力将会提高，商品价格也会下降，甚至降到低于进口商品的价格。

李斯特批评古典贸易学说忽视了各国的历史和经济特点，认为这种学说是一种世界主义经济学，它抹杀了各国的经济发展与历史特点。在李斯特看来，一国实行什么样的贸易政策，必须同本国工业发展的过程相适应。因此，李斯特把经济发展分成 5 个时期共 3 个阶段，这 5 个时期分别是：（1）原始未开化时期；（2）畜牧时期；（3）农业时期；（4）农工业时期；（5）农工商业时期。

李斯特认为，应用动力与大规模机器的制造业的生产力远远高于农业，因此在注重农业的国家，人民精神萎靡，一切习惯与方法偏于守旧，缺乏文化福利与自由，而在注重工商业的国家则不然，人民充满增进身心与才能的精神。因此，在农业及以前的时期，可自由输出农产品、输入工业品，一方面可促使农业发展，另一方面可培育工业基础。在农工业时期才需要保护，即要保护幼稚工业。到农工商业时期，因工业已经发展成熟，也就不需要保护了。这时又实行自由贸易政策。

2. 保护幼稚工业的政策措施

（1）国家必须干预经济，国家应承担植林者而非守林人的角色。

李斯特用风力和人力在树木生长中的作用进行比喻，说明国家在经济发展中的重要作用。他说："固然，经验告诉我们，风力会把种子从这个地方带到那个地方，因此荒芜原野会变成稠密森林，但是，要培养森林因此就静等着风力作用，让它在若干世纪的过程中来完成这样的转变，世上岂有这样愚蠢的办法？如果一个植林者选择树秧主动栽培，在几十年内达到了同样目的，这不算是一个可取的办法吗？历史告诉我们，有许多国家，就是由于采取了那个植林者的办法，胜利实现了它们的目的的。"①

（2）实行关税保护制度。

在该制度的设计上，应体现以下几点：第一，差别关税。以对幼稚工业进行保护为出发点，对不同的产业征收不同的关税。比如对与国内幼稚工业相竞争的进口产品征收高关税，同时以免税或低关税的方式来鼓励国内不能自行生产的机械设备的进口。第二，选择性的保护。并非对所有工业都加以保护，保护是有条件的。只有那些经过保护可以成长起来的、能够获得国际竞争力的产业，才对其加以保护。如果60%的关税税率不能保护某种产业，或30%的关税税率不能维持某种产业，就没必要保护这种产业了。第三，保护的时间要有限制。保护的时间不能太长，最长不超过30年（现在为4～6年），而且保护时间越短就能成长起来的产业，越有保护价值。如图13-1所示。

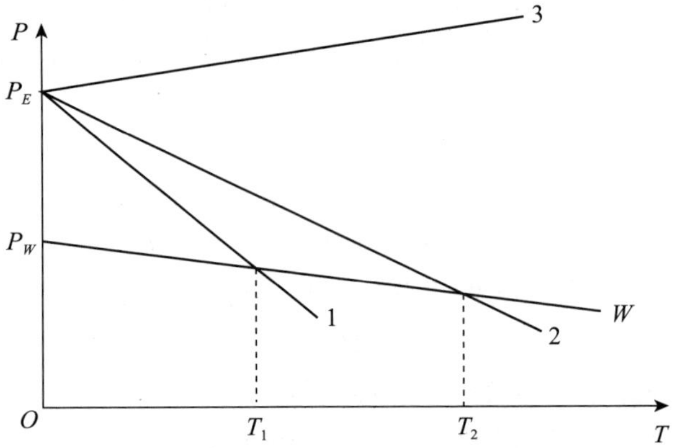

图13-1　幼稚工业保护的实践意义

在图13-1中，纵轴表示价格或生产成本，横轴表示时间，曲线1、2、3分别表示随时间变化三个本国幼稚工业的生产成本线，P_WW表示世界市场上幼稚工业的生产成本线，即在具有竞争优势的国家中幼稚工业的生产成本变化趋势，P_E和P_W分别表示国内和世界初始的价格水平。幼稚工业保护理论认为，达到国际市场价格所需的保护时间越短，就越有保护的必要。因此，产业1在T_1时生产成本就降到了具有竞争优势国家的生产成本，从而最值得保护，其次是产业2，而产业3就不应进行保护，因为随着时间的推移，生产成本非但不降低，反而越来越高。

① 李斯特．政治经济学的国民体系．北京：商务印书馆，1961：322.

幼稚工业保护的一般均衡分析如图 13－2 所示。在图中，在实行幼稚工业保护前，该国的比较优势在于生产和出口 X，这时的生产点与消费点为 A，达到的福利水平为 I；在实行幼稚工业保护后，该国的比较优势在于生产和出口 Y，比较优势的转换说明保护的目的达到了，且福利水平因社会无差异曲线的外移（从 I 到 I'）而有较大的提高。

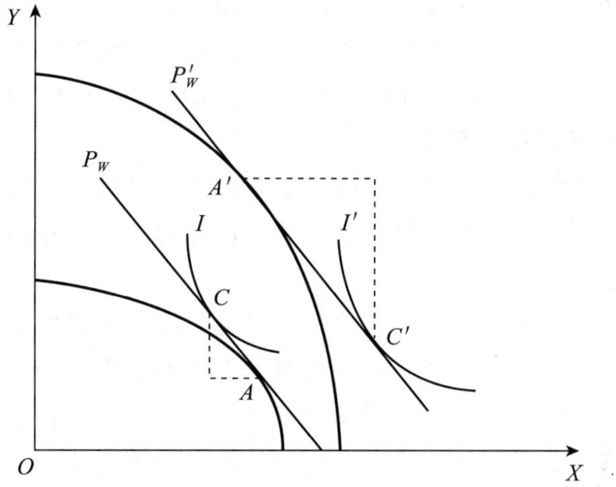

图 13－2　幼稚工业保护的一般均衡分析

需要注意的是，李斯特并不否认自由贸易政策的一般正确性。他认为，当一个国家解决了落后问题即实现了工业化后，是可以选择自由贸易政策的。这是幼稚工业保护理论与重商主义以及后面介绍的国际贸易乘数理论的一个重要区别。

3. 幼稚工业的判定与选择标准

所谓幼稚工业，就是指刚刚产生，还处于成长阶段，尚未成熟，没有竞争力，但将来有竞争优势的产业。对于什么是幼稚工业并无定论，但经过不断探索研究，人们提出了三个比较有影响力的判定标准：

（1）穆勒标准。

该标准认为，通过政府保护，落后产业通过改进技术等措施迅速形成国际竞争力，最终在自由贸易条件下取得独立自主发展的能力，即保护一个现在无法与外国同类产业竞争，但将来具有竞争力并获益的产业。所以穆勒标准又被称为潜在竞争力标准。

某一产业刚刚诞生时，往往规模很小，生产成本高于国际市场价格，如果任由其自由竞争，该产业必然会发展不起来。如果这时国家给予一段时间的保护，该产业就能够发展壮大，逐步实现规模经济，降低成本，以至最终能够完全面对自由竞争，获得利润，那么该产业就可作为幼稚工业来加以保护。

（2）巴斯塔布尔标准。

该标准引进经济分析的现值概念，认为保护一个产业的成本不能超过将来收益的现值。这一标准比穆勒标准要求更高，即它要求被保护的幼稚工业在经过一段时间的保护之后不仅能够自立，而且必须能够补偿保护期间的损失或成本。该标准又被称为现值标准。

（3）肯普标准。

该标准除包含穆勒标准和巴斯塔布尔标准的全部内容外，还增加了外部性（技术外溢性）标准。外部性是指企业所学习掌握的知识、技术、技巧可为其他企业模仿和无偿使用，从而其他企业的进入使其利润下降，以至无法以未来利润来补偿投资成本。这时国家便应采取保护政策来对该产业予以保护。

关于如何保护幼稚工业，既可用关税，又可采取生产补贴。对幼稚工业直接采取生产补贴的办法要比关税壁垒或非关税壁垒的手段更可取。因为生产补贴只会造成生产扭曲，但可避免消费扭曲，所以生产补贴与进口壁垒相比保护成本更低。

4. 对幼稚工业保护理论的评价

李斯特的幼稚工业保护理论对当时德国工业资本主义的发展起到了积极作用。在李斯特贸易保护理论的影响下，通过保护政策的扶持，德国工业及国民经济在短期内有了迅速的发展，并且很快赶上了英国。

幼稚工业保护理论现在对广大发展中国家仍具有积极的借鉴意义。一方面，幼稚工业保护理论具有合理的内涵，连自由贸易的倡导者约翰·穆勒都将幼稚工业保护理论作为使贸易保护“唯一成立的理由”。李斯特关于在经济发展的不同阶段应采取不同的对外贸易政策的观点是科学的，为落后国家实行贸易保护政策提供了理论依据。因此，幼稚工业保护理论在现实中有着广泛的影响力，WTO 也以该理论为依据，列有幼稚工业保护条款，这为广大发展中国家合理保护自己的幼稚工业提供了法律依据。

另一方面，幼稚工业保护理论在实践中也遇到过很多问题，其中最主要的是无法准确界定幼稚工业。发展中国家都很注重对幼稚工业的保护，但多数都未达到预期效果，有些甚至付出惨痛代价。例如中国保护了多个像汽车这样的产业，结果却使得国内企业安于现状，国产轿车的价格远远高于国际市场汽车价格。

此外，李斯特以经济部门作为划分经济社会发展阶段的基础，未能说明生产力和经济发展的根本动力及真实过程。

第三节　贸易保护的现代理论

随着资本主义国家相继实现工业化，国际竞争日趋激烈。各国在抢占国际市场的同时，也更加注重对本国市场的保护。第二次世界大战以来，特别是 20 世纪 70 年代中期以来，贸易保护不再仅仅是为本国幼稚工业赢得成长空间的做法，更是作为扩大就业、避免经济衰退的手段，因此，保护范围也不再局限于本国的幼稚工业，而是扩展到所有产业。这种贸易保护行为被称为超贸易保护或新贸易保护主义。与古典贸易保护主义相比，现代贸易保护主义有着显著的特点和更为广泛的理论基础。

一、最优关税理论

现代国际贸易理论已经证明，任何国家征收关税从绝对意义上讲都是一种净损失，也就是完全的自由贸易是最优的。但是，在现实中，各国出于不同的目的都不愿率先实行贸易的完全自由化。前已述及，在零关税和禁止性关税之间有一个使进口国福利最大化的关税税率，即最优关税税率。不过这种情况在大国中才会出现，因为只有大国才能通过征收关税压低进口商品的价格，改善其贸易条件，而小国由于无法支配市场以改变商品的供求和价格，也就不能通过征收关税改善其贸易条件，所以对小国而言只有零税率才是所谓的最优关税税率。

大国征收关税，不是税率越高越好，而是有一个极限点，这个点就是最优关税税率，如图 13－3 所示。在税率为 t_M 时，社会福利达到最大化，t_M 就是最优关税税率；当关税税率再提高时，社会福利开始下降，如果关税税率提高到 t_P，就再也没有产品进口，即达到了禁止性关税税率，又回到封闭经济状态。

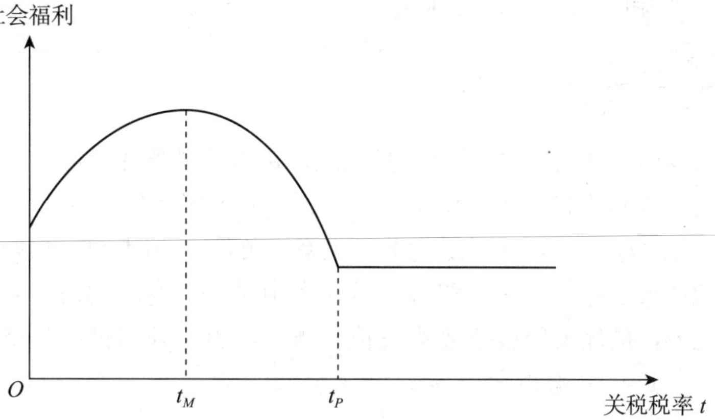

图 13－3　最优关税与社会福利

下面我们用数学来推导证明最优关税及其存在的条件。令进口关税税率 $t=(P_t-P_w)/P_w$，则 $P_t=P_w(1+t)$，因为边际进口花费为

$$MEM=\frac{\mathrm{d}(P_w \cdot M)}{\mathrm{d}M}=\frac{\mathrm{d}P_w \cdot M+P_w \cdot \mathrm{d}M}{\mathrm{d}M}=P_w+M \cdot \frac{\mathrm{d}P_w}{\mathrm{d}M} \tag{13-1}$$

其中，M 为进口量。我们对式（13－1）稍做变换，可得

$$MEM=P_w\left(1+\frac{\mathrm{d}P_w/P_w}{\mathrm{d}M/M}\right)=P_w\left(1+\frac{1}{e_S}\right) \tag{13-2}$$

在式（13－2）中，$e_S=(\mathrm{d}M/M)/(\mathrm{d}P_w/P_w)$ 是进口商品的外国供给价格弹性。根据最优关税条件可知：$MEM=MRM=P_t$，即边际进口花费＝边际进口收益＝进口商品国内价格，因此得出

$$P_t=P_w(1+t_M)=P_w\left(1+\frac{1}{e_S}\right) \tag{13-3}$$

$$t_M=\frac{1}{e_S} \tag{13-4}$$

其中，t_M 就是最优关税税率。在进出口平衡时，假如进口价格下降 1%，则本国对进口商

品的需求上升 $e_D\%$（e_D 为进口商品的需求弹性）；由于进口价格下降 1%，进口成本亦下降 1%，但进口量上升 $e_D\%$，因此总进口花费上升幅度为 $e_D\%-1\%=(e_D-1)\%$。① 又因进口价格下降 1%，进口商品的外国供给价格上升（因进口国是大国，进口量增加又必然引起国际市场价格上升），因此外国供给亦上升，即上升 $e_S\%$。由于在进出口平衡条件下进口值等于出口值，或者说，进口商品需求等于进口商品外国供给，则

$$(e_D-1)\%=e_S\% \quad 即 \quad e_D-1=e_S \tag{13-5}$$

从式（13-4）和式（13-5）可得

$$t_M=\frac{1}{e_S}=\frac{1}{e_D-1} \tag{13-6}$$

从式（13-4）和式（13-5）我们亦可得

$$t_M=\frac{1}{e_S}=\frac{e_D-e_S}{e_S}=\frac{e_D}{e_S}-1=\eta-1 \tag{13-7}$$

式中，$\eta=e_D/e_S$ 表示贸易双方提供曲线弹性之比，即贸易条件弹性。

若本国对进口商品的需求缺乏弹性（$e_D<1$），或者贸易条件弹性较小（$\eta<1$），则最优关税税率小于零（$t_M<0$），这时最优关税税率为负值，说明不应征收进口关税。因此，大国最优关税的征收是有条件的，即必须是在本国对进口商品的需求弹性或贸易条件弹性大于 1 的情况下，最优关税税率才为正值。当然，由于外国供给价格弹性一般总是大于零，因此，$t_M=1/e_S$ 一般也大于零。

二、凯恩斯的国际贸易乘数理论

凯恩斯主义的贸易保护观点是由凯恩斯本人及一些后凯恩斯主义者如美国的汉森、萨缪尔森及英国的哈罗德（R. F. Harrod）等提出的。他们的观点反映了 20 世纪 30 年代大萧条后西方国家经济增长的要求。

国际贸易利益最终表现为对经济增长的促进作用，而经济增长又可以用国民收入的增加来表示，一国对外贸易与国民收入的关系则可以用国际贸易乘数效应来表示。

人物介绍 13-3

约翰·梅纳德·凯恩斯

1. 投资乘数理论

投资乘数理论是由凯恩斯在著名的《国富论》中提出来的。凯恩斯认为，失业和危机主要源于社会有效需求不足，而消费不足与投资不足又是由人们边际消费倾向递减、资本边际效率递减以及流动偏好引起的。为了证明增加投资对就业和国民收入的好处，凯恩斯提出了投资增加与国民收入增加依存关系的

① 严格来说，总进口花费上升幅度应为 $e_D\%-1\%-1\%\times e_D\%$，但由于 $1\%\times e_D\%$ 的值很小，故可以认为 $1\%\times e_D\%\approx 0$。

乘数理论：投资增加→生产资料需求增加→生产资料部门工人收入增加→对消费品的需求增加→生产消费品的工人收入增加→……这样循环往复，一直推延下去，其结果是由投资增加导致的国民收入增加会是初始投资增加的若干倍——这就是投资乘数理论或倍数效应。在封闭经济条件下，从供给和需求角度来看的国民收入关系表达式分别为

$$Y=C+S+T \tag{13-8}$$

$$Y=C+I+G \tag{13-9}$$

当供求平衡且财政平衡（$T=G$）时，我们得到

$$S=I \tag{13-10}$$

对式（13-10）以微分形式表示，并整理得

$$\Delta I=\Delta S=\Delta Y\frac{\Delta S}{\Delta Y}=\Delta Y\cdot MPS，\Delta Y=\frac{1}{MPS}\Delta I \tag{13-11}$$

即

$$\Delta Y=K\Delta I \tag{13-12}$$

K 就是投资乘数，表达式为：

$$K=\frac{1}{MPS}=\frac{1}{1-MPC} \tag{13-13}$$

在式（13-11）和式（13-12）中，MPS（即 $\Delta S/\Delta Y$）、MPC（即 $\Delta C/\Delta Y$）分别表示边际储蓄倾向（marginal propensity to save）和边际消费倾向（marginal propensity to consume）。

2. 国际贸易乘数理论

在国内投资乘数理论的基础上，凯恩斯提出了国际贸易乘数理论，或者说是投资乘数理论在对外贸易方面的运用。凯恩斯认为，一国的出口和投资一样，有增加国民收入的作用，一国的进口则与储蓄一样，有减少国民收入的作用。

出口增加→外汇收入增加→出口产业工人收入增加→消费需求增加→其他国内产业部门生产增加→就业增加→收入增加→…… 如此反复推延下去，国民收入增加将为出口增加的若干倍；进口时情况则相反。其推导过程与公式表示如下：

在开放经济条件下，国民收入方程为

$$Y=C+S+T+M \tag{13-14}$$

$$Y=C+I+G+X \tag{13-15}$$

当供求平衡且财政平衡时，可得

$$S+M=I+X \tag{13-16}$$

对式（13-16）以微分形式表示，并整理得

$$\Delta I+\Delta X=\Delta S+\Delta M=\Delta Y\times\frac{\Delta S+\Delta M}{\Delta Y}$$

$$\Delta Y=\frac{\Delta Y}{\Delta S+\Delta M}\times(\Delta I+\Delta X)=K(\Delta I+\Delta X) \tag{13-17}$$

K 就是国际贸易乘数，表达式为：

$$K=\frac{1}{MPS+MPM} \tag{13-18}$$

其中，MPM（即 $\Delta M/\Delta Y$）为边际进口倾向（marginal propensity to import）。

国际贸易乘数效应亦可用图 13-4 进行分析。图中纵轴表示进口或出口，横轴表示国民收入。我们可以看出，在出口增加同样的 ΔX 时，由于边际进口倾向 MPM 不同，即国际贸易乘数不同，带来的国民收入的增加亦不同。因为 $MPM>MPM'$（斜率或边际进口倾向不同），即 $K<K'$，所以 $\Delta Y<\Delta Y'$，即国际贸易乘数越大，带来的国民收入增加幅度越大。这说明进口对国民收入的增长是不利的，因此进口如同储蓄一样，被凯恩斯称为国民收入的漏出（leakage），而出口如同投资一样，被凯恩斯称为国民收入的注入（injection）。

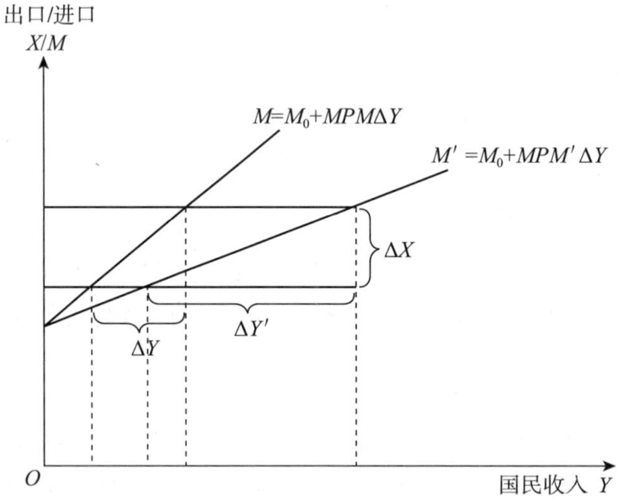

图 13-4 国际贸易乘数效应

3. 对国际贸易乘数理论的评价

凯恩斯的国际贸易乘数理论是国家干预主义的理论基础，也是新贸易保护主义的一个重要理论基础。根据国际贸易乘数理论，新贸易保护主义要求政府加强进口管理，采取各种措施来限制进口；同时通过制定和实施有关对外贸易法规来干预贸易活动，从而鼓励和促进出口，追求贸易顺差，实现充分就业。国际贸易乘数理论是资本主义世界生产过剩的产物，它将贸易保护范围进一步扩大，将贸易盈余作为解决本国失业问题和促进经济增长的外部手段。这虽然有重要的实际意义，但也存在严重缺陷，主要是：

（1）从世界市场的角度看，假定其他条件不变，除非降低出口产品的价格，否则无法继续增加出口。

（2）一国出口增加，由于收入增加引起国内需求增加，容易产生通货膨胀。20 世纪 70—80 年代西方资本主义国家出现的滞胀现象就与实施凯恩斯国家干预主义和追求贸易盈余有很大关系。

(3) 一国追求贸易顺差，不加节制地实行奖出限入政策，除非别国不采取相应的报复措施，否则势必导致关税、非关税壁垒盛行，使贸易障碍增多，发生各种贸易战。而且，从世界整体的角度来看，一国顺差就意味着另一国逆差，因此，始终保持顺差是不切实际的。

三、战略性贸易政策理论

在国际贸易理论的基本框架下引入不完全竞争的多种模型可能是 20 世纪 80 年代所有经济理论的发展中最具有影响力的事件之一。在这个新的分析框架和知识结构下形成了两个重要的组成部分：一个重要组成部分是产业内贸易理论，这个问题在前面分析过了；另一个重要组成部分是战略性贸易政策理论，这实际上是一种新的贸易保护理论依据。

战略性贸易政策模型一般假设，规模经济及其所造成的较高的行业进入障碍，使得在国际市场上竞争性厂商的数目相对来说比较少，即形成所谓的寡头垄断或在现实中比较典型的双头垄断的局面。“战略”一词的意义是在寡头垄断模型中，政策制定者需要在考虑外国企业或政府的反应行动的基础上制定自己的最佳行动纲领。

一般来说，在战略性贸易政策模型中，政府进行干预的目的是获得租金或额外利益——它们的获得是以牺牲其他国家利益为代价的，或者是借以避免他国牺牲本国利益。因此，在战略性贸易政策模型中，所有事情都建立在这样一种假设基础上，即租金如垄断利润或额外利益的存在。不同的模型描述了政府的干预行为怎样能够提高一个国家在这些租金或利益中的份额——利润转移或租金攫取就是这种行为的实质性内容。

下面我们介绍几个最著名的战略性贸易政策模型，以挖掘出战略性贸易政策这一概念的基本内涵，以及为什么这个观念引起这么多的注意。然后是对理论及经验性研究的概括性总结。

1. 简单古诺两阶段模型中的战略出口补贴——布兰德-斯宾塞模型及其对斯塔克尔伯格非对称双头垄断结论的扩展

对战略性贸易政策的大量研究和文献可追溯到布兰德和斯宾塞 (Spencer) 在 1981 年发表的一篇开创性文章《存在潜在进入者条件下对外国厂商征收关税和抽取垄断租》。此后，两人对战略研发补贴和出口补贴等进行了广泛的研究，提出了在寡头竞争条件下政府通过最优出口激励政策把本国推向古诺-纳什均衡或伯特兰-纳什均衡下的斯塔克尔伯格领导者 (Stackelberg leader) 地位的理论。下面首先介绍布兰德和斯宾塞提出的传统出口补贴理论，之后对其假设条件进行现实考虑，介绍战略性贸易政策理论的一些新扩展。

假设国内外两个厂商生产同质化产品，全部出口到第三国市场进行古诺竞争。在这种情况下政府就有动机干预本国出口，通过出口补贴改善本国企业在国际市场中的地位，增加其市场份额并从外国厂商手中转移利润。因此在两阶段博弈中，第一阶段，两国政府根据对产业结构的了解 (同时) 选择补贴水平；第二阶段，厂商根据补贴水平决定产出水平。

首先考虑本国政府采取单边出口补贴政策的情况。本国厂商的利润函数为

$$\pi(x,y;s)=xP(x,y)-C(x)+sx \tag{13-19}$$

式（13-19）中，x、y 分别为本国和外国厂商生产同质化产品的数量，s 为出口补贴，P 为在第三国市场上的价格，C 为生产成本。使本国厂商利润最大化的条件为

$$\pi_x=xP'+P-c_x+s=0,\pi_{xx}=2P'+xP''-c_{xx}<0 \tag{13-20}$$

同理，从外国厂商的利润函数 $\pi^*=yP(x,\ y)-C^*(y)$ 可以得出一阶、二阶条件 $\pi_y^*=yP'+P-c_y^*$，$\pi_{yy}^*=2P'+yP''-c_{yy}^*<0$，同时对两国厂商利润最大化条件求解，可得出非合作均衡解。

本国政府的出口补贴使本国厂商的边际成本下降，继而增加本国厂商的边际利润。如图 13-5 所示，本国厂商的出口随着出口补贴增加而增加，本国反应曲线右移，继而减少外国厂商的出口。同时，有下面两个条件：

$$\pi_{xy}=P'+xP''<0;\ \pi_{yx}^*=P'+yP''<0 \tag{13-21}$$

式（13-21）表示本国出口的增加会减少外国的边际利润，而外国出口的增加会减少本国的边际利润。另外，如果需求曲线是非常凹的，那么在边际成本递增的情况下下列公式成立：

$$\pi_{xx}<\pi_{xy},\ \pi_{yy}^*<\pi_{yx}^* \tag{13-22}$$

$$P_s=\frac{\mathrm{d}P}{\mathrm{d}s}<0,\ \pi_s=\frac{\mathrm{d}\pi}{\mathrm{d}s}>0,\ \pi_s^*=\frac{\mathrm{d}\pi^*}{\mathrm{d}s}<0 \tag{13-23}$$

即本国补贴的增加降低出口产品的世界价格，增加本国利润而减少外国利润。

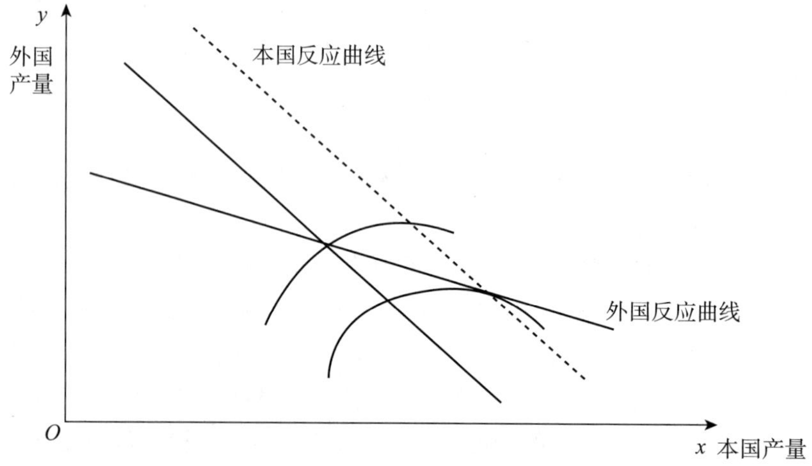

图 13-5　布兰德-斯宾塞的利润转移模型

从政府的角度来看，本国厂商由于在出口市场上扩大份额而增加的利润大于政府的补贴成本，因此本国福利是增加的。设本国福利 $W_s=\pi(x,\ y;\ s)-sx$，当 $s=0$ 时，$W_s>0$，说明补贴的增加使本国福利也增加。因此，本国政府存在单边的补贴动机来使本国福利最大化。总之，最优出口补贴改变非合作均衡状态使之有利于本国的出口企业，并且使其处于斯塔克尔伯格领导者地位。

出口补贴对企业利润的影响可分解为利润转移效应与贸易条件效应。如果本国是大国，那么补贴增加引起的出口增加将使出口产品的价格下降，恶化本国的贸易条件。但是寡头厂商会使增加的出口产品的价格仍大于边际成本，因此净利润是增加的。出口补贴导致的出口增加的正效应大于贸易条件恶化的负效应。

在图 13-6 中，假设 x 是寡头垄断竞争产品，与前面的假设不同的是，一部分 x 在国内消费，m 是完全竞争产品。C 点是完全竞争状态下的生产点，对应的消费点是 Q_c，效用水平是 U_c。非合作均衡下的生产点为 N，消费点是 Q_n，Q_nN 的斜率的绝对值大于生产可能性曲线在 N 点上的斜率的绝对值，表明边际利润为正。在这一点上的补贴会使生产点沿着生产可能性曲线向下移动，恶化贸易条件，从而使本国福利下降。出口补贴使生产点移动到 S 点，x 的产量增加而贸易条件恶化。但是本国福利却提高了，表现为本国达到了更高的效用水平 Q_s。

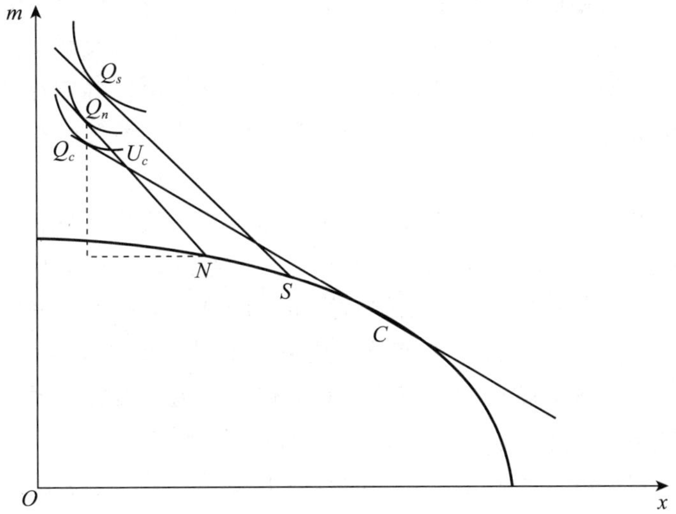

图 13-6 布兰德-斯宾塞模型的福利效应

布兰德和斯宾塞还证明了在两国政府同时干预本国出口的情况下，使两国各自福利最大化的出口补贴为正，说明在非合作均衡状态下，两国政府都有对出口进行补贴的动机。但是，如果两国政府达成协议，同时把补贴降到非合作均衡状态值以下，两国的联合福利会增加。问题在于在取消一国出口补贴的情况下，另一国违约将会使履约方的福利比在非合作均衡状态下更糟，因此两国最终会选择次优的结果。

除了上述布兰德-斯宾塞基本理论以外，还有其他一些理论从不同的角度出发进行了更接近现实的思考。

(1) 迪克西特和格罗斯曼放松了经济中只有一个寡头垄断行业的假定，考虑同时存在多个寡头垄断行业的情况。他们假设每个行业都有一个本国企业和一个外国企业，均以古诺方式竞争，且其产品均销售到第三国市场上。他们还假设存在两种生产要素——工人和科学家，其中科学家是寡头垄断行业专用的，其供给是固定的，缺乏弹性。在这种情况下，一国通过出口补贴来支持某一行业在国际市场上竞争的动机减弱了，这是因为一个寡头垄断行业企业的扩张和与此相联系的利润转移利益必然伴随着其他寡头垄断行业企业的收缩和利润损失。如果把战略性补贴政策放在更大范围的贸易政策博弈中考虑，取消对出口的补贴会使国家福利上升。

（2）战略性贸易政策的基本模型假定企业数目是固定的，但实际上，出口补贴或其他扶持本国企业的措施给现存企业带来的利润增加很可能引致新企业的进入。例如，霍斯特曼和马库森在 1986 年的研究中指出，这不仅将造成行业集中度的改变，还会提高行业的平均成本，从而可能使从利润转移中获得的利益被驱散。

（3）对战略性贸易政策分析有重要影响的另一方面问题是企业与政府决策的时序。在基本模型中，假定政府在企业决策前率先采取行动。卡梅尔（Carmichael）在 1987 年的研究中考虑了与此相反的情形。他假定本国和外国寡头企业在第三国市场上出售差异化产品，企业间进行伯特兰（价格）竞争，并且在政府决定补贴或税率之前制定价格。政府与企业行动顺序的颠倒对模型的结果产生了重大影响。给定外国企业制定的价格，对本国而言只有一个价格能使本国利润和福利最大化。如果本国企业制定的价格高于该价格，政府就会对企业进行补贴。在这里，补贴本身并没有多大意义，政府之所以会补贴是因为企业预期政府会这样做，所以在第一阶段总是把价格确定在最佳水平之上。这样，与政府比企业先行动的情况不同，在伯特兰竞争方式下最佳政策由出口税变为了出口补贴。

对战略性贸易政策基本模型的扩展丰富了战略性贸易政策理论。一方面，这些扩展使模型的假定更接近现实经济，考虑的情况更为全面细致，从而细化了战略性贸易政策的建议；另一方面，这些扩展也反映出战略性贸易政策基本模型及其结论比较依赖一些特定的假定条件，一旦这些条件发生变化，战略性贸易政策的实施效果就会受到影响，或者政府应采用的最佳政策就会发生变化。对战略性贸易政策的大量研究及有关战略性贸易政策实用性的争论也正好说明了此理论还有待发展和完善。

下面让我们把讨论的范围稍微扩大，即看一下关于另一个著名的战略性贸易政策模型——战略幼稚工业模型的争论。

2. 学习曲线的迅速下滑模型——战略幼稚工业模型的争论

克鲁格曼在 1984 年设计了一种模型，这一模型就人们熟知的有关幼稚工业中政府干预的争论提出了战略方面的问题。不论是从历史的还是从现行的角度来看，幼稚工业问题总是被理解为一个有关国际竞争的问题，尤其是一个在传统工业国家和新兴工业化国家之间的政策竞争问题。亚历山大·汉密尔顿在 1791 年的《关于制造业的报告》中阐述了临时性保护措施有助于刚刚建立和起步的美国制造业的观点。后来李斯特进一步完善和发展了这一观点。

但是，到 20 世纪 80 年代初期，有关幼稚工业的争论剔除了有关战略的内容，即关于政府干预的理论争论不依赖于已知政策的冲突或外国竞争企业的预期反应。

这些争论往往是有利于幼稚工业的，如果说有什么根据的话，正如戈登（Golden）在 1974 年和 1986 年的研究中所指出的，这些争论是在干预国内部存在国内市场扭曲的情况下成立的。相关的三种扭曲现象是文献中被普遍论及的：资本市场的不完全性使得新的具有潜在盈利性的产业无法启动；当开拓性的企业无法留住它们在创业期训练出来的工人时，干中学（learning by doing）的外部效应开始出现；由于知识或技能的扩散而出现的干中学的外部效应，对一个处于婴儿期的产业可能尤为重要。对于任何一种扭曲来说，干预政策的最优形式是一种国内干预，比如贷款担保、培训计划或对 R&D 活动的相应补贴。由于政策制定者试图解决的问题不是贸易上的扭曲，所以，对国内市场的临时性保护措施是一种成本相当高昂的干预手段。外国企业或政府在传统理论所讨论的问题中不应该发挥任何作用。这时，采取行动的只是一个小国，它只能以世界价格作为既定的前提条件。在这个条件下，政府的干预行动可以使幼稚工业的学习曲线向下移动，并使该国的生产可能性曲线逐渐向外移动。国家福利的提高是由于这个国家在既定资源条件下能够做更多的事情。然而国家间如果没有租金的转移，外国企业或政府当然也就不会采取任何行动。作为传统贸易模型的一个扩展，传统的幼稚工业问题假定了一个完全竞争的世界市场，在该市场上有许多外国企业，这些外国企业已经完成学习过程，本国产业则需要临时性的援助，以赶上外国企业的发展阶段。

克鲁格曼通过一种非正统的假定，从根本上改变了传统分析的焦点，该假定使一个国家可以通过限制进口的战略部署来实现另一种福利收益。他的分析依赖于两个基本的要素：卖方的国际垄断和规模经济。关于卖方垄断，克鲁格曼假定有两个企业，即一个本国企业和一个外国企业，每个企业都生产单一的产品，向许多市场销售，但国内和国外的市场由于政府的政策被分割开了。两个企业的产品是相互替代的，但不是完全替代的。与布兰德和斯宾塞一样，克鲁格曼假定两个企业在任何时候都是按照古诺双头垄断模式行事的，结果是获得了一个多元市场的古诺模型。

由于政府干预行为会在竞争双方的边际成本上引起相反的结果，即国内生产者因外国生产者被逐出而在国内市场上销售比以往更多的产品，这样的话，国内生产者的边际成本将会下降，由于被逐出有保护的市场，外国生产者的边际成本因产量减少而上升。当外国生产者有所收缩时，国内生产者将进一步提高产出水平。这些调整将进一步引起双方在边际成本上的反向变化，这样的过程将持续到一个新的多元市场古诺均衡出现为止。这个模型的基本特征是形成了从边际成本到产量再到边际成本的循环的因果关系链条，而正是这一循环过程形成了进口保护和出口促进的机制。克鲁格曼并没有就他的战略性贸易政策模型进行福利分析，这一点包含在他关于增加出口对国内生产者具有盈利性的讨论之中。因此，干预国的福利提高源于额外出口所带来的利润加上国内销售的较低成本，超过对国内市场进行保护所引起的消费者剩余的损失。

除了有关规模经济和市场分割的假设之外，克鲁格曼采用了与布兰德和斯宾塞同样的方法，如前面对国内厂商出口行为的分析。在克鲁格曼模型中国内市场保护使国内厂商的反应曲线移动，同时使外国厂商的反应曲线向相反的方向移动。结果是一个新的古诺均衡，在这个均衡点上，国内厂商由于两个原因在出口市场上获得了一个较高的市场份额：降低了的边际成本使得扩张更具吸引力，同时外国厂商也乐于退出。相应地，外国厂商退出也有两个理由：竞争者的扩张获得支持和自身较高的边际成本。与在布兰德-斯宾塞模型中一样，政府干预行为的战略与原理是，干预行为能够带来具有盈利性的出口增长，而当双头垄断都基于自身的力量时，这种扩张的企图是难以获利的。克鲁格曼并没有确定干预的最佳水平，这种干预的目的在于实现布兰德-斯宾塞模型中的斯塔克尔伯格领导者地位；同时他也没有讨论两个（或以上）国家面临相似动机的情况，更不用说讨论有关国家规模大小不同的情况了。

在克鲁格曼模型中急速下滑的学习曲线作为政府干预的动机仅仅是因为干预所具有的战略效果。克鲁格曼在其模型的一个版本中假设了相对于规模的动态收益。这一点也与传统的幼稚工业问题相关，他没有依赖于干中学的外部效应或任何其他国内扭曲来寻求激励政府干预的因素。如果不考虑传统的规模报酬不变和完全竞争假设、贸易方式以及从贸易中获得的潜在利益，政府的干预行为就会更为敏感和突出。

总之，现代国际贸易理论重新获得了生命力，它最终接受了一种用不完全竞争理论来研究国际贸易的新问题、新现象的方法。正如迪克西特在 1986 年总结的那样："最近的研究包括了支持几乎所有有关贸易政策的流行观点，这一政策在几年前才冲破了经济学家们有关自由贸易的传统聪明才智。现在重商主义者在争论如何在利润转移的基础上论证限制进口和鼓励出口的有效性。政府能够通过学习曲线每一个微小的下降，一个行业一个行业地获得永久优势……宣称自己的政府也应该更积极地采取这种政策，已经不再是不能考虑的了。"

在美国，多年来有一种认识或观念在支撑着强烈的保护主义，那就是认为美国的制造业落后于国际水平，这不是因为相应产业缺乏努力或能力，而是因为其他国家在使用"不公平"的手段推动它们的产业发展。结果是，美国对审查贸易伙伴的经济政策越来越感兴趣，并在《1974 年贸易法》中制定了"301 条款"及"特殊 301 条款"，实施自己的产业政策，以保护其经济。

欧盟受传统的干预主义思想的影响，也迅速制定相应产业政策。空客在政府支持下的进入（主要是与波音抗衡），就是政府战略性干预的最好例证。空客在使先前的领导者波音受损的情况下获得了世界民用航空器市场的很大份额。几乎毫无疑问的是，政府的补贴使空客能够赢得比没有这种补贴时更大的市场份额。

3. 对战略性贸易政策理论的评价

战略性贸易政策理论并不是对传统贸易理论的全盘否定，而是在继承的基础上有所突破和发展。战略性贸易政策理论认为资源禀赋的相对差异是比较优势的来源之一，但更重要的是规模经济优势带来的比较优势，而规模经济优势在很大程度上取决于政府的干预。因此，传统贸易理论与战略性贸易政策理论之间的争论在本质上是自由主义与干预主义之间的争论，自由主义认为政府的干预只会引发经济扭曲，经济问题只能靠市场解决；而干预主义认为经济扭曲来自市场失灵，必须通过政府干预进行纠正。

在现实的国际贸易中有许多战略性贸易政策在发挥作用，这包括在 WTO 框架内的多边贸易谈判和对出口国企业征收反倾销税的过度运用以及美国"301 条款"的大量使用等。美国"301 条款"作为改变贸易战略预期的战略性贸易政策手段，称得上是战略性贸易政策最为出色的运用，这在近年来的中美、美日贸易谈判中可略见一斑。

但需要指出的是，战略性贸易政策理论还缺少完整的政策结论，或者说战略性贸易政策模型所达到的实用性还不能作为现实政策的基础。而且实证研究工作尚不足以确认在什么情况下可以运用战略性贸易政策来显著地提高一国的福利水平。

由于战略性贸易政策理论是建立在不同的假设基础上的，政策的实施要求对市场结构、厂商行为和厂商预期利润等有比较准确的掌握，这样就面临着一个信息问题，因为信息不完全，对于政策制定者来说，确定一些具体的产业并进行干预以真正地提高国家福利是非常困难的，甚至是不可能的。与此相联系的就是政府是否能够避免企业寻租，从而保证政策的有效性和有力实施。

四、关于贸易保护的其他论点

传统贸易保护理论及其在现代的发展，除了前面介绍的以外，还有其他种种主张保护贸易的经济的和非经济的论点。比较有影响力的是：（1）矫正国内市场扭曲的超贸易保护论。（2）维持高工资水平、增加国内就业的贸易保护论。（3）改善国际收支（BOP）的贸易保护论。（4）维护公平贸易论。（5）为了国防或国家安全的贸易保护论。

1. 矫正国内市场扭曲的超贸易保护论

该贸易保护论认为，在国内市场不完善形成扭曲（生产扭曲、消费扭曲或要素扭曲等）的情况下，应采取征税或提供生产补贴等保护措施，以纠正扭曲，增进福利。

当国内市场存在扭曲时，应针对扭曲产生的根源采取相应的措施，这样才能纠正扭曲。例如，如果生产出现扭曲，可以通过征收关税或发放生产补贴进行纠正，一般情况下，通过征收关税纠正生产扭曲并不能使福利达到最大化，福利甚至可能会减少，最优的办法应该是发放生产补贴；如果消费出现扭曲，纠正办法是征收相应的消费税；如果要素市场不完善，像部门间存在着工资差异所形成的要素扭曲，对策是对要素征税与补贴；如果对外贸易中存在垄断而形成贸易扭曲，最优政策是征收关税等。

2. 维持高工资水平、增加国内就业的贸易保护论

该论点主要是西方发达国家为采取贸易保护政策而寻找的依据。发达国家为了减少劳动密集型产品进口对国内工资水平与就业的冲击，提出了这种维持高工资水平与增加国内就业的贸易保护论观点，认为本国主要进口国内劳动成本较高的劳动密集型产品，因而对已失去比较优势的传统劳动密集型行业采取贸易保护政策能维持国内高工资水平以及劳动密集型行业的生存，从而使得生产增加，就业也增加。

然而，这种以减少进口需求来促进国内产业发展与增加就业的政策存在很多问题。首先，若一国通过关税、配额等措施限制进口，可能会引起他国的贸易报复。因为这种把本国的失业问题输出的以邻为壑的做法必然会导致贸易伙伴的报复，因此由保护带来的就业和收入提高只是暂时的。其次，若一国限制进口，其贸易伙伴的出口便会相应减少，贸易伙伴的就业和收入会随之下降，对进口商品的支出因而会减少，从而对限制进口的国家的出口需求会减少，该国通过保护措施获得的就业和收入提高将在很大程度上被抵消。

3. 改善国际收支的贸易保护论

当一国国际收支出现失衡，特别是出现较大逆差时，可以通过关税、配额等贸易保护措施限制进口，减少外汇支出，以达到改善国际收支的目的。这种贸易保护的临时性紧急措施能使一国的国际收支暂时改善，所以发达国家和发展中国家会不时求助于关税或非关税壁垒以减少逆差。但是，该论点忽略了一个事实，那就是国际收支状况是进口与出口的一种差额，仅减少进口（或外汇流出）并不能保证国际收支一定获得改善。以下这些情况的发生均会使本国无法达到改善国际收支的目的：在本国限制进口的同时，外国采取报复措施；本国对进口商品的需求缺乏弹性，关税亦无法有效减少进口；用于出口商品生产的投入品进口减少或价格上涨而削弱本国出口能力；本国进口减少导致外国的进口能力随之下降；本国进口减少使本国货币升值等。因此，改善国际收支的更为有效的办法应是改善经济结构、提高要素生产力，以增强本国产品的国际竞争力，使出口增加，并吸引外资流入。

4. 维护公平贸易论

WTO认为，国际贸易中的倾销、补贴等做法破坏了公平贸易这一国际贸易规则，因而为了维护公平贸易，必须以征收反倾销税和反补贴税等保护手段来抵制倾销和补贴。当一国对出口产品进行补贴，或以低于正常价值的价格进行倾销，或以其他不正当手段进行不公平竞争而使贸易伙伴遭受不利影响时，后者采取征收反补贴税或反倾销税等措施来抵消不公平贸易的影响的做法是正当的。

但是，在实践中，维护公平贸易论常常被滥用。一方面，因为一些国家在实行保护时不加区分地对待普通商业策略和不公平贸易行为。例如，有的国家对贸易对手厂商以低于国内市场价格进行的销售不分青红皂白地征收反倾销税。实际上，有些低于国内市场价格的销售是厂商追求利润最大化的合理策略，而且对进口国并无损害或未产生不利影响，因而不应受到谴责。1967年在GATT下达成的反倾销协议明确规定了只有在倾销对进口国的同类产业或相近产业产生重大损害或严重威胁时，才允许实施反倾销税。另一方面，各国对不公平贸易解释的不一致也导致了以维护公平贸易为由的保护手段的滥用。不公平竞争的定义已从最初针对国际贸易中因为政府参与而出现的不公平竞争行为发展到现在的贸易伙伴的市场开放不对等，甚至比较成本的差异这一贸易基础也被歪曲为不公平竞争。例如，所谓保护就业论和保护工资论等，就是发达国家针对发展中国家的廉价劳动力而设立的壁垒，这实际上是对维护公平贸易论的滥用。这种保护措施的滥用会使国际贸易偏离公平贸易更远，因此各国应自觉采取真正能限制不公平贸易的正当措施。

5. 为了国防或国家安全的贸易保护论

这种保护论观点认为，对于有关军用及国防需要的产业和关系国计民生的产业（如农业）等，国家应以关税、补贴等手段加以保护，达到自给自足的目标，以摆脱对外国的依赖，加强国防力量，维护国家安全。

国家安全论的基本思想是主张限制进口，以保持独立自主的经济，增强民族自信心和自尊，同时限制关键技术的出口，以保持本国特有的优势。由于20世纪以来战争连续不断，第二次世界大战后又经历了长期的东西方“冷战”，这一论点经久不衰，并被发达国家当作保护特殊利益集团的利益的论据。

但是，这种基于政治与军事而非经济因素的考虑，将导致本国资源配置的扭曲和产品价格的提高。而且，保护有关国防的一些重要产业，使其免受国际竞争的威胁会妨碍创新，从长远来看，国防力量将因缺乏创新而受到削弱。

第四节　贸易保护的政治经济学分析

一般经济学理论令人信服地论证了自由贸易引导资源进行最有效的配置，使一国福利达到最大化的水平。实证研究显示，单边或双边的关税削减可以获得巨大的福利收益。然而，现实告诉我们关税与其他贸易限制措施盛行于所有的时期和所有的国家，世界上持续存在一种不断增长的贸易保护主义危险。贸易理论关于自由贸易能够使福利增长的主张仿佛并没有被普遍接受。

理论与实践之间的明显差距源于两个方面：第一，可能是政策制定者受到错误信息的误导，不懂得单边削减关税对增进福利的效应。在某些出口部门，生产者和消费者没有充分地理解较高的进口关税会因为进口的成本上升、其他国家的报复、其他国家收入的下降而威胁本国产品的出口，同时大部分消费者并没有充分认识到进口壁垒提高了他们的生活成本。

第二，国际贸易理论所包含的假设条件并不完全是从实践中得来的，特别是假设市场是完全竞争的，但实际上市场一般不是完全竞争的，市场并不具有充分的弹性，从一般帕累托最优贸易自由化的角度进行再分配以补偿受损者是困难的，有时甚至是不可能的。

一旦离开了完全竞争和交换没有摩擦的世界，就必须考虑政治的力量。这在建立国际贸易理论时被忽略了，取而代之的是一个宽容的、无所不知的政府存在。可以运用不会引起扭曲的税收和补贴来使社会处于效用可能性边界上。如果这些假设在现实中不存在，一个保护贸易的立场就必然会出现，正如最优关税的观点。最优关税的论点认为，在特定的条件下，一个国家可以通过对出口或进口进行限制来改进其物质福利。近年来，强调生产中的规模报酬递增和不完全竞争引起了对政府干预自由贸易的新争论。

现实中有各种各样的理由支持贸易保护，但为什么政府最终采用的是某种保护措施而非另外一种呢？为什么政府要对一种商品征收较高的关税而对另一种商品征收较低的关税呢？事实上，贸易政策的决定不仅是政府的一种经济选择，也是一项政治与社会决策。近年发展起来的贸易保护的政治经济学理论将公共选择的分析范式引入传统贸易理论，试图从政策决策过程的角度去探求贸易扭曲政策存在的真正原因。贸易保护的政治经济学主要从规范和实证两个方面来解释和描述贸易政策的定义、产生原因，以及政策制定的政治意图、决策过程、机制和结果。

一、贸易保护政策决定的基本框架

像产品的价格是由市场的供给与需求决定一样，一项具体贸易政策的决定也是由政策需求和政策供给决定的。

1. 对贸易保护政策的需求

从需求方面来看，对一项政策的需求既要求有相关的个人利益和集团利益，又要求有代表和反映这些利益的组织。任何一项政策的实施必定会涉及各种利益，那么这些不同的利益集团是通过什么样的形式和渠道来表达对政策的偏好和需求的呢？是通过对政府的游说工作，还是通过在政府中代表这些利益集团的政党或代言人来表达，抑或是直接通过社会舆论或民间团体来对政府施加压力？这一般取决于一个国家的政治体制。不过在多数情况下多种方式和渠道一般会同时使用。

在图 13－7 中，横轴表示关税水平，原点则表示关税为零，纵轴表示与贸易保护行为相对应的成本与收益。*OA* 表示游说的成本（总成本），曲线向上倾斜，即提高关税对特定的利益集团来说越来越困难（代价上升）。*OBC* 表示得自贸易保护的收益，起初，关税上升得越多，收益也上升得越多，当关税上升到曲线最高点 *B* 时（禁止性关税）收益不再上升，而且曲线显示的是递减的边际报酬。利益集团的游说效果在关税提高到 t^* 时达到最优。在该点上，收益与成本之差（租金）最大。

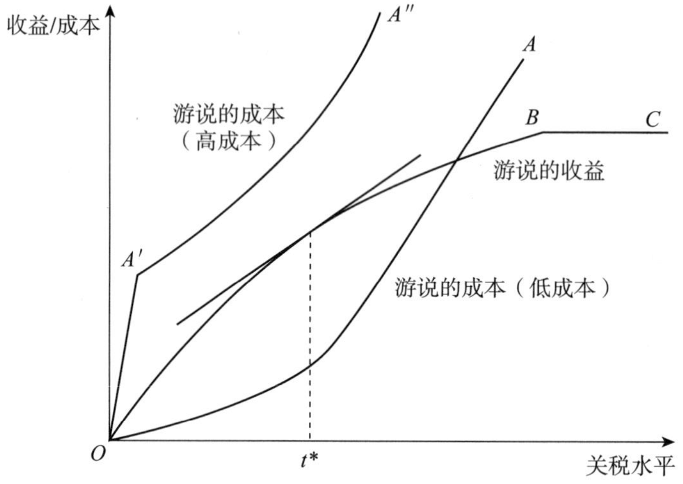

图 13－7　关税保护游说活动的最优水平

*OA′A″*表示游说的高成本曲线，即对一项收益曲线为 *OB* 的贸易政策，利益集团是不会进行游说的，因游说的成本远高于所获得的收益。

对于任何贸易保护政策，既有赞成的利益集团，又有反对的利益集团。

（1）赞成贸易保护的集团。

1）进口竞争企业对贸易保护具有最大的兴趣。

2）向进口竞争企业提供投入品的企业对贸易保护具有强烈的兴趣。

这两类利益集团常以特定经济部门的工会和工人组织、资方代表的身份，声称提高保护水平会显著提高国内的就业水平、产量和利润，从而要求提高关税或不削减关税限制与数量限制。当国内存在较高失业率时，这种观点更能受到政府的重视。

（2）反对贸易保护的集团。

1）出口商（国内、国外）、进口商与分销商（连锁零售商）。对外提供产品的厂商认识到，国内日益增长的贸易保护主义可能会引起外国的报复，威胁到它们的出口销售。如果自己的国家不降低保护程度，它们就无法指望扩大它们的海外市场。

2）跨国公司。跨国公司在全球范围内进行生产、销售，一般倾向于自由贸易。

那些在生产过程中使用进口投入品的国内企业也会对贸易自由化感兴趣。不过，这类企业经常同时属于进口竞争企业，有着保护贸易的利益，所以它们的政治立场比较暧昧。

3）消费者。消费者倾向于低关税（较低的价格，较多的选择），可是，消费者集团对贸易政策的影响很小，原因除了消费者很难组织起来外，还有他们一般都是企业雇员。他们的收入来自企业，结果是消费者更多地关注他们在生产方面的地位，而这个地位经常得益于进口保护政策，同时由于要证明关税等保护手段所引起的单位消费者福利损失是相当困难的，所以消费者对贸易政策几乎没有什么影响。总之，关税和非关税壁垒机会成本的不可见性和间接性很难激励消费者在政治上为削减关税和非关税壁垒而斗争。

贸易保护构成了一种公共产品，它影响一个特定经济部门或行业的所有成员，但由于存在可以从“搭便车”中获得收益的情形，所以，即使在一个特定经济部门或行业中来自进一步保护的收益可能非常大，有时也可能存在难以甚至无法筹集到必要的游说经费的情况。不过，贸易自由化的收益扩散得更为广泛，因此在反对贸易保护的利益集团中存在更强烈的“搭便车”倾向。

到底是赞成贸易保护还是反对贸易保护占上风，取决于有关集团的政治权重和它们在政治过程中提出要求的强硬程度。一个关键的因素是组织和获得有效支持的游说活动所需的经费（资金来源）。一般来说，这种经费的筹集在生产者方面要比在消费者方面容易得多。因为在一个特定的部门里经常只有几个生产者，他们很容易组织起来，筹集资金相对容易，贸易保护的利益分配也很集中。而反对贸易保护的游说活动相对来说复杂得多。因此，我们对贸易保护需求有两个一般性的认识：第一，赞成贸易保护的利益集团有声势浩大的游说活动；第二，反对贸易保护的利益集团有较弱的游说活动，因为消费者和出口商缺少激励，难以有效地组织起来。

应该注意的是，传统的贸易理论认为利益集团是按照要素组织起来的，即所有的资本利益集团会推动自由贸易（如果资本要素在国际上更具有竞争力的话），而所有的劳动利益集团则会要求保护贸易，当然也可能反过来。但不会出现部分劳动利益集团赞成贸易保护而另一部分劳动利益集团赞成自由贸易的情形，同样，资本利益集团也不会在贸易政策问题上分割开来（Stolper & Samuelson，1941）。但与传统施托尔珀-萨缪尔森定理的观点不同，现代利益集团一般是按照行业或部门组织起来的，而不是按照要素组织起来的。

2. 对贸易保护政策的供给

贸易保护水平及其变化是由政治决策或政府决定的，在这些政治决策中，政治家和行政官员起着主导作用。贸易政策不是由公众投票直接决定的（只有瑞士例外）。贸易保护与自由贸易之间的选择只是选举中所争论的众多问题中的一个，在许多国家，贸易政策是由内部的经济和政治问题决定的。

世界各国政府都在追求一些特定的目标，在这些目标中有一个与贸易保护相关。在多数国家，当政者面对的最重要限制是需要再次当选。当一个政党害怕在未来的选举失利（失去民心）时，它就会采取一种能够在选民中提高声望的政策。尽管一个政党承诺了自由贸易（对外），它也有可能被迫求助于贸易保护主义（对内），只要这样的政策可以增加它再次当选的机会。在对外贸易问题上，一个想再次当选而又不能确保成功的政党，往往对有组织的利益集团所提出的贸易保护需求十分重视，希望它们能够送来一些确定的选票，尤其是希望它们能为竞选活动提供资金帮助。而该政党对消费者可能并不需要特别在意，因为这类选民对自由贸易的兴趣并不是非常强烈。

国际收支平衡也是一个对一国政府有约束力的限制因素，国际收支平衡表中一个较大的赤字就可能引起贸易保护主义措施，即使政治家或政策制定者在理想上反对提高关税或非关税壁垒（因为这些措施往往是效率低下的补救措施）。

在形成关税中发挥重要作用的另外一个角色是行政管理部门。官僚效用函数中的主要因素可以假设为威望、权力和影响力，这些因素与各种团体相关或与某个特定的经济部门有关。例如，农业中的行政官员的服务对象或“顾客”是具有农业利益的集团。行政官员倾向于为他们的经济部门的利益而战斗，为关税制定而工作，以便使其免受外部的竞争。正是由于许多行政管理部门是按照行业组织起来的，它们比政治家更加依赖与这个特定行业的关系，结果是官僚必须更密集地使用手中的工具来实现他们的目标：他们力求比政治家更坚定地保护与他们相关的经济部门，反对外国的竞争，因为政治家还有其他手段可以用来支持相关的行业。

3. 结论性评价

尽管国际贸易理论证明了一个国家单边地向自由贸易发展会使自身福利最大化，而且贸易保护主义造成的相应损失也被越来越清楚地认识到，但在现实中我们看到的是有关关税削减的密集的讨价还价和互惠协议。根源到底是什么呢？现在我们清楚了，因为贸易保护政策是在政治市场里决定的，赞成关税与非关税壁垒的集团主要由进口竞争行业（资本所有者、管理层和工人等）组成，它们具有强有力的政治地位，因为它们对贸易保护的需求是清晰可见的，利益是集中的，组织化的问题是很容易解决的。反对关税与非关税壁垒的集团主要由消费者组成，但他们要有效地组织起来很困难，因为存在着“搭便车”问题。贸易保护的水平和结构是需求方和供给方相互行动的结果，这种政治上的均衡可以用多种方法进行模型化分析。

关税与非关税壁垒与进口竞争行业的集中程度和重要程度具有正相关关系。正值夕阳、低技术、低工资和就业量大的经济部门得到保护的机会很大。一个行业的竞争越激烈，在其他条件不变的情况下其得到保护的程度就越低。

实证分析表明，当一个国家的经济变得脆弱时，来自贸易保护主义的压力是最强烈的，尤其是国民经济发展低迷、失业水平升高、对外贸易地位不理想（贸易条件恶化）的时候。但是，当通货膨胀率上升时则会产生削减关税与非关税壁垒的压力。

二、贸易保护政策决定的政治经济学模型

20 世纪 80 年代以来，国际贸易政策制定中的政治和社会因素越来越受到经济学家的重视。与此相对应，经济学家在国际经济学领域建立了一些政治经济学模型，包括中点选民模型、集体行动和有效游说模型以及竞选贡献模型与政治贡献模型等。在这些模型中，政府的目标是成功地掌握政权和维护政权的稳定而非社会福利最大化。

1. 中点选民模型

中点选民模型假设政府是民主选举产生的，任何一个政党只有得到了多数选民的支持才有可能执政，因此，政府在选择任何经济贸易政策的时候都必须考虑如何得到多数选民的支持。

政府怎样才能选出会得到多数选民支持的政策呢？重要的方法就是尽可能地选择靠近中点选民的意见的政策。所谓中点选民的意见，一般就是介于两种意见之间的观点。以中点选民的意见为界，一边更为保守，另一边更为激进，且两边人数一样。下面我们用一个简单的例子来说明这一模型。

假设本国有 9 个选民，他们对关税的偏好都不同，我们根据他们对关税的意见从低到高进行排列，如图 13－8 所示。

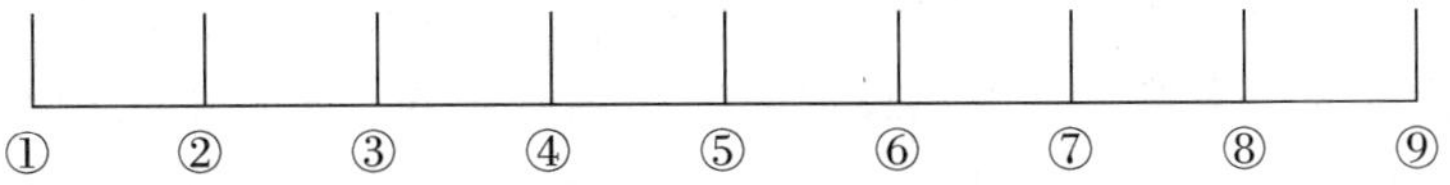

图 13－8　中点选民模型

假设第①个选民主张关税税率为 1%，第②个选民主张 2%，依次类推，因此第⑨个选民主张 9%的关税税率。在这里中点选民是第⑤个选民，中点选民的意见是关税税率定在 5%。再假设本国有两个政党，如民主党和社会党。两党都想得到大多数选民的支持。在贸易政策的选择中，假定民主党选择征收 7%的关税税率，而社会党选择征收 6%的关税税率，这时，主张高关税的选民（⑦、⑧、⑨）就会支持民主党，但主张低关税的选民，包括从第①个到第⑥个选民就会支持社会党。从第①个到第⑤个选民的意见虽然没有被采纳，但相对于主张 7%的关税税率的民主党来说，社会党更接近他们的意见。如果这时有第三个政党，比如说进步党，选择了关税税率为 5%的政策，那么，第①个到第⑤个选民就会转而支持进步党，支持社会党的就会只剩下第⑥个选民一人。

我们再假设民主党主张征收 3%的关税税率，而社会党选择 4%的关税政策，那么，只有第①个到第③个这 3 个选民会支持民主党，而其余的 6 个选民会偏向社会党。由此可见，越接近中点选民意见的政策越能得到大多数选民的支持。若这时又出现第三个政党，比如说还是进步党，选择了关税税率为 5%的政策，那么，从第⑤个到第⑨个选民就会转而支持进步党，支持社会党的就会只剩下第④个选民一人。这就是中点选民模型。

2. 集体行动和有效游说模型

贸易政策的中点选民模型在理论上似乎没有问题，可是如果观察一下实行民主选举制度的国家的贸易政策实践，我们不难发现，在许多情况下，贸易政策保护的是少数人。例如，几乎所有的发达国家都保护农产品，而农民占这些国家的总人口都不到 10%。在发展中国家中农民占大多数，但这些占大多数的农民不但得不到保护，政府还通过对出口的控制压低国内的农产品价格，间接地保护了人数较少的城市中的农产品消费者。

钢铁、纺织品等在美国已是夕阳产业，就业人数越来越少，但它们受保护的程度仍很高，占大多数的消费者为保护这些少数人的利益而付出了不小的代价。那么，怎样解释政府选择这种牺牲大多数人利益来保护少数人利益的贸易政策行为呢？研究公共政策的经济学家提出了集体行动（collective action）理论[①]，认为一种政策是否被政府采纳并不取决于受益或受损人数的多少，而是取决于利益集团的集体行动是否有效。

假设一国政府在考虑是否要对进口的小麦征收10%的关税，从表面上看，征税的结果是损害消费者的利益，消费者因而会反对这项政策，本国的小麦生产者则会因得到保护而支持征税。从人数上来说，小麦的消费者一定比生产者多，但在集体行动方面，消费者一定不如生产者有效。主要原因是，人数越多，“搭便车”的人越多，积极参与的人反而越少，意见也不容易统一，集体行动的效率低，而人数少却更容易组织得好，在影响政府政策的游说中，人数较少的利益集团容易统一，从而在集体行动中步调一致，在游说中能够取得成效。

在前面我们已经述及，赞成贸易保护的利益集团（如小麦生产者）有声势浩大的游说活动。根源何在？原因就在于集团中个人利益的相对集中。政府如果对小麦征收10%的关税，消费者作为一个整体来说其总损失要比生产者收益和政府关税收入的总和还要大，但如果将总损失除以消费者总人数，每个消费者的损失就会很小。另外，对于每个生产者来说，这一政策所产生的利益就会很大，值得为此不遗余力地争取。在这种情况下，生产者参与影响政府政策的集体行动和游说活动的积极性远远超过消费者，甚至会因此而极力支持政府或反对政府，对政府能否实现其稳定执政的目标影响较大。政府面对的一边是对任何政策实际上都无所谓的消费者，另一边却是弄不好会为此拼命的生产者，在这种情况下，政府往往会选择使总福利水平下降、大多数人受损而少数人受益的贸易政策。

3. 竞选贡献模型与政治贡献模型

关于贸易政策决定中的竞选贡献或政治贡献因素，经济学家梅吉（S. P. Magee）、布罗克（W. A. Brock）和杨（C. Young）于1989年建立了一个竞选贡献模型[②]，格罗斯曼和赫尔普曼在1994年则在更广泛的意义上建立了政治贡献模型[③]，明确地提出了政治因素在贸易政策制定中的作用。格罗斯曼-赫尔普曼模型还可以用来解释非民主选举制国家中的贸易保护现象。

在民主选举制国家里，执政党之所以能够胜出，是因为有选民的支持，因此，每个政党都代表一定人群的利益，特别是一些特殊利益集团的利益，而这些利益集团也在竞选中积极支持能考虑它们利益的政党，因而贸易政策的制定必然要受到执政党支持者的影响。例如，在美国的两党中，工会（主要是劳联和产联）一般支持民主党，大财团或企业一般支持共和党。这些利益集团在国会和总统的竞选中出钱出力，极力支持各自的党派当选。这些党派的候选人一旦当选就会在力所能及的范围内制定或维持有利于这些利益集团的政策，否则他们就会在下一轮竞选中失去这些利益集团的资金和选票支持。

正如我们在前面对贸易保护政策的供给进行分析那样，大多数政府的目标函数是维护其政权的稳定性，所以对于帮助其连任的利益集团，政府会尽力加以保护。政府实行

---

① Olson M. *The Logic of Collective Action*. Harvard University Press，1965.

② Magee S P，Brock W A，Young C. *Black Hole Tariffs and Endogenous Policy Theory*. Cambridge University Press，1989.

③ Grossman G M，Helpman E. Protection for Sale. *American Economic Review*，1994，84（4）：833－850.

有利于这些利益集团的贸易政策是对它们提供政治支持的一种回报，保护这些利益集团本身也就是保护政府本身。

本章小结

1. 本章介绍了贸易保护主义的各种理论，并对理论上和实践中的问题进行了评析。一般认为，最古老的贸易保护理论是重商主义。重商主义主张通过开展对外贸易并保持贸易顺差来达到使本国财富增加的目的。

2. 传统贸易保护理论的典型代表是幼稚工业保护理论，这一理论的基础是生产力论，它考虑一国的长期利益，认为保护是短期的，短期保护的代价可以在长期得到补偿。这一理论在实践中有两个不易克服的困难：一是如何选择保护对象，二是如何选择保护手段。信息的不完全和政府的利益所在往往导致难以做出正确的选择，实践结果往往事与愿违。

3. 最优关税理论是大国可以选择的一种保护主义理论，而小国则不存在最优关税，从理论上讲小国征收的任何进口关税都是有害的。

4. 国际贸易乘数理论是新贸易保护主义的代表，这种理论主张出口如同投资是国民经济的注入，而进口如同储蓄是国民经济的漏出，因此，一国对外贸易的最好政策措施就是奖出限入，保持贸易顺差。这一理论的最大缺陷是容易引起贸易摩擦，甚至会引发贸易战，因为各国贸易是相互的，谁都不可能始终保持贸易顺差。

5. 现代贸易保护理论包括战略性贸易政策理论，其保护依据在理论上是成立的，但在实践中有许多困难。

6. 其他贸易保护的观点有改善国际收支论、增加就业论、维护公平贸易论、保护国防或国家安全论等，这些观点往往经不起理论上的推敲。

7. 在现实中，贸易政策的决定还要受到政治和社会因素的影响，贸易政策决定的政治经济学模型主要包括中点选民模型、集体行动和有效游说模型以及竞选贡献模型与政治贡献模型等。

关键术语

重商主义	幼稚工业保护理论	最优关税理论	国际贸易乘数理论
战略性贸易政策	改善国际收支论	保护就业论	公平竞争
国家安全	市场失灵	中点选民模型	集体行动
有效游说	竞选贡献模型		

复习与思考题

1. 何谓重商主义？简述重商主义的产生背景、意义与缺陷。

2. 研究显示，发达国家消费者为许多行业中每一个被保护的就业机会付出的代价都不小，那么政府为什么仍要保护这些行业？

3. 何谓幼稚工业？试述幼稚工业保护理论的基本观点及对现代发展中国家的借鉴意义。

4. 何谓国际贸易乘数？试述国际贸易乘数理论的基本内容并进行评价。

5. 何谓战略性贸易政策？试述战略性贸易政策理论的基本内容并进行评价。

6. 发达国家常以“保护公平竞争”“保护就业”“保护社会公平”为由对贸易进行干预，结合本杰明·富兰克林在1779年的名言“从来没有一个国家是被贸易所摧毁的”，评价发达国家的贸易政策。

7. 你认为什么产品可以以保护国家安全为由征收关税？

8. 假设美国通用汽车公司向中国出口一种先进的汽车零部件，通用汽车公司的出口成本为

$$TC=0.05q^2+100Q+2\,000$$

假设中国企业尚不能生产这种零部件，但对它有需求，需求函数为

$$P=200-0.2Q$$

现在中国政府为了分享通用汽车公司的垄断利润，向这种零部件征收每单位50美元的关税，试求这时中国政府从通用汽车公司分享到的垄断利润以及消费者损失。如果让你来制定关税，你会定在每单位50美元的水平上吗？为什么？

9. 假设在两国贸易模型中，不同政策下贸易对本国经济的影响如下：

		A国	
		不保护	保护
B国	不保护	(200，200)	(−300，500)
	保护	(500，−300)	(0，0)

(1) 如果A、B两国各自独立制定政策，它们会选择什么政策？

(2) 说明A、B两国经过谈判、互相协作时各自的福利水平都会提高。

10. 试从贸易保护的政治经济学角度分析现代各种贸易保护主义盛行的原因。

第十四章

发达国家的产业和贸易政策

所谓产业政策，一般是指政府利用各种干预手段调节产业结构，推动某些目标产业发展的政策。因此，广义地来看，当贸易政策被用来促进国内某些产业的发展时，也就属于产业政策的一部分。日本是战后长期实施产业政策比较成功的发达国家，其国民经济在一定时期内保持了高速发展。那么，什么样的产业政策才算是适当的政策？美国、日本和欧盟等发达经济体的贸易政策是如何演变的？这是本章讨论的主要内容。

第一节　有关产业政策的观点

产业政策就是政府鼓励资源流入那些政府认为对未来经济增长有重要作用的部门的办法。由于这意味着将资源从某些部门转移到另一些部门，产业政策总是以牺牲某些部门的发展为代价来推动其他部门的发展。这样，政策的选择就必须有一个标准：应当选择哪些产业予以鼓励发展？必须注意，哪些产业应当得到鼓励与哪些产业会发展并不是一回事。在一个市场经济中，由于市场力量的作用，一些产业会发展，另一些产业会萎缩。要设计出有用的产业政策，政府不仅要确定哪些是未来有发展前景的产业，而且要回答一个更困难的问题，那就是哪些产业应当比在市场作用下发展或萎缩得更快。例如，我们可能会说，美国的比较优势已经从钢铁、汽车这些“大烟囱”工业转向了计算机、生物技术这些高新技术领域。但是这一事实并不意味着美国政府应当鼓励资本投向这些部门，鼓励工人流向这些部门，因为在市场的作用下，这些资源已经在向这些部门转移。要说明政府有必要采取行动来鼓励这种资源的转移，就必须有理由说明由市场推动的这种转移太慢了。也就是说，要有需要政府干预的市场失灵现象。因此，无论是何种形式的产业政策，都必须以资源配置的自动性为前提，适当辅之以政府的倾斜性政策。

一、两种典型的产业政策

1. 鼓励出口的产业政策

鼓励出口的产业政策的特点是补贴生产，不管商品是在国内市场销售还是向国外出口都得到政府各种形式的资助。这些补贴既包括拨款、税收减免、低息贷款等直接的方式，也包括对某些出口产业生产集中的地方给予区域性支持等间接的做法。所有这些政策手段虽然看上去只是对具体企业或产业的支持，但实际上降低了出口企业的生产成本，提高了其出口竞争力，会起到促进出口的作用。

图 14－1 说明了产业政策是怎样促进出口的。图中的曲线 S 和 D 分别代表我国国内钢铁的供给和需求。假设在自由贸易的情况下我国生产 S_1 吨钢铁，出口 X_1 吨钢铁，消费 C_1 吨钢铁，如果政府对本国钢铁工业进行生产补贴，并且假设企业每生产一吨钢铁平均可以得到 1 000 元。每吨 1 000 元补贴的结果，相当于每吨钢铁的生产成本下降 1 000 元，供给曲线向下平移 1 000 元到 S'。在国际市场价格不变的情况下，企业会在新的供给曲线上将生产扩大到 S_2。企业会按原来的市场价格出售，但每吨的收益是 P_w+ 1 000 元。由于企业没有提高国内价格，也没有降低国内价格，国内的需求量也就没有变动，新增的产量就成了新增的出口。生产补贴使出口从原来的 X_1 增加到 X_2。

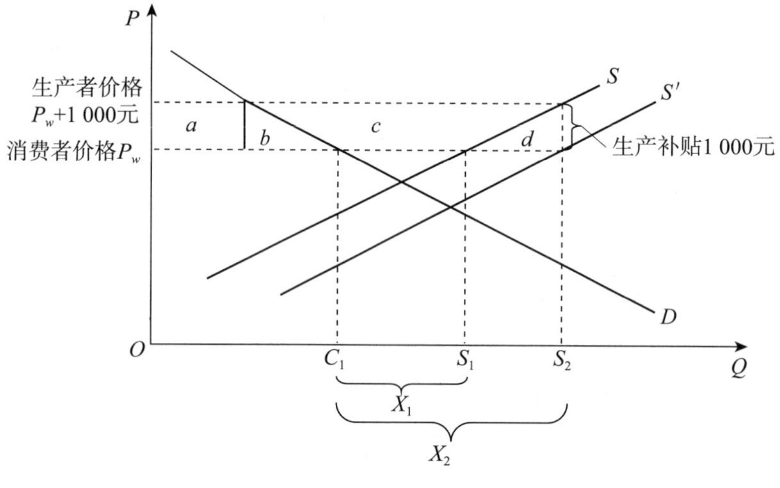

图 14－1 出口产业的生产补贴

与出口补贴不同的是，生产补贴并没有影响国内价格，从而也没有在增加出口的同时牺牲本国消费者的收益。主要原因在于产业政策是按产量而不是按在哪个市场销售进行补贴，企业在商品进入市场之前就已得到补贴，因此商品在哪里销售也就不是主要问题了，即使在国内销售也可以得到与在国外销售一样的报酬，企业也就没有必要在本国提高价格了。这一点对分析社会收益的变动很重要。由于消费价格不变，消费者也就没有损失。与政府进行每吨同样 1 000 元的出口补贴相比，整个社会的净损失要小。从图 14－1 中我们可以看到，生产补贴的结果是使企业收益增加了 $a+b+c$，但政府的补贴支出是 $a+b+c+d$，社会净损失为 d。但在出口补贴的情况下，社会净损失是 $b+d$。因此，从整个社会来说，生产补贴要好于出口补贴，但对政府来说，生产补贴则要比出口补贴多支出。

2. 保护进口竞争产业的产业政策

通过贸易政策限制进口的主要目标之一是保护国内生产同类商品的产业。但要实现这一目标，贸易政策并不是唯一的手段，事实上在贸易保护越来越引发国际压力的情况下，许多国家不再通过公开的贸易壁垒而是通过产业政策来扶持国内的产业。产业政策对进口竞争产业的支持主要是直接或间接的生产补贴。这些生产补贴包括现金补贴、减免税收、提供研究与开发资金、提供低利率补贴性贷款、对贷款提供保险等。另外，政府也可以使用直接采购和区域性支持的方法来帮助国内进口竞争产业。政府采购一方面保证了国内产品的销售，另一方面在价格上包含了大量补助。区域性支持则是对进口竞争产业生产集中的地区给予支持，包括政策优惠等。

补贴国内进口竞争产业旨在降低成本，提高与国外同类商品的竞争力，在促进国内进口竞争产业的生产上具有与贸易政策相似的效果。但是，产业政策仍然是对资源配置的一种干预：用补贴来人为降低成本会造成相对价格的扭曲，导致生产资源向效率低的部门流动。不过，产业政策主要影响生产部门，政府对国内进口竞争产业的生产补贴并不会影响商品的市场价格，贸易仍然是自由的，消费者仍然支付与国际市场相同的价格，消费量也没有因此而减少，没有出现进行贸易保护时的那种消费扭曲。与关税、配额等贸易保护政策相比，实施产业政策所付出的社会代价会比较低。图 14－2 说明了这种保护性产业政策的影响。

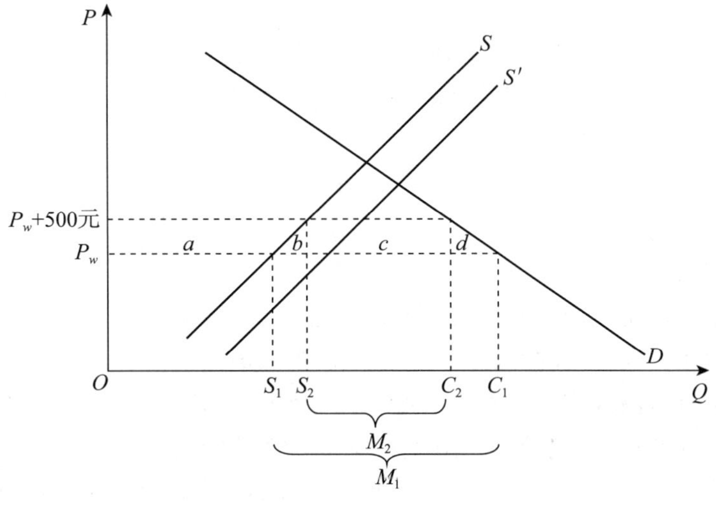

图 14－2　保护进口竞争产业的产业政策

在图 14－2 中，纵轴表示价格，在自由贸易情况下，国内价格等于国际市场价格 P_w，国内产量是 S_1，消费量是 C_1，进口量为 M_1。如果政府征收关税（每吨 500 元），国内价格涨为 P_w+500 元，国内产量增至 S_2，消费量降为 C_2，社会福利净损失为 $b+d$。如果政府不征收关税而是对国内生产同类商品的企业进行生产补贴，情况会怎样呢？

假设对生产的每吨钢铁补贴 500 元，对于企业来说，则相当于单位生产成本降低了 500 元。由于市场供给曲线是所有企业边际成本曲线的总和，各企业每单位生产成本降低 500 元就相当于市场供给曲线向下移动 500 元，新的供给曲线为 S'。每生产一吨钢铁，企业现在的所得是市场价格 P_w +500 元，显然比之前提高了。企业所得等于每吨钢铁征收 500 元进口税时的国内价格，对生产的刺激也会跟有关税时一样，增至 S_2，但国产钢铁在市场上出售时的价格仍然是 P_w，不能高出国际市场价格。一方面企业无法提高市场价格，因为进口并没有受到限制，如果需求一定，国产钢铁没有销路，故难以扩大生产。另一方面，企业也不需要提高生产价格，因为当生产增至 S_2 时，虽然生产成本会增加到每吨 P_w +500 元，但由于政府每吨补贴 500 元，所以只要在市场上以价格 P_w 出售就不会亏本。因此，政府对生产进行补贴的结果是使国内生产增加但没有提高消费者的价格，所以没有减少国内的消费。

整个社会的福利变动是：钢铁生产者显然得到了好处，生产者剩余增加了 a；钢铁消费者的福利没有变动；政府对国产钢铁进行补贴，总补贴为 500 元 $\times S_2$ 吨，即 $a+b$ 部分。将生产者剩余增加部分减去政府补贴可得社会福利净损失为 b。对每吨钢铁征收 500 元进口税和给予国产钢铁每吨 500 元补贴，同样达到了刺激国内钢铁生产的效果，但前者的净损失是 $d+b$，后者只有 b，主要原因是补贴没有扭曲消费，从而没有导致消费者的损失。因此，从整个社会的角度讲，产业补贴政策优于贸易限制政策。但是从政府财政的角度来说，对生产进行补贴比征收关税困难得多。这也是在实际操作中政府更愿意使用贸易政策进行保护的原因。

二、目前有关产业政策的流行观点

目前流行的主张实施产业政策的观点并不是以市场失灵为依据。它们只是主张制定一些合理的标准来确定政府应当鼓励的产业。这些标准主要有：（1）具有高人均附加值的产业；（2）与其他产业有“联系”作用的产业；（3）具有未来发展潜力的产业；（4）外国政府大力扶持的产业。这些标准表面上看起来非常有道理，但从纯经济学的角度来说是站不住脚的。

1. 鼓励具有高人均附加值的产业

一产业的附加值是该产业的产值与投入值之间的差额，所有产业的附加值的综合就是一国的国民收入。在不同的产业，每个工人的附加值差别相当大。这就使有些人相信，如果将目光转向具有高人均附加值的产业，一国就能提高国民收入。

这种论点的问题在于，它没有指出为什么某些产业的人均附加值比另一些产业要高。持这种观点的人认为高附加值部门必定比低附加值部门有较高的工资率和利润率。但如果是这样的话，市场机制就会促使劳动和资本流向高附加值部门而无须政府特别鼓励。事实上，高人均附加值反映了高的人均投入，特别是高物质资本投入和高人力资本投入。像石油、化工等产业通常都是资本密集型产业，在这些产业虽然人均附加值很高，但资本成本也极高。又如技术和知识密集型产业，例如计算机软件等，这些产业的高人均附加值特别反映了它们的高人力资本。

现在假定高附加值部门是人均资本投入很高的部门，我们还能说一国可通过扩大这些部门来提高国民收入吗？如果一国逐步积累起资本，它确实会变得富裕并使其产业结构从劳动密集型转向资本密集型。但是，实现这一转变并不需要特别的政策，因为市场力量会自然导致这样的结果。政府可以鼓励储蓄与投资，这最终将导致产业结构转向资本密集型产品。因此，产业政策若不是为了纠正市场失灵就不会提高一国的福利，如果没有市场失灵，最初的资源配置就是最优的，那么政府的产业政策就不会提高资源配置效率；如果确实存在市场失灵，也没有理由相信市场失灵导致的资源配置会使资本密集部门的资源不足。

2. 鼓励具有“联系”作用的产业

在讨论产业政策时经常提到的观点是：政府应当对那些向其他产业提供投入品的产业予以支持，这样会使以其产品作为投入品的产业产生乘数效应。例如，日本对钢铁产业的补贴使钢铁变得便宜，从而鼓励了像造船、汽车等使用钢铁的产业的发展。

这种观点流行的原因在于，比起生产仅仅为家庭提供满足其需求的一般消费品，生产用于其他部门的中间产品是更加基础的经济活动。持这种观点的人认为，钢铁或半导体生产者的工作比玩具或牙膏生产者的工作更重要。然而，如果没有市场失灵，那就同前面分析的一样，市场应当不会向中间产品的生产配置太少的资源。经济学的一个基本原则是，在竞争性市场上，任何要素的所得等于其边际产量。也就是说，1 元的钢铁无论用于生产什么都值 1 元。鼓励具有“联系”作用产业的论点认为政府应当比市场更多地使投资流向钢铁而不是造船或汽车等产业。这样会增加一国的国民收入吗？同样，在没有市场失灵的情况下不会。如果将 1 元资本从汽车业重新配置到钢铁业，这会使汽车业的产值减少 1 元而钢铁业增加 1 元。额外的钢铁生产现在会使汽车业的产值减少 1 元而钢铁业的产值增加 1 元。额外的钢铁生产只会使汽车业的产出回到原来的水平，而不会更高。这证明了原来的资源配置是有效率的，是无法改善的。

3. 鼓励具有发展潜力的产业

这种观点认为，产业政策应当使资源转移到未来具有发展潜力的产业上去。毫无疑问，技术的变革、需求模式的转变、比较优势的改变都会使一个经济中的各产业具有不同的增长率。有的时候也确实可能预测出哪些产业会增长得更快。那么政府是否应当鼓励劳动和资本流向具有最大增长前景的产业呢？根据资源配置理论，答案仍然是，如果市场能够正常运作，政府的干预就没有必要，当厂商在进行投资选择、工人在进行就业选择时，都是在选择那些最具增长潜力的产业。只有当政府能比这些市场参加者更好地选择产业时，结果才有可能更好。而如果每个人都知道一个产业会迅速增长，资本和劳动就会流入该产业而无须政府特别鼓励。除非出现市场失灵，否则政府再鼓励就会做过头。

4. 抵消其他国家产业政策的影响

关于产业政策选择标准的另一个流行观点是把产业政策当作一种自卫手段。假定别国政府采取措施支持某个产业的发展，这导致了本国相同产业的萎缩，本国是否也应当支持该产业呢？如果不，这是否就意味着本国的产业结构事实上要让别国的产业政策来决定呢？

我们可以用以下案例来分析这种观点。假设他国在生产某产品（比如纺织品）方面效率提高了，导致该产品的世界价格下降。本国应当做出什么样的反应呢？由于这是比较优势的转变，本国应当适应它，把资源从纺织业转移到其他产业。而且，市场也会自动进行这样的调整，因为该产品相对价格的降低会产生使资源转移出去的激励机制。除非本国经济中存在某种市场失灵，否则就不需要政府采取特殊政策来阻止或加速这种调整。

假定纺织品价格下跌不是由于比较优势的转变，而是由于他国补贴纺织品的生产，那么本国是否应当做出不同的反应呢？答案仍然是不。从本国的角度来看，纺织品价格的下降无论是由于外国技术的改进还是由于外国政府的补贴，结果都是一样的。无论是哪一种情况，本国把资源撤出纺织业都是使本国福利最大化的办法。一个农民决定是种小麦还是种玉米取决于它们的相对价格，他做出的决定并不取决于这种价格变化是市场作用的结果还是政府补贴的结果。对于一个国家来说也是这样。他国用保护或补贴来扭曲经济不应成为本国也扭曲经济的理由。

第二节　外部性和不完全竞争

政府干预应当是针对市场失灵，但上面所提到的关于产业政策的流行观点没有把政府干预与特定的市场失灵联系起来。近年来研究发达国家的经济学家区分了两种可能存在的与发达国家产业政策有关的市场失灵情况。一种是高技术产业的厂商无法得到它们在技术、知识方面溢出的全部报酬，另一种是在高度集中的寡头垄断行业中存在着垄断利润。

一、规模经济和垄断竞争的理论分析

20 世纪 60 年代以来，国际贸易出现许多新的倾向，主要有两个方面：

（1）发达的工业国家之间的贸易大大增加。在 20 世纪 50 年代，西方工业国家之间的贸易在世界贸易总额中只有 40%左右，大部分贸易发生在发达国家与发展中国家之间。60 年代以后，这种格局逐渐改变，发达国家之间的贸易成为国际贸易的主要部分。

（2）同类产品之间的贸易大大增加。许多国家出口工业产品，也进口相似的工业产品，工业国家传统的“进口初级产品—出口工业产品”的模式逐渐改变，出现了同一行业既出口又进口的双向贸易（two-way trade）或行业内贸易（intra-industry trade）。当代经济学家肯普和克鲁格曼从规模经济的角度来解释国际贸易的这一新倾向。规模经济学说成为当代国际贸易理论的一个重要组成部分。

从微观经济学的角度讲，产品的平均成本会受生产规模的影响。如果生产规模太小，劳动分工、生产管理等都会受到规模限制，产品的平均成本会比较高。随着规模的扩大、产量的增加，这种限制会减少，每单位投入的产出会增加，产品的平均成本会下降。我们称这种情况为规模报酬递增，也称之为规模经济。随着产量的不断增加，这种递增的规模报酬会达到顶点，即最佳生产规模。在最佳的生产规模中，产品的平均成本达到最低点，并且在一定范围中不会再因产量的增加而降低。这一阶段被称为规模报酬不变阶

段。但是这种成本不变的状态不会永远保持下去。如果生产规模继续扩大，平均生产成本会因为规模过大、管理和合作效率下降而上升。在最后阶段出现的是规模报酬递减或规模不经济。如图 14-3 所示，长期平均成本（*LAC*）会随着产量（规模）的扩大而下降、不变、上升，从而形成 U 形曲线。

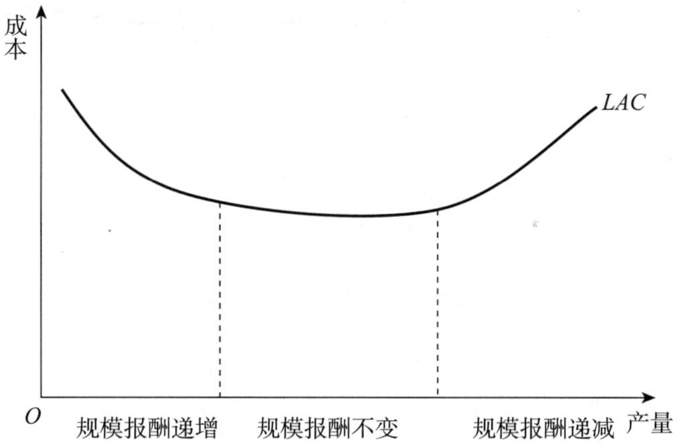

图 14-3 企业的长期平均成本

传统贸易理论（从斯密到赫克歇尔-俄林）都假设产品的规模报酬不变或递减，而规模经济学说认为这一假设不完全符合现实。在现代化社会大生产中，许多产品的生产具有规模报酬递增的特点，即扩大生产规模，每单位生产要素的投入会有更多的产出。尤其是在现代化的工业，大规模的生产反而会降低单位产品的成本。另外，传统贸易理论假设各国生产的产品都是同质的，国际市场是完全竞争的。克鲁格曼则认为工业产品类似但不相同，因此，大多数工业产品的市场是垄断竞争市场。一方面，各种产品类似并有一定的替代性，因此互相竞争；另一方面，产品又不完全一样，各有一定的特征，所以各自又有一定的垄断性。

在规模经济和垄断竞争的条件下，企业的长期平均成本随着产量的增加而下降，市场需求随着价格的下跌而增加，如图 14-4 所示。在参与国际贸易以前，企业面对的只有国内需求曲线（D_1）。在利润最大化的目标下，企业会选择产量 Q_1，即边际成本等于边际收益时的产量。虽然企业在短期内可能会有利润，但长期竞争的结果是企业的利润会变为零，产品的市场价格等于产品的平均成本：$P_1=LAC_1$。但是，Q_1 并不是企业的最佳生产规模。只是由于国内市场需求的限制，企业只能生产 Q_1 单位，从而使生产成本和产品价格不得不保持在较高的水平上。如果企业参与国际贸易，产品所面临的市场就会扩大，需求变成 D_2（国内需求加上国外需求），企业的产量就可以从 Q_1 增加到 Q_2。由于生产处于规模经济阶段，产量的增加反而使产品的平均成本降到 LAC_2，从而在国际市场和国内市场上都增强了竞争力。

为了进一步用规模经济学说来解释发达国家之间工业品的双向贸易，我们假设日本和美国都是资本充裕的国家，都生产资本密集型工业品，如汽车，见图 14-5。汽车的种类很多，其中主要有卡车和轿车两种。再假设两国的生产技术和资源配置都相同，生产汽车的成本曲线也一样。在两国发生贸易之前，各自生产一部分卡车和一部分轿车：日

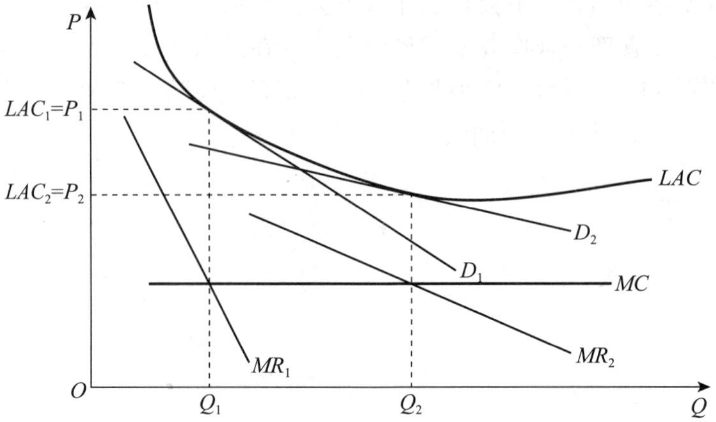

图 14－4 规模经济效应

本生产 100 辆卡车和 100 辆轿车，美国也生产 100 辆卡车和 100 辆轿车。由于各自的市场狭小，产品的成本、价格都很高。

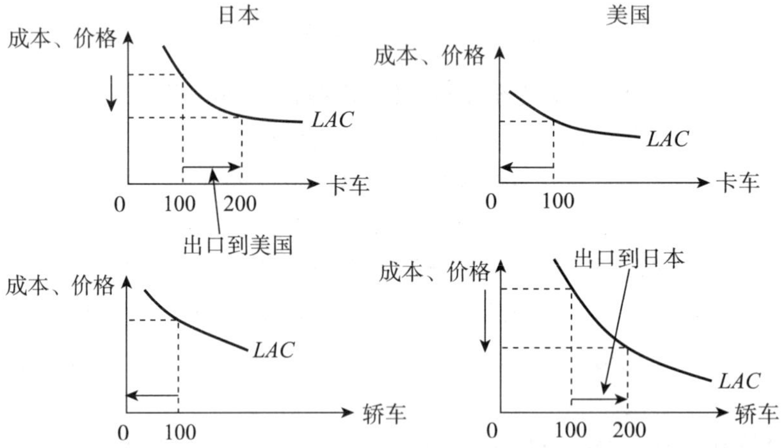

图 14－5 规模经济与双向贸易

如果两国允许贸易，市场就不局限于本国，产品的生产就可以增加从而产生规模经济以使成本下降。假设日本抢先扩大卡车生产至 200 辆，并降低价格向美国出口，就有可能占领美国市场，并使卡车价格下降。在这种情况下，美国没有必要继续生产卡车去与日本竞争，美国可以将资源转移到轿车的生产上，扩大轿车生产至 200 辆，并以较低的价格向日本出口。这种国际分工和贸易的结果是使两国生产成本都降低，资源的利用更加有效，而各国的消费量还有可能都增加。

由于工业品的多样性，任何一国都不可能生产一个行业的全部产品，从而使国际分工和贸易成为必然。但具体是哪一国集中生产哪一种产品，则没有固定的模式，既可以自然（竞争）产生，也可以协议分工。但这种发达国家之间工业品双向贸易的基础是规模经济，而不是技术不同或资源配置不同所产生的比较优势。

二、技术外溢

在讨论幼稚工业保护理论时，由于知识传播方面的问题，存在着潜在的市场失灵。例如某一产业的厂商创造了一些新的知识，而其他厂商是可以无偿得到这些知识的，则该产业事实上产生了某种额外的收益，这就是知识的边际社会收益，但这种收益是不包括在创造知识的厂商的私人收益中的。在这种外部性比较重要时，就有理由进行保护或补贴了。那么，如何进行补贴呢？即使我们有进行补贴的理由，要进行补贴仍有两个问题需要注意：一是政府是否能够正确选出应当补贴的产业；二是如何确定外部性和补贴量。

另外，有时候即使高技术产业产生的外部性很大，一个国家可能也并不愿意去补贴它、支持它。原因是许多这样的收益事实上会被其他国家的厂商获得。例如，假定一家比利时厂商发明了一种新的炼钢方法，而大多数可以模仿它的厂商都是美国、日本或其他国家的厂商，如果存在一个世界政府，它可能会认为对这种创新进行补贴是值得的，但是比利时政府不会这样认为。这实际上是国家水平上的外部性。尽管如此，技术溢出产生外部性的观点可能是理论上要求推行积极的产业政策最有力的观点。

三、不完全竞争和战略性贸易政策

20 世纪 80 年代后，关于不完全竞争导致的市场失灵需要政府干预的观点受到了相当多的理论上的关注。首先是布兰德和斯宾塞，他们指出，在某些产业事实上只有少数几个厂商在进行有效竞争。由于只有几个厂商，完全竞争的假设就不再适用。布兰德和斯宾塞注意到，在这种情况下，原则上一个政府就有可能通过改变游戏规则而把超额利润从外国厂商那里转移到本国厂商手中。这时，政府对本国厂商的补贴就会阻止外国厂商的投资和生产，而本国厂商因此获得的利润意味着补贴能够以牺牲其他国家的利益为代价来提高本国的国民收入。

下面我们来具体说明布兰德-斯宾塞模型。假定现在只有两家厂商进行竞争，分别是波音公司和空客公司，分属于美国和欧洲。现有一种新的 150 座飞机，两家公司都能生产。表 14－1 显示了两家公司在没有得到政府补贴时不同决策的利润关系。列表示波音公司的决策结果，行表示空客公司的决策结果。每一单元格下部表示波音公司的利润，而上部表示空客公司的利润。我们可以看到，两家公司中的任何一家单独生产这种飞机都能获利，但是如果两家都生产，则都会受损。假定波音公司先行一步，在空客公司还没有投资时就进行生产。此时没有任何激励机制能使空客公司进入这个市场。结果就是右上角的单元格，波音公司获利。布兰德-斯宾塞模型的要点是：如果欧洲政府采取行动，它能改变这种情况。假定欧洲政府愿意给空客公司 25 单位补贴，结果就变成表 14－2 的情形。现在对于空客公司来说，无论波音公司做出怎样的决定，自己总是有利可图的。而波音公司也明确，若与空客公司的竞争继续，它就会亏本。因此，波音公司被迫退出。事实上，欧洲政府的补贴相当于把波音公司的先入优势抢了过来。最后的均衡就由表

14－1的右上角变为表14－2的左下角。空客公司最后获得了125单位的利润，而政府给予的补贴仅为25单位。也就是说，由于政府补贴所产生的阻止效应，补贴带来的利润远远高于补贴本身。补贴之所以能产生这种阻止效应，是因为它产生了一种与先进入该产业所具有的战略优势相仿的优势。

表14－1　没有政府补贴的情况

空客 波音	生产	不生产
生产	−5 −5	0 100
不生产	100 0	0 0

表14－2　欧洲政府补贴的情况

空客 波音	生产	不生产
生产	20 −5	0 100
不生产	125 0	0 0

第三节　当代美、日、欧等的贸易政策

一、发达经济体关于农产品的贸易政策

当代国际贸易中另一个重要而又难以解决的问题是发达经济体对农产品的保护。发达经济体对农产品采取保护政策由来已久。在欧洲，这种保护政策可以追溯到19世纪，德国最早于1879年就对其谷物实行保护，法国是从1881年开始，英国则稍晚一些（不考虑《谷物法》废除之前的情况），是在1932年以后。在北美洲，美国从1933年大萧条后开始对农业进行补贴，加拿大是从第二次世界大战后开始的。在亚洲，日本是最典型的农产品保护国，其贸易壁垒始筑于1904年。发达经济体进行农产品保护既然历史悠久，为什么还会成为当代国际贸易的一个重要问题呢？主要原因有：

（1）农产品保护现象越来越严重，尽管第二次世界大战以来，在GATT的推动下，工业品保护程度下降，但农产品保护程度不但没有下降，反而有上升的趋势。不仅发达经济体继续实施保护政策，许多新兴的工业化经济体如韩国等也都纷纷加入发达经济体的行列，实行农产品保护政策。

（2）农产品保护影响发达经济体经济贸易的发展。发达经济体实行保护不但使自身的农业生产和消费失衡，造成消费者和政府负担加重，对宏观经济状况造成不利影响，还导致20世纪80年代以来国际贸易摩擦的升级。1992年末，美国和欧洲共同体就农产品贸易几乎爆发一场贸易大战。虽然最后双方有所妥协，但矛盾仍然存在，一直延续到今天，特别是在多哈回合谈判中凸显了出来。

（3）农产品保护成为当前国际贸易谈判的重要障碍。农产品保护的上升趋势及其对经济贸易的不利影响，导致许多国际经济组织如GATT/WTO等均把农产品贸易政策的改革放在主要地位。自1986年9月开始的乌拉圭回合谈判便把农产品贸易政策作为最主要的议题之一。乌拉圭回合谈判本应在1990年底结束，却因为美国和欧洲共同体在农产

品贸易政策上的严重分歧不能达成协议，不得不又拖了3年多，直至1994年即WTO成立前才勉强达成农产品贸易协议。自WTO成立以来，在多哈回合谈判议程中，农产品贸易政策仍然是最重要的议题。

工业化经济体的农产品贸易保护模式基本可以分成三种：一种是日本式的，主要是限制进口，韩国也属于这一种。另一种是美国式的，包括加拿大，主要是补贴出口。还有一种是欧盟式的，通过价格支持政策使其从原来的农产品进口方变成农产品出口方。

日本模式是比较传统的、典型的进口保护模式。日本对大部分农产品的进口都实行限制，尤其是大米，百分之百地自给自足。食品消费的70%左右是国内生产的。保护的结果是，日本农产品价格高于国际市场价格将近10倍，消费者为之付出了高昂的代价。

美国模式的保护主要体现在出口方面，而不是在进口方面。由于美国土地资源丰富，自然气候良好，生产技术发达，本来就是农产品的主要出口国，因此，怎样稳定农产品的出口价格，保护本国农民的出口收益是美国农产品贸易政策的重心。1985年以前，美国以很高的代价来支持世界粮食价格，在1985年通过《粮食安全法案》后，美国对农产品的保护则主要通过出口补贴和直接支持国内农业收入的方法。与日本式的保护相比，美国的消费者不但支付高于国际市场水平的价格来购买农产品，还要通过缴税来负担政府庞大的补贴支出，仅在2001—2004年的3年间，美国政府就为农产品出口提供了近20亿美元的补贴。根据美国农业部门的估算，按照《1996年农业法》的规定，2002—2007年6年期间的各项农业补贴约为666亿美元，新农业法在此基础上又增加了519亿美元，总计达1 185亿美元。如果按10年推算，则按原来计划为1 073亿美元，新增加828亿美元，合计1 901亿美元，平均每年约190亿美元。美国式的保护不仅使消费者和纳税人付出代价，也加重了政府的预算压力和债务负担。

欧盟模式与单纯限制进口和补贴出口都有所不同，主要实行的是价格支持。政府对一些需要保护的农产品设立一个保证价格。如果市场价格高于保证价格，政府不用支付什么，但如果市场价格低于保证价格，政府将补贴这一部分差额。欧洲经济共同体在1958年建立以后即制定了共同农业政策（common agriculture policy，CAP），开始实行价格支持并伴随一定程度的进口限制。虽然实行价格支持的主要目的是稳定市场价格和保证农民收入，但直接结果是鼓励了生产。对于农民来说，保证价格就是最低价格，农民不用担心产品过剩造成市场价格下降，不管市场状况怎样，他们仍然能够得到保证价格。因此，只要生产成本不超过保证价格，农民就会继续生产。价格越高，产量越多，尤其是20世纪70年代后，由于保证价格太高，生产大幅增长，所有主要农产品的自给率都远远超过了100%，开始出现过剩。到1985年底，欧洲共同体储藏的牛肉为78万吨，黄油为120万吨，小麦为1 200万吨。为了解决生产过剩问题，政府鼓励出口，并把价格支持变为出口补贴。本来欧洲国家并没有农业生产的优势，大都是农产品进口国，实行价格支持和出口补贴等保护措施后，欧洲共同体成员变成了农产品出口方。当然，欧洲共同体成员的农民只能按国际市场价格出售他们的农产品，但这对他们来说并没有什么损失，因为政府会将差额补给他们，他们实际获得的是政府的保证价格。对于整个社会来说，这种结果并不是没有代价的。首先，政府每年会有庞大的财政支出，大约为200亿美元，这对欧洲共同体成员政府来说也是一个不小的负担；其次，消费者必须支付高昂的价格来购买农产品。整个社会的损失远远超过保护农民产生的收益。

二、美国贸易政策的特点

战后美国贸易政策的演变可以明显分为两个阶段：第二次世界大战结束至20世纪70年代中期，美国倡导自由贸易政策；70年代中期石油危机爆发以来，美国则有意识地逐步引入属于战略性贸易政策范畴的贸易自由化政策。美国在意识形态上是主张自由市场经济的，因此不可能采取像日本那样明显的政府指导经济的产业政策。在某些领域，美国政府对促进产业发展起了很重要的作用。其中最令人瞩目的一个领域是农业，前面有所提及。美国政府起主要作用的另一个领域就是国防。由于美国政府的军事开支相对较高，它也就成了世界军事硬件最大的买主。美国政府控制和支持像战斗机这样具有很大规模经济的军用产品的生产。

因此可以说，第二次世界大战后美国的贸易政策演变不可避免地带有双重性质：一方面反映了经济全球化趋势的客观要求，对世界经济与贸易发展具有积极的推动作用；另一方面又暴露出美国利用超强的经济实力，借助保护主义不正当地追求本国利益最大化的企图，在特定条件下，有可能对世界经济与贸易发展造成障碍。总之，当代美国贸易政策的基本特点可以归纳为开放性、保护性、制度性和政治性四个。自由贸易旗帜下的开放性是美国贸易政策的基本特征。但与此同时，保护贸易、制度性建设和政治影响始终伴随美国对外贸易的发展。20世纪80年代后，在经济条件和政治压力下，美国政府选择了“自由公平”的贸易政策，其本质是美国从本国利益出发，选择最有利于自己的贸易政策。美国“自由公平”的贸易政策往往使其他国家遭受不公平的待遇，发展中国家受到的影响更大。

贸易政策是一国政府所能够使用的重要战略性工具，分析美国贸易政策不仅有利于了解美国贸易政策演变的特点，解决中美贸易摩擦，而且有利于借鉴美国的经验，通过合理的贸易政策保护本国产业，维护国家的贸易利益和经济安全。

专栏14-1

美国贸易政策的历史演变

现代贸易政策和关税措施始于重商主义下的限制性进口政策。但到18世纪末19世纪初在斯密和李嘉图贸易理论的影响下，英国率先发起了自由贸易运动。而美国并没有加入这场运动。美国国会根据宪法制定的第一批法案就包括《1789年关税法》，其中规定关税税率最高为8.5%。该项保护性法案的目的是维护国防利益，保证财政收入和保护幼稚工业。随后，美国的关税壁垒逐步升级，经过1812年的战争，在保护主义愈演愈烈的情况下，《1828年关税法》出台，使从量税税率平均达到45%，被称为“令人憎恶的”关税法。后来迫于国内不同利益集团的压力，亨利·克莱推行了《1833年妥协关税法》。该法案规定要逐步减免关税。

在1846—1860年间，美国一直处于自由贸易时期，而1861年美国内战的爆发却扭转了这一局面。内战时期关税持续增加，直到战后也没有改变。1872年美国降低了10%

的关税，可惜没过多久，1875 年这种削减就被逆转了。《1883 年关税法》使保护水平小幅下降，然而 1890 年的《麦金莱法案》(McKinley Act) 和 1897 年的《丁利关税法》(Dingley Tariff Act) 又使美国的关税保护水平大幅上升。总的来说，美国在 19 世纪后期的保护措施趋于增强。

19 世纪下半叶欧美各国关税税率相比，美国较高，一般在 30%左右，1890 年后仍为 25%。法国税率较低，在 8%左右。德国税率与法国相似。意大利较高，在 19 世纪六七十年代为 8%～9%，八十年代涨到 15%～16%，1890 年后重新降到 10%。英国在 19 世纪下半叶一直维持着最低的关税税率（5%）。俄国关税税率总体呈上升趋势，后来超过美国：从 19 世纪 70 年代的 14%提高到 90 年代的 34%。

19 世纪末的贸易保护和经济冲突成为 20 世纪初第一次世界大战爆发的原因之一。但是，第一次世界大战后，各国的保护主义不但没有减弱反而更为明显。在这一时期，连英国也从自由贸易走向了贸易保护，而美国的关税保护更是创造了纪录。

美国自内战后，贸易保护主义不断加重，关税一直节节上升。而经过 1890 年的《麦金莱法案》和 1897 年的《丁利关税法》后，关税更是屡次突破新高。高关税在 1909 年的《佩恩-阿尔德瑞奇法案》(Payne-Aldrich Act) 中有小幅下调，在 1913 年的《安德伍德-西蒙斯法案》(Underwood-Simmons Act) 中下调较多。而在第一次世界大战结束后的一段时间内，伴随着欧洲的高通货膨胀，贸易秩序非常混乱，与此同时，美国又陷入了高保护主义，最典型的莫过于《福德尼-麦克坎贝尔关税法》(Fordney-McCumber Tariff Act) 和《斯穆特-霍利关税法》(Smoot-Hawley Tariff Act) 所确定的高关税。表 14-3 显示了 19 世纪末至 20 世纪末美国关税的变化情况。

《斯穆特-霍利关税法》确定了美国有史以来的最高关税（53%），这一法案是在大萧条开始后通过的，但它对解决萧条状况不但没有起到作用，反而在一定程度上加重了灾难，它使人民的生活开支增加，民不聊生的状况变得更严重。《斯穆特-霍利关税法》的实施加大了别国产品进入美国市场的难度，从而使世界工业遭受极大的创伤，而别国工业的衰落也使得美国收回在第一次世界大战时期给别国的贷款的可能性大大降低。关税确实使农产品及制成品的价格上升，然而来自外国激烈的报复性措施也使美国农产品、制成品的出口降低，而保护造成的较高价格又使美国国内需求量减少。最终造成长期居高不下的失业率和生产削减：1933 年美国失业率高达 25%；GNP 较 1929 年下降了 1/3，直到 1937 年，GNP 才恢复到 1929 年的水平。很多经济学家认为，《斯穆特-霍利关税法》加剧了美国的经济大萧条。

表 14-3 美国关税的变化情况

时期	关税法案	平均关税税率（%）
1897—1908	《丁利关税法》	47
1909—1912	《佩恩-阿尔德瑞奇法案》	41
1913—1922	《安德伍德-西蒙斯法案》	27
1922—1930	《福德尼-麦克坎贝尔关税法》	39
1930—1933	《斯穆特-霍利关税法》	53

续表

时期	关税法案	平均关税税率（%）
1934—1937	《互惠贸易协定法》（又称《公平贸易法》	45
1938—1946	—	37
1947—1952	—	20
1953—1961	—	13
1962—1969	《1962 年贸易扩大法》	9
1970—1973	《1970 年贸易法》	8
1974—1978	《1974 年贸易法》	7
1979—1987	《1979 年贸易协定法》	5
1988 年之后	《综合贸易与竞争法》	3～4

资料来源：海闻，林德特，王新奎．国际贸易．上海：上海人民出版社，2003：261；赵春明．国际贸易．2 版．北京：高等教育出版社，2007：210.

《斯穆特-霍利关税法》造成了世界各国以邻为壑，高筑关税壁垒，贸易战愈演愈烈。由于美国 1930 年的高关税不仅对本国经济不利，而且引起了别国的报复和一场关税大战，给国际货币体系和世界资本市场的稳定带来了冲击，因此，此后高关税趋势发生了逆转，1934 年美国国会通过了《互惠贸易协定法》。这项法案大大推动了贸易自由化，表现在：首先，美国总统被授予相当大的权力来决定关税减让幅度，在此之前这一直是国会的特权；其次，规定在互惠条件基础上确定关税的减让；最后，首次在贸易协定中确立了最惠国原则。该法案还具体规定，关税可以在 1930 年关税的基础上降低 50%，期限为 2～3 年。到 1937 年关税税率从该法案颁布之前的 52.8%降到 37.3%，到 1947 年关税税率已降至 20.1%。

《互惠贸易协定法》的成功实施和期限不断延长直接导致了《关税与贸易总协定》的签订。在后来 GATT 的框架下，美国关税水平逐步降低。1952 年平均关税税率降至 12.8%。考虑到各种原因，美国在《1962 年贸易扩大法》中授权总统可以在 1962 年关税的基础上进一步削减 50%。该法案还彻底取消了对原税率为 5%或不足 5%的商品所征收的关税，期限为 5 年。在 GATT 肯尼迪回合谈判成果执行后，美国的平均关税税率降到 8.3%。后来，美国又制定和实施了《1970 年贸易法》和《1974 年贸易法》。

《1974 年贸易法》规定：可将最惠国待遇给予社会主义国家；放宽了调整援助条件；缩小了免除条款的适用范围；允许政府给予发达国家普遍关税优惠，并规定了用于对付那些实行进口管制国家的报复性措施。该法案的有效期为 5 年，授予了总统更大的权力。

此后，在 GATT 主持下进行的 8 轮多边贸易谈判的推动之下，世界贸易自由化趋势不断得以增强，美国的关税水平也逐步降低，到 1991 年美国的平均关税税率为 3.4%。1995 年 WTO 成立后，世界贸易体系更加完善，各国关税水平又进一步降低。目前，美国的平均关税税率已降至 3%左右。

21 世纪以来，美国先后经历小布什（2001—2009 年）、奥巴马（2009—2017 年）、特朗普（2017—2021 年）和拜登（2021 年至今）等政府。小布什在执政后提出以“多轨制”为手段，实施单边、双边、区域和多边并行的贸易政策，其实质是以美国国家利益为核心的“公平贸易”政策。其中“战略性贸易政策理论”和“公平贸易论”是小布什制定对外贸易政策的理论基础。

在奥巴马执政后，面对 2008 年金融危机及其引发的经济衰退，自由贸易政策在美国国内受到了抨击。奥巴马政府重申了美国对外贸易政策的取向，强调要延续小布什政府一贯推行的自由且公平的贸易原则，但更加突出了公平性在对外贸易政策中的导向作用，旨在通过“公平贸易”实现对美国国内制造业保护的最大化，进而实现美国国家利益的最大化。但由于金融危机后美国失业率屡创新高，社会不稳定因素剧增，美国国内许多人认为这是由于美国对中国巨大的贸易逆差，还认为人民币币值被低估造成对美国的不公平贸易，因此，美国的对华贸易保护主义甚嚣尘上。此外，美国还拉拢其他发达国家利用 WTO 等多边平台对中国稀土等原材料出口管制施压，以“尊重国际规则和程序”之名行“贸易救济”之实。美国作为第一大经济体，其对华贸易保护政策具有广泛的“示范效应”，从而导致全球性的贸易保护主义盛行，这给中国和世界经济与贸易发展带来了极为不利的影响。

在特朗普成为美国总统后，美国政府提出一系列具有极大不确定性的对外贸易政策，标志着美国与世界经济与贸易的关系进入一个新时期。美国政府推行了一系列反对多边自由贸易协定的政策主张，带有明显的逆全球化倾向。特朗普提出的贸易政策主要有：退出《跨太平洋伙伴关系协定》、重新谈判《北美自由贸易协定》(《北美自由贸易协定》变为《美墨加协定》)、对从中国和墨西哥进口的产品征收高额关税等。受特朗普贸易政策的影响，全球性的贸易保护主义更加盛行，世界经济与贸易发展的不确定性不断攀升。

自执政以来，拜登虽然改变了一些特朗普政府过激的政策与措施，特别是在缓解与欧盟成员的贸易紧张关系方面做出了很大努力（如针对特朗普执政 4 年的不断“退群”行为，拜登表示现在“美国回来了”），但受到新冠疫情与全球贸易保护主义盛行的影响，结果是在对外贸易方面，拜登提出“贸易政策从国内开始”的主张，即美国的贸易政策必须从国内开始，加强美国的中产群体这一最重要的资产……这将需要对美国的基础设施如宽带、高速公路、铁路、能源网、智能城市以及教育进行巨大的投资。拜登政府试图“从实力地位出发”与世界各国打交道，让美国成为最具创新力的国家，以持续的投资确保美国在整个 21 世纪保持竞争优势。

在对华贸易政策方面，面对特朗普留下的中美“贸易战遗产”且把中美经贸关系推向历史低点的局面，拜登政府强调寻求以“全新、全面和务实”的方式处理对华经贸关系，联合盟友制定“公平的国际贸易规则”，并利用所有政策工具保护美国经济不受“不公平”竞争行为的伤害，在 G7、G20 和 WTO 框架下讨论市场扭曲和其他不公平贸易行为。同时强调中美贸易不应“脱钩”，而是要“重新挂钩”。这在一定程度上是对特朗普对华贸易政策的纠偏，但拜登政府并未全部取消对华加征的关税，加征关税甚至仍作为美国对华施压的一张牌，这令中美两国商界及有关团体深感失望，特别是在美国通货膨胀率高企的大背景下，美国加征关税的做法让美国进口商有苦难言，最终不得不把增加的进口成本转嫁给国内消费者。这反映了美方政府对华一贯的傲慢和偏见，而缺乏对自身经济政策的反思，因此，中美经贸关系的重启虽然已经起步，但是回归正常仍需时日。

2025 年 1 月，特朗普将重返美国政治舞台。中美贸易将走向何方，让我们拭目以待。

资料来源：海闻，林德特，王新奎．国际贸易．上海：上海人民出版社，2003：258－263；赵春明．国际贸易．2 版．北京：高等教育出版社，2007：209－210；作者的最新整理。

三、日本贸易政策的特点

第二次世界大战后日本凭借经济发展模式曾一度成为发展中国家学习的楷模。日本是工业国家中具有最明显的产业政策的国家。日本的产业政策发展主要分为两个阶段：一是从 20 世纪 60 年代起到 1970 年，推行的是贸易立国政策，即初级阶段的战略贸易政策；二是从 20 世纪 70 年代中期开始至今，推行的是逐步的贸易和投资自由化政策，即高级阶段的战略贸易政策。其中美国对日外贸和外交政策的变化，是影响日本贸易政策演变的关键因素。在第一阶段，美国出于“冷战”战略的需要，听任日本实行贸易保护色彩浓重的贸易政策和产业政策，促进日本产业中工业化的实现。在第二阶段，“冷战”渐趋缓和，包括经济、科技等在内的综合国力竞争成为国家间竞争的主要方式，美国开始重视规模经济产业国际竞争力的获取，运用各种方法迫使日本改善其国内市场准入条件。为缓和与其他国家的贸易摩擦，日本被迫走上漫长的贸易和投资自由化之路，开始推行高级阶段的战略贸易政策。但是迄今为止，日本的贸易政策仍然特点鲜明：（1）日本一贯奉行贸易立国政策，积极鼓励国内企业参与国际竞争，并且努力促进出口贸易。（2）日本国内市场具有明显的封闭性，市场准入条件与现有国力极不相称。

20 世纪五六十年代，日本政府将资金从纺织业等传统劳动密集型产业转移到具有高人均产值的重工业。日本政府鼓励发展那些能反映日本未来而不是当时的比较优势的产业，像钢铁这样的中间产业受到了特别的鼓励。结果是历史性的：日本经济取得了极其迅速的增长。但仍有一些经济学家对此提出质疑：日本的产业政策是否真的是经济迅速增长的关键因素？如果没有产业政策，经济增长是否同样快？

第一，并不能确定日本政府的活动确实使日本加速进入重工业时代。有些经济学家认为，日本最后所取得的是与政府不干预时相同的结果。即日本政府可能进行了理智的投资决策，但如果放手让市场运作，它也可以做出类似的决策。

第二，日本产业的活力有可能来自其他因素而不是产业政策。导致日本成功的其他原因有很多：日本有世界上最高的储蓄率；有一个有效的教育体系；有较好的劳资关系；有企业导向的文化，导致最有天赋的人把精力用于企业管理。因此产业政策很可能只对经济增长起很小的作用。日本某些最成功的产业，例如汽车和家用电器业，并不是受到最高优待的产业。日本产业政策重点扶持的是半导体集成电路。

日本自 1998 年以来在贸易和投资特别是在金融服务领域的自由化方面有所进步，但开放步伐不大。在农产品和某些服务贸易的竞争中政策严重失调，在农产品贸易中存在过度保护，很多农产品享有出口补贴。日本的进口关税高于经济合作与发展组织成员的平均水平。

进入21世纪以来，一直以多边为中心的日本贸易政策发生了重大变化，开始寻求通过双边或者地区自由贸易协定加强其贸易地位，如积极推动与新加坡签订自由贸易协定。日本贸易政策的转变是有多方面的原因和背景的，并将对亚洲地区的贸易结构产生影响。

作为中国的主要贸易伙伴之一，日本的地位日益下降，在中国贸易舞台上的作用已经从主角变成了配角。2003年以前，日本始终是中国最大的贸易伙伴，而在对华贸易总额上2004年日本相继被欧盟和美国赶超，已经滑落至第三位，并且差距继续扩大。虽然日中关系可以用“政冷经热”来形容，但政治关系的不确定性仍然不可避免地影响到了双边经济关系的发展，预计日本在中国贸易舞台上的地位还有可能继续下滑。

四、欧盟贸易政策的形成机制及对华战略

1. 欧盟贸易政策的形成机制

1997年，欧盟15国外长在罗马举行会议庆祝《罗马条约》签署40周年。从1984年起，欧洲国家在联合的道路上迈出了重要的三大步：1957年西欧6个国家在意大利首都罗马签订了《罗马条约》，迈出了实质性的一步；1965年，这6国签署了《布鲁塞尔条约》，诞生了影响重大的欧共体；1992年欧共体12国签署了以经济货币联盟和政治联盟为目标的《马斯特里赫特条约》，开创了新的发展阶段，欧共体改称欧盟，欧盟朝着经济、政治、外交和安全等全方位一体化方向迈进。

欧盟作为世界上最大的货物进出口贸易集团，贸易机制比较先进。欧盟贸易政策的目标是：建立关税同盟，寻求共同利益，为世界贸易协调发展与逐步废除旧的贸易机制和减少关税壁垒做出贡献。根据贸易政策目标，欧盟及其前身欧共体多次阐述支持并加强GATT多边贸易体制和GATT制定的管理国际贸易的一整套规则。欧盟一方面积极推动多边贸易体制的发展，另一方面却仍保留着一系列非多边的贸易优惠协定。欧盟贸易政策的特点之一，是以立法形式制定贸易政策。所以，欧盟贸易政策制定过程即是其立法过程。

欧盟贸易政策主要包括两大部分：共同进口政策和共同出口政策，其中共同进口政策包括共同关税政策和贸易壁垒措施，即关税和非关税措施。共同关税政策是欧盟的主要支柱之一，欧盟的关税政策包括取消内部关税和实行统一的对外关税两方面内容。以下主要讨论欧盟的统一对外差别关税。

(1) 普通税率。这是欧盟对进口商品所征收的最高税率，但在实际中鲜有使用，目前欧盟绝大部分对外贸易是按优惠税率进行的。

(2) 优惠税率。欧盟共同关税政策的庞杂内容体现在其优惠税率制度上。欧盟针对不同国家和地区设置了有差别的优惠税率，以达到本身的经济和政治目的。优惠税率主要有：1) 最惠国待遇（most favored nation treatment，MFN）税率。这适用于总协定的缔约方，也适用于和欧盟签订贸易协定相互给予最惠国待遇的非总协定缔约方。最惠国待遇是作用最广泛的一种优惠，无论是发展中国家还是发达国家、计划经济国家还是市场经济国家，只要和欧盟有贸易关系均可享受。所以，欧盟的最惠国待遇体现的是平等互利原则而不是优惠待遇原则。2) 普惠制（generalized system of preference，GSP）税

率。这是发达国家给予发展中国家的一种优惠。欧盟是西方最早实行关税优惠普惠制的经济集团。目前世界上约有 130 个国家和 20 多个地区享受欧盟的普惠制待遇。

（3）协定税率。适用于与欧盟签订自由贸易协定的欧洲自由贸易联盟（EFTA）成员国（EFTA 1960 年 5 月由英国、瑞典、瑞士、挪威、丹麦、奥地利和葡萄牙按照大自由贸易区成立，后来冰岛、芬兰正式加入，其主要目标是逐步降低直到最后取消成员国之间的工业品关税，对外不设立共同关税。EFTA 成员国现已几乎全部加入欧盟）。随着越来越多的 EFTA 成员国加入欧盟，协定税率已基本取消。

（4）特惠税率。这是欧盟最优惠的税率，主要适用于《洛美协定》国家，这是欧盟以及一些发达国家与非洲、加勒比海、太平洋地区的发展中国家（由最初 46 个发展中国家发展为 77 个发展中国家）签订的特别经贸优惠协议。这些受惠国独立前多为欧盟成员国的殖民地或海外领地，欧盟向这些国家提供最优惠的经贸待遇，后来《洛美协定》被《科托努协定》[①] 取代。

2. 欧盟对华战略

1995 年 7 月 5 日，欧洲联盟执委会公布了题为《中欧关系长期政策》的对话政策草案，强调欧盟要同中国全面发展政治、经济和贸易关系。这是欧盟有史以来制定的第一个全面对华政策，尤其是在中美关系当时处于较紧张状态的情况下，欧盟对华政策的出台更加引人注目。20 世纪 90 年代以来，随着亚洲国家经济实力的迅速增长以及在国际舞台上政治地位的不断提高，欧盟及其各个成员国日益认识到加强同亚洲国家建立和发展伙伴关系的紧迫性和重要性。蓬勃发展的亚洲尤其是拥有巨大市场的中国，成为欧洲国家摆脱经济困扰、寻求经济持续发展的热点地区。随着中国经济的迅速发展，中国对西欧国家的吸引力与日俱增。1993 年以来，西欧国家逐渐调整对华政策。欧盟对华政策的突出特征主要表现在以下几个方面：

（1）长期性。强调发展欧中关系必须是持续的长期目标。无论是在新政治对话制度、双边经贸机制、企业界以及文化界的交流上，还是在人权、世界贸易组织等国际性问题上，欧盟的立场和具体建议都着眼于未来的长期规划，最充分地反映了欧盟把欧中合作作为其全球外交的一块基石的战略意图。

（2）全面性。对华政策中政治、经贸、合作三大关系密不可分，形成了完整的双边关系网络。在发展双边关系的过程中，不仅继续加强与中国中央政府各部门的联系，而且增加与地方政府、企业界、文化界的接触与交流，全方位地加强欧盟在中国的形象。

（3）主动性。欧盟对华政策的公布时间与形成本身就是欧盟主动提出与中国发展长期合作关系的最佳体现，而多数文件本身也体现了欧盟相当积极主动的态度，尤其是在经贸联系方面提出许多新的建议，并希望能得到中国方面的积极回应。

---

① 《非加太地区国家与欧共体及其成员国伙伴关系协定》简称《科托努协定》，由非洲、加勒比海和太平洋地区国家集团（简称非加太集团）77 个成员国和欧盟 15 国于 2000 年 6 月 23 日在贝宁首都科托努签订。该协定的前身是 1975 年 2 月 28 日由非加太集团 46 个成员国与欧洲经济共同体 9 国在多哥首都洛美签订的贸易和经济协定《洛美协定》。《科托努协定》自 2003 年 4 月 1 日起正式生效，《洛美协定》就此宣告结束。《科托努协定》包括政治对话、贸易与投资、为促进发展而进行的合作三方面。《科托努协定》的有效期为 20 年，每 5 年修订一次。2005 年 6 月 25 日，欧盟和非加太集团按规定对协定进行了修订，签署了《科托努修改协定》。经过修订的《科托努协定》在加强政治对话、实现新千年目标、消除贫困、加强经济和贸易联系等方面增加了新的内容。

（4）行动性。2006年出台的对华政策文件各部分的论述几乎都是针对具体问题提出切实可行的建议措施。即便是在中国兑现入世承诺、人权等敏感问题上，也都提出了灵活务实的解决方案。较之于之前发布的欧洲的亚洲新战略而言，欧盟的这份对华政策文件有着较强的操作性。

2006年，欧盟委员会正式公布了新的对华政策文件，这是继2003年欧盟公布《走向成熟的伙伴关系：欧中关系之共同利益和挑战》之后出台的又一份政策文件。与以往不同的是，欧盟第一次把政治、经贸、安全等全面对华关系内容纳入一份文件之中。如果说过去欧盟的对华政策文件奠定了欧中战略伙伴关系的基础，那么此次通过的新文件则是把中国当作一个已经崛起、与欧盟平等的战略伙伴来对待。这种平等包括利益互惠的平等，也包括承担责任的平等。

这份题为《竞争与伙伴关系——欧盟-中国贸易与投资政策》的文件在明确提出“中国是欧盟对外贸易政策的一个最重大挑战”的同时，也指出：“无论是中国还是欧盟，都从中国的经济崛起中获益。”在欧中具有分歧或潜在竞争关系的领域，欧盟希望通过对话和协商来实现共赢的局面。比如，在能源供应和安全领域，在气候变化和可持续发展领域，在对非洲政策领域，文件都表达了与中国进行“更紧密协商”的意愿。

2001年中国入世促使经济全球化驶入快车道，2003年中国与欧盟宣布建立全面战略伙伴关系，中欧关系进入冷战后的蜜月期。然而2008—2010年的全球金融危机和主权债务危机开启了“潘多拉之匣”，导致经济全球化积累的矛盾陆续爆发，将整个世界拖入持续动荡的变局之中，欧盟外部的地缘战略环境趋于碎片化，内部又出现多重危机，民族主义和民粹主义的崛起更使欧洲的社会撕裂日趋严重。在此背景之下，一些欧洲政治精英和欧盟决策层对中国的战略认知悄然发生改变。

欧盟对华认知的变化如同一股潜流，经历了缓慢的过程。2009—2010年爆发的主权债务危机使欧洲经济剧烈震荡，但欧洲政治精英和专家学者的战略认知并未立即转变。就在美国学者预言新自由主义国际秩序可能陷入困境、中美可能走向对抗时，欧洲人仍觉得岁月静好。2016年欧盟出台了《对华战略新要点》，仍然期待与中国开展多领域的深度合作。但2016年也是欧盟对外战略认知发生深刻转折之年，就在这一年，英国决定“脱欧”，恐袭潮和难民潮达到顶峰，而特朗普的当选打破了中美欧三边关系原有的平衡。2016年底，美的集团打算收购德国机器人制造企业库卡，这在很多人看来是压垮欧洲对华优越感的最后一根稻草。欧洲突然意识到，中国已非昔日那个只能制造廉价消费品的低端经济体，中欧实力对比已出现质变。欧盟对中国的总体研判与决策导向从此逆转。

2017年欧盟提出“约束全球化”的概念，启动有关投资审查的立法进程，出台了长达466页的关于“中国经济扭曲情况”的报告，强化了针对中国的保护主义倾向。2018年3月特朗普政府启动对华贸易战，欧盟态度暧昧，希冀美国为欧盟火中取栗，迫使中国做出体制机制上的让步。2019年欧盟出台《对华战略展望》，将中国定位为“合作伙伴”、“谈判伙伴”、“经济竞争者”和“制度性对手”。而2019年底上台的以冯德莱恩为首的新一届欧盟领导层则将中国崛起视为全球地缘政治最重要的变化之一。当前，“地缘政治”、“大国竞争”和“战略自主”成为欧洲政治精英和战略研究界高频使用的关键词，而欧盟决策层愈加重视和强调欧中关系中的竞争性乃至对抗性，对中国的负面态度不断得到强化。

2020年初以来新冠疫情的暴发和中美战略对抗的加剧，使不少欧洲政治精英重新审视欧中关系，并逐渐形成共识。首先，他们对中国日益强大的国际影响力感到恐惧，希望借助美国主导的西方世界的合力，抵消中国塑造国际地缘战略新格局、参与制定世界经济与政治新规则的力量。2021年初以来，欧盟委员会主席冯德莱恩就在多个场合明确表示，欧盟不希望中国参与制定全球规则，进而塑造欧洲社会的未来，所以美欧应该携手，在数字经济等前沿领域共同确立新的规则体系。

其次，他们愈加重视减少对中国的产业链依赖，强调建设欧盟主导的“欧洲经济主权”和“战略自主”。新冠疫情在欧洲暴发后，从欧盟外交政策高级代表博雷利和法国财政部长勒梅尔等欧洲决策者，到欧洲议会研究服务中心和布鲁盖尔研究所等欧盟智库的报告，都一再强调这点。

最后，他们仍然希望在中美之间走钢丝，搞平衡，既避免选边站队，又想从两边都获得好处。一方面，欧盟和法德领导人对美国希望美欧联手对抗中国的意向明确表示不予认可。2020年底尽管美国一再施压，欧盟仍与中国完成欧中投资协定谈判。2021年2月马克龙警告说，美欧联合对付中国会“激起最高程度的冲突”。在2021年3月的欧盟首脑视频峰会上时任德国总理的默克尔谈到，美欧在对华议题上“存在分歧”。美国国务卿布林肯2022年初的布鲁塞尔之行亦未获得欧盟的明确回应。但另一方面，面对拜登上任以来伸出的橄榄枝，欧洲方面也一再重申巩固跨大西洋联盟的重要性，表示美欧战略合作具有重要意义。与此同时，惊讶于中国在疫情打击之下仍能维持经济快速增长，欧盟决策层明确反对美国的对华“脱钩”举措，主张继续发展对华经济关系。

曾经的柔情蜜意随着时间的流逝逐渐被消磨殆尽，当前欧中关系虽未发展到“相看两厌”的程度，但欧盟对华政策在犹疑摇摆之中酝酿新变化。未来欧盟对华政策仍将保持机会主义态度：在涉及多边主义的全球治理领域，在有利于欧洲获益的贸易与投资特定领域，欧盟仍希望与中国开展合作；而在战略安全和意识形态领域，欧盟会追随美国向中国施压，但会仔细掂量施压的力度与方向，以避免欧中爆发全面冲突。中国可将宏观层面的对欧战略举措与微观层面的对欧投资和公共外交相结合，尽量维系良性互动的中欧关系，为中国应对日益严峻的中美竞争形势争取更大的回旋余地。①

本章小结

1. 国际贸易政策演变的历史也是不同发展程度的国家采取有利于本国经济发展政策的历史。影响一国制定贸易政策的主要因素有经济发展水平和产品竞争力、经济结构和产业结构、经济发展战略、利益集团力量对比、政府领导人的经济理论与贸易思想以及本国与他国的政治经济关系等。

2. 产业政策常常被用来保护和推动某些产业的发展。通常认为需要保护和发展的产业有：高人均附加值产业、联系效应大的产业、具有发展潜力的产业等。

① 忻华：欧盟对华政策在摇摆中酝酿新变化. https://baijiahao.baidu.com/s?id=1696495102736393034&wfr=spider&for=pc.

3. 在市场失灵的情况下，之所以政府要干预，是因为存在两个较重要的观点：技术外部性和战略性贸易政策。前者认为政府应当支持能产生技术外部性的产业，后者主张政府应当帮助厂商从外国竞争对手那里把垄断利润抢过来。这两个观点在经济理论上是有道理的，但在实践中很难实施。

4. 发达经济体贸易政策在不同时期有不同的特点，战后发达经济体率先推行了贸易自由化，但当本国或国际经济环境恶化时，发达经济体的贸易保护主义就会重新抬头，而且非关税壁垒成为贸易保护的主要手段，如反倾销、反补贴、技术壁垒等。

5. 发达经济体实践中的产业和贸易政策虽然很不相同，但在农产品的贸易政策方面却是基本一致的，即都采取价格支持或补贴等措施，对农产品贸易采取保护措施。

6. 美国、欧盟、日本的贸易政策演变各有不同的特点，要用经济学理论来概括和评价也很不容易，不过在加强与中国的经贸关系方面都表现出越来越重视的姿态。

关键术语

产业政策	生产补贴	高人均附加值产业	外部性
规模经济	不完全竞争	战略性贸易政策	优惠税率
普惠制	特惠税率	《洛美协定》	《科托努协定》

复习与思考题

1. 如果一国政府能确定哪些产业在未来的20年里增长最快，为什么政府不能直接实施支持这些产业增长的政策？

2. 发达国家的贸易政策一般有什么特点？

3. 第二次世界大战后，美国既是贸易自由化的倡导者，又是新贸易保护主义的重要发源地，请对这一矛盾现象做出分析。

4. 在实践中，战略性贸易政策在发达国家取得了哪些成功？这种政策对发展中国家是否适用？为什么？

5. “美国没有理由抱怨日本和欧洲的贸易政策。每个国家有权按它的最大利益行事。美国应当让其他国家自行其是，并放弃对自由贸易的偏见，也像其他国家那样去做。”从经济学和政治学的角度对此观点进行讨论。

第十五章

发展中国家的贸易政策

发展中国家一般是指那些经济还比较落后，面临经济发展的艰巨任务，处在发展过程中的国家。根据世界银行 2020 年的标准，发展中国家是指人均国内生产总值低于 12 375 美元的国家。发展中国家又可进一步分为：(1) 高收入的发展中国家，其人均国内生产总值在 3 995 美元和 12 375 美元之间；(2) 中等收入的发展中国家，其人均国内生产总值在 1 025 美元和 3 995 美元之间；(3) 低收入的发展中国家，其人均国内生产总值在 1 025 美元以下。从更广泛的意义来看，发展中国家不仅是指人均国内生产总值比较低，还涉及生活质量标准。按照质量标准（如预期寿命、营养摄取量、成人识字率、基尼系数等），尽管一些石油输出国人均收入水平比较高，但是从生活质量上看，它们仍处于发展中国家之列。

世界的大部分人口生活在发展中国家。虽然这些国家的情况不尽相同，但是它们与发达国家相比都还相当落后。而这种落后性使得它们在贸易开放过程中遇到的问题和利用贸易政策解决这些问题时具有一些共同的特点。第一，发展中国家主要出口农产品、矿产品等初级产品，进口工业制成品，而国际市场的贸易条件总的来说对初级产品不利。因此，发展中国家希望利用贸易政策来改变这种不利的贸易条件。第二，许多发展中国家都试图利用贸易政策来支持制造业的发展而不是农业、矿业等传统部门的发展，以期通过制造业的发展赶上发达国家。第三，许多发展中国家还试图利用贸易政策来解决国内的不平衡发展或二元经济问题。第四，许多发展中国家还过分追求出口增长，因此导致了国家福利水平绝对下降的出口贫困化增长问题。针对这些内容，本章将分别进行讨论。

第一节 贸易条件与贸易政策

在第四章我们对贸易条件问题进行了分析，在这一章我们结合发展中国家的实际情况来进一步讨论。贸易条件反映了一国的贸易状况，其改善或恶化将直接导致一国资源的流入或流出。因此，在某种程度上，贸易条件反映了一国在对外贸易过程中福利的变动情况。根据比较优势理论，发展中国家在初级产品生产上具有比较优势，而持贸易条件恶化论观点的人认为，发展中国家的贸易条件从长期来看是趋于恶化的。要对这一问题形成全面的认识，需要先了解贸易条件的四种基本类型。

一、贸易条件的类型

贸易条件与一国的贸易利益紧密相连。贸易条件改善表明一国可用同样数量的出口商品换回更多的进口商品，进而本国获得的国际贸易利益就越多。经常用到的贸易条件有四种类型：(1) 纯物物交换内涵下的贸易条件，又称为净贸易条件 (net barter terms of trade) 或商品贸易条件；(2) 收入贸易条件 (income terms of trade)；(3) 单因素贸易条件 (single factor terms of trade)； (4) 双因素贸易条件 (double factor terms of trade)（具体含义参见第四章的相应内容）。

对发展中国家来说最重要的贸易条件是收入贸易条件和单因素贸易条件。即使商品贸易条件恶化，收入贸易条件和单因素贸易条件也可能改善。这一点被认为是对发展中国家有利的。以下若没有特别说明，贸易条件一般是指商品贸易条件。

二、发展中国家的贸易条件问题

1. 发展中国家贸易条件恶化论的提出

19 世纪初李嘉图提出并经赫克歇尔和俄林发展的比较优势理论，从比较成本和要素禀赋差异出发，论证了国际贸易使所有国家受益，进而主张自由贸易，反对贸易保护。该学说一直被认为是国际贸易理论的经典。然而，20 世纪 50 年代初出现的贸易条件恶化论对正统的贸易有益说提出了重大的挑战，并引发了长达半个世纪的争论。该理论最初是由阿根廷经济学家劳尔·普雷维什和德国经济学家汉斯·辛格提出的。因此，常常称作普雷维什-辛格假说 (Prebisch-Singer hypothesis) 或普雷维什-辛格命题 (Prebisch-Singer thesis)。

普雷维什于 1950 年在联合国拉丁美洲经济委员会工作时，提出了名为《拉丁美洲的经济发展及其主要问题》的报告。他从考察英国 1870—1930 年出口价格与进口价格的比率中发现初级产品相对于制成品的贸易条件趋于恶化。如果将 1876—1880 年的价格比率设定为 100，那么，在 1936—1938 年初级产品对制成品的价格比率就下降到 64。也就是说，20 世纪 30 年代购买同样数量的制成品需要比 19 世纪 70 年代多支付 36%的初级产品。

2. 发展中国家贸易条件恶化的原因

根据普雷维什-辛格假说，发展中国家的贸易条件不断恶化的主要原因大致有以下四个：

（1）生产率的提高。

发达国家将生产率的提高全部或大多数转化为工人更高的工资收入，而发展中国家却将生产率的提高全部或大多数转化为更低的价格。因此，发达国家得到双重利益：自身生产率的提高为工人带来高收入，同时发展中国家随生产率的提高带来的低价格降低了发达国家的进口成本。

生产率提高在发达国家和发展中国家之间之所以产生不同的效应，原因主要是二者国内劳动力市场的巨大差异。特别是，由于劳动力在发达国家相对缺乏，工会组织又很强大，生产率的提高大多数都表现为工资水平的提高，进而生产成本和价格几乎没有相对改变。而事实上，发达国家工人工资水平的提高往往比生产率的提高还要快，这就进一步提高了发达国家出口商品的成本和价格，进而提高了发展中国家进口商品的价格。另外，由于大多数发展中国家劳动力过剩，大量工人失业，因此生产率的提高大多数表现为农产品出口成本和价格的降低。因此，在很大程度上生产率的提高促使发达国家福利水平上升，而发展中国家福利水平下降。

如果发达国家和发展中国家生产率的提高都体现为商品价格的降低，那么发展中国家的贸易条件就会不断改善。原因在于农业部门生产率的提高一般低于工业部门，因而相对于农产品来说，工业品的成本和价格下降得更快。又由于发达国家多出口工业品，而多进口农产品和原料，发达国家的贸易条件在这种情况下会恶化，所以发展中国家的贸易条件会改善。然而，正是由于生产率的提高在发达国家反映为收入增加，而在发展中国家反映为价格下降，所以按照普雷维什-辛格假说，发展中国家的贸易条件最终会恶化。

（2）农产品与工业品的需求收入弹性差异。

发展中国家对工业品进口需求的增加比发达国家对农产品进口需求的增加快得多。这是由于工业品的需求收入弹性比农产品的需求收入弹性要高得多。由于这个原因，发展中国家的贸易条件有可能恶化到比根本不发生贸易时糟糕的程度。这些论述有一定的意义，但仅从理论上对这些论点给予评价有一定的困难。同时，对这一问题的争议又引发了大量关于发展中国家贸易条件恶化程度的研究。

（3）技术进步的作用。

首先，由于技术的进步，替代初级产品作为原料的合成品等大量涌现。这些新产品的出现降低了对非食品类初级产品的世界性需求。例如，化纤纺织品与棉纺织品竞争，合成橡胶与天然橡胶竞争，合成洗涤剂取代了由植物油脂制成的肥皂，人造皮革在很大程度上代替了动物皮革，塑料和金属制品代替了很大一部分木制品，等等。其次，技术进步还降低了工业生产中原料的消耗系数，因而对以初级产品作为原料的进口需求并不随进口国工业生产的规模扩大而同比例增加。例如，金属容器减少了含锡量，现代化织布机减少了棉纱浪费并使用更多的合成纤维，汽车生产使用较少的钢，等等。这些节约的原料在满足扩大生产的需求后仍有剩余，这就相对或绝对地减少了对某些初级产品的需求，需求下降造成了价格的下降，进而加重了发展中国家贸易条件的恶化。

（4）传统的贸易格局。

发展中国家在历史上大多是西方国家的殖民地或附属国，作为原料的供应地。在政治上取得独立之后，它们仍然保持原来的出口格局：以初级产品出口为主，出口收入占国内生产总值的比重较高，有些国家甚至主要依靠一两种农产品出口来换取外汇。这样的贸易格局决定了发展中国家在国际贸易中缺乏供给弹性。即使世界市场上农产品的价格大幅下跌，它们也不能调整出口结构，即不容易削减价格下降的初级产品出口，甚至为了使出口收入不减少，它们还将出口更多。

3. 对贸易条件恶化论的争论

普雷维什提出初级产品对工业品的贸易条件下降这一命题是以英国进出口价格比率的变化作为证据的。这一结论从几个方面引起了争议。

首先，由于进出口价格都在英国港口计算，大量观察显示英国进口的食物和原料价格相对下降，是由于同一时期海运成本的大幅降低，而非出口国商品价格的降低。这是因为英国的进口价格是到岸价格，出口价格是离岸价格，也就是说，进口价格包括货物运抵英国港口的运输成本，而出口价格则不包括出口货物从英国港口运至外国目的地的运输成本。其次，英国出口的工业品价格较高是因为工业品的质量比初级产品提高得快。例如，现在的电脑比二三十年前的电脑功能更加强大，能够处理的工作更多，而现在的咖啡与以前的咖啡却并无多大区别，因而相对于初级产品来说工业品价格上升是很正常的。再次，发达国家有时出口一些初级产品，而发展中国家也出口一些工业品，因而在计算发展中国家的贸易条件时不应把初级产品价格与工业品价格完全分开。最后，遇到初级产品价格异乎寻常低的萧条年份研究结论值得进一步讨论，因为这种情况会在很大程度上高估英国贸易条件的改善以及发展中国家贸易条件的恶化。

经过大量修正后的实证研究得出了一些重要的结论。第一，无论发展中国家的商品贸易条件发生怎样的变化，其变化幅度都非常小。第二，估算这种变化不可避免地会遇到许多统计上的困难。例如，时间段的选取、进出口价格的计算方式都极易对结论产生影响。第三，发展中国家总体的商品贸易条件与单独某一国家无紧密关系。例如，大量出口矿产品的某发展中国家可能发现其商品贸易条件在1972—2000年出现好转，而另一个主要出口茶叶、咖啡的发展中国家可能正经历商品贸易条件的恶化。第四，大多数研究表明，无论商品贸易条件如何变化，发展中国家总体的收入贸易条件是实实在在地改善了，原因在于出口量有了巨大增长。而对于发展中国家来说，收入贸易条件比商品贸易条件更重要。第五，由于生产率的变化很难计算，对要素贸易条件的计算目前仍有极大的困难。

尽管人们对贸易条件恶化论存在着这样或那样的疑问，但在一定程度上它确实反映了发达国家和发展中国家之间在国际分工体系上的不平等问题。而对这一不平等问题的探讨又引发了中心-外围论的提出和发展中国家走工业化发展道路的探索。

4. 中心-外围论与发展中国家的工业化道路

以普雷维什和辛格为代表的发展经济学家从贸易条件恶化的角度提出了中心-外围

论，认为当今的国际经贸格局是以发达资本主义国家为中心，它们控制着由发展中国家组成的外围地带，外围国家只能顺应中心国家的发展，这就使得发展中国家的对外贸易非但不是经济增长的发动机，反而是经济不发达的原因。

普雷维什和辛格认为中心国家是由以西方七国集团为代表的高度工业化的少数发达国家组成的。它们能够独立自主地发展本国的经济，出口工业品或高附加值产品，而进口原料或初级产品，是绝大多数技术知识的创造者和传播者，因此占有几乎全部利益。外围国家则是由发达国家之外的绝大多数发展中国家组成的。它们在经济和技术发展上依附于发达国家，难以获得技术进步带来的利益，相反，技术进步压低了主要出口商品——初级产品的价格，因此，它们与中心国家进行着不平等的经贸往来。

为扭转这种单方面对发展中国家不利的状况，处于外围的发展中国家应通过实行工业化，独立自主地发展自己的民族经济来彻底摆脱不合理的国际分工体系，打破旧的国际经贸秩序。只有采取贸易保护政策，通过关税、非关税以及外汇管制等手段限制进口以减少外汇支出，削弱外国商品的出口力和竞争力，扩大本国工业品的国内需求，才能保证外围国家工业化的顺利实施。工业化也不是一蹴而就的，而是分阶段发展的，虽然发展中国家的贸易政策多种多样，但是就其实质来说主要分为两大类型，即进口替代发展战略和出口导向发展战略，两者在发展中国家的对外贸易中发挥着重要作用。也就是说，通过发展出口替代工业、建立和发展进口替代工业以及建立和发展工业品的出口替代工业这三步，逐步产生一个独立自主的、体系完整的合理的国民经济。

第二节　工业发展与贸易政策

在开放条件下，一国的工业化进程不仅取决于内部的资源禀赋和技术水平，对外的贸易政策也会对一国的工业发展起到极为重要的影响作用。涉及工业发展和贸易政策之间关系的理论主要包括幼稚工业保护理论、战略性贸易政策理论和竞争优势理论。而其中幼稚工业保护理论直到今天仍然是发展中国家改变贸易结构、大力出口制成品以改善贸易条件的一个重要理论基础。

一、幼稚工业保护理论

幼稚工业是指在本国处于初级阶段但又面临外国强大竞争的产业。幼稚工业保护理论的观点最早是由美国政治家汉密尔顿于 1791 年在向国会提交的《关于制造业的报告》中提出的。汉密尔顿指出：一个国家如果没有工业的发展，就很难保持其独立的地位。美国工业起步晚，技术落后，生产成本高，其产品根本无法同英、法等国家的廉价制成品进行自由竞争。因此，美国应实行关税保护制度，帮助新建立起来的工业生存、发展和壮大。

而使这一理论真正引起人们注意的是德国经济学家李斯特的论述，他在 1841 年出版的《政治经济学的国民体系》一书中详细阐述了幼稚工业保护理论。在李斯特看来，一国实行贸易政策的原则是其贸易政策必须同本国工业发展进程相适应。李斯特将人类社会的发展阶段共分为五个时期，即原始未开化时期、畜牧时期、农业时期、农工业时期和农工商业时期。不同的时期应当采取不同的贸易政策。前三个时期属于贸易政策的第一阶段，“对比较先进的国家实行自由贸易，以此为手段，使自己脱离未开化状态，在农业上求得发展”。第二阶段是农工业时期，此时由于本国工业还未发展到能与外国竞争的水平，故必须实行关税保护制度。而农工商业时期为第三个阶段，此时外国的竞争威胁已不存在，应实行自由贸易政策，以享受自由贸易带来的最大利益，刺激国内产业进一步发展。在此基础上，李斯特提出了保护幼稚工业的观点：许多工业在发展中国家刚刚起步，处于新生或稚嫩阶段，与发达国家的同类工业相比竞争力较弱，自由贸易只会使得这些工业被淘汰。如果发展中国家政府对这些工业实行一段时间的保护，等其竞争力培育起来以后再取消保护，则它们可以在国际竞争中生存。从这个意义上说，幼稚工业保护理论的最大合理之处在于实行贸易保护的着眼点是生产力论，即获取财富（利益）的能力要比财富本身重要，考虑的是经济增长的长远利益。

二、发展中国家的贸易战略

在发展中国家保护本国幼稚工业，进而大力出口制成品以改善贸易条件的过程中，逐渐形成了各种各样的贸易战略。但就其实质来说，主要可以划分为两大类型，即进口替代发展战略和出口导向发展战略。

1. 进口替代发展战略

（1）进口替代发展战略的含义。

进口替代（import substitution）发展战略是与贸易条件恶化论以及幼稚工业保护理论一脉相承的。有时这一战略又被称为内向型（looking inward）经济发展战略，是指通过建立和发展本国的制造业，实现对进口制成品的替代，以达到加快工业化进程和减少对外国经济依附的目的。由于发展中国家在工业化初期在进口制成品的生产上处于相对劣势，因此无论在产品质量上还是在价格上，都难以同发达国家的产品相竞争。因而，为了达到进口替代的目的，发展中国家就要利用关税、进口配额等保护政策来扶持进口替代工业。

从历史上看，这种做法最早出现在第一次世界大战开始时拉丁美洲的巴西、阿根廷等几个国家，作为资本主义发达国家的美国、德国也曾一度加以推崇。第二次世界大战后，获得政治独立的发展中国家面临着摆脱外国资本控制、以经济上的独立确保政治上的独立的紧迫任务，因而大都把多元化和快速增长作为经济发展的重要战略目标，把工业化作为发展的战略重点和实现战略目标的主要途径。因此，许多国家都树立起明确的工业化目标，采取了进口替代发展战略。

（2）进口替代发展战略的实施阶段。

进口替代通常可以分为两个阶段。第一阶段是以建立和发展一般消费品工业为主。这些消费品主要有收音机、自行车、纺织品、一般家用电器和加工类食品等。在这一阶段，由于国内已经存在有效需求和消费市场，所需资金较少并且不太需要特别的专门技术和人才，因此往往容易实施并获得成功。第二阶段是以建立和发展炼钢轧钢、石油提炼、机械设备制造等工业为主。由于这一阶段需要较多资金、专门技术和人才，加上此类产品的生产要求较大的经济规模，因此实施起来难度较大，不太容易获得成功。

(3) 实施进口替代发展战略的国家特点。

选择进口替代发展战略并且取得成功的国家大都具有这样几个特点：首先，国内市场比较大。较大的国内市场可以为工业的发展提供较有保障的市场空间，以便相应行业迅速实现规模经济，较快成长起来。其次，国内拥有一定的自然资源和丰富的劳动力供应。最后，经济发展处于二元时期，因为二元经济可以为工业发展奠定基础，为现代化工业的发展提供相对廉价的劳动力。

(4) 与进口替代发展战略相配合的政策措施。

发展中国家实施进口替代发展战略常常需要贸易保护政策予以配合，具体政策措施包括：

1) 加强进口限制，提高进口关税。主要目的是保护国内工业的发展，避免外国工业的竞争。普遍做法是：运用关税壁垒、进口许可证、进口数量限制等手段，对国内重点扶持和发展的产品的进口课以高额关税，并在数量上予以严格限制，即使是准许进口类似的产品，各国也有权指定外汇来源、采购地区、货物等级和价格以及进口商等事项；对进口替代工业所需的生产资料尤其是原料和机器设备等则课以较低关税，在数量上也尽可能放宽。

2) 对进口替代工业施行减免税收的政策。比如，新加坡为了使私营企业积累资本，发展生产，先后颁布了《新兴工业（豁免所得税）法》和《工业扩展法》，规定按照企业对工业生产追加资本的数量多寡，豁免2～5年的40%的公司所得税，而且投入生产的资本越多，享受豁免所得税待遇的期限也就越长；在企业的出口产品达到规定的销售量时，公司所得税可由原来的40%减至4%。此外，它们还被准许加速折旧。这些措施刺激了私营企业的生产积极性，加速了进口替代工业部门的资本积累。

3) 使本国货币相对外国货币贬值。主要目的是提高进口商品在国内市场上的价格，从而有力地抑制外国商品的涌入。同时，降低本国出口商品的价格，提高本国出口商品的竞争力，促进本国商品的出口。

(5) 进口替代发展战略的实施效果。

进口替代发展战略的实施，取得了较大的成功和效果。这表现为，不仅使第二次世界大战后初期困扰东亚国家和地区经济发展的高通货膨胀率和高失业率等问题日趋得到缓和与抑制，而且增强了各国和各地区的经济实力，为它们日后的经济起飞创造了坚实的物质基础。同时，进口替代发展战略也有力地促进了拉丁美洲国家商品经济的发展。采取或曾经采取进口替代发展战略的国家主要有拉丁美洲的阿根廷、巴西、墨西哥以及亚洲的印度等，韩国也曾采取类似的发展战略。从总体上看，一些采取进口替代发展战略的国家，其轻工纺织业、钢铁工业和化学工业逐步发展了起来。例如，巴西在实施进口替代发展战略的时期，发展了本国的汽车装配和制造业、飞机制造业、钢铁工业。印度的重化工业也有了较大的发展。在采取进口替代发展战略的国家中，出现了一些新兴的工业化国家，如巴西、墨西哥、阿根廷、智利等。

然而，进口替代发展战略的实施也给发展中国家带来了一系列的问题和进一步发展的困难：首先，进口替代发展战略的实施结果与初衷相反，对国内产业的高度保护导致国内企业竞争意识不强，生产成本过高，当遇到外部冲击时，它们自然的反应就是寻求政府的保护，保护代价越来越高；其次，进口替代发展战略加重了外汇短缺，20 世纪 70 年代采取进口替代发展战略的国家多数都出现了严重的债务危机；最后，进口替代发展战略存在着自给自足的倾向，而这种将自己封闭起来的战略不利于借助外部的资源和技术发展自己的经济。一些学者认为，进口替代发展战略的核心问题在于，它违背了比较优势原则，通过人为的干预将资源或生产要素导向自己处于比较劣势的部门或产业，因而经济发展速度不但不会加快，反而会减缓。

2. 出口导向发展战略

（1）出口导向发展战略的含义。

如果说进口替代是工业化初级阶段所必然采取的发展战略，那么当发展中国家拥有了一定的工业基础，出口导向（export oriented）的发展战略则更符合经济发展的要求。出口导向发展战略有时也称外向型（looking outward）经济发展战略，是指发展中国家通过实施鼓励加工工业产品出口的贸易政策，改变原来以初级产品出口为主的贸易结构，增加外汇收入，从而带动工业化全面发展的战略选择。其主要特点是以大量的产品出口为导向，把经济活动的重心从以本国市场为主转向以国际市场为主，进而推动整个国民经济的发展。

第二次世界大战后初期的丹麦、挪威以及 20 世纪 50 年代中期的日本实行过这种战略。20 世纪七八十年代后，部分拉丁美洲和非洲国家也从进口替代发展战略转向了出口导向发展战略，但在推动出口导向发展战略方面最有成效的是亚洲新兴工业化经济体。

（2）出口导向发展战略的理论基础。

出口导向发展战略是建立在比较优势理论基础上的。比较优势理论认为，无论一国处在何种发展水平上，都具有某种比较优势，按照比较优势参与国际分工，总能获得贸易利益。发展中国家通常具备廉价劳动力的优势，借助这种优势，发展中国家可以出口劳动密集型产品，以获取经济发展资金。出口导向发展战略注重劳动密集型产品的出口。

以劳动密集型产品出口为主要特征的出口导向发展战略对发展中国家的经济发展有多方面的积极作用：第一，从比较优势理论的角度来看，可获得资源再配置的经济效果，这种效果能够将本国的资源优势充分发挥出来，最大限度地利用资源，有助于经济的迅速发展；第二，出口导向将产生一系列的产业间关联效应，进而带动整个经济的发展；第三，出口导向也有助于一国逐步实现工业化，因为在经济发展初期，发展劳动密集型产业可节约资金，避免在工业化的初期就投入大量资金发展重化工业而可能带来的资源配置的扭曲；第四，发展劳动密集型产业还有利于创造较多的就业机会，从而能够较快地提高国民的收入水平，进而是消费水平，消费水平的提高又反过来会促进耐用消费品和其他产品生产的发展，从而有助于本国的某些工业部门达到适度的经济规模。

（3）实施出口导向发展战略的国家特点。

一般而言，选择出口导向发展战略的国家有三个特点：一是内部市场比较狭小；二是劳动力比较便宜，因而具有廉价劳动力的优势；三是自然资源比较稀缺，需要靠自然资源或原料的进口才能生产制成品。总之，这类国家的国内市场比较小，如果将自己封闭起来，很难使本国工业达到规模经济水平。对这些国家而言，封闭就意味着放弃本国的工业化，放弃本国的经济发展。

（4）与出口导向发展战略相配合的政策措施。

发展中国家在实施出口导向发展战略时，通常采用的配套贸易政策措施主要包括：

1）重视产品出口。为更好地扩大产品出口，建立以出口贸易为中心的国民经济体系，成立相应的专门负责机构，以加强对出口产品的规划、督促和引导工作。

2）放宽进口限制，降低保护关税。进口限制的放松和进口税率的降低，有利于一国提高国内产品的生产效率和国际竞争力，推动产品出口的发展。

3）对出口企业实行税收减免甚至退还政策。这些政策一方面促进了出口，另一方面也增强了企业的资本积累能力。

4）在金融政策上给予特殊待遇。例如，韩国在1964年以前对出口产业给予若干直接补贴，此后则开始将直接的出口补贴改为出口信贷，种类很多，其中主要包括支援出口信贷、支援大型工业品出口信贷、支援非信用证方式出口信贷、卖方信贷、创汇用原材料及设备进口贷款、外汇支付担保制、中长期出口工业设备贷款、扶持中小企业出口信贷和使用国产原料信贷9种。

5）促使本币进一步贬值。为了降低生产成本，增强企业的国际竞争力，一国可以实行本币贬值的政策。

（5）出口导向发展战略的实施效果。

从总的情况来看，实施出口导向发展战略的国家在促进本国经济发展上比较成功。20世纪60年代中期以后，一些发展中经济体相继采取了出口导向发展战略，结果这些经济体的经济出现了迅速的发展。其中，韩国、新加坡和中国香港、中国台湾是最具有典型意义的，由于它们在30多年里经济持续高速发展，因而被誉为亚洲“四小龙”。

然而，采取出口导向发展战略也并非有百利而无一害。除了我们在前面已经提到的初级产品贸易条件恶化之外，出口导向发展战略的成败还有赖于出口市场的发展状况。而出口市场的发展状况取决于多种因素：首先，发达国家对进口产品的需求波动可能给发展中国家制成品和原料的出口造成冲击，从而影响这些国家经济的正常、持续发展；其次，发达国家贸易保护政策的实施可能切断发展中国家借助国外市场带动本国经济发展的渠道；最后，如果所有的发展中国家同时选择相同的产品出口，势必造成激烈的市场竞争。在市场规模有限的情况下，这种竞争必然有失败者，甚至导致两败俱伤。

三、工业发展阶段与贸易政策的选择

一个国家的工业发展是与其要素积累，特别是资本要素的积累紧密相关的。在资本要素稀缺的情况下，要么是通过一定的产业导向政策集中有限的资源发展某一特定产业，要么是通过对外贸易的形式从外部获取资源并不断积累。而对外贸易的展开又以一国内部资源禀赋所形成的比较优势为基础，其演进也受到要素积累和技术进步以及两者的适应性演进的制约。从这个意义上说，对外贸易的展开与一个国家的产业结构调整以及工业化进程基本上是同步的。相应地，对外贸易政策的制定取决于一个国家的要素积累和技术进步情况，其反过来又作用于一个国家的要素积累和技术进步，继而影响一国的工业化进程。

当一个国家的经济处于工业化的起步期时，一般的要素禀赋特征是自然资源和劳动力资源丰富，但社会生产力较为低下，与之相适应，这一阶段人们的收入水平以及由此决定的需求结构也较为低下，能够形成国内市场的主要是对食品及日用品的需求。这一阶段的主导产业一般为农业、采矿业、食品加工业及轻纺工业等。但由于这一阶段资本相对短缺，资本的缺乏使得自然资源和劳动力资源的利用缺乏相应的配套条件（加工设备、管理技能等），以致大量的资源被闲置，难以形成建立在这些资源基础之上的产业的比较优势。因此，这一阶段的贸易政策选择应与幼稚工业保护理论第一阶段的贸易政策相对应，与较为先进的国家进行自由贸易，获取实现工业化必需的资本要素，以初步形成矿产品、农副产品等初级产品及轻纺产品等资源与劳动密集型工业制成品产业的比较优势。

在一个国家的工业发展达到一定水平后，原有的自然资源和劳动力资源已得到初步利用，建立在要素禀赋基础之上的比较优势产业也已初步形成，但此时，由于技术水平的限制，资源的利用效率仍旧不高。生产的多是一些低技术含量、低附加值的资源或劳动密集型产品，产品的竞争力有限。在这个时期，贸易政策的取向应以对国内幼稚工业的保护为主，实施进口替代型贸易政策，对外限制进口，以有效的关税保护本国的幼稚工业，促进新兴工业的产生。对内则以国内市场为导向，鼓励以国产工业制成品取代进口工业制成品，以实现国内工业扩张，进一步对现有产业的比较优势加以培育和提升。

工业化生产模式是以机械化与自动化、流水线及标准化、程序化生产为特征的。这样一种生产模式对劳动者技能及其熟练程度的要求降低了，因此，在大多数情况下，劳动边际生产力的提高远不如资本边际生产力提高得快，技术进步主要表现为劳动节约型技术进步。如果劳动节约型技术进步发生在一国原本具有比较优势的劳动密集型产业，那么一方面是要素生产力的提高，另一方面是对劳动要素的需求减少，劳动价格进一步下降，一国原有的比较优势进一步加强。如果劳动节约型技术发生在一国原本处于比较劣势的资本密集型产业，且资本密集程度与劳动要素节约程度都不高，那么尽管该国的要素禀赋状况没有改变，但该产业的要素生产力提高了，要素生产力的提高弱化了要素禀赋的比较劣势，甚至可能转化为比较优势。此时，该国从资本密集型产品的进口替代发展到资本密集型产品的出口。

随着一个国家工业的继续发展，原有比较优势产业或某产业价值链上比较优势环节的竞争力进一步加强，具备竞争优势。但由于这些产业多为传统产业，在产业价值链上往往处于增加值较低的环节，所能获得的比较利益较少。在这个阶段，贸易政策制定的首要目的便是促进产业结构的调整优化升级。同时，在这个阶段，要素利用效率的提高还可能导致生产结构与消费结构的矛盾，使得某产业出现过剩的生产能力。市场边界成为经济持续发展的重要约束。如何扩大出口、占领国际市场成为这一阶段工业进一步发展面临的主要问题。因此，这一阶段实施的主要是出口导向型贸易政策。这一阶段贸易政策的主要目的是通过采用出口补贴、出口退税、出口信贷、出口信贷担保以及本币贬值等各种政策工具鼓励出口，发展对外贸易，以进一步优化资源配置，推动产业结构升级，进而推动工业及整个国民经济的增长。

在工业化后期，高效的物质生产部门的扩张为整个国民经济的发展提供了雄厚的物质基础，但劳动力资源、自然资源的约束也开始体现。同时，随着人均收入水平的进一步提高，需求结构也呈现出高度化趋势。而为了适应需求结构的变化，更重要的是为了克服工业经济进一步发展所面临的资源约束、市场约束和劳动力约束，在竞争的外在压力和企业追求超额利润的内在动力的驱使下，企业的研发投资及技术创新加速，国民经济的主导产业相应地由资本密集型产业转向资本-技术密集型或技术密集型产业。市场结构则由完全竞争转向不完全竞争，市场竞争也由以价格竞争为主转向以非价格竞争为主。此时，一国的贸易政策所起的作用进一步突出。战略性贸易政策理论和竞争优势理论成为政策制定的主要理论基础，通过对国内企业特别是非完全竞争行业的企业给予最大限度的政策支持，鼓励其参与国际竞争，占领国际市场成为这一阶段的主要政策选择。

当然，工业发展阶段的划分界限并没那么严格，往往是有所交叉，很难单独分开。但有一点可以肯定，那就是一国工业的发展决定了一国的产业结构，并形成了特定的比较优势，继而又形成了一国的对外贸易结构。贸易政策应根据一国工业发展的不同阶段来加以制定，并能通过贸易政策的实施来进一步推动工业的发展。

专栏 15-1

亚洲“四小龙”与出口导向发展战略

20 世纪 60 年代，亚洲四个经济体突然崛起，立即吸引了全世界的目光，它们是韩国、新加坡以及中国香港和中国台湾。这四个经济体抓住了当时世界经济发展的黄金时期先后推行了出口导向发展战略，通过利用廉价的劳动力重点发展劳动密集型加工产业，快速融入世界经济产业链，成功地搭上了经济发展的快车，从而实现了经济起飞。它们也开创了新的经济发展模式，世界将它们称为亚洲“四小龙”。

可以说，没有出口导向发展战略，也就没有亚洲“四小龙”的今天。但是，对于众多的发展中经济体来说，出口导向并非唯一的战略选择。原因在于：第一，从理论上说，出口导向发展战略与另一种相对应的发展战略即进口替代发展战略之间并无实质上的对立，而是具有一定的内在联系。通过出口产业的增长来带动相关产业以及整个国民经济的增长，可以同时伴随着对国内市场进行一定程度的保护和进口替代产业的成长。同样，进口替代也并不必然排斥出口导向，因为出口的增长可以增加收入和提高购买力，从而有助于扩大国内市场规模，促进新的产品市场出现，降低劳动成本，使得本国产品同进口产品相比具有较强的竞争力。因此，出口导向和进口替代两种战略的并存是完全可能的。第二，从亚洲“四小龙”的实践来看，虽然它们在各个时期的战略侧重点有所不同，但出口导向发展战略与进口替代发展战略之间并不是泾渭分明，而是有所交叉。比如在 20 世纪 50 年代实施进口替代发展战略时期，亚洲“四小龙”（其中主要是韩国、新加坡和中国台湾）仍采取了一定的措施来刺激部分产品的出口。进入 60 年代转向出口导向发展战略之后，一方面促使劳动密集型工业面向出口，另一方面则对资本密集型工业实行部分的进口替代。70 年代在加速劳动密集型产品和资本密集型产品出口的同时，又对资本和技术密集型产业采取了进口替代的保护性措施。因此，进口替代和出口导向两种战略都对亚洲“四小龙”的经济增长做出了贡献，只是不同时期两者的贡献程度不同而已。第三，从世界范围内的经济实践来看，根据一些西方学者的实证研究和比较分析，在不同经济体出口导向和进口替代对经济增长的影响表现出了一种不甚明确和确定的关系。比如在1950—1973年期间，对于日本、韩国、以色列、挪威和南斯拉夫等经济体，出口导向发展战略对经济增长的贡献要大于进口替代发展战略对经济增长的贡献。相反，对于另外一些经济体，如哥伦比亚、土耳其和墨西哥等，则是进口替代发展战略的贡献超过了出口导向发展战略的贡献。退一步说，即使出口导向发展战略是一国经济发展的最佳战略选择，这也是需要一定外在条件的。

美国学者W. 克莱因做过一项研究。他认为，在出口导向发展战略的历史上，亚洲“四小龙”是一个极个别的特例，因为它们在1976年的实际出口水平是它们在正常情况下所应具有的出口水平（即通过横向比较得出的理论值）的4.4倍，而其他发展中经济体的出口水平则比理论值低一半以上。这就是说，其他发展中经济体若要赶上亚洲“四小龙”的出口水平，则要使自己的出口水平增加10倍左右，而这将使发展中经济体向7个主要发达经济体出口的制成品到20世纪80年代末90年代初增加7.5倍，使它们在7个主要发达经济体制成品进口中的份额从16.7%上升到60%左右，其中仅在美国进口中的份额就要从27%上升到75%左右。这显然会遭到发达经济体的强烈反对和限制，因而是不现实的。正是在这种意义上，世界银行一份研究亚洲各经济体“经济奇迹”的报告写道：“促进出口政策……不仅是它们干预政策中最成功的选择，也是其他发展中经济体最宜采用的。但这一战略不得不适应今天的时代。发展中经济体再也难以在使它们的幼稚工业不受进口商品破坏的同时，又能为出口提供补贴而不会招致工业国家的报复。这意味着它们将不得不另寻他路来刺激出口，例如出口信贷或给出口商的特别贸易优先权。”而美国学者R. 布罗德和J. 卡拉那格则直接以《新兴工业化国家不会再有了》为题，表达了他们对出口导向发展战略因受国际环境影响而再难取得成功的看法。

1997年亚洲金融危机给亚洲很多经济体的经济造成了沉重打击。这次金融危机发生的主要原因在于经济增长方式未能根据形势及时调整和转换。亚洲经济体普遍选择的出口导向型工业化道路，创造并延续了“经济奇迹”，但在基本实现工业化发展目标后，只有先行的亚洲“四小龙”加大经济结构调整步伐，初步完成经济增长方式的转换，而后来的东盟经济体大多仍然依靠粗放型发展战略，未能及时调整产业结构和完成经济增长方式的转换，即使对产业结构进行了调整，也存在过于迎合外资流向的问题，不但与周边经济体产业结构趋同，而且过分集中于简单加工业，结果是在国际竞争日益加剧的冲击下，以劳动密集型产业为主体的出口扩张势头放缓，带动经济增长的能力下降，从而导致经常项目赤字、外汇储备减少，进而对固定汇率产生压力，最终使金融风暴在区内广泛爆发。相比之下，在金融风暴中亚洲“四小龙”的损失之所以低于东盟经济体，从根本上看就是因为其产业结构调整和经济增长方式转换快于后者。

资料来源：赵春明．国际贸易．2版．北京：高等教育出版社，2007：164－165.

第三节　二元经济与贸易政策

从对外来看，发展中国家采取贸易限制政策是它们对自己落后于发达国家的一种反应；从内部来看，这是发展中国家对自身经济不平衡发展的一种反应。通常一个相对落后的、以传统农业部门为主的发展中国家内部也存在着一个相对先进的、资本密集的、高工资的现代工业部门。这种一国的经济被分成发展水平差异很大的两个部门的情况一般称为二元经济。

一、二元经济的内涵

从思想延续的角度来看，有关二元经济的概念可以追溯到亚当·斯密时期。斯密曾敏锐地指出“农业上劳动力的增进总跟不上制造业上劳动力的增进的主要原因，也许就是农业不能采用完全的分工制度”，这可以看作工农业二元经济思想的最初萌芽。但真正正式提出二元经济并对未来研究产生重要影响的是阿瑟·刘易斯（Arthur Lewis）。刘易斯认为，现代资本主义部门与传统非资本主义部门并存的二元经济现象是发展中国家最基本的经济特征，应该通过机制设计来促使二元经济结构转换。此后，经缪尔达尔（Myrdal）、拉尼斯和费景汉（Ranis & Fei）、哈里斯和托达罗（Harris & Todaro）等经济学家的不断发展，形成了较为完整的二元经济理论。从二元经济理论研究的发展脉络来看，所谓二元经济或二元结构，主要指在发展中国家实现产业结构转换和工业化的过程中，部门间生产函数与劳动生产率的差异、区域间或区域内经济发展的不平衡等原因导致的经济两极分化的现象。二元结构描述的是在一国经济发展过程中，现代经济部门（地区）与传统经济部门（地区）之间的对立、互动现象。从其内涵来看，主要包括两类二元结构现象。一类是指发展中国家不同经济部门之间呈现出的二元特征。刘易斯认为，在发展中国家的国民经济中存在着性质不同的两个部门：一个是以现代化方法进行生产、劳动生产率和工资水平较高的现代部门；另一个是以传统方式进行生产、劳动生产率较低的传统部门。前者以工业部门为代表，后者以农业部门为代表。二者的并存就形成了经济中的部门二元结构。另一类则是指不同地区之间生产力和经济发展水平的不平衡所导致的地区二元结构，即发达地区与落后地区之间的中心-外围结构或核心-边缘结构。由于地区二元结构主要体现为城乡之间的关系，从这个角度来看，它与部门二元结构之间存在密切的联系，两者在某种意义上是可以统一起来的。

二、二元劳动力市场和贸易政策

二元经济的情况在许多发展中国家都存在。显然，在二元经济下，市场没能有效运作，特别是劳动力市场没能有效运作。对于这种市场失灵，贸易政策能起什么作用一直是研究经济发展问题的学者们争论的焦点之一。

在 20 世纪 50 年代，除幼稚工业保护理论之外，许多经济学家认为，制造业和农业的工资差异是鼓励以农业为代价发展制造业的又一个理由。这种工资差异论可以用市场失灵来说明。假定现在一个工人在制造业部门工作会比在农业部门工作得到更高的工资，那么，当一个制造业厂商决定增加雇用一个工人时，它实际上创造了一种自己并不能得到的边际社会收益，因为该工人仅仅是从农业部门转向制造业部门就得到了较高的工资。这与没有工资差异的情况形成了对照。在没有工资差异时，边际工人对在农业部门还是在制造业部门就业是无所谓的。这时制造业部门多雇用一个工人，除了厂商因此获得的利润外，是不会产生边际社会收益的。

工资差异对一国劳动力的配置效应可用特定要素模型来表示。假定一国只生产两种商品：制成品（M）和食品（F）。制成品用劳动和资本生产，食品用劳动和土地生产。这时的资源配置可用图 15－1 来表示，图中纵轴代表工资率和边际产量；横轴代表就业。制成品部门的就业从左边原点 O_M 向右衡量，而食品部门的就业从 O_F 向左衡量。MPL_M 是制成品部门的劳动边际产量，MPL_F 是食品部门的劳动边际产量。P_M 是制成品的价格，P_F 是食品的价格。这样，图 15－1 中的两条曲线就代表了两个部门各自增加一个工人的边际产值。

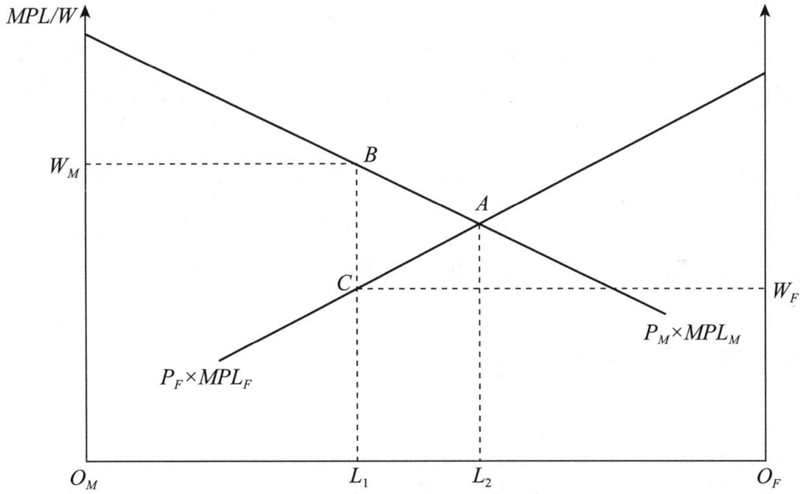

图 15－1　两种商品生产的要素配置

在具有工资差异的时候，制成品部门工人得到的工资比食品部门工人高。在图 15－1 中，假定制成品部门工人的工资率为 W_M，食品部门工人的工资率为 W_F。两个部门会雇用工人直至劳动边际产量等于工资率。这样，图中制成品部门的就业就是 O_ML_1，食品部门的就业为 L_1O_F。

假定现在该国将一名工人从食品部门转移到制成品部门，制成品部门的产出会增加，食品部门的产出会下降。制成品部门的产出增加值将等于制成品部门的工资率 W_M，而食品部门的产出减少值也等于食品部门的工资率 W_F。由于制成品部门的工资率高于食品部门，因此这名工人从食品部门转移到制成品部门后，该国的总产值会增加（W_M-W_F）。将工人从食品部门转移到制成品部门会使该国的总产值增加这一点表明，该国配置给制成品部门的工人太少。一国的经济运作如果是有效率的，它就会使两部门的劳动边际产值相等。在图中就是 O_ML_2 单位的工人在制成品部门就业，L_2O_F 单位的工人在食品部门就业。这种由于有效配置了劳动而增加的产值相当于图中的 ABC 部分。

如果一国存在工资差异，说明市场没有有效地配置劳动。由于制造业部门雇用较少的工人，促使制造业部门增加雇用工人能够提高一国的福利。在这种情况下，贸易政策并不是扩大制造业就业的最优政策。政府的政策最好是直接针对就业问题，消除工资差异或者对制造业雇用工人给予补贴。如果给予制造业生产补贴，这将鼓励劳动和资本流入制造业，而资本在制造业并不能得到较高的报酬，因此这不是最优的政策选择。而关税或配额更糟，因为它们还会导致消费扭曲。但是，作为一种次优政策，工资差异论为关税或配额的使用提供了一定的依据。

哈里斯和托达罗观测到，二元化严重的国家似乎同时存在大量的城市失业人口。虽然有人可能会认为失业的存在更证明了制造业创造更多城市工作机会的意义，但是哈里斯和托达罗指出，尽管存在上述失业，从农村到城市的人口迁移仍在继续。他们的结论是，农村的工人愿意到城市中来，甘愿冒失业的风险，只希望以后能得到高工资的工作。当然，这种获得工作的机会取决于存在多少这样的工作。

根据哈里斯-托达罗模型，制造业工作机会的增加，将导致大规模的农村人口迁移到城市，实际上使城市失业增加。当一个新的工人被制造业部门雇用后，两个及以上的工人可能会离开农业，使城市失业率更加膨胀。从整个社会来看，虽然某个幸运的工人得到了工作，但是其工资收益的大部分会被新失业者的工资损失所抵消。所谓的由边际制造业就业带来的社会收益会因此丧失。

与幼稚工业保护理论一样，工资差异论目前也受到经济学家的冷落。部分原因在于哈里斯-托达罗一类的观点，另一部分原因在于对进口替代政策的普遍反对。事实上，因经济二元化而采取的贸易政策目前通常被批评为使经济二元化的问题进一步恶化。

三、贸易政策与二元经济恶化

发展中国家在经济发展的初期，难以积累起发展大型工业必需的资本资源。其积累资本的主要途径便是对资本资源的计划配置，使相对匮乏的资本资源集中于工业部门的发展。在重工业优先发展战略以及与这个战略相配套的高度集中的计划经济体制下，二元经济的出现有必然性，与此同时，人口迁移政策以及贸易政策的选择也对二元经济起到了一定的强化作用。

1. 进口替代发展战略对二元经济的强化

如前所述，进口替代发展战略的核心内容是本国生产的产品在国内市场对进口产品的替代，本质上是一种内向型经济发展战略。这种战略的实施需要满足两个条件：一是采取各种贸易手段对进口产品进行限制，二是将国内有限的资源集中投入进口替代产品的生产。前者反映了进口替代发展战略下的市场封闭特征，而后者则要求资源的高度计划配置。在重工业优先发展战略下，发展中国家在经济发展初期的进口替代产业多为资本密集型产业。在国内市场较为封闭的情况下，工业部门的发展往往是以农业部门效率的损失为代价的。为了获取工业部门发展必需的资本积累，发展中国家往往采取压低农产品收购价格的“剪刀差”政策和名目繁多的税收政策来转移农业部门的剩余，从而支持工业部门的发展。这样一种对全社会资源的集中控制方式，虽然能在一定时期内推动工业部门的发展，但却消除了要素的自由流动机制，破坏了城乡之间正常的经济交换关系。同时，随着工业部门的发展，资本的有机构成提高，而吸纳劳动力就业的能力却相对降低，这又进一步造成了劳动力向城市转移的困难，农业部门无法分享经济增长的收益，农民收入和农业部门生产效率的提高也受到限制，这进一步强化了城乡发展对立的二元经济。

2. 出口导向发展战略对二元经济的强化

比起进口替代发展战略，出口导向发展战略是建立在本国比较优势形成和利用的基础之上的，在资源利用效率的提高上有优势。在这一战略下，发展中国家劳动密集型产品的大量出口也在一定程度上缓解了就业压力，提高了劳动力的收入水平。但发展中国家出口导向发展战略的实施对本国原有的二元经济起到了强化作用。首先，在重工业优先发展的大背景下，出口导向发展战略也肩负着通过创汇为工业部门发展积聚资本的任务。也就是说，出口的一个主要原因是为了满足进口所需外汇的需要。这一重商主义的指导理念造成了对创汇目标的过度推崇。由于发展中国家大多只在劳动密集型产业上具备比较优势，出口的产品也多为低技术含量、低附加值的劳动密集型产品，因此，其出口竞争力的保持往往是通过压低劳动力工资和耗费大量资源的方式实现的。这种低工资的发展模式直接降低了劳动力在工资决定上的讨价还价能力，限制了其利益分配地位的提高，很可能造成劳动力转移的停滞甚至劳动力逆向转移的出现。其次，出口贸易推动下现代部门的集聚效应，削弱了传统部门的发展能力，造成了大量加工型产业集中布局的局面，导致了地区二元结构的形成。最后，由于发展中国家大多缺乏较为完善的社会保障和救助机制，从农业转移出来的劳动力大多缺乏应有的劳动和人权保障，农民所遇到的社会风险由传统的农业风险向工业化风险转变，工业化的成本被转嫁给了农村，农村承担了工业化的负效应，这又进一步造成了城乡差距的拉大。因此，从以上三点来看，出口导向发展战略也在一定程度上强化了发展中国家的二元经济。

四、二元经济一元转化的条件

二元经济描述的是同一个国家不同地区、不同部门间的非同质、非均衡发展，本质在于一国内部不均衡的经济发展所造成的市场分割。在市场分割存在的情况下，要素无法实现自由流动，帕累托最优成立的边际条件难以得到满足，从而导致生产可能性曲线的向内收缩和经济体系效率的缺乏。同时，在宏观层面上，在二元经济存在的情况下，落后部门还会对生产率更高的现代部门发展和产业结构升级形成严重掣肘，不利于一国产业结构的调整优化升级。而最为严重的是，二元经济还会导致城乡收入差距不断拉大、分配严重不均等经济和社会问题，容易导致社会不安定因素的增加，最终阻碍整体的经济发展和社会进步。因此，如何消除经济中的二元结构现象，是发展中国家在经济发展中必须高度重视的一个问题。

刘易斯认为，由于发展中国家农业部门存在着边际生产力为零的剩余劳动力，因此农业部门剩余劳动力的非农化转移能够促使二元结构逐步减弱。此后费景汉、拉尼斯、哈里斯和托达罗等人不断对刘易斯模型加以修正和完善，形成了有关二元经济的结构主义理论。但在实践中，结构主义理论并没有指导发展中国家顺利地实现二元经济的结构转变，反而出现了二元结构的次级分化、民工荒、劳动与资本双重过剩等二元经济理论难以解释的现象。针对此问题，后来的研究不断将分工组织、交易成本、制度发展等概念引入二元经济的分析中，在新兴古典经济学、制度经济学、演化经济学的框架下解释二元经济问题。这些研究认为二元经济的结构转变在分工演进的视角下才可能得到解释，并且随着交易条件的充分改进和分工水平的提高，二元结构将会消失。它们主张从技术和制度层面提高交易效率、降低交易费用来促进二元结构的转变。虽然这些经济理论对二元经济现象的解释视角具有较大的差异，但整体上，在二元经济向一元转化的一些根本原则上，这些经济理论还是形成了一定的共识。

首先，要素的自由流动是二元经济向一元转化的基本前提。二元经济产生的根本原因在于市场分割状态下要素特别是劳动力要素无法自由流动。在存在城乡就业歧视和劳动差别的情况下，劳动力的流动缺乏真正的自由性，工业化和城市化的门槛提高，劳动者无法根据自身的利益和特长自主择业，难以形成劳动力要素的合理配置。因此，从这个意义上说，劳动力的自由流动是实现工业化和结构转变的必要前提，只有最基本的生产要素实现了流动，才能充分发挥市场机制在资源配置中的作用，才能保证资源的合理利用和最有效配置，才能为工业化和城市化提供必要的物质基础，继而完成在效率得到保证条件下的工业化和城市化进程。

其次，农业部门效率的提高是实现二元经济一元转化的关键。二元经济的基本特征是地区间或部门间的非均衡发展，其消除只能通过落后地区或部门发展水平的提高来实现。在可支配资源受到限制的情况下，落后部门（农业部门）效率的提高是二元经济一元转化顺利进行的关键因素。通过加大对农业的投资推动农村经济发展，一方面可以实现农业生产技术的进步和生产效率的提高，增加农民收入，提高农民生活水平；另一方面，农民生活水平的提高不但可以为工业部门提供一定的物质基础，同时还有助于增加农业部门的需求，缓解农村剩余劳动力向城市转移的压力，减少对城市人口就业的冲击，从而实现城乡的良性互动，在和谐的社会环境下促进二元经济一元转化的顺利实现。

最后，服务业的发展是实现二元经济一元转化的核心内容。二元经济一元转化的本质在于资源配置效率的提高，直观表现是产业结构的优化升级。这就对服务业的快速发展提出了内在的要求。服务业的快速发展，一方面可以为农业部门剩余劳动力的转移创造较大的就业空间，实现第一产业直接向服务业转化的跳跃式发展，提升产业结构；另一方面，无论是传统的铁路、航运等服务业，还是现代的金融、保险、电信服务业，都为工业化的快速发展提供了必要的设施和服务支持，有利于工业部门运营效率、管理水平乃至国际竞争力的提高。因此，服务业的发展，特别是高层次、高质量服务业的发展，直接为二元经济一元转化提供了新的途径，在引导二元经济一元转化的过程中，推动了整个国民经济产业结构的提升。

第四节　出口的贫困化增长

前面第五章已经对出口的贫困化增长问题进行了理论分析，在这里我们再结合发展中国家的情况进一步讨论。贫困化增长最早是由经济学家贾格迪什·巴格瓦蒂在普雷维什-辛格命题的基础上提出的一个概念。它所描述的是：尽管经济增长能带来财富，但如果过度出口导致该国贸易条件的极端恶化，且这种贸易条件恶化所造成的本国出口商品国际购买力的降低超过了增长所带来的财富，这种增长就有可能使该国的福利水平下降。因此，这种增长被巴格瓦蒂称为出口贫困化增长或悲惨性增长。此后，出口贫困化增长理论被其他经济学家不断丰富和发展，成为几个重要经济理论之谜研究中的关键，并且有重要的政策含义。

一、出口贫困化增长的图形分析

1. 巴格瓦蒂的出口贫困化增长

一般而言，经济增长会带来产出水平的提高，同时在多数的经验检验中，经济增长还有因产出水平提高进而促进出口量增加的效用，因而社会福利水平得到提升。但是，如果发展中国家在追求经济增长的过程中有可能陷入更加贫困的境地，那么发展中国家如何确立合理的经济发展政策、如何参与国际贸易就成了值得深思的问题。出口贫困化增长的主要根源在于贸易条件的恶化。虽然出口量增长，但由于贸易条件恶化，出口收入下降，从而造成了福利的降低。下面以咖啡生产和出口大国巴西的例子对巴格瓦蒂所提出的出口贫困化增长问题进行说明。

人物介绍 15-1

贾格迪什·巴格瓦蒂

在图 15-2 中，出口量增长前，假设巴西的生产可能性曲线为 AB，TT 为世界价格线，表示制成品和咖啡的交换比率。该国在 b 点生产，在 c 点消费，出口 gb 单位的咖啡，进口 cg 单位的制成品。现在假定该国的生产要素增加，特别是咖啡的生产要素大量增加，使得该国生产咖啡的能力迅速提高，生产可能性曲线由 AB 向外扩张成 $A'B'$，新的生产可能性曲线表明该国生产咖啡的能力增强了。这种情况促使它大量增加咖啡的出口，导致咖啡的世界价格大幅下降。以 $T'T'$ 表示咖啡生产大幅增长后的国际价格线。假设巴西在 b' 点进行生产，该点表明，巴西的咖啡和制成品的产量都增加了，但咖啡的产量增长得更快。咖啡的大量增产导致咖啡出口增加，但由于咖啡相对价格的下降，换回的制成品的数量反而比增长前少了。经济增长后巴西出口 $g'b'$ 单位的咖啡，进口 $c'g'$ 单位的制成品，在 c' 点消费，消费水平反而低于增长前的 c 点，从而出现了福利水平下降或贫困化。

值得注意的是，出现巴格瓦蒂所称的贫困化增长现象需要具备以下条件：（1）一国的商品出口必须在短期内大幅提高；（2）该国必须是一个贸易大国，这样其大幅度的出

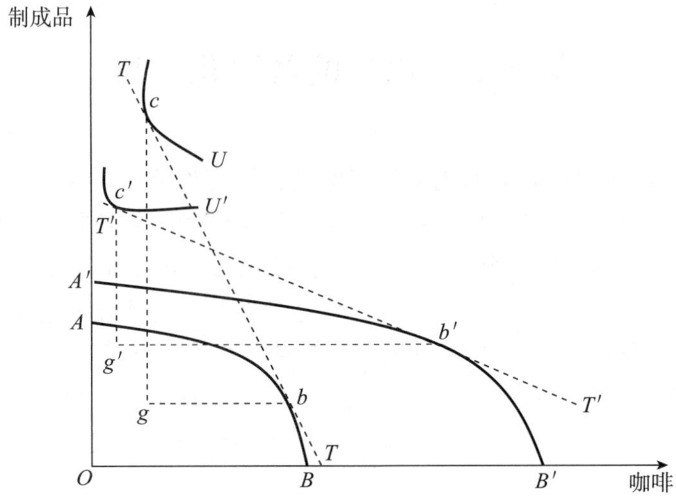

图 15-2　巴格瓦蒂的出口贫困化增长

口扩张必然导致本国贸易条件的恶化；（3）世界上其他国家对该国出口商品的需求弹性很低，这样该国贸易条件恶化的程度将十分严重；（4）该国经济严重依赖对外贸易，这样贸易条件的大幅恶化才有可能导致整个社会福利的绝对下降。收入及利润并没有同步攀升，增长幅度很小甚至出现负增长的情况。

巴格瓦蒂的贫困化增长理论有诸多局限性。第一，他分析的是 2×2×2（两个国家、两个部门、两种产品）模型，并没有扩展到 $n \times n \times n$ 模型；第二，该理论模型存在苛刻的假设条件；第三，研究的对象是发展中国家传统的出口增长模式，即出口资源型初级产品或农产品，进口发达国家的制成品；第四，仅仅以价格贸易条件的恶化作为判断贫困化增长的标准。

2. 约翰逊的出口贫困化增长

随着巴格瓦蒂贫困化增长概念的提出，在 20 世纪 60 年代至 70 年代初，又有一些经济学家研究了贫困化增长的各种可能性，其中较有代表性的是约翰逊。1967 年，约翰逊提出了贫困化增长的另一种情形，即价格贸易条件不变的情况下贫困化增长的小国情形。他指出，即使是对那些面临不变价格贸易条件的贸易小国来说，扭曲的关税同样会带来负的福利效果，也就是说，贫困化增长完全可能在价格贸易条件不变的情况下发生。这种情形可以用图形简单地加以说明。

如图 15-3 所示，A_1B_1 为经济增长前的生产可能性曲线。在自由贸易条件下，该国生产和消费的均衡点分别为 E_1 和 C_1，福利水平为 U_1。但是该国为了保护进口竞争部门 Y 而实行的进口关税使得该国在增长前的生产和消费均衡点分别移到 E_2 和 C_2，福利水平下降为 U_2。如果 Y 部门出现技术进步或者该部门密集使用的生产要素增加，那么生产可能性曲线就会向外移动到 A_2B_2。在价格贸易条件保持不变、关税仍然存在的情况下，新的生产和消费均衡点分别移到 E_3 和 C_3，福利水平下降到 U_3（$U_3<U_2<U_1$），因此，贫困化增长也就不可避免地发生了。

在约翰逊的例子中，尽管经济增长并没有改变本国的价格贸易条件（$E_1C_1/\!/E_2C_2/\!/E_3C_3$），但是由于经济增长发生在受到关税保护的进口竞争部门，这会促使要素从出口

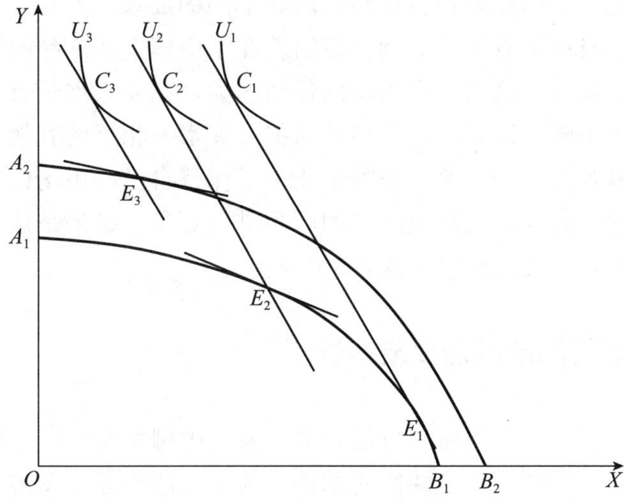

图 15-3　约翰逊的出口贫困化增长

部门转移到进口竞争部门，因而会减少出口部门的生产并降低出口部门的要素生产率，从而最终使得本国的收入贸易条件和要素贸易条件都趋于恶化。

约翰逊认为在讨论经济增长对贸易条件的影响时运用一般的 2×2×2 模型有一定的局限性。他指出，仅仅考虑两个国家而不是更多国家之间的贸易联系可能会夸大经济增长在价格贸易条件上的相对作用，而且两个国家的模型严格地假定和强调了国际贸易中国与国之间的互补性而非竞争性。对工业化国家和初级产品生产国这两类国家的整体分析，无法说明各个类别中的单个国家发生经济增长后会对其价格贸易条件产生怎样的影响，因为每个国家的经济增长会影响与其属于同一类别的其他国家的价格贸易条件，程度取决于该国在国际贸易中所占的份额、国际市场对该类别国家出口商品的总体需求等。相应地，出现经济增长后每个国家的价格贸易条件的变动更多地取决于它相对于竞争对手的经济增长率，而不是两类国家之间的总体经济增长率的对比。

在这两个例子当中，虽然价格贸易条件的变动趋势并不相同，但可以发现，无论是哪种情形，收入贸易条件和要素贸易条件都趋于恶化。所以，长期以来，贸易条件的全面恶化成了贫困化增长的衡量标准。

二、出口贫困化增长的案例

在许多发展中国家经济发展的一定阶段，出口贫困化增长的现象都出现过。例如，由于 OPEC 国家原油的出口占据世界市场很大的份额，它们生产、输出的原油越多，世界原油价格因为供给的过剩越大幅下降，这些国家的原油收入反而下降。而当这些国家采取限产保价的政策时，其原油的出口收入由于供求关系的变化反而增加。1997—1998 年原油的国际市场价格出现了大幅下跌，这是由于亚洲经济陷入严重的金融危机，原油需求急剧下降，但产油国的产量并未削减，原油严重过剩。2000 年，随着亚洲经济恢复，增长加速，原油需求大幅攀升，OPEC 国家却限产保价，造成了原油价格的居高不下，给世界经济尤其是给发展中国家经济造成了影响。

在中国，这种出口贫困化增长也存在，例如中国的成衣、发菜、蘑菇、钨矿砂以及玩具等的出口都是颇具典型意义的案例。原因就在于中国上述产品的出口已经占世界市场相当大的份额，中国增加这些产品出口的任何努力，在需求增长有限的情况下，都会造成国际市场价格的下降，同时这些产品又面临发展水平相近的其他发展中国家同类产品出口的竞争，尤其是价格的竞争。中国企业为了保持自己的市场份额，在很多情况下也不得不使用价格这一武器，与其他国家的产品进行竞争，结果是该产品的国际市场价格大幅下跌，出口越多受到的损害就越大。

三、出口贫困化增长的政策含义及评价

出口贫困化增长理论具有积极的政策含义，发展中国家在经济发展中可以借鉴某些理论观点，趋利避害，调整好自己的产业结构。从上面的论述与图形分析中我们可以清楚地看到，如果经济发展的方向或经济产出增长的方向转向其他产品，即朝用本国稀缺要素生产的产品方向发展，结果就会完全不同（见图 15－4）。

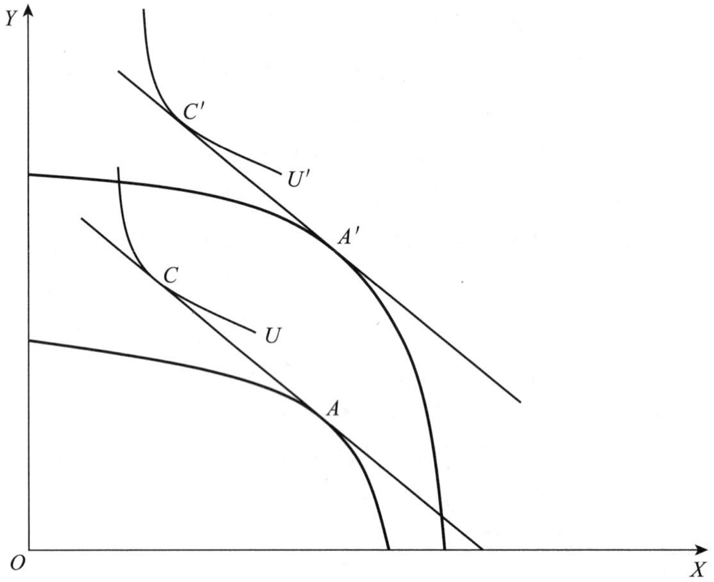

图 15－4　应对贫困化增长的政策

这时该国可以增加 Y 产品的生产，即发展进口替代产业，将一部分劳动力转向从事 Y 产品的产出，这时或者 X 产品减少而 Y 产品增加，或者在 X 产品未减少的情况下 Y 产品的生产增加，社会无差异曲线向外移动，该国的福利水平提高。这是国内资源增加引起的福利水平提高（有时还会伴随着贸易条件的改善而提高福利水平），从某种程度上说明该国的生产优势发生了变化（不单纯是 X 产品具有优势了）。

1. 产业结构转换的重要性

许多发展中国家的产品结构单一，处于初级或次级出口替代的过程中，同时东亚发展中国家走外向型经济发展道路的成功经验，使得一些发展中国家模仿它们的发展模式走出口导向的道路以促进经济发展，但由于本国经济结构的特点和世界市场的需求结构，

这些国家出现了产品出口越多价格越低、出口收入下降的情况。这说明发展中国家的产业结构从长远来看应该调整，应结合本国的实际情况，尽早完成从初级产品加工出口向制成品出口的转换。

2. 平衡出口量与出口价格

出口贫困化增长现象应该说仅仅提供了一种可能，在实际经济中并不是一种普遍的现象，大多存在于发展中国家经济发展的一定阶段。在这一阶段，它们主要依赖某些劳动密集型产品的出口来促进经济发展，在这些产品在世界市场中已经占据相当大的份额之后，继续扩大出口的努力便会造成出口贫困化增长的现象。因此，这些国家在发展的一定阶段应该特别注意避免这种现象的发生，并考虑出口量与出口价格之间的平衡，利用市场的力量减少不该有的损失。

本章小结

1. 发展中国家的贸易政策一般有三个目标：一是消除与发达国家之间不平等的经济关系；二是促进工业化发展；三是应对国内经济的不平衡发展或二元经济问题。

2. 在第一个目标方面，主要有贸易条件恶化论。这种观点认为，发展中国家主要出口初级产品，进口制成品，而从长期来看，初级产品的相对价格下降，因而贸易条件对发展中国家不利。以普雷维什和辛格为代表的发展经济学家提出的中心-外围论是这一观点的典型代表。

3. 在第二个目标方面，主要的观点是幼稚工业保护理论。依据这一理论，许多发展中国家推行了进口替代发展战略和出口导向发展战略。两种战略特点不同，各有利弊。两者之间并非完全对立。推行出口导向发展战略，通过出口产业的增长来带动相关产业以及整个国民经济的增长，可以伴随着对国内市场一定程度的保护和进口替代产业的增长。同样，进口替代也并不必然排斥出口导向，因为出口的增长有利于增加收入和提高购买力，从而有助于扩大国内市场规模，促进新的产品市场出现，降低劳动成本，使得本国产品和进口产品相比具有较强的竞争力。

4. 在第三个目标方面，有些经济学家认为关税保护等政策有利于促使国内二元结构消失，但另一些经济学家批评这类政策只会加剧二元结构。

5. 在某种特殊条件下，发展中国家不平衡的经济增长会给本国经济带来不利影响——出口贫困化增长，就其实质来说主要是由发展中国家贸易条件恶化造成的。

关键术语

贸易条件	贸易条件恶化论	中心-外围论	幼稚工业保护理论
进口替代	出口导向	二元经济	出口贫困化增长

复习与思考题

1. 根据一些经验分析，发展中国家初级产品出口的贸易条件有长期缓慢恶化的趋势，请说明原因并指出发展中国家应当采取什么样的贸易政策。

2. 进口替代发展战略与出口导向发展战略各有什么优缺点？为什么进口替代发展战略在巴西这样的大型发展中国家要比在加纳这样的小国更成功?

3. 亚洲“四小龙”是实施出口导向发展战略的成功案例，请分析其成功的原因。

4. 一个国家目前以每辆 8 000 美元的价格进口轿车，政府相信，给以一定的时间，本国生产者能以每辆 6 000 美元的成本生产轿车，但这中间有个调整时期，因为一开始时本国生产者的成本将达到每辆 10 000 美元。试问：

(1) 假定每个试图生产轿车的厂商都要经历一个将高成本降下来的调整时期，在什么情况下最初的高成本产业可以作为幼稚工业来保护?

(2) 现在假定国外有一个厂商承担了最初的学习成本，现在能以每辆 6 000 美元的成本生产轿车，而其他厂商都可以模仿它，也以每辆 6 000 美元的成本生产，这会如何阻碍该国发展自己的轿车产业？幼稚工业保护措施如何起作用?

5. “许多发展中国家试图通过对资本密集型工业制成品实施进口配额，并对机器设备的进口给予补贴来创造制造业的就业机会，不幸的是，它们往往反而加剧了城市失业问题。”请对此论点进行解释。

6. 试评述关于贸易政策与二元经济之间关系的各种观点。

7. 出口导向发展战略对出口规模较大的发展中国家是否完全适用？请结合中国的实例进行分析。

8. 中国纺织品出口已占世界市场比较大的份额，但出口价格却相对较低。这是否会引致出口贫困化增长的趋势？请予以分析并进行评价。

9. 为什么发展中国家在贸易自由化的初期往往采取本币贬值的汇率政策?

第十六章

区域经济一体化及贸易与经济合作

第二次世界大战后，随着欧洲经济一体化发展的不断深入，世界各国几乎无一例外地参与了区域经济合作组织。近年来，区域经济合作组织更是迅速发展。据 WTO 统计，截至 2017 年 12 月，向 WTO 通报的区域贸易协定（RTA）已达 650 个（其中 80%是 1995 年后缔结的），之后以平均每月 1 个的速度递增；截至 2020 年底，全球累计通报的 RTA 达 678 个，生效的有 451 个，实际运行的有 280 个。[①]这样的现实，不能不引起人们对区域经济一体化发展的关注。

第一节　区域经济一体化的含义与类型

一、区域经济一体化的含义

经济一体化（economic integration）这个概念是荷兰经济学家丁伯根于 1952 年在其重要著作《经济政策论》中首次提出来的，1965 年丁伯根在其《国际经济一体化》论著中更详尽和系统地解释了世界经济一体化，指出“经济一体化就是将有关阻碍经济最有效运行的人为因素加以消除，通过相互协调与统一，创造最适宜的国际经济结构”。此后，西方经济学家从多个角度对经济一体化进行了定义。

总体来看，经济一体化既被定义为一个过程，又被定义为一种状态。作为过程，它包含旨在消除不同经济体之间的种种歧视的各项措施；作为状态，它表示各经济体之间不存在各种形式的经济壁垒与歧视；作为形式，它必须有某种制度安排或协议；作为机制，它是一种经人为或国家干预而形成的规制。

① 数据来自 WTO 官网。

二、区域经济一体化的类型

不同经济体根据各自的具体情况和条件，以及各自的目标和要求组成了不同形式的区域经济一体化组织。不同的组织形式反映了区域经济一体化的不同发展程度，反映了成员之间经济干预和联合的深度与广度。按照一体化程度由低到高的顺序，区域经济一体化有 6 种形式，即特惠贸易安排、自由贸易区、关税同盟、共同市场、经济联盟和完全经济一体化。

1. 特惠贸易安排

特惠贸易安排（preferential trade arrangement）是指两个或两个以上的经济体通过协商达成协议，在相互贸易中对全部商品或部分商品实行优惠关税安排的区域经济一体化组织。它是区域经济一体化中最低级和最松散的组织形式，规定相互贸易中对全部商品或部分商品的关税优惠，对来自非成员的进口商品，各成员按自己的关税政策实行进口限制。某些特惠贸易安排最终发展成为自由贸易区。如 1965 年的《美加汽车贸易协定》发展成为美加自由贸易区、1977 年的《东南亚国家联盟的特惠贸易安排》后来发展成为东盟自由贸易区等。

2. 自由贸易区

自由贸易区（free trade area，FTA）是指两个或两个以上的经济体通过协商达成协议，相互取消进口关税和数量限制等与关税具有同等效力的限制措施而形成的区域经济一体化组织。商品可以在参加自由贸易区的成员间自由流动，但成员仍保持各自对来自非成员进口商品的限制政策。如北美自由贸易区（现在改名为美墨加自由贸易区）和东盟自由贸易区等。

3. 关税同盟

关税同盟（customs union）是指两个或两个以上的经济体通过协商达成协议，相互取消进口关税和数量限制等与关税具有同等效力的限制措施，并对非成员实行统一的对外关税或其他贸易限制措施的区域经济一体化组织。关税同盟意味着成员之间撤除了原有的关境，组成了共同的对外关境。关税同盟开始具有超国家性质，是实现全面经济一体化的基础。如早期的欧洲经济共同体（EEC）和东非共同体。

4. 共同市场

共同市场（common market）是指两个或两个以上的经济体通过协商达成协议，建立相互间实行商品的自由贸易、对非成员实行共同的对外关税政策，实现成员间服务、资本和劳动力等生产要素自由流动的区域经济一体化组织。如欧共体于 1992 年底建成的统一大市场。

5. 经济联盟

经济联盟（economic union）是指在共同市场的基础上进一步实现经济政策协调（如实行统一的货币政策、财政政策、福利政策等）的区域经济一体化组织。这种一体化从商品交换扩展到生产、分配乃至整个国民经济领域，形成了一个有机的经济实体。最典型的例子是目前的欧盟（EU）。

6. 完全经济一体化

完全经济一体化（perfectly economic integration）是经济一体化的最高阶段。它除具有经济联盟的特点外，各成员在经济、金融、财政等方面实行完全的统一政策，成员之间完全消除阻碍商品、资金、劳动力等自由流动的人为障碍。此时的一体化已经从经济联盟扩展到了政治联盟。目前世界上尚无此类经济一体化组织，只有欧盟在为实现这一目标而努力。

上述 6 种形式的区域经济一体化组织是由低级到高级排列的，从内容上可以看出上一级一体化组织形式包含下一级一体化组织形式的特点（见表 16－1）。但是，这种排列方式并不意味着一个区域性组织在一体化深度发展的过程中一定是由低级向高级逐级发展的。从区域经济一体化的实践来看，一体化组织的起点并非一定是特惠贸易安排；某个一体化组织也可能兼有两种组织形式的某些特点。

表 16－1 一体化组织形式的特征

	取消有形贸易限制	共同的外部贸易政策	取消无形贸易限制	生产要素自由流动	国家政策协调	货币、财政和社会政策的统一
特惠贸易安排	部分减免*					
自由贸易区	√					
关税同盟	√	√				
共同市场	√	√	√	√		
经济联盟	√	√	√	√	√	
完全经济一体化	√	√	√	√	√	√

注：* 表示仅实行关税优惠，并没有取消商品自由流动的全部限制。

第二节 区域经济一体化理论

区域经济一体化理论说明了区域经济一体化所带来的效应与影响，这方面理论的形成可以追溯到古典经济学家。由于关税同盟是区域经济一体化的典型形式，因此，很多学者把关税同盟作为基本的研究对象。雅各布・瓦伊纳（Jacob Vincr）在 1950 年出版的《关税同盟问题》被公认为关税同盟理论的代表作，该书为关税同盟福利作用的研究奠定了基础。随着区域经济一体化实践的发展，一体化理论的研究向投资、货币、财政等方面扩展，继而出现了有关投资、货币、财政政策等一体化的理论。本节仅介绍与贸易有关的一体化理论。

人物介绍 16－1

雅各布・瓦伊纳

一、关税同盟理论

关税同盟的特征是不仅同盟内成员国之间相互取消关税，而且各成员国对世界上的其他非成员国采取一致的关税壁垒。根据瓦伊纳的理论，这种区域经济一体化组织形式具有以下贸易效应。

1. 贸易创造效应

贸易创造（trade creation）是指关税同盟对内取消关税、实行自由贸易后，同盟内某成员国国内成本高的产品被同盟内其他成员国国内成本低的产品所替代而创造新贸易量的过程。由于贸易创造过程使得经济资源得到优化配置，因此可以提高成员国国内的福利水平，我们将这一经济影响称为贸易创造效应（trade creation effect）。

2. 贸易转移效应

贸易转移（trade diversion）是指由于关税同盟对内取消关税，用从成员国进口的较为昂贵的产品取代了原先从外部进口的较为便宜的产品，使得贸易伙伴由高效率的非成员国转向低效率的成员国的过程。但成本较高的成员国产品的价格这时低于成本较低的非成员国的价格加上进口关税之后的价格。由于贸易转移过程降低了经济资源配置效率，因此会降低成员国国内的福利水平，我们将这一经济影响称为贸易转移效应（trade diversion effect）。

在图 16－1 中，A、B、C 分别代表三个国家，假设三国均为小国，都生产某种产品，只存在关税一种贸易壁垒（假设其他贸易壁垒都关税化了）。纵轴表示价格（假定价格中考虑了一切成本），横轴表示数量，S_A 和 D_A 分别表示 A 国国内的供给曲线和需求曲线，P_B、P_C 分别表示 B、C 两国国内的市场价格。组成关税同盟前，A 国对 B、C 两国实行同等的关税政策，假设对某种产品征收从价税 T，则组成关税同盟前，B 国产品在 A 国的销售价格为 P_B+T，C 国产品在 A 国的销售价格为 P_C+T。由于 C 国的生产效率高于 B 国，$P_C<P_B$，故组成关税同盟前 A 国从 C 国进口产品，A 国的国内市场价格为 P_C+T，A 国生产量为 OS_0，需求量为 OD_0，进口量为 S_0D_0。

设 A、B 两国组成关税同盟，A 国取消对 B 国的关税壁垒，但 A 国对 C 国的关税保持不变，此时 B 国产品在 A 国的销售价格变为 P_B。由于 $P_B<P_C+T$，组成关税同盟后，A 国从 B 国进口产品，A 国国内的市场价格为 P_B，A 国的生产量为 OS_1，需求量为 OD_1，进口量为 S_1D_1。与组成关税同盟前相比，A 国的进口量增长了 $S_1S_0+D_0D_1$，进口量的增长过程即为贸易创造过程。在这一过程中，A 国国内的市场价格下降导致：（1）A 国生产量减少S_1S_0，生产者剩余减少 a；（2）A 国消费量增加 D_0D_1，消费者剩余增加 $a+b+c+d$。总体来看，贸易创造导致 A 国福利增加 $b+c+d$。

关税同盟的组建使得 A 国原来从 C 国进口的 S_0D_0 单位的产品转由从 B 国进口，这就是贸易转移过程。组建关税同盟前，A 国获得 $c+e$ 的关税收入，而关税同盟的组建使得 A 国失去了这部分收入。可见，贸易转移使得 A 国福利减少 $c+e$。

通过上面的分析，我们发现，关税同盟通过贸易创造过程提高一国的福利水平，而通过贸易转移过程降低一国的福利水平，最终组建关税同盟对成员国 A 福利变化方向的

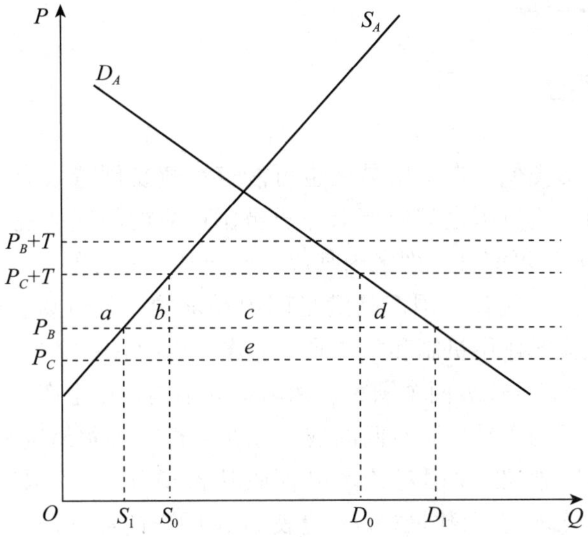

图 16－1　关税同盟的效应分析

影响取决于两种效应的比较。如图 16－1 所示，最终 A 国的福利变化方向取决于 $b+d$ 与 e 的比较：

（1）当 $b+d>e$ 时，贸易创造效应大于贸易转移效应，这样就是可结盟的；

（2）当 $b+d<e$ 时，贸易转移效应大于贸易创造效应，这样就是不可结盟的；

（3）当 $b+d=e$ 时，静态福利不变，结盟与否结果一样。

关税同盟的贸易创造效应提高了全球的资源配置效率，贸易转移效应降低了全球的资源配置效率，关税同盟对全球的福利影响亦是不确定的。不过，有些经济学家对关税同盟的影响进行实证分析后认为关税同盟能够提高全球的福利水平。①

综合来看，通过对关税同盟的静态福利效应进行分析以及对可能的动态福利效应进行分析，我们得出如下几个结论：

（1）结盟前成员间关税税率越高，贸易创造效应越大，贸易转移效应越小。

（2）结盟成员与非结盟成员的壁垒越少，自由度越大，贸易创造效应越大，贸易转移效应越小。

（3）进口需求弹性越大，结盟后价格下降幅度越大，贸易创造效应越大，贸易转移效应越小。

（4）成员数越多，贸易创造效应越大，贸易转移效应越小。

（5）成员之间的互补性大于竞争性，贸易创造效应小于贸易转移效应；成员之间的互补性小于竞争性，贸易创造效应大于贸易转移效应（适用于欧盟的实践）。

（6）地理位置越近，贸易创造效应越大，贸易转移效应越小。

（7）成员联系越紧密，贸易量越大，资本流动越多，结盟的利益越大。

（8）关税同盟能否真正实现，取决于静态和动态两方面的效应。静态效应要看贸易创造与贸易转移的效应何者更大；动态效应要看结盟带来的规模经济、竞争力、投资规

---

① 白英瑞，等．欧盟：经济一体化理论与实践．北京：经济管理出版社，2002.

模及经济结构的变化情况。

二、自由贸易区理论

与关税同盟的情形类似，自由贸易区也可能存在贸易创造效应和贸易转移效应。但是组成自由贸易区时，成员国之间保持对非成员国产品的不同关税，从而产生了贸易偏转（trade deflection）的可能性，即区内某成员国向其他成员国出口产品的同时，从区外非成员国进口相同产品以代替本国产品满足国内需求的一种贸易流向。① 这使得贸易创造效应与贸易转移效应的作用机制和关税同盟的作用机制有一定的差异（见图 16－2）。

在图 16－2 中，A、B 代表两个国家，两国均为小国，均生产并进口同一产品，两国生产效率均低于世界平均水平，同时两国均只存在关税一种贸易壁垒，但 A 国对该产品的关税水平高于 B 国，假设 A 国对该产品征收从价税 T_A，B 国对该产品征收从价税 T_B；纵轴表示价格，横轴表示数量；D_A 代表 A 国国内的需求曲线，S_A 代表 A 国国内的供给曲线；S_{A+B} 代表 A、B 两国总的供给曲线；D_B 代表 B 国国内的需求曲线，S_B 代表 B 国国内的供给曲线；P_W 代表世界价格。

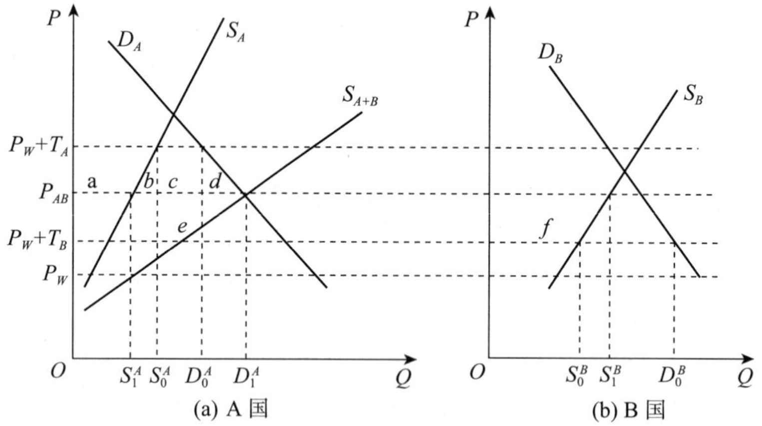

图 16－2　自由贸易区的效应分析

组成自由贸易区前，A 国国内市场价格为 P_W+T_A，A 国生产量为 OS_0^A，需求量为 OD_0^A，进口量为 $S_0^A D_0^A$；B 国国内市场价格为 P_W+T_B，生产量为 OS_0^B，需求量为 OD_0^B，进口量为 $S_0^B D_0^B$。

A、B 两国组成自由贸易区后，A、B 两国的产品可以在自由贸易区内自由流动。在初期，由于 A 国的市场价格水平（P_W+T_A）高于 B 国（P_W+T_B），B 国产品纷纷流向 A 国，为了满足国内需求，B 国以 P_W+T_B 的价格增加对该产品的进口。最终 A 国国内市场价格变为 P_{AB}②，B 国国内市场价格仍为 P_W+T_B，但是 B 国厂商将产品以 P_{AB} 的

① 在自由贸易区内，为避免非成员国产品从低关税国家流入高关税国家，一般采用原产地规则，即原则上规定只有成员国生产的产品才能在自由贸易区内自由流动。

② 无论是否组成自由贸易区，显然 A 国的市场价格水平不可能高于 P_W+T_A，因此，组成自由贸易区后必有 $P_{AB}<P_W+T_A$。而只有当 $P_W+T_B<P_{AB}$，B 国才可能向 A 国出口。综上，$P_W+T_B<P_{AB}<P_W+T_A$。

价格在A国国内市场销售。因此，组成自由贸易区后，A国生产量为 OS_1^A，需求量为 OD_1^A，进口量为 $S_1^A D_1^A$，进口量增长了 $S_1^A S_0^A + D_0^A D_1^A$，进口量的增长过程同样为贸易创造过程。在这一过程中，A国的国内市场价格下降导致：

（1）A国生产量减少 $S_1^A S_0^A$，生产者剩余减少 a；

（2）A国需求量增加 $D_0^A D_1^A$，消费者剩余增加 $a+b+c+d$。

总体来看，贸易创造导致A国福利增加 $b+c+d$。另外，自由贸易区的组建使得A国原来从其他低成本国家进口的 $S_0^A D_0^A$ 单位的产品转向从B国进口，这就是贸易转移过程。组建自由贸易区前，A国获得 $c+e$ 的关税收入，而自由贸易区的组建使得A国失去了这部分收入。可见，贸易转移使得A国福利减少 $c+e$，最终A国的福利变化取决于 $b+d$ 与 e 的比较。①

组成自由贸易区后，B国国内市场价格不变，但厂商的销售价格为 P_{AB}，故生产量为 OS_1^B（全部出口到A国，故 $OS_1^B = S_1^A D_1^A$），生产量增加 $S_0^B S_1^B$，需求量仍为 OD_0^B，进口量为 OD_0^B，进口量增加 OS_0^B。② 参与自由贸易区使得B国的消费者剩余不变，生产者剩余增加 f，关税收入不变，B国福利水平提高 f。

通过上面的分析，我们发现，贸易偏转的存在使得自由贸易区与关税同盟的贸易创造效应和贸易转移效应的作用机制有所差别，自由贸易区导致的贸易创造并不必然优化资源配置。但贸易偏转所带来的从高效率非成员国进口的增加（图16-2中的 OS_0^B）又在一定程度上优化了资源配置。总体来看，无论是看给全体成员国福利（图16-2中成员国福利水平的变化 $b+d+f-e$ 大于图16-1中成员国福利水平的变化 $b+d-e$）还是看给全球福利所带来的好处，自由贸易区都优于关税同盟。

三、考虑规模经济的一体化理论

加入关税同盟并不必然提高成员国的福利水平，而且，从整个世界的角度来看，关税同盟所带来的好处要小于非歧视地削减关税及自由贸易安排所产生的效果。那么，为什么关税同盟会成为区域经济一体化的主要形式呢？随着20世纪后期新贸易理论的发展，人们开始关注规模经济对国际贸易的影响，经济学家也开始将规模经济引入一体化理论中，研究在日益一体化的世界经济中，规模经济对国际贸易发展及福利状况的影响。

在存在内部规模经济时，随着厂商生产规模的扩大，产品的长期平均生产成本会下降，因此，区域经济一体化导致成员国厂商面临的市场扩大，厂商的生产规模可能随着扩大，从而可能获得规模经济的好处，进而使得成员国国内市场价格下降。

---

① 从直观上看，自由贸易区与关税同盟所产生的贸易创造效应相似，似乎都能够使资源得到优化配置。而事实上，如果B国的生产效率高于A国（即更高生产效率的国家实行了更低的关税水平），贸易创造效应使得产品由低效率生产国A生产转为由高效率生产国B生产，优化了资源配置；但如果B国的生产效率低于A国（即更低生产效率的国家实行了更高的关税水平），仅由于B国的关税壁垒低于A国，B国国内市场价格低于A国，组成自由贸易区后，A国所需的部分产品由自己生产转为由B国生产，则这种贸易创造导致了资源配置效率的下降。这种效应使世界福利水平有下降的趋势。

② 组成自由贸易区后，B国既向A国出口，又从其他非成员国进口，这一现象即为贸易偏转。这一现象是难以用原产地规则来禁止的。

在图 16－3 中，A、B 代表两个国家，而且两国都是某产品的贸易小国，同时两国该产品的生产成本都高于从其他国家进口的产品，该产品的生产具有内部规模经济特征；D_A 代表 A 国的需求曲线，AC_A 代表 A 国的平均成本曲线；D_B 代表 B 国的需求曲线，AC_B 代表 B 国的平均成本曲线；D_{A+B} 代表关税同盟的总需求曲线。设世界价格为 P_W，组成关税同盟前 A 国对该产品征收 T_A 水平的从价税，B 国对该产品征收 T_B 水平的从价税。①

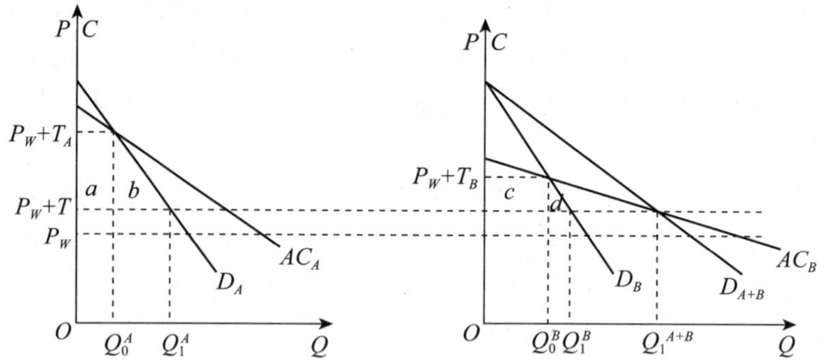

（a）A 国　　（b）B 国

图 16－3　规模经济条件下的关税同盟效应分析

A、B 两国组成关税同盟前，A 国国内市场价格为 P_W+T_A，在这一价格水平下，本国需求量为 Q_0^A，在这一市场规模下，国内厂商的平均成本等于 P_W+T_A，故本国生产量为 Q_0^A，本国进口量为 0；B 国国内市场价格为 P_W+T_B，在这一价格水平下，本国需求量为 Q_0^B，在这一市场规模下，国内厂商的平均成本等于 P_W+T_B，故本国生产量为 Q_0^B，本国进口量为 0。②

A、B 两国组成关税同盟后，由于 B 国生产成本较低，A 国会从 B 国无关税地进口该产品，B 国该产品厂商所面临的市场规模扩大，B 国该产品厂商扩大生产规模，生产成本下降，最终，B 国以 P_W+T 的价格水平生产 Q_1^{A+B} 单位的产品供应 A、B 两国市场（组成关税同盟后，同盟对外对该产品征收 T 水平的从价税）。③即 A、B 两国组成关税同盟后，A 国国内市场价格为 P_W+T，在这一价格水平下，A 国需求量为 Q_1^A，但 A 国生产量为 0，所以 A 国进口量为 Q_1^A；B 国国内市场价格亦为 P_W+T，在这一价格水平下，B 国需求量为 Q_1^B，由于 B 国生产量为 Q_1^{A+B}，所以 B 国出口量为 $Q_1^BQ_1^{A+B}=Q_1^A$。

通过比较关税同盟成立前后两国的情况，我们发现，组建关税同盟使得 A、B 两国增加了 Q_1^A 的贸易量，这即为关税同盟的贸易创造过程。在这一过程中，A 国消费者剩

---

① 假设 A、B 两国采用的最优关税税率恰好是鼓励国内生产达到一个刚好能够满足消费同时又不会提高垄断利润的水平，在此例中，在 A 国 P_W+T_A 恰好是 A 国需求曲线 D_A 与平均成本曲线 AC_A 交点所对应的价格水平，在 B 国 P_W+T_B 恰好是 B 国需求曲线 D_B 与平均成本曲线 AC_B 交点所对应的价格水平。

② 在此，我们假设在本国产品价格与外国产品价格相同时，各国消费者偏好本国产品。

③ 假设组成关税同盟后，同盟对外征收的统一关税恰好使得同盟内的生产量达到一个刚好能够满足消费同时又不会提高垄断利润的水平，在此例中，由于同盟内的全部产品均由 B 国生产，所以，P_W+T 恰好是 A、B 两国总需求曲线 D_{A+B} 与 B 国平均成本曲线 AC_B 交点所对应的价格水平。

余增加 $a+b$，B 国消费者剩余增加 $c+d$。① 由于关税同盟成立前后，A、B 两国与其他国家均没有该产品的贸易行为，因此，关税同盟的组建并未产生贸易转移过程，也未减少两国的关税收入。需要指出的是，关税同盟的组建使得 A 国生产量减少，B 国生产量增加，因此，A 国生产者受损，B 国生产者获益。但由于规模经济导致的市场结构为垄断性的市场结构，我们在此无法用图形直观描述两国的供给曲线，因此无法比较两国生产者的福利变化。在本例中，B 国福利水平由于关税同盟的组建而提高；而 A 国福利水平的变化方向取决于 A 国消费者福利提高水平与生产者福利下降水平的比较；关税同盟的总体福利变化方向取决于 A、B 两国消费者福利提高水平和 B 国生产者福利提高水平与 A 国生产者福利下降水平的比较。

第三节　区域经济一体化的发展

如果从 13 世纪北欧诸城市组成的汉萨同盟开始算起，区域经济一体化已经有几百年的历史，然而，区域经济一体化的大规模发展浪潮却是在第二次世界大战后随着欧共体的发展而出现的。本节着重分析欧洲、美洲以及亚洲的区域经济合作组织的发展。

一、欧洲经济一体化的产生与发展

在欧洲经济一体化的进程中，同时存在过不同的一体化组织，但由欧洲煤钢共同体发展到关税同盟，再到欧共体，最终发展到欧盟是最主要的趋势。

1. 欧共体的筹建阶段（1946—1958 年）

1946 年，英国首相丘吉尔率先提出需要建立起“某种类似于欧洲合众国的东西”，这是欧洲经济一体化的最早构想。1951 年 4 月 18 日，在让·莫内②的提议下，法国、联邦德国、意大利、荷兰、比利时和卢森堡在巴黎签订了建立欧洲煤钢共同体的条约，该条约于 1952 年 7 月 25 日生效。1957 年 3 月 25 日，以上 6 个国家又签订了《欧洲经济共同体条约》和《欧洲原子能共同体条约》，统称《罗马条约》，该条约于 1958 年 1 月 1 日生效。《罗马条约》提出了共同体内部实行自由贸易，对外实行统一的贸易政策，建立关税同盟的目标。

2. 建立关税同盟阶段（1958—1968 年）

从 1958 年底到 1968 年中期，欧洲经济共同体成员国逐步取消了彼此间的进口关税，并逐渐统一了对外贸易壁垒。1965 年 4 月 8 日，以上 6 国又签订了《布鲁塞尔条约》，决定将欧洲煤钢共同体、欧洲经济共同体和欧洲原子能共同体合并，统称欧洲共同体，简称欧共体。三个组织仍各自存在，具有法人资格。《布鲁塞尔条约》于 1967 年 7 月 1 日

---

① B 国消费者剩余的增加直接源于规模经济所导致的价格水平的下跌。

② 让·莫内（Jean Monnet）提议建立欧洲煤钢共同体以为欧洲各国经济发展奠定共同的基础，避免欧洲大陆再一次爆发全面战争。在他的提议下，1950 年，法国外长罗伯特·舒曼（Robert Schuman）代表法国政府提出这一建议，并得到其他五国响应。让·莫内担任了欧洲煤钢共同体的第一任主席，并被认为是欧洲统一之父。

生效，欧共体成立。1968 年 7 月 1 日，欧共体成功地取消了商品贸易的内部关税和数量限制，实行了共同的对外贸易政策，建立起了真正的关税同盟。

3. 建立共同市场阶段（1968—1993 年）

20 世纪 70 年代的三次危机（70 年代初的货币危机以及后来的两次石油危机）打断了欧洲深化经济一体化的进程，但在危机时期，欧共体的经济发展状况好于美国，人们认为一体化组织提高了成员国共同抵御危机的能力，因此，80 年代初，欧洲经济走出滞胀危机后，欧共体决定进一步提升一体化程度。同时，70 年代的危机并没能阻止欧共体扩大的步伐。1973 年，英国、丹麦、爱尔兰加入欧共体，欧共体成员国增加到 9 个。1981 年，欧共体吸收希腊为成员国，从而实现了成员国数量的第二次扩大。

1985 年，欧共体委员会主席雅克·德洛尔（Jacques Delors）重新提出了建立统一大市场的计划。1986 年，西班牙及葡萄牙成为欧共体成员国，欧共体实现第三次扩大。同年，欧共体卢森堡首脑会议通过了《单一欧洲法》，该法案作为《罗马条约》的附件于 1987 年 7 月 1 日正式生效。《单一欧洲法》并不是《罗马条约》的简单延续，而是欧洲经济政治一体化的一次新飞跃的起点。该法案提出在 1992 年底建立统一的欧洲市场，提出要取消所有的有形障碍、各种技术障碍、财政税收上的各种差别以及商业投资法律方面的差别。1993 年 1 月 1 日，欧共体 12 个成员国间取消了内部边界，也取消了内部海关，进入了共同市场阶段，实现了《单一欧洲法》提出的目标。

4. 建立经济联盟阶段（1993 年至今）

1991 年，欧共体在荷兰马斯特里赫特举行特别首脑会议，通过了以建立欧洲经济货币联盟和欧洲政治联盟为目标的《欧洲联盟条约》（即《马斯特里赫特条约》，简称《马约》）。《马约》进一步提出了建立单一货币体系、实现政治一体化等目标。1993 年 11 月 11 日，《马约》正式生效，欧共体于是更名为欧洲联盟，简称欧盟。

1995 年，奥地利、瑞典和芬兰三国正式加入欧盟，欧盟成员国达到 15 个。1999 年，欧洲统一货币——欧元启动（欧元进入国际金融市场，并允许银行和证券交易所进行欧元交易），奥地利、比利时、芬兰、法国、德国、爱尔兰、意大利、卢森堡、荷兰、葡萄牙、西班牙等 11 国达到了《马约》提出的向欧元过渡的四项统一标准①，将欧元作为它们的官方货币。2001 年，希腊加入欧元区，至此，欧元区成员国达到 12 个。2002 年 1 月，欧元纸币和硬币正式流通。2002 年 7 月，欧元区各国原货币退出流通，欧元成为欧元区唯一的合法货币。

2002 年，欧盟委员会在布鲁塞尔正式公布 2004 年欧盟东扩的 10 国名单——塞浦路斯、捷克、爱沙尼亚、匈牙利、拉脱维亚、立陶宛、马耳他、波兰、斯洛伐克和斯洛文尼亚。2004 年，上述 10 国正式成为欧盟成员国，欧盟实现第二次扩大，成员国达到 25 个。

2007 年，罗马尼亚和保加利亚加入欧盟，欧盟成员国变成 27 个。

---

① 《马约》规定要加入欧元区，成员国必须达到下列标准：第一，每个成员国年度财政赤字控制在国内生产总值的 3%以下；第二，国家债务保持在国内生产总值的 60%以下或正在快速接近这一水平；第三，在价格稳定方面，通货膨胀率不能超过物价最稳定的三个成员国上年平均通货膨胀率 1.5 个百分点；第四，该国货币的波动幅度至少在两年内维持在欧洲货币体系的正常波动幅度以内。

2013 年，克罗地亚加入欧盟，欧盟成员国达到了最多时的 28 个。

2020 年，英国正式“脱欧”，欧盟成员国又变成 27 个。

随着欧盟成员国的不断增加，欧盟成为世界上最大的单一大市场。2021 年底，欧盟总人口达 4.47 亿人，经济也一直处于增长态势，随着欧盟一体化的深化，其对世界经济的影响将进一步扩大。

2010 年欧债危机爆发，使欧盟内部各成员国之间经济发展愈加不平衡，货币体制与财政体制之间的矛盾、金融监管滞后等一系列深层次问题暴露无遗。在紧迫的形势下，欧盟决策层逐步意识到推进一体化的重要性，并在自 2010 年到 2013 年的三年多时间里频繁推出众多重大举措。其中主要是从金融“防火墙”建设、财政一体化和金融监管一体化三大方面着手推进长期的体制机制建设。

虽然欧元区实现了货币政策的统一，但由于各成员国不愿放弃财政及税收主权，欧元区自成立之初就缺乏统一的财政体制。正是这一体制方面的严重缺陷，最终导致了欧债危机的发生。因此，推进欧元区的财政一体化成为从根本上解决欧债危机的关键。危机爆发后，欧盟为此做出了诸多努力，其中最大的进展是 2012 年签署的《欧洲经济货币联盟稳定、协调与治理条约》(又称“财政契约”)。2012 年 3 月，除英国和捷克外的欧盟 25 国签署了这一“财政契约”，这是对 1992 年制定的《马约》的重要补充。

根据“财政契约”的规定，签署国必须做到预算平衡或保持盈余，结构性财政赤字不得超过 GDP 的 0.5%。如果赤字或债务超标，将启动自动制裁机制，欧盟最高司法机构——欧洲法院，将有权对超标国家进行处罚，最高处罚不超过该国 GDP 的 0.1%，罚金归欧洲稳定机制处理。

2013 年 2 月欧盟峰会召开，在这次峰会上，经过长达 26 小时的讨论和磋商，欧盟成员国终于就 2014—2020 年预算总额及各大开支项目具体额度达成共识。根据决议，欧盟未来 7 年的预算总额为 9 600 亿欧元，相比 2007—2013 年的预算减少了 340 亿欧元，为欧盟历史上首次消减预算。这次峰会的磋商过程虽然充满艰辛，但它还是在推进欧盟财政一体化、治理欧债危机方面取得了重大成果。

在欧盟发展历史上，对欧盟造成较大冲击的事件是英国“脱欧”。2013 年 1 月，英国首相卡梅伦首次提出“脱欧”公投，至 2016 年 6 月，英国实行全民公投决定“脱欧”。2017 年 3 月，英国女王伊丽莎白批准“脱欧”法案，授权时任首相的特蕾莎·梅正式启动“脱欧”程序。根据英国与欧盟达成的协议，英国应在 2019 年 3 月 29 日正式“脱欧”。2020 年 1 月 30 日，欧盟正式批准了英国“脱欧”。

英国“脱欧”的主要原因在于利益冲突不断加剧。由于历史与地理原因，19 世纪晚期以来，英国一直奉行对欧洲大陆事务的不干预政策。“疑欧”的历史传统以及和欧洲大陆经济发展相异的模式使英国长期和欧洲大陆若即若离。在“疑欧”人士看来，欧盟未来的一些政策趋向可能会损害英国的利益，而欧债危机的爆发，不仅使英国的“疑欧”之心快速发酵，也加快了英国“脱欧”的步伐。与此同时，欧盟其他成员国的民众对英国渐生不满，认为英国不仅否决欧元，不参加欧盟的危机救助方案，还反对一切金融监管政策，因此，英国“脱欧”反而可能有利于欧盟的未来发展。

2020 年 7 月，欧盟经过马拉松式的谈判终于达成了有史以来规模最大的财政支出计划。欧盟各国领导人在 2020 年 7 月 17 日就开始了谈判，这也是自新冠疫情在欧洲暴发以来，欧盟各国领导人首次在线下面对面开会。会谈原定于 18 日结束，但各国围绕多年度财政预算框架和“复苏基金”方案争论不休，会期从原定的 2 天延长到了 5 天，这是过去 20 年来的最长欧盟峰会会期记录。

根据达成的财政支出计划，用于刺激经济的“复苏基金”总额设为 7 500 亿欧元，在这 7 500 亿欧元中，3 900 亿欧元将被无偿提供给那些受疫情冲击严重的国家和地区，另外 3 600 亿欧元则是低息贷款。欧盟领导人在这次峰会上还设定了 2021—2027 年欧盟多年度财政预算框架，额度达 1.074 亿欧元，加上 7 500 亿欧元的“复苏基金”，总额度超过 1.82 亿欧元。

从表面上看，此次计划的达成使得欧盟朝着财政一体化的方向迈出了一大步，不过，至于这是不是一个良好的开端，能否成为推动欧盟成员国关系越来越紧密的机制或路径，还有待时间的检验。由于此次峰会的召开背景是新冠疫情暴发，这是偶发的外生冲击，此次采取的措施对欧盟而言是一种突破，但能否常规化不太确定。而且，关于计划的执行过程还有很多不确定因素。

二、北美自由贸易区的产生与发展

1965 年，为了降低汽车生产成本、提高两国汽车在国际市场上的竞争力，美国和加拿大签署了《美加汽车贸易协定》，在汽车及其零部件领域实行自由贸易。尽管这一局部自由贸易使两国汽车产业获得了较大的发展，但美、加两个大国在 20 世纪 70 年代并没有提高其经济一体化程度。从 1986 年开始，美、加两国就组成自由贸易区事宜展开谈判，并于 1988 年 6 月 2 日签订了《美加自由贸易协定》。该协定于 1989 年 1 月 1 日生效，其目标是在 10 年内彻底消除双方的贸易壁垒。

1991 年 2 月 5 日，美、加、墨三国总统同时宣布，三国政府代表从同年 6 月起就一项三边自由贸易协定正式展开谈判。经过 14 个月的谈判，1992 年 8 月 12 日，美、加、墨三国签署了一项三边自由贸易协定——《北美自由贸易协定》（NAFTA）。1994 年 1 月 1 日，该协定正式生效，其目标是在 10 年内逐步消除所有贸易和投资限制（几个敏感行业的过渡期为 15 年），实现区域内自由贸易。

从成立至今，北美自由贸易区的成员国数目就没发生变化。到 2004 年，北美自由贸易区总人口约达 4.3 亿人，总 GNP 约达 11.9 万亿美元①，成为世界上规模最大的自由贸易区之一。北美自由贸易区的组成对美、加、墨三国的经济发展产生了巨大的推动作用，对世界经济产生了巨大的影响。

1994 年 12 月，在首届美洲国家首脑会议上，在克林顿总统的提议下，34 国领导人一致同意建立美洲自由贸易区，并于 1998 年在智利举行的第二届首脑会议上宣布正式启动建立美洲自由贸易区的谈判，2001 年在加拿大举行的第三届首脑会议又将 2005 年确定为实现这一目标的最后期限。但是，美国同阿根廷、巴西、巴拉圭和乌拉圭等国在农

---

① 谈世中，等. 世界经济年鉴：2004/2005. 北京：世界经济年鉴编辑委员会，2005.

产品补贴、农产品市场准入等问题上存在严重分歧，美洲自由贸易区谈判进展缓慢，最终陷入僵局，应该说何时能够建成美洲自由贸易区还是个未知数。

NAFTA 生效后，美国对墨西哥的商品出口迅速增加，从 1993 年的 416 亿美元增长至 2012 年的 2 163 亿美元，增长了 4 倍多，美国从墨西哥的商品进口从 1993 年的 399 亿美元增长至 2012 年的 2 777 亿美元，增长了约 6 倍。美国是加拿大商品的第一大买主，也是加拿大的主要进口来源国。NAFTA 生效后，美国对加拿大的商品出口也有较快发展，从 1993 年的 1 000 亿美元增长至 2012 年的 2 920 亿美元，增长了约 2 倍，美国从加拿大的商品进口从 1993 年的 1 110 亿美元增长至 2012 年的 3 240 亿美元，亦增长了 2 倍左右。

由于北美自由贸易区提供了新的市场准入机会和更加明晰的贸易规则，美国对加拿大和墨西哥的服务贸易出口总值也有较快增长，从 1993 年的 274 亿美元增长到 2011 年的 820 亿美元，而美国从加拿大和墨西哥的服务贸易进口总值，从 1993 年的 165 亿美元增长到 2011 年的 420 亿美元，服务贸易出口增长率大于服务贸易进口增长率。

NAFTA 是经济全球化的时代产物，对世界经济格局与制度安排产生了重大影响，但经过 20 多年的发展，美国对加拿大、墨西哥的贸易逆差显著增长，大量劳动密集型行业向墨西哥转移，导致美国工人就业受到冲击。2017 年 8 月，特朗普拒绝续签 NAFTA，并启动了首轮重新谈判，表示将在知识产权、规制措施、海关程序、中小企业等方面改进协定，到 2018 年 7 月，三方已经历 8 轮谈判。2018 年 8 月下旬，美墨谈判达成突破性进展，2018 年 9 月，加拿大与美国达成一致，最终形成《美墨加自由贸易协定》(USMCA)，在 2018 年 10 月 NAFTA 最终为 USMCA 所替代。

自生效以来，NAFTA 被认为是区域经济一体化与贸易自由化的成功范例，不仅促进了区内贸易增长，而且产生了突出的溢出效应，包括社会效应与政治效应。但该协定本身的外部性不可避免地带来了负面效应，引发了巨大的争论与分歧，遏制了自身进一步发展的势头。2008 年金融危机后，美国政府就着手推动 NAFTA 的更新，而特朗普上台后直接重启谈判。尽管北美三国的利益诉求存在很大差异，但区域经济一体化造就的相互依赖局面最终让三方相互妥协、求同存异，在调整与修改的基础上，达成了新的自由贸易协定 USMCA。这表明，经济全球化进程中出现的矛盾积累到一定程度时必然会爆发；同时也足以证明经济全球化所造就的国家间的相互依赖至深至远。

专栏 16 - 1

NAFTA 使墨西哥成为北美制造中心

在人口约 100 万人的墨西哥边境小镇蒂华纳，一眼望去，高耸入云的蓝色标牌照亮夜空，矗立在三星集团开阔的新工业区中，这一切与这个灰暗、肮脏的边境小镇似乎显得不太协调。自这个 70 英尺高的钢筋建筑物竖起几个月来，它成了一个非正式的纪念碑，也成了墨西哥穷人的指路明灯，也是北美自由贸易力量的象征。由于这种力量的作用，制造业工作机会从美国源源不断地流往墨西哥。

北美自由贸易区建立后，美国和墨西哥取消了相互之间的贸易壁垒，两国制造的产品可以在区内自由流通，相互间没有关税、限额等保护措施。而对区外国家，如韩国、日本等仍维持贸易壁垒，因此会产生贸易创造和贸易转移的双重结果，韩国、日本的产品受到价格歧视，很可能被挤出美国市场。从全球资源利用的角度来看，这也是一种效益的降低。

针对这种情况，韩国、日本等国也不愿坐以待毙，转而采取新的战略。于是就有了三星、索尼、日立和松下电器JVC分部在诸如蒂华纳这样的偏僻小镇开的子公司。在该镇，受雇于这些跨国公司的墨西哥人已达2.46万。由于墨西哥有廉价的劳动力，从而也吸引了众多生产诸如成衣和手工工具之类低技术消费品的美国公司，因为在这里成批生产的成本只有在美国生产的几分之一。对跨国公司而言，由于贸易壁垒的取消，在诸如蒂华纳这样的边境小镇生产高技术产品，然后运到世界各地也比以前容易了。而且，由于美国本身劳动力价值高，跨国公司在墨西哥城镇大量生产这些低成本的产品，再将其出口到美国看来已是潮流。例如，三星每年生产的电视机中有90%销往美国。

这种资本要素的转移对墨西哥来说显然有利。贸易协定取消了多数从墨西哥进入美国的电子产品的关税，导致出口在协定生效后的头两年增加了50%。市场准入的自由度加大也使跨国公司，尤其是亚洲公司尝到了甜头，蒂华纳也变成它们在北美的第一站，而且这里接近硅谷和长滩港。在墨西哥的经济衰退中，将进口零件组装成产品的边境工厂是唯一的亮点。就业率提高了13%以上，新就业人数超过15.1万人，边境工厂的出口量增加了10%以上。

资料来源：参考消息，1996-07-06（世界经济版）.

三、亚洲和亚太经合组织的产生与发展

亚洲的区域经济一体化组织的发展起步晚，一体化程度较低。1975年的《曼谷协定》只是一个关税优惠协定，覆盖面窄，对成员间消除关税壁垒的作用有限；1967年成立的东南亚国家联盟于1992年才组建东盟自由贸易区；1995年南亚国家签署的《南亚区域合作联盟优惠贸易安排框架协议》才标志着南亚的贸易自由化出现实质性进展；而西亚的经济一体化起步比南亚还晚。在1997年亚洲金融危机爆发前，整个东亚（包括东北亚和东南亚）地区只有东盟自由贸易区一个区域经济一体化组织，而东亚的主要经济体，包括日本、韩国、中国（当年各自的GDP均名列世界前30），均未加入任何一个区域贸易协定或自由贸易协定。造成这种现状的重要原因是：亚洲幅员辽阔，人口众多，各国间社会制度、经济体制、经济发展水平、文化、宗教等各方面存在巨大的差别。尽管如此，自20世纪90年代以来，亚洲的经济一体化进程还是处于加速发展态势，中国也积极参与区域经济一体化进程。下面我们介绍对中国影响较大的两个区域经济一体化组织：东盟自由贸易区与亚太经合组织。

1. 东盟自由贸易区

东盟自由贸易区的前身是东南亚国家联盟（ASEAN），而东南亚国家联盟的前身是马来亚（现马来西亚）、菲律宾和泰国于1961年7月在曼谷成立的东南亚联盟和1963年8月诞生的马、菲、印尼组织。1967年8月，印度尼西亚、泰国、新加坡、菲律宾四国外长和马来西亚副总理在曼谷举行会议，发表了《曼谷宣言》，正式宣告东南亚国家联盟

成立，简称“东盟”，宗旨是“通过共同努力，加速本地区的经济增长、社会进步和文化发展”，“促进东南亚的和平与稳定”。创始成员国有印度尼西亚、马来西亚、菲律宾、新加坡和泰国等5个国家。20世纪80年代后，文莱（1984）、越南（1995）、老挝（1997）、缅甸（1997）和柬埔寨（1999）先后加入该组织，使东盟发展到目前的10个成员。①

东盟总部设在印度尼西亚首都雅加达，常务委员会主席由每年主持外长会议的东道国外长担任，任期为1年。东盟秘书长由东盟各国根据资历和条件轮流提名，任期为5年。

为加强成员之间的贸易关系，东盟向建立东盟自由贸易区发展，决定在之后的10年中在各成员间取消制造业产品的大部分关税。

东盟经济一体化进程始于20世纪70年代。1977年，在新加坡举行的东盟经济部长特别会议上正式签署了《东盟特惠贸易安排协定》。1992年，在新加坡举行的第4次东盟首脑会议上，东盟6国政府首脑正式决定设立东盟自由贸易区，并提出东盟自由贸易区的建设目标，即在从1993年1月1日起的15年内建成东盟自由贸易区，关税最终降至0～5%；后又将东盟自由贸易区的实现时间提前至2002年。2004年在老挝举行的第10次东盟首脑会议上，通过了《东盟关于一体化优先领域的框架协议》，规定老成员在2007年前、新成员在2012年前将农产品、汽车、信息技术等11个优先领域的产品关税削减为零。东盟还加强东亚范围内的“10+3”合作，提出要在东盟自由贸易区、东盟投资区的基础上，推动东亚建立一个以“东盟为核心、涵盖30亿人口的自由贸易区”的发展构想，表明东盟的区域经济合作战略发生了变化，即从原来注重建立一个独立的、相对封闭的区域组织，向建立一个更加对外开放的外向型经济合作组织发展。

在东盟自由贸易区的推动下，区内贸易规模不断扩大，其增长速度要快于对区外的贸易增长速度。据统计，1993—2015年，东盟区内贸易总额从824亿美元增至3 471亿美元，增长了321%；东盟对区外的贸易总额从3 475亿美元增至11 076亿美元，增长了219%；东盟总贸易额从4 299亿美元增至11 417亿美元，增长了166%。

服务贸易一直是多数东盟国家进出口贸易的重要组成部分。1997年东盟国家服务贸易总额达到637亿美元，占世界服务贸易总额的6.7%，2015年上升至3 988亿美元，占世界服务贸易总额的4.3%。

20世纪90年代以前，东盟区域经济合作主要体现在贸易方面，投资方面的合作仅限于工业领域的合作和合资项目。1998年，东盟各国正式签署了《东盟投资区框架协定》，其目标是在保护和培养本地（东盟）投资企业竞争力的前提下，逐步消除区内投资限制，吸引区内外的直接投资，建立一个更加自由、透明和具有竞争力的投资环境，加强投资领域的一体化。根据这一协定，2010年前东盟投资区将给予本地企业国民待遇和最惠国待遇，到2020年东盟各国将向非成员国企业提供最惠国待遇，目的在于扶持本地企业，鼓励成员国企业联合经营、共同参与经济全球化竞争。近年来，在东盟投资区的带动下，东盟区内资本流动不断加强。1995—2003年，东盟各国接受的区内直接投资总额为278.9亿美元，占

① 越南、老挝、缅甸、柬埔寨被认为是东盟新成员，而其余6个国家被认为是东盟老成员，新老成员在一体化进程中削减关税的时间表不同。

东盟吸引外资总额的12.9%；同期来自区外的直接投资总额为1 890.2亿美元，占东盟吸引外资总额的87.1%。2015年，东盟再次成为全球吸引外国直接投资的主要目的地之一，吸引外资总额1 200亿美元，占外资对全球发展中经济体投资总额的16%，其中，非东盟国家对东盟的投资总额为979亿美元，东盟各国接受的区内投资总额为221亿美元。尽管东盟区内直接投资占吸引外资的比重仍然不大，但对区内经济一体化发展意义重大。其中之一是促进了区内新老成员间经济的均衡发展。对区内一些经济发展落后的新成员，区内直接投资是其主要的外资来源。①

2004年在老挝举行的第8次东盟与中日韩领导人会议上，中国与东盟签署了《货物贸易协议》。2005年7月20日，该协议正式实施，标志着中国与东盟全面启动自由贸易区建设。建成后的中国-东盟自由贸易区覆盖约17亿人口，GDP达2万亿美元。以1.2万亿美元的贸易总量计算，它成为仅次于欧盟和北美自由贸易区的全球第三大市场。②

东盟高度重视增强自身的总体经济实力，除了致力于建设东盟自由贸易区以外，早在2002年的东盟首脑会议上就达成了成立“东盟经济共同体”（AEC）的共识，同意抓紧在2015年建成东盟经济共同体，比原定时间提前5年（原定于2020年建成）。同时，由于泰国在所有东盟国家中的优越中心地理位置、物流枢纽优势、经商自由度、国际化程度，各国企业都将泰国作为进军整个东盟区域的完美跳板。

2015年12月31日，时任东盟轮值主席国的马来西亚的外长阿尼法发布声明说，东盟经济共同体当天正式成立。然而，东盟各国的同一性低，差异性大，这大大妨碍了东盟一体化的进程。为了提高整体的竞争力，应对来自区外大国的竞争、压力和挑战，东盟必须更加团结一致，加快内部一体化进程。东盟的几个纲领性文件都特别强调这一点。为此，东盟加快了建设共同体的步伐，以尽快培育东盟共同的价值，增强东盟国家的相互认同感。

一直以来，人们都高度赞美东盟建立起的与欧盟不同的模式，认为这一模式符合东南亚地区多样性的特点，而且在凝聚各成员国的过程中的确卓有成效。作为一个地区组织，东盟传统模式的主要特点是：第一，从性质来说，它不是一个超国家组织，而是一个国家间的组织，是一个松散的多国联合体，比较强调各国主权的独立，反对权力让渡；第二，从运作方式来说，东盟创造了独特的“东盟模式”，即坚持开放性与非排他性，坚持非强制性和非约束性，主张协商一致，反对“多数决策”原则，容忍差异性，反对干涉内政。第三，从功能来说，传统的东盟重在同区外大国的协调关系，以及自身在地区和世界舞台上的地位和作用，而自身的一体化则比较薄弱。

那么，在当今时代，特别是2020年新冠疫情暴发后，东盟的这一传统模式是否已经过时，换言之，未来的东盟是否要同传统的东盟决裂，以全新的面目出现，或以欧盟为榜样？这些问题都要由时间来回答。

总的来说，东盟的发展方向要由东盟10国共同决定，应该是各成员相互协商、妥协的结果，是合力的作用。但在这个过程中，各成员的地位、作用和影响力是不同的，从

① 联合国贸易网络部北京中心．http：//www.tpbjc.gov.cn/Article_Show.asp? ArticleID=9706.

② 数字与事实：中国-东盟自由贸易区．(2004-11-02). http://news.xinhuanet.com/fortune/2004-11/02/content_2169160.htm.

近年的情况看，泰国、新加坡、马来西亚三国对东盟的发展起着更大的作用，扮演着核心国的角色。随着各国实力的消长和领导人的更替，核心结构还会不断发生变化。

时至2022年8月，随着新冠疫情逐步得到控制，东盟致力于加快推进《区域全面经济伙伴关系协定》（RCEP）的实施，促进自由贸易和数字经济发展，推动地区经济复苏，形成具有竞争力和富有活力的东盟，为东盟经济共同体建设注入新活力。东盟经济共同体的发展对深化区域合作具有重要的促进作用，尤其是在推进东亚一体化进程中将发挥更重要的作用。

专栏16-2

“10＋1”：中国-东盟自由贸易区

伴随着世界经济区域一体化大潮的不断发展，21世纪以来区域经济合作的发展势头空前强劲。随着欧元于2002年正式使用，欧洲一体化开始进入全新的时代。美国与加拿大、墨西哥于1994年组建了北美自由贸易区，并由此启动了美洲自由贸易区的谈判，美洲34个国家正式宣布在2005年1月成立西半球自由贸易区。此外，非洲国家原本也要在2005年分阶段建成全非共同市场。过去被认为如一团散沙的亚洲各国，也加快了区域经济合作的步伐。在世界贸易组织登记注册的区域协定家族中，人们很快就会认识和熟悉一位新加盟的成员——中国与东盟10国之间构建的自由贸易区，即“10＋1”。

1. 现实背景和推动力

自2001年中国正式加入WTO以来，全面兑现入世承诺成为中国经济发展和改革的主要任务。现在中国正以更加积极的姿态、富于创见的行动和独到的创新思路，推动双边、多边、地区和区域的经济合作。倡议并积极推进中国-东盟自由贸易区，使东盟国家甚至能够在中国市场上享受到比在WTO框架下更多的贸易自由，就是中国政府主动参与区域经济合作的一个具体实例。另外，建立自由贸易区对长期存在领土争端的中国与东盟国家来说，也是双方重建政治互信的过程。

2000年9月，在新加坡举行的第4次东盟与中国领导人会议上，中国国务院总理朱镕基提出建立中国-东盟自由贸易区的建议，得到东盟有关国家的赞同。2001年11月，在文莱举行的东盟首脑会议期间，中国和东盟10个成员国宣布将在未来十年内建成自由贸易区的目标。2002年11月，第6次东盟与中国领导人会议在柬埔寨首都金边举行。中国国务院总理朱镕基和东盟10国领导人签署了《中国与东盟全面经济合作框架协议》，宣布于2010年建成中国-东盟自由贸易区，从而启动了中国-东盟自由贸易区的进程。

东盟国家也认识到，东盟自由贸易区作为次区域联盟只有依托东亚这个大的经济圈，才会有更大的发展空间。正如一些经济学家所说：“不可否认，中国与东盟的出口结构有相当大一部分是相互竞争的产品，但中国经济的崛起是必然，中国对东盟的经济竞争压力不取决于中国的意愿，而是取决于全球经济中资本和产业链的转移，而建立自由贸易区恰恰有利于整合资源，提高竞争力。可以将双方的竞争转为一种积极的竞争，即合作型竞争。”

中国-东盟自由贸易区的建立是亚洲经济一体化进程中重要的一步，如果能在此基础上把日本和韩国也吸纳进来，使“10＋3”机制能够进一步发挥作用，进而建立东亚自由贸易区，那么，这13个国家就能以20亿人口的广阔市场、强大的经济实力从容应对其他区域性经济合作组织发展和经济全球化进程的挑战。

2. 具体进程和前景展望

2002年11月，中国和东盟10国签署了《中国与东盟全面经济合作框架协议》，标志着中国-东盟自由贸易区的正式启动，同时也说明中国正日益融入地区和世界经济并将发挥更大的作用。各方能在短短一年内达成如此重大的一致出乎众多国外观察家的意料。他们普遍认为，一方面，中国的积极主动对启动WTO新一轮贸易自由化谈判极为有利，另一方面，在30年内，中国-东盟将以自由贸易区的身份，超越欧盟和日本，成为仅次于美国的第二大经济体。

《中国与东盟全面经济合作框架协议》是未来自由贸易区建设的法律基础，共有16个条款，总体确定了中国-东盟自由贸易区的基本架构。根据协议，中国-东盟自由贸易区将包括货物贸易、服务贸易、投资和经济合作等内容。关于货物贸易的谈判从2003年初开始，2004年6月30日前结束。关于服务贸易和投资的谈判将从2003年开始，并应尽快结束。在经济合作方面，双方商定将以农业、信息通信技术、人力资源开发、投资促进和湄公河流域开发为重点，并逐步向其他领域拓展。

中国-东盟自由贸易区建立前后双方经贸发展及中国-东盟自由贸易区的具体进程如下：

1995—2002年，中国与东盟双边贸易额年均增长15%。

2003年，中国与东盟双边贸易额达到了历史性的782亿美元，较上一年增长42.9%。

2004年伊始，中国-东盟自由贸易区早期收获计划开始实施，下调农产品的关税，到2006年，约600项农产品的关税降为零。

2004年底，双边签署了《货物贸易协议》和《争端解决机制协议》，标志着自由贸易区建设进入实质性执行阶段。

2005年4月，中国国家主席胡锦涛访问文莱、印度尼西亚和菲律宾时提出，到2010年，中国和东盟双边贸易额应达到2 000亿美元。

2005年7月，中国-东盟自由贸易区《货物贸易协议》降税计划开始实施，中国和东盟的7 000种产品在大幅降低关税、免配额以及其他市场准入条件进一步改善的情况下，更加顺畅地进入对方市场，这有利于东盟国家扩大对中国市场的产品出口，也有助于中国企业以更低的成本从东盟进口原材料、零部件和设备。

根据中国-东盟专家组的研究分析，到2020年，中国-东盟自由贸易区建立10周年，已创造一个拥有18亿消费者、近20万亿美元GDP、2.1万亿美元贸易总量的经济区。它将是世界上人口最多的自由贸易区，也将是由发展中国家组成的最大的自由贸易区。从双边贸易结构来看，东盟有自然资源的优势，中国在加工产业方面有优势，优势产业互补，双方的合作潜力巨大。中国-东盟自由贸易区建成后不到10年，2019年东盟取代美国成为中国的第二大贸易伙伴；2020年前5个月，东盟又超越欧盟，历史性地成为中国的第一大贸易伙伴，在中国和东盟的经贸关系史上具有里程碑意义。

2020年以来，在新冠疫情全球蔓延、国际市场需求大幅下降、世界贸易和投资大幅下挫的背景下，中国的对外经贸也未能独善其身。但在低迷的世界经济形势下，中国与东盟的经贸合作却出现逆势增长。从双边贸易来看，2020 年前 5 个月，中国对东盟的贸易总额达到 2 430 亿美元，实现 4.2%的同比增长。其中，对东盟出口额增长 2.8%；自东盟进口额增长 6%，均高于同期中国进出口的整体增速。东盟也因此超越欧盟，历史性地成为中国的第一大贸易伙伴。中国对东盟的进出口总额占中国外贸总值的 14.7%，同期，欧盟、美国和日本的占比分别为 13.9%、11.1%和 7.3%，位居中国贸易伙伴的第二至第四。从投资来看，2020 年 1—4 月，中国对东盟非金融类直接投资额达 39.4 亿美元，同比增幅高达 43.3%，是中国对“一带一路”沿线 53 个国家投资额增速的 3 倍以上；同期，东盟对华实际投资金额同比增长 13%，在中国实际使用外资金额整体缩水 6.1%的背景下出现逆势增长。

2022 年 1—7 月，中国与东盟货物贸易进出口额为 5 448.8 亿美元，同比增长 13.1%。东盟继续为中国的第一大贸易伙伴，中国对东盟的进出口总额占中国外贸总值的 15%。其中，中国对东盟出口 3 157 亿美元，同比增长 18.9%，自东盟进口 2 291.8 亿美元，同比增长 6%。在东盟成员国中，中国前五大贸易伙伴依次为越南、马来西亚、印尼、泰国、新加坡。

中国和东盟经贸合作的出色表现，不仅提振了深受疫情影响的双边经济，也赋予了低迷的世界经济以增长动力。

建立中国-东盟自由贸易区是中国和东盟合作历程中历史性的一步。它充分反映了双方领导人加强睦邻友好关系的良好愿望，也体现了中国和东盟之间不断加强的经济联系，是中国与东盟关系发展中新的里程碑。

资料来源：中国对外贸易经济合作部网站．《中国-东盟全面经济合作框架协议》简介；中国经济信息网．中国正以积极姿态投身区域经济合作．（2002-06-21）．http://www.cei.gov.cn；中国-东盟自由贸易区网站，http://www.cafta.org.cn/.

---

2. 亚太经合组织①

1989 年 11 月，亚太经合组织（APEC）第一届部长级会议在澳大利亚首都堪培拉举行，这标志着亚太经合组织的成立。APEC 的宗旨与目标是：保持经济的增长和发展；促进成员间经济的相互依存；加强开放的多边贸易体制；减少区域贸易和投资壁垒，维护本地区人民的共同利益。在成立之初，亚太经合组织有澳大利亚、文莱、加拿大、印度尼西亚、日本、韩国、马来西亚、新西兰、菲律宾、新加坡、泰国、美国 12 个成员；1991 年，中国以主权国家身份，其中中国台北和中国香港以地区经济体名义正式加入亚太经合组织；1993 年，墨西哥、巴布亚新几内亚加入；1994 年智利加入；1998 年，秘鲁、俄罗斯、越南加入。2005 年 APEC 共有 21 个成员，总人口达 26.2 亿人，占世界总人口的 1/3 以上，GDP 为 22.6 万亿美元，约占世界 GDP 的 56%，贸易额为 8.5 万亿美元，占世界贸易总额的近一半。②

APEC 成立之初仅是一个区域性经济论坛和磋商机构，经过三十几年的发展，已逐

① 更详细的信息参见亚太经合组织秘书处网站，http://www.apec.org。

② 资料来源：APEC 与世界经济．人民日报，2005-11-18 (7).

渐演变为亚太地区重要的经济合作论坛，在推动区域贸易及投资自由化、加强成员间经济技术合作等方面发挥重要作用。

亚太地区是中国对外经济贸易的重要依托。2007 年中国与 APEC 的其他 20 个成员的贸易额达到 14 671.9 亿美元，占中国对外贸易总额的 67.5%。在中国 10 大贸易伙伴中，除欧盟外，其他均为 APEC 成员。在吸引外资方面，2005 年，来自 APEC 成员的投资企业、合同外资金额、实际利用外资金额分别占中国新批外资企业总数、合同外资总额、实际利用外资总额的 82%、71%、65%。

中国对加强与 APEC 成员的合作，共同推动区域贸易自由化、便利化和经济技术合作一直持积极态度。中国与 APEC 成员在推动 WTO 多哈回合谈判、加强投资贸易自由化与经济技术合作方面也有良好的合作关系。

2022 年 10 月党的二十大胜利召开，党中央统筹中华民族伟大复兴战略全局和世界百年未有之大变局，提出了推进高水平对外开放、深度参与全球产业分工和合作，维护多元稳定的国际经济格局和经贸关系，这是中国对参与全球和地区贸易与经济合作做出的郑重承诺。

本章小结

1. 随着欧洲经济一体化进程的不断深入发展，世界各国几乎都参与了区域经济合作组织。区域经济一体化是指两个或两个以上经济体通过达成某种协议而建立起某种经济合作组织。区域经济一体化按一体化程度由低到高可分为 6 种形式：特惠贸易安排、自由贸易区、关税同盟、共同市场、经济联盟和完全经济一体化。

2. 关税同盟是区域经济一体化中比较成熟的一种形式，它对内实行自由贸易，对外筑起统一的贸易壁垒（统一关税），这会对国际贸易和区域内外的国家以及世界福利产生多重影响。关税同盟对贸易的影响可分为贸易创造和贸易转移两种效应。其中贸易创造是指由于成员之间相互取消关税和非关税壁垒所带来的贸易规模的扩大；贸易转移则指建立关税同盟之后成员之间的相互贸易代替了原来成员与非成员之间的贸易，从而造成了贸易方向的转移。从静态效应来看，加入关税同盟的利弊取决于贸易创造效应和贸易转移效应的对比，若前者大于后者，关税同盟可改善成员福利和世界福利，但贸易转移的存在对非成员的福利有不利影响。

3. 关税同盟对成员经济增长的影响主要体现在动态效应上，这包括市场扩大或规模经济效应、竞争效应以及外来投资促进效应等。现实中，对一些国内市场狭小的国家来说，加入关税同盟可利用同盟内的统一市场，以达到扩大出口和增加国民收入的目的。

4. 在当今世界众多的区域经济一体化组织中，其中有三个影响最大，即欧盟、美墨加自由贸易区和亚太经合组织。

5. 欧盟现在已经发展到经济联盟阶段，是区域经济一体化中目前实现的最高的一种形式。货币政策已基本统一（欧元区），财政政策还未完成统一，正处于过渡阶段。但随着成员国的增加，统一货币政策与财政政策的难度越来越大。

6. 美墨加自由贸易区是世界上最大的由发达国家与发展中国家组成的自由贸易区，

这一自由贸易区的成功建立为南北经济合作提供了很好的经验。

7. 东盟自由贸易区自建立以来，其经济实力与国际影响力不断增强，特别是中国-东盟自由贸易区的建成，它超越欧盟，成为仅次于美国的第二大经济体，有望在未来超越美国。

8. 亚太经合组织是目前三大区域经济合作组织中最松散的一个，它实行开放式的合作，这是由历史和各国或各地区发展阶段不同造成的，而且它的成员分布在五个大洲，客观上来说也很难达成实质性的协议。

关键术语

区域经济一体化	特惠贸易安排	自由贸易区	关税同盟
共同市场	经济联盟	贸易创造	贸易转移
欧共体	欧盟	北美自由贸易区	东盟
亚太经合组织			

复习与思考题

1. 试比较各种区域经济一体化形式之间的差异。

2. 何谓贸易创造效应和贸易转移效应？两种效应的大小取决于哪些因素？

3. 既然区域经济一体化在消除贸易壁垒方面与实现贸易自由化是一致的，那么为什么它并不一定能增进世界福利？

4. 关税同盟的建立会带来哪些动态效应？它们是如何影响参加同盟的国家的？

5. 新成员不断加入对关税同盟的贸易创造效应和贸易转移效应有什么影响？

6. 根据图 16-1，假设 A 国不与 B 国组成关税同盟，而是采取削减关税的做法，将关税降到使进口商品价格加关税之后等于 P_B，试判断这种做法的福利效应。与关税同盟相比，哪一种方式更好？为什么？

7. 一个小国以世界市场价格每袋 10 元进口花生，它的需求是 $D=400-10P$，供给是 $S=50+5P$。

（1）计算自由贸易时它的进口量。

（2）如果对每袋花生征收 50%的进口税，该国的国内价格和进口量为多少？

（3）如果该国与邻国结成关税同盟，相互取消关税，但对外关税不变，其邻国以每袋 12 元的价格向它出售花生，它的国内价格和进口量为多少？贸易转移与贸易创造的效应有多大？

8. 试比较 EU、USMCA、APEC 三者的主要不同点。

第十七章

国际贸易新格局与中国对外贸易发展

第一节　国际贸易新格局

从 20 世纪 80 年代中期开始，世界经贸格局由以东西方两个平行市场以及意识形态为基础的经济活动，逐渐被主要以地缘和文化背景为基础的区域经济一体化活动取代，世界各国出于保障本国经济平稳发展、争取国际经济竞争主动权的考虑，基于地缘政治、经济联系的因素，通过签订区域经济一体化协议来扩大本国的经贸合作。在此基础上，世界经贸从 20 世纪 90 年代初开始逐渐朝区域经济一体化和经济全球化的方向发展。进入 21 世纪后，随着世界经贸发展重心逐步向亚洲转移，以及中国经济迅速发展并逐步成为真正的世界第一贸易大国，形成了新的国际贸易格局。

一、国际贸易新格局的特点

1. 在经济全球化中出现另一种全球化——逆全球化

经济全球化是世界上各国间通过商品、服务及劳动力、资本、信息、技术、管理等生产要素的跨国流动，寻求资源最优配置的一个相互联系、相互依赖并不断深化的过程。它主要包括贸易、生产、科技、金融、资本和劳动力流动的国际化与自由化。

经济全球化是人类经济活动发展到一定阶段的必然结果。在 20 世纪 70—80 年代，随着现代生产规模的扩大，发达国家加速寻求在全球范围内更经济地配置稀缺资源，大大推动了国际投资活动的发展。以跨国公司为主体的全球对外投资活动广泛开展，使各国经济紧密相关。经济全球化要求各国资本、技术和产品等突破国界的限制，自由流动，实现生产要素的最佳结合，大幅降低成本，提高产品和服务的国际竞争力。与此同时，交通、通信等科学技术的发展大大缩短了国与国之间的空间距离，形成了“地球村”的概念，使国与国之间的商品、资金和人员往来变得非常便利。在经济全球化的过程中，人类有效地配置稀缺资源是最根本的动力，而现代科技的发展则是条件。

作为经济全球化的先导，第二次世界大战结束以来，国际贸易一直以比世界生产更快的速度增长，因此占世界生产的比重一直在上升。据统计，1960 年国际贸易占全球 GDP 的比重为 24%，到 2016 年这一比重已上升为 45%。从各国情况来看，也基本呈现出这一趋势。如美国 1980 年对外贸易总额占 GDP 的比重为 21%，2016 年这一比重上升为 25%。其他发达国家的情况是：德国由 58%上升到 70%、日本由 28%上升到 38%。发展中国家的情况也基本类似。印度从 17%提高到 33%，中国则从 13%猛增到 44%。

国际贸易能够以比世界生产更快的速度增长，主要原因在于经济全球化和贸易自由化的发展。在 GATT 和 WTO 等多边组织的推动下，国际贸易自由化浪潮一日千里，贸易障碍日益减少，国家管理和干预对外贸易日趋规范化。主要表现为：(1) 进出口关税大幅降低，非关税壁垒得以逐步削弱、取消和规范化；(2) 贸易自由化的范围和影响不断扩大；(3) 各国的贸易歧视被限制在一定的范围内，对国际贸易的管理和干预逐步趋于规范化；(4) 最不发达发展中国家得到了一定的优惠待遇；(5) 随着信息技术的发展，电子商务、电子政务逐步得到普及和应用，国际贸易管理日趋透明化；(6) 尽管各个国家在不同时期的对外贸易政策大都包含了一些贸易保护主义成分，但第二次世界大战后国际贸易政策的主流始终是贸易自由化。

在 2008 年金融危机爆发之前，经济全球化经历了一个黄金时代，在全球创造了经济增长的“正和”奇迹，参与经济全球化的国家普遍实现了低通胀、高增长，高技术产品迅速普及，人类的生活方式发生了巨大变化。

然而，在经济全球化高歌猛进的过程中，由于部分发达国家未能履行缩小贫富差距、实现均衡和有节制的发展的责任，对本国过度扩张的金融机构也缺乏有效监管，致使掠夺性占有和开发以及金融危机的影响随着经济全球化迅速传播到世界的各个角落。

事实上，由发达国家主导的经济全球化，制造了一个失衡的世界。而对经济全球化的反思和抵抗，也在经济全球化的过程中产生、发展。事实上，随着经济全球化的扩展和深入，特别是金融危机的全球扩散，作为经济全球化的衍生品，逆全球化（或称反全球化）运动目前已经发展成为当今时代影响范围最大的社会运动之一。

实际上，逆全球化是另一种全球化，是经济全球化的产物。相对而言，它是弱势与受害群体对经济全球化黑暗面的微弱抗争，是对经济全球化的所谓不可规避性的挑战。逆全球化运动已经而且将继续对当今世界产生多方面的影响，因为它提出与揭露了种种紧迫与严重的世界问题，它将促使人们深刻反省与重新对待经济全球化。

逆全球化源于对当今资本主义制度的不满与反抗，这是由资本主义制度固有的矛盾引起的。一些人揭露了资本主义的实质，即少数资本家对多数人的剥削和统治，认为只有推翻资本主义制度，才能解决经济全球化带来的各种弊端，实现一种更公平、更合理的社会制度。与这些居少数的激进派的观点有所不同，资本主义制度的多数反对者是不满这一制度所导致的不公正、不合理现象。

2. 在区域经济一体化迅猛发展的背景下，国际贸易格局已基本形成以美国、欧盟、中国和日本为中心的三大贸易集团相互鼎立、众多弱小贸易集团并存的态势

世界范围内有两种并存的贸易自由化趋势或安排：多边贸易体制和区域经济一体化。近年来，全球多边贸易谈判进展缓慢，而包括区域贸易协定在内的区域经济一体化则以强劲的发展势头在全球范围内蓬勃发展，国家间缔结的各种区域贸易协定数量繁多并呈现出不断上升的趋势。

目前，世界上区域经济一体化组织很多，规模不一，形式各异。在众多的区域经济一体化组织中，欧盟、美墨加自由贸易区和亚太经合组织三个最大，且已形成相对完善的体系。这三大区域经济一体化组织的 GDP 在 2020 年占全球的 81.5%，进出口贸易占全球的 85%以上。

面对世界区域经济一体化的发展趋势和三大经济集团的形成，广大发展中国家也不甘落后。它们深知自身经济发展落后，经济实力较弱，很难与发达国家直接抗衡，意识到只有走联合发展的道路，才符合当代经济发展的潮流，才能不断争取在平等的基础上同发达国家开展经贸关系。当前，以发展中国家为主体的区域经济一体化组织已达 20 多个。例如，亚洲有东盟（ASEAN）；拉美地区有南方共同市场（Mercosur）、中美洲自由贸易区（AFTA）、安第斯共同体、加勒比共同体（CARICOM）；甚至连经济最落后的非洲，也建立了众多的区域经济一体化组织，如西非国家经济共同体（ECOWAS）、中非国家经济共同体、南部非洲关税同盟（SACU）、非洲联盟（AU）等。

与发达国家组成的经济组织相比，发展中国家组成的经济组织具有规模小、较分散的特点。为了增强实力，有些发展中国家正在谋求扩大联合范围，有些则同时加入几个区域经济一体化组织。有些区域经济一体化组织甚至正在谋求将经济联合进一步扩展到建立地区安全机制和防务合作方面。

因此，当前国际贸易格局的基本态势是：（1）以中国为中心、以东盟与日本为两翼的亚洲贸易集团正在扩大；（2）以欧盟为中心的泛欧贸易集团正在形成；（2）以美国为中心的美墨加自由贸易区和美洲自由贸易区不断取得进展；（3）亚太地区贸易自由化和经济技术合作步伐加快，建立了许多跨区域合作组织和次区域贸易集团；（4）众多弱小贸易集团并存。这样，在区域经济一体化的推动下，以欧盟为领头雁、以美墨加自由贸易区和亚太经合组织及中国-东盟自由贸易区为两翼，众多发展中国家贸易集团紧随其后的世界贸易新格局正在加速形成。同时各贸易集团产生的巨大外部激励效应还促进了各贸易集团的建设和深化，进一步加快了世界贸易向区域化、集团化新格局前进的步伐。

区域经济一体化是一把“双刃剑”，它通过静态的贸易创造、贸易转移等效应和各种动态效应进一步影响世界经贸格局，并对多边贸易体制构成了极大的挑战。一方面，区域经济一体化有助于推动某一区域内的贸易自由化，平衡区域经济集团的利益，避免多边贸易体制成为大国称霸的工具，帮忙解决不发达国家被边缘化的问题，有助于推动国际贸易自由化和多边贸易体制。另一方面，区域经济一体化在某种程度上动摇了多边贸易体制的基石——非歧视原则，分散了 WTO 成员专注于多边贸易体制磋商的精力，使得区域经济集团过度竞争所带来的各种贸易保护主义进一步盛行，降低了 WTO 规则的适用性。可以说，过多的区域经济一体化组织直接威胁到多边贸易谈判的进程和前景，亦可能严重侵蚀 WTO 的基础、精神、权威和宗旨。

3. 在开放的地区主义的影响下，当前国际贸易格局正处于由封闭型向开放型转变的过程

由于各国经济相互依赖性的日益加强和经济全球化的进一步深化，更由于新兴贸易集团自我发展的客观需要，20 世纪 80 年代特别是 90 年代以来建立和正在筹划的区域贸易集团同以往的区域经济组织相比，最显著的区别就是前者具有较强的开放意识。新兴贸易集团在建立过程中和建成后，始终把集团作为世界市场的一个有机组成部分，而不是把集团变成一个完全游离于世界经济之外的封闭体系。建立新兴贸易集团旨在深化世界贸易的内在联系，而不是巩固地区性边界。特别是自 1992 年以来，亚太经合组织高举开放的地区主义大旗，以推动多边贸易体制的发展为己任，不遗余力地推动多边贸易谈判，巩固多边贸易体制的成果，凸显了经济全球化对区域贸易集团的一种积极影响，并对 WTO 多边贸易谈判的顺利举行提供了基础和保证，这无疑对传统的区域经济一体化和贸易集团化提出了一次重大挑战。

尽管开放意识和开放行为并不能完全抵消新兴贸易集团内在的排他性和一定程度的封闭性，但在亚太经合组织奉行开放的地区主义原则的推动下，欧盟的建立和未来规模的扩大，美墨加自由贸易区向南美的延伸以及亚太地区各小型贸易集团间的整体联动，特别是上述各地区在建立区域贸易集团的同时，均致力于加强同集团外经济体的经济联系等，都是开放意识的具体体现。新兴的以发展中国家为主体的许多小型贸易集团也在建立伊始就具有强烈的开放意识，如非洲和拉丁美洲都在抓紧制定一系列政策和措施以组建贸易集团，并主要致力于面向国际市场竞争和降低关税壁垒以吸引集团外投资。

从总体上看，当前的区域经济一体化和贸易集团化正处于由封闭型向开放型转变的过程。这种开放的地区主义不仅反映在区域经济组织对接纳新成员的开放上，更重要的是反映在贸易、投资等各项政策的对外非歧视性上。例如，亚太经合组织 1989 年成立时就强调与 WTO 非歧视原则的一致性，并建议各成员在此原则下采取非互惠的开放的地区主义：（1）最大限度地推进单边贸易自由化；（2）承诺在区域内以最惠国待遇原则实施自由化时，继续对非成员削减贸易壁垒；（3）愿意在双边互惠的基础上对非成员适用亚太经合组织的自由化措施；（4）任何亚太经合组织成员均有权单方面以有条件或无条件最惠国待遇原则对非成员适用亚太经合组织的自由化措施。而且明确规定各成员的经济体制和经济政策不应在贸易和投资方面对非成员构成歧视。这种“开放的地区主义”与某些新兴贸易集团对非成员采取歧视性做法的封闭主义形成鲜明的对照。

值得注意的是，亚太经合组织近年来越来越明显地呈现出机制化的发展趋势。这主要表现为亚太地区的次区域性经济合作发展非常迅速。除中国-东盟自由贸易区外，东北亚经济圈、环渤海经济圈、黄海经济圈、华南经济圈等其他经济合作形式也正在积极筹划中。它们一旦建立起来并发展，将为最终建立亚太地区大型贸易集团创造条件，但是也必将有悖于亚太经合组织开放式的经济合作地区化与多边贸易自由化原则。美墨加自由贸易区将表现得尤为显著，这可能是集团在建立初期客观上所需的封闭性与集团的对立和竞争造成的。同时，由于各贸易集团之间往往并不存在根本的利益冲突，贸易集团化不过是一种地区性经济合作与发展的形式和手段，这是未来各贸易集团从封闭和竞争走向开放和合作的重要基础。

4. 以维护集团内部利益为目的，当前国际贸易格局正日益发展成为多元性和单一性、灵活性和松散性的矛盾统一体

20 世纪 90 年代以来，由于苏联解体、东欧剧变，在国际上合作与竞争的关系越来越复杂化，使新兴贸易集团在组建方式上被打上了浓厚的时代烙印。国际政治经济格局的这些剧烈变化，一方面使美国、西欧等发达经济体受益，在一定程度上加强了它们在国际经贸中的地位，并且在这样一个体系中，中心-外围的基本格局并没有发生根本变化。另一方面，世界上组成区域经济合作组织的经济体尽管很多，然而真正成功的却并不多见。一般来说，发达国家的区域经济一体化较显著。这是因为，在经济发展水平较低时，产业内贸易的要求比较低，落后国家所需的技术和资金都主要位于发达国家，因此贸易和其他经济交往对象主要是发达国家，当经济发展水平较高时，发展水平相似的国家之间就能够大量进行产业内贸易，从而推动区域经济一体化的进程。同时，集团内大国的中心作用有进一步强化的势头。不能否认，在当今世界贸易格局中，美国、欧盟、日本无疑居于极其有利的中心地位，各种贸易集团均是围绕它们建立的。而且，从一定意义上说，各贸易集团的未来发展前景在很大程度上取决于大国中心作用的发挥以及大国自身的经济发展状况。在维护集团内部利益和民族利益的诉求下，集团内大国的中心地位日益加强，主宰着贸易集团的未来发展。尽管如此，当前以发达国家为主导的国际贸易格局正在逐步发生变化。

首先，国际贸易格局正日益呈现多元性与单一性混合发展的趋势。在欧、美、亚三大贸易集团的形成过程中，都有从低级形态向高级形态发展的共同特点。从形态演进的趋势来看，每一个贸易集团都经历了从单一商品贸易自由化到商品、要素全方位贸易自由化的发展过程。欧盟从最初的关税同盟发展到经济共同体、统一大市场，再发展到经济联盟的实现，直至发展到使用统一货币欧元。虽然各个成员的疆界没有变，但是它们的经济主权和经济边界发生了很大的变化。欧洲中央银行的建立和欧元的使用使欧洲各国交出了部分经济主权。当欧盟内部完全实现商品、资金和人员等的自由流动时，成员之间的经济边界实际上已经基本消失。在组建方式上，各贸易集团一般具有从小型集团向大型集团推进的特点。一方面，原有贸易集团有进一步扩大的趋势，从而形成更大的贸易集团。从欧共体到欧盟的建立就是一个典型例证。美加自由贸易区扩展到美墨加自由贸易区，并继续向南美洲推进的强劲势头，也充分说明了这一点。另一方面，大型贸易集团的建立往往以小型贸易集团为基础，在条件成熟时，小型贸易集团再过渡到大型贸易集团。由于种种原因，在一个地区要一下子建立起一个庞大的贸易集团往往十分困难，通过在区内先行建立若干小型贸易集团，可以克服大范围合作的协调成本，并有利于区域经济合作的开展和未来大规模贸易集团的组建。正在形成中的亚太地区贸易集团是这一类型的代表。

从欧盟、美墨加自由贸易区和亚太经合组织的发展来看，它们都各有特点。欧盟的成功表明，在发达国家之间进行贸易和经济合作可能比较符合产业内贸易理论。而美墨加自由贸易区却包括了墨西哥这样一个相对而言落后的发展中国家，并且其成员有可能扩大到其他拉美国家。迄今为止，美墨加自由贸易区的发展还是比较成功的，它的成功体现了传统的比较优势理论的适用性。亚太经合组织在成员的构成上包括发达经济体和发展中经济体，在制度建设上与欧盟和美墨加自由贸易区有所不同。前两者主要靠制度化措施来保证一体化进程，而后者却强调自愿和自主的原则。这种差异性反映了区域经济一体化和贸易集团化进程中的多样性。

其次，在组织形式上，新兴贸易集团还是灵活性和松散性的矛盾统一体。传统观点认为，贸易集团只能由经济发展水平相近的国家组成，经济发展程度悬殊的发达国家和发展中国家之间很难形成贸易集团。然而，新兴贸易集团的建立及发展趋势对这一传统观点提出了挑战。由美、墨、加组成的美墨加自由贸易区及其向南美洲的扩展，正在进行中的亚太地区发达国家与发展中国家的经济合作都充分证明经济发展水平各异的国家同样可以组成贸易集团。从理论上说，贸易集团的组织可以采取协定、条约等制度性形式，也可以采取非制度性形式。前者所组成的贸易集团相对紧密，后者所组成的贸易集团相对松散。但从新兴贸易集团来看，有逐步趋向于松散的特点。欧盟是制度性较强的贸易集团，但从发展趋势来看，沿着“同心圆”还会不断扩大的欧盟可能变成一个逐步增强灵活性的大型贸易集团。这个未来的“欧洲合众国”将包括具有不同社会制度、不同经济发展水平、不同经济利益的差不多整个欧洲和地中海沿岸国家，它难以再成为欧盟那样的经济实体。正在不断扩大的美墨加自由贸易区和正在发展中的亚太经合组织同样具有灵活性和松散性特征。这些新兴贸易集团之所以出现松散性的特征，除了有集团内部因素的影响外，还因为科技发展所推动的经济全球化趋势不可能被区域性集团所阻止，松散性贸易集团能够及时地对国际市场新动向做出积极的反应，具有灵活的优点，以及削弱集团关系的制约所带来的相对较高的自由度所能实现的便利等。从发展趋势来看，经济发展水平各异的国家组成的松散性贸易集团将会与以往“大家庭”式的传统贸易集团并驾齐驱。

5. 发达国家纷纷将增加贸易机会的重点转向亚洲，使国际贸易的重心向这一地区倾斜

从历史上看，美国从来都是将其对外经济与贸易的战略重点放在欧洲，并将欧洲作为主要出口市场。面对飞跃发展的亚洲经济，美国在 20 世纪 90 年代初便彻底改变了战略目标，把对外经济与贸易的战略重点转移到亚洲。例如 1992 年，美国和亚洲的双向贸易大幅增长，商品贸易总额较上一年增长 9%，高达 3 448 亿美元，占美国商品贸易总额的 35%，比美国同欧共体的商品贸易总额高 50%。其中美国对亚洲的出口额为 1 289 亿美元，占美国出口总额的 29%；美国从亚洲的进口额为 2 159 亿美元，占美国进口总额的 40%。在美国与亚洲的经济关系中，增长最快的是与中国的经济关系。美国每年对亚洲的出口可以维持国内约 280 万个就业机会。在直接投资方面，也出现了同样的趋势。据统计，从第二次世界大战后到 1990 年，美国在亚洲的直接投资总额只有 550 亿美元，到 1992 年底，已达到 780 亿美元。1990—2020 年期间，美国对亚洲的直接投资（不包括日本）增长了 348%，相当于美国同期对西欧直接投资增长速度的 2 倍多。到 2020 年，美国对亚洲的直接投资每年达到近 300 亿美元。虽然近年来美国对亚洲的直接投资有所减少，但每年仍然达到 200 亿美元以上。

此外，欧洲发达国家也盯住这一地区，纷纷制定亚洲战略，其中德国最具有代表性。

例如，在1993年一年内，德国前总理科尔两次访问亚洲，加强了同亚洲国家的经贸联系。在直接投资方面，德国和欧盟其他国家也纷纷在亚洲进行汽车、电信、航空业等大项目的投资活动。随着20世纪90年代中期以来亚欧首脑会议每两年轮流在亚洲和欧洲举行，欧盟国家对亚洲的直接投资迅猛增加，双方在经济、科技、环境、文化和教育等领域进行了广泛合作。其中中国是欧盟最重要的投资目标。进入2000年，欧盟对华累计实际投资已超过200亿美元，而且欧盟是中国最大的技术供应方。截至2020年底，中国自欧盟累计引进技术9万多项，合同金额约为2 300亿美元。近年来，欧盟国家的低碳相关产业发展水平一直稳居世界前列，欧盟国家一直致力于在绿色发展方面探寻与亚洲国家的契合点和新机遇，在投资、贸易和科技领域进行全面合作，主要聚焦于节能环保、新能源新材料、智能制造、新一代信息技术、生物医药、通用航空等战略性新兴产业。以上事实充分说明，欧盟国家大大加深了同亚洲的相互依存关系。

日本在战后是依赖美国的经济扶持成长起来的，日美经济关系是日本对外经济关系的核心。面对世界上区域经济一体化的趋势，日本急于摆脱对美国的依赖而在亚洲内部寻找发展机会。1985—1992年，日本对东盟6国、韩国、中国的出口额几乎增长了3倍，使亚洲成为日本最大的出口市场。例如，1992年日本对亚洲的出口占其出口总额的31%，不仅超过日本对欧共体的出口所占的比重18%，而且超过了日本对美国的出口所占的比重29%。在亚洲地区，日本对中国的贸易发展速度最快。在直接投资方面，日本在21世纪的头10年中对亚洲的直接投资占亚洲全部外国直接投资的近50%。进入21世纪以来，日本经济虽然仍处于徘徊不定的低速发展中，但它的对外直接投资势头并未减退。2002年6月，日本贸易振兴会曾公布对日本2 567家企业进行的“为迎接21世纪日本企业海外直接投资战略的现状和前景”调查结果，其中在企业投资目标选择地方面，中国、美国、泰国、印度尼西亚分别列前4位，选择这4个经济体的企业所占的比例分别为95.7%、39.7%、31.0%、15.0%。

综上所述，亚洲受到发达国家的关注，是与它们未来经济发展紧密相关的地区。随着亚洲的巨大经济潜力被开发，其在世界经贸中的重要性将越来越明显，并逐步成为世界经贸的最重要地区之一。

二、国际贸易新格局形成的原因

当代国际贸易新格局的形成具有深刻的历史背景和深厚的经济基础，因而有客观的必然性和现实条件。

1. 国际贸易新格局是世界市场日益统一的产物

随着18世纪以来资本主义生产方式的确立和第一次工业革命的完成，在人类历史上开始形成世界市场，但在其中居于主导地位的一直是发达资本主义国家。市场成为当时经济运行和资源配置的普遍机制，这种状态一直维持到苏联的成立。苏联实行的是计划经济体制，几乎完全排斥市场经济的作用，自此世界市场被一分为二。即便是在资本主义市场内部，由于经济危机的打击，市场也往往被分割为美元区、英镑区、法郎区等几个部分，因此世界市场并没有统一起来。

第二次世界大战后，世界政治经济格局形成了资本主义和社会主义两大阵营。为了抵制以美国为代表的发达资本主义国家阵营的封锁与禁运，1949 年 6 月，苏联等社会主义国家成立了经济互助委员会（简称经互会）。经互会成员间的合作由交换商品、提供贷款和技术援助开始，发展到在计划协调的基础上扩大内部的国际分工，形成了一个相对统一的内部市场。但在经互会内部，并没有形成一个真正的自由贸易市场，商品不存在一个统一的市场价格，而是存在一系列不同的双边价格，贸易价格则由官方来调整。并且经互会内部市场与以发达资本主义国家为核心的世界市场间的贸易联系极少，全球市场被人为地分割为相对独立的两个平行市场，严重阻碍了国际贸易的发展。

20 世纪 90 年代初，随着苏联解体，经互会宣布解散，东欧国家在经济体制上转向市场经济，并积极发展与发达资本主义国家的经贸关系，因而逐步走向世界市场。世界政治经济格局的变革还带来了国际关系与国家关系方面的变化，科学技术的发展又使发达国家与发展中国家之间原有的技术落差形成各自推进技术进步的阶梯，发达国家在开发新技术、新产业的同时，需要淘汰和转移传统技术和传统产业，而这些传统技术和传统产业又往往是发展中国家调整产业结构、推动产业结构向高级化发展所必需的。发达国家和发展中国家在技术、产业层次上的差异正好构成世界技术、产业发展上的连接。发达国家与发展中国家之间的关系也从传统的压迫与被压迫、控制与被控制逐步向既斗争又合作的方向发展，发展中国家从经济发展的长远利益出发，愿意和发达国家进行经济联合。因此，各国经济的相互依赖关系不但表现为发达国家之间相互依赖，也表现为发达国家与发展中国家之间相互依赖。对发展中国家来说，它们迫切需要发达国家的资金、技术、设备和一定的产品销售市场；对发达国家来说，它们也极为需要发展中国家的投资场所、原材料供应市场和产品销售市场。1992 年，中国宣布开始建立社会主义市场经济，市场日益成为经济运行的普遍机制，被分割的世界市场再度趋于统一，基本上形成了名副其实的统一的世界市场。

2. 国际贸易新格局是国际分工格局发生新变化的产物

自亚当·斯密以来，国际分工理论经过 200 多年的演变，经历了古典、新古典和新贸易理论流派的演进。自大卫·李嘉图以来的近 2 个世纪，在国际分工与国际贸易理论领域，比较成本说相对于绝对成本说更占主导地位。20 世纪 30 年代资源禀赋说以通俗易懂的方式解释了比较优势的来源而成为传统国际分工理论的主流。20 世纪 60 年代以来，国际分工格局出现了两大倾向：其一是发达国家之间的贸易量大为增加，发达国家间的贸易成为国际贸易的主要组成部分；其二是同类产品之间的贸易量大为增加，出现了许多同一行业（产业）既出口又进口的行业（产业）内国际分工模式。用传统的资源禀赋说或比较成本说，都不能对上述倾向做出令人满意的解释。因此，以规模经济和产品差异为基础的垄断竞争贸易理论，即新贸易理论应运而生。

从本质上讲，新贸易理论并没有否定比较优势理论，而是根据市场结构对贸易功能进行重新定位，认为在国际分工中规模经济和自然禀赋差异均是引发国际分工和贸易的经济变量。在完全竞争假定下，自然禀赋差异或比较成本差异是引发国际分工和贸易的主要原因，而在不完全竞争条件下，规模经济、产品差异等是国际分工和贸易发生的主要解释变量。新贸易理论认为，在完全竞争市场结构中，传统意义上的要素禀赋理论在解释部门间贸易模式特别是贸易流量中要素含量的差异方面始终是有效的。在不完全竞争市场状态下，生产要素价格偏离其边际价值，商品价格大于边际成本和平均成本，不能如实反映一国的比较优势或劣势，从而引起贸易利得的不均衡分配。因此，在不完全竞争条件下，规模经济是独立于比较优势的又一引发国际贸易的决定因素和经济变量。前者属于垂直型产业间分工模式，后者属于水平型产业内分工模式。

战后国际分工格局发生的新变化，引起国际贸易格局的新变化，特别是随着世界经济贸易集团化的发展，各贸易集团间主要实行水平分工，各贸易集团内部则以立体型网络状分工为典型特征。各贸易集团间，特别是欧、美、亚三大贸易集团间，由于经济发展水平、科技力量等都比较接近，它们之间主要通过科技合作开发、跨国公司的产业内部渗透以及相互投资等方式，实行以水平分工为主的分工模式。而在各贸易集团内部，发达国家、处于工业化进程中的发展中国家、其他发展中国家之间则实行垂直分工模式。发达国家之间、发展中国家之间则广泛实行水平分工，但也不排除在一定部门和产业间实行必要的垂直分工。因此，新的国际分工格局不仅决定了国际贸易新格局，而且促进了世界经济贸易的发展，同时，也推动了全球区域经济一体化和贸易集团化的进程。

3. 国际贸易新格局是国际地缘经济发展到新阶段的产物

地缘经济的历史源远流长。世界经济发展史告诉我们，相邻国家由于在历史、民族、风俗习惯、宗教信仰、文化、消费偏好等方面非常相似，加之地理位置比较接近，因而具有建立和发展经贸往来的自然基础和社会基础。国家间最初的经贸往来差不多都是以地缘经济为基础发展起来的，只是由于生产力的迅速发展，地缘经济范围不断扩大。特别是在资本主义生产方式建立以后，分割的地缘经济才逐步形成一个统一的世界经济体系。

但是，统一的世界经济体系的建立并没有使地缘经济寿终正寝。相反，地缘经济在世界贸易的发展史上一直具有重要的意义。特别是在 20 世纪 80 年代以来各国经济相互依赖关系迅速增强的国际环境中，在强烈的竞争压力下，地缘经济更是以崭新的面貌呈现出来。当代地缘经济除了具有传统地缘经济的特点外，还具有以下几个特点：（1）经济地缘化的基础和政治、国防以及该地区在国际舞台上的总体地位有越来越密切的关系；（2）经济地缘化迅速崛起，不仅是为了发展地区内的经贸关系，更主要的是为了联合保护本地区的整体利益；（3）经济地缘化具有明显的组织性和制度化特征；（4）经济地缘化有进一步扩展的趋势。因此可以说，贸易集团化是经济地缘化在当代的集中表现，是经济地缘化发展的新阶段。

从区域经济一体化发展的历史与现实来看，欧盟在经济地缘化方面发挥了表率作用。欧盟经过多次扩大，在国际贸易和国际储备等方面都超过美国，成为世界最大的区域经济集团。在激烈的国际竞争中，其组织形式也在不断深化，从最初的关税同盟逐步向经济联盟和政治联盟等更高的一体化方向发展，并早在 1993 年就建立了没有边界、没有关税等贸易壁垒的统一大市场，而且于 21 世纪初正式实现了欧元的流通和货币的统一。欧盟在发展区域经济方面的成功表现及在组织形式上的高级化发展给其他国家和地区所造成的竞争压力，极大地刺激了贸易集团在世界各地的纷纷建立。美国之所以推动美墨加、美洲自由贸易区的建立，就是为了更好地同欧洲贸易集团竞争，在全球范围保持竞争力。

日本经济企划厅在推进构建东亚经济圈时曾指出：要应对欧共体的进一步联合的趋势，在东亚地区建立开放的市场是必要的。因此，分别由美国和日本所倡导和推动的美洲自由贸易区和亚太地区经贸合作以及世界各地已经或正在建立的其他贸易集团，实质上是对欧盟富有挑战性发展的积极应战，并导致经济地缘化的发展和国际经济贸易新格局的形成。

4. 国际贸易新格局是世界经济不平衡发展与平衡发展综合作用的结果

如果说世界经济不平衡发展是一个基本规律，那么平衡发展可以看成伴随这个规律的作用而经常出现的一种状态。世界经济不平衡发展是旧的世界贸易格局崩溃的重要原因。20 世纪 70 年代后，特别是 80 年代以来，世界经济经历了重大的震荡和调整，各国经济发展水平很不平衡，在世界经济中的相对地位不断发生变动。世界经济不平衡发展以及各国在世界经济中相对地位的变动产生了这样的结果：无论是原先具有经济优势的经济体如美国，为了防止进一步丧失既有优势，还是经济地位相对上升的经济体如日本和西欧，为了打破原有格局建立有利于自己的新格局，都希望利用自己的经济实力构筑相应的势力范围，增强各自在国际竞争中的力量。因此，区域贸易集团便应运而生。

然而，世界经济的发展越不平衡，各主要经济体的经济实力就越是趋于均衡。第二次世界大战后美国的地位相对下降、日本和西欧的地位相对上升就是这种不平衡发展导致经济实力均衡化的最有力的证明。各主要经济体经济实力均衡化必然导致贸易竞争愈加激烈。为了在激烈的竞争中站稳脚跟和处于更有利的地位，以自己为中心建立区域贸易集团，巩固和扩大势力范围，是具有战略意义的对策。因此，世界贸易集团化的新格局实际上是世界经济发展的平衡和不平衡共同作用的结果。

同时，从世界经济发展平衡与不平衡的基本趋势来看，贸易集团之间是在以竞争为主的基础上逐步加强合作。从贸易集团内部来看，合作是目前的主题，相互间的竞争被部分掩盖，但是随着合作的深入，相互间的竞争在加强。从贸易集团之间来看，彼此封闭并相互竞争是当前的一个突出特点。但从发展趋势来看，最终要走向相互合作。这首先是因为，世界经济不平衡发展不过是世界经济平衡发展的一个阶段或过渡形式，世界经济最终要向平衡化方向发展。其次，集团间合作在集团建立的过程中就已经开始，今后也不可能停止，这在亚太经合组织、美墨加自由贸易区表现得尤为显著，只不过这种合作被集团建立初期在客观上所需的封闭性和集团的对立与竞争所掩盖。最后，各贸易集团之间并不存在根本的利益冲突，贸易集团不过是一种地区经济合作与发展的形式和手段，这是未来各贸易集团从不平衡、封闭和竞争走向平衡、开放和合作的重要基础。

5. 国际贸易新格局是自由贸易与保护贸易相互斗争、相互妥协的综合体

自由贸易和保护贸易自始至终是世界贸易发展过程中两种对立的贸易政策主张。对每个国家而言，它是主张自由贸易还是主张保护贸易基本取决于该国在世界经济中所处的地位。近年来世界贸易的发展表明，在目前和今后相当长的一段时间内，不会出现一个国家可以完全支配整个世界贸易的局面，因而也不可能重新建立传统的自由贸易体系。特别是随着多边贸易体制中 WTO 成员在数量上越来越多、在成分上越来越复杂，要在一个特定的议题上形成协商一致只会越来越困难。与此同时，随着多边贸易谈判一个回合接着一个回合地致力于全球贸易自由化，多边贸易谈判的难度越来越大，其中的政治敏感性越来越强，从而妥协的余地越来越小。但是，自由贸易体系的衰败并不意味着自由贸易本身的过时，相反，自由贸易从未丧失它在某些方面的吸引力。而且一般经济理论令人信服地论证了自由贸易能够引导资源进行最有效的配置，使世界福利达到最大化。

保护贸易相对于自由贸易而言，在一般条件下往往具有更加广大的市场。现实告诉我们，关税与其他贸易限制措施盛行于所有的时期和所有的国家，世界上持续存在着一种不断增长的贸易保护主义危险。一般来说，一国经济发展越落后，其保护贸易的倾向就越强烈。虽然保护贸易是落后国家振兴经济的重要手段甚至是必由之路，但代价也是极为高昂的。因此，几乎所有实行保护贸易的国家总是时刻怀念自由贸易。特别是由于保护贸易的国际舆论压力日益增大以及对贸易伙伴对保护贸易采取报复措施的恐惧的加强，保护贸易的公开市场越来越小。

目前，WTO 规则的软化，特别是 WTO 对具有区域保护色彩的区域经济集团的宽容，也是促进国际贸易新格局形成的重要因素。1994 年签订的《关税与贸易总协定》第 24 条明文规定，允许组成关税同盟和自由贸易区。这就使以区域性贸易保护为表现形式的贸易集团取得了合法的地位，从而助长了贸易集团的普遍发展。同时，由于 GATT/WTO 体系受到战后以来贸易保护主义最猛烈的冲击和最严重的侵蚀，其在国际贸易中的作用日益遭到削弱。美国学者克利夫兰曾指出，贸易集团的纷纷出现是出于无奈，因为为多国谈判而设立的 GATT 机制已经是如此摇摇欲坠和令人感到累赘，以至它不再为发展自由贸易的世界经济展示任何希望。1995 年开始正式运行的 WTO 非但没有对日益盛行的区域贸易集团采取任何有效的约束机制，反而给予保护贸易的始作俑者欧盟双重成员资格，实际上是鼓励搞贸易保护。

当然，对当今世界各国来说，它们不需要完全的自由贸易和完全的保护贸易，如能把自由贸易和保护贸易结合起来，相互妥协，融为一体，所有国家都是欢迎的。而贸易集团正是适应了这种现实的需要。在贸易集团内部，成员之间逐步实现贸易自由化，获得自由贸易的利益；在贸易集团成员与非成员的贸易中，则实行贸易保护主义，得到保护贸易的好处。因此，各国必然在贸易自由化的道路选择上扬优避劣，积极投入到区域贸易谈判中，从而今后在贸易自由化进程中，区域贸易集团化必将伴随着多边贸易体制继续发展。

三、当代国际贸易新格局的影响

国际贸易新格局的形成，不仅关系到国际贸易的发展，而且对未来世界经济的发展也将产生深远的影响。

1. 国际贸易新格局基本上奠定了未来相当长时期内世界经贸稳定发展的基础

当前正在加速形成的国际贸易新格局彻底打破了战后以美国为首的相对统一的国际贸易格局，使国际贸易格局日益朝着区域化、集团化方向发展。从发展趋势看，推动国际贸易新格局发展的力量不仅不会减弱，反而会进一步增强，特别是贸易集团建立初期所产生的巨大贸易创造效应的吸引力和国际贸易格局本身所产生的推力，将进一步加速国际贸易格局朝着区域化、集团化方向发展的进程。从国际贸易环境演变的历史经验来看，国际贸易格局在经过一次大的调整之后，将有一个相对稳定的时期。如果没有重大的突发事件发生，在国际贸易新格局形成之后，也将促使世界经贸出现一个新的稳定、高速增长的时期。基本依据是：（1）贸易集团建立初期各成员排除一切阻力进行合作的强烈愿望会通过实际有效的行动表现出来。（2）贸易创造效应总体上超过贸易转移效应。在贸易集团建立初期，贸易集团间的竞争处于主要地位，集团保护很可能使贸易转移效应大于贸易创造效应。但是，随着贸易集团间合作的加强和深入，贸易转移效应相应降低，贸易创造效应有可能逐渐超过贸易转移效应。（3）贸易集团间产生新的贸易创造效应。随着贸易集团间由封闭转向开放，集团间贸易不仅会迅速扩大，而且其基础和领域也会有新的扩展，这种集团间贸易不能为集团内贸易所替代，因而是一种新的贸易创造。（4）贸易集团内投资、竞争以及生产要素流动所带来的动态效应会逐渐显现出来，使贸易集团化不断向纵深发展。

2. 国际贸易新格局会对不同类型国家产生不同的影响

国际贸易新格局更有利于发达国家经济增长，对集团内发展中国家来说也会利大于弊。一方面，集团内发展中国家可以通过参与集团内分工，调整和优化国内产业结构和经济结构，充分利用集团内发达国家的资金、技术、管理，提高自己的经济实力，并利用贸易自由化的有利条件以及贸易条件的改善，增强同非成员国的谈判力量，加快对外贸易的发展，促进和带动整个国民经济的发展。另一方面，集团内发展中国家也有可能面临新的困境，如处于集团内分工的底层必然会受制于发达国家，以及有可能导致国民经济结构单一化和初级化等。国际贸易新格局对集团外发展中国家来说也可能是一个新的灾难，那些被排斥在集团外的发展中国家经济发展的国际环境必将更加恶劣，贸易条件也将进一步恶化，经济发展速度可能继续下降，国内政治经济矛盾有进一步激化的可能。从总体上说，贸易集团化将会进一步拉大发达国家与发展中国家的经济差距，导致国际经济发展的不平衡和政治经济秩序的不合理化继续发展。

3. 国际贸易新格局会对多边贸易体制产生双重影响

世界经贸区域化、集团化与 WTO 多边贸易体制既存在潜在的冲突，又有和平共处的更大可能。一方面，国际贸易新格局必将对多边贸易体制产生新的冲击。无论是欧盟，还是美墨加自由贸易区和亚太经合组织，都与贸易保护主义有不解之缘。因此，贸易集团的兴起严重地威胁多边贸易体制。乌拉圭回合谈判之所以如此艰难和难产，虽然有各方面的原因，但是以集团化为典型标志的全球贸易保护主义的盛行不能不说是一个重要的影响因素。区域经济集团化会导致以下后果：一是区域贸易集团的根本特征是“对内自由，对外保护”，对于区域经济集团来说，自由贸易和保护贸易是一对既相互排斥又相互依存、既相互斗争又相互促进的矛盾体。这种内外有别的政策进一步导致区域性贸易保护主义的堡垒，同时也违背了 WTO 谋求世界各国共同遵守统一的国际经济活动原则和规范的努力。二是区域经济组织的统一行动可以扩大贸易保护主义措施的实施范围，波及通过缔结区域性协定建立自由贸易区、关税同盟或其他组织的国家，如近年来中国与欧盟在纺织品及鞋类商品贸易上的争端，就充分体现了这一点。三是区域经济组织有可能垄断个别国家商品的国际市场价格，使其明显偏向本组织。主要由发达国家组成的区域经济组织如欧盟，随着经济实力不断膨胀，有可能漫天要价。区域经济组织加强了国际市场上的垄断力量，使强者愈强弱者愈弱，从而延缓了建立国际经济新秩序的步伐。

另一方面，WTO 在多边贸易体制中承认这类区域贸易集团作为最惠国待遇原则的例外合法存在，为其存在与发展提供了依据。我们不仅要正视区域贸易集团的存在，还应看到各国通过推动区域经济组织与多边贸易体制的平衡发展实现共赢的可能性，努力协调区域贸易集团和多边贸易体制的冲突，使各方均能获得令人满意的贸易利益，从而促进世界经济的发展。从另外的角度来看，区域贸易集团化又在一定程度上恢复了自由贸易原则，局部“医治”了多边贸易体制的创伤，使多边贸易体制得以在一定的环境下继续运行。在国际贸易新格局下，各贸易集团内部所奉行的是自由贸易政策，通过各成员国间彼此削减关税和其他贸易壁垒，逐步实现贸易自由化，这至少在局部维护了多边贸易体制的基本原则。同时，随着各贸易集团间开放和合作关系的建立和加强，集团内的自由贸易原则也会在一定程度上在集团间体现出来，从而部分抑制集团间贸易保护主义的发展势头，使多边贸易体制能够在集团化格局下艰难地维持下去。

从总体上讲，尽管以区域经济一体化、集团化为主要特征的国际贸易新格局对多边贸易体制造成了冲击和破坏，但随着区域经济组织对内开放与对外开放及多角化延伸，跨国公司的跨国、跨地区扩展，区域经济组织的排他性、歧视性会受到越来越多的约束，其适应性和兼容性会越来越强，区域经济组织内部的贸易政策、法规、贸易自由化范围和措施、竞争政策及协调机制会与 WTO 的政策、规则、纪律和争端解决机制逐渐衔接、融合和一致。

第二节　中国对外贸易的理论

改革开放以来，中国逐步走上了经济市场化和贸易自由化的道路，并取得了长足的进步。但在改革开放初期，中国经济百废待兴，因此在改革开放的新形势下，如何发展对外贸易，制定什么样的对外贸易发展战略，尤其是制定什么样的出口产业发展战略成为中国经济学界需要研究的重大课题。直到 1995 年 5 月，中国宣布将积极推进贸易自由化，建立一个具有中国特色的、能与世界通行的贸易制度相接轨的自由贸易制度。[①]接着采取了一系列推进贸易自由化的措施，从 1996 年 4 月 1 日起，降低了 4 997 个税号商品的进口关税税率，进口关税税率从 35.9%降到 23%，取消了 176 种商品的进口配额，削减的配额占 30%，并决定在 1996 年底实现人民币在经常项目下的可自由兑换。中国贸易管制制度变迁的过程进一步加速，同时也提出了不少值得认真研究的问题。进入 21 世纪后，因为加入了 WTO，中国进一步降低关税，对外开放程度越来越高。加入 WTO 是中国对外开放的重要标志，但绝不是对外开放的全部内容，我们需要从理论上分析与论证中国为了加入 WTO 而付出的成本以及从中可获得的长远与深层次的利益。

① 吴仪．中国对外经贸形势及基本政策．经济学动态，1995（7）：3-6.

一、改革开放初期对比较优势理论的探索

改革开放之初，当时理论探讨和争论的焦点主要在于中国发展对外贸易时能否以及如何借鉴西方国际贸易理论中的比较优势理论①，许多学者就其指导中国发展对外贸易的适用性问题进行了广泛的争鸣与深入的探讨。具有代表性的理论观点主要有三种。(1) 提出中国发展对外贸易应当借鉴亚当·斯密的地域分工学说和大卫·李嘉图的比较优势理论，主张把李嘉图的比较优势理论作为中国发展对外贸易的指导思想。(2) 提出亚当·斯密的地域分工学说和大卫·李嘉图的比较优势理论含有"合理的内核"，中国可以借鉴其中的合理内核与科学成分，但不同意把李嘉图的比较优势理论作为中国发展对外贸易的指导思想。② (3) 认为比较优势理论过去长期给落后国家带去了灾难，当前仍然起着破坏性的作用。在批驳李嘉图的比较优势理论时，马克思的国际价值论——通过国际交换，提高生产效率并节约社会劳动，获得更多的新价值，是我国发展对外贸易的重要理论依据。③

总体上看，这些探讨取得了积极的成果。在理论上，比较优势理论逐渐成为中国经济学界对外贸易理论的主要内容；在实践中，比较优势理论影响甚至决定了中国政府制定的对外贸易发展战略。20 世纪 80 年代中后期以来，中国外贸出口的迅猛发展更是使人们有理由相信比较优势理论在中国的适用性。值得一提的是，中国理论界所提到的比较优势的含义实际上是亚当·斯密的绝对优势概念、大卫·李嘉图的比较优势概念和赫克歇尔-俄林的要素禀赋概念的综合，强调的是本国同外国进行比较和自我比较并重。而在正统的西方国际贸易理论中，比较优势这一概念一般是指李嘉图的比较优势概念，其内涵重在本国的自我比较上。

二、20 世纪 90 年代中期以来对比较优势理论和国家竞争优势理论的探讨

1994 年 1 月 1 日，中国实行汇率并轨，开始实施单一的、有管理的浮动汇率制度。在这种制度下，经常项目实行结售汇，有条件地自由兑换，而资本项目则不行。对于资本项目的自由兑换问题，曾有乐观派认为在 20 世纪末即可实现，亚洲金融危机打破了这种幻想。从 20 世纪 90 年代中期开始，中国出口商品在国际市场上的竞争力减弱，外贸出口出现增长缓慢的趋势，出口发展后劲明显不足。在这种大背景下，中国理论界又开始重新探讨比较优势理论与中国对外贸易发展的关系问题。争论的焦点主要集中在质疑比较优势理论是否还能作为中国参与当代国际分工、制定对外贸易发展战略以及发展中国出口产业的主要理论依据上。其中具有代表性的观点主要有比较优势战略说、比较优势陷阱论和国家竞争优势理论等。

1. 比较优势战略说

最早明确提出"比较优势战略"一词并且对这一思想进行深入阐述的是以林毅夫为

① 袁文棋，戴伦彰，王林生．国际分工与我国对外经济关系．中国社会科学，1980 (1)：3－20.

② 高鸿业．比较成本学说不应构成我国外贸发展战略的理论基础．经济问题探索，1982 (4)：33－35.

③ 王绍熙，王寿椿，许煜．中国对外贸易概论．北京：对外贸易教育出版社，1992.

代表的一批学者。林毅夫等在批判发展中国家存在着各种赶超战略的基础上提出比较优势战略，他们的思想核心就是一个国家主要产业的要素密集度要与该国的要素禀赋一致。他们指出，产业结构和技术结构是经济的内生变量，产业结构和技术结构的升级，是经济发展和随之而来的要素禀赋结构升级的结果。认识不到这一点，脱离要素禀赋结构来人为地提升产业结构，必然会扭曲价格体系，压制市场机制的作用。无论是受扶持的产业还是受压制的产业都会因为整个经济发展战略违背要素禀赋而只能获得较少的剩余。经济发展的真实含义不是实现几种工业产业鹤立鸡群式的发展，对于一个处于落后地位的经济体来说，所要寻求的发展，应该是资源结构的优化或人均资本占有量的提高。产业结构的升级、技术水平和收入水平的提高只是这个过程的自然结果。①因此，要实现这样的发展，应该采取比较优势战略。他们认为，实现经济发展归根到底是要改变资源结构，主要是提高资本丰裕度。资本丰裕度的提高需要有资本积累。如果产业结构和技术结构能充分地利用要素禀赋的比较优势，那么这个经济体所创造的社会剩余就会比较多，积累的量也就比较大，并且比较优势的发挥也会使得私人生产活动和社会活动趋于一致，从而减少由寻租行为引起的社会资源的不必要消耗，这也有利于可供积累的剩余的增加。所以推行比较优势战略才是改变资源结构、促进经济发展的正确途径。在后来对比较优势战略说的各种批评的回应中，林毅夫等人又从理论和历史以及现实经验等不同角度对这一思想进一步做出了阐释。从理论上说明比较优势战略的基本思路后，林毅夫等人进一步说明了按照比较优势战略，政府在经济中应该发挥的作用：其一是维护市场的竞争性和规则性；其二是实施指导性和协调性的产业政策，同时提高补贴来鼓励微观主体的创新行为。

2. 比较优势陷阱论

对比较优势战略提出异议者认为，比较优势理论是静态的理论，比较优势战略是静态的战略，按照比较优势理论参与国际分工会陷入比较优势陷阱，并且提出各种理由来支持这一论断。其一是认为比较优势是对国内产品之间的比较而言的，但是不意味着本国具有比较优势的产品在国际竞争中就一定具有竞争优势。相反，在国际竞争中具有竞争优势的产品只能是那些在国际市场上具有垄断优势的产品。因此，以本国拥有的资源的相对优势来确定自己的国际贸易结构，虽然能从中获得贸易利益，但不能缩小自己与发达国家的经济差距。② 其二是认为发展中国家按照比较优势进行国际贸易，出口劳动密集型和自然资源密集型产品的国家总是处于不利地位，而且会失去劳动力成本低廉的优势。在当代国际贸易中，面对发达国家资本对劳动的替代，发展中国家通过出口劳动密集型产品虽然在一段时间内会得到一些贸易利益，但是这强化了发展中国家低水平的产业结构，因而从长远来看发展中国家将越来越不具有竞争优势，并且这也将不利于发展中国家国民经济的健康发展和产业结构的调整与升级。其三是认为发展中国家长期执行比较优势战略会使国内的要素所有者收入发生分化，产生一批既得利益者。现有贸易

---

① 林毅夫，蔡昉，李周．比较优势与发展战略：对“东亚奇迹”的再解释．中国社会科学，1999（5）：4-20+204.

② 洪银兴．从比较优势到竞争优势：兼论国际贸易的比较利益理论的缺陷．经济研究，1997（6）：20-26.

制度下的既得利益者会采用各种办法来阻止制度创新和技术进步。①

按照比较优势原则进行的国际分工确实会产生一批既得利益者，但是根据比较优势理论，在发展中国家获益者是劳动者。发展中国家的劳动者成为获益者应该不会遭到太多的反对，而且认为这样就会使得制度创新和技术进步受阻理由并不充分。比较优势陷阱论的实质是告诫人们不要静态和僵化地看待比较优势理论，它并没有完全否定比较优势理论的基本思想，而是在警醒那些仍然把比较优势理论作为制定对外贸易长期发展战略的主要理论依据的国家应当如何动态地看待比较优势理论，并警告它们不要单纯依据比较优势理论来制定对外贸易长期发展战略。

不过值得注意的是，现代比较优势理论并不像批评者说的那样是静态的理论，而是内在地具有动态性质。所以，上述批评都不同程度上存在失实之处，并不对现代比较优势理论构成实质性威胁。当然，比较优势理论遭到的批评远不止这些，但直到今天它仍然具有旺盛的生命力。虽然现在国内外的主流经济学期刊发表的文章似乎仍在对它展开批评，但现代比较优势理论所具有的独特意义是不容置疑的。

首先，从比较优势战略与产业结构升级问题来看，因为产业结构实质上是一个资源配置问题，所以产业结构的调整实际上是资源的重新配置。而比较优势理论就其本质而言正是一种资源配置理论，因为现代比较优势理论是国际贸易理论的重要组成部分，而国际贸易理论作为国际经济学的微观部分，资源配置自然是题中应有之义；现代比较优势理论采用的一般均衡框架也决定了其在研究开放经济下的资源配置问题上的独到之处。虽然强调规模报酬递增和不完全市场的新贸易理论在解释发达国家之间的产业内贸易上卓有成效，但在这一点上，无论就理论的逻辑结构还是经验研究而言，到目前为止也无法与现代比较优势理论相抗衡。

其次，从比较优势战略与开放二元经济的发展来看，现代比较优势理论对二元经济发展也具有重要意义。二元结构是发展中国家经济发展过程中的典型特征，二元结构的演变不仅包含产业结构的变化，而且涉及市场机制的发展、剩余劳动力的转移、区域经济发展等重要主题。相对于产业结构升级而言，二元结构的改善对发展中国家的经济发展可能是更为根本的方面。

各种不同的二元经济模型对二元结构的描述存在一个共同的特点，就是注意到了在传统部门和现代部门中市场机制发育程度的不对称性。在现代部门市场机制的发育比较好，而在传统部门市场机制的发育则很不充分，因此二元经济在分析中常被假设为自给自足的自然经济。从表面上看，这种经济结构向比较优势战略思想提出了严峻的挑战，表现在三个相互关联的方面：（1）二元经济中市场发育程度的不对称性和比较优势战略思想中统一市场假设的矛盾；（2）二元经济中剩余劳动力的存在和比较优势战略思想中充分就业假设的矛盾；（3）二元结构会对比较优势战略的实施造成结构性的困难。但事实上，比较优势战略与二元经济发展并不矛盾，因为二元经济的发展过程乃是经济市场化的过程。虽然区分二元经济中的二元（其一是现代领域，其二是传统领域）的标志就是市场化的程度，但现代领域的发展和传统领域的收缩就是二元经济发展的过程。而现

① 王佃凯．比较优势陷阱与中国贸易战略选择．经济评论，2002（2）：28－31.

代领域的充分发展和传统领域的完全消失，则是二元经济的结束。二元经济的发展，突出地表现为农业和非农业之间关系的变化。在发展初期，传统的农业部门常常要为现代的非农业部门提供积累资金，而当非农业部门发展到一定程度，则表现为非农业部门现代化的生产方式向传统农业部门的扩展。这种扩展表现为两种形式：其一是生产要素从传统的农业部门向现代的非农业部门转移，突出地表现为农村剩余劳动力的转移；其二是农业部门的市场化。在这二者之中，农村剩余劳动力的转移起着更为重要的作用。这正是中国现阶段经济发展面临的主要问题之一。上述三个似乎对比较优势战略形成挑战的依据，其核心也就是农村剩余劳动力转移问题。实际上，在二元结构条件下，比较优势战略不仅能顺利实施，而且能推动二元经济向着良性的方向发展。

最后，从比较优势战略与政府相关政策来看，在比较优势战略思想的指导下，政府依然而且应该在经济发展中主动地采取相应的政策措施来促进比较优势的顺利发展，这一点对具有二元结构的发展中国家尤为重要。政府在经济发展中的作用主要集中于两个方面：(1) 政府应该维护市场的竞争性和规则性，主要包括建立市场规则和实施反垄断法，采取独立的货币政策和财政政策，参与建设与投资具有外部性的产业等。(2) 制定和实施与比较优势战略相匹配的特定产业政策，主要包括收集、处理和传播必要的信息供企业采取适应国家比较优势的决策，履行相应的社会协调职能，为进行产业创新和技术创新的企业提供财政支持等。① 因此，结合中国二元经济的现实情况，实施比较优势战略可以促进农村剩余劳动力向非农业部门转移，而且可以促进市场的发展，充分发挥市场机制在资源配置中的作用。

3. 国家竞争优势理论

要理解国家竞争优势，首先要认识什么是国际竞争力。竞争力可分为国家、产业、企业和产品四个层次。竞争力对于企业和国家而言有不同的含义。一个企业的竞争力是其在竞争市场上扩大销售、增加收入和边际利润的能力。企业竞争力取决于物质和人力资源的质量和数量、管理方式、支撑经济的基础设施和国家的政策。而一个国家的竞争力则是在自由和公平的市场条件下它能够生产适应国际市场需要，同时又能扩大其国民实际收入的商品和服务的能力或程度。国家层次上的竞争力是指具备较高生产力，从而使国民能够得到较高实际收入的经济能力。这种竞争力是与一国提高生活水平、增加就业机会和履行国际义务的能力相联系的。它不仅是对国家对外销售和维持贸易均衡能力的测度，还是在那些未来可能构成较大份额的世界消费和增加值的商品和服务技术上、商业上领先的国家能力。当然，国家竞争力取决于企业竞争力，即企业无疑是推动竞争力发展的主要引擎。

关于国家竞争优势的概念，主要来自美国学者迈克尔·波特1990年出版的《国家竞争优势》一书。波特的国家竞争优势理论是建立在不完全竞争市场结构的假设基础上的，他认为，一国竞争优势的形成，不仅仅是由于它的比较优势，更关键的是它能否使主导产业具有优势，优势产业的建立有赖于提高生产效率，而提高生产效率的源泉在于企业是否具有创新机制。进一步来说，竞争优势主要取决于一国的创新机制、企业的后天努

① 林毅夫，等．中国的奇迹：发展战略与经济改革．上海：上海三联书店，上海人民出版社，1999.

力和进取精神。

与传统的比较优势理论相比，波特的国家竞争优势理论是一次质的飞跃，它更能说明当今国际贸易竞争的特点。因为传统的比较优势理论是从自然条件出发，并建立在并不符合发展中国家客观现实的完全竞争的市场结构基础上。按照比较优势理论的要求，发展中国家为了大规模生产并出口具有比较优势的产品，必然密集使用自身拥有比较优势的生产要素。当密集使用某一要素生产产品时，边际报酬呈递减趋势，从而发展中国家的比较优势就会被边际报酬递减趋势所抵消，进而导致出口导向模式的发展空间越来越小，也使得单纯以其为理论指导的出口导向模式必然存在极大的理论缺陷。

中国学术界已经认识到比较优势理论同竞争优势理论之间的区别，并已开始研究如何从比较优势向竞争优势转化的问题。这也正是今后中国制定对外贸易发展战略的着眼点和着力点。对于中国来说，发展对外贸易的目标应定位在提升产业结构和增强国际竞争力，因此就应当重视在 20 世纪 70 年代后期兴起的战略性贸易政策理论，创造具有国际竞争优势的产业，包括引进国外先进产业。一国资源禀赋的比较优势并不等于该国产业或产品在国际市场上的竞争优势。目前中国企业和产业将比较优势转化为竞争优势的能力还比较差，不少国内企业和产业在国际竞争中缺乏足够的竞争优势。为适应知识经济和高新技术产业蓬勃发展的需要，中国对外贸易发展战略从以比较优势为导向转向以竞争优势为导向，实为必然的选择。①

20 世纪 90 年代以来，越来越多的发展中国家纷纷采取出口导向型发展战略，结果是大多数发展中国家陷入了单一的产品结构和畸形的经济结构，并由此导致其对国际市场的过度依赖和发展后劲的不足。这种现象出现的原因是这些发展中国家没有把比较优势同竞争优势联系起来，也就是说，没有完成从比较优势向竞争优势的转化。

中国学术界这种关于国际贸易理论研究重心的转向，既是对改革开放以来尤其是 20 世纪 90 年代中期以来中国对外贸易发展实践经验的总结，又反映了中国学术界在新的国际经济环境下对传统比较优势理论的重新认识和对西方最新国际贸易理论的吸收和借鉴情况。这种转向既使中国的对外贸易理论研究更符合当今新的国际经济环境和国际竞争特点，又更接近国际经济和国内经济发展的现实。随着中国对外贸易理论研究的这种新的转向的发生，可以预见在未来中国对外贸易理论界将会有许多新的理论思想和理论观点产生，这些理论研究对经济现象的解释也将会更有说服力和更有指导意义。

三、现有国际贸易理论及其对中国对外贸易的适用性

国际贸易理论是微观经济学在国际分工和国际交换领域的延伸，因而微观经济学的个人主义和自由主义传统深深植根于这个领域，并集中体现为自由贸易理论，其最主要的规范结论是自由贸易是最佳选择。贸易理论的现代发展虽然没有否定传统贸易理论，但却偏离了传统贸易理论，从修正传统贸易理论脱离经验现实的假定中来开辟自己的创新之路。但是，由于这些理论所据以建立的假定与中国的现实有一定的距离，因而这些

---

① 王子先．以竞争优势为导向：我国比较优势变化与外贸长期发展的思考．国际贸易，2000（1）：9－14.

理论对中国贸易问题的解释力都存在一些有待说明的问题。

传统贸易理论认为，国际贸易及其利益的产生在于交易国之间的差异。无论是基于劳动生产率和生产技术差异的绝对优势理论和比较优势理论，还是基于要素禀赋差异的资源配置理论，都认为实行自由贸易为一国提供了改善资源配置效率的机会，抓住和利用这个机会，使有限的资源相对集中于具有比较优势的行业，就可以用最小的资源投入，通过国内生产和对外贸易两个系统，既获得最大的产出，又满足国内的需求。然而，要做到这一点并不是无条件的。自由贸易的有效性和合理性所依赖的基本假定是，国际市场和国内市场都是完全竞争的市场。这在现实中是不存在的。国际市场是一个不完全竞争的市场，这一点已为新的贸易理论所揭示，并为贸易实践所证实。目前中国的国内市场距完全竞争的市场还相去甚远，即使中国实现了经济的市场化，也不可能出现一个完全竞争的国内市场。更何况自由贸易是以全人类的共同利益为目标，而现实中却是民族国家的利益高于一切。在这个贫富悬殊，各国经济实力差距很大，由经济大国决定贸易规则、主导国际贸易的世界，自由贸易只是一种理想，没有一个国家完全真正实行过。因为谁主动、单独地率先实行，谁就会丧失贸易利益；谁实行了适当的贸易保护，谁就能够加速发展，后来居上。虽然发达国家极力主张自由贸易，但那只是要别国开放市场，以便凭借自己的经济实力占有更多的贸易利益。19 世纪中叶，英国在经济实力达到顶峰时，曾通过修改《航海条例》和废止《谷物法》提出了（包括鸦片在内的）自由贸易，但在当时同中国的贸易却是由英国东印度公司独家垄断。美国和德国的国力当时不敌英国，分别采取了汉密尔顿和李斯特的贸易保护理论和政策，并利用了第二次工业革命和世界经济增长的有利时机，在第一次世界大战前就赶上和超过了英国。当英国丧失世界领先地位时，随即在 20 世纪 20 年代初通过《染料法》和《工业保护法》，放弃了自由贸易。第二次世界大战后，虽然从 1947 年开始的日内瓦回合到 1994 年结束的乌拉圭回合，在 GATT 的范围内，通过多边贸易谈判促使各成员特别是发达国家削减关税，促进了贸易自由化的发展，但是当日本、德国以及一些新兴工业化国家和发展中国家依靠适当的贸易保护而迅速强大起来，在某些方面赶上和超过了美国，在同美国的贸易中占有了更多的贸易利益时，美国又祭起了贸易保护的大旗，既然关税已经降低，那非关税壁垒就成为主要的保护手段。可见，自由贸易虽然是人们不断追求的理想目标，但是形形色色的贸易保护却是国际经济关系的现实。因此，有中国特色的自由贸易制度不是绝对的和完全的自由贸易，而是自由贸易和保护贸易的有机结合。

在国际贸易理论的基本框架中引入不完全竞争的多种模型可能是 20 世纪 80 年代所有经济理论的发展中最有影响力的事件之一。这个新的分析框架有两个重要的组成部分：一个是产业内贸易模型；另一个是战略性贸易政策理论。它们一起被称为新贸易理论。以克鲁格曼等为代表的经济学家运用产业组织理论对产业内分工和贸易问题进行了系统的阐述，建立了以规模经济和产品差异化为基础的垄断竞争国际分工与产业内贸易理论模型。从规模经济、产品差异化出发研究垄断和竞争之间的关系，其理论意义主要是：第一，现实的市场结构既不是完全竞争的，也不是完全垄断的，而是竞争与垄断的混合结构，以垄断竞争作为研究框架比较接近实际。第二，垄断竞争下的市场结构与完全竞争下的市场结构有着截然不同的价格决定方式。

由于战略性贸易政策理论与产业内贸易理论有着相同的分析框架，即打破了传统贸易理论的完全竞争假设，结果是，一方面强化了自由贸易优于闭关锁国的传统规范结论，为贸易利益的取得提供了新的解释；另一方面，对完全竞争市场结构的背离，使市场运行的结果是次优的，适当的政府干预有可能改变市场运行的结果，使本国企业在国际竞争中获得占领市场的战略性优势，或者分享外国垄断企业的利润，以取得更大的贸易利益。战略性贸易政策理论为发达国家之间的产业内贸易提供了有效的解释，对发展中国家贸易制度和政策的选择也提供了有益的启示。特别是中国作为一个大国，广阔的国内市场更有利于战略性产业的成长。但是，战略性贸易政策理论主张政府有选择地积极干预，贸易利益的取得是需要一定条件的。首先，这种贸易理论和政策的实施有赖于正确的产业政策的配套，战略性产业的确定以及保护方式、保护力度和保护时限的选择就成为问题的关键。这一切如同实施理想的计划一样，要求政策制定者掌握足够的信息。其次，战略性贸易使政府的政策操作成为一种博弈，博弈对手的策略选择很难料定，政府的效能直接关系到贸易的成败。再次，战略性贸易政策的实施必然会引起不同利益集团的寻租活动，造成的效率损失有可能超过该项政策所能带来的好处。目前，中国的经济发展正处在工业化和城市化的阶段，虽然在对外贸易中产业内贸易的比重不断提高，但经济结构决定了中国的对外贸易主要还是一种产业间贸易。与此同时，中国正处在社会转型和制度变迁之中，制度的扭曲和行为的失范刺激了各种各样的寻租活动，削弱了战略性贸易政策的作用和效率。

新增长贸易理论是一个国际贸易、经济增长和产业组织等多个领域相互交叉与融合的理论，其关注的中心是技术创新、技术转移在国际贸易格局变动及对外直接投资中的决定作用。该理论以熊彼特的技术创新理论为基础，被称为熊彼特主义，其直接形成源自弗农描述的产品生命周期理论，认为每一种产品都经历了在发达国家发明、生产，出口、转移到不发达国家，再出口到发达国家这样几个阶段，进而构成了贸易动态均衡模型。传统贸易理论和以规模经济为基础的新贸易理论较好地说明了静态贸易格局，而不能令人满意地解释国际贸易格局随时间的变化，不能回答诸如创造比较优势、贸易政策与经济增长的关系问题。新增长贸易理论考察了技术的外溢问题，说明了发达国家的“夕阳”产业在发展中国家低生产成本的贸易竞争中衰落是一种必然现象，因而发达国家的选择在于不断开发新产品，而发展中国家的选择在于引进外资，加速技术进步，以提高资源利用效率和改善贸易条件，以及保持国际资本的自由流动，以利于知识技术的国际传递。在这里，技术进出口政策的选择有着重要作用。这一理论对我们有多方面的启示，如只有不断进行人力资本投资、提高劳动力素质，才能加速技术吸收和技术转移，有效地吸收适应本国资源条件、要素价格的劳动密集型技术，促进本国产业结构和出口产品结构的迅速转换和升级。特别是对于中国这样的大国，参与国际贸易不应主要在于扩大市场，而应在于分享世界上有限的、分布极不均衡的技术人力资源从事技术创新的成果。需要指出的是，在这里，跨国公司是技术转移的最有效的载体之一，但它既可以打破发达国家的技术保护，也可能造成对发展中国家的技术控制。这是我国目前面临的重要问题之一。

从以上分析可以看出，各种贸易理论都有合理之处，也都有历史局限性，对中国的贸易问题有一定的解释力，也有一些解释不了的地方。因此，考察中国对外贸易的理论问题，需要博采众长，并结合中国的实际做出自己的理论创新。

第三节　中国对外贸易的体制与政策

一、改革开放前中国对外贸易的体制与政策

从新中国成立到1978年间，中国的对外贸易体制与政策主要沿袭了苏联经济的基本思想和基本框架，即实行计划经济。这要求直接根据计划配置经济资源，取代依靠市场机制配置资源的做法。在沿用列宁对外贸实行国家垄断思想的基础上，中国根据初期国内的经济形势和特殊的国际政治经济环境，决定对外贸实行国家专营。因此，新中国成立后，中国对外贸执行的是国家管制的封闭型贸易保护政策。在外贸经营体制上高度集中，以行政管理为主；在调节进出口贸易上主要靠计划、数量限制的直接干预，关税不起主要作用；人民币汇率一直被高估；不参与世界性的经贸组织，搞双边贸易等。

客观地分析，在当时中国生产社会化的程度还不高以及受国际环境限制的历史条件下，这种高度集中的以行政管理手段为主的外贸国家统制，对中国国民经济有计划地恢复和发展，集中利用有限的物质资源，扩大出口，统一对外，粉碎当时帝国主义国家的禁运、封锁，顶住外国的经济压力起到了积极作用，是必要的。但是，随着形势的变化和中国社会生产力的发展，它所带来的许多副作用日益显露出来，其中主要是对国内企业的保护过度造成企业效率不高，国际竞争力低下，不能积极参与国际分工，外贸事业发展缓慢。

由于这种政企合一、经营权高度集中的旧的外贸体制越来越不适应新的经济基础的需要，它既不利于调动多方面的积极性，也不利于外贸企业发挥自主经营的活力，更不利于企业提高经济效益，因此，在党的十一届三中全会以后，中国根据国内外形势的变化，做出了对内搞活、对外开放的重大决策。

二、改革开放后中国对外贸易体制与政策的演变

1. 改革开放的初始阶段（1979—1986年）

改革开放后，首次改革的主要特征是：简政放权，政企分开。中国初步改变了长期以来高度集中的外贸管理体制与政策，外贸行政部门对外贸业务逐步从直接管理转为间接管理，加强了各种经济杠杆的综合运用；打破了外贸专业公司垄断经营的局面，扩大了外贸企业的经营自主权，在一定程度上调动了各方面发展外贸的积极性，促进了进出口贸易的迅速发展，为下一步改革奠定了基础。经过1979年一年的准备，中国外贸体制改革于1980年1月1日正式启动，其主要内容是：

（1）调整国家对外贸的管理机构，明确政府部门对经贸的管理职能。简政放权，政企分开，实行中央和省、市外贸两级管理；改善外贸行政管理，自1980年起恢复进出口许可证制度，重新设立外经贸部驻口岸的特派员办事机构，加强海关、商检和外汇管理

等外贸行政管理机构。

(2) 适当下放了部分商品的经营权，发展多种外贸经营方式；一些部门、地方、企业及企业联合体直接经营对外贸易，开展了补偿贸易、来料加工等多种经营方式；兴办经济特区，开办了大批中外合资经营、合作经营和外商独资经营企业；同时，外贸和生产企业开始探索工贸结合、技贸结合的途径，逐步推行外贸代理制。

(3) 改革外贸计划管理体制，大幅缩小对进出口商品的指令性计划管理范围，实行指令性计划、指导性计划与市场调节相结合，取消外贸出口收购和调拨计划。

(4) 开始运用汇率、外汇留成、奖励政策等经济杠杆的手段，调动各方面发展出口的积极性。

这一时期外贸体制改革虽然已起步，但由于外贸仍实行统负盈亏，外贸企业财务软约束的问题没有得到解决，因此由这种外贸“吃大锅饭”的根本问题派生出的一系列问题使改革任重而道远。

2. 改革开放的第二阶段（1987—1991 年）

针对初始阶段改革存在的问题，1987 年开始试行以三项指标为内容的外贸承包经营责任制，并在取得经验的基础上，从 1988 年起在全国推行以省、市、自治区为主的外贸承包经营责任制。这次改革的主要特点是：外贸承包，财政包干，实行自负盈亏、放开经营、工贸结合和推行外贸代理制。改革的核心主要是通过建立和完善以汇率、税收等为主要杠杆的经济调节措施，推动外贸企业实现自负盈亏。实践证明，实行外贸承包经营责任制初步改变了责权利分离的状况，大大调动了各方面的积极性，有力地促进了外贸的发展。这次改革的主要内容有：

(1) 根据财政实行地方包干的体制，省、地、市、县大部分外贸企业的财务关系下放，与地方财政挂钩。

(2) 国家对出口财政补贴加以限制。在全面实行出口退税制度的前提下，对外贸企业全面实行出口财政补贴、出口收汇和上缴外汇包干承包责任制，承包指标先是定为三年不变，后来改为一年一核。

(3) 在对轻工、工艺和服装三个行业的外贸企业取消出口补贴、实行自负盈亏的试点改革后，全面实行了外贸企业出口自负盈亏的改革，取消了国家对外贸出口的财政补贴。

(4) 进一步改革外汇体制。取消原有的外汇使用控制指标，扩大外汇留成比例和开放外汇调剂市场。

(5) 设立进出口商品行业商会。1988 年先后成立食品土畜、纺织服装、轻工工艺、五矿化工、机电和医疗保健品六个行业的进出口商会及若干商品分会。

(6) 进一步改革外贸计划体制、财务体制、外贸行政管理体制和进出口商品经营体制，对进出口商品实行分类经营的管理办法。

第二阶段的改革主要围绕外贸承包经营责任制的问题展开。外贸承包经营责任制，即是在所有权和经营权分离的前提下，主要由各省、自治区、直辖市及计划单列市人民政府和外贸、工贸专业公司向国家承包各项经营，具体承包的是出口收汇指标、出口换汇成本指标和财务盈亏指标三项指标，并在外贸企业自负盈亏方面取得突破性进展。但由于主客观原因的种种限制，这一时期各地各类外贸企业在不同程度上出现了外贸经营秩序混乱等问题。

3. 改革开放的第三阶段（1992—1993 年）

1992 年随着邓小平南方谈话的发表和中国提出经济体制由有计划的商品经济转向社会主义市场经济的重大改革，中国外贸的计划体制也逐步转向市场调节体制。具体改革内容是：

（1）调整了出口商品的指令性计划、指导性计划和市场调节的范围，缩减了配额和许可证管理商品的范围。从 1992 年开始，基本上取消了进出口指令性计划，实行指导性的总量计划，绝大多数进出口商品放开经营，少数商品实行公开、透明的配额和许可证管理。

（2）改革关税制度。自 1992 年 1 月 1 日起，主动降低 225 个税目商品的进口关税税率；自 1992 年 12 月 31 日起调减 3 371 个税目商品的进口关税税率，使关税总水平下调 7.3 个百分点；自 1993 年 12 月 31 日起调减 2 998 个税目商品的进口关税税率，平均降低 8.8%。

（3）深化外贸企业内部机制改革，推动外贸企业转换经营机制。贯彻《全民所有制工业企业转换经营机制条例》和《对外经济贸易企业转换经营机制实施办法》的精神，使外贸企业真正成为自主经营、自负盈亏、自我发展、自我约束的法人实体和市场竞争的主体。同时，推动外贸企业开展实业化、集团化、国际化经营，形成若干在国际上有竞争力的、以外贸为龙头的贸工（农、技）相结合的外向型企业集团。

这一阶段的改革是随着全国经济体制的重大改革而展开的，并开始围绕外贸国有企业是否可以按照现代企业制度改组实行股份制的问题展开讨论，而且取得了初步成效。但在实践中，外贸承包经营责任制的一些问题还是没有得到很好的解决。

4. 改革开放的第四阶段（1994—2000 年）

根据党的十四届三中全会决定指出的“坚持统一政策、放开经营、平等竞争、自负盈亏、工贸结合、推行代理制”的改革方向，1994 年开始的新一轮外贸体制改革作为国民经济体制全面改革的重要组成部分，在广度、深度、力度和难度上都有新的突破。其内容主要有以下几个方面：

（1）改革汇率制度，取消承包。首先，从 1994 年 1 月 1 日起将双重汇率并轨，取消了针对外贸企业的外汇上缴和额度管理制度，实行有管理的单一浮动汇率制；其次，外贸出口一律取消外汇留成，实行统一的结汇制；最后，实行银行售汇制，允许人民币在经常项目下自由兑换。

（2）完善外贸宏观管理。第一，自 1994 年 7 月 1 日起实施《中华人民共和国对外贸易法》，1997 年 3 月发布《中华人民共和国反倾销和反补贴条例》，将对外贸易的管理纳入法制化轨道。第二，在 1994 年全国实行分税制后，出口退税全部由中央财政承担（过去的出口退税，中央财政承担 80%，地方财政承担 20%），以保证全面贯彻出口退税制度。第三，1994 年成立国家进出口银行，为资本货物出口提供信贷支持。第四，设立出口商品发展基金和风险基金，用于少数国际市场价格波动较大的商品以丰补歉、自负盈亏，开发新产品。第五，改革和完善进口管理。从 1995 年 12 月 31 日起，取消 176 个税目商品的进口控制措施，包括进口许可证和进口配额管理的商品。自 1996 年 4 月 1 日起，进口关税总水平由 35.9%降至 23%；同时，对进口设备和原材料等一律按法定税率征收关税和进口环节税（指增值税和消费税）。第六，加快赋予具备条件的国有生产企业、科研单位、商业物资企业外贸经营权，同时最大限度地放开进出口商品经营。第七，取消进出口贸易的指令性计划，实行指导性计划；对少数实行数量限制的进出口商品按照效益、公正、公开和公平竞争的原则，实行配额招标、拍卖或规范化分配。

（3）加快转换外贸企业经营机制。按照现代企业制度改革国有外贸企业，积极推行股份制试点，具备条件的外贸企业要逐步转变为规范化的有限责任公司或股份有限公司。

（4）加强外贸经营的协调服务机制。改革商会结构，改进商会功能，建立社会中介服务体系，发挥各研究咨询机构和各学会、协会的信息服务功能，形成全国健全的信息服务网络。

（5）实行有条件的、动态的贸易保护，适度保护国内主导和支柱产业。对生产技术条件不同的工业部门，随着时间的推移采取不同程度的保护措施。对内有发展潜力的产业和产品，面向国内市场；对外有发展潜力的产业和产品，面向国际市场进行竞争，实施奖励出口的措施。

（6）外贸经营权从审批制过渡到登记备案制。为了稳步实行外贸经营权从审批制向登记备案制过渡，先对5个经济特区的生产企业的外贸经营权实行自动登记试点，1998年扩大了试点范围，进而通过试点逐步取消对生产企业自营进出口的审批制度，取而代之以登记备案制，为实现中国的对外承诺，即在加入WTO三年后实现进出口经营权依法登记备案制做准备。

5. 改革开放的第五阶段（2001年至今）

2001年中国加入WTO，这使中国的对外贸易环境发生了深刻的变化。一方面，中国要履行加入WTO的各项承诺，削减关税和非关税措施，对现行外贸体制进行适应性调整，使其与WTO的多边贸易体制一致；另一方面，要针对加入WTO的影响，做好相关应对工作，抓住机遇，迎接挑战，扩大出口，合理调控进口，确保对外贸易的平稳运行。总体来说，中国入世后的外贸体制改革主要体现在如下几个方面。

（1）入世后外贸体制的适应性调整。使本国外贸体制与WTO多边贸易体制一致，是WTO成员的一项基本义务。经过20多年的摸索，中国的外贸体制改革取得了重大突破，特别是市场取向改革目标的确立与逐步推进，从根本上解决了中国外贸体制与WTO多边贸易体制的相容性问题。但也应看到，中国外贸体制在局部还存在不尽一致或不相适应的地方，需要按照WTO的要求和本国国情进行规范和调整。从积极的角度看，为了适应加入WTO后中国企业在更大范围、更高程度上参与国际竞争与合作的需要，也必须进一步深化外贸体制改革。因此，入世后中国外贸体制的适应性调整主要是：

首先，清理、修订外贸法规，完成法律转换工作。在加入WTO后，国务院近30个部门对有关涉外经济法律法规进行了清理和修订，共清理法规1 400多项，其中废止600余项，修订200多项。对吸收外资的三大基本法律，即《中华人民共和国中外合资经营企业法》《中华人民共和国中外合作经营企业法》《中华人民共和国外资企业法》及其实施细则或条例进行了修订，并逐步把三部法律合并为一部外资法。在服务业方面，逐步建立有关服务业外资准入的法规体系。在进出口贸易管理方面，相继颁布了《中华人民共和国货物进出口管理条例》《中华人民共和国反倾销条例》等五个《中华人民共和国对外贸易法》的配套法规。在知识产权保护方面，修订了《中华人民共和国专利法》《中华人民共和国商标法》《中华人民共和国著作权法》《计算机软件保护条例》，制定了《集成电路布图设计保护条例》等。中国的知识产权保护立法已基本与 WTO/TRIPs 的有关要求一致。

其次，转变政府职能，深化外贸体制改革。为了兑现加入 WTO 的承诺，同时为企业参与国际竞争创造良好条件，各级政府进一步转变职能，积极推进依法行政，提高行政效率，改善公共服务，推进电子政府。履行外贸登记备案制承诺，取消了对私营生产和流通企业进入外贸领域的限制，实行了与公有制企业相同的标准和程序，取消了对不同所有制企业的区别待遇等。

最后，使外贸政策统一和透明。在《中华人民共和国加入世界贸易组织议定书》中，中国明确承诺要在全部关税领域统一履行在 WTO 协定中的多边义务，保持外贸政策的统一和透明。为了兑现这一承诺，中国各级政府对有关外贸法律法规和政策进行了全面清理，各级政府按照统一部署进行相关的清理修订工作，各类特殊经济区域的政策也都按 WTO 规则进行了相应的规范。与此同时，根据加入 WTO 有关透明度的承诺，各级政府所制定的与贸易、投资有关的法律法规和政策措施都要在指定的刊物上予以公布，不公布的不能执行。

通过把 WTO 规则转化为本国法律法规，中国不仅切实履行了承诺，大大提高了透明度，也有力促进了体制改革。

（2）履行市场开放承诺，完善进出口管理办法。入世既是机遇，又是挑战。为了保证加入 WTO 后能够平稳过渡，除了要抓紧处理产业结构调整、增强国内企业竞争力等深层次矛盾外，还必须做好货物进出口管理，扩大出口，实现进口的有序发展，确保进出口平衡，从总量和结构上保证国内产业和市场免受过大冲击，实现国民经济的持续稳定增长。这样，一方面中国进出口管理要兑现多边市场准入承诺，另一方面也要考虑过渡时期本国的国情，完善相应的管理办法，保证对外贸易的健康发展。

首先，货物贸易降低关税与减少非关税措施。根据加入 WTO 的承诺，中国在较大范围内实质性降低关税，从 2002 年 1 月 1 日起 5 年内平均下调关税 35％以上。大幅减少和规范非关税措施，逐步取消了商品进口数量限制。2006 年是中国承诺的关税削减终点：平均关税水平从加入 WTO 前的 15.3％逐步降到了 9.9％，工业品平均关税水平由 14.8％降到 9.3％，农产品平均关税水平由 23.2％降到 15.3％。总之，中国的关税水平已降至发展中国家平均水平以下。

其次，服务贸易市场准入连降门槛，敏感性领域渐次开放。服务贸易开放领域包括：1）银行业。入世 5 年过渡期结束后，获得许可的外资银行可以开办人民币业务，但仍在股权、地域和业务范围上受到限制。2）非银行金融机构。自入世时起，允许外国金融机构面向所有客户从事外汇业务，无地域限制。3）证券业。自入世时起，允许外资合资公司从事国内证券投资基金管理业务，外资最多可持股 33％。4）保险业。自入世时起，全面开放再保险业务，但中外直接保险公司需向中国再保险公司承担分保比例，第一年 20％，第二年 15％，第三年 5％，第四年取消。5）商业流通业。入世 3 年内，逐步取消对合营企业数量、地域、股权和设立方式的限制。6）电信业。在增值服务方面，自入世时起允许外资在上海、广州和北京设立持股 30％的合资企业，并在这些城市内及这些城市之间提供服务。

在一些敏感性领域如汽车业，自加入 WTO 时起，分阶段取消汽车及其关键零部件进口配额，至 2005 年底取消配额。2006 年 7 月 1 日，中国加入 WTO 的保护期正式结束，由于国产车价格 5 年下降了 34% 以上，度过幼稚工业保护期的中国汽车业真正站到地了国际化的门口。

最后，知识产权保护立法及其实施进一步加强。知识产权是 WTO 众多成员关注的一个焦点。早在加入 WTO 之前，中国就启动了对知识产权立法的全面修订工程，以使相关国内立法符合 WTO 的要求。入世后，中国对知识产权相关法律进行了进一步的修订，扩大了受保护的权利范围，明晰了各方权责，强化了司法审查制度，实施诉前责令停止有关侵权行为的临时措施，为权利人更好地保驾护航。同时，中国加大执法力度，各地不仅纷纷制定地方性的知识产权保护法规，而且采取诸多积极措施来破除保护本地假冒侵权企业的篱笆墙，有的还实行跨地区联动，对侵权者实施严厉打击。总之，改革开放以来，中国的知识产权保护事业迅速发展，以专利、商标和著作权为三大支柱的知识产权法律体系基本形成并日臻完善。与此同时，中国还积极参与有关知识产权保护的国际性组织，逐渐实现中国的知识产权保护体系与世界要求的一体化。

第四节 中国对外贸易的发展战略

对外贸易发展战略是一国国民经济发展总体战略指导下的一个具体经济部门的发展战略，它是在国民经济发展总体战略的指导下，在一个比较长的历史时期内，对外贸易发展的全局性策略。

党的十二大向全党全国人民提出了全面开创社会主义现代化建设新局面的宏伟纲领，并且确定了要在 20 世纪末实现中国工农业生产总值翻两番的宏伟目标。中国当时依据国民经济发展战略，科学地制定并实施了合理的对外贸易发展战略，对提前实现国民经济发展战略目标做出了积极贡献。1996 年 3 月公布的《中华人民共和国国民经济和社会发展“九五计划”和 2010 年远景目标纲要》提出了未来 15 年国民经济和社会发展的指导方针和奋斗目标：2010 年实现国民生产总值比 2000 年翻一番，人口控制在 14 亿以内，人民的小康生活更加宽裕，形成比较完善的社会主义市场经济体制等。20 世纪末，中国又制定了在 21 世纪实现国民经济发展的分三步走的战略目标①。这些国民经济发展战

① 邓小平高瞻远瞩，设计了著名的分“三步走”基本实现社会主义现代化的发展战略。按照这一战略部署，第一步是在 20 世纪 80 年代国民生产总值翻一番。以 1980 年为基数，当时人均国民生产总值只有 250 美元，翻一番，达到 500 美元。第二步是到 20 世纪末，再翻一番，人均达到 1 000 美元。中国首先在 1987 年提前 3 年实现了第一步翻一番的战略目标。1995 年又提前 5 年实现了翻两番的战略目标。目标的第三步，是在 21 世纪用 30 年到 50 年的时间再翻两番，大体上达到人均 4 000 美元，那时中国就会达到中等发达国家的水平。在邓小平的这一战略指导下，1997 年党的十五大第一次明确提出：“展望下世纪，我们的目标是，第一个十年实现国民生产总值比二零零零年翻一番，使人民的小康生活更加宽裕，形成比较完善的社会主义市场经济体制；再经过十年的努力，到建党一百年时，使国民经济更加发展，各项制度更加完善；到世纪中叶建国一百年时，基本实现现代化，建成富强民主文明的社会主义国家。”这就实际上提出了到 21 世纪中叶，跨度达 50 年的分“三步走”发展战略。

略，对中国实现社会主义现代化建设具有重要的指导意义，对中国制定对外贸易发展战略同样具有重要的指导意义。

中国对外贸易发展战略的主要内容包括：(1) 战略指导思想，即对在不断提高经济效益的前提下，在一定历史时期内对外贸易将要达到的发展规划和预期发展速度的指导思想；(2) 战略模式，即实现对外贸易发展战略目标的模式，如进口替代发展战略、出口导向发展战略等；(3) 战略措施，即实现对外贸易发展战略必须采取的全局性、根本性的措施。

一、制定对外贸易发展战略的指导思想

要使对外贸易发展战略切实可行，具有现实性、科学性，必须有正确的指导思想。这主要体现在以下三个方面。

1. 以国内外的现实条件为依据

制定对外贸易发展战略，必须从中国国民经济发展的需要和可能出发，要服从国民经济总体发展战略的要求，要同国民经济各部门紧密衔接。脱离中国国情，脱离中国现代化建设的总战略和各个部门的经济战略，就不可能正确制定出对外贸易发展战略。因此，经济发展与建设的现实条件，是中国制定对外贸易发展战略的内在依据。

中国经济发展和建设的现实条件，从有利方面考察主要是：经过 40 多年的改革开放，建立并巩固了社会主义政治制度和市场经济制度；建立了独立的、比较完整的工业体系和国民经济体系；具备了一定的科学技术水平和生产技术条件；已有相当规模的物质基础和资金积累；具有丰富的人力资源；形成了一整套实现现代化的路线和方针政策，积累了丰富的经验，特别是进入 21 世纪以来，在新一代中央领导集体的正确路线指引下，以科学发展观为指导思想，中国工农业生产稳步、迅速增长，市场繁荣，宏观经济形势向好，并且具备了实现长期增长的条件等。从不利方面来看，主要是：中国的二元经济还严重制约现代化建设的发展速度，工业技术装备仍较落后，工艺水准仍较低，产品的竞争力较低，自主创新能力还较弱；农业生产技术力量薄弱，农村经济发展严重不平衡等。制定对外贸易发展战略必须认真考虑上述各种条件，并与之相适应。

制定对外贸易发展战略，还必须从世界经济和贸易的实际出发。世界经济和贸易的发展趋势是中国研究和制定对外贸易发展战略的外部依据。

20 世纪 90 年代以来，以信息技术为核心的新科技革命使世界产业结构发生了重大变革，从而也是使世界经济和贸易出现新的增长的最基本动力。这种技术进步是一种技术-经济范式的革命，它不仅带来了一系列新产品、新产业，而且不断改变生产的分工结构和管理模式，进而改变整个经济体系赖以运行的基础。因此，它不是仅产生新产品和新工艺的那种技术进步，而是具有划分经济史的时代特征的科技变化。

与此同时，信息技术的迅速发展和个人电脑行业的兴起，直接对国际贸易和国际分工中传统的产品生命周期理论提出了挑战。这个理论假设，某种产品的生产转移、价格竞争和海外市场的出现，都需要经历从创新产品到成熟产品再到标准化产品的各个时期。但是信息技术产业的崛起，几乎完全否定了这种假设。由于信息技术产品创新周期的缩短，价格竞争在产品所有价值节点都提前出现，生产转移和海外市场也几乎同步出现。

创新产品的不断涌现，对大规模生产提出了新的要求，出现了具有集聚效应的生产模式。这种生产模式不要求单个企业的大型化，只要求分工的细化和生产的专业化，而规模经济则依靠各类实行专业化分工的大小企业在特定地区的集聚来实现，通过创新与集群的结合来实现。一种创新产品就可能形成一个新的产业集群。这改变了在成熟产品和标准化产品概念下实现规模经济的生产结构和分工形式，也改变了企业内部的管理模式，人们把这种现象称为温特主义，它取代了福特主义①。

在这种形势下，随着国际分工的深化、细化，跨国公司自身管理模式、全球战略的调整，以及金融资本在国际贸易领域影响力的不断增强，国际贸易结构、方式、区域结构及金融对国际贸易的影响都发生了深刻变化，出现了与以往不同的新特点。

(1) 国际贸易结构向高级化、技术贸易与服务贸易的发展方兴未艾。

在当今世界经济中，各生产部门受信息通信技术的影响越来越大。由于信息通信技术类产品的物理可分性强，其中间产品的空间输送成本很低，既适合以非股权联系安排国际化生产，也适合按价值链定位进行国际分工。而且，信息通信技术类产品的市场需求增长不断扩展至越来越多的发展中国家，跨国公司需要不断重组全球生产，扩大覆盖范围。因此信息通信技术类产品在国际贸易中的增长最为迅速。据统计，1985—2005 年间，全球出口增长最快的前 10 种产品中有 9 种是信息通信技术类产品。特别是在 WTO 框架下《信息技术协定》(ITA) 扩围谈判成功，包括中国在内的谈判各方同意逐步对 201 项信息技术产品实施零关税。这是 WTO 成立以来达成的最大规模关税减让协议，也是全球信息技术产品史上最大规模的减税协议。

为了应对全球竞争，跨国公司不断调整资源配置和经营战略，按照成本和收益原则不断剥离非核心的后勤与生产性服务业务，增强了服务产品的可贸易性，服务贸易增长异军突起，服务产品的生产也成为国际投资的重要领域。在 1980—2015 年间，服务贸易增长速度总体上快于货物贸易增长速度，同期服务贸易出口规模从 3 643 亿美元增加到 47 520 亿美元，35 年间增长了 12 倍，占世界贸易出口总额的比重从 1/7 增长到约 1/5。在行业结构上，服务贸易日益向金融、保险、电信、信息、咨询、专有权利使用费和特许费等新兴服务业延伸，传统的运输业、旅游业所占份额趋于下降。2004 年联合国贸易和发展会议的《世界投资报告》以“转向服务业”为副标题，提示了当时国际投资的新动向。凭借对服务产品中核心技术的垄断以及服务产品分工的发展，跨国公司不断以代

---

① 福特主义与温特主义实际上是两种不同类型的技术分工范式。福特主义(包括后来改良的丰田主义)建立在主要技术系统的封闭性与不可兼容性上，并由此形成产品差异化。它所追求的规模经济是在一种垂直分工结构中实现的。在这种结构中，产品的设计、制造、销售和售后服务，既可以在一个企业内部完成，也可以由不同企业分工协作完成。福特主义最典型的代表是汽车工业，20 世纪 90 年代以前，传统的计算机代表企业 IBM 也奉行改良版福特主义生产模式。20 世纪 90 年代以后，信息技术的突破性进展改变了这种技术基础和分工模式。首先是微处理器的发明，出现了标准化半导体；其次是个人电脑各价值链节点的模组化设计和制造，使各种软硬件的生产更标准化、市场化；最后是整个产品的技术系统向开放性、兼容性发展。于是，微软的操作系统和英特尔的芯片配置奠定了整个产业水平分工的基础。在这种分工结构中，大量新企业从事某个价值链节点的设计或生产，并通过群聚达到规模经济。而产品差异化不是通过已有技术系统的封闭性和不可兼容性实现，而是通过市场标准的不断提升实现。微软视窗(Windows)和英特尔(Intel)芯片结合形成的温特(Wintel)技术平台，不断创新各领域的市场标准，引导整个产业升级，并由此保持自身的优势地位。参见 Borrus M，Zysman J. Wintelism and the Changing Terms of Global Competition：Prototype of Future?. BRIE Working Paper 96，1997。

工或离岸业务形式发展服务外包（outsourcing），使之成为贸易发展的新趋势。

（2）产业内贸易出现若干新形式，公司内贸易和跨国公司供应链网络内贸易越来越重要。

20世纪90年代以前的产业内贸易，主要是基于不同技术系统的差异化产品的交换，或者是由垂直分工形成的各协作企业间的交换。90年代以后的产业内贸易，主要是基于同一技术系统的水平分工交换，或者是市场标准创新引起的差异化产品的交换。由于分工的细化，不仅制成品各生产环节的中间产品可以分工，而且制造与其他活动可以分离，从而使产业内贸易出现了以下新形式：

OEM（original equipment manufacturing），是指品牌拥有者将生产制造环节外包给其他厂商的业务模式。

OLM（overall logistics manufacturing），是指品牌拥有者将生产制造、物流环节外包给其他厂商的业务模式。

ODM（original design manufacturing），是指品牌拥有者将生产制造和部分设计环节外包给其他厂商的业务模式。

EMS（electronics manufacturing service），是指品牌拥有者将设计、生产制造和物流环节外包给其他厂商的业务模式。

上述四种产业内贸易的新形式基本上都是由跨国公司主导的。跨国公司通过两种国际生产体系来安排新型产业内贸易：一种是通过直接投资和股权安排，形成公司内部价值链体系和公司内贸易；另一种是通过非股权安排，形成公司与其他独立厂商的供应链体系，实现供应链网络内贸易。在技术要素日益占据重要地位的许多产业中，后一种将越来越重要。

（3）国际贸易的利益实现越来越受国际金融市场的影响，跨国金融业务成为各国密切关注的重要领域。

追求增值是市场经济的一个重要特征，虚拟经济在一定程度上可以脱离实体经济实现增值。在过去的40多年中，金融全球化和跨国金融业务发展迅速，跨国银行贷款总额从1980年占经济合作与发展组织GDP的7.4%上升到1990年的29%，再上升到2020年的54%。间接资本（国际银行贷款、债券和股票）的跨国流动规模持续超过国际直接投资。特别是近年来信息技术以及电子商务的迅猛发展进一步促进了金融创新，金融产品交易空前增长，虚拟经济不仅成为垄断资本扩大再生产的重要部门，而且迅速国际化。世界各主要金融市场形成了在时间上相互接续、在价格上相互联动的交易网络，是最具典型意义的电子商务形态，在几秒钟之内就能实现成千上万亿美元的交易。全球金融市场的交易规模惊人，其中外汇市场最为活跃，是最具有流动性的市场，也是全天候的市场，2021年全球金融市场上的外汇日交易规模就达到约6万亿美元。近十几年来，国际外汇交易增长了十多倍。

由于实体经济部门间国际交换的价值实现离不开金融服务，实现程度又日益受到金融产品交换本身的市场变化规律的支配，风险性和不确定性使其不仅成为国际垄断资本巧取豪夺的重要领域，而且成为各国政府防范经济风险的重点。由美国次贷危机引发的全球金融危机不但使世界贸易遭受重挫，而且导致全球性的经济衰退，就是国际金融市场风险蔓延的最好例证。

(4) 区域内贸易不断发展，加剧了世界贸易发展的不平衡。

当今国际贸易的一个突出现象是，区域内贸易成为国际贸易的重要形式。2000 年，区域内贸易占世界贸易总额的 43.2%，联合国贸易和发展会议发布的资料显示，2005 年已达到 51.2%。2015 年，世界上主要区域组织的内部贸易占其全部国际贸易的比重分别为：欧盟 71%、北美自由贸易区 49%、东盟 21%、南方共同市场 20%。近年来，各国政府的区域贸易自由化政策进一步加快了区域内贸易的发展。WTO 成立后，区域内自由贸易安排趋势不仅没有弱化，反而如雨后春笋般蓬勃发展。

区域内贸易的发展促进了贸易集中度的提高，加剧了世界贸易发展的不平衡。根据 WTO 的数据，2015 年，世界货物进出口的一半以上为 10 个发达经济体拥有，另有 10 个发展中经济体，其货物进出口已超过全球总额的 1/4。①

世界经济形势的变化和国际贸易发展的新特点，必然对中国的外贸产生重大影响。因此，我们要根据国际环境和条件的变化来制定对外贸易发展战略。

2. 以提高经济效益为中心

自 1978 年实行改革开放以来，中国的对外贸易一直保持快速增长。从 1978 年到 2021 年的 43 年间，中国的对外贸易总额由 206 亿美元增加到 6.05 万亿美元，年均增长率高达 14.1%。出口总值从 97 亿美元增长到 33 640 亿美元，年均增长 14.7%。到 2021 年中国的世界贸易额排名就由 1978 年的第 32 位上升到第 1 位，其中货物贸易出口额在 2011 年就已上升到第 1 位。这充分说明，对外贸易在中国经济发展中的地位大大提高与作用大大增强，也显示出对外贸易已成为中国经济增长的重要推动力。

虽然对外贸易对中国经济增长做出了巨大贡献，但从总体上看，中国的对外贸易还处于粗放型发展阶段。改革开放后，中国基本上实施的是赶超型战略，按照这一战略，中国必须扩大外汇收入，以进口经济建设所需的技术、设备和资源。因此，扩大出口创汇，完成出口创汇计划，成为中国在改革开放初期发展对外贸易的宗旨和制定外贸政策的出发点。在这一指导思想下，中国在 1993 年以前一直对外贸下达出口创汇计划，并实施一系列鼓励出口的措施，以推动企业完成出口创汇指令性指标。随着外贸体制改革的推进，外贸经营权及外贸经营渠道逐渐向多元化方向发展，但是由于缺乏有效的宏观调控机制，外贸经营秩序混乱，为完成出口创汇计划，企业竞相抬价收购、低价销售，加上中国出口商品结构仍以低价的劳动密集型产品为主，因此，中国的对外贸易呈现出高速度与低效益并存的数量型增长状态。外贸超前增长与资源短缺的矛盾、发展速度与效益的矛盾、扩大出口规模与优化结构的矛盾、规模经济宏观效益与外贸企业微观经济效益的矛盾日益突出。随着世界经济的区域一体化和集团化发展，国际竞争日益激烈。在这种国际大背景下，要解决外贸粗放型增长中存在的种种矛盾，以促进中国对外贸易的持续、健康发展，转变外贸增长方式已势在必行。

因此，对外贸易发展战略必须以提高经济效益为中心，要正确处理经济效益与发展速度的关系，要安排能够取得最佳经济效益的规模和速度。一方面，通过进出口实现实

① WTO. World Trade Report 2016.

物形态的转换，用我国的资源或产品换取我国扩大再生产所缺乏的资源或产品，以改善国民经济的比例关系，建立较好的综合平衡，提高生产能力，加快经济发展；另一方面，通过输出社会必要劳动量少或相对较少的产品，换取本国自己生产需要花费较多社会必要劳动量的产品，达到节约社会劳动、增加价值的目的。因此，以提高经济效益为中心制定对外贸易发展战略，要将进出口商品的价值和使用价值结合起来考虑，不能出现偏废——既要反对和防止仅仅从国民经济调剂余缺的需要出发，不顾价值的盈亏，又要注意纠正仅仅考虑价值的盈亏，忽视给国民经济带来的不良影响。

以提高经济效益为中心制定对外贸易发展战略的关键环节在于制定进出口商品战略。这种进出口商品战略，不仅从使用价值方面看最有利于建立国民经济的最佳综合平衡，从而能够迅速提高社会劳动生产率，节约社会劳动，取得最佳经济效益，而且从价值方面看也是最有利的，可以大量减少支出，增加收益。

3. 以自力更生为根本立足点，实施“双循环”指导方针

自力更生是我国进行社会主义经济建设的根本指导方针。一个有 14 亿多人口的大国进行现代化建设，必须主要依靠本国的资源、资金和市场，依靠本国人民的劳动和智慧。实行对外开放，利用两种资源和两个市场，目的是增强自力更生的能力，促进现代化建设，而绝不是放弃自力更生的指导方针。虽然在世界经济区域一体化、集团化以及全球化的冲击下，各国经济发展越来越相互依赖、相互制约、相互促进，也就是说，谁也不能孤立地发展而不与外部世界联系，但是完全依靠外部世界而不坚持经济自主权，不依靠自力更生发展本国经济是不可能的，而且是极不安全的。因此，我们既要反对闭关自守、孤立奋斗的思想，忽视对外国市场、资金、技术和资源的充分利用，又要反对一切依靠外国市场的想法和做法。

2020 年以来，新冠疫情全球大流行，世界绝大部分国家和地区受到疫情的严重冲击。新冠疫情严重冲击国际产业链、供应链，外部需求萎缩叠加国际经贸摩擦，面对这种外部环境，中国要加快构建以国内大循环为主体、国内国际双循环相互促进的新发展格局。从外部环境来看，大国竞争与博弈更趋白热化，中国遭遇贸易投资保护主义更加频繁，拓展国际市场受到进一步的限制，国际环境更趋恶劣。同时，作为崛起中的大国，中国通过 40 多年的改革开放集聚了强大的发展动能，国内经济发展的韧性与活力逐步增强，搞好国内循环，激活国内消费，建立强大的国内市场，是未来应对外部风险挑战和世界变局的重要保障，也是实现中华民族伟大复兴的必然选择。为此，中国提出，要加快构建以国内大循环为主体、国内国际双循环相互促进的新发展格局，这是基于当前和今后一定时期国内外环境变化做出的重大战略抉择。但是，这绝不是关起门来封闭运行，而是对开放水平和开放质量的更高要求。特别是要推动从商品和要素流动型开放向制度型开放升级，破除制约国内国际双循环相互促进的制度壁垒，而且能否形成良好的国内国际双循环相互促进的机制，也是衡量我国新时期对外开放水平和成效的重要标准。

二、中国的对外贸易发展战略及其选择

第二次世界大战后，随着一大批发展中国家的诞生，国际贸易在发展中国家经济发

展中的作用以及发展中国家的贸易战略选择问题便成为非常重要的课题。当时，普雷维什等学者以中心-外围论等理论为依据，主张发展中国家应割断同发达国家的经济联系，实行内向型贸易战略。广大发展中国家正是以此为主要指导思想，实行了进口替代发展战略。而只有少数发展中国家仍然遵循自由贸易的传统，实行开放型贸易战略。20 世纪 70 年代后，随着多数发展中国家的内向型贸易战略不太成功和少数发展中国家的开放型贸易战略比较成功，国外学者对发展中国家贸易战略的研究空前活跃，使贸易战略问题成为国际经济学和发展经济学领域的基本问题之一。1987 年，世界银行还把贸易战略问题作为年度《世界发展报告》的主题。相对而言，国内学者对贸易战略的研究较晚。在 20 世纪 70 年代末实行改革开放以前，贸易在中国经济发展中的作用被限定为调剂余缺，显得无足轻重，自然就谈不上贸易战略的研究了。实行改革开放以后，中国关于贸易战略的研究才开始起步并逐步深入，并且取得了丰富的成果。

1. 贸易战略的类型

国内外学者从不同的角度出发，把贸易战略划分为不同的类型。最常见的划分方法来自世界银行。世界银行按照对国内市场和国际市场的轻重选择不同，把贸易战略分为两类：外向型和内向型，即出口导向发展战略和进口替代发展战略。世界银行认为："外向型战略的贸易和工业政策不歧视内销的生产或供出口的生产，也不歧视购买本国商品和外国商品。由于它有利于国际贸易，这种没有歧视性的战略往往（但有时是不大适当地）被看作促进出口的战略。与之相对，内向型战略对工业和贸易的奖励制度有偏向，重视内销的生产，轻视供出口的生产。这种做法即是大家所熟知的进口替代战略。"①

世界银行制定了区分外向型贸易战略和内向型贸易战略的 4 项指标：有效保护率、对诸如配额和进口许可证等直接控制手段的依赖性、对出口贸易的奖励方法和汇率定值高估的程度。根据这 4 项指标，世界银行又进一步把外向型贸易战略和内向型贸易战略细分为以下 4 种：坚定的外向型战略、一般的外向型战略、坚定的内向型战略和一般的内向型战略。世界银行的这一划分方法能比较充分地反映对外贸易被重视的程度、国内经济的开放程度和政府干预政策对贸易战略的影响，是一种较为科学的方法，因而成为贸易战略研究的常用方法。国内学者一般也赞同和采用这种划分方法。

进口替代发展战略的出台与战后发展中国家的贸易条件恶化有关。在殖民时期，由于殖民政策的影响，殖民地国家严重依赖宗主国的工业产品。第二次世界大战后，初级产品对制成品的比价下降，这就迫使发展中国家必须以更多的初级产品的出口来换取制成品的进口，国际收支逆差与年俱增。于是在广大发展中国家，特别是在拉丁美洲的一些国家，改变单一经济、发展民族工业、利用国内的制成品来代替同类进口产品的进口替代发展战略便应运而生。

所谓进口替代发展战略，就是通过建立和发展本国的工业，替代制成品进口，以带动经济增长，实现工业化，减少贸易逆差，改善国际收支状况。进口替代发展战略下的外贸政策措施有：对进口产品尤其是最终消费品征收高关税，以减少进口，但对国内生产必需的中间品和资本品征收低关税或免税，以降低进口替代品的生产成本；实施进口

① 1987 年世界发展报告．北京：中国财政经济出版社，1987：80.

配额，限制非必需品（尤其是奢侈品）的进口；进行外汇管制，将外汇主要用于进口替代部门必需投入品的进口，并通过本币升值减轻必需品进口所造成的外汇压力。在实行上述贸易政策措施的同时，有些国家还辅以相应的内部保护措施，如在资本、劳动力、技术、价格以及收益等方面给予进口替代工业各种优惠，以增强其在国内市场的竞争力。

进口替代发展战略对一些发展中国家的进口替代工业的发展起到了一定的作用。但随着进口替代工业的发展，进口替代发展战略存在的问题不断显露出来，如改善国际收支状况的目的未能达到、带动国民经济发展的宗旨难以实现、进口替代工业的进一步发展难以维持、非进口替代工业和农业部门得不到正常发展以及收入不均现象加剧等，使发展中国家不得不考虑重新调整贸易战略。

随着进口替代工业的发展和进口替代发展战略的缺陷日益显露，从 20 世纪 60 年代起，许多发展中国家开始从进口替代发展战略转向实施鼓励加工工业产品出口的出口导向发展战略。所谓出口导向发展战略，就是将经济发展重点放在出口贸易上，通过出口的增长推动整个国民经济的增长。出口导向发展战略又分初级产品出口发展战略和出口替代发展战略。初级产品出口发展战略即出口食品和农矿原料，进口发达国家的工业制成品，初级产品出口发展战略是初级外向型战略。出口替代发展战略即发展出口工业，以工业制成品和半制成品的出口代替初级产品的出口，以增加外汇收入，带动工业体系的建立和国民经济的持续增长。20 世纪 60 年代中期以后，亚洲一些国家最先转向出口替代发展战略。在它们的示范与影响下，其他国家相继仿效。由于各国具体条件不同，实施这一战略的措施和策略也不尽相同。如马来西亚、泰国、科特迪瓦等实施的是初级产品加工模式，即通过对初级产品进行一定程度的加工和提高原有初级产品的加工程度以替代初级产品的出口；韩国、新加坡、巴西、墨西哥等实施的是劳动密集型装配出口加工模式，即发展加工、装配工业，对进口的半成品或零部件进行加工或装配后再行出口的出口导向发展战略。

与进口替代相比，出口替代具有许多优势，如出口替代有利于较为合理地配置资源，有利于提高产品的国际竞争力，有利于改善国际收支状况，有利于提高就业水平等。许多经济学家的大量实证研究表明，出口替代发展战略的实绩远远大于进口替代发展战略。克鲁格对 10 个发展中国家不同时期的不同发展战略的研究表明，在进口替代发展战略下这些国家的平均出口增长率仅为 5.6%，平均国内生产总值增长率也仅有 5.25%，而在出口替代发展战略下平均出口增长率达 27.45%，平均国内生产总值增长率则达 8.55%。

20 世纪 60 年代中期以来，出口替代发展战略对一些发展中国家尤其是新兴工业化国家的对外贸易和经济发展起到了一定的积极作用。实施出口替代发展战略后，这些国家的对外贸易增长率确实有了很大的提高，制成品的比重不断上升，制造业迅速发展，并实现了产业结构的现代化，经济增长率大幅提高。这些国家还利用出口增加积累的外汇收入，进口先进技术和稀缺投入品，提高工业的科技与工艺水平，增强出口产品的国际竞争力，推动产品升级，使出口由劳动密集型产品向资本密集型、技术密集型制成品转变。

但是，出口替代发展战略也存在一定的局限性，实施出口替代发展战略的国家随着出口替代工业的发展也出现了一些问题，如出口替代工业主要面向国际市场，因而加大了这些经济部门对国外市场、资金和技术的依赖性；出口替代发展战略的实施加剧了经济发展的不平衡；鼓励出口的保护措施如补贴实施不当会扭曲国内的激励机制，导致一些出口替代工业企业生产效率低下，缺乏国际竞争力；实施出口替代发展战略后收入不均现象仍然存在，新兴工业化经济体的出口替代发展战略只给少数人带来利益，广大劳动者仍然很贫穷，阶级矛盾尖锐，蕴藏着深刻的社会危机。

关于贸易战略类型的分析，有些学者提出一种按照战略目标的不同来区分贸易战略的新方法。[①]即按照战略目标的不同，可以把贸易战略分为三类：追求静态利益的贸易战略、追求动态利益的贸易战略和排斥贸易利益的贸易战略。

追求静态利益的贸易战略是指，对外贸易的发展客观上可以带来一定的动态利益，但发展贸易的基本目的在于追求贸易的静态利益，即只是在现有资源和技术结构的条件下增加本国的经济福利。至于贸易在促进长期经济增长、产业演进、技术进步和制度创新等方面的动态利益则不是该战略追求的主要目标，该战略实施后，贸易的动态利益也不明显。许多发展中国家尤其是一些资源小国所实行的初级产品出口发展战略就是典型的追求静态利益的贸易战略。初级产品出口发展战略的根本特征是，单纯依赖初级产品的出口来换取他国的工业制成品，且主要是消费品，以满足本国的消费需要，而不是通过贸易来谋求建立现代经济结构。

追求动态利益的贸易战略是指，贸易战略的基本目的在于追求在促进长期经济增长、产业演进、技术进步和制度创新等方面的动态利益。一些发展中国家实行的出口替代发展战略，就基本属于追求动态利益的贸易战略。该战略根据比较优势，通过以工业制成品出口来替代传统的初级产品出口，从而带动本国经济的工业化和现代化。

排斥贸易利益的贸易战略是指，认为对外贸易基本上是有害而无益的，从而拒绝贸易所带来的静态利益和动态利益，实行排斥对外贸易的内向型贸易战略。广大发展中国家长期实行的以国内生产和保护来取代进口、以国内销售来代替出口的进口替代发展战略，基本上就属于这一类。

2. 贸易战略选择的决定因素

虽然贸易战略的种类屈指可数，但在现实中选择适宜的贸易战略却显得非常困难。少数国家有幸选出了符合本国特点的贸易战略，成功地实现了经济的持续发展；而多数国家却没有这么幸运，至今仍踌躇于对适宜的贸易战略的探索。综合国内外学者的观点，一国在选择适宜的贸易战略时，应该充分考虑以下五个因素：

（1）贸易作用的发挥。在一般国家的经济发展过程中，贸易不仅可以带来静态利益，而且可以带来长期经济增长、产业结构调整、技术水平提高和制度创新等动态利益。既然贸易在经济发展中的作用如此重要，那么，任何一个国家所选择的贸易战略都必须保证不会抑制贸易作用的发挥。

（2）整体经济发展战略。作为整体经济发展战略的一个组成部分，贸易战略必须有助于而不是有悖于整体经济发展战略目标的实现。例如，在一个正在推行工业化战略的发展中国家，其贸易战略必须有利于工业化目标的实现。具体来说，贸易战略要有助于

① 刘力．贸易的动态利益与发展中大国的贸易战略选择．国际贸易问题，1997（6）：1－7.

满足工业化所需的资本、外汇、技术、市场等条件。

（3）经济发展水平。处于不同经济发展水平的国家，所需的贸易战略是不同的。例如，发达国家由于建立起了现代化的经济结构，其贸易战略对静态利益的追求往往优先于对动态利益的追求；与此相反，发展中国家由于面临实现工业化和建立现代经济结构的繁重任务，其贸易战略对动态利益的追求应被摆在优先位置。

（4）国内资源和要素禀赋。是否要依据国内资源和要素禀赋来制定贸易战略仍然是一个有争议的问题，也是以后要继续探讨的重点问题之一。但从客观上讲，国内资源和要素禀赋的确是影响一国贸易战略的基础性因素。只有充分考虑国内资源和要素禀赋，才能正确区分本国的优势和劣势，才能制定出适宜的贸易战略。

（5）国际经济环境。在经济发展战略的各个子战略中，贸易战略是最受国际经济环境制约的。影响贸易战略的主要国际经济环境因素包括世界经济周期、多边贸易体制和他国贸易政策等。比如，在世界经济发展的繁荣时期，各国贸易战略的自由性普遍较强；而在衰退和萧条时期，贸易战略的保护性则明显增强。又比如，在全球贸易日趋自由化的背景下，一国如果继续奉行明显的贸易保护政策就很不明智，因为这样做会明显违背多边贸易规则而招致他国的报复和制裁，导致贸易摩擦和冲突不断。总之，如何顺应和利用国际经济环境，是一国制定贸易战略时需要优先考虑的基本问题之一。

3. 中国对外贸易发展战略的选择

中国是世界上最大的发展中国家，也是近年来世界上经济发展速度和对外贸易增长速度最快的国家之一。特别是 2007 年中国成为世界第二大货物出口国，2011 年中国货物出口额超过德国跃居世界首位，2021 年中国成为真正的全球第一贸易大国。因此，国内外学者对中国的对外贸易发展战略选择都十分关注。按照国内学者的研究，像中国这样的发展中大国在选择对外贸易发展战略时必须考虑自身国情的特殊性，这一点是毫无疑问的。我们认为，中国在选择对外贸易发展战略时应该充分考虑以下四点特殊性：

（1）必须实行追求动态利益的对外贸易发展战略，而不能实行追求静态利益的对外贸易发展战略。作为世界上最大的发展中国家，中国当前经济发展的优先目标是实现中国式现代化，这就要求中国的对外贸易发展战略必须有利于自身享有贸易所带来的促进产业演进、技术进步和制度创新等方面的动态利益。更进一步来说，像中国这样一个人口众多的发展中大国，仅凭初级产品的出口是无法实现本国居民就业的增加、收入水平的提高以及国民经济的稳定、健康和可持续发展的。而且，初级产品的贸易条件从长期来看一直呈不断恶化的趋势，这对中国的长期经济发展十分不利。

（2）如何正确认识和利用国内市场广阔的优势，是中国选择对外贸易发展战略时需要优先考虑的问题之一。作为世界上最具开发潜力的市场之一，中国本身有庞大的国内市场，中国经济发展必须立足于国内市场，没有必要也不可能单纯去搞出口导向型总体战略。当然，由于国内市场广阔，是否就应该实行内向型贸易战略呢？这实际上不用争论。因此，国内市场虽然广阔，但无法取代对外贸易的作用，尤其是对外贸易动态方面的作用，对外贸易对中国的重要性并没有因为中国是大国而下降。不过，国内市场广阔又是我们的一个重要优势，在选择对外贸易发展战略时应当重视充分发挥这一优势的作用。特别是应当重视发挥对外贸易对国民经济的关联带动作用。如果局部出口贸易优先增长带来的贸易关联效应小于对更大范围国民经济造成的抑制性效应，那么一味追求出口政策是得不偿失的。而且，这种靠政策倾斜支持的出口导向型增长将国内大部分企业排除在鼓励政策之外，对市场一体化改革的推进也会形成越来越大的阻碍。①

（3）在如何利用外资与国内储蓄问题上，要立足于国内，加快产业结构的调整步伐，避免开放步伐过大带来贸易冲击。进一步扩大吸收和利用外资仍将是中国对外开放战略的主要内容。然而对于像中国这样的大国，主要依靠外资来发展经济的想法不切实际，所以国内储蓄应是中国经济增长的主要动力。同时改革开放使中国的加工贸易得到了很大的发展，截止到2006年底，中国的对外贸易中有大约50%是通过加工贸易方式进行的。但是，金融危机后，加工贸易在中国对外贸易中的比重逐年下降。2011年，一般贸易在出口中所占的比重首次超过加工贸易，并且差距逐年扩大。2016年前三季度，加工贸易出口额占出口总额的33%，比一般贸易低22个百分点。

加工贸易迅速扩大了中国的对外贸易规模，创造了大量的就业机会，带来了技术上的外溢效应，缓和了加工能力过剩与中间产品供应不足的结构性矛盾。这对中国的经济增长起到了十分有益的作用。但是，中国的对外贸易存在着同亚洲国家类似的问题，即在这样的贸易格局下，出口虽然增加了，但由于产业结构升级缓慢，经济结构凝固化。亚洲金融危机提醒我们在利用外资时除了要注意提高出口能力，实行政府适度保护下的自由贸易政策外，还要利用外资来完善产业体系，带动整个产业结构的升级。

（4）从消除中国地区间经济发展不平衡的宏观经济角度着手，还需要逐步实现从倾斜式开放到平衡式开放的转型。这些年来，中国扩大内需政策所遇到的困难，与长期以来地区倾斜型出口导向政策造成地区经济不平衡发展的积累性影响密切相关。为使经济真正启动起来，实现经济增长方式的转变，中国应对经济发展方式及区域经济增长格局做出重大调整。在开放中逐步实现经济结构转型，这是中国在21世纪前期的一项带有战略性的基础工程。

从历史的角度来看，世界上各国所选择的贸易战略都是时代的产物，且都受到当时历史条件的制约。20世纪60年代后在亚太地区逐渐形成的雁行模式对亚洲的很多国家产生了重要影响，但有一个内在的矛盾一直在强化，即除日本已完成产业结构升级以外，采取出口导向发展战略的其他国家，尤其是采取外资主导型模式的东盟国家无法实现贸易平衡。而且为了实现产业的升级换代，它们需要从“头雁”国家进口大量资本品，由此导致贸易持续逆差。只有调整得当，升级及时，才能缓解并扭转逆差趋势。因此，可以说这种内在矛盾决定了雁行模式内部贸易持续的不对称性②，同时也使得东盟各国的外资主导型模式存在着很大的内在缺陷和风险，即很容易导致经常项目赤字演化为资本项目危机。在以信息技术为核心的科技革命大潮中，国际经济环境正在发生深刻的变化，亚洲国家过分依赖加工贸易的危险性日益加大。1997年爆发的亚洲金融危机充分暴露了这种模式的内在缺陷和风险。

鉴于亚洲金融危机的经验教训，许多学者对中国未来的对外贸易发展战略进行了重

---

① 左大培．保护幼稚工业的合理性．中国社会科学院经济研究所学术研讨会，2000.

② 王林生．雁行模式与东亚金融危机．世界经济，1999（1）：4-8.

新审视和重新定位。他们认为，在罗伯逊“对外贸易是经济增长的引擎”的观点和一些亚洲国家凭借出口贸易实现经济发展获得巨大成功的诱导下，自改革开放以来，中国在经济发展中对出口产业和出口地区采取了大幅倾斜的扶持政策，自觉不自觉地采纳和推行了出口导向型经济发展模式，不遗余力地扩大出口贸易，对出口贸易拉动本国经济增长寄予了过高的希望。但是，从理论上讲，出口导向型经济发展模式既有优点，也有明显的不足之处。就实践而言，某些国家的成功并不代表这一模式对所有国家都适用。中国作为具有自身特点的一个发展中大国，不应该简单地照搬这种出口导向型经济发展模式，因为这种发展模式一般来说更适合国土面积相对较小的国家。而对于中国这样一个国土面积较大、人口众多的发展中大国来说，出口贸易只能作用于一部分地区和一部分人口，不可能直接影响全部地区和人口，而且出口贸易主要与发展中大国的较发达地区关系密切，获益者往往是经济发达地区的居民。这样，出口导向型经济发展模式还有拉大发展中大国国内的区域经济差距和收入分配差距的趋势，从而强化了经济的二元性的作用。①显然，对于中国这样一个人口众多、幅员辽阔的发展中国家而言，就不应片面强调和全面推行出口导向型经济发展模式。

关于未来中国的对外贸易发展战略选择，很多学者开出的药方大同小异，如内撑外开型②、基本内向型③（即总体上的进口替代与局部渐进的出口导向相结合）、内外贸一体化④、出口市场多元化⑤等。本书在此不再展开讨论。

党的二十大报告中提出“推动货物贸易优化升级，创新服务贸易发展机制，发展数字贸易，加快建设贸易强国”。这是以习近平同志为核心的党中央站在新的历史起点上，统筹中华民族伟大复兴战略全局和世界百年未有之大变局做出的重大战略安排，为新时代新征程贸易强国建设指明了前进方向，提供了根本遵循。

《 本章小结 》

1. 随着战后国际政治经济新格局的形成，世界经贸格局初步形成。但从 20 世纪 80 年代中期开始，世界经贸格局发生了重大变化，原来的以意识形态为基础的经济活动，逐渐被主要以地缘和文化背景为基础的区域经济一体化活动代替。在此基础上，世界经贸从 20 世纪 90 年代初开始出现一些新特点，并逐步形成了国际贸易的新格局。

2. 国际贸易新格局的主要特点是：在经济全球化中出现另一种全球化——逆全球化；在区域经济一体化迅猛发展的背景下，国际贸易格局已基本形成以美国、欧盟、中国和日本为中心、众多弱小贸易集团并存的态势；在开放的地区主义的影响下，当前国际贸易格局正处于由封闭型向开放型转变的进程；以维护集团内部利益为目的，当前国

---

① 袁钢明．从外向优先型倾斜发展转向内需主导型协调发展．开放导报，2000（1）：12－14.

② 刘力．内撑外开：发展中大国的贸易战略．大连：东北财经大学出版社，1999.

③ 刘学青，周根爽．中国外贸战略模式的审视与重新定位．上海经济研究，2000（2）：42－49.

④ 申恩威．内外贸一体化的运行模式及政策取向分析//裴长洪，等．开放经济新问题研究．北京：社会科学文献出版社，2006.

⑤ 杨长湧．我国出口市场多元化战略的现状、影响及对策．宏观经济研究，2010（6）：12－18.

际贸易格局正日益成为多元性和单一性、灵活性和分散性的矛盾统一体；发达国家纷纷将增加贸易机会的重点转向亚洲，使国际贸易重心向这一地区倾斜。

3. 国际贸易新格局形成的原因主要有：国际贸易新格局是世界市场日益统一的产物；国际贸易新格局是国际分工格局发生新变化的产物；国际贸易新格局是国际地缘经济发展到新阶段的产物；国际贸易新格局是世界经济不平衡发展与平衡发展综合作用的结果；国际贸易新格局是自由贸易与保护贸易相互斗争、相互妥协的综合体。

4. 国际贸易新格局的形成将对世界经贸的未来发展产生深远影响。这主要表现在：它基本上奠定了未来相当长时期内世界经贸稳定发展的基础；它会对不同类型国家产生不同的影响；它会对多边贸易体制产生双重影响。

5. 中国自 1978 年改革开放以来，逐步走上了经济市场化和贸易自由化的道路。在中国对外贸易的理论问题上，改革开放之初，当时理论探讨和争论的焦点主要在于中国发展对外贸易能否以及如何借鉴西方国际贸易理论中的比较优势理论。20 世纪 90 年代中期以来国内学者对比较优势理论和国家竞争优势理论进行了热烈讨论，争论的焦点主要集中在质疑比较优势理论是否还能作为中国参与当代国际分工、制定对外贸易发展战略以及发展中国出口产业的主要理论依据上。其中最具代表性的观点有比较优势战略说、比较优势陷阱论和国家竞争优势理论等。

6. 比较优势战略说的思想核心是一个国家主要产业的要素密集度要与该国的要素禀赋一致，推行比较优势战略是改变产业结构、促进经济发展的正确选择。

7. 比较优势陷阱论的主要观点是：按照比较优势理论参与国际分工会陷入比较优势陷阱，因为比较优势理论是静态的理论，比较优势战略是静态的战略。比较优势陷阱论的实质是告诫人们不要静态和僵化地看待比较优势理论，它并没有完全否定比较优势理论，而是在警醒那些仍然把比较优势理论作为制定对外贸易长期发展战略的主要理论依据的国家应当如何动态地看待比较优势理论。

8. 国家竞争优势理论强调一国整体竞争力的重要性。中国学术界已经认识到比较优势理论与竞争优势理论之间的联系与区别，并已开始研究如何从比较优势向竞争优势转化的问题。

9. 各种贸易理论都有合理之处，也都有历史局限性，对中国的贸易问题有一定的解释力，也有一些不能解释的地方。因此，在现有国际贸易理论对中国对外贸易的适用性方面，需要结合中国的不同发展阶段、不同时期做出调整并不断进行理论创新。

10. 改革开放后，中国对外贸易体制与政策的演变经历了五个发展阶段，目前仍处于 2001 年中国以加入 WTO 为契机，进入以 WTO 规则为基础的全面改革的第五个阶段。

11. 中国的对外贸易发展战略是一个复杂的重要课题，对外贸易发展战略要具有现实性和科学性，就要有正确的指导思想，主要表现在：以国内外的现实条件为依据；以提高经济效益为中心；以自力更生为根本立足点，实施“双循环”指导方针。

12. 贸易战略有外向型和内向型两种，即出口导向发展战略和进口替代发展战略。这两种战略特点不同，各有利弊，两者之间并非完全对立。推行出口导向发展战略有助于通过出口产业的增长来带动相关产业以及整个国民经济的增长，从而对国内市场进行一定程度的保护，实现进口替代产业的成长。同样，进口替代也并不必然地排斥出口导向，因为通过进口替代使本国产业得以更好地发展增强了本国产品的国际竞争力，从而最后可以扩大本国产品的出口。

13. 中国对外贸易战略的选择应该充分考虑的因素包括：必须以追求动态利益为主；正确认识和利用国内市场广阔的优势；在如何利用外资与国内储蓄问题上，要立足于国内，加快产业结构的调整步伐；从消除中国地区经济发展不平衡的宏观经济角度着手，实现从倾斜式开放到平衡式开放的转型。

关键术语

国际贸易新格局	经济全球化	开放的地区主义	地缘经济
经济不平衡发展	比较优势战略	比较优势陷阱	国家竞争优势
外贸体制改革	外贸经营权	入世	对外贸易发展战略
出口导向	进口替代		

复习与思考题

1. 试述国际贸易新格局的特点。
2. 试析国际贸易新格局形成的原因。
3. 试述比较优势战略说和比较优势陷阱论所争论的焦点问题。
4. 中国应如何利用国家竞争优势理论来增强企业的国际竞争力？
5. 试述现有国际贸易理论对中国对外贸易实践的解释力。
6. “像埃塞俄比亚、坦桑尼亚这样的国家之所以没能通过贸易带动经济的增长，是由于它们实行了内向型进口替代发展战略。如果它们能够实行贸易体制改革，调整贸易战略，转向外向型出口导向发展战略，贸易就一定能够推动经济的发展。”请对此进行评价。
7. 如果不进行全面的经济改革，单独的贸易体制改革能否成功？为什么？中国的经验是否具有普遍意义？
8. 2002 年，世界经济发展速度放缓，世界货物贸易和全球外国直接投资流量大幅下降，而中国的外贸和外国直接投资仍然能够一枝独秀，保持快速增长。2008 年，美国次贷危机引发了全球性金融与经济危机，导致世界经济发展速度大幅下降。这次全球性危机也使中国的经济发展特别是外贸发展受到较大的影响。试分析原因。

参考文献

[1] 陈宪. 国际服务贸易：原理·政策·产业. 2 版. 上海：立信会计出版社，2003.

[2] 陈宪，韦金鸾，应诚敏，等. 国际贸易：原理、政策、实务. 3 版. 上海：立信会计出版社，2003.

[3] 俄林. 地区间贸易和国际贸易. 北京：商务印书馆，1986.

[4] 冯宗宪，杨健全，张文科. 国际贸易理论、政策与实务. 西安：西安交通大学出版社，2004.

[5] 富克斯. 服务经济学，北京：商务印书馆，1987.

[6] 甘道尔夫. 国际经济学：第一卷. 第 2 版修订版. 北京：中国经济出版社，1999.

[7] 高成兴. 国际贸易教程（教学辅导）. 北京：中国人民大学出版社，2004.

[8] 高成兴，朱立南，黄卫平. 国际贸易教程. 2 版. 北京：中国人民大学出版社，2001.

[9] 高鸿业. 比较成本学说不应构成我国外贸发展战略的理论基础. 经济问题探索，1982（4）：33－35.

[10] 格林纳韦. 国际贸易前沿问题. 北京：中国税务出版社，北京腾图电子出版社，2000

[11] 格鲁伯，沃克. 服务业的增长：原因与影响. 上海：上海三联书店，1993.

[12] 海闻. 国际贸易：理论·政策·实践. 上海：上海人民出版社，智慧出版有限公司，1993.

[13] 海闻，林德特，王新奎. 国际贸易. 上海：上海人民出版社，2003.

[14] 韩玉军. 中国加入 WTO 要言释义. 北京：中国经济出版社，2002.

[15] 韩玉军. 国际服务贸易理论与中国服务贸易自由化秩序. 北京：现代教育出版社，2007.

［16］韩玉军，陈华超．服务业外商直接投资研究的现状与进展．经济理论与经济管理，2006（12）：30－35．

［17］洪银兴．从比较优势到竞争优势：兼论国际贸易的比较利益理论的缺陷．经济研究，1997（6）：20－26．

［18］胡代光，高鸿业．现代西方经济学辞典．北京：中国社会科学出版社，1996．

［19］黄少军．服务业与经济增长．北京：经济科学出版社，2000．

［20］黄卫平，彭刚．国际经济学教程．北京：中国人民大学出版社，2004．

［21］江小涓，杨圣明，冯雷．中国对外经贸理论前沿Ⅱ．北京：社会科学文献出版社，2001．

［22］江小涓，杨圣明，冯雷．中国对外经贸理论前沿Ⅲ．北京：社会科学文献出版社，2003．

［23］克鲁格曼，奥伯斯法尔德，梅里兹．国际经济学：理论与政策：第11版．北京：中国人民大学出版社，2021．

［24］李辉文．现代比较优势理论研究．北京：中国人民大学出版社，2006．

［25］李嘉图．政治经济学及赋税原理．北京：商务印书馆，1962．

［26］李江帆．第三产业经济学．广州：广东人民出版社，1990．

［27］李静萍．国际服务贸易统计体系的比较研究．统计研究，2002（8）：32－35．

［28］李坤望．国际经济学．2版．北京：高等教育出版社，2005．

［29］李荣林．中国-东盟自由贸易区与东亚区域经济一体化．当代亚太，2005（8）：19－23．

［30］李小牧，等．国际服务贸易评论：2007卷（第1辑）总第1辑．北京：中国商务出版社，2008．

［31］林德特．国际经济学：第9版．北京：经济科学出版社，1992．

［32］林毅夫，蔡昉，李周．比较优势与发展战略：对“东亚奇迹”的再解释．中国社会科学，1999（5）：4－20＋204．

［33］林毅夫，等．中国的奇迹：发展战略与经济改革．上海：上海三联书店，上海人民出版社，1999．

［34］刘厚俊，等．国际贸易新发展：理论、政策、实践．北京：科学出版社，2003．

［35］刘力．贸易的动态利益与发展中大国的贸易战略选择．国际贸易问题，1997（6）：20－26．

［36］陆建人．论亚洲经济一体化．当代亚太，2006（5）：3－17．

［37］罗布森．国际一体化经济学．上海：上海译文出版社，2001．

［38］罗余才，刘军．国际服务贸易学．北京：中国财政经济出版社，1999．

［39］萨尔瓦多．国际经济学：第8版．北京：清华大学出版社，2004．

［40］石广生．中国加入世界贸易组织知识读本（三）．北京：人民出版社，2011．

［41］斯密．国民财富的性质和原因的研究．北京：商务印书馆，1972．

［42］宋则行，樊亢．世界经济史：上卷．2版修订版．北京：经济科学出版社，1998．

［43］宋则行，樊亢．世界经济史：下卷．2 版修订版．北京：经济科学出版社，1998.

［44］宋则行，樊亢．世界经济史：中卷．2 版修订版．北京：经济科学出版社，1998.

［45］唐海燕．国际贸易学．上海：立信会计出版社，2001.

［46］佟家栋，高乐咏．国际经济学．3 版．北京：高等教育出版社，2011.

［47］王佃凯．比较优势陷阱与中国贸易战略选择．经济评论，2002（2）：28－31.

［48］王林生．雁行模式与东亚金融危机．世界经济，1999（1）：4－8.

［49］王绍熙，王寿椿，许煜．中国对外贸易概论．北京：对外贸易教育出版社，1992.

［50］王子先．以竞争优势为导向：我国比较优势变化与外贸长期发展的思考．国际贸易，2000（1）：9－14.

［51］吴仪．中国对外经贸形势及基本政策．经济学动态，1995（7）：3－6.

［52］吴易风．英国古典政治经济理论．北京：商务印书馆，1988.

［53］小岛清．对外贸易论．天津：南开大学出版社，1987.

［54］谢康．国际服务贸易．广州：中山大学出版社，1998.

［55］薛荣久．世贸组织与中国大经贸发展．北京：对外经济贸易大学出版社，1997.

［56］杨圣明．中国对外经贸理论前沿．北京：社会科学文献出版社，1999.

［57］杨小凯，张永生．新兴古典经济学与超边际分析．2 版修订版．北京：社会科学文献出版社，2003.

［58］姚曾荫．国际贸易概论．北京：人民出版社，1987.

［59］伊特韦尔，等．新帕尔格雷夫经济学大辞典：第 4 卷．北京：经济科学出版社，1992.

［60］尹翔硕．国际贸易教程．2 版．上海：复旦大学出版社，2001.

［61］余永定，等．中国“入世”研究报告．北京：社会科学文献出版社，2000.

［62］袁钢明．从外向优先型倾斜发展转向内需主导型协调发展．开放导报，2000（1）：12－14.

［63］袁文棋，戴伦彰，王林生．国际分工与我国对外经济关系．中国社会科学，1980（1）：3－20.

［64］战勇．国际贸易．大连：东北财经大学出版社，1998.

［65］张二震，马野青．国际贸易学．3 版．北京：人民出版社，2007.

［66］张金水．应用国际贸易学．北京：清华大学出版社，2002.

［67］赵春明．国际贸易．2 版．北京：高等教育出版社，2007.

［68］郑吉昌．国际转移背景下的中国服务业：发展空间与对策．国际贸易，2005（11）：13－16.

［69］朱立南．国际贸易政策学．北京：中国人民大学出版社，1996.

［70］朱钟棣，郭羽诞，兰宜生．国际贸易学．上海：上海财经大学出版社，2005.

［71］左大培．保护幼稚工业的合理性．中国社会科学院经济研究所学术研讨

会，2000.

[72] Alan W L. *International Economics*. 4th edition. London: HarperCollins Academic, 1991.

[73] Appleyard D R, Field A J, Jr. *International Economics*. 4th edition. McGraw-Hill Companies, Inc., 2001.

[74] Bhagwati J. Immiserizing Growth: A Geometrical Note. *The Review of Economic Studies*, 1958, 25 (3): 201-205.

[75] Bhagwati J. *Protectionism*. Cambridge: MIT Press, 1988.

[76] Bhagwati J. Trade in Services and Developing Countries. Xth Annual Geneva Lecture Delivered at the London School of Economics, 1985.

[77] Brander J. Strategic Trade Policy//Grossman G M, Rogoff K. *Handbook of International Economics* Ⅲ. Amserdam: North-Holland, 1995.

[78] Brander J, Krugman P. A "Reciprocal Dumping" Model of International Trade. *Journal of International Economics*, 1983, 15 (314): 313-321.

[79] Burges D F. Service as Intermediate Goods: The Issues of Trade Liberalization// Jones R W, Krueger A. *The Political Economy of International Trade*. Oxford: Basil Blackwell, 1990.

[80] Clark C. *The Condition of Economic Progress*. London: Macmillan, 1940.

[81] Deardorff A. Comparative Advantage and International Trade and Investment in Services//Stern R M. *Trade and Investment in Services: Canada/US Perspectives*. Toronto: Ontario Economic Council, 1985.

[82] Dick R, Dicke H. Patterns of Trade in Knowledge//Giersch H. *International Economic Development and Resources Transfer*. Tubingen: J. B. Mohr, 1979.

[83] Dixit A K, Norman V. *Theory of International Trade*. Cambridge: Cambridge University Press, 1980.

[84] Djajic S, Kierzkowski H. Goods, Services and Trade. *Economics*, 1989, 56 (221): 83-95.

[85] Dornbusch R, Fischer S, Samuelson P A. Comparative Advantage, Trade and Payments in a Ricardian Model with a Continuum of Goods. *American Economic Review*, 1977, 67 (5): 823-839.

[86] Ethier W. *Modern International Economics*. New York: W. W. Norton & Company, 1983.

[87] Feenstra R C. *Advanced International Trade: Theory and Evidence*. Princeton: Princeton University Press, 2004.

[88] Feketekuty G. *International Trade in Services: An Overview and Blueprint for Negotiations*. Cambridge: Ballinger, 1988.

[89] Fisher A. Primary, Secondary, and Tertiary Production. *Economic Record*, 1939, 15 (1): 24-38.

[90] Francois J F. Trade in Producer Services and Returns due to Specialization under Monopolistic Competition. *The Canadian Journal of Economics/Revue canadienne d'Economique*, 1990, 23 (1): 109-124.

[91] Grossman G, Helpman E. *Interest Groups and Trade Policy*. Princeton: Princeton University Press, 2002.

[92] Grossman G. *Imperfect Competition and International Trade*. Cambridge: MIT Press, 1992.

[93] Heckscher E. *The Effect of Foreign Trade on the Distribution of Income—Eknomisk Tidskrift Heckscher-Ohlin Trade Theory*. Cambridge: MIT Press, 1991.

[94] Helpman E, Krugman P. *Market Structure and Foreign Trade*. Cambridge: MIT Press, 1985

[95] Hill T P. On Goods and Services. *Review of Income and Wealth*, 1977, 23 (4): 315-338.

[96] Hindley B, Smith A. Comparative Advantage and Trade in Services. *The World Economy*, 1984, 7 (4): 369-390.

[97] Hockman B M, Karsenty G. Economic Development and International Transactions in Services. *Development Policy Review*, 1992, 10 (3): 211-236.

[98] Hockman B M. Services-related Production, Employment, Trade and Factor Movements//Messerlin P A, Sauvant K P. *The Uruguay Round: Services in the World Economy*. The World Bank and the United Nations Center on Transnational Corporations, 1990.

[99] Hood N, Young S. *The Economics of Multinational Enterprise*. London: Longmans Group, 1979.

[100] Inman R P. Introduction and Overview//*Managing the Service Economy*. Cambridge: Cambridge University Press, 1985.

[101] Jones R W, Ruane F. Options for International Trade in Services: A Specific Factors Framework. *Economics*, 1989 (42): 672-687.

[102] Jones R W, Kierzkowski H. The Role of Services in Production and International Trade: A Theoretical Framework//Jones R W, Krueger A. *The Political Economy of International Trade*. Oxford: Basil Blackwell, 1990.

[103] Kemp M C. *The Pure Theory of International Trade and Investment*. Englewood Cliffs: Prentice-Hall, 1969.

[104] Kierzkowski H. Modeling International Transportation Services. IMF Research Paper, 1986.

[105] Kotler P. *Principles of Marketing*. Upper Saddle River: Prentice-Hall, 1986.

[106] Kruger A, Tuncer B. An Empirical Test of the Infant Industry Argument. *American Economic Review*, 1982, 72 (5): 1142-1152.

[107] Krugman P. Increasing Returns, Monopolistic Competition and International Trade. *Journal of International Economics*, 1979 (9): 469-479.

［108］ Krugman P. Introduction: New Thinking about Trade Policy//*Strategic Trade Policy and the New International Economics*. Cambridge: MIT Press, 1986.

［109］ Lall S. The Third World and Comparative Advantage in Trade Services//Lall S, Stewart F. *Theory and Reality in Development*. London: Macmillan, 1986.

［110］ Leamer E E. The Leontief Paradox Reconsidered. *Journal of Political Economy*, 1980, 88 (3): 495 - 503.

［111］ Leontief W. Domestic Production and Foreign Trade: The American Capital Position Re-Examined. *Proceedings of the American Philosophical Society*, 1953, 97 (4): 332 - 349.

［112］ Linder S B. *An Essay on Trade and Transformation*. New York: John Wiley and Sons, 1961.

［113］ Markusen J R, Melwin J R. Trade in Goods and Producer Services as Substitutes and Complements. Institute for Research on Pubic Policy, Victoria, B. C., 1988.

［114］ Markusen J R. Production, Trade, and Migration with Differentiated, Skilled Workers. *The Canadian Journal of Economics/Revue canadienne d'Economique*, 1988, 21 (3): 492 - 506.

［115］ Melvin J R. Services: Dimensionality and Intermediation in Economic Analysis (Working Paper). Institute for Research on Public Policy, Victoria, B. C., 1987.

［116］ Melvin J R. Trade in Producer Services: A Heckscher-Ohlin Approach. *Journal of Political Economy*, 1989, 97 (5): 1180 - 1196.

［117］ Ohlin B. *Interregional and International Trade*. Cambridge: Harvard University Press, 1933.

［118］ Poter M E. *The Competitive Advantage of Nations*. New York: The Free Press, 1990.

［119］ Riddle D I. *Service-Led Growth: The Role of Service Sector in World Development*. New York: Praeger Publishers, 1986.

［120］ Ryan C. Trade in Services: An Introductory Survey. *Economic and Social Review*, 1988, 20 (1): 37 - 48.

［121］ Salvatore D. *International Economics*. 8th edition. New York: John Wiley and sons, 2004.

［122］ Sampson G, Snape R. Identifying the Issues in Trade and Services. *The World Economy*, 1985, 8 (2): 171 - 182.

［123］ Samuelson P A. International Trade and the Equalization of Factor Prices. *Economic Journal*, 1948, 58 (230): 163 - 184.

［124］ Sapir A, Lutz E. Trade in Services: Economic Developments and Development Related Issues. World Bank Staff Working Paper, 1981.

［125］ Sapir A. Trade in Services: Policy Issue for the Eighties. *The Columbia Journal of World Business*, 1982, 17 (3): 77 - 83.

[126] Sapir A. North-South Issues in Trade in Services. *The World Economy*, 1985, 8 (1): 27-42.

[127] Stolper W, Samuelson P A. Protection and Real Wage. *Review of Economic Studies*, 1941, 9 (1): 58-73.

[128] Tucker K, Sundberg M. *International Trade in Services*. London: Routledge, 1988.

[129] Vernon R. International Investment and International Trade in the Product Cycle. *The Quarterly Journal of Economics*, 1966, 80 (2): 190-207.

[130] Vernon R. *The Technology Factor in International Trade*. New York: Columbia University Press, 1970.

教学支持说明

1. 教辅资源获取方式

为秉承中国人民大学出版社对教材类产品一贯的教学支持，我们将向采纳本书作为教材的教师免费提供丰富的教辅资源。您可直接到中国人民大学出版社官网的教师服务中心注册下载——http://www.crup.com.cn/Teacher。

如遇到注册、搜索等技术问题，可咨询网页右下角在线 QQ 客服，周一到周五工作时间有专人负责处理。

注册成为我社教师会员后，您可长期根据您所属的课程类别申请纸质样书、电子样书和教辅资源，自行完成免费下载。您也可登录我社官网的“教师服务中心”，我们经常举办赠送纸质样书、赠送电子样书、线上直播、资源下载、全国各专业培训及会议信息共享等网上教材进校园活动，期待您的积极参与！

2. 高校教师可加入下述学科教师 QQ 交流群，获取更多教学服务

经济类教师交流群：809471792

财政金融教师交流群：766895628

国际贸易教师交流群：162921240

税收教师交流群：119667851

3. 购书联系方式

网上书店咨询电话：010－82501766

邮购咨询电话：010－62515351

团购咨询电话：010－62513136

中国人民大学出版社经济分社

地址：北京市海淀区中关村大街甲 59 号文化大厦 1506 室　100872

电话：010－62513572　010－62515803

传真：010－62514775

E-mail：jjfs@crup.com.cn